Vorwort zur 6. Auflage

In der vorliegenden 6. Auflage wurde das Lehrbuch inhaltlich und gestalterisch überarbeitet. Dabei sind, soweit es in der Grundbildung notwendig erschien, digitale Inhalte eingefügt worden, wie z. B. die Grundlagen des 3D-CAD und der Steuerungssimulation. Ferner wird in einem Vorspann der Einsatz digitaler Technik in metallverarbeitenden Berufen aufgezeigt und so ein Ausblick auf einen Schwerpunkt in der Ausbildung in den folgenden Ausbildungsjahren gegeben.

Hinweise für den Benutzer

Das Lernpaket „Lernfelder Metalltechnik – Grundwissen" besteht aus zwe

- **Lehrbuch**
  Lernfelder Metalltechnik – Grundwissen (55051, 6. Auflage)
- **Aufgabenband**
  Lernfelder Metalltechnik – Grundlagen Prozesswissen –
  durch Handlungssituationen, Lernsituationen, Aufgaben (55057, 6. Auflage)

Das vorliegende Lehrbuch **„Grundwissen"** enthält Sachinformationen, die notwendig sind, um Lernsituationen in den Lernfeldern 1 bis 4 zu bearbeiten.

Um diese fachlichen Informationen zusammenhängend darzustellen und die systematische Suche von Informationen zu erleichtern, ist in diesem Buch die bewährte Gliederung der bisherigen Buchreihe „Berufsfeld Metall" in den folgenden Kapiteln beibehalten worden:

Prüftechnik, Fertigungstechnik, Maschinen- und Gerätetechnik, Instandhaltung – Wartungstechnik, Elektrotechnik, Werkstofftechnik, Technische Kommunikation, Steuerungstechnik, Kreativ- und Präsentationstechnik.

Bestellnummer 55051

Jedes Kapitel wird mit einer Handlungsstruktur eingeleitet, die den Umgang mit dem dargebotenen Lernstoff näher darstellt, z. B. das Prüfen von Bauteilen, die Auswahl von Werkstoffen, das Erstellen von pneumatischen Schaltplänen. Den Kapiteln zugeordnet sind Arbeitsaufträge, mit denen das Handeln entsprechend der Handlungsstruktur geübt werden kann.

Bestellnummer 55057

*Der zugehörige Aufgabenband **„Grundlagen Prozesswissen"** unter der Bestellnummer 55057 ist im ersten Teil nach Lernfeldern gegliedert. Hier wird der Umgang mit dem Lernstoff in den Lernfeldern 1 bis 4 erläutert.*

In jedem Lernfeld wird zunächst allgemein das Handeln des Fachmannes dargestellt und an Beispielen von kompletten Handlungssituationen erläutert. Es folgen zu jeder Handlungssituation Lernsituationen, an denen das selbstständige Analysieren, Planen, Ausführen und Bewerten – Letzteres nur eingeschränkt – geübt werden kann.

*Im zweiten Teil des Buches **„Prozesswissen"** befinden sich zur Ergänzung, Vertiefung und Übung des Lernstoffs nach Sachgebieten geordnet die Übungsaufgaben, auf die im Buch „Grundwissen" in den entsprechenden Kapiteln verwiesen wird.*

*Der dritte Teil des Aufgabenbandes enthält **fächerübergreifende mathematische Übungen**.*

Das Lehrermaterial erhält der Lehrer unter der Bestellnummer 55062 als Download und unter der Bestellnummer 55065 als Print on demand mit:

- Lösungsbeispielen zu den Lernsituationen,
- Lösungen zu den Übungsaufgaben,
- didaktischen Hinweisen für den Unterricht.

Inhaltsverzeichnis

Maschinen- und Gerätetechnik

Instandhaltung – Wartungstechnik

Elektrotechnik

Werkstofftechnik

Dieses Fachbuch enthält zusätzliche Inhalte, welche im Webshop unter Buch+Web als Download zur Verfügung stehen.

Metallberufe

Bis vor wenigen Jahrzehnten existierte eine Vielzahl von Berufen in der Metalltechnik, deren Berufsbezeichnungen sich

- an einem bestimmten Produkt orientierten, z. B. Stahlbauer, Autoschlosser oder
- einer zu bedienenden Fertigungsmaschine, z. B. Dreher, Schleifer

orientierten.

Bei der Neuordnung der Berufe im **industriellen Bereich** wurde in neuen Berufsbezeichnungen das Gemeinsame in den Vordergrund gestellt. Alle Berufe sehen eine Grundausbildung als **Mechaniker** vor. Der Begriff Mechaniker steht für alle Berufsbezeichnungen in Handwerk und Industrie sowie auch für Frauen, die in diesen Bereichen ausgebildet werden oder tätig sind. So werden im ersten Abschnitt der Ausbildung die Grundlagen zu handwerklicher Fertigung, zur Prüftechnik, Werkstofftechnik, Technischen Kommunikation, Instandhaltung und zum Fertigen mit handgeführten Werkzeugmaschinen vermittelt. In der folgenden Stufe der Ausbildung geschieht die Spezialisierung zum Industriemechaniker, Zerspanungsmechaniker, Werkzeugmechaniker u. a.

Grundausbildung im Metallberuf

Im Bereich der **handwerklichen Berufe** blieben bis auf wenige Berufe, z. B. Feinwerkmechaniker und Anlagenmechaniker, die alten Berufsbezeichnungen weitgehend erhalten. Es werden weiterhin Klempner, Metallbauer, Graveure u. a. ausgebildet. Wie bei den industriellen Berufen stehen auch hier in der beruflichen Grundbildung die Grundlagen der Fertigungstechnik, der Montage, der Instandhaltung und der Werkstofftechnik im Vordergrund. Die Spezialisierung erfolgt im Anschluss an die Grundausbildung.

Digitalisierung in metallverarbeitenden Betrieben

In allen Metallberufen, gleich ob Industrie oder Handwerk, haben die zunehmende Digitalisierung und der Einsatz des Internets auch die Berufs- und Arbeitswelt der Mechaniker grundlegend verändert:

- Simulationsprogramme von Bearbeitungsverfahren und Steuerungsprozessen unterstützen schon zu Beginn der Spezialisierung den Lernprozess in der Ausbildung.
- Im Rahmen der späteren beruflichen Tätigkeit helfen Simulationsprogramme Bearbeitungs- und Steuerungsprozesse zu optimieren und so Material, Energie und Arbeitszeit einzusparen.
- Montage- und Instandhaltungsarbeiten können bedarfsgerecht auf Tablets, Smartphones oder 3D-Brillen erläutert werden.
- Menschen können bei ihren Arbeiten durch Roboter unterstützt werden.
- Die Miniaturisierung elektronischer Komponenten erleichtert die Überwachung des Zustandes von Maschinen und Anlagen. So können Instandhaltungsmaßnahmen zum bestmöglichen Zeitpunkt eingeplant werden.

Zusammenarbeit von Mensch und Roboter

- Die nahezu unbegrenzte Kapazität von elektronischen Speichermedien erlaubt die lückenlose Dokumentation von Arbeitsprozessen.
- Das Internet ermöglicht einen Datenaustausch in kürzester Zeit. Damit können auch weit entfernte Überwachungsgeräte in die Instandhaltung von Maschinen und Anlagen eingebunden und Spezialisten bei Schwierigkeiten zur Beratung herangezogen werden.

- Neue Fertigungsverfahren und Montagetechniken, die erst mit der Digitalisierung möglich werden, wie z. B. die additiven Fertigungsverfahren, die unmittelbar vom digital vorliegenden Konzept ausgehend produzieren, erfordern ständige Weiterbildung in allen Berufen.

Bereiche der Digitalisierung im Arbeitsbereich des Mechanikers

1 Fertigungsplanung

Der Zerpanungsmechaniker plant anhand der vorgegebenen Zeichnung von Bauteilen die Fertigung auf Dreh- und Fräsmaschinen.
Für die Fertigung auf CNC-Maschinen erstellt er dazu Programme am Computer oder direkt an der Werkzeugmaschine.
Zur Kontrolle seines Programms simuliert er die Bearbeitung am Bildschirm.

Der Industriemechaniker plant die Tätigkeiten von Robotern. Er programmiert dazu die Wege und die Handhabungen des Roboters. Zur Kontrolle simuliert er sie oder er beobachtet die Bewegungen des Roboters bei geringer Geschwindigkeit.

Programmerstellung an der CNC-Drehmaschine (ITH GmbH & Co. KG, Meschede)

Roboterprogrammierung (ITH GmbH & Co. KG, Meschede)

2 Fertigung

Für die Serienproduktion richtet der Zerspanungsmechaniker die Maschinen ein. Er wählt die Spannmittel aus und bestückt die Werkzeugträger.

Weiterhin organisiert der Zerpanungsmechaniker die Kennzeichnung der Rohteile durch aufgedruckte Strich- oder QR-Codes. Diese Codes enthalten Informationen über die weitere Bearbeitung, z. B. das zu wählende Programm und die Schnittdaten. Die Maschine führt die Bearbeitung entsprechend dem Bearbeitungsprogramm aus.

Die zum Auftrag gehörigen Werkzeuge werden vom Zerspanungsmechaniker voreingestellt. Jedes Werkzeug trägt einen Chip, auf dem die Werkzeugmaße, die maximalen Schnittdaten, die höchstzulässigen Schnittkräfte u. a. gespeichert sind. Wenn im normalen Betrieb die eingestellten Grenzwerte, z. B. der Schnittkraft überschritten werden, wird das Werkzeug automatisch gegen das gleichartige „Schwesternwerkzeug“ ausgetauscht und das alte Werkzeug zur Instandsetzung weitergeleitet.

Fertigung an einer CNC-Drehmaschine

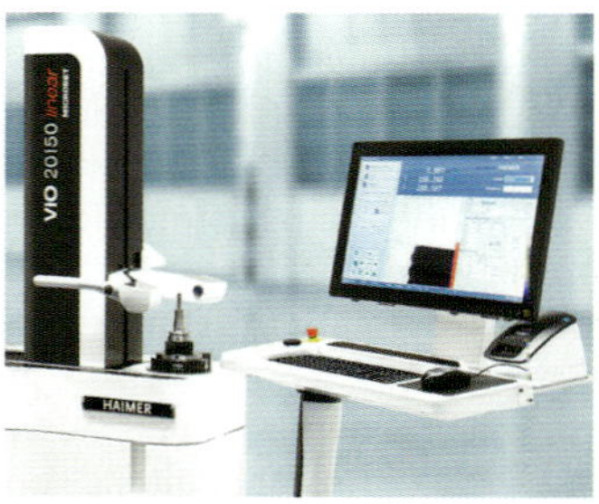

Werkzeugvoreinstellung

Werkzeug mit Chip

3 Instandhaltung

Industriemechaniker und Anlagenmechaniker halten Maschinen und Anlagen instand.
Maschinen und Anlagen, die mit Sensoren und entsprechenden Auswertungsprogrammen ausgestattet sind, können automatisch die Wartung anfordern, wenn überwachte Betriebsdaten, z. B. die Lagertemperatur, der pH-Wert des Schmierstoffes oder die Vibrationsstärke festgelegte Grenzwerte überschreiten.
Bei Störungen liefern so ausgerüstete Maschinen neben den Störungsmeldungen auch Hinweise auf die Störungsursachen.
Man nennt dieses Konzept der regelmäßigen Erfassung des Maschinenzustands **Condition Monitoring**.

Kontrolle der Kühlschmierstoffkonzentration mit einem Handrefraktometer an einer CNC-Drehmaschine (ITH GmbH & Co. KG, Meschede)

4 Montage und Demontage

Montage und Demontage von Baugruppen erfordern sehr häufig die genaue Einhaltung der Reihenfolge, in der die Einzelteile montiert oder demontiert werden. Wenn zudem noch häufiger Wechsel der zu bearbeitenden Baugruppen erfolgt, können sehr leicht Fehler auftreten. Darum erleichtern Videos, die in kleinen Schritten den Arbeitsvorgang am Bildschirm oder im Brillendisplay zeigen, die Arbeit.
Ferner werden bei wichtigen Montagearbeiten, wie z. B. beim Verschrauben, Werkzeuge eingesetzt, welche Kräfte und Drehmomente genau einstellen und das Ergebnis dokumentieren.

Montagearbeitsplatz

5 Qualitätsmanagement

In der Serienfertigung ist eine Null-Fehler-Produktion nur möglich, wenn alle Bauteile und Baugruppen vor dem Einbau geprüft wurden. Aus diesem Grund müssen alle Zulieferteile vor dem Einbau oder der Einlagerung stichprobenweise geprüft werden. Diese Arbeiten führen Mechaniker mit elektronischen Prüfmittel und Messmaschinen aus. Sie dokumentieren die Ergebnisse der Prüfungen und werten sie häufig auch aus.

Zur Sicherung der Qualität der eigenen Arbeit muss vom Mechaniker nach jedem Arbeitsschritt das Arbeitsergebnis geprüft und die Entscheidung über die Weiterverarbeitung getroffen werden. Die Verarbeitung eines bereits als fehlerhaft erkannten Bauteils – oft spöttisch „Schrottveredelung“ genannt – ist so ausgeschlossen.

Bauteilprüfung in der Endmontage (ITH GmbH & Co. KG, Meschede)

6 Kundendienst

Das Internet erleichtert dem Industrie- und Anlagenmechaniker, der im Kundendienst tätig ist, die Arbeit bei der Störungssuche erheblich. Ersatzteilbestellung u. a. werden von ihm unmittelbar mithilfe des Tablets erledigt. In speziellen Einzelfällen werden dem Kundendienstler Fehlersuchstrategien vorgeschlagen, die er abarbeiten kann, wenn er verborgene Fehler suchen muss. Ferner kann er sich über Internet von Spezialisten bei der Störungssuche und zu den Möglichkeiten der Störungsbehebung beraten lassen.

Kundendienst

7 Fernüberwachung und Instandsetzung

Windkraftanlagen, Ölförderpumpen, Wasserversorgungseinrichtungen und andere Großanlagen arbeiten kontinuierlich ohne Anwesenheit von Bedienungs- und Wartungspersonal und müssen darum fernüberwacht werden. Zur Fernüberwachung dienen Condition Monitoring Systems (CMS). Sie erfassen den Zustand der Anlagen durch permanente Messung physikalischer Größen wie z. B. Stromaufnahme, Schwingungsfrequenzen, Temperaturen, Geschwindigkeiten und Kräfte. Die aufgenommenen Daten melden sie an entfernt liegende Überwachungsstellen, die den Anlagenzustand jederzeit beurteilen und Instandhaltungsarbeiten rechtzeitig planen können. Darüber hinaus schalten die Anlagen bei starken Überschreitungen der vorprogrammierten Grenzwerte selbstständig ab.

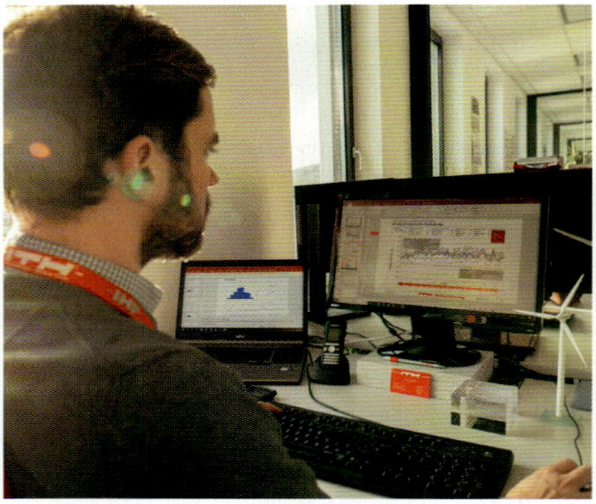

Fernüberwachung einer Windkraftanlage (ITH GmbH & Co. KG, Meschede)

Durch Condition-Monitoring-Systeme lassen auch Nutzer hochverfügbarer Anlagen diese durch Spezialisten des Herstellers überwachen, denn über Aufbau, Funktion und Betriebsverhalten komplizierter Maschinen und Anlagen weiß niemand besser Bescheid als die Spezialisten des Herstellers.

Im Sinne einer vorausschauenden Instandhaltung ist es optimal, wenn sich eine Maschine oder Anlage beim Service des Herstellers meldet, falls die automatisch über das Internet übermittelten Daten auf einen baldigen Ausfall hinweisen. Der Servicetechniker des Herstellers kann aufgrund seines Detailwissens, seiner Erfahrungen und der zur Verfügung stehenden Unterlagen aus den übermittelten Daten Schlüsse auf Fehler und Fehlerursachen ziehen. Er wird dann den Instandhalter vor Ort auf entsprechende Maßnahmen hinweisen, ihn bei der Instandhaltungsmaßnahme beraten oder in Absprache einen eigenen Servicefachmann zur Behebung der Störung schicken.

HANDLUNGSFELD: Bauteile prüfen

Problemstellung

Prüfauftrag

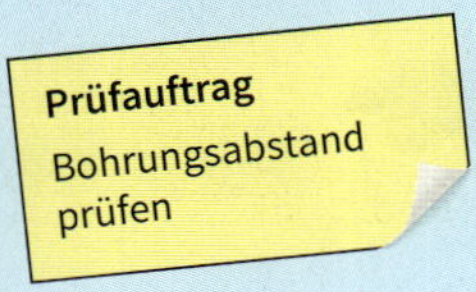

Zeichnung

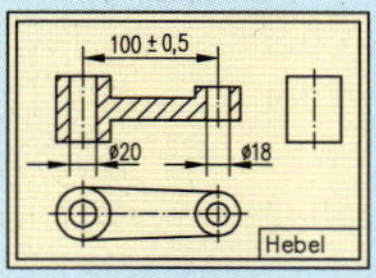

Werkstück

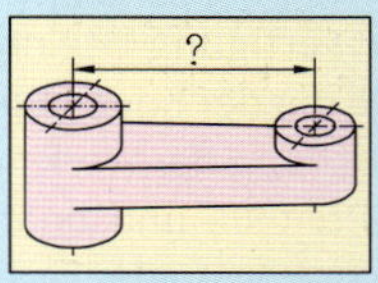

Analysieren

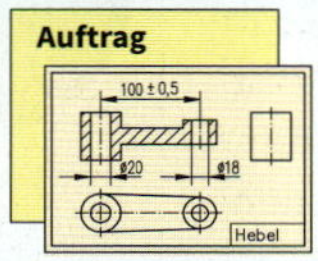

Auftrag und Zeichnungen
auswerten nach
- zu prüfenden Eigenschaften (Form, Maße, Oberfläche ...)
- Toleranzen
- gefordertem Ergebnis (Bedingung erfüllt/Bedingung nicht erfüllt)

Ergebnisse
Entscheidung für
- Messen oder Lehren
- subjektives oder objektives Prüfen
- Umfang der Prüfung

Planen

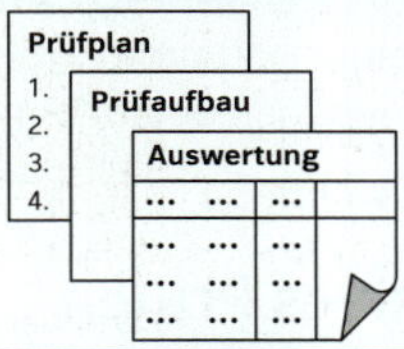

Überlegungen zu
- Prüfgerät (Art, Größe, Genauigkeit, Handhabung ...)
- Prüfaufbau (Positionierung von Werkstück und Messgerät ...)
- Durchführung der Prüfung (Abfolge der Prüfungen ...)
- Ergebnisdokumentation

Ergebnisse
- Prüfplan (Prüfmethode)
- Plan der Prüfeinrichtung
- Dokumentations- und Auswerteformular

Prüfung durchführen

Prüfeinrichtung zusammenstellen

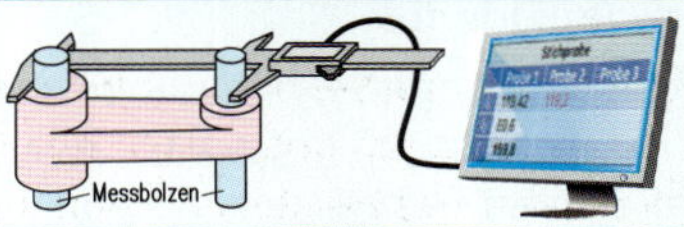

Prüfergebnis und Umgebungsbedingungen aufzeichnen

Prüfen
(Umgebungsbedingungen beachten)

Auswerten

- Soll-Ist-Vergleich durchführen
- Statistische Auswertung vornehmen

$$L = \frac{\text{Außenmaß} + \text{Innenmaß}}{2}$$

$$L = \frac{119{,}2\ \text{mm} + 80{,}4\ \text{mm}}{2}; \quad L = 99{,}8\ \text{mm}$$

- Ergebnis beurteilen (z. B. gut, Nacharbeit, Ausschuss)
- Fehler analysieren
- Fehlerbehebung vorschlagen

1 Grundbegriffe der Prüftechnik

1.1 Bedeutung des Prüfens in der Fertigung

Bei der Konstruktion von Werkstücken werden die Maße, der Werkstoff, die Oberflächenbeschaffenheit u. a. festgelegt. Der Arbeitsablauf wird organisiert und dokumentiert, eine hinreichende Anzahl von Kontrollen wird zugeordnet. Die Prüfung erfolgt durch:

- Eingangskontrolle,
- Zwischenkontrolle,
- Endkontrolle.

Beispiele für die Prüfung von Maßen an einer Welle im Rahmen des Fertigungsprozesses

Vor der Fertigung beginnen die Prüfungen der Rohteile mit der Kontrolle der Rohmaße und der Untersuchung der Werkstoffe. Damit werden zu kleine Rohteile und unbrauchbare Materialien schon vor Beginn der Fertigung ausgeschieden.

Während der Fertigung finden wiederholt Prüfungen am Werkstück statt, um Teile mit Fehlern aus dem Fertigungsprozess auszusondern. Dadurch werden Fertigungskosten eingespart.

Nach der Fertigung wird das Erzeugnis geprüft. Es wird festgestellt, ob die vorgeschriebenen Bedingungen, die sogenannten *Sollwerte des Prüfgegenstands* – wie Maße, Oberflächengüte, Festigkeit, Farbe u. a. –, mit hinreichender Genauigkeit eingehalten wurden.

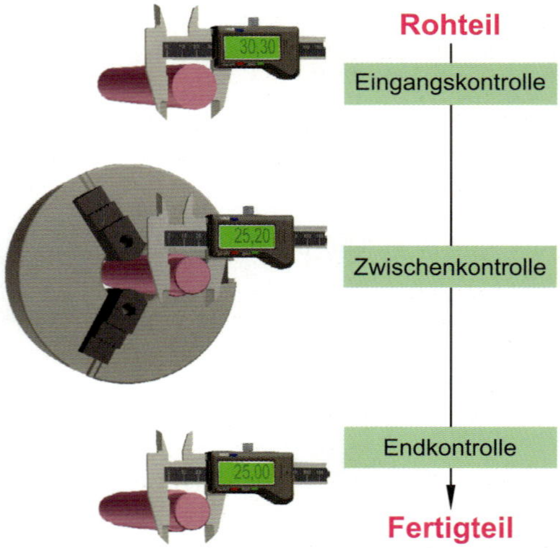

! Prüfen (DIN 1319) heißt feststellen, ob eine bestimmte Größe des Prüfgegenstands – also z. B. die Länge eines Werkstücks – die vorgeschriebenen Bedingungen erfüllt.

1.2 Subjektives und objektives Prüfen

Prüfen erfolgt mit den Sinnen und durch Prüfgeräte. Prüfungen durch Sinneswahrnehmung sind vom Prüfer abhängig. Sie werden subjektive Prüfungen genannt. Eine solche subjektive Prüfung ist z. B. die mit den Fingern durchgeführte Prüfung der Rauheit einer Werkstückoberfläche.

Prüfungen mit Prüfgeräten erlauben genaue Aussagen, z.B. mittels Zahlenwert oder der Vorgabe von Grenzwerten über auftretende Abweichungen von vorgeschriebenen Werten. Solche Prüfungen werden als objektive Prüfungen bezeichnet. Mit einem Oberflächenprüfgerät kann man z.B. die Rauheit einer Werkstückoberfläche objektiv prüfen.

Subjektive Prüfung

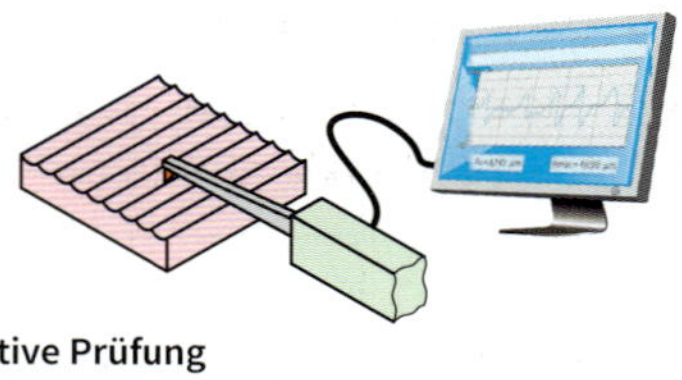

Objektive Prüfung

! Subjektives Prüfen ist das Prüfen durch Sinneswahrnehmung.
Objektives Prüfen ist das Prüfen mit Geräten, die Zahlenwerte liefern oder Grenzwerte vorgeben.

Übungsaufgabe 1/1

1.3 Grundgrößen (Basisgrößen) und ihre Einheiten (Basiseinheiten)

Grundlage des objektiven Prüfens sind die im internationalen Einheitensystem (SI-System) festgelegten physikalischen Grundgrößen und ihre Einheiten.
Folgende wichtige Grundgrößen sind genormt:

- Länge,
- Masse,
- Zeit und
- Stromstärke.

Grundgröße	Einheiten der Grundgröße	
	Name	Zeichen
Länge	Meter	*m*
Masse	Kilogramm	*kg*
Zeit	Sekunde	*s*
Stromstärke	Ampere	*A*

Wichtige Grundgrößen und ihre Einheiten sind:
- Länge mit der Einheit Meter,
- Masse mit der Einheit Kilogramm,
- Zeit mit der Einheit Sekunde,
- Stromstärke mit der Einheit Ampere.

Häufig entstehen bei Verwendung der Basiseinheiten sehr große oder kleine Zahlenwerte. Es wird zum Beispiel kaum jemand von einer 0,0001 m dicken Rasierklinge oder von einer 50 000 m langen Wegstrecke sprechen, sondern von einer 0,1 mm dicken Rasierklinge und einer Wegstrecke von 50 km. Im metrischen Maßsystem sind deshalb mögliche Vielfache oder Teile vorgegeben und durch Vorsatzsilben oder -zeichen gekennzeichnet.
Ausnahmen von diesen Regeln: Weil Gramm als Basiseinheit der Masse zu klein ist, wurde als Einheit der Grundgröße das Kilogramm gewählt.
Bei der Angabe der Zeit geht man aus Tradition beim Vielfachen auf Minuten, Stunden usw.

	Faktor		Vorsatz-	
	Bedeutung	Zehnerpotenz	silbe	zeichen
Vielfache ↑	Tausendfache	10^3	Kilo	*k*
	Hundertfache	10^2	Hekto	*h*
	Zehnfache	10^1	Deka	*da*
	Basiseinheit	**$10^0 = 1$**		
Teile ↓	Zehntel	10^{-1}	Dezi	*d*
	Hundertstel	10^{-2}	Zenti	*c*
	Tausendstel	10^{-3}	Milli	*m*
	Millionstel	10^{-6}	Mikro	*µ*

Durch die Wahl von Teilen oder Vielfachen von Einheiten werden Maßangaben anschaulicher.

Die Angabe einer Grundgröße erfolgt stets durch Zahlenwert und Einheit. Soweit eine Einheit nicht verbindlich vorgeschrieben ist, soll sie so gewählt werden, dass kleine und übersichtliche Zahlenwerte entstehen.

Beispiele für die Angaben und Umrechnungen von Größen

$50\,000\ \text{m} = 50 \cdot 10^3\ \text{m} = 50\ \text{km}$

$0{,}0001\ \text{m} = 0{,}1 \cdot 10^{-3}\ \text{m} = 0{,}1\ \text{mm}$

$0{,}05\ \text{kg} = 0{,}05 \cdot 10^3\ \text{g} = 50\ \text{g}$

$6\,000\ \text{ms} = 6\,000 \cdot 10^{-3}\ \text{s} = 6\ \text{s} = 0{,}1\ \text{min}$

Die Angabe einer Grundgröße erfolgt stets durch Zahlenwert und Einheit. Die Einheit soll so gewählt werden, dass ein übersichtlicher Zahlenwert entsteht.

1.4 Formelzeichen

Durch Formelzeichen werden Grundgrößen übersichtlich in Kurzschreibweise dargestellt. Die verschiedenen Bedeutungen einer Grundgröße drückt man durch unterschiedliche Formelzeichen aus.

Beispiele für Formelzeichen und ihre Bedeutung

Grundgröße	Formelzeichen und ihre spezielle Bedeutung				Einheit
Länge	*l*	Länge	*d*	Durchmesser	m Meter
	b	Breite	*r*	Radius	
	h	Höhe	*s*	Wegstrecke	

1.5 Prüfverfahren: Messen und Lehren

Das Prüfen von Längen, Winkeln, Formen u. a. kann grundsätzlich durch zwei unterschiedliche Verfahren erfolgen: durch Messen oder durch Lehren.

Messen	Lehren
Beim Messen wird die zu prüfende Größe mit der auf dem Messgerät festgelegten Maßeinheit verglichen. Der **Messwert** ist ein Zahlenwert mal der zugehörigen Maßeinheit. Durch Messen wird der Zahlenwert der Prüfgröße ermittelt. Der Zahlenwert der Prüfgröße wird **Istmaß** genannt.	Beim Lehren vergleicht man die zu prüfende Größe mit einer nicht veränderbaren Maß- oder Formverkörperung – der **Lehre**. Hierbei wird festgestellt, ob Abweichungen von Sollwert oder vorgeschriebenen Grenzen vorliegen. Der Zahlenwert der Abweichung wird nicht ermittelt.

Beispiel für Messen

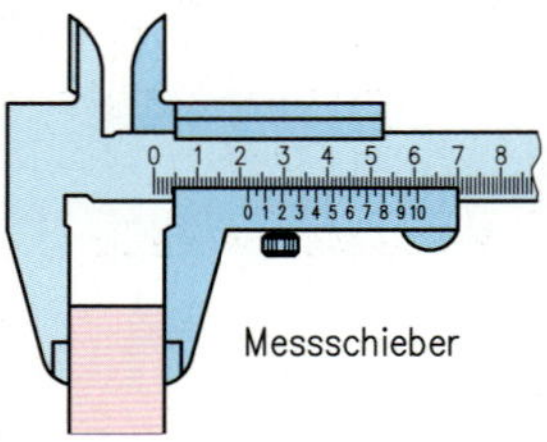

Messen einer Länge

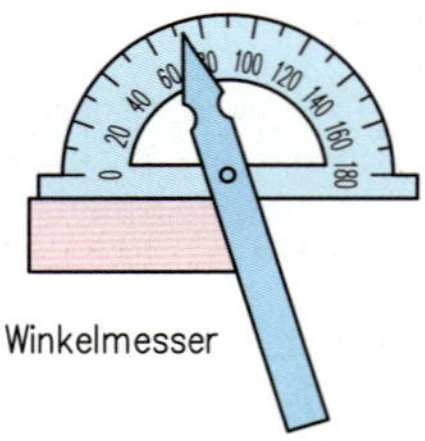

Messen eines Winkels

Beispiel für Lehren

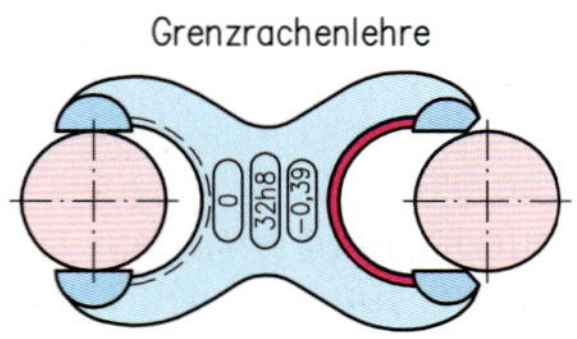

Lehren eines Durchmessers

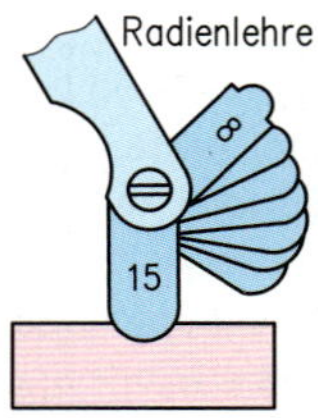

Lehren eines Radius

> **!** Messen ist ein Prüfen, bei dem das Istmaß einer Messgröße als Zahlenwert ermittelt wird.
> Lehren ist ein Prüfen, bei dem festgestellt wird, ob eine Messgröße mit einer Maß- oder Formverkörperung übereinstimmt.

2 Prüfen von Längen

2.1 Maßsysteme und Einheiten

Die international festgelegte und gesetzlich vorgeschriebene Einheit für die Länge ist das Meter (Einheitenzeichen: m). Man nennt dieses System auch **metrisches Maßsystem**.
Neben dem Meter als gesetzlicher Einheit für die Länge sind dezimale Teile und dezimale Vielfache des Meters zugelassen. Festgelegte Vorsilben geben dabei das dezimale Vielfache oder den dezimalen Teil des Meters an. In der Metallverarbeitung werden Maße in der Regel in Millimeter angegeben. Bei sehr genauen Maßangaben benutzt man auch die Einheit Mikrometer.

Vom Meter abgeleitete Längeneinheiten

1 000 · 1 m =	1 000 m	= 1 km	Kilometer
1 · 1 m =	1 m	= 1 m	Meter
$\frac{1}{10}$ · 1 m =	0,1 m	= 1 dm	Dezimeter
$\frac{1}{100}$ · 1 m =	0,01 m	= 1 cm	Zentimeter
$\frac{1}{1\,000}$ · 1 m =	0,001 m	= 1 mm	Millimeter
$\frac{1}{1\,000\,000}$ · 1 m =	0,000001 m	= 1 µm	Mikrometer

> **!** Die Basiseinheit der Länge ist das Meter.
> In der Metalltechnik werden Längemaße in Millimeter angegeben.

In einigen Ländern wird noch die Einheit Zoll für die Längenmessung benutzt – **Zollmaßsystem**. Auch in Deutschland ist diese Einheit bei Rohrgewinden und teilweise im Fahrzeugbau noch üblich.
Für die Umrechnung gilt:

> **!** 1 Zoll = 1" = 25,400 mm

Übungsaufgaben 1/4 bis 1/6 und 2/1 bis 2/6

2.2 Höchstmaß – Mindestmaß – Toleranz

Werkstücke können in der Fertigung nie genau mit dem in der Zeichnung angegebenen Maß, dem **Nennmaß** *N*, hergestellt werden. Daher werden je nach Anforderung mehr oder weniger große Abweichungen vom Nennmaß zugelassen. Das größte zulässige Maß des Werkstücks ist das Höchstmaß G_o. Das kleinste zulässige Maß ist das **Mindestmaß** G_u. Der Unterschied zwischen Höchst- und Mindestmaß wird als **Toleranz** *T* bezeichnet.

Die obere zulässige Abweichung vom Nennmaß ist das **obere Abmaß** *ES*[1, 2] bei Bohrungen, (*es* bei Wellen).
Die untere zulässige Abweichung ist das **untere Abmaß** *EI*[1, 3] bei Bohrungen, (*ei* bei Wellen).

Die Größe der Toleranz richtet sich nach dem Verwendungszweck.

Der Außendurchmesser eines Wasserrohrs kann mit größerer Toleranz gefertigt werden, weil die Funktion dadurch nicht beeinträchtigt wird.

Die Zapfen einer Kurbelwelle müssen hingegen mit kleinerer Toleranz gefertigt werden, weil sonst eine einwandfreie Montage und ein ruhiger Lauf nicht gewährleistet sind.

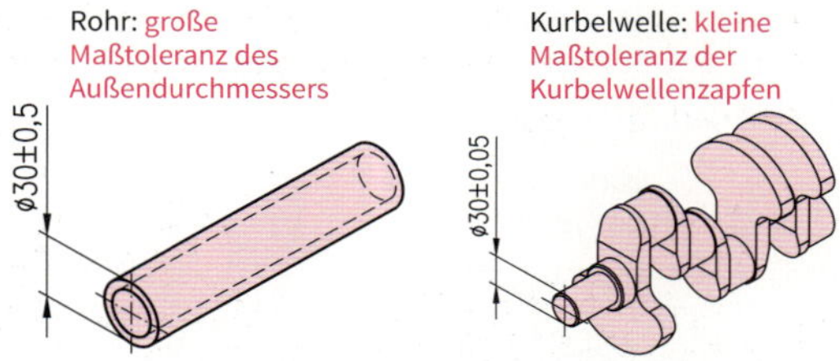

Auswahl der Toleranz nach dem Verwendungszweck

> **!** Damit Werkstücke wirtschaftlich gefertigt werden können, gilt der Grundsatz:
> „Toleranzen so groß wie möglich und nur so klein wie notwendig wählen.“

Beispiel für die Grenzen der zulässigen Abweichungen vom Nennmaß

Zeichnung mit **Nennmaß** und **Grenzabmaßen**

Werkstück mit **Mindestmaß**

Werkstück mit **Höchstmaß**

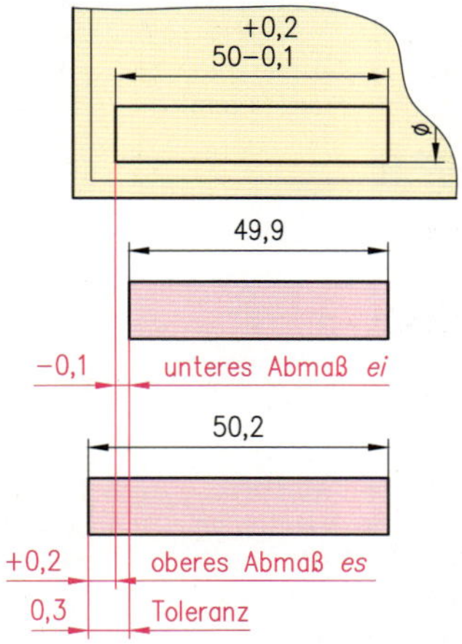

Nennmaß *N*:
$N = 50$ mm

Grenzabmaße:
$es = +0{,}2$ mm
$ei = -0{,}1$ mm

Mindestmaß G_u:
$G_u = N + ei$
$G_u = 50\text{ mm} + (-0{,}1\text{ mm}) = \mathbf{49{,}9\text{ mm}}$

Höchstmaß G_o:
$G_o = N + es$
$G_o = 50\text{ mm} + (+0{,}2\text{ mm}) = \mathbf{50{,}2\text{ mm}}$

Toleranz *T*:
$T = G_o - G_u$
$T = 50{,}2\text{ mm} - 49{,}9\text{ mm} = \mathbf{0{,}3\text{ mm}}$

> **!**
> Bohrungen: Höchstmaß $G_o = N + ES$ — Mindestmaß $G_u = N + EI$ — Toleranz $T = G_o - G_u$
> Wellen: Höchstmaß $G_o = N + es$ — Mindestmaß $G_u = N + ei$ — Toleranz $T = G_o - G_u$

Grenzabmaße für Längenmaße (Allgemeintoleranzen nach DIN ISO 2768)

Toleranzklasse	Grenzabmaße in mm für Nennmaßbereich in mm							
	0,5 bis 3	über 3 bis 6	über 6 bis 30	über 30 bis 120	über 120 bis 400	über 400 bis 1 000	über 1 000 bis 2 000	über 2 000 bis 4 000
f (fein)	± 0,05	± 0,05	± 0,1	± 0,15	± 0,2	± 0,3	± 0,5	–
m (mittel)	± 0,1	± 0,1	± 0,2	± 0,3	± 0,5	± 0,8	± 1,2	± 2
c (grob)	± 0,2	± 0,3	± 0,5	± 0,8	± 1,2	± 2	± 3	± 4
v (sehr grob)	–	± 0,5	± 1	± 1,5	± 2,5	± 4	± 6	± 8

1 *E, e* von franz. écart = Abmaß; 2 *S, s* von franz. supérieur = oberes; 3 *I, i* von franz. inférieur = unteres

Übungsaufgaben 2/7 bis 2/9

2.3 Begriffe der Längenmesstechnik

Begriffe zum Messvorgang

Um den Messvorgang beschreiben zu können, ist es notwendig, einige Begriffe der Messtechnik zu kennen.

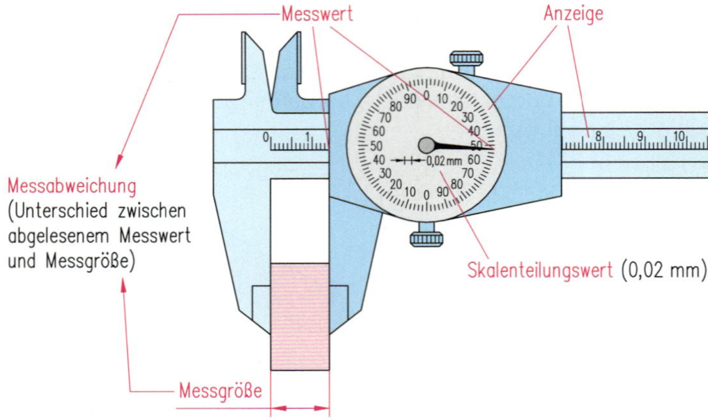

Begriffe der Messtechnik

Begriffe	Erläuterungen
Anzeige	**analog** 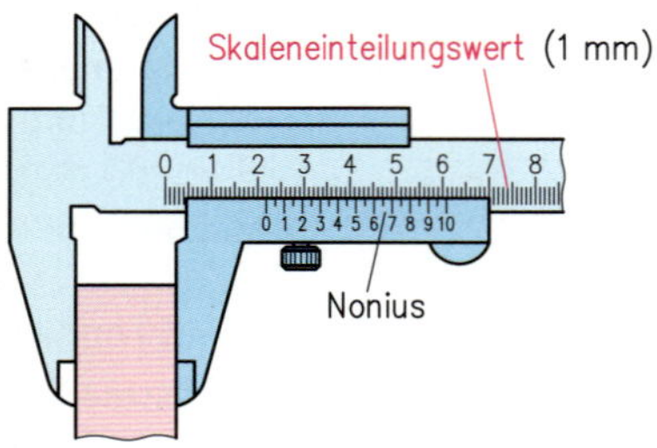 Bei einem analogen Messgerät wird der Messwert durch Ablesen einer Markierung auf einer Hauptskala ermittelt. Die Ablesegenauigkeit kann durch eine Zusatzskala, wie z. B. durch den Nonius beim Messschieber, verfeinert werden. **digital** 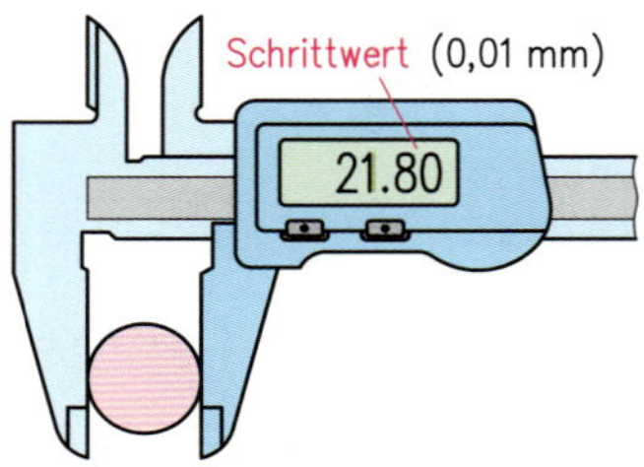 Bei einer digitalen Messanzeige wird der Messwert als Ziffernwert angezeigt, wobei die Genauigkeit vom Schrittwert des Messgeräts abhängig ist. Die Anzeige ist die vom Messgerät ausgegebene Information über die Größe des Messwerts. Sie kann optisch – in analoger oder digitaler Form – vermittelt werden.
Messwert	Der Messwert ist das Ergebnis des Vergleichs zwischen der Messgröße und der auf dem Messgerät festgelegten Maßeinheit. **Messwert = Zahlenwert · Maßeinheit**
Messgröße	Die Messgröße ist die zu messende Größe an einem Werkstück.
Skalenteilungswert bzw. Schrittwert	Der Skalenteilungswert bzw. Schrittwert entspricht der Differenz zweier benachbarter Teilungsmarken auf einer Strichskala bzw. einem Ziffernschritt auf einer Ziffernskala.
Messabweichung	Eine Messabweichung ist die Differenz zwischen dem gemessenen Wert (Messwert) und dem tatsächlichen Wert (Messgröße).
Bezugstemperatur	Die Bezugstemperatur ist die Temperatur, bei der Messgeräte genau anzeigen. Sie beträgt 20 °C. Sie muss für Messzeuge und Werkstücke eingehalten werden.

Übungsaufgaben 2/10 bis 2/12

Begriffe zum Messverfahren

Grundlagen aller Prüfgeräte sind **Maßverkörperungen.**

Die Verkörperung von Längenmaßen kann erfolgen:
- durch den Abstand von Teilstrichen auf Linealen,
- durch den festen Abstand von parallelen Flächen bei Parallelendmaßen.

Messverfahren, in denen das zu prüfende Maß unmittelbar mit einer Maßverkörperung verglichen wird, nennt man **direkte Messverfahren**.

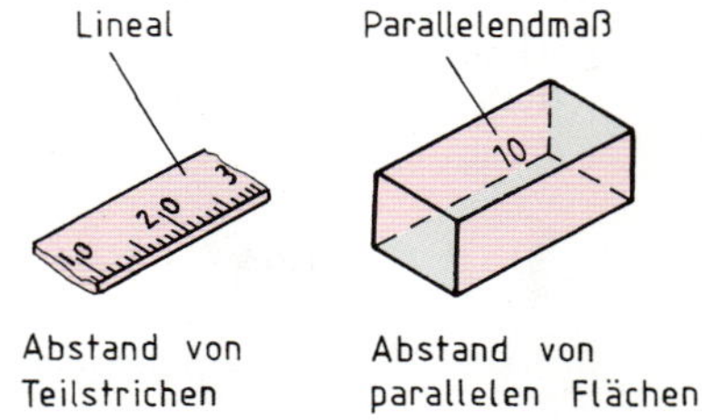

Verkörperung von Maßen zum direkten Messen

> **!** Durch das Messverfahren stellt man das Istmaß eines Werkstückes fest. Beim Messen von Längen erfolgt ein zahlenmäßiger Vergleich mit Maßverkörperungen.
> Direktes Messen ist unmittelbares Vergleichen des zu prüfenden Maßes mit einer Maßverkörperung.

Wird die zu prüfende Länge x aus einer anderen physikalischen Größe, z. B. der Druckänderung von Druckluft oder der Änderung einer elektrischen Spannung abgeleitet, dann spricht man von einem **indirekten Messverfahren.**

Eine Änderung des Abstandes l bewirkt z. B. bei einer Längenmessung mit Druckluft eine Druckänderung; diese erlaubt Rückschlüsse auf das Maß x.

Bei Messungen in der Serienfertigung werden indirekte Messverfahren bevorzugt, weil sie eine schnelle und sichere Messwerterfassung ermöglichen.

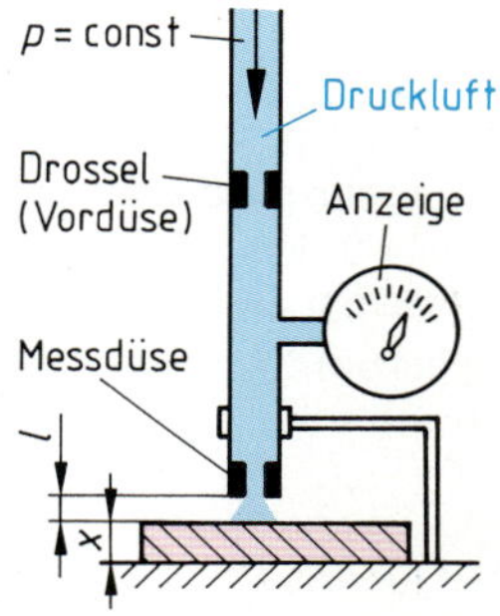

Indirektes Messen mit Druckluft

> **!** Beim indirekten Messen wird das Längenmaß aus einer anderen physikalischen Größe abgeleitet.

2.4 Direkte Längenmessung

2.4.1 Messen mit Strichmaßen

Bei Strichmaßen werden Maße durch den Abstand der Teilstriche verkörpert. Strichmaße sind starre oder flexible einteilige oder mehrteilige gelenkig verbundene Stäbe oder Bänder von unterschiedlicher Länge. Die Maßverkörperung durch Teilstriche erstreckt sich über die gesamte Länge des Strichmaßes.

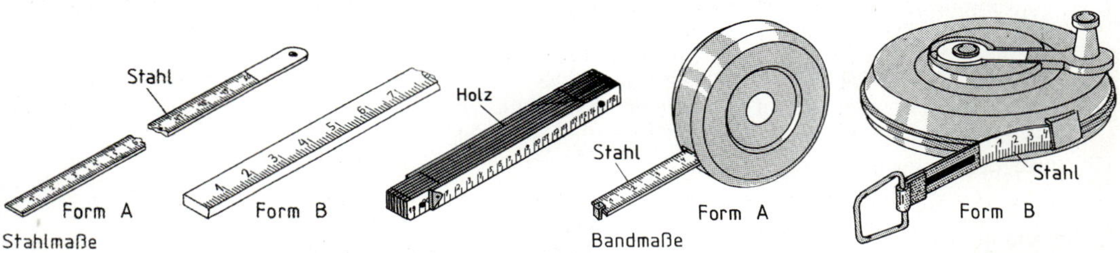

Stahlmaße

Bandmaße

Strichmaße	Stahlmaße		Gliedermaßstab	Bandmaße	
	Form A	Form B		Form A	Form B
Messbereich	bis 0,5 m	bis 2 m	bis 2 m	bis 2 m	bis 50 m
Ablesegenauigkeit	0,5 mm	1 mm	1 mm	1 mm	1 mm

> **!** Strichmaße werden für Messungen mit Ablesegenauigkeiten bis zu 0,5 mm und für Anreißarbeiten eingesetzt.

2.4.2 Messen mit Messschiebern

Mit dem Messschieber können Außen-, Innen- und Tiefenmessungen durchgeführt werden. Durch eine Ablesehilfe, den **Nonius**, kann man Messwerte auf 1/10 mm Genauigkeit ablesen.

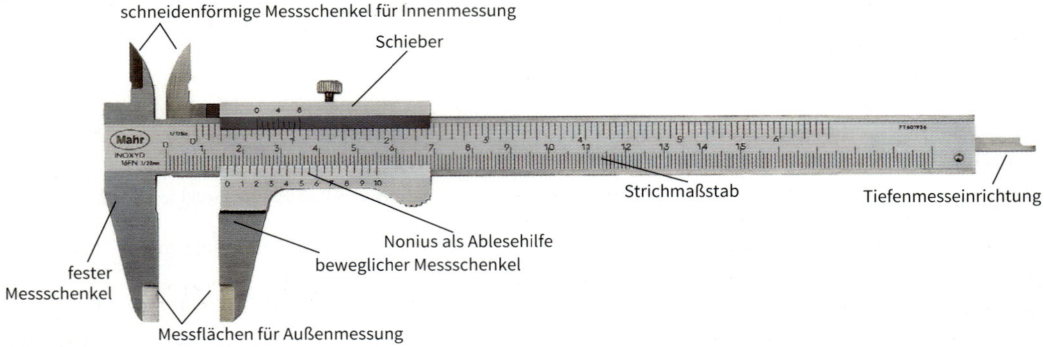

Messschieber

Der Zehntel-Nonius ist im einfachsten Fall 9 mm lang und in zehn gleiche Abschnitte geteilt. Der Abstand zweier Striche auf der Noniusskala ist daher 9 mm : 10 = 0,9 mm. Damit ist ein Skalenteil auf dem Nonius um 0,1 mm kleiner als auf dem Strichmaßstab.

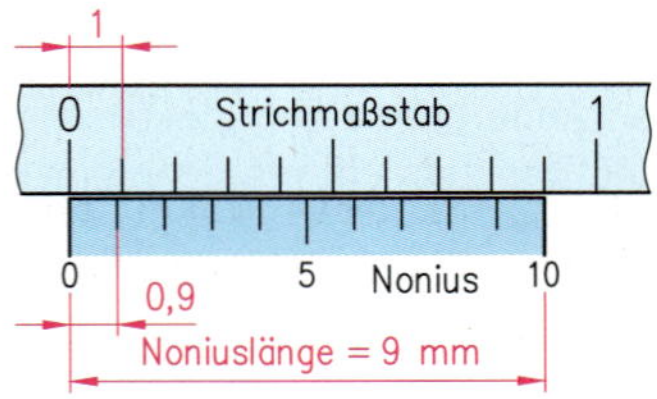

Zehntel-Nonius

Strichmaßstab:
1 Skalenteil = 1 mm

Nonius:
1 Skalenteil = 9 mm : 10 = 0,9 mm

Ablesegenauigkeit:
0,1 mm

Beispiel für das Ablesen eines Maßes

Wird der Messschieber mehr als 1 mm geöffnet, so erhält man den Ablesewert aus der Addition der ganzen und der Zehntelmillimeter.

Ablesewert = 4 mm + 0,7 mm = **4,7 mm**

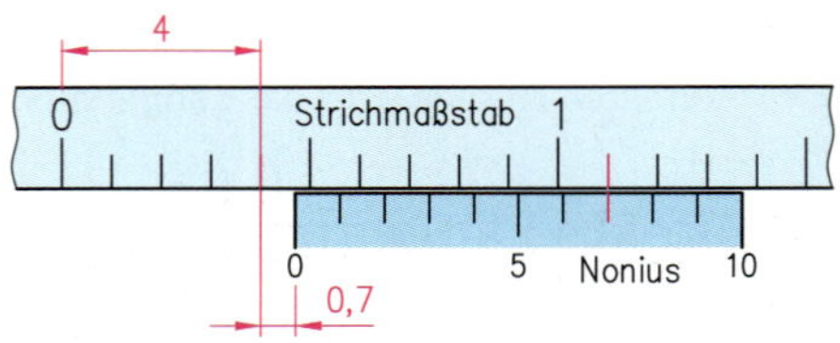

Ablesung von ganzen und zehntel Millimetern

Da die Striche beim 9 mm langen Nonius sehr dicht beeinanderliegen, wird bei vielen Messschiebern der Nonius zur Erhöhung der Ablesesicherheit auf 19 oder 29 mm Länge gestreckt.

> **!** Für das Arbeiten mit dem Messschieber ergeben sich aus den Beispielen folgende Ableseregeln:
> - Ganze Millimeter werden auf dem Strichmaßstab links vom Nullstrich des Nonius abgelesen.
> - Die Zehntelmillimeter werden an dem Teilstrich des Nonius abgelesen, der mit einem Strich des Strichmaßstabs übereinstimmt.

1. Tiefenmessschieber

Der Tiefenmessschieber dient zum Messen der Tiefen von Nuten und Ausarbeitungen sowie zum Messen von Längen stufenförmig abgesetzter Werkstücke.

Zur Auflage auf das Werkstück ist der Messschenkel des Schiebers beidseitig als sogenannte Messbrücke ausgeführt. In ihr wird der Strichmaßstab verschoben. Die Messflächen von Brücke und Strichmaß liegen bei der Nullstellung in einer Ebene.

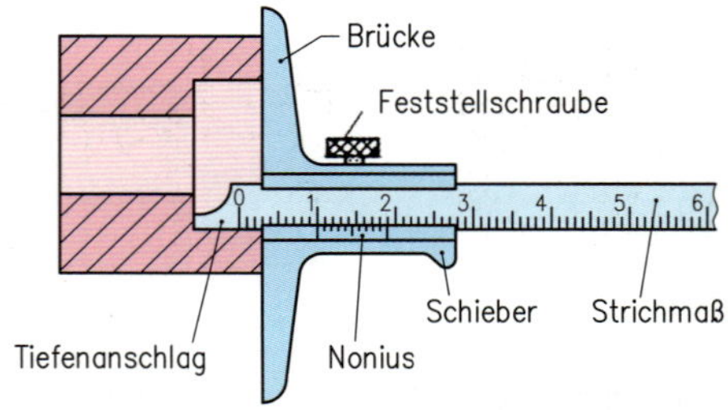

Messen mit einem Tiefenmessschieber

Übungsaufgaben 2/13 bis 2/15

2. Messschieber mit Rundskala

Messschieber mit Rundskala besitzen statt des Nonius eine Messuhr. Bei diesen Messschiebern werden auf dem Strichmaßstab die ganzen Millimeter und auf der Messuhr die Bruchteile der Millimeter abgelesen. Je nach Ausführung der Messuhr beträgt die Ablesegenauigkeit ein Zehntel- bis ein Hundertstelmillimeter.

3. Digital anzeigende Messschieber

Digital anzeigende Messschieber zeigen auf einer LCD-Anzeige (Flüssigkristallanzeige) den Messwert unmittelbar an. Dadurch werden Ablesefehler weitgehend ausgeschlossen. Diese Messschieber erleichtern auch die Durchführung von Unterschiedsmessungen, da die Nullstellung beliebig einstellbar ist.

Zur Erfassung von Messwerten in der Qualitätssicherung können digitale Messschieber über USB oder Bluetooth mit dem Computer verbunden werden. Die Messwerte werden dann automatisch geordnet in Tabellen eingetragen.

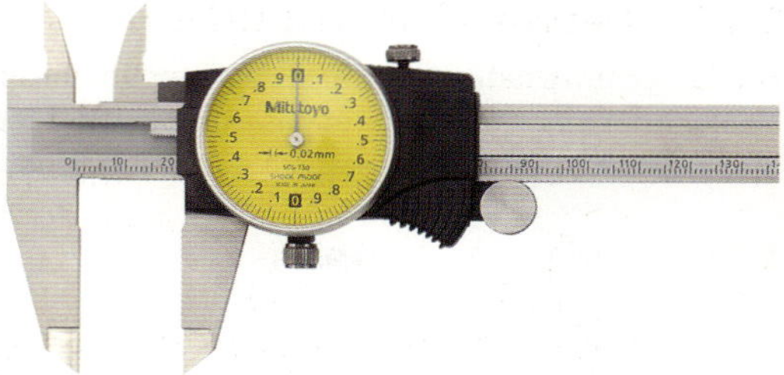

Messschieber mit Rundskala

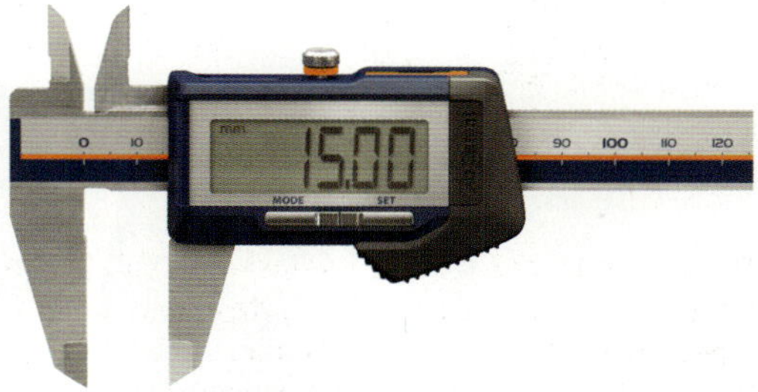

Messschieber mit digitaler Anzeige

Beispiele für die Vereinfachung von Messungen durch Nullstellen

Messaufgabe	Durchführung der Messung		
Abmaße messen 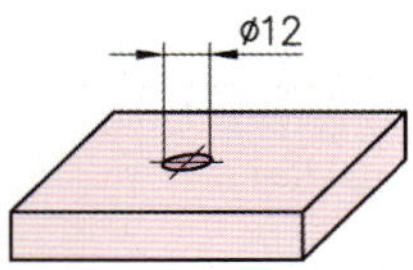	Nennmaß einstellen ⟶ 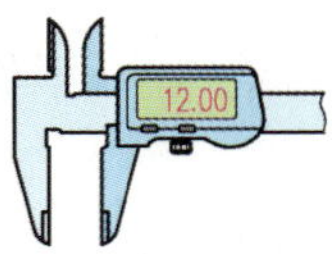	Nullstellen ⟶ 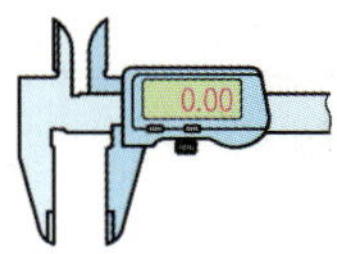	Messen Anzeige der ø-Abweichung 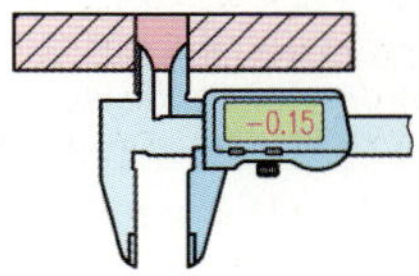
Mittenabstand messen $d_1 = 15$ $d_2 = 25$ 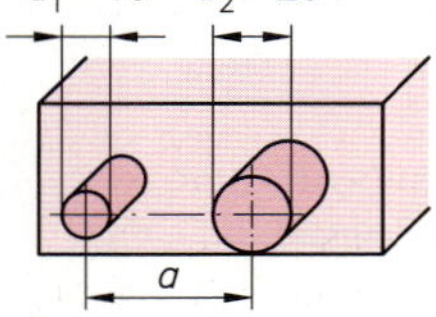	$(d_1 + d_2)/2$ einstellen ⟶ $(15 + 25)/2 = 20$ 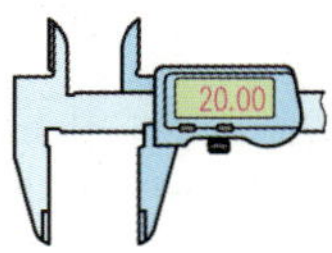	Nullstellen ⟶ 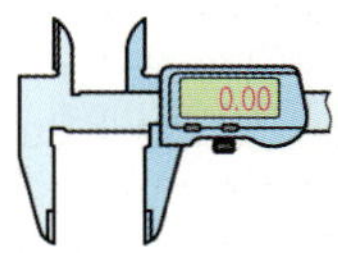	Messen Anzeige von „*a*“ 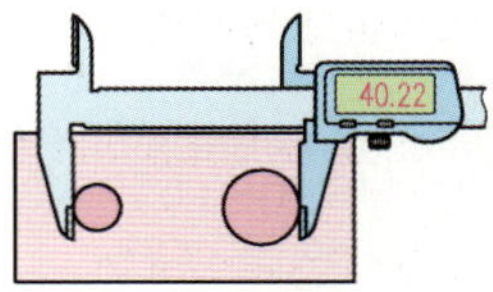
Bodendicke messen 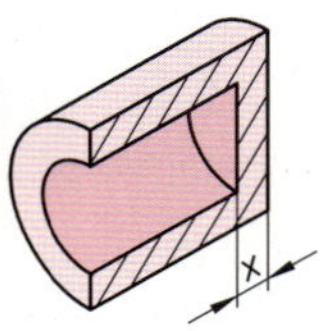	Maß der Hülsentiefe ⟶ einstellen 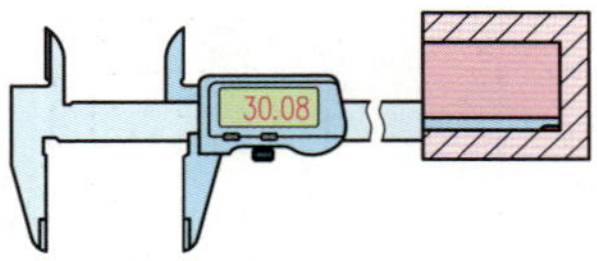	Nullstellen ⟶ 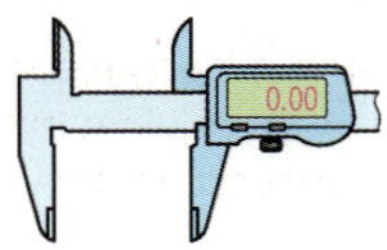	Messen Anzeige von „*x*“ 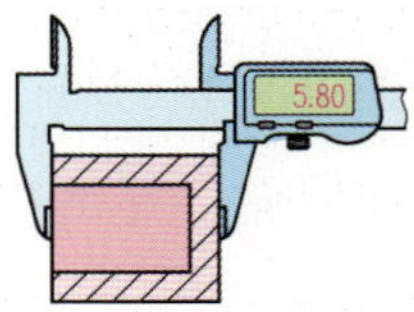

! Mit digital anzeigenden Messschiebern können Maßunterschiede durch Voreinstellung von Hilfsmaßen und anschließendes Nullstellen unmittelbar gemessen werden.

2.4.3 Messen mit Messschrauben

Für Längenmessungen mit einer Ablesegenauigkeit von 0,01 mm werden Messschrauben benutzt. Bei Messschrauben wird mithilfe eines Gewindes die Längenmessung durchgeführt. Die Gewindesteigung stellt die Maßverkörperung dar. Je nach Ausführung sind Außen-, Innen- oder Tiefenmessungen möglich.

1. Messprinzip

Bei Messschrauben wird das Maß durch den Abstand zwischen zwei Messflächen verkörpert. Dieser Abstand kann durch Hinein- oder Herausdrehen einer Gewindespindel aus einer Mutter verändert werden.

Beispiel für den Aufbau einer Messschraube

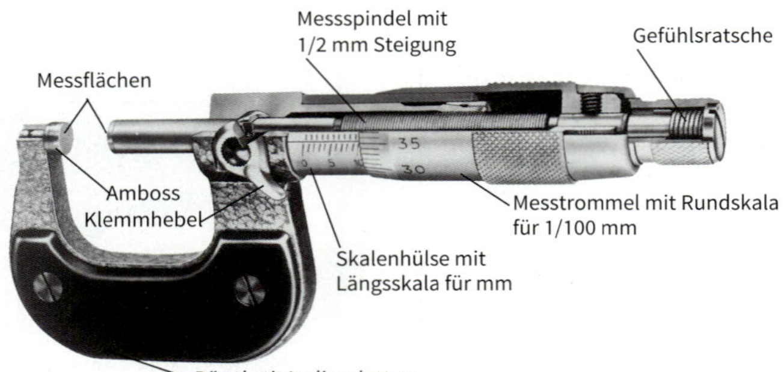

Die Steigung des Messspindelgewindes beträgt meist 0,5 mm. Eine Umdrehung dieser Messtrommel bewirkt daher eine Längsverschiebung der Messspindel von 0,5 mm. Um diese Verschiebung der Messspindel anzuzeigen, sind auf der Längsskala der Skalenhülse unterhalb des durchgehenden Längsstrichs Teilstriche aufgebracht, welche die halben Millimeter markieren.

Bei Messspindeln mit einer Steigung von 0,5 mm ist der Umfang der Messtrommel in 50 gleiche Skalenteile aufgeteilt. Öffnet man die Außenmessschraube um einen Skalenteil der Messtrommel, so bewegen sich Messtrommel mit Messspindel in Achsrichtung um 1/50 von 0,5 mm weiter. 1/50 von 0,5 mm sind 0,01 mm.

Beim Ablesen des Messwerts bestimmt man zunächst auf der Skalenhülse die ganzen und halben Millimeter. Hinzu kommen die Hundertstelmillimeter, die auf der Messtrommel angezeigt werden.

Messwert: 16,0 mm + 0,42 mm = **16,42 mm**

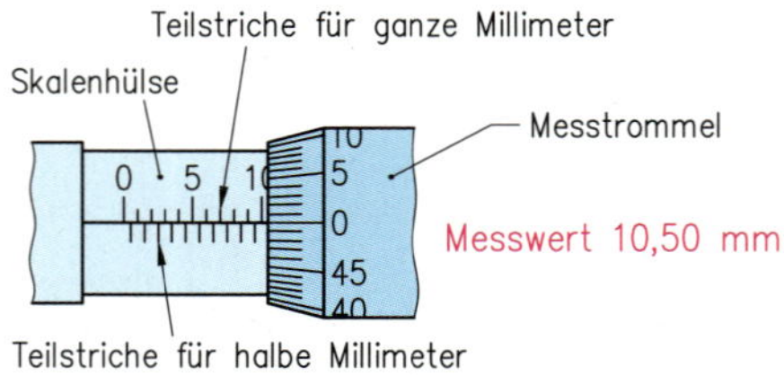

Ablesung ganzer und halber Millimeter

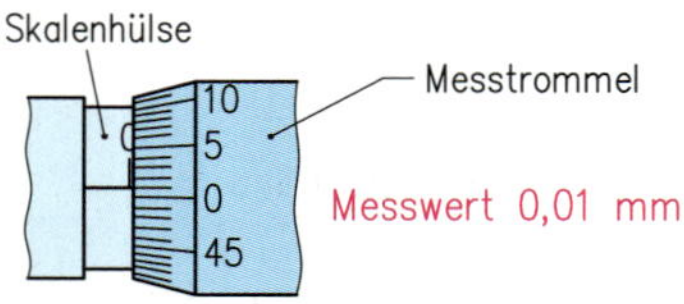

Ablesung eines Hundertstelmillimeters

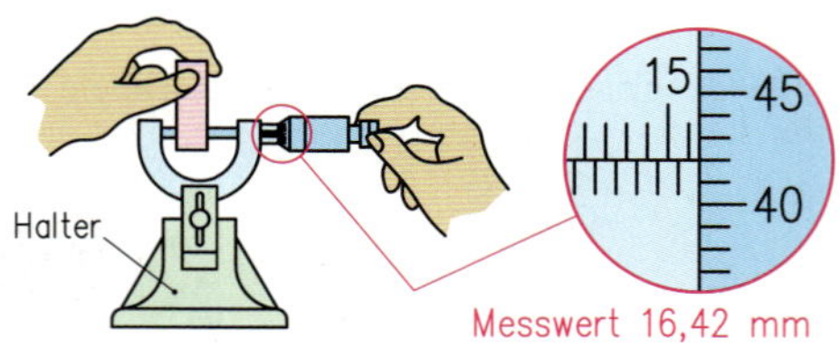

Messen mit der Bügelmessschraube

!

Für das Arbeiten mit Messschrauben ergeben sich folgende Ableseregeln:
- Ganze und halbe Millimeter werden auf der Skalenhülse abgelesen.
- Die Hundertstelmillimeter werden auf der Messtrommel abgelesen.
- Beide Ableseergebnisse werden addiert und ergeben den Messwert.

Übungsaufgaben 2/19 bis 2/21

2. Messschrauben für Innenmessungen

Für Innenmessungen verwendet man Innenmessschrauben.
Die einfachste Bauform besteht aus:

- Haltegriff mit feststehendem Messbolzen und Innengewinde,
- Messtrommel mit Messspindel und Außengewinde.

Beim Messen von Bohrungsdurchmessern ist darauf zu achten, dass Innenmessschrauben genau durch den Bohrungsmittelpunkt und außerdem senkrecht zur Bohrungsachse gehalten werden.
Einfacher und genauer können Bohrungsdurchmesser mit einer **Innenmessschraube mit Dreipunktauflage** gemessen werden. Die drei um 120° versetzten Messbolzen werden beim Drehen der Messtrommel gleichmäßig in radialer Richtung bewegt. Beim Anliegen der Messbolzen auf der Bohrungswand befindet sich die Messgeräteachse an der Messstelle genau in der Bohrungsmitte. Während des Messvorgangs ist darauf zu achten, dass die Messgeräteachse und die Bohrungsachse übereinstimmen.

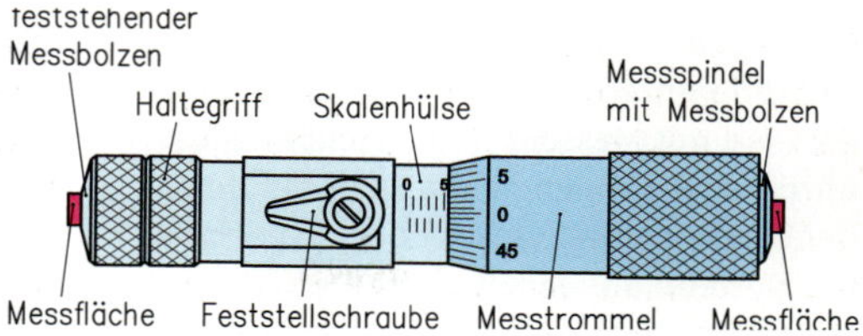

Innenmessschraube

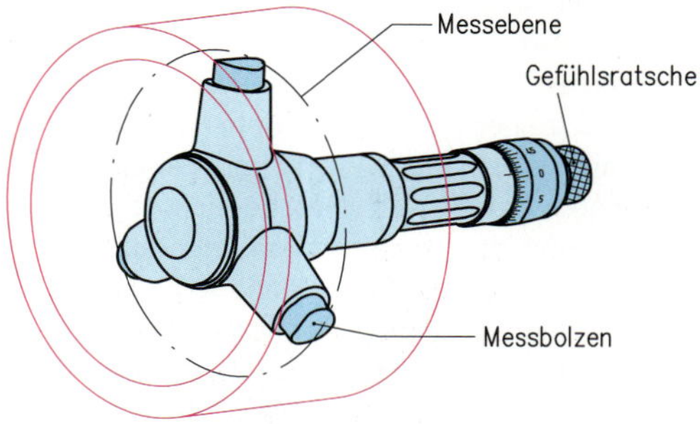

Messen mit einer Innenmessschraube mit Dreipunktauflage

3. Messschrauben für Tiefenmessungen

Genaue Tiefenmessungen werden mit Tiefenmessschrauben vorgenommen.
Sie bestehen aus folgenden Teilen:

- Messbrücke mit Skalenhülse und Innengewinde,
- Messspindel mit Messbolzen, Messtrommel, Außengewinde und Gefühlsratsche.

Bei der Tiefenmessschraube steigen die Zahlen der Skalenhülse von oben nach unten an.
Der Messbereich kann durch verschieden lange Messbolzen verändert werden.

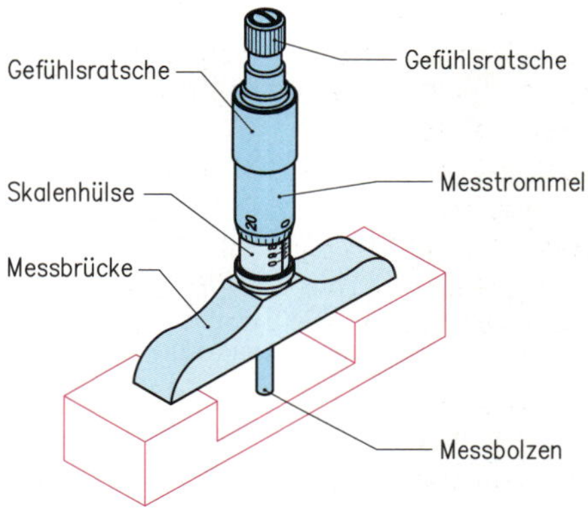

Messen mit einer Tiefenmessschraube

4. Messschrauben mit digitaler Anzeige

Fehler beim Ablesen des Messwerts werden auch bei Messschrauben durch digitale Anzeige erheblich verringert. Häufig sind diese Messschrauben neben der Digitalanzeige noch mit einer Skalen- und einer Messtrommelteilung ausgerüstet, damit der Messwert zur Sicherheit auch in herkömmlicher Weise ermittelt werden kann.

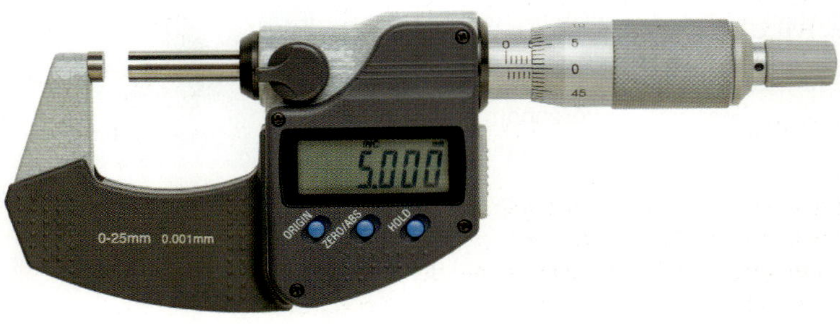

Messschraube mit digitaler Anzeige

Übungsaufgaben 2/22 bis 2/24

2.4.4 Messen mit Messuhren und Feinzeigern

1. Aufbau

Maßdifferenzen von 1/100 mm und geringer sind mit Messuhren feststellbar. **Messuhren** sind Längenmessgeräte, bei denen der Weg des Messbolzens über ein geeignetes System auf einen Zeiger übertragen wird, wobei sich der Zeiger um mindestens 360° vor einem runden Skalenblatt bewegt.

Feinzeiger sind Längenmesszeuge, in denen der Winkelausschlag des Zeigers nur über einen Teilbereich eines Vollkreises geht. Feinzeiger weisen sehr hohe Genauigkeit auf, haben aber wegen ihres Aufbaus nur einen begrenzten Messbereich. Die Übersetzung, das Verhältnis von Zeigerausschlag zum Weg des Messbolzens, kann bis 1 000 : 1 betragen. Die Übersetzung kann auf verschiedene Weise bewirkt werden, z. B. durch Hebelsysteme, Hebel-Zahnrad-Systeme oder Kombinationen von mechanischen und optischen Einrichtungen.

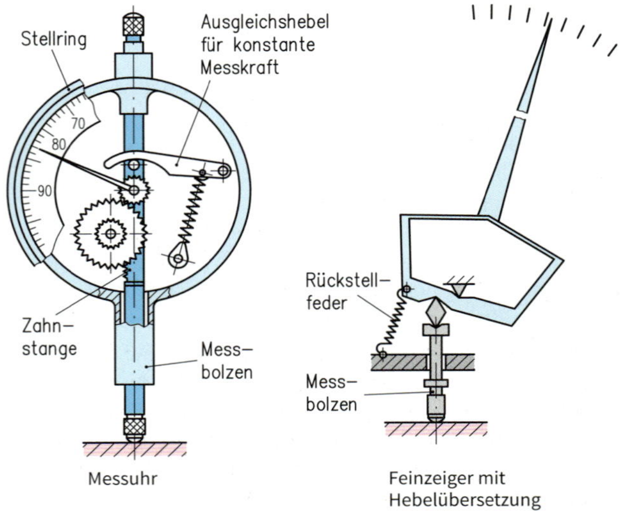

Aufbau von Messuhr und Feinzeiger

> **!** Messuhren zeigen ganze und Hunderstelmillimeter an. Der Zeigerausschlag ist mindestens 360°. Feinzeiger haben einen sehr begrenzten Messbereich. Er liegt unter 1 mm. Sie zeigen nur Hundertstel- oder Tausendstelmillimeter an.

In digital anzeigenden Messuhren wird der Messwert nicht mechanisch, sondern durch Veränderung elektrischer Größen ermittelt.
Messuhren mit digitaler Anzeige erlauben höhere Ablesegenauigkeit als solche mit Skalenanzeige.
Die Messunsicherheit beträgt aber ± 1 Schrittwert und ist damit größer als bei analog anzeigenden Messuhren.

2. Einsatz von Messuhren zur Ermittlung von Istmaßen

Werden Messuhren zur Ermittlung von Istmaßen eingesetzt, so muss die Nullstellung durch Endmaße festgelegt werden. Das Istmaß ergibt sich aus dem eingestellten Maß plus der Maßdifferenz, welche die Messuhr anzeigt (Unterschiedsmessung). Bei der Einrichtung ist darauf zu achten, dass die Nullstellung der Messuhr so vorgenommen wird, dass positive und negative Abweichungen erfasst werden können.

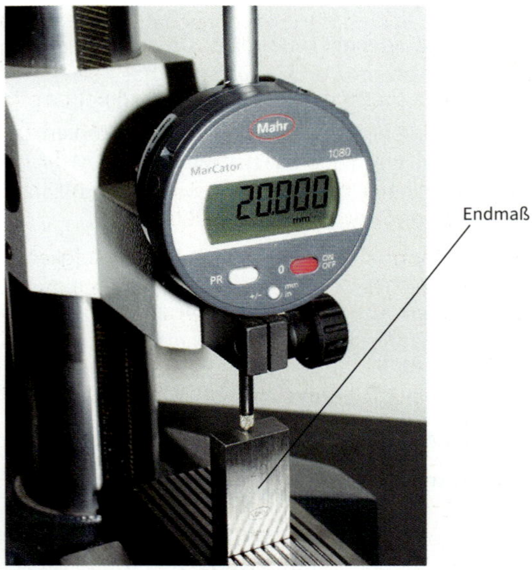

Einrichtung einer digital anzeigenden Messuhr mit einem Endmaß

> **!** Zur Ermittlung von Istmaßen wird die Nullstellung der Messuhr durch Endmaße festgelegt und eine Unterschiedsmessung durchgeführt.

2.4.5 Einstellen und Kalibrieren von Messgeräten

Zum Prüfen von Messgeräten und zum Einstellen von Messeinrichtungen mit anzeigenden Messgeräten werden vorwiegend **Parallelendmaße** eingesetzt.

Beispiel für Einstellen und Kalibrieren

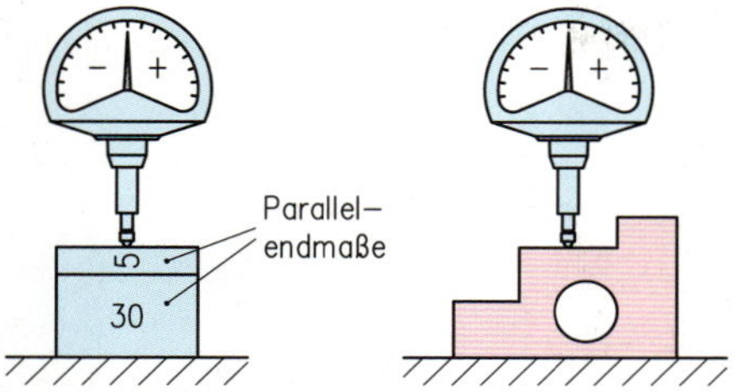

Einrichten einer Messeinrichtung

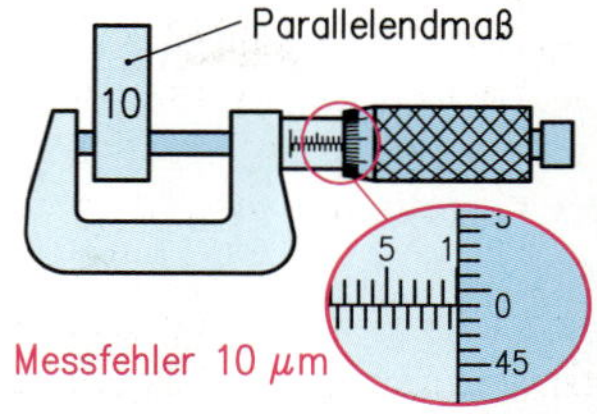

Kalibrieren einer Messschraube

Parallelendmaße sind rechteckige Maßverkörperungen, die zwischen zwei gegenüber liegenden Messflächen ein festgelegtes Maß mit einer sehr hohen Genauigkeit darstellen, z. B. im Bereich von 10 mm unter ± 0,5 µm. Werkstoffe der Parallelendmaße sind Stahl, Hartmetall oder Keramik.

Parallelendmaße werden als Endmaßsatz mit einer Vielzahl sinnvoll gestufter Einzelmaße angeboten, so dass innerhalb der Grenzen jedes beliebige Maß durch Zusammenfügen verschiedener Parallelendmaße verkörpert werden kann.

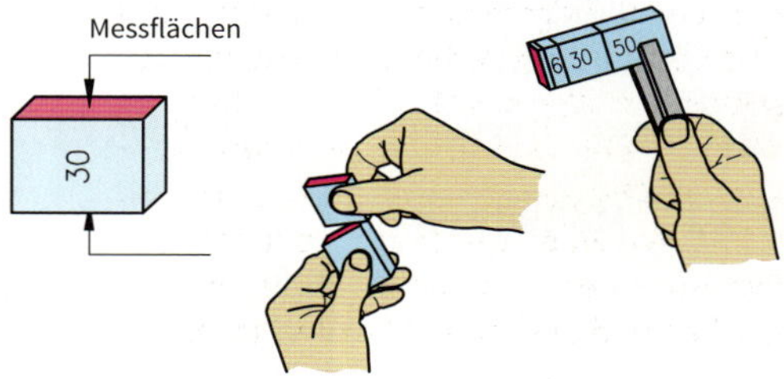

Anschieben von Endmaßen

Das Zusammenfügen verschiedener Endmaße geschieht durch Anschieben. Dabei haften die angeschobenen Flächen infolge Adhäsion aneinander.

> **!** Parallelendmaße sind sehr genaue Maßverkörperungen, bei denen das Maß durch den Abstand zweier Messflächen darqestellt wird.

Ein Endmaßnormalsatz besteht aus Endmaßen mit fünf unterschiedlichen Maßbildungsreihen. Jede Reihe hat neun Maßblöcke. Innerhalb der Reihe ist die Stufung gleich, so beträgt z. B. in der Reihe 2 die Stufung von Endmaß zu Endmaß 0,01 mm.

Endmaßnormalsätze gibt es in vier Genauigkeitsklassen von 0 bis III. Dabei haben Parallelendmaße der Klasse 0 die höchste Genauigkeit.

Maßbildungsreihe	Stufung innerhalb der Reihe	Größe der Endmaße
Reihe 1	0,001 mm	1,001 mm bis 1,009 mm
Reihe 2	0,01 mm	1,01 mm bis 1,09 mm
Reihe 3	0,1 mm	1,1 mm bis 1,9 mm
Reihe 4	1 mm	1 mm bis 9 mm
Reihe 5	10 mm	10 mm bis 90 mm

Aus den Endmaßen eines Endmaßsatzes kann man Maßverkörperungen einzelner Maße durch Zusammensetzen herstellen. Dabei beginnt man mit der niedrigsten erforderlichen Maßreihe.

Beispiel für das Zusammenstellen von Endmaßen zur Maßverkörperung 30,311 mm

Auftrag:

Zum Ermitteln der Abweichungen des Flächenabstands von 30,311 mm ist ein Feinzeiger einzurichten. Eine Maßverkörperung für das Maß 30,311 mm ist zusammenzustellen.

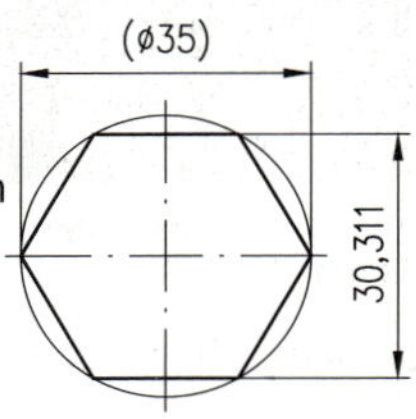

Lösung

Maßbildung		
	Reihe 1	1,001
	Reihe 2	1,010
	Reihe 3	1,300
	Reihe 4	7,000
	Reihe 5	20,000
	Kontrolle	**30,311**

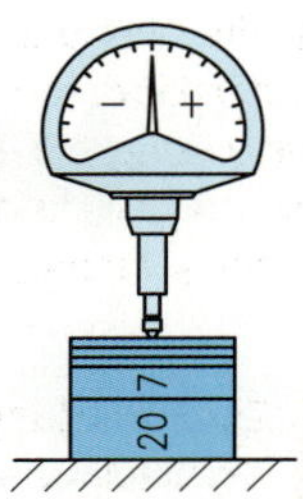

Übungsaufgaben 2/27; 2/28

2.5 Lehren

Durch Lehren wird festgestellt, ob bestimmte Längen, Winkel oder Profile eines Werkstücks erreicht worden sind. Ein Messwert wird nicht ermittelt.

2.5.1 Formlehren

Mithilfe von Formlehren wird festgestellt, ob eine bestimmte geforderte Form, ein Radius oder ein Profil dem Sollzustand entspricht.

Beispiele für Formlehren

Radienlehre

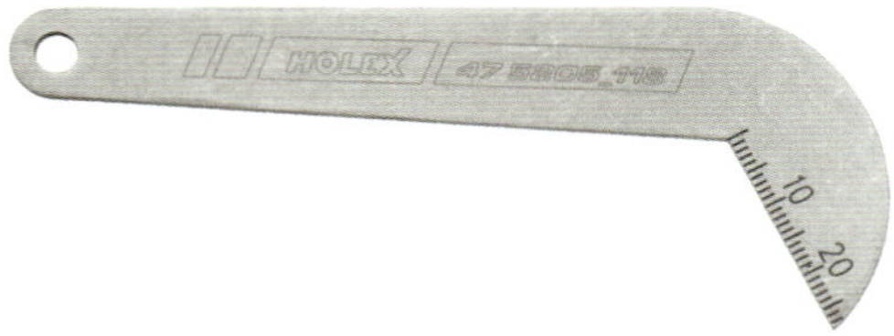

Schleiflehre für Bohrer

> **!** Formlehren verkörpern die Sollkontur.

2.5.2 Maßlehren

Maßlehren dienen zur Überprüfung von Maßen. Man kann mit Maßlehren nur die Grenzen feststellen, zwischen denen ein Maß liegt. Passt zum Beispiel die Nadel einer Düsenlehre mit 1,25 mm Durchmesser in eine Bohrung und die Nadel mit 1,30 mm Durchmesser nicht, so liegt das Maß der Bohrung zwischen 1,25 mm und 1,30 mm Durchmesser.

Beispiele für Maßlehren

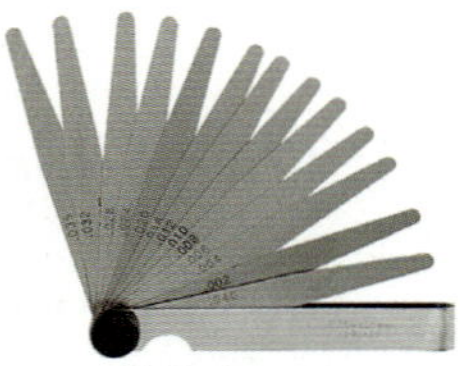

Fühlerlehre

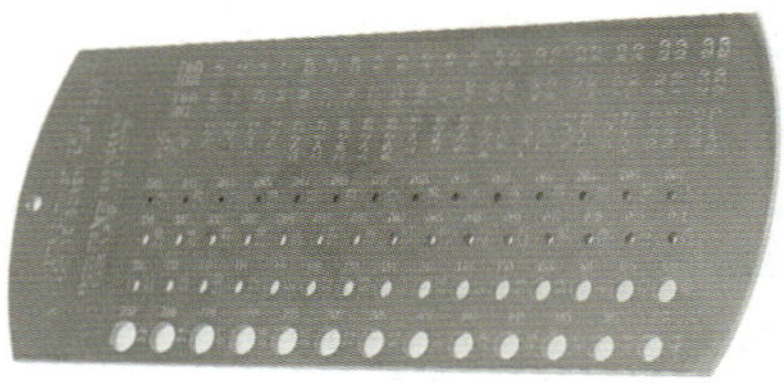

Lochlehre

> **!** Maßlehren dienen zur Überprüfung von Maßen.

2.5.3 Grenzlehren

Grenzlehren dienen zum Feststellen, ob die vorgeschriebenen Grenzmaße am Werkstück eingehalten worden sind. Die Grenzlehre hat deshalb zwei feste Maße: das Höchstmaß und das Mindestmaß.
Grenzrachenlehren dienen zum Lehren von Wellen, Grenzlehrdorne zum Lehren von Bohrungen.

Beispiele für Grenzlehren

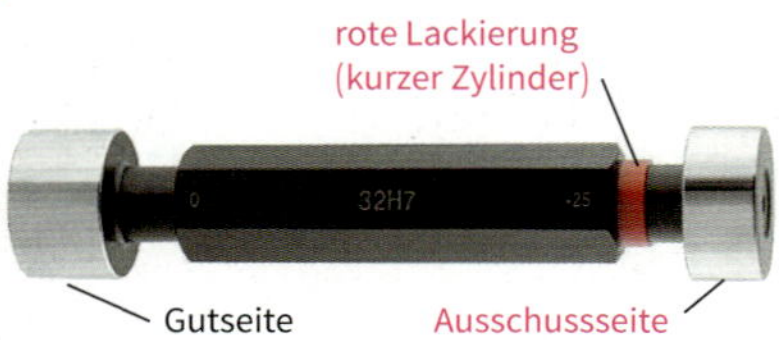

Grenzlehrdorn

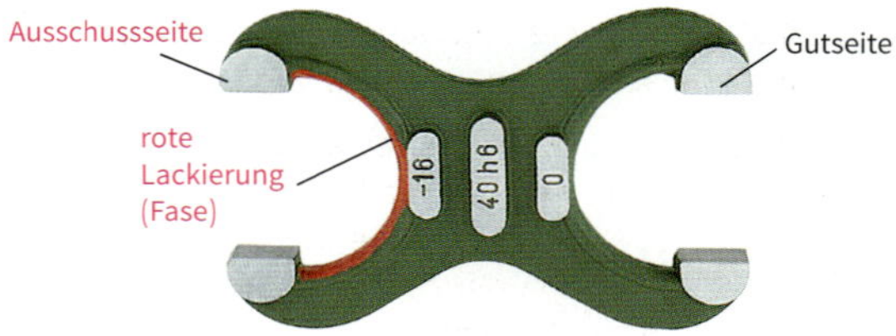

Grenzrachenlehre

> **!** Grenzlehren verkörpern das Höchst- und Mindestmaß.

Übungsaufgaben 2/29; 2/30

3 Prüfen von Winkeln

3.1 Messen von Winkeln

Der Vollkreis hat einen Winkel von 360°. Der Winkel von 1° wird unterteilt in 60 Minuten oder 3 600 Sekunden. 1° = 60' = 3 600''.

1. Messen mit Winkelmessern

– Einfacher Winkelmesser

Der einfache Winkelmesser hat einen festen Messschenkel mit einer Kreisskala in Gradeinteilung von 0 bis 180°. Ein beweglicher Messschenkel schwenkt um den Kreismittelpunkt. Der Zeiger am beweglichen Messschenkel dient zur Anzeige des Winkels auf der Kreisskala. Der angezeigte Wert entspricht nicht in jedem Fall der Winkelgröße am Werkstück. Die Größe des gemessenen Winkels wird entweder sofort abgelesen, oder sie muss berechnet werden.

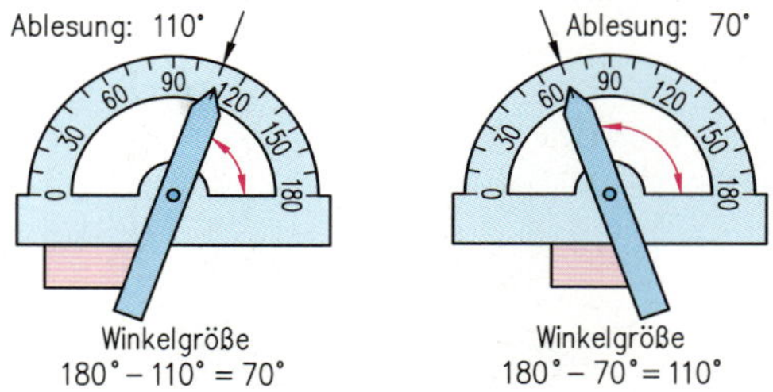

Einfacher Winkelmesser mit Ablesebeispielen

> ! Einfache Winkelmesser haben einen Messbereich von 0 bis 180°. Die Ablesegenauigkeit beträgt 1°.

– Universalwinkelmesser

Der Universalwinkelmesser ist vielseitiger verwendbar als der einfache Winkelmesser. Der Universalwinkelmesser hat zwei feste Schenkel, die unter einem Winkel von 90° zueinander stehen. Ein weiterer Schenkel ist um eine Vollkreisskala schwenkbar. Die Vollkreisskala ist in 4-mal 90° eingeteilt. Sie bildet mit den beiden festen Schenkeln eine starre Einheit. Mit dem beweglichen Schenkel verbunden ist eine Nebenskala. Sie besteht aus je einem Nonius rechts und links vom Nullstrich.

Jeder Nonius ist in zwölf Teile aufgeteilt und erstreckt sich auf 23°. Der Winkel zwischen zwei Teilstrichen auf dem Nonius ist daher 23°/12 = 1°55'. Die Ablesegenauigkeit beträgt 5'.

Das Ablesen erfordert eine Zusammenfassung der Werte von Hauptskala und Nonius. Der Winkelnonius muss von der Null zweiseitig vorhanden sein. Daher ist zu beachten, dass Hauptskala und Nonius **stets** in gleicher Richtung abgelesen werden.

Der bewegliche Messschenkel des Universalwinkelmessers kann seiner Längsrichtung verschoben und um 360° gedreht werden. Daher ist der Universalwinkelmesser sehr vielseitig einsetzbar.

Auch beim Universalwinkelmesser entspricht der angezeigte Wert nicht in jedem Fall der Winkelgröße am Werkstück. Die Winkelgröße muss gegebenenfalls unter Berücksichtigung der Stellung der Messschenkel errechnet werden.

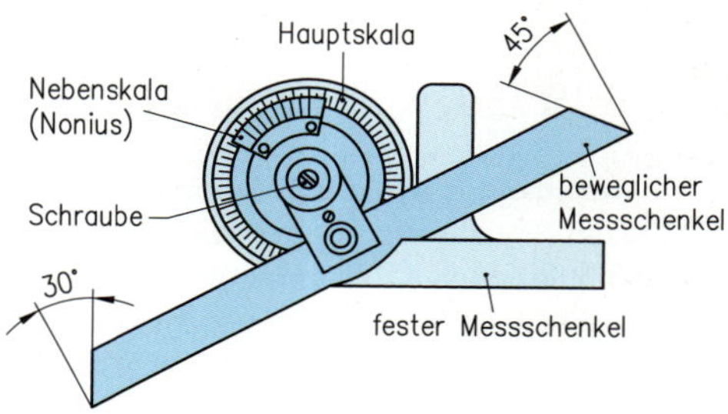

Universalwinkelmesser

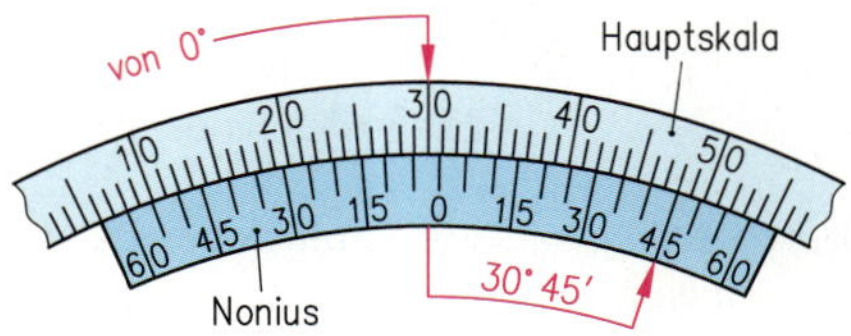

Ermittlung der Winkelgröße

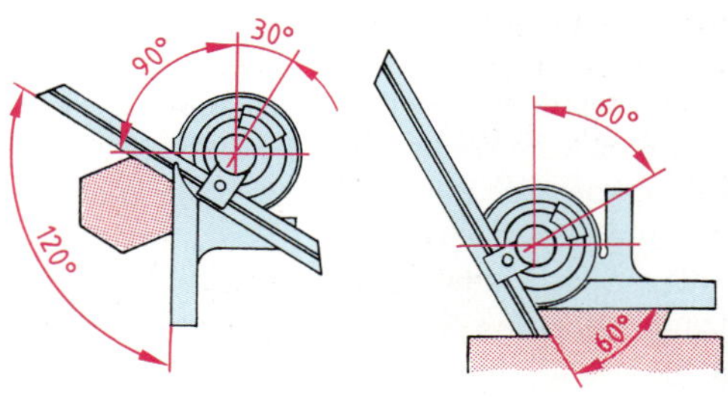

Ablesen der Winkelgröße

> ! Universalwinkelmesser haben einen Messbereich von 0 bis 360°. Die Ablesegenauigkeit beträgt 5'.
> Nonius und Hauptskala müssen stets in gleicher Richtung abgelesen werden.

Bei Winkeln zwischen 90° und 180°, also stumpfen Winkeln, gibt es zwei Möglichkeiten den Winkel zu bestimmen. Die einfachste ist, die Winkelgerade über 90° weiterzuzählen und die Minuten in gleicher Richtung abzulesen. Die andere Möglichkeit ist, man liest die Winkelgrade und die Minuten aus der Richtung 0° ab. Den so bestimmten Winkel zieht man von 180° ab und erhält als Ergebnis den Wert des stumpfen Winkels.

Beispiele für die Ermittlung eines stumpfen Winkels

Ermittlen des Winkels durch Weiterzählen

α = 119° 15'

Ermitteln des Winkels durch Ablesen aus Richtung 0° und Subtraktion des abgelesenen Winkels

α = 180° – 60° 45' = 119° 15'

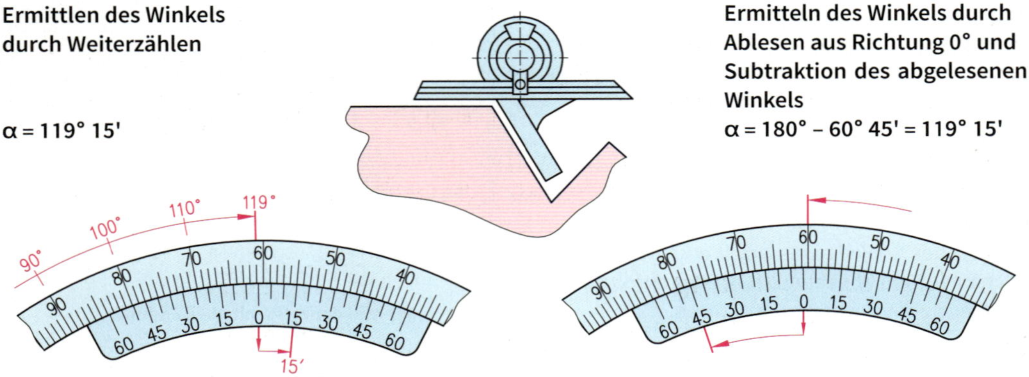

! Winkel zwischen 90° und 180° werden entweder durch Weiterzählen ermittelt oder durch Subtrahieren des abgelesenen Winkels von 180° errechnet.

2. Einstellen eines Winkels mit dem Sinuslineal

Mithilfe des Sinuslineals können Winkel durch Endmaßkombinationen zusammengestellt werden. Das Sinuslineal ist eine parallel geschliffene Platte, an der zwei Zylinder im Abstand *L* befestigt sind. Durch Unterlegen von Endmaßen wird der Winkel eingestellt. Es gilt die mathematische Beziehung:

$$\sin \alpha = \frac{H}{L}$$

α Winkel
H Höhe der Endmaße
L Länge des Sinuslineals

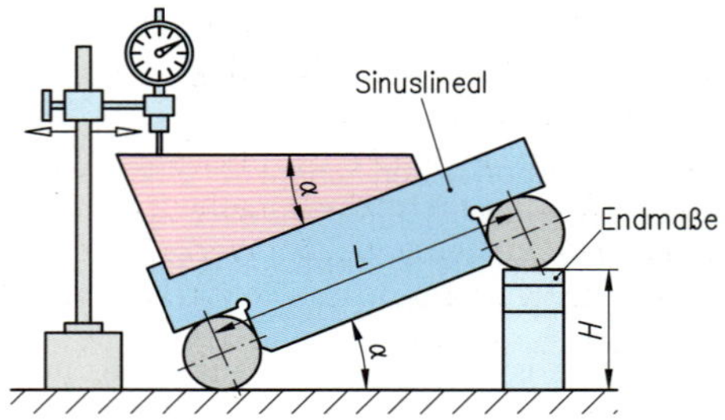

Messen mit dem Sinuslineal

! Durch den Einsatz von Parallelendmaßen kann mit dem Sinuslineal ein Winkel sehr genau bestimmt werden. Den Winkel berechnet man aus der Höhe der Endmaße und der Länge des Sinuslineals mithilfe der Sinusfunktion.

3.2 Lehren von Winkeln

Winkel werden auch mit Lehren geprüft. Dies sind meistens feste Winkel, die einen bestimmten Winkel verkörpern. Zum Prüfen wird die Winkellehre mit ihren Prüfflächen an das Werkstück angelegt. Tritt ein Lichtspalt zwischen Prüfgegenstand und Lehre auf, so weicht der vorhandene Winkel vom geforderten Winkel ab. Der Istwert des Winkels wird dabei nicht festgestellt.

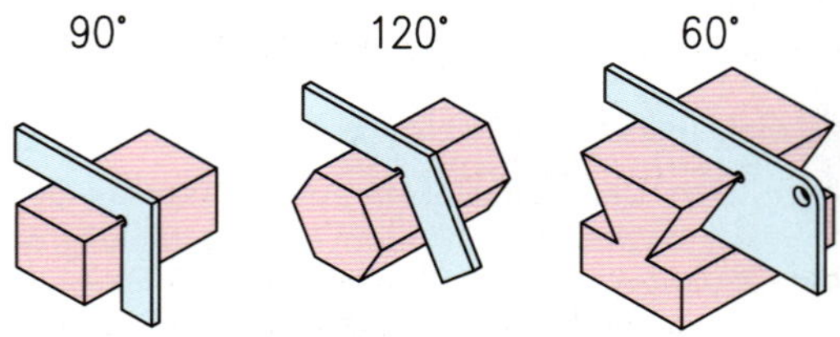

Prüfen mit festen Winkeln

! Beim Prüfen von Winkeln mit Lehren kann der Zahlenwert einer Abweichung nicht festgestellt werden.

Übungsaufgabe 3/6

4 Prüfen der Rauheit von Oberflächen

Die Gestaltabweichungen der Werkstückoberflächen von ihrer Idealform ergeben sich aus den Bedingungen der Fertigung und der Werkstoffbeschaffenheit. Die Güte der Werkstückoberfläche ist beim Urformen und Umformen von der formgebenden Oberfläche bei spanender Bearbeitung vom Verfahren und von den Schnittbedingungen abhängig.

Messgeräte zur Prüfung der Gestaltabweichungen von Werkstückoberflächen tasten diese ab, zeichnen über einen Diagrammschreiber stark vergrößerte Oberflächenprofile auf und errechnen verschiedenartige Kenngrößen.

Die Richtung der Oberflächenabtastung ist frei wählbar, bei spanender Bearbeitung prüft man meist quer zur Bearbeitungsrichtung.

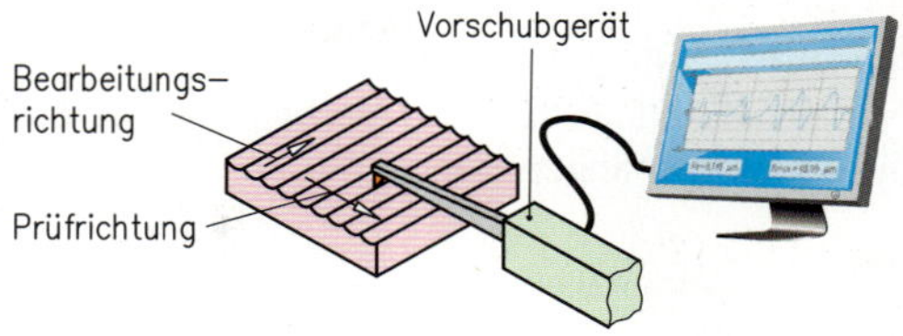

Rauheitsprüfung (Schema)

4.1 Oberflächenkenngrößen

Bei der Oberflächenprüfung erfasst man Gestaltabweichungen unterschiedlicher Größenordnung. Man unterscheidet in der 1. Ordnung **Formabweichungen**, in der 2. Ordnung **Welligkeit** und ab der 3. Ordnung **Rauheit**. Die Oberflächenprüfgeräte erlauben es, durch computerunterstützte Auswertung charakteristische Profilmerkmale herauszufiltern.

Formabweichungen ermittelt man mithilfe von Messmaschinen, wogegen man die Welligkeit und Rauheit mit Tastschnittgeräten erfasst.

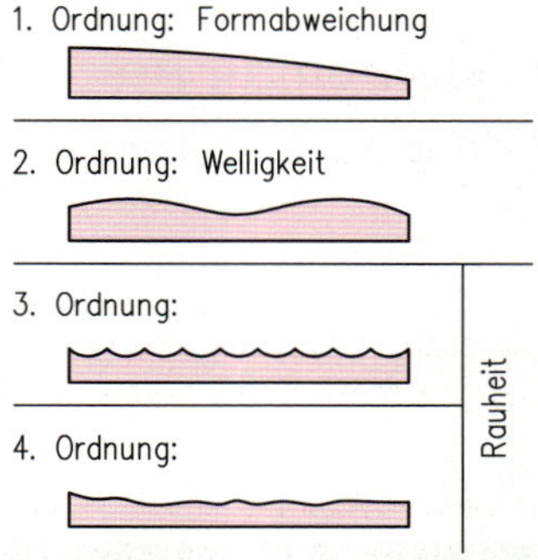

Gestaltabweichungen

Zur Darstellung des Rauheitsprofils werden die langwelligen Profilanteile durch entsprechende Filter unterdrückt. Durch eine solche Vorgehensweise erhält man eine stark vergrößerte Darstellung der mikroskopisch kleinen Unebenheiten der Werkstückoberfläche. Diese Oberflächenrauheit beeinflusst das Aussehen, das Verschleißverhalten und die Haftung von Beschichtungen. Wichtige Kenngrößen sind die Rauheitskenngrößen *Rz* und *Ra*.

4.1.1 Rauheitskenngröße *Rz*

Zur Bestimmung des *Rz*-Werts unterteilt man im Regelfall die Auswertelänge *l* in fünf gleiche Einzelmessstrecken l_e. Innerhalb jeder Einzelmessstrecke misst man den Abstand zwischen der höchsten und tiefsten Profilspitze. Diesen Abstand bezeichnet man als Einzelrautiefe *Z*. Den Mittelwert aus **fünf** aufeinanderfolgenden Einzelrautiefen Z_1 bis Z_5 bezeichnet man als Rauheitskenngröße *Rz*.

Man berechnet den *Rz*-Wert nach der Formel:

$$Rz = \frac{1}{5} \cdot (Z_1 + Z_2 + Z_3 + Z_4 + Z_5)$$

Bei der Angabe der Oberflächenbeschaffenheit wird in Deutschland die Rauheitskenngröße *Rz* bevorzugt verwendet.

Beispiel für die Berechnung des *Rz*-Werts

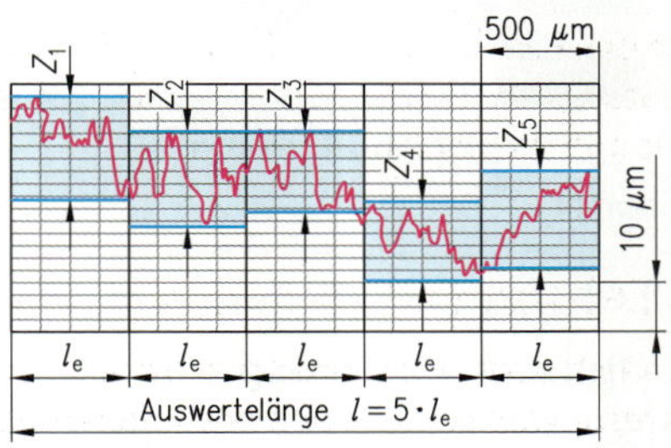

Messwerte:
$Z_1 = 20\ \mu m$
$Z_2 = 20\ \mu m$
$Z_3 = 16\ \mu m$
$Z_4 = 14\ \mu m$
$Z_5 = 21\ \mu m$

Rauheitsprofil mit Einzelrautiefe

$$Rz = \frac{1}{5} \cdot (20\ \mu m + 20\ \mu m + 16\ \mu m + 14\ \mu m + 21\ \mu m)$$

$Rz =$ **18 µm**

! Die Rauheitskenngröße *Rz* ist das arithmetische Mittel der Einzelrautiefen von fünf aufeinanderfolgenden Messstrecken.

Übungsaufgaben 4/1 bis 4/3

4.1.2 Rauheitskenngröße *Ra*

Den *Ra*-Wert kann man sich als Höhe eines Rechtecks vorstellen, dessen Grundseite die Auswertelänge ist. Dieses Rechteck muss flächengleich mit der unregelmäßigen Fläche zwischen Rauheitsprofil und Mittellinie sein. Damit stellt die Höhe des Rechtecks einen Mittelwert aller Profilabstände von der Mittellinie dar. Der errechnete *Ra*-Wert wird in Mikrometer angegeben.

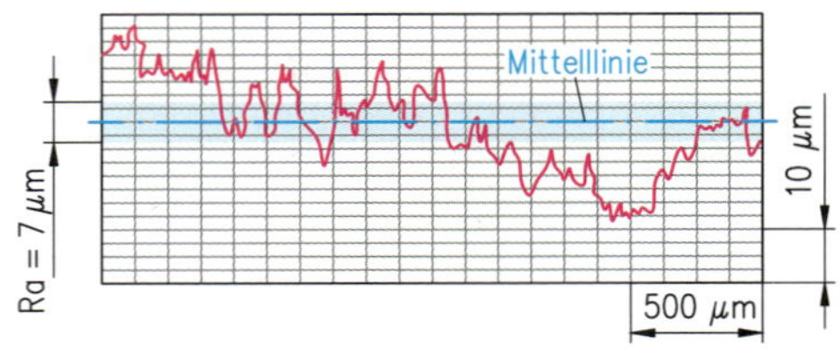

Darstellung des *Ra*-Werts

> **!** Der Rauheitskenngröße *Ra* ist der Mittelwert aller Abweichungen des Rauheitsprofils von der Mittellinie.

4.2 Verfahren zur Prüfung der Rauheit

4.2.1 Prüfen mit Tastschnittgeräten

Bei Tastschnittgeräten tastet eine Diamantspitze mechanisch das Oberflächenprofil auf einer einstellbaren Messstrecke ab. Die entstehenden Höhenbewegungen der Tastspitze werden in elektrische Signale umgeformt und auf einen Rechner übertragen. Die Messstrecke und die Höhenbewegung können ggf. von einem Profilschreiber mit unterschiedlichen Vergrößerungen aufgezeichnet werden.

Beispiel für die Prüfung der Rauheit der Dichtfläche eines Zylinders

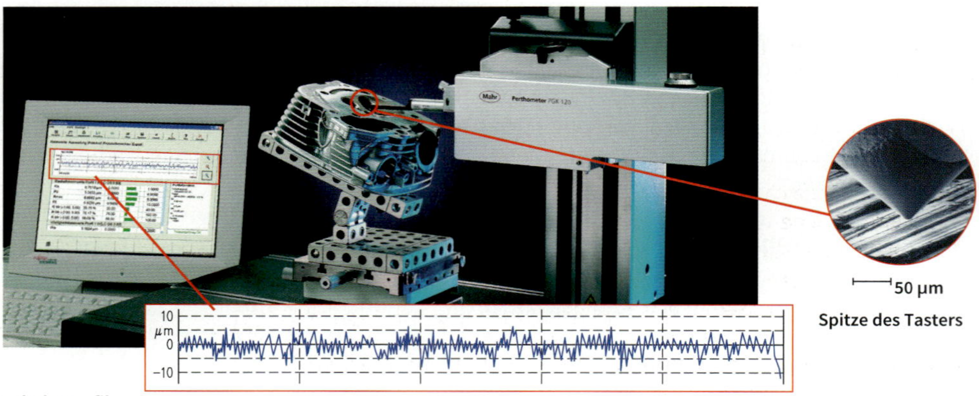

Spitze des Tasters

Rauheitsprofil

4.2.2 Optische Rauheitsprüfung

Beim **Lichtschnittverfahren** wird ein Lichtspalt unter 45° auf die zu untersuchende Oberfläche projiziert. Der so entstandene Lichtschnitt wird mit einem **Mikroskop**, das im Ausfallswinkel von 45° steht, beobachtet. Durch Bewegung des Lichtschnitts über die Oberfläche entsteht ein Bild, aus dem Rauigkeit im Bereich von etwa 1 bis 50 µm abgeleitet werden kann. Da das Verfahren berührungslos arbeitet, ist es auch zur Bestimmung der Rauigkeit weicher Werkstoffe geeignet.

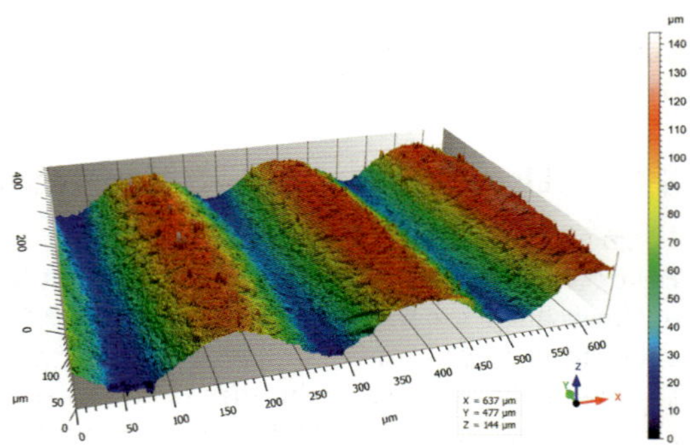

3D-Oberflächenmessung (Steinbeis STZ)

5 Messabweichungen

5.1 Größe der Messabweichung

Die Abweichung des Prüfergebnisses von der tatsächlichen Größe des zu prüfenden Gegenstands nennt man Prüf- oder Messabweichung.

Beispiel für eine Messabweichung

gemessener Wert – tatsächlicher Wert = Messabweichung
20,1 mm – 20,076 mm = + 0,024 mm

! Messabweichung = gemessener Wert – tatsächlicher Wert

5.2 Arten von Messabweichungen

1. Systematische Messabweichung

Bestimmte Messabweichungen treten regelmäßig auf. Misst man z. B. mit einer Messschraube, die im Gewinde ein Spiel von 1/100 mm aufweist, so weicht der Messwert stets um 1/100 mm vom tatsächlichen Wert ab. Diese Messabweichung tritt bei jeder Messung mit dieser Messschraube auf, sie wird daher als **systematische Messabweichung** bezeichnet. Man kann sie also bei jeder Messung berücksichtigen.

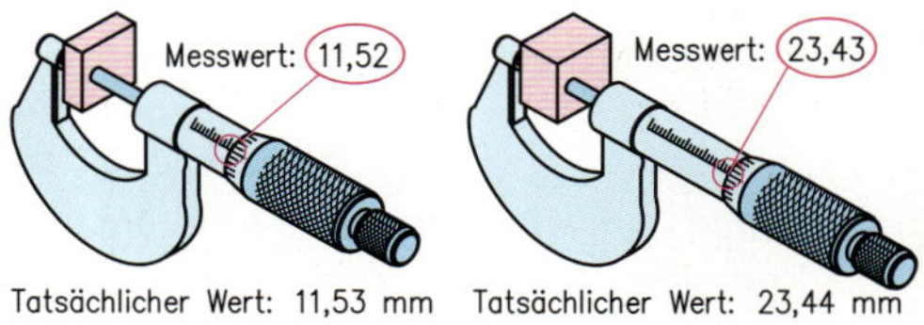

Systematische Messabweichung durch Gewindespiel

!
- Messabweichungen, die regelmäßig auftreten, bezeichnet man als systematische Messabweichungen.
- Systematische Messabweichungen können beim Prüfen berücksichtigt werden.

2. Zufällige Messabweichung

Andere Abweichungen treten unregelmäßig auf. Presst man z. B. die Messschenkel eines Messschiebers unterschiedlich stark an das Werkstück an, so ergeben sich Abweichungen, die bei jeder Messung anders sind. Man bezeichnet sie als **zufällige Messabweichungen**. Solche Abweichungen kann man beim Prüfen nicht berücksichtigen.

Zufällige Abweichungen versucht man dadurch auszugleichen, dass man mehrere Messungen am gleichen Werkstück durchführt und aus ihnen einen Mittelwert errechnet. Der Mittelwert kommt dann dem tatsächlichen Wert sehr nahe.

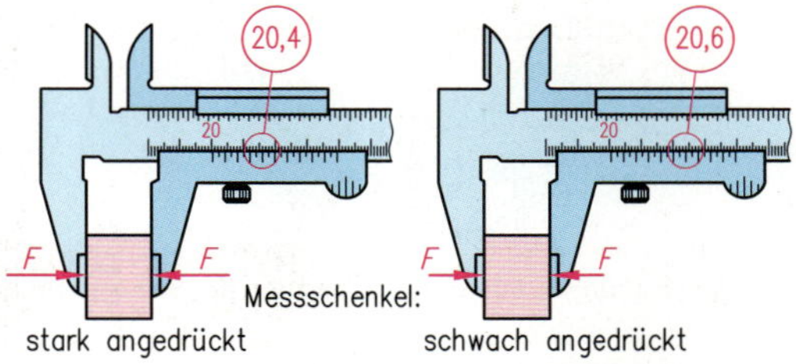

Zufällige Abweichung durch unterschiedliche Anpresskraft

1. Messung 20,4 mm
2. Messung 20,5 mm
3. Messung 20,5 mm
4. Messung 20,6 mm

} Mittelwert 20,5 mm

Bildung eines Mittelwerts

!
- Messabweichungen, die unregelmäßig auftreten, bezeichnet man als zufällige Messabweichungen.
- Zufällige Messabweichungen können beim Prüfen nicht berücksichtigt werden.

5.3 Ursachen von Messabweichungen

1. Unvollkommenheit am Prüfgegenstand

Form und Oberfläche des Prüfgegenstands können ebenfalls zu Messabweichungen führen. Wird z. B. ein nicht paralleles oder unrundes Werkstück nur an einer Stelle gemessen, führt dies zu einer Messabweichung. Ebenso verursacht eine ungenügende Qualität der Oberfläche Messabweichungen.

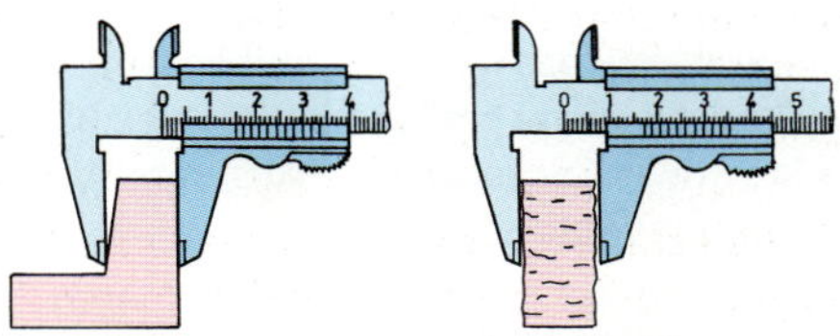

Messabweichung durch ungenügende Qualität des Prüfgegenstands in Form der Oberfläche

2. Unvollkommenheiten bei Messgeräten und Lehren

Prüfmittel, deren Messflächen durch Gebrauch abgenutzt oder gar beschädigt sind, führen zu ständig wiederkehrenden Abweichungen. Deshalb müssen Prüfgeräte von Zeit zu Zeit auf ihre Genauigkeit überprüft werden. So prüft man z. B. Messschrauben und Grenzrachenlehren mit Endmaßen.

Die Genauigkeit von Messschiebern überprüft man, indem die Messflächen der beiden Messschenkel leicht zusammengedrückt werden. In geschlossener Stellung müssen Nullstrich des Schiebers und Nullstrich des Strichmaßstabs übereinstimmen. Mit dem Lichtspaltverfahren kann man erkennen, ob sich die Messflächen auf der ganzen Länge berühren.

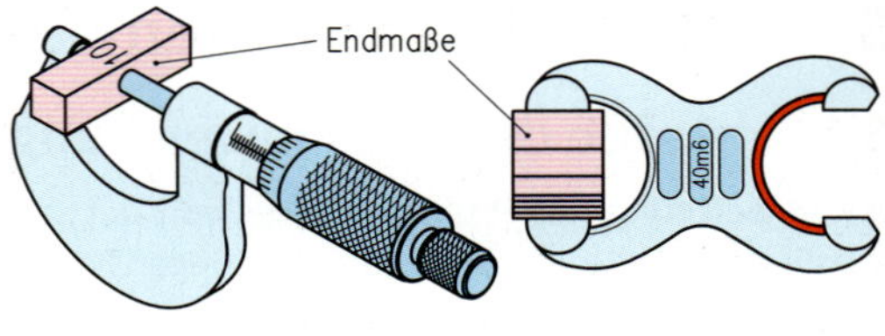

Überprüfung von Messschraube und Grenzrachenlehre

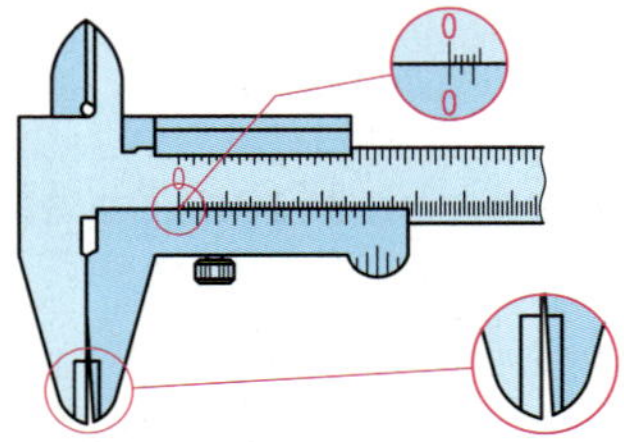

Überprüfung eines abgenutzten Messschiebers

> **!** Ungenaue Prüfgeräte verursachen systematische Messabweichungen. Daher muss die Genauigkeit der Prüfmittel ständig überprüft werden.

3. Unvollkommenheit in den Umweltbedingungen

Die Bezugstemperatur für genaue Messungen beträgt 20 °C. Zu hohe oder tiefe Temperaturen verändern die Längen an Werkstücken und Prüfmitteln. Das Nichteinhalten der Bezugstemperatur führt zu Messabweichungen. Diese Abweichungen sind bei gleichen Bedingungen stets regelmäßig.

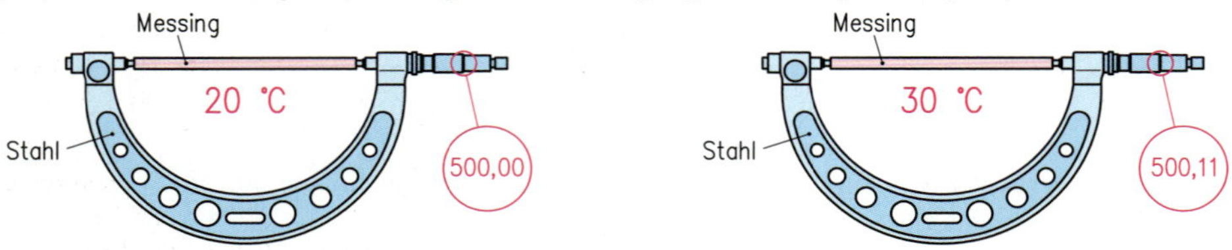

Messabweichungen durch Nichteinhalten der Bezugstemperatur

> **!** Abweichungen des Werkstücks oder des Prüfmittels von der festgelegten Bezugstemperatur von 20 °C verursachen Messabweichungen.

4. Persönliche Fehler des Prüfers

Ein häufiger Fehler des Prüfers besteht darin, dass beim Ablesen von Strichmaßen und Zeigerinstrumenten die Blickrichtung nicht senkrecht zur Stricheinteilung ist. Die Maßebene am Werkstück und die Teilungsebene am Messinstrument liegen in einem Abstand parallel zueinander.

Der Abstand der Skala des Strichmaßes vom Werkstück oder der Abstand des Zeigers von der Skala führen durch das schräge Aufblicken zu einem mehr oder weniger großen Ablesefehler. Blickt man senkrecht auf anzeigende Prüfgeräte, vermeidet man diesen Fehler.

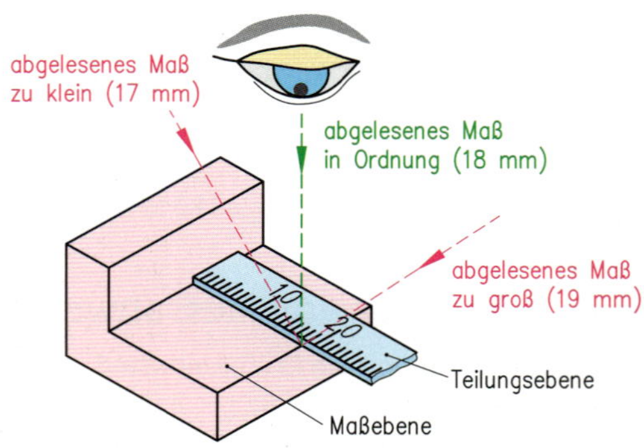

Ablesefehler durch schräge Blickrichtung

> **!** Persönliche Fehler des Prüfenden können durch gezielte Messübungen weitgehend verringert werden.

6 Auswahl von Prüfverfahren und Prüfgeräten

Messen wendet man zur Ermittlung von Istmaßen an, z. B. Messen eines Bohrerdurchmessers mit dem Messschieber. Messen ist notwendig, wenn Maße protokolliert werden müssen.
Lehren wendet man an, wenn festgestellt werden soll, ob eine Form oder ein Maß innerhalb festgelegter Grenzen liegt, z. B. Prüfen der Rechtwinkligkeit zweier Flächen mit dem Flachwinkel.
Nach der Entscheidung, ob Messen oder Lehren die richtige Wahl ist, wird das entsprechende Prüfgerät ausgewählt. Die Prüfbedingungen erfordern bestimmte Merkmale des Prüfgeräts:

- Die Prüfgröße bestimmt die Art des Prüfgeräts, z. B. verwendet man für Winkelmessungen Winkelmesser.
- Die Größe des zu prüfenden Maßes bestimmt den Arbeitsbereich des Prüfgeräts, z. B. misst man eine Gebäudelänge mit dem Bandmaß.
- Die geforderte Messgenauigkeit bestimmt die Ablesegenauigkeit des Messgeräts, z. B. erfordert die Prüfung des Maßes 30 ± 0,05 mm eine Messschraube, Messuhr o.Ä.
- Die Anzahl der zu prüfenden Teile bestimmt die besonderen Merkmale des Prüfgeräts, z. B. setzt man zur Kurbelwellenprüfung in der Autoindustrie automatisierte Prüfeinrichtungen ein.
- Die Qualifikation des Prüfers bestimmt die Handhabung und Art der Ablesung, z. B. setzt man bei geringer Qualifikation des Prüfers bei Serienprüfungen Lehren mit akustischer Anzeige von Toleranzüberschreitungen ein.
- Die Arbeitsbedingungen bestimmen die Unempfindlichkeit des Prüfgeräts, z. B. werden Messungen an umlaufenden Teilen am günstigsten berührungslos durchgeführt.

Beispiele für die Auswahl von Prüfgeräten, Prüfverfahren und Hilfsmitteln

Situation	ausgewählte Prüfverfahren	Begründung der Entscheidung
In einer Werkstatt sind Stahlprofile von 350 bis 1 910 mm Länge für eine Schweißkonstruktion zu messen.	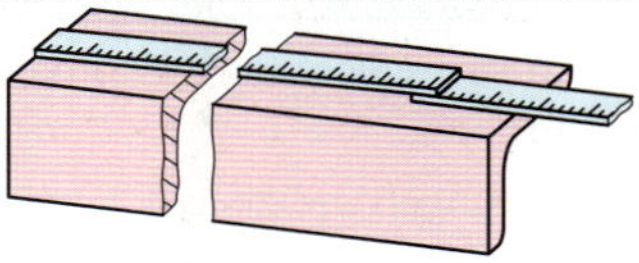	Die Messung kann mit einem Rollmaß oder einem Gliedermaßstab vorgenommen werden. Der Messbereich von 2 m ist erforderlich, die Ablesegenauigkeit von 1 mm ist ausreichend.
An 20 Bolzen Ø 50 × 160 soll an einem Ende jeweils ein Zapfen mit Ø 30 und 40 mm Länge gedreht werden, Maßtoleranz 0,1 mm.	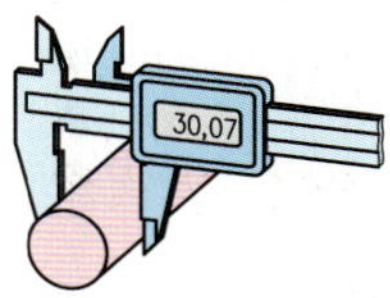	Die Messung des Zapfendurchmessers und der Zapfenlänge wird mit einem Messschieber mit Tiefenmesseinrichtung vorgenommen. Messbereich und Ablesegenauigkeit erfüllen die Anforderungen.
In einem Brenner ist wahrscheinlich eine falsche Düse eingesetzt worden. Die Bohrung der Düse ist zu prüfen.		Die Prüfung mit der Fühlerlehre ist einfach und sicher. Eine Prüfung mit einer kegligen Lochlehre würde nur den Durchmesser am Düsenaustritt erfassen.
Eine Exzenterscheibe soll 5 ± 0,5 mm außermittig sein. Es sind 50 Scheiben zu prüfen.	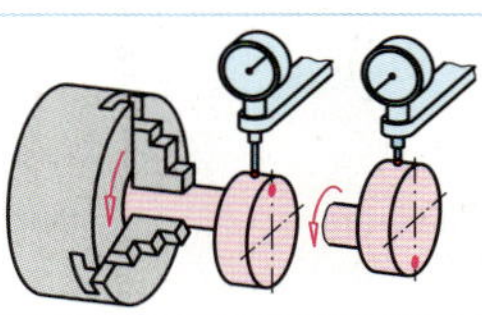	Trotz der großen Toleranz ist die Prüfung mit einer Messuhr sinnvoll, weil nach einmaliger Einstellung der Messuhr die Exzentrizität jeweils mit einer Umdrehung der Werkstücke geprüft werden kann.
Der Abstand einer Gewindebohrung von einer Passbohrung soll 100 ± 0,2 mm betragen. Das Maß ist zu prüfen.	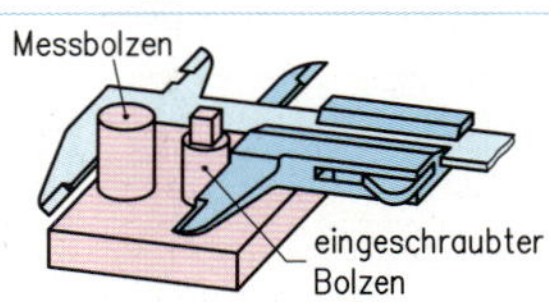	Die große Toleranz erlaubt die Messung mit dem Messschieber. Der Einsatz von Messbolzen ermöglicht eine genauere Erfassung des Maßes als die Messung über die Gewindespitzen.

Die Wahl der Hilfsmittel, z. B. Spannzeuge, Unterlagen, richtet sich nach ähnlichen Gesichtspunkten wie die Auswahl der Prüfverfahren.
Zum wirtschaftlichen Prüfen ist der kleinstmögliche Aufwand anzustreben.

Übungsaufgaben 6/1; 6/2

Arbeitsauftrag: Prüfen eines Lagerbocks

In Einzelfertigung wurde ein Lagerbock für die Papierführungswalze einer Maschine hergestellt. In diesem Lagerbock wird die Walze in einem Wälzlager gelagert. Die freie Seite des Lagers wird durch einen aufgeschraubten Deckel verschlossen.
Nach der Fertigung sollen diejenigen Maße, die für die Montage wichtig sind, geprüft werden.

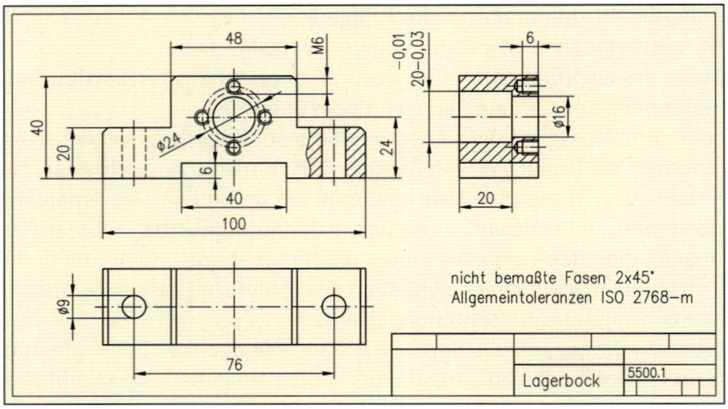

Zeichnung des Lagerbocks

Aufgaben

1. Diskutieren Sie für die in den Bildern 1.–4. angegebenen Prüfmaße die verschiedenen Möglichkeiten zur Durchführung der Prüfung.
2. Wählen Sie für jede der geforderten Prüfungen geeignete Prüfmittel aus, und begründen Sie die Auswahl.
3. Beschreiben Sie die Durchführung der folgenden 4 Prüfungen.

1. Kontrolle des Maßes $20^{-0,01}_{-0,03}$

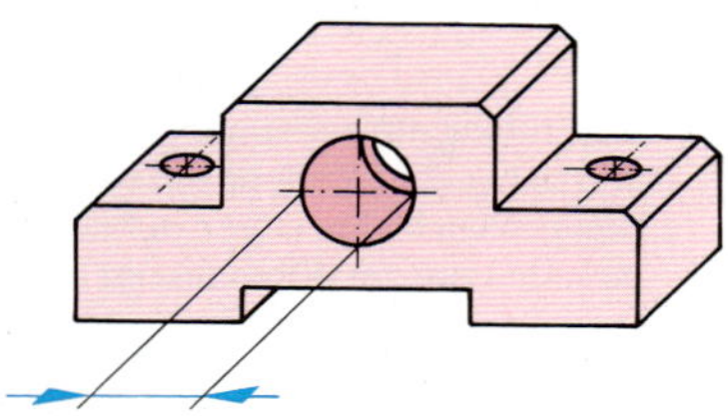

2. Kontrolle des Abstandes der Lagermitte von der Befestigungsebene

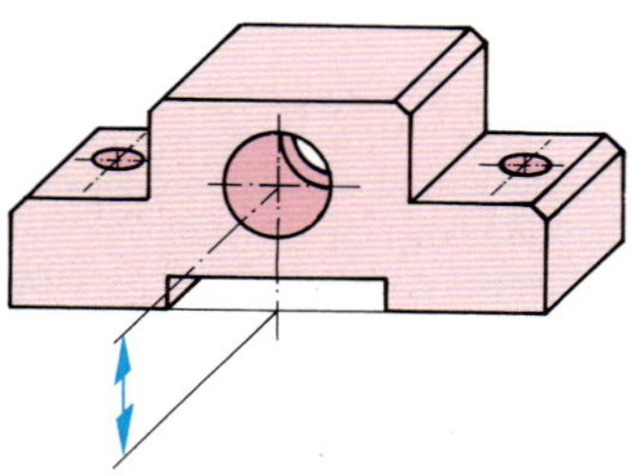

3. Kontrolle des Bohrungsabstandes

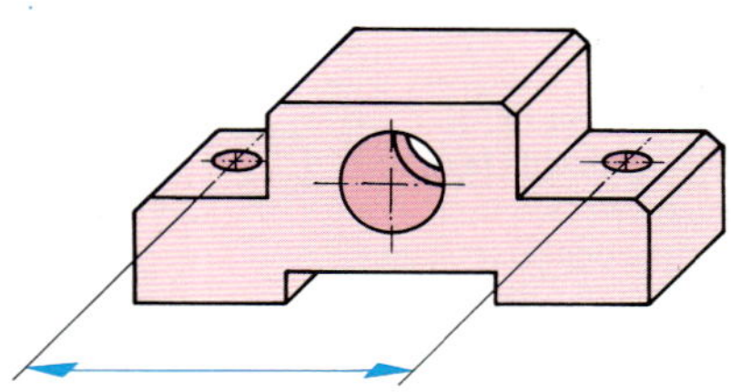

4. Kontrolle der Symmetrie der Bohrungen zur Lagermitte

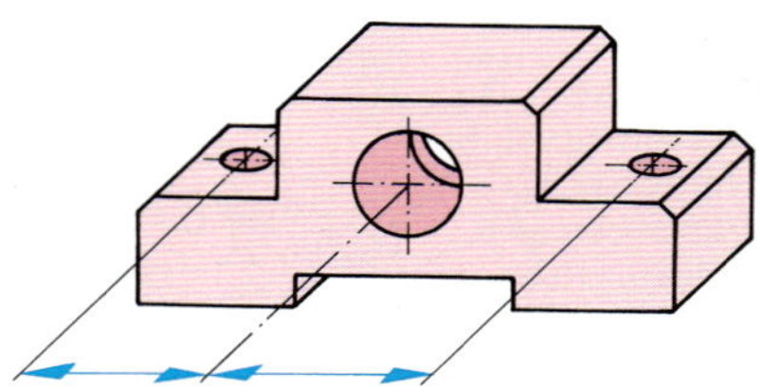

HANDLUNGSFELD: Werkstücke fertigen

Problemstellung

Auftrag

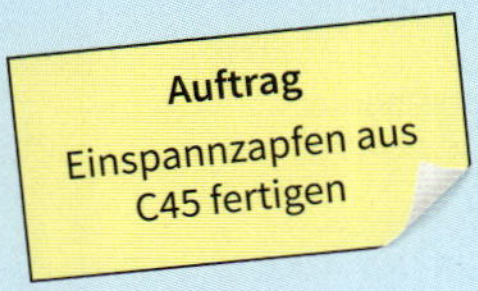

Zeichnung

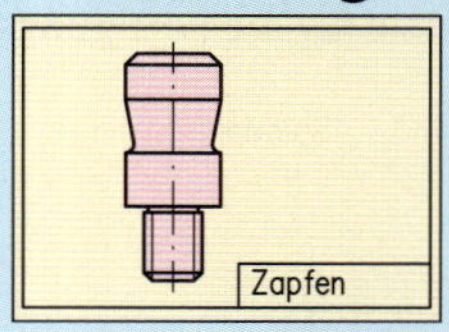

Analysieren

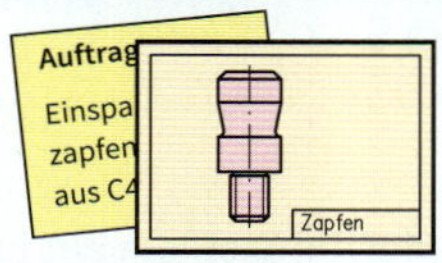

Vorgaben
- Werkstück (Form, Maße, Oberfläche, Toleranzen)
- Werkstoff
- Stückzahl
- Termine

Ergebnisse
- Fertigungsverfahren (Maschine)
- Abfolge der Fertigung
- Rohteil (Form, Maße)

Fertilgung planen
(für das jeweilige Verfahren)

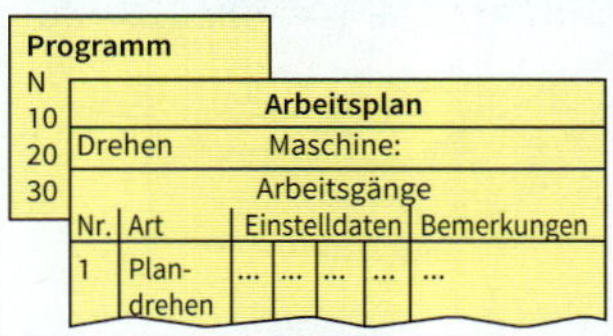

Entscheidungen hinsichtlich Werkzeug
- Schneidstoff
- Werkzeugtyp
- Schneidenwinkel
- Einspannung
- Prüfung (Schneidhaltigkeit, Standzeit)

Entscheidung hinsichtlich Maschine
- Art der Maschine
- Technologiedaten (Umdrehungsfrequenz, Vorschub ...)
- Verfahrbewegungen
- Einspannung
- Werkzeugeinsatz

Fertigen

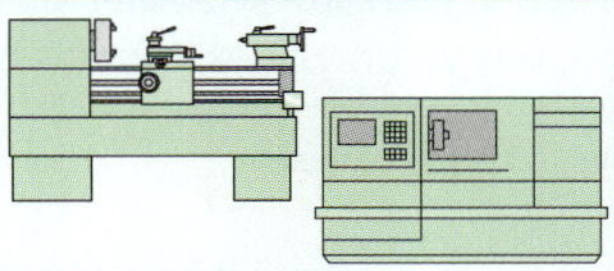

- Einstellen bzw. Eingeben von Technologiedaten
- Einrichten der Werkstücke (Positionieren, Spannen, ggf. Stützen)
- Einrichten der Werkzeuge
- Bereitstellen von Hilfsstoffen

- Fertigung starten und Überwachen
- Zwischenkontrollen durchführen
- Sicherheitsvorschriften beachten

Qualitätskontrolle durchführen

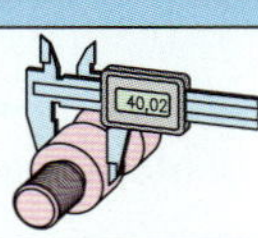

Kontrolle der
- Maße
- Form
- Oberfläche

- Entscheidung über Verwendbarkeit (gut, Nacharbeit, Ausschuss)
- Fehleranalyse

1 Einteilung der Fertigungsverfahren

Bei der Fertigung von Maschinen, Geräten und Gebrauchsgütern werden viele unterschiedliche Verfahren angewendet. Fertigungsverfahren sind nach DIN 8580 in sechs Hauptgruppen eingeteilt:

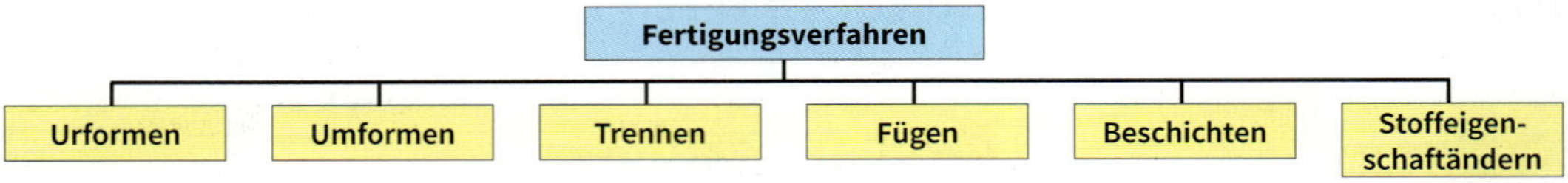

Beispiele für die Fertigungsverfahren bei der Herstellung eines Schraubstocks

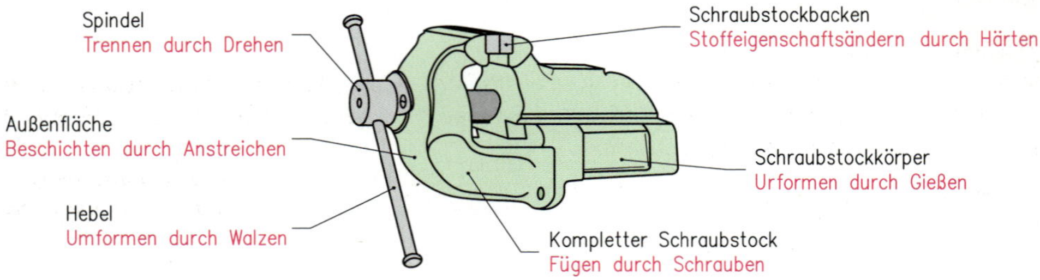

1. Urformen

Alle Fertigungsverfahren, in denen aus formlosem Stoff ein Werkstück hergestellt wird, bezeichnet man als Urformverfahren. In diesen Verfahren wird der Zusammenhalt der Stoffteilchen geschaffen.

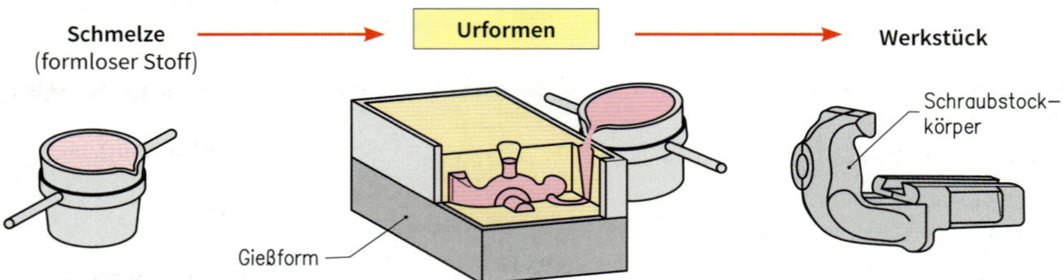

Umformen durch Gießen

> **!** Beim Urformen werden Werkstücke aus formlosen Stoffen, wie z. B. Schmelzen, erzeugt.

2. Umformen

Man nennt alle Fertigungsverfahren, in denen Werkstücke aus festen Rohteilen durch bleibende Formänderung erzeugt werden, Umformverfahren. Das Volumen des Rohteils ist gleich dem Volumen des Fertigteils.

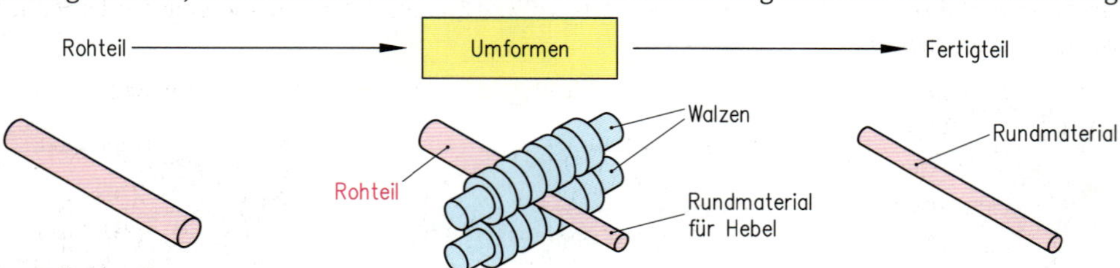

Umformen durch Walzen

> **!** Beim Umformen wird die Form eines festen Rohteils bleibend verändert, ohne dass Werkstoffteilchen abgetrennt werden.

3. Trennen

Alle Verfahren, in denen die Form eines Werkstücks durch die Aufhebung des Werkstoffzusammenhalts an der Bearbeitungsstelle geändert wird, nennt man Trennverfahren.

Halbzeug → **Trennen** → **Werkstück**

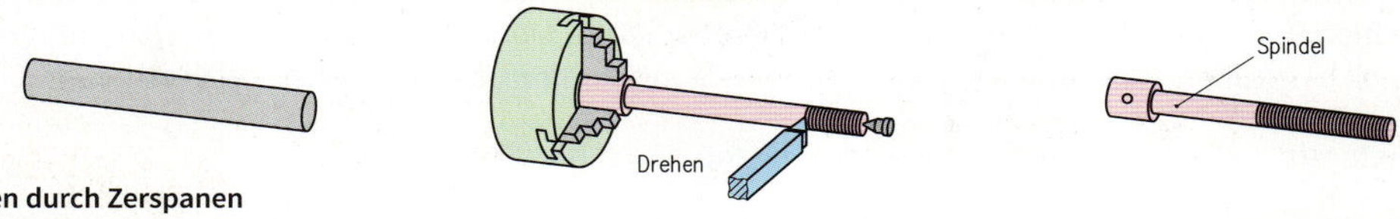

Trennen durch Zerspanen

> **!** Beim Trennen werden Werkstücke meist durch Zerteilen von Rohteilen oder durch Abtrennen von Spänen gefertigt.

4. Stoffeigenschaftändern

Beim Härten der Schraubstockbacken werden Kohlenstoffatome im Stahl umgelagert. Dadurch werden die Eigenschaften des Stahls geändert. Alle Verfahren, in denen die Eigenschaften von Werkstoffen geändert werden, bezeichnet man als Stoffeigenschaftändern.

Werkstück → **Stoffeigenschaftändern** → **Werkstück mit veränderten Eigenschaften**

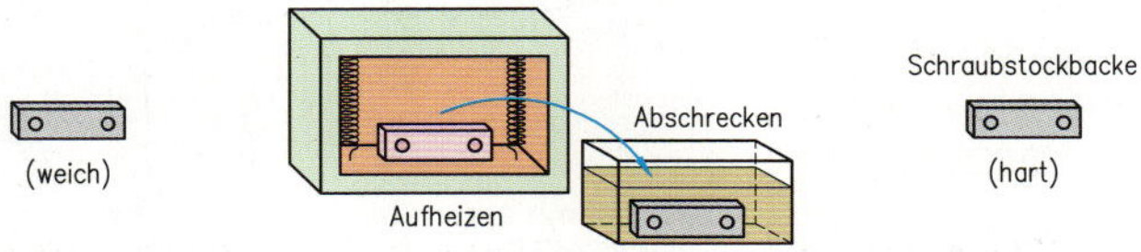

> **!** Beim Stoffeigenschaftändern erhalten Werkstücke veränderte Stoffeigenschaften.

5. Beschichten

Alle Verfahren, in denen man auf Oberflächen von Werkstücken Schichten aufträgt, bezeichnet man als Beschichtungsverfahren.

unbeschichtetes Bauteil → **Beschichten** → **beschichtetes Bauteil**

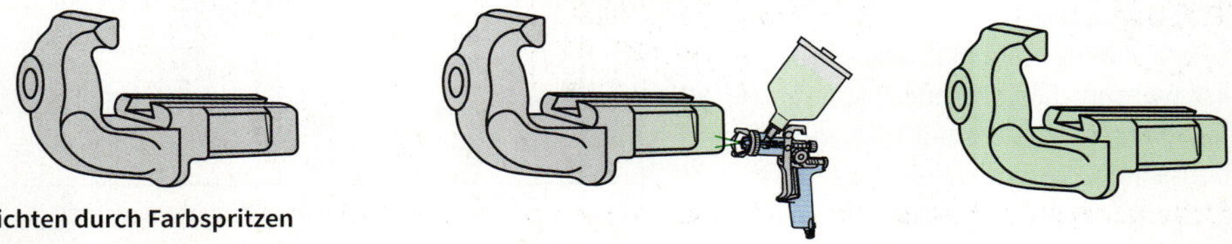

Beschichten durch Farbspritzen

> **!** Beim Beschichten wird auf Werkstücke eine fest haftende Schicht aus anderen Stoffen aufgetragen.

6. Fügen

Alle Fertigungsverfahren, bei denen aus Einzelteilen größere Baueinheiten zusammengebaut oder verbunden werden, bezeichnet man als Fügeverfahren.

Einzelteile → **Fügen** → **Fertigteil**

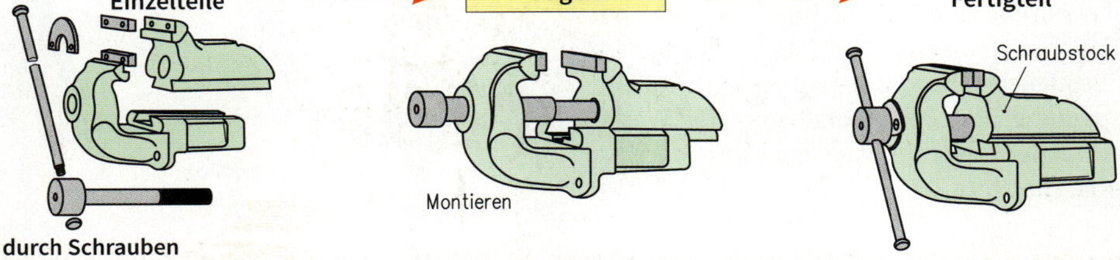

Fügen durch Schrauben

> **!** Beim Fügen werden Werkstücke miteinander verbunden.

2 Vorbereitende Arbeiten zur Fertigung von Werkstücken

Zur Vorbereitung bestimmter Fertigungsschritte werden Bohrungsmitten und Werkstückkonturen gemäß den Zeichnungsangaben auf die Rohteile übertragen. Die Rohteile werden dazu entsprechend angerissen und mit Körnungen versehen. Damit die Risslinie deutlich sichtbar wird, bestreicht man die Werkstückoberfläche z. B. mit Schlämmkreide. Leichtmetalle oder glatte Metalloberflächen kann man mit farbigem Anreißlack besprühen, blanke Stahlflächen lassen sich mit Kupfersulfat (Kupfervitriol) verkupfern.

Beispiele zur Vorbereitung von Fertigungsschritten durch Anreißen und Körnen

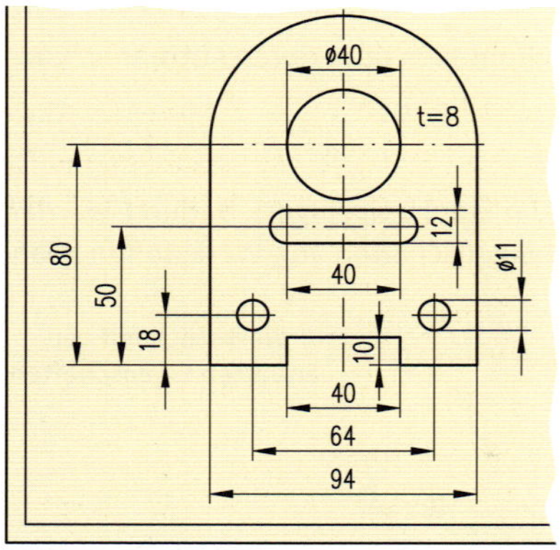

Zeichnung

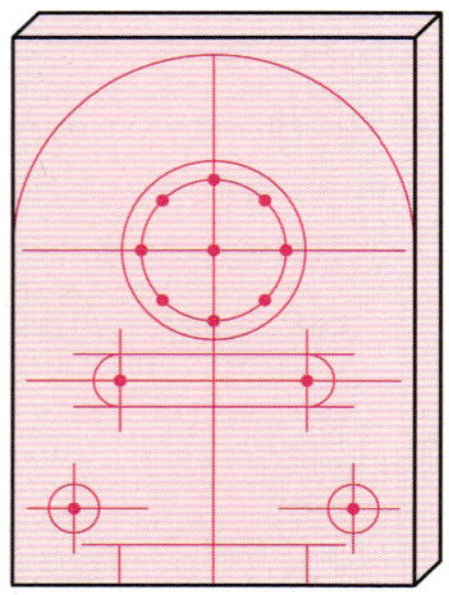

Rohteil mit Anrisslinien und Körnungen

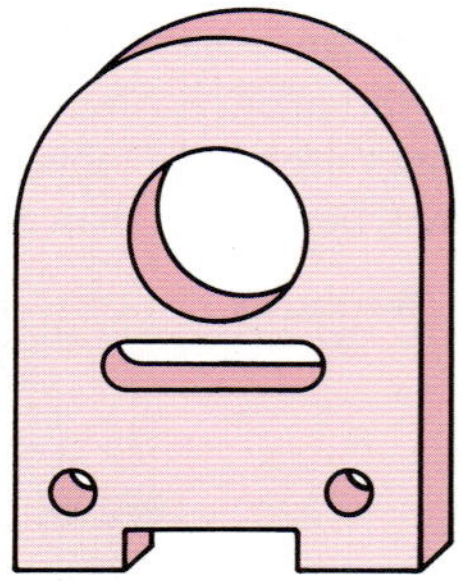

Fertigteil

2.1 Anreißen

1. Maßbezugsebenen
Das Übertragen der Maße auf das Rohteil erfolgt von zwei oder drei Ebenen aus. Diese Ebenen bezeichnet man als **Maßbezugsebenen**. Zweckmäßigerweise werden äußere Flächen als Maßbezugsebenen gewählt. Meist werden diese Flächen vor dem Anreißen so bearbeitet, dass sie eben und winklig sind. Bei symmetrischen Werkstücken legt man auch Maßbezugsebenen in die Werkstückmitte.

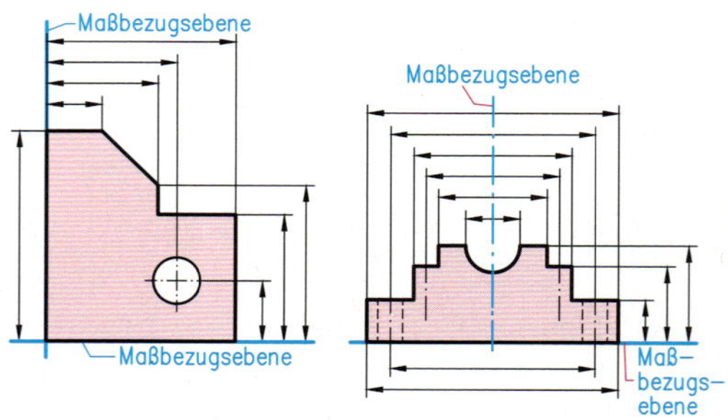

Maßbezugsebene beim Anreißen

2. Anreißwerkzeuge
Beim Anreißen werden mit Reißnadeln Risslinien auf den Werkstücken erzeugt. Dazu verwendet man meist gehärtete Stahlreißnadeln bzw. Reißnadeln mit Hartmetallspitzen. Die genannten Reißnadeln sind härter als das Werkstück und ritzen die Werkstückoberfläche ein. Manchmal sind solche Einkerbungen unerwünscht, weil sie das Aussehen und die Festigkeit eines Bauteils beeinträchtigen. Zur Vermeidung von Beschädigungen der Werkstückoberfläche verwendet man auch Messingreißnadeln oder Bleistifte.

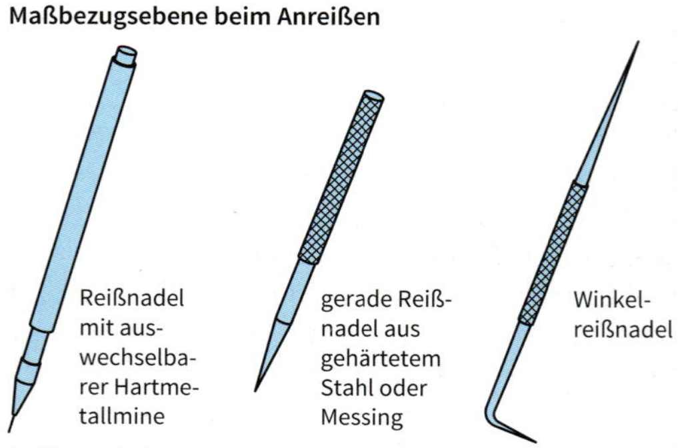

Reißnadelarten

! Anreißwerkzeuge sind so auszuwählen, dass möglichst keine Beschädigung der Randschicht eintritt, durch die Festigkeit und Aussehen beeinträchtigt werden.

Übungsaufgaben 2/1; 2/2

1. Anreißverfahren

– Anreißen von Parallelrissen auf der Anreißplatte

Anreißarbeiten werden vorwiegend auf der Anreißplatte ausgeführt. Ihre Oberfläche muss eben, glatt und verschleißfest sein. Durch Hilfsmittel wie Stütz- oder Aufspannwinkel, Prismen mit oder ohne Spannbügel u. Ä. werden Werkstücke auf der Anreißplatte sicher platziert.

Anreißplatte

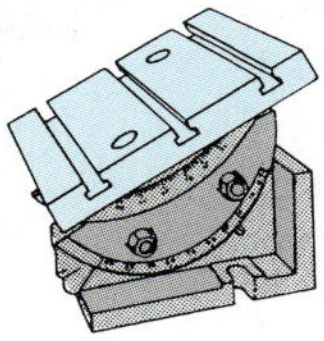

Winkel-Aufspannplatte

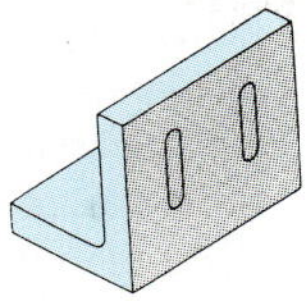

Spannwinkel

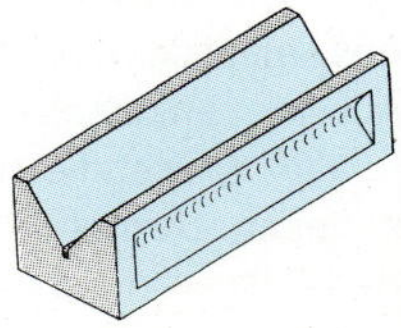

Prisma

Beim Anreißen auf der Anreißplatte werden Risse, die parallel zur Plattenoberfläche verlaufen, mit Parallelreißern ausgeführt. Man erzielt hohe Genauigkeiten, weil das Werkstück mit seiner Bezugsebene auf der Anreißplatte bleibt.

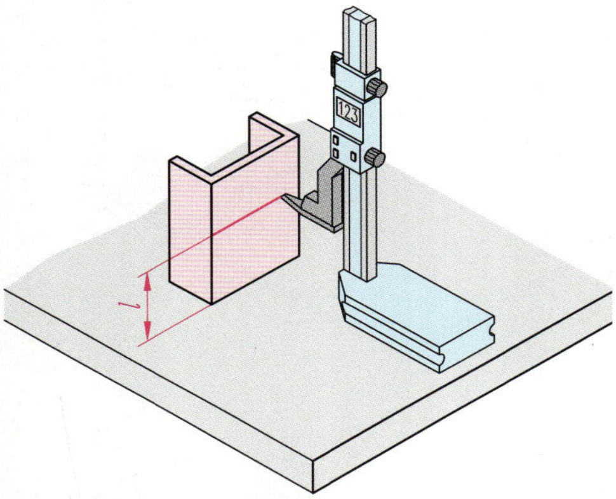

Anreißen von Parallelen

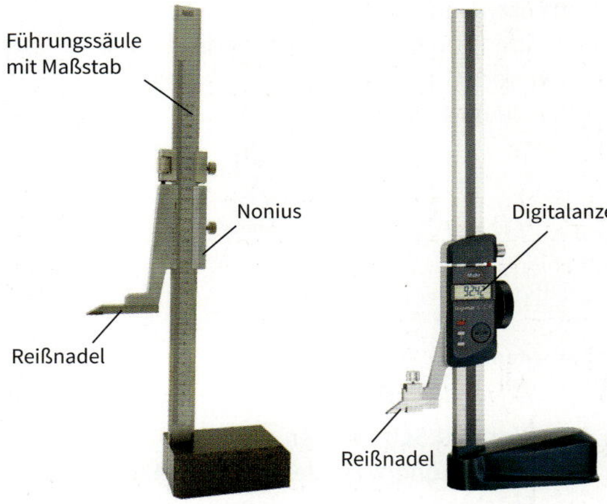

Parallelreißer

> **!** Parallelreißer verwendet man zum Anreißen von Linien parallel zur Anreißplatte.

– Anreißen von Profilstäben und Blechen

Große Werkstücke aus Profilstäben und Blechen werden meist nicht auf der Anreißplatte angerissen. Bei solchen Werkstücken benutzt man eine Längskante als Anlage für die Anreißwerkzeuge. Parallel zu dieser Werkstückkante verlaufende Längsrisse können mit einem **Streichmaß** angerissen werden. Das Streichmaß wird mit seinem Anschlag an einer Werkstückfläche entlanggeführt. Auf dem verschiebbaren Stabmaß wird der Abstand vom Anschlag bis zur eingespannten Reißnadel direkt eingestellt. Die rechtwinklig verlaufenden Risse werden mithilfe eines **Anschlagwinkels** angerissen. Bohrungsabstände trägt man von einer Maßbezugslinie aus mit einem Stahlmaßstab o. Ä. ab.

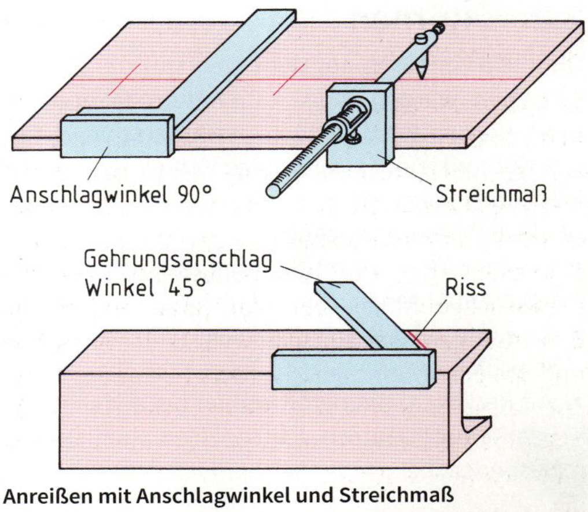

Anreißen mit Anschlagwinkel und Streichmaß

> **!** Parallelrisse zu Längskanten erzeugt man mit einem Streichmaß. Querrisse und Schrägrisse erzeugt man mithilfe von festen Anschlagwinkeln oder Winkelmessern.

– **Bestimmen von Kreismitten mit Zentrierwinkel**

Das Anreißen von Kreismittelpunkten an Wellen, Nocken u. a. kann mit einem Zentrierwinkel ausgeführt werden. Der **Zentrierwinkel** besteht aus Winkel und Lineal. Der Winkel wird zum Anreißen gegen den Kreisumfang gedrückt. Die Anreißkante des Lineals halbiert den Winkel.

Auf der Winkelhalbierenden liegen die Mittelpunkte aller Kreise, die an den Schenkeln eines Winkels anliegen. Deshalb geht die Anreißkante des Zentrierwinkels durch den Kreismittelpunkt. Durch zwei verschiedene Risse mit dem Zentrierwinkel ist der Kreismittelpunkt bestimmt.

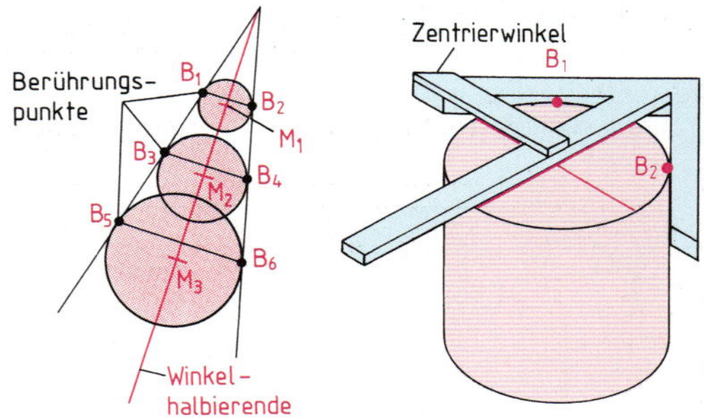

Anreißen von Kreismitten

! An Wellenenden werden Mittelpunkte mit Zentrierwinkeln angerissen.

– **Anreißen von Kreislinien**

Zum Anreißen von Kreisen, Radien oder Lochabständen auf Werkstücken werden Zirkel mit zwei Metallspitzen verwendet. Der Mittelpunkt wird angekörnt. Eine Spitze des Zirkels wird im Körner geführt, mit der zweiten erzeugt man den Riss.

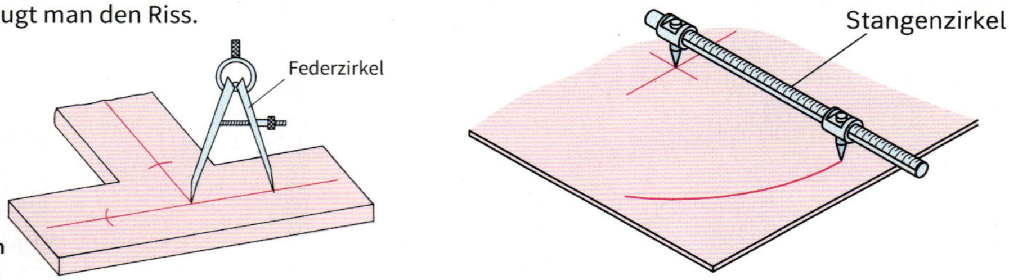

Anreißarbeiten mit dem Zirkel

– **Anreißen mit Schablonen**

Mit Anreißschablonen werden bei der Fertigung mittlerer Stückzahlen Werkstückumrisse oder Bohrungsmitten angerissen. Die Umrisse flacher Teile werden vorteilhaft mit einer Schablone angerissen, wenn sie viel Anreißarbeit erfordern würden.

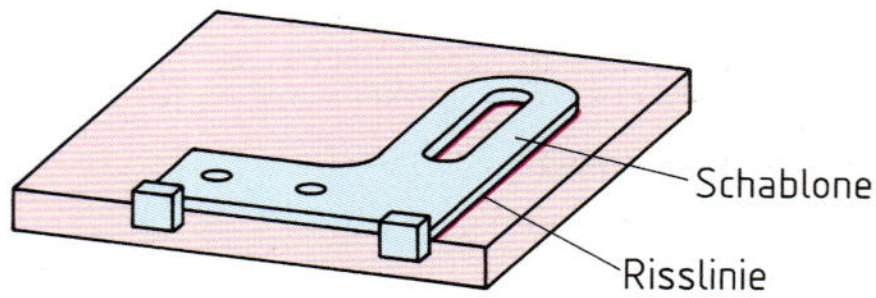

Anreißen mit Schablone

2.2 Körnen

Die beim Anreißen auf dem Werkstück erzeugten Risslinien werden meist durch Körnen ergänzt. Beim Körnen werden durch Hammerschläge mittels Körner kleine kegelförmige Vertiefungen in die Werkstückoberfläche geschlagen.

Werkstücke werden gekörnt:

- in einer Bohrungsmitte, um der Bohrerspitze beim Anbohren eine erste Führung zu geben,
- auf Kontrollkreisen, um die Lage von Bohrungen zu prüfen,
- auf Risslinien, um deren Verlauf bei der weiteren Bearbeitung deutlich sichtbar zu erhalten. Dies ist besonders bei unebener Oberfläche notwendig.

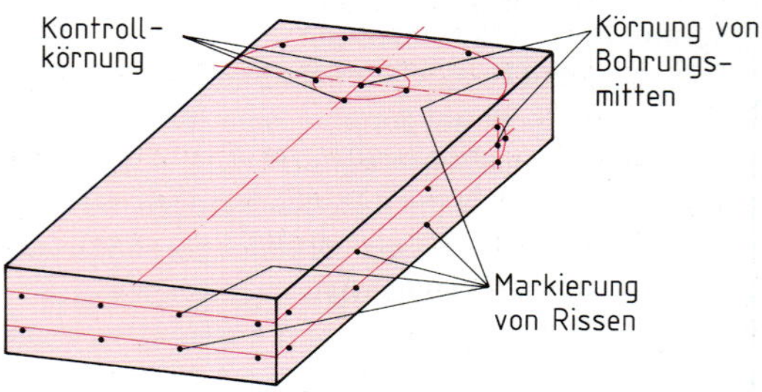

Körnungen an einem Werkstück

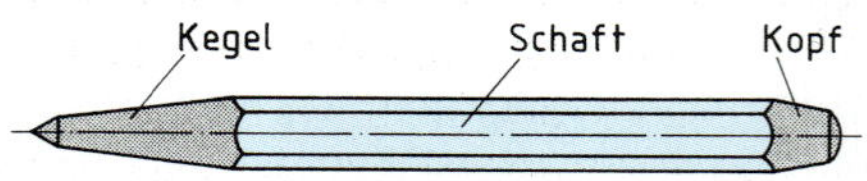

Körner

! Körnungen werden ausgeführt, um
- ein sicheres Ansetzen des Bohrers in der Bohrmitte zu gewährleisten,
- Risslinien bei der Bearbeitung deutlich zu markieren.

Übungsaufgaben 2/7; 2/8

Arbeitsauftrag: **Werkstück anreißen und körnen**

Nach der vorliegenden Zeichnung ist eine Lasche anzufertigen. Das Anreißen der Lasche ist zu planen.

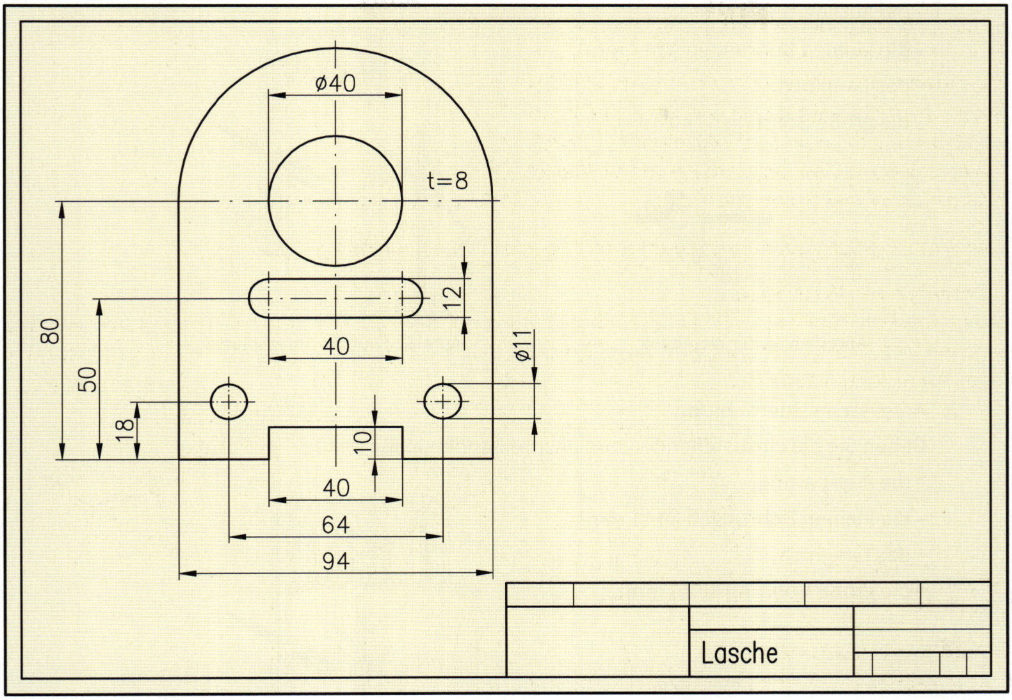

Zeichnung der Lasche

a) Vorbereitende Arbeiten

1. Wählen Sie ein geeignetes Halbzeug aus S235 aus. Geben Sie seine normgerechte Bezeichnung an.
2. Auf welche Länge ist das Rohteil abzulängen?
3. Mit welchem Werkzeug soll abgelängt werden?
4. Kennzeichnen Sie in einer Skizze die Bezugsebenen farbig und begründen Sie die Wahl dieser Bezugsebenen.

b) Auswahl der Anreißwerkzeuge und Hilfsmittel

1. Geben Sie an, welche Anreißwerkzeuge und Hilfsmittel zum Anreißen an der Werkbank notwendig sind.
2. Wählen Sie Anreißwerkzeuge und Hilfsmittel zum Anreißen auf der Anreißplatte aus.

c) Ermittlung der Maße für die Lage der Anrisslinien

1. Anreißen in Längsrichtung

   Geben Sie die einzustellenden und anzureißenden Maße an für:
   - die Aussparung,
   - die kleinen Bohrungen (∅ 11 mm),
   - das Langloch,
   - die große Bohrung (∅ 40 mm).

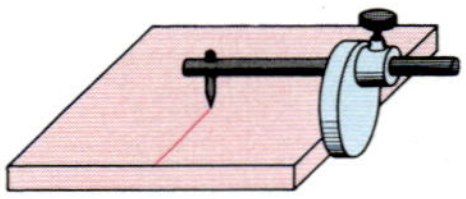

Anreißen an der Werkbank

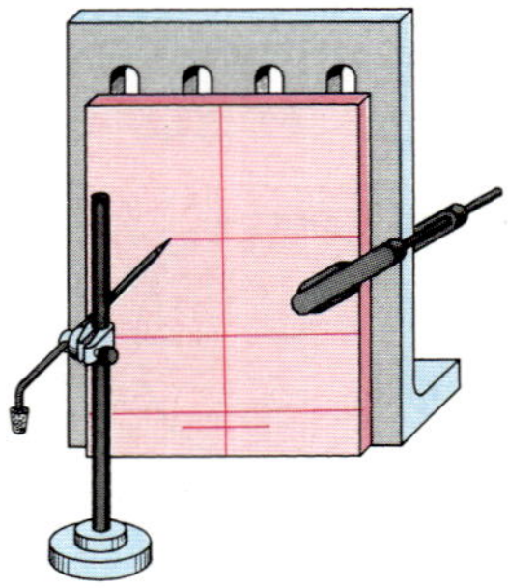

Anreißen auf der Anreißplatte

2. Anreißen in Querrichtung

   Geben Sie die einzustellenden und anzureißenden Maße an für:
   - die Aussparung,
   - die kleinen Bohrungen (∅ 11 mm),
   - das Langloch,
   - die große Bohrung (∅ 40 mm).

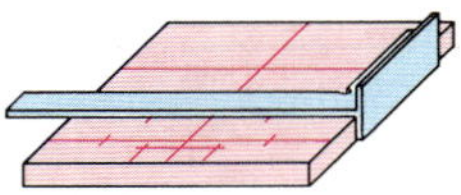

Anreißen an der Werkbank

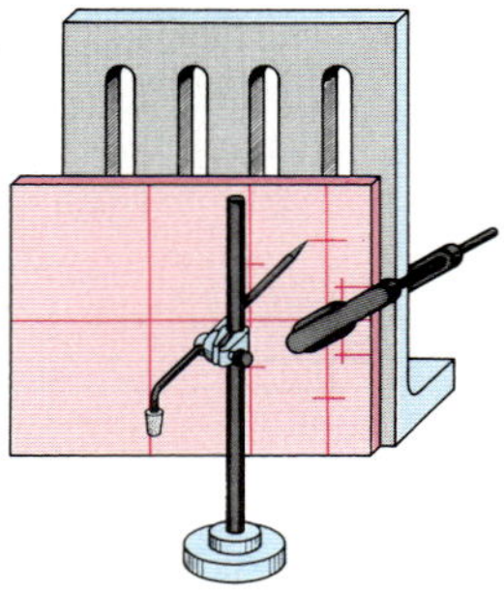

Anreißen auf der Anreißplatte

d) Anreißen und Körnen

1. Die große Bohrung kann in Blech nicht fertig gebohrt werden. Für das Ausbohren muss ein Lochkreis festgelegt werden. Legen Sie den Bohrerdurchmesser fest und bestimmen Sie den Durchmesser d des Lochkreises.
2. Geben Sie an, wo Körnungen anzubringen sind.

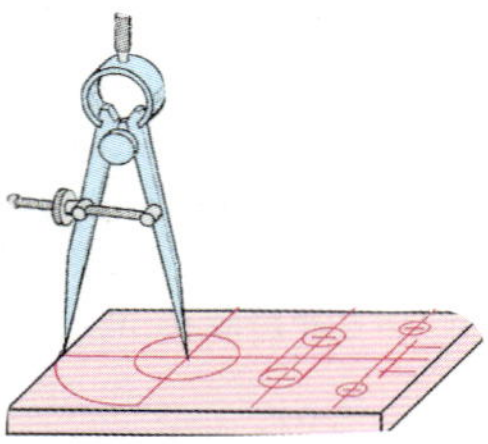

Anreißen der Radien

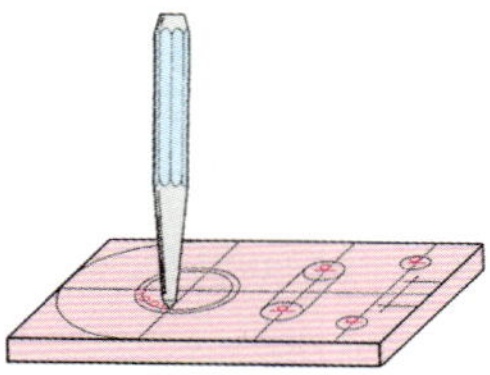

Körnen des Lochkreises

3 Fertigungsverfahren des Trennens

Die Fertigung von Werkstücken, Maschinen und Werkzeugen erfolgt zu einem großen Teil durch die Verfahren des Trennens. Sie werden nach DIN 8580 in sechs Gruppen eingeteilt, die in der Übersicht dargestellt sind. Von allen Trennverfahren haben das Zerteilen, das Spanen und das Abtragen die größte Bedeutung, da sie an den meisten Fertigungsprozessen beteiligt sind.

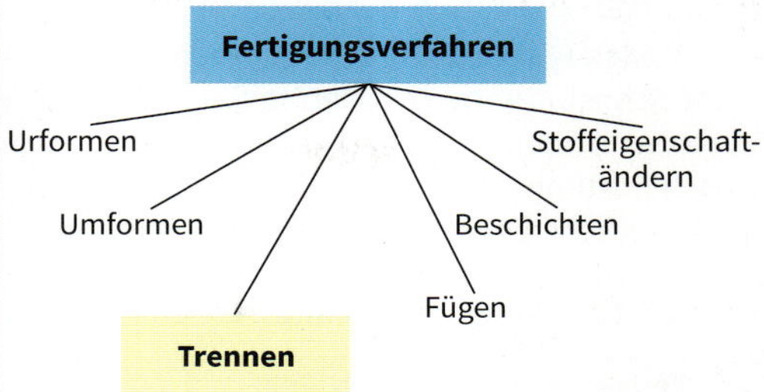

Trennen

Zerteilen

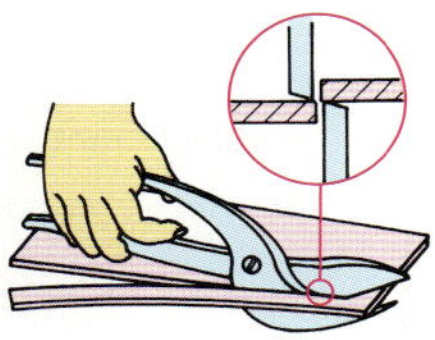

Spanloses Trennen

Spanen mit *geometrisch bestimmten* Schneiden

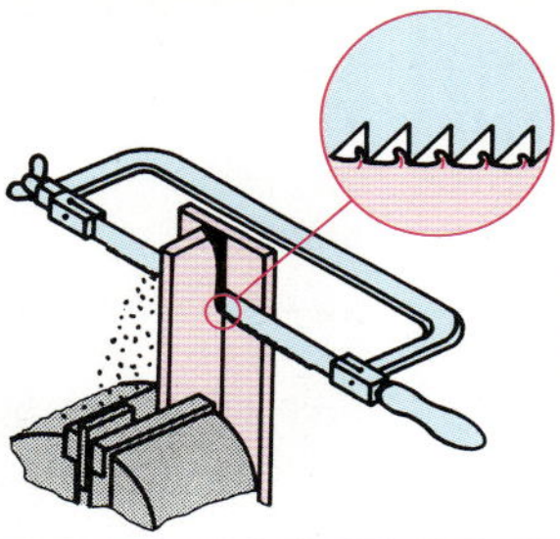

Spanabhebendes Bearbeiten

Spanen mit *geometrisch unbestimmten* Schneiden

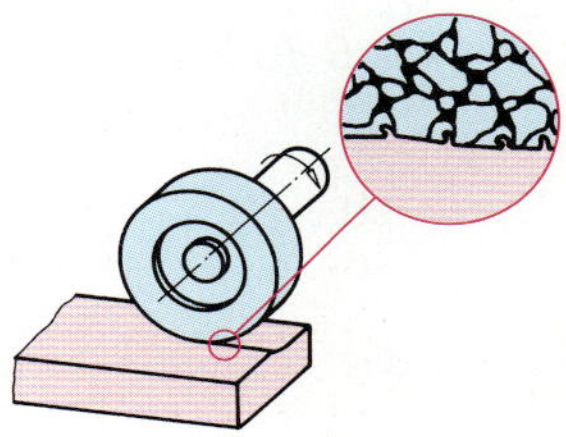

Spanabhebendes Bearbeiten

Abtragen

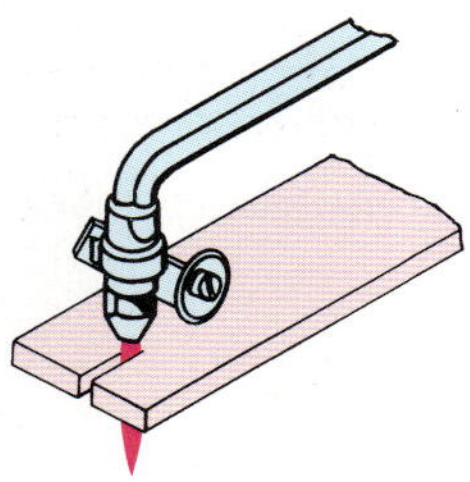

Physikalisch-chemisches Bearbeiten

Zerlegen

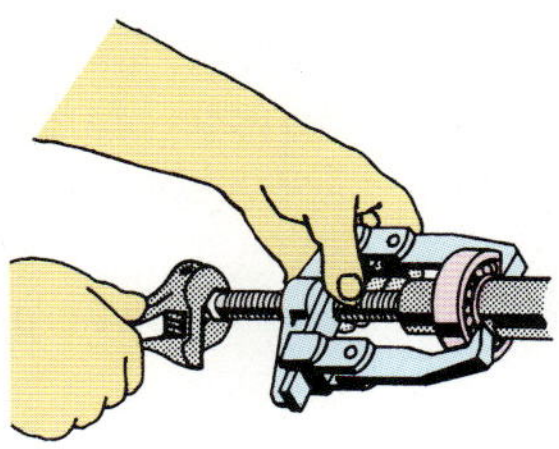

Auseinandernehmen von zusammengebauten Teilen

Reinigen

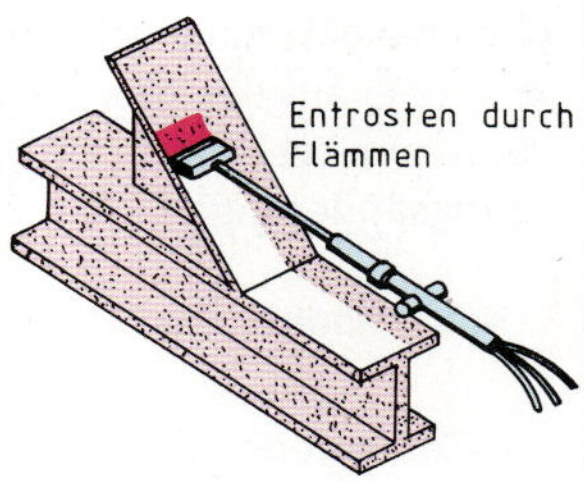

Entfernen unerwünschter Stoffteilchen

! Bei dem Verfahren des Trennens wird an der Bearbeitungsstelle der Zusammenhalt von Werkstoffteilchen aufgehoben.

3.1 Grundbegriffe zum Zerteilen und Spanen

3.1.1 Keil als Werkzeugschneide

Zum Zerteilen und Spanen benötigt man Werkzeuge mit keilförmigen Schneiden. Die Werkzeuge können nur eine Schneide haben wie der Meißel oder mehrere Schneiden tragen wie der Bohrer oder das Sägeblatt. Sind die Schneiden eines Werkzeugs in ihrer Form und Lage genau bestimmt, dann spricht man von **geometrisch bestimmten Schneiden.** Haben die Schneiden alle unterschiedliche Formen, wie z. B. die Körner einer Schleifscheibe, so spricht man von **geometrisch unbestimmten Schneiden.**

Beispiele für Schneidenzahl und Schneidenform bei Werkzeugen zum Zerteilen und Spanen

Verfahren	Meißeln	Bohren	Sägen	Schleifen
Schema	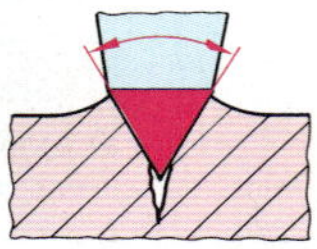	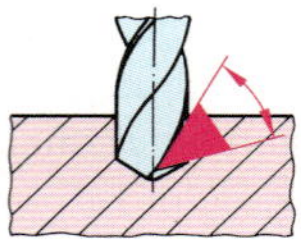	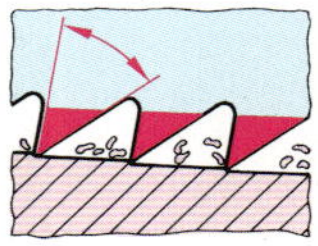	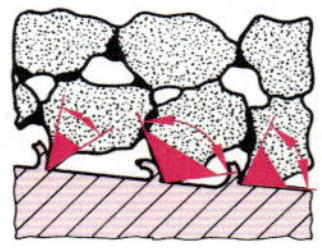
Anzahl der Schneiden	eine	zwei	mehrere	viele
Form und Lage der Schneide	bestimmt	bestimmt	bestimmt	unbestimmt

! Alle Werkzeuge zum Zerteilen und Spanen haben keilförmige Schneiden.

3.1.2 Kraft

Damit Werkzeuge mit ihren Schneiden beim Zerteilen und Spanen auf Rohteile Wirkungen erzielen, sind immer Kräfte erforderlich. Bei manchen Verfahren werden diese Kräfte von Menschen aufgebracht (**Fertigungsverfahren von Hand**), bei anderen Verfahren wirken die Kräfte von Maschinen auf Werkzeuge ein (**maschinelle Fertigungsverfahren**).

1. Kraftwirkungen

Kräfte sind nicht sichtbar, man erkennt sie nur an den Auswirkungen.

- Durch die Wirkung der Muskelkraft wird z. B. Flachmaterial gebogen. Kräfte bewirken **Formänderungen.**
- Durch die Wirkung der Muskelkraft wird z. B. ein Hammer aus der Ruhe in eine schnelle Bewegung versetzt. Kräfte bewirken **Bewegungsänderungen.**

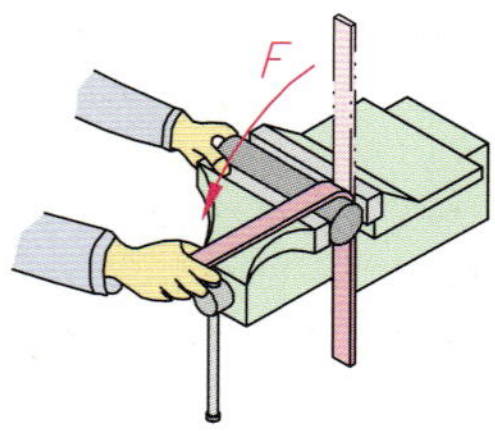

Formänderung

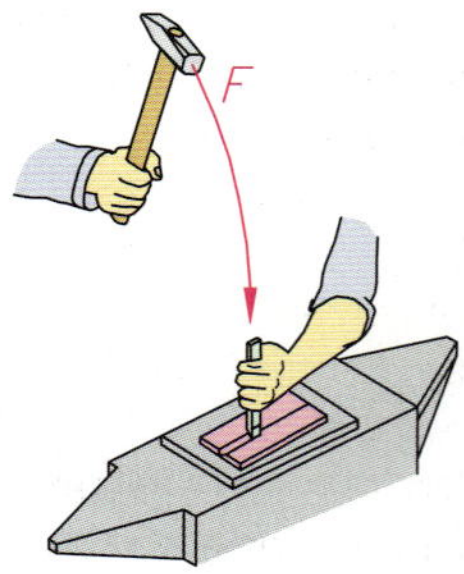

Bewegungsänderung

! Kräfte können die Form oder den Bewegungszustand von Körpern ändern.

2. Maßeinheit der Kraft

Die **Maßeinheit der Kraft** ist das Newton N (sprich: njutn). Auf einen Körper mit der Masse $m = 1$ kg wirkt am 45. Breitengrad in Meereshöhe eine Gewichtskraft von $F_G = 9{,}81$ N.

Für die Technik ist bei der Gewichtskraftberechnung in vielen Fällen eine etwa 2%ige Ungenauigkeit von untergeordneter Bedeutung, sodass für die Masse $m = 1$ kg auf der Erdoberfläche näherungsweise eine Gewichtskraft von $F_G = 10$ N angenommen werden kann.

! Auf einen Körper mit der Masse $m = 1$ kg wirkt am 45. Breitengrad in Meereshöhe eine Gewichtskraft von $F_G = 9{,}81$ N (näherungsweise $F_G = 10$ N).

Übungsaufgaben 3/2 bis 3/6

1. Zeichnerische Darstellung von Kräften

Da eine Kraft durch Größe und Richtung festgelegt ist, lässt sie sich als Pfeil anschaulich darstellen.

Bei der zeichnerischen Darstellung entspricht
- die Richtung des Pfeils der Richtung der Kraft,
- die Länge des Pfeils der Größe der Kraft.

Dazu legt man einen **Kräftemaßstab** fest, der angibt, welche Kraft der Pfeillänge von 1 cm entspricht.

Beispiel für die Festlegung eines Kräftemaßstabes

Will man eine Kraft von 500 N durch einen Pfeil von 2 cm Länge darstellen, so entspricht die Länge von 1 cm der Kraft von 250 N. Damit ist der Kräftemaßstab wie folgt festgelegt:
1 cm ≙ 250 N (≙ lies „entspricht").

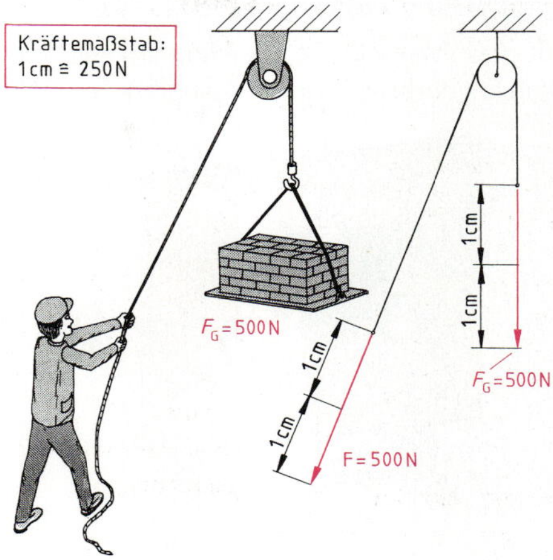

Darstellung von Kräften

> **!** Kräfte werden als Pfeile dargestellt.

2. Verschiebung von Kräften

Ein Getriebekasten mit der Gewichtskraft F_G = 2 000 N hängt an einem Kranhaken. Für die Belastung des Kranhakens ist es bei Vernachlässigung des Seilgewichts bedeutungslos, ob der Getriebekasten mit einem kurzen oder langen Seil aufgehängt ist. Beide Gewichtskräfte wirken in Seilrichtung, sie sind lediglich auf ihrer Wirkungslinie verschoben.
Die Richtung, in die eine Kraft wirkt, bezeichnet man als **Wirkrichtung**. Die Wirkung einer Kraft ändert sich nicht, wenn man sie entlang ihrer Wirkrichtung verschiebt.

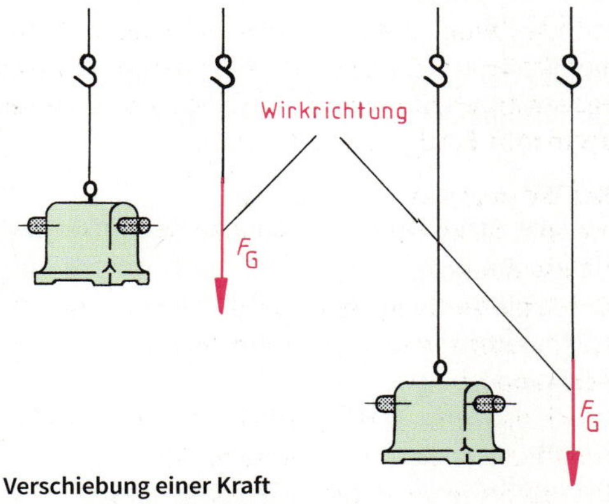

Verschiebung einer Kraft

> **!** Kräfte dürfen entlang ihrer Wirkrichtung verschoben werden.

3. Kraft und Gegenkraft

Eine an einem Seil hängende Kiste zieht mit ihrer Gewichtskraft F_G senkrecht nach unten. Damit die Last gehalten werden kann, müssen der Haken und das Seil eine Gegenkraft aufbringen. Die hervorgerufene Gegenkraft F ist so groß wie die wirkende Gewichtskraft F_G, aber entgegengesetzt gerichtet.

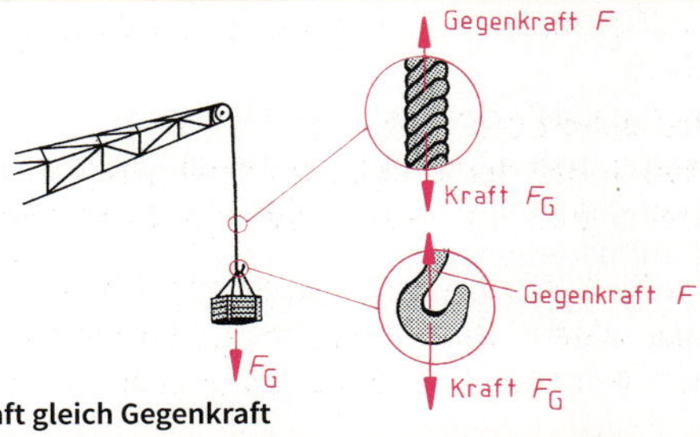

Kraft gleich Gegenkraft

> **!** Jede auf einen Körper wirkende Kraft ruft eine Gegenkraft hervor. Kraft und Gegenkraft sind gleich groß, aber entgegengesetzt gerichtet.

3.1.3 Kräftezerlegung am Keil

1. Kräfteparallelogramm

Wirkt eine Kraft auf einen Keil, so wird sie in Seitenkräfte zerlegt, die senkrecht auf den Wangen des Keiles stehen. Im Versuch kann man die Größe der Seitenkräfte messen.

Beispiel für die Ermittlung von Kräften am Keilmodell

Auf einen verstellbaren Keil können verschieden große Kräfte wirken. An den senkrecht zu den Keilflächen angebrachten Kraftmessuhren werden die wirkenden Seitenkräfte F_1 und F_2 abgelesen.

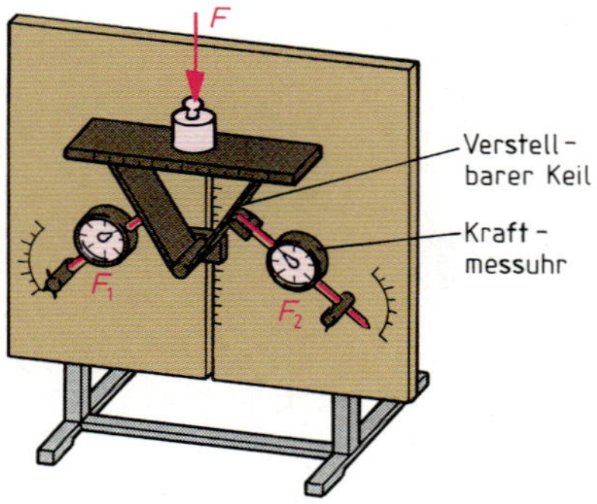

Versuchsmodell

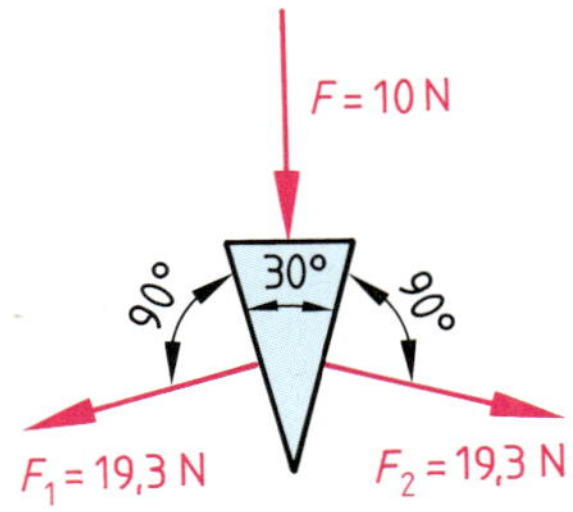

Stellt man einen Keilwinkel von $\beta = 30°$ ein und lässt eine Kraft von $F = 10$ N wirken, so liest man an den Kraftmessuhren die Seitenkräfte $F_1 = 19{,}3$ N und $F_2 = 19{,}3$ N ab.
(Stellt man am Keilmodell andere Keilwinkel ein, dann misst man auch andere Seitenkräfte.)

Die Größe der Seitenkräfte kann auch zeichnerisch mithilfe des Kräfteparallelogrammes ermittelt werden. Zur Ermittlung der Seitenkräfte mit dem Kräfteparallelogramm geht man in folgenden Schritten vor:

1. Schritt
Der Keil wird mit dem vorgegebenen Keilwinkel gezeichnet. Der Angriffspunkt der Kraft, welche auf den Keil wirkt, wird etwa in der Mitte des Keiles verschoben. Dort wird die Kraft dann maßstäblich dargestellt.

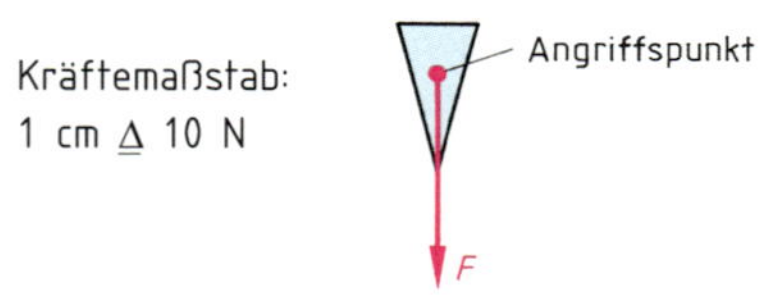

2. Schritt
Vom Angriffspunkt ausgehend werden senkrecht zu den Wangen die Richtungen der Seitenkräfte angetragen. Man erhält die Wirkungslinien 1 und 2.

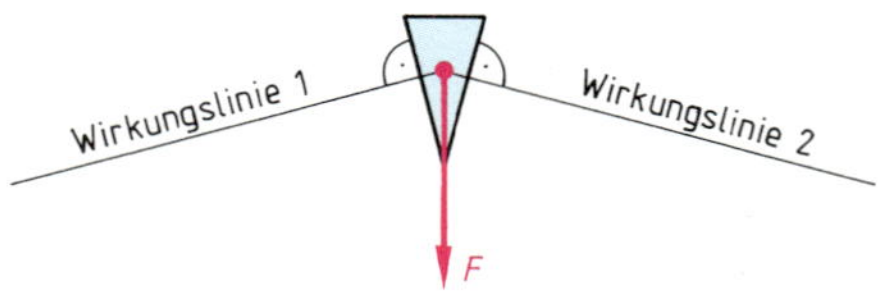

3. Schritt
Durch das Ende der Kraft, die Pfeilspitze, werden Parallelen zu den Wirkungslinien gezogen. Dadurch entsteht ein Parallelogramm. Die Seiten des Parallelogramms ergeben nach Umrechnung mit dem Kräftemaßstab die Seitenkräfte F_1 und F_2.

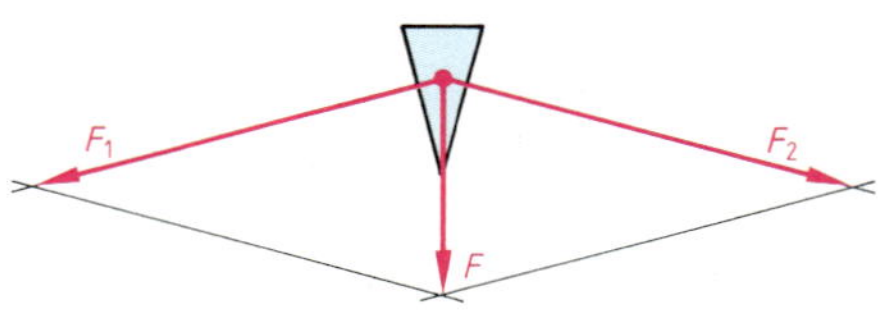

! Eine Kraft F kann mithilfe des Kräfteparallelogramms in die Teilkräfte F_1 und F_2 zerlegt werden. Die Kraft *F* bildet die Diagonale, die Teilkräfte F_1 und F_2 findet man als die Seiten des Parallelogramms.

2. Einfluss des Keilwinkels auf die Wangenkräfte

Wirkt eine Kraft auf einen Keil, so wird sie in Seitenkräfte zerlegt, die senkrecht auf den Wangen des Keils stehen. Im Versuch kann man die Größe der Seitenkräfte messen.
Die Größe der Seitenkräfte kann zeichnerisch mithilfe des Kräfteparallelogramms ermittelt werden.
Eine Änderung des Keilwinkels bewirkt auch eine Änderung der Seitenkräfte.

Beispiele für die Änderung der Seitenkräfte bei gleicher Kraft $F = 10$ N, aber unterschiedlichen Keilwinkeln β_0

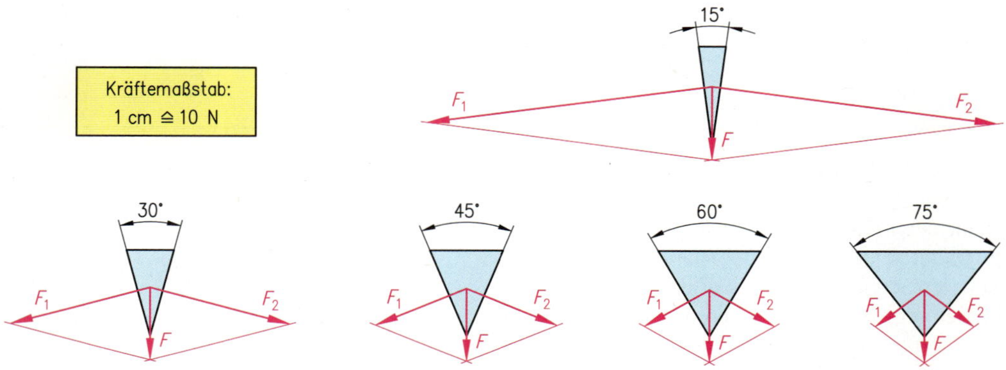

Keilwinkel β_0 Grad	Seitenkraft F1 N	Seitenkraft F_2 N
15	38,3	38,3
30	19,3	19,3
45	13,1	13,1
60	10,0	10,0
75	8,3	8,3

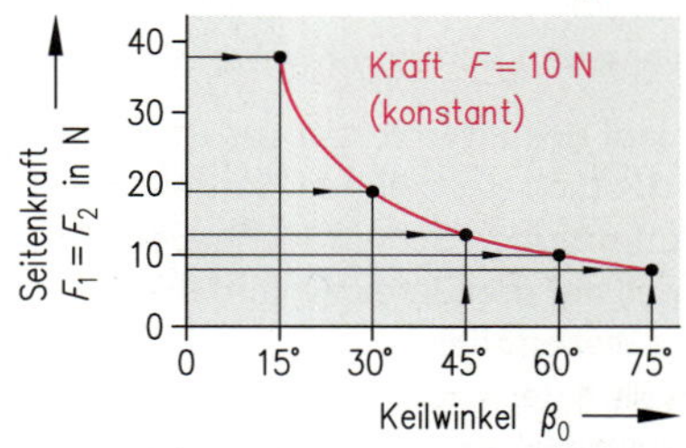

> **!** Bei gleichem Kraftaufwand erzielt man
> - bei kleinen Keilwinkeln große Seitenkräfte,
> - bei großen Keilwinkeln kleine Seitenkräfte.

3.1.4 Keilwinkel zur Bearbeitung unterschiedlicher Werkstoffe

Die Festlegung eines geeigneten Keilwinkels wird durch widersprüchliche Gesichtspunkte problematisch:
- Geringer Kraftaufwand erfordert einen kleinen Keilwinkel.
- Große Schneidenstabilität und große Schneidhaltigkeit erfordern einen großen Keilwinkel.

Bei der Festlegung der Keilwinkelgröße kann daher nur ein Kompromiss geschlossen werden. Nur weiche Werkstoffe erlauben die Verwendung eines kleinen Keilwinkels. Harte Werkstoffe erfordern wegen der hohen Schneidenbeanspruchung einen großen Keilwinkel.

Gebräuchliche Keilwinkel

Keilwinkel	Werkstoff
15°	Holz, Blei
30°	Aluminium, Kupfer
60°	Stahl mittlerer Festigkeit, Messing
75°	Stahl hoher Festigkeit

Die angegebenen Keilwinkel sind mittlere Werte für Werkzeuge zum Zerteilen. Da auch der Ablauf eines Fertigungsverfahrens Einfluss auf den Keilwinkel hat, können weitere Angaben nur bei den Verfahren gemacht werden.

> **!** Für die Wahl des Keilwinkels gilt:
> - harter Werkstoff → großer Keilwinkel
> - weicher Werkstoff → kleiner Keilwinkel
> - Keilwinkel β_0 so klein wie möglich, aber so groß wie nötig

Übungsaufgaben 3/9 bis 3/13

3.2 Scheren

3.2.1 Schervorgang

Beim Zerteilen durch Scherschneiden bewegen sich zwei Schneiden aneinander vorbei und verschieben Werkstoffteilchen bis zur vollständigen Trennung gegeneinander.

1. Verformungs-Phase	2. Schnitt-Phase	3. Bruch-Phase
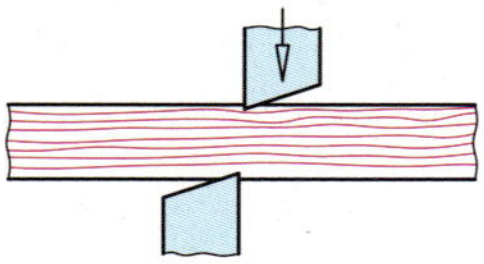	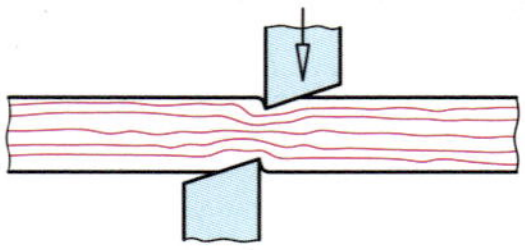	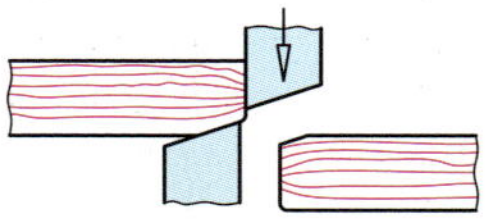

Um eine Werkstofftrennung zu begünstigen, erhalten die Schermesser die dargestellte Form. Die Druckfläche wird um einen Winkel von etwa 5° geneigt. Dadurch dringt die Innenkante des Schermessers als Schneide in den Werkstoff ein. Damit die beiden inneren Seitenflächen der Schermesser nicht unnötig Reibung verursachen, wird ein Freiwinkel α_0 von 1,5° bis 3° angeschliffen. Für den Keilwinkel ergeben sich somit Werte von 82° bis 83,5°.

Der Ablauf des Schervorganges ist aus der Schnittfläche deutlich zu erkennen. Sie zeigt die drei Bereiche Verformung, Schnittfläche und Bruchfläche. Der Anteil der drei Bereiche wird durch die Sprödigkeit des Werkstoffes beeinflusst. Bei spröden Werkstoffen wird der Anteil der Bruchfläche größer und der Anteil der Schnittfläche kleiner.

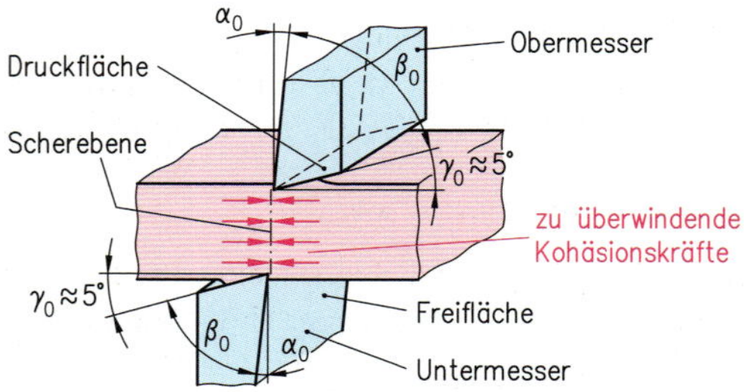

Winkel an den Schneiden einer Blechschere

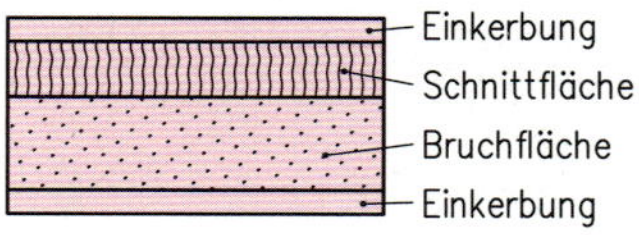

Trennfläche beim Scherschneiden

> **!** Beim Scherschneiden erfolgt die Trennung durch zwei Schneiden, welche die Werkstoffteilchen gegeneinander verschieben.
> Die Trennfläche zeigt Verformung durch Einkerbung, eine Schnittfläche und eine Bruchfläche.

3.2.2 Stellung der Scherschneiden

Je nach Stellung der Scherschneiden ergeben sich unterschiedlich große Schnittkräfte und Schneidenwege. Eine Vergrößerung des Schneidenweges verringert die Schnittkraft.

Vollkantiger Schnitt	Kreuzender Schnitt
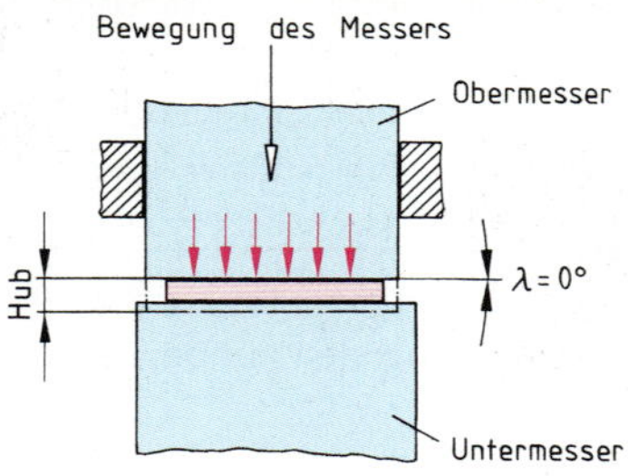	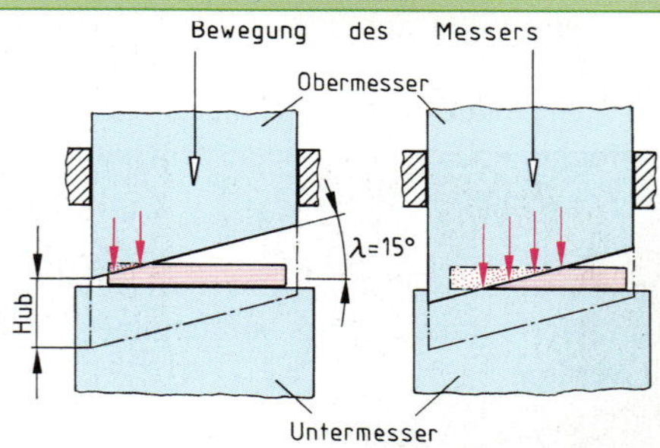

> **!** Vollkantiger Schnitt bewirkt Trennung mit schlagartig beginnender und endender Höchstschnittkraft. Kreuzender Schnitt bewirkt allmählich ansteigende und abschwellende Schnittkraft.

Übungsaufgaben 3/14 bis 3/16

3.2.3 Schneidspalt

Die Schermesser müssen so geführt werden, daß zwischen den beiden Schneiden ein geringer Abstand vorhanden ist. Diesen Abstand nennt man Schneidspalt. Die Größe des Schneidspalts ist von der Werkstückdicke abhängig. Mit zunehmender Werkstückdicke nimmt die Größe des Schneidpalts zu.

- Ein zu enger Schneidspalt verursacht Reibung zwischen den Messern. Eine starke Abnutzung ist die Folge. Ein gegenseitiges Aufsetzen der Schermesser muss vermieden werden.
- Ein zu großer Schneidspalt führt zur Gratbildung am Werkstück.

Bei Maschinenscheren wird der Schneidspalt in Abhängigkeit von der Blechdicke eingestellt.

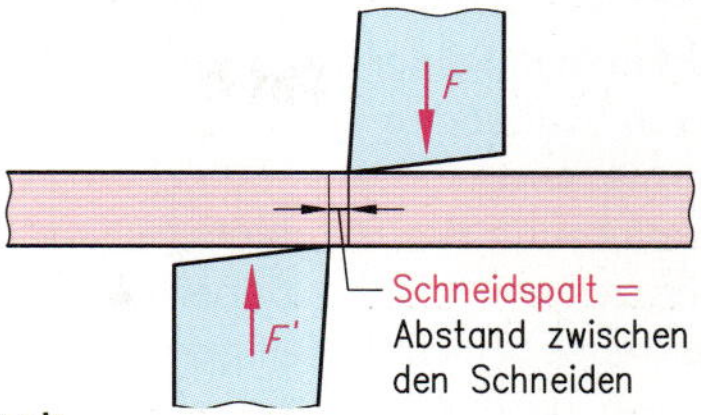

Schneidspalt

Bei Handblechscheren soll der Schneidspalt möglichst klein gehalten werden, da sonst die Bleche verkanten. Allerdings unterliegen Handscheren einem stärkeren Verschleiß.

> **!** Der Abstand zwischen den Schneiden wird Schneidspalt genannt. Der Schneidspalt soll möglichst klein sein. Mit zunehmender Werkstoffdicke wird er größer eingestellt.

3.2.4 Schnittlinienverlauf

Nach dem Verlauf der Schnittlinie und der Lage zum Werkstück ergeben sich unterschiedliche Scherschneidverfahren, wie z. B. Ausschneiden, Lochen, Einschneiden.

Geschlossener Schnitt		**Offener Schnitt**		
Ausschneiden	**Lochen**	**Einschneiden**	**Ausklinken**	**Zerschneiden**
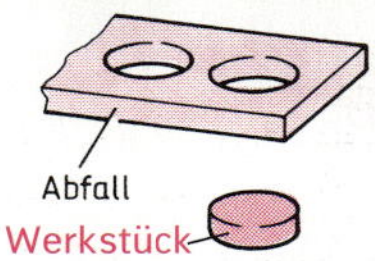	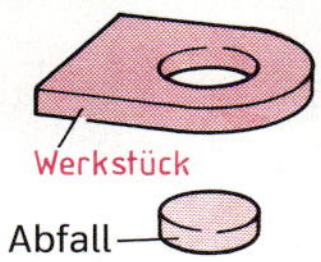		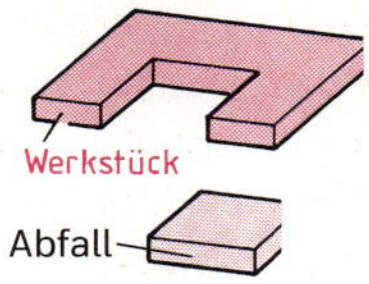	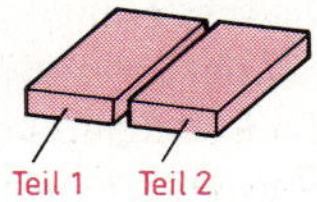

3.2.5 Blechscheren

– **Handblechscheren**

Alle Handblechscheren arbeiten nach dem Prinzip des kreuzenden Schnittes. Die beiden Schermesser bewegen sich um einen Drehpunkt und dringen allmählich in den Werkstoff ein. Als Folge des kreuzenden Schnittes sind die Schnittteile stark gekrümmt. Da die Handkraft des Menschen begrenzt ist, bestimmen Dicke und Festigkeit des Werkstoffes die Anwendungsmöglichkeit der Handblechscheren.

Durchlaufschere mit zusätzlicher Hebelübersetzung	**Figurenschere mit zusätzlicher Hebelübersetzung**	**Elektro-Handblechschere**
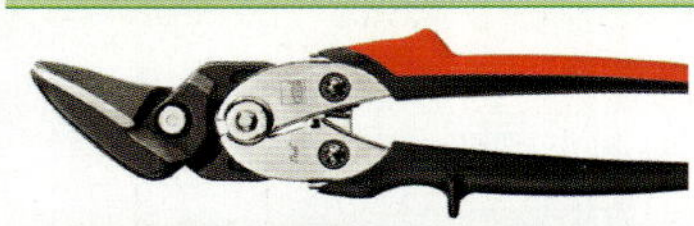 	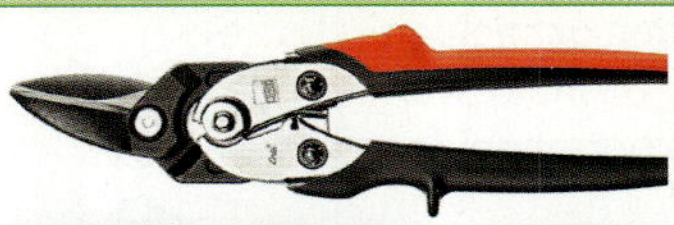 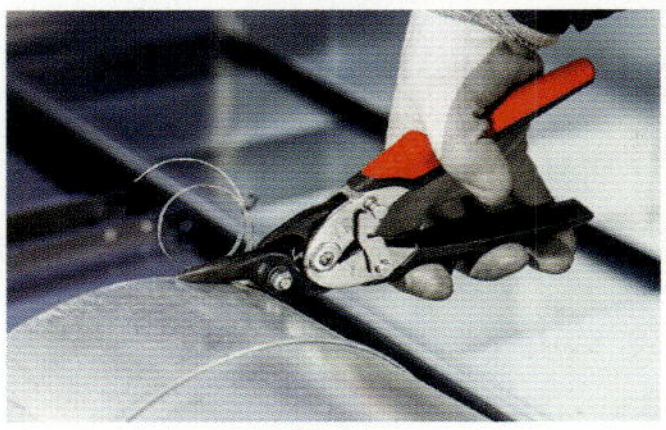	
Anwendung: Für durchlaufende gerade Schnitte	*Anwendung:* Für kurze gerade und gebogene Schnitte	*Anwendung:* Für gerade und gebogene Schnitte an Blechen bis 2 mm Dicke

1. Handhebelschere

Die mehrfache Hebelübersetzung der Handhebelschere vervielfacht die aufgewandte Muskelkraft und erlaubt somit das Trennen größerer Querschnitte. Mit der Handhebelschere können Schnitte bis etwa 200 mm Länge ohne Nachschieben ausgeführt werden.

Bewegt sich das Obermesser um einen Drehpunkt, so erreicht man mit einer bogenförmigen Schneide einen gleich bleibenden Öffnungswinkel zwischen den Schermessern.

Die Messerführung der Handhebelschere führt zu einem kreuzenden Schnitt. Dabei wird der unter dem Obermesser liegende Teil gekrümmt. Je dünner das Blech, desto stärker die Krümmung.

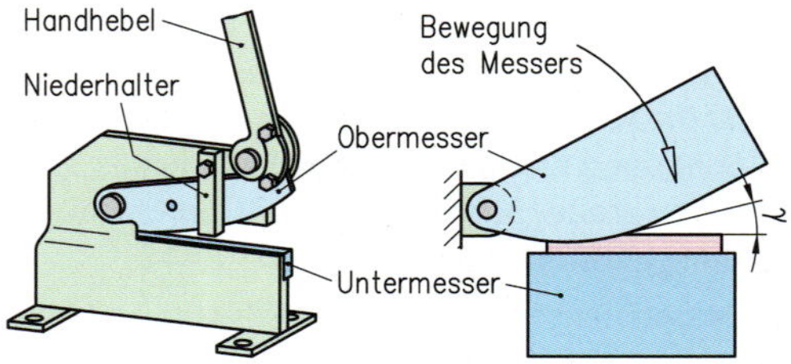

Handhebelschere

2. Hydraulische Tafelscheren

Größere Tafelscheren schneiden Bleche bis 25 mm Dicke und Schnittlängen bis ca. 4 m.

- Der bewegliche Obermesserbalken wird hydraulisch angetrieben. Das Obermesser ist um einen Winkel von 5° bis 10° zur Blechoberfläche schräg gestellt. Dadurch ergibt sich ein schwach kreuzender Schnitt.
- Der Schneidspalt muss in Abhängigkeit von Blechdicke und Werkstoffestigkeit eingestellt werden.
- Die Niederhaltkraft wird hydraulisch, abhängig von der Schnittkraft, aufgebracht.
- Der Parallelanschlag für das Blech wird mithilfe von Elektromotoren verfahren und genau positioniert.

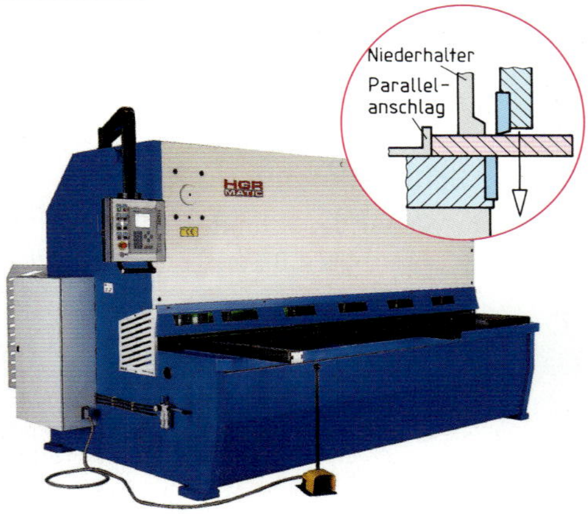

Hydraulische Tafelschere

3.2.6 Schneidwerkzeuge zum Stanzen

Für die Herstellung von Flachteilen in großen Stückzahlen bei gleich bleibender Form- und Maßgenauigkeit verwendet man Schneidwerkzeuge, die maschinell betätigt werden.

Schneidwerkzeuge bestehen aus dem Stempel (Oberteil) und der Schneidplatte (Unterteil). Der Verlauf der Werkzeugschneiden entspricht der Form des Werkstückes.

Die Schneiden des Stempels führen die Werkstofftrennung herbei, indem sie sich an den Schneiden der Schneidplatte vorbei bewegen. Deshalb werden diese Trennvorgänge dem Scherschneiden zugeordnet.

Die erforderliche Schnittkraft wird von Exzenterpressen oder von hydraulischen Pressen aufgebracht. Der Stempel wird im Pressenstößel gespannt. Dieser führt den für das Schneiden notwendigen Hub aus. Die Schneidplatte wird auf den Pressentisch aufgespannt. Die Werkstücke fallen in einen Sammelbehälter.

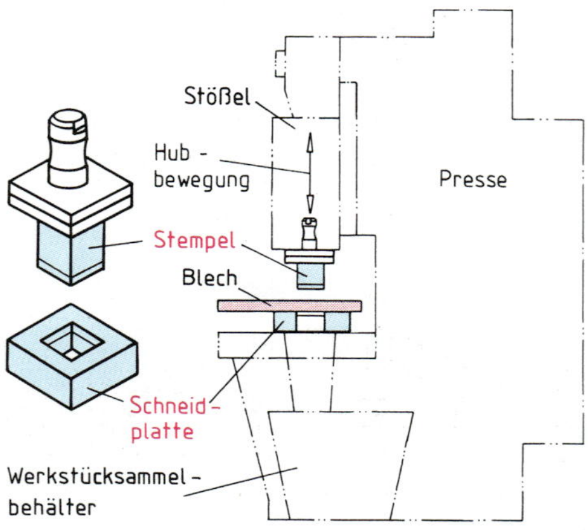

Presse mit Schneidwerkzeug

Formgenauigkeit und Maßhaltigkeit der Werkstücke werden um so besser, je geringer das Spiel zwischen Stempel und Schneidplatte ist. Darum unterscheidet man die Schneidwerkzeuge nach der Art der Werkzeugführung.

4 Spanen von Hand und mit einfachen Maschinen

4.1 Werkzeugschneide und Schnittbewegung

1. Keilwirkung

Der Schneidkeil dringt parallel zur Werkstückoberfläche in das Werkstück ein. An der vorderen Keilfläche bildet sich ein Span, der an dieser **„Spanfläche“** des Schneidkeils hochgeschoben wird. Dabei können bei weichen Werkstoffen folgende **Phasen** der Spanbildung unterschieden werden:

- Stauchen des Werkstoffs, • Scheren des Werkstoffs,
- Hochgleiten des Werkstoffs.

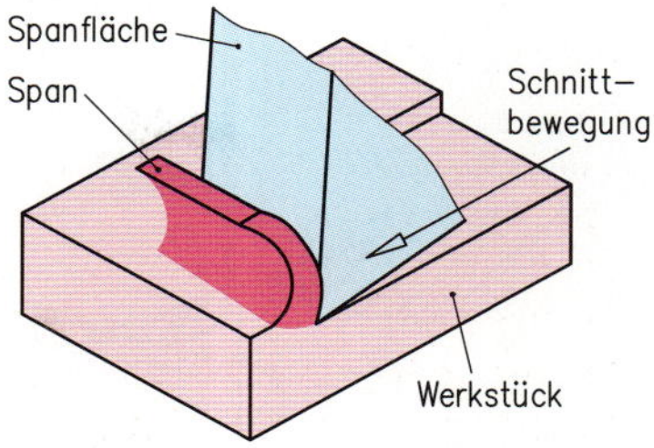

Spanbildung bei einem weichen Stahl

2. Winkel an der Werkzeugschneide

Die Spanbildung wird wesentlich vom Schneidkeil und seiner Stellung zum Werkstück beeinflusst.

Keilwinkel β_o	Freiwinkel α_o	Spanwinkel γ_o
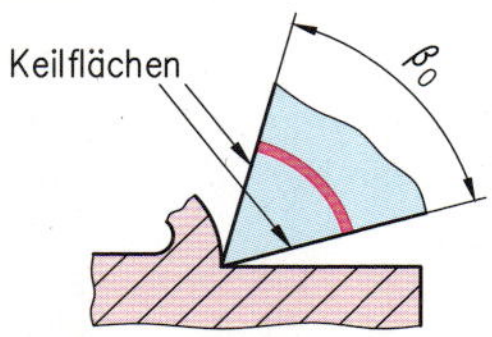	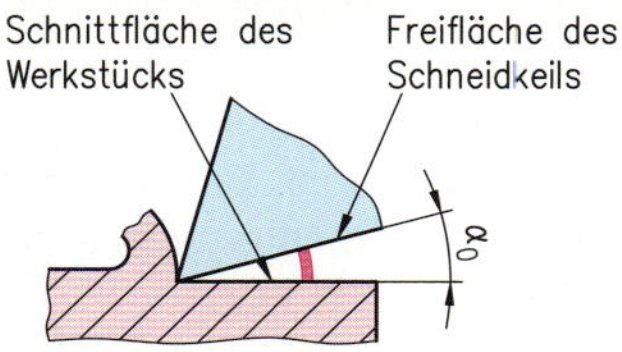	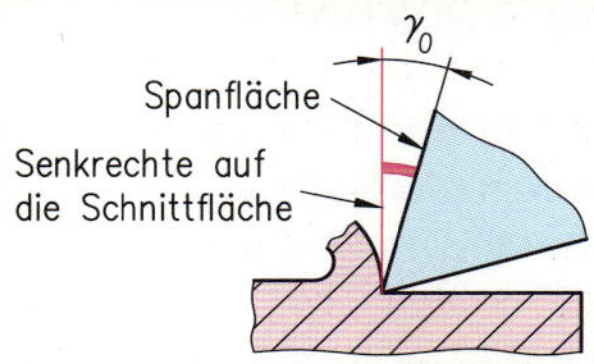
Der Winkel zwischen den von der Schneide ausgehenden Keilflächen ist der **Keilwinkel** β_o (beta).	Der Winkel zwischen der Schnittfläche des Werkstücks und der Freifläche des Schneidkeils wird **Freiwinkel** α_o (alpha) genannt.	Den Winkel zwischen Spanfläche des Schneidkeils und der Senkrechten auf die Schnittfläche des Werkstücks nennt man **Spanwinkel** γ_o (gamma).

Die Größe von Keil- und Spanwinkel wird hauptsächlich entsprechend dem zu bearbeitenden Werkstoff festgelegt. Der Freiwinkel bleibt bei allen Werkstoffen nahezu unverändert.

Durch die Festlegung der Winkel ergibt sich:

Freiwinkel + Keilwinkel + Spanwinkel = 90°

$$\alpha_o + \beta_o + \gamma_o = 90°$$

Die Winkel einer Werkzeugschneide werden so ausgewählt, dass die Schneide möglichst lange hält, man spricht dann von einer langen **Standzeit** des Werkzeugs.

3. Schnittbewegung

Bei der Spanabnahme findet eine Bewegung zwischen Werkzeug und Werkstück statt. Bei spanenden Fertigungsverfahren von Hand führt das Werkzeug diese **Schnittbewegung** aus.
Bei maschineller Fertigung kann die Schnittbewegung durch das Werkzeug oder das Werkstück erfolgen.

Beispiele für Schnittbewegungen

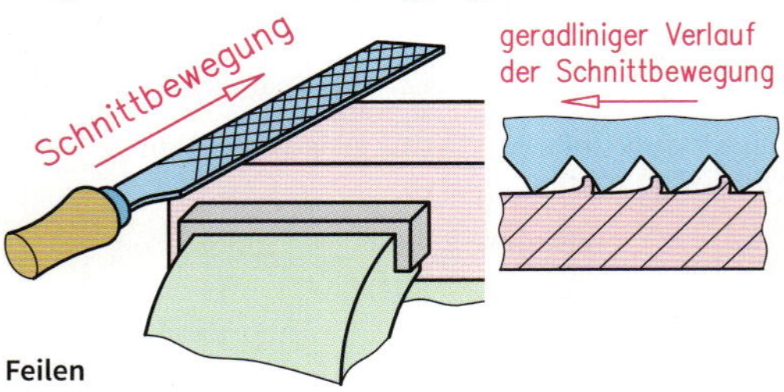

Feilen

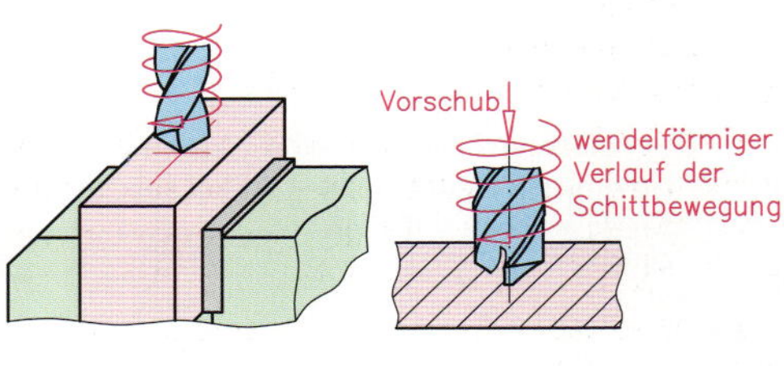

Bohren

! Spanen ist ein Abtrennen von Werkstoffteilchen (Spänen) unter Einwirkung äußerer Kräfte mithilfe von keilförmigen Werkzeugschneiden. Die Spanabnahme erfolgt durch die Schnittbewegung zwischen Werkzeugschneide und Werkstück.

4.2 Sägen

Profilstäbe und Rohre werden häufig auf Roh- oder Fertiglänge gesägt. Das Trennverfahren Sägen wird vorwiegend dann angewandt, wenn eine ebene Schnittfläche ohne Verformung des Werkstücks verlangt wird.

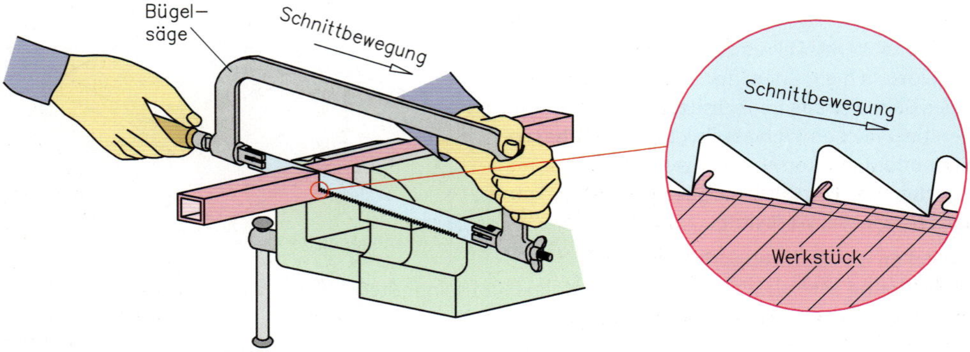

Ablängen mit der Handbügelsäge

Von dem zum Trennen verwendeten Werkzeug, dem Sägeblatt, werden kleine Späne durch eine Vielzahl hintereinander angeordneter Schneidkeile abgetrennt. Dabei wird der Werkstoff in der Schnittfuge durch die hintereinanderliegenden Zähne gleichzeitig in mehreren Schichten zerspant.

! Sägen ist ein Trennverfahren, bei dem durch eine Vielzahl hintereinander angeordneter Keile kleine Späne abgetrennt werden.

4.2.1 Schneidenwinkel

Die Winkel am Schneidkeil werden möglichst entsprechend der Werkstoffestigkeit gewählt, um mit geringem Kraftaufwand und geringem Werkzeugverschleiß große Trennleistung zu erreichen.

Schneidenwinkel an Sägeblättern

gerade Sägeblätter		Kreissägeblätter
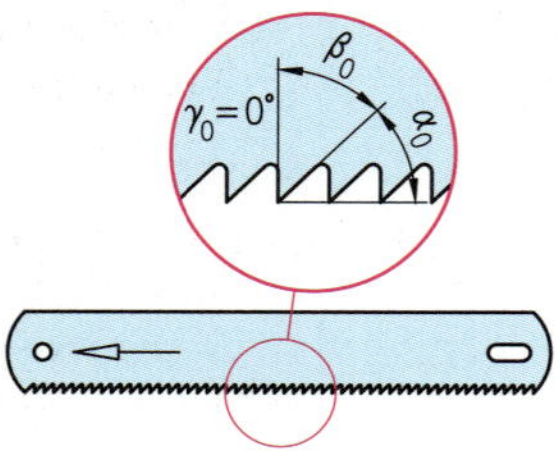	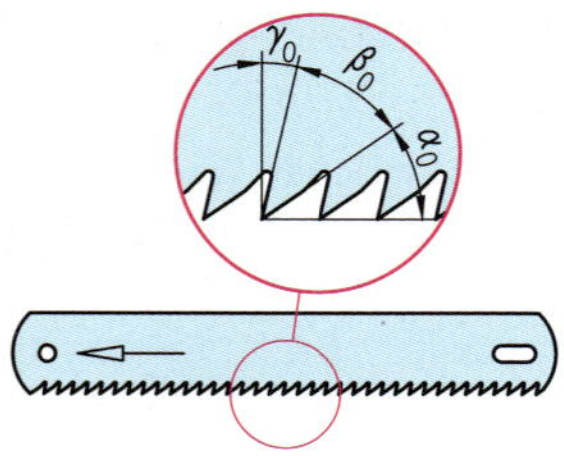	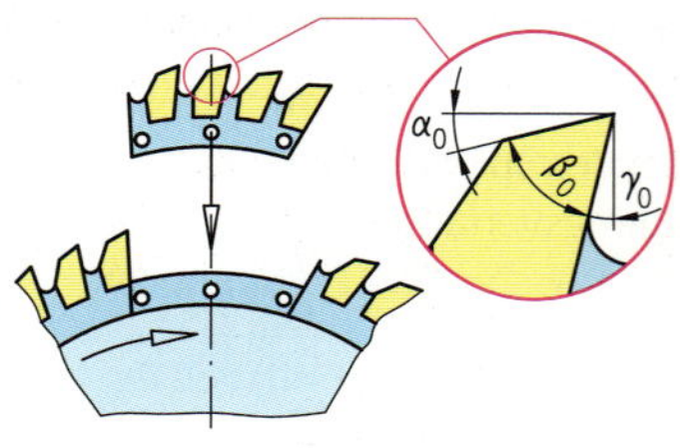
Handsägeblatt	**Maschinensägeblatt**	**Zahnsegment für Kreissägeblatt**

Handsägeblatt

Wegen des vielseitigen Einsatzes sind die Schneidenwinkel unabhängig vom Werkstoff bei allen Handsägeblättern gleich.

Freiwinkel α_0 = 40°
Keilwinkel β_0 = 50°
Spanwinkel γ_0 = 0°

Zum Trennen bestimmter Werkstoffe werden die günstigsten Schneidenwinkel ausgewählt. Für **Kreissägeblätter** gilt:

Werkstoff	Freiwinkel α_0	Spanwinkel γ_0
Stahl	8°	15°–18°
Messing	8°	10°–12°
Kupfer	10°	22°–25°

! Alle Handsägeblätter haben gleiche Schneidenwinkel. Die Auswahl des Schneidenwinkels eines Maschinensägeblatts richet sich nach dem zu sägenden Werkstoff.

4.2.2 Zahnteilung

In Betrieben, in denen Halbzeuge mit geringen Wandstärken aus unterschiedlichen Werkstoffen von Hand gesägt werden, benutzt man Sägeblätter mit „Allround-Zahnung“. Sie haben 24 Zähne pro Zoll. Der Abstand zwischen benachbarten Zähnen beträgt daher $\frac{25{,}4\text{ mm}}{24} = 1{,}06$ mm. Eine **Zahnteilung** dieser Größenordnung wird **„mittel“** genannt.

In Werkstätten, in denen ausschließlich Vollmaterialien aus Werkstoffen mit geringer Festigkeit, wie z. B. Aluminium, Kupfer u. ä., gesägt werden, benutzt man Sägeblätter mit der Zahnteilung **„grob“**. Die Zahnlücken sind groß und können die anfallenden Sägespäne besser aufnehmen.

Für das Sägen von Blechen, Blechprofilen und dünnwandigen Rohren benutzt man Sägeblätter mit der Zahnteilung **„fein“**. Durch den geringen Abstand sind beim Sägen stets mehrere Zähne im Einsatz. Das Sägeblatt hakt darum nicht und es brechen keine Zähne aus.

Im Interesse einer hohen Wirkungsweise des Sägeblatts ist in Abhängigkeit von der Festigkeit des zu sägenden Werkstoffs möglichst eine grobe Zahnteilung zu wählen, jedoch sollten mindestens drei Zähne im Einsatz sein.

Zahnteilung *t*	Werkstoff
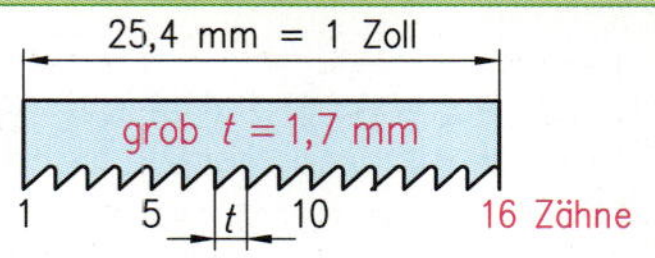	Aluminium Kupfer Pressstoff Holz Vollmaterial
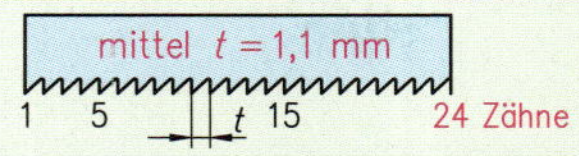	Baustahl Messing Gusseisen
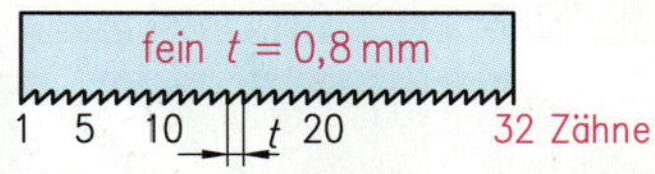	Werkzeugstahl Stahlguss dünnwandige Profile

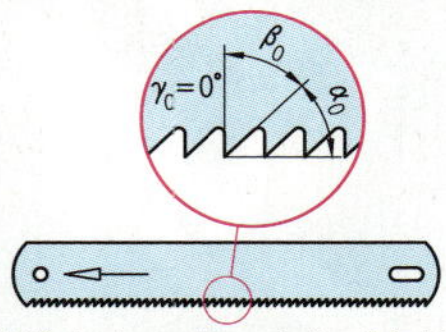

Freiwinkel $\alpha_0 = 40°$
Keilwinkel $\beta_0 = 50°$
Spanwinkel $\gamma_0 = 0°$

Winkel am Handsägeblatt

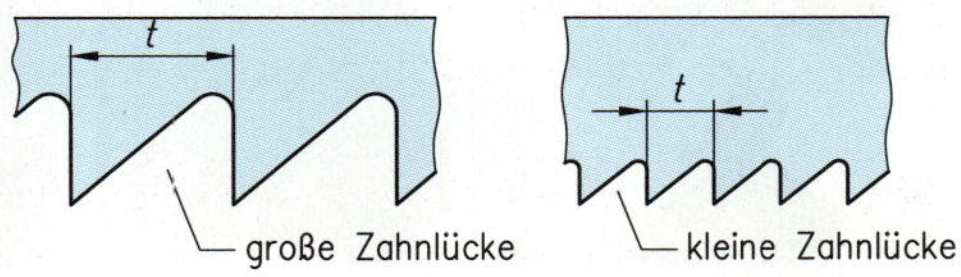

Zahnteilung und Zahnlücke

> **!** Die Zahnteilung bei Sägen ist der Abstand zweier benachbarter Zähne. Zur Kennzeichnung von Sägeblättern wird meist die Zähnezahl angegeben, die sich auf einem Zoll der Sägeblattlänge befindet.

4.2.3 Freischnitt

Beim Sägen muss die Schnittfuge *a* breiter sein als die Sägeblattdicke *b*, um ein Klemmen des Sägeblatts zu verhindern. Die Sägeblätter werden deshalb so gestaltet, dass sie sich seitlich selbst freischneiden und damit die unerwünschte Reibung herabgesetzt wird. Die Verbreiterung der Schnittfuge heißt **Freischnitt**.

Erzeugen des Freischnitts

Wellen	Schränken	Hohlschleifen	Einsetzen breiter Zähne
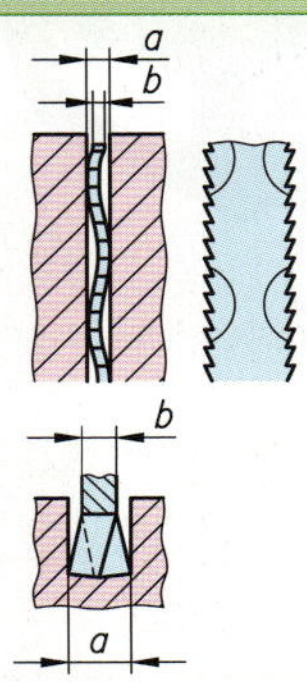	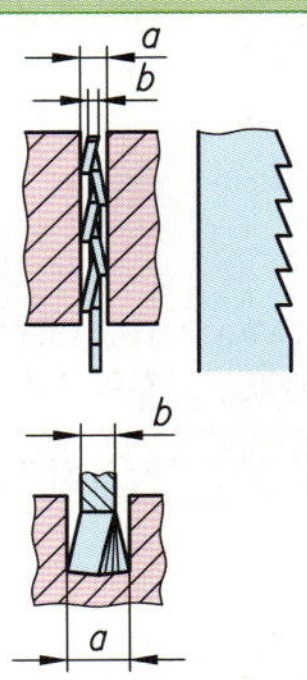	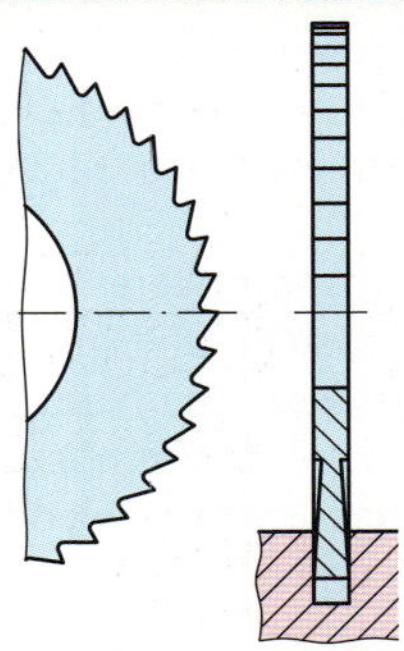	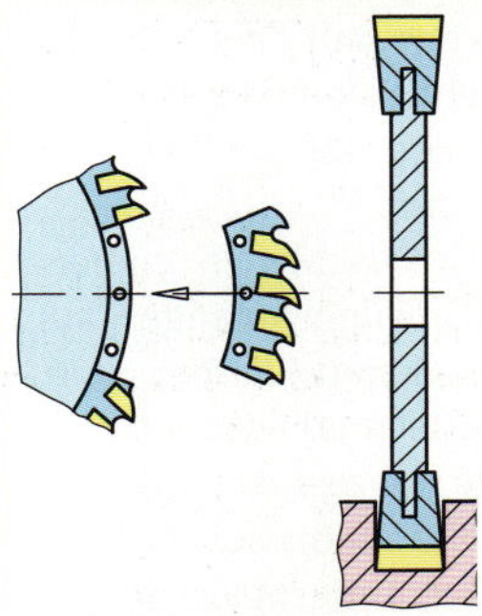
Handsägeblätter	**Maschinensägeblätter**	**kleine Kreissägeblätter**	**große Kreissägeblätter**

> **!** Ein Sägeblatt schneidet frei, wenn die Schnittfuge breiter als die Sägeblattdicke ist.

4.2.4 Sägemaschinen

Zum maschinellen Trennen von Metallen werden vorwiegend Bandsägen und Kreissägen eingesetzt.
Das Werkzeug der Bandsäge ist ein schmales Endlossägeblatt. Je nach Breite und Freischnitt des Blattes können mit der Bandsäge nicht nur gerade, sondern auch leicht gekrümmte Schnitte ausgeführt werden. Das scheibenförmige Sägeblatt der Metallkreissäge erlaubt nur gerade Schnitte. Die Schnittbreite ist größer als die Schnittbreite der Bandsäge, besonders wenn die Sägeblätter mit Hartmetallzähnen bestückt sind.

Bandsägemaschine	Kreissägemaschine
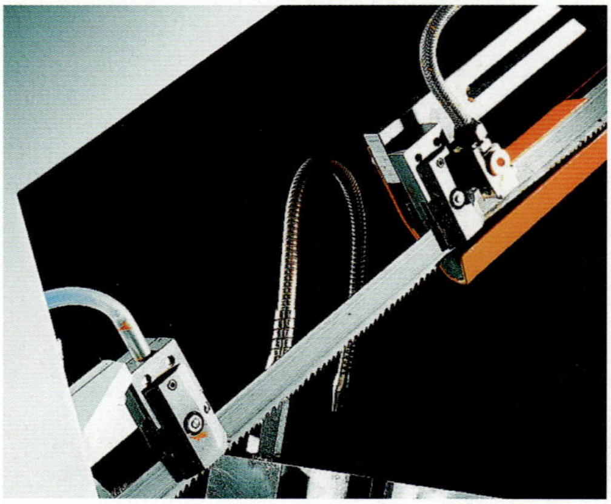	

4.3 Trennen mit Winkelschleifern

Ein häufig angewendetes Verfahren zum Trennen von metallischen Halbzeugen und Werkstücken ist das Trennschleifen mit handgeführten Winkelschleifern. Die Maschinen gibt es in unterschiedlichen Größen. Schon die mittleren Maschinen sind mit beiden Händen zu führen, man spricht von Zweihand-Winkelschleifern. Die Trennscheibe ist halbseitig von einer Schutzhaube abgedeckt. Jede Maschine ist auf einen Trennscheibendurchmesser ausgelegt. Die Verwendung größerer Trennscheiben ist nicht zulässig.

Winkelschleifer treiben eine Trennscheibe mit hoher Schnittgeschwindigkeit, meist 80 m/s.
Die Trennscheiben bestehen aus einem Trägergewebe, auf dem Schleifkörner mit einem Bindemittel zu einem festen Schleifkörper geformt sind. Die Dicke der Scheiben liegt meist zwischen 3 und 1 mm.
Winkelschleifer eignen sich insbesondere zum schnellen Ablängen auf der Baustelle und in der Werkstatt. Ferner sind in der Blechbearbeitung Ausschnitte schnell herzustellen. Bei der Demontage können festsitzende oder nicht mehr verwendbare Teile, wie z. B. Schrauben- und Nietköpfe, einfach entfernt werden.

Zweihand-Winkelschleifer

! Das Trennschleifen mit Winkelschleifern dient vorzugsweise zum schnellen Ablängen von Halbzeugen auf Baustellen und in Metallbauwerkstätten.

4.4 Feilen

Bei der Herstellung von Werkstücken in Einzelfertigung ist es vielfach günstiger, vorgearbeitete Rohteile durch Feilen fertigzustellen, als Maschinen einzusetzen. Häufig durchzuführende Arbeiten mit Feilen sind das Entgraten und das Einpassen von Bauteilen.

Beispiele für Feilarbeiten

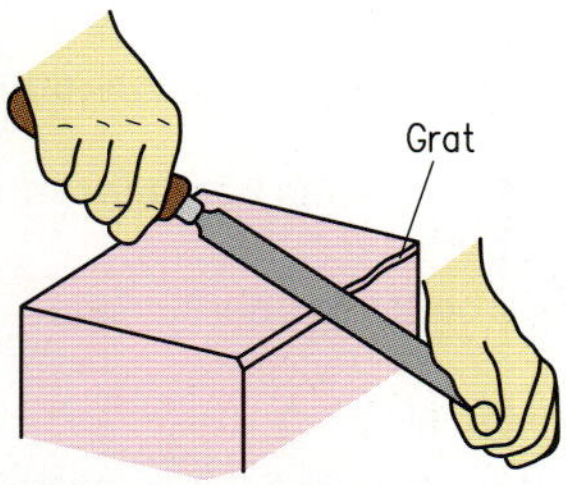

Entgraten und Kante brechen

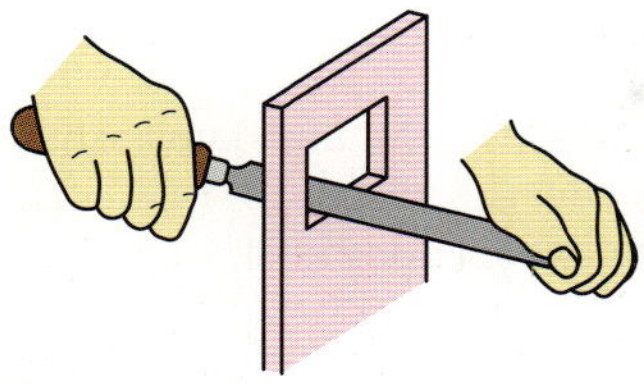

Durchbruch feilen

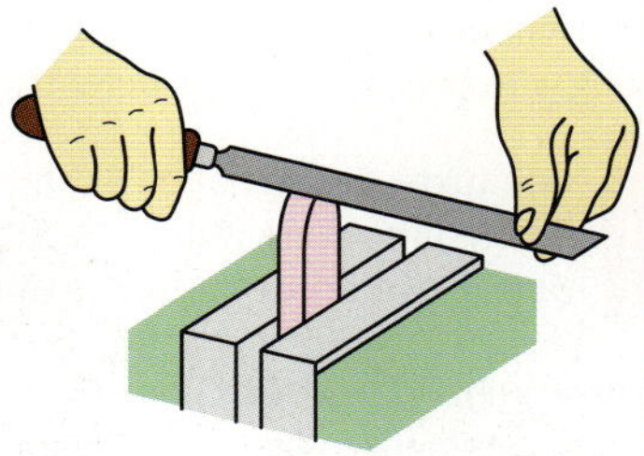

Passfeder bearbeiten

4.4.1 Bestandteile der Feile und Feilenformen

– **Bestandteile der Feile**

Bei der Feile sind keilförmige Schneiden hintereinander auf dem **Feilenblatt** angeordnet. Das ausgeschmiedete spitze Ende der Feile nennt man **Angel**. Die Angel muss stramm in einen Griff, den sogenannten **Feilenheft**, eingetrieben werden, damit man gefahrlos mit der Feile arbeiten kann.

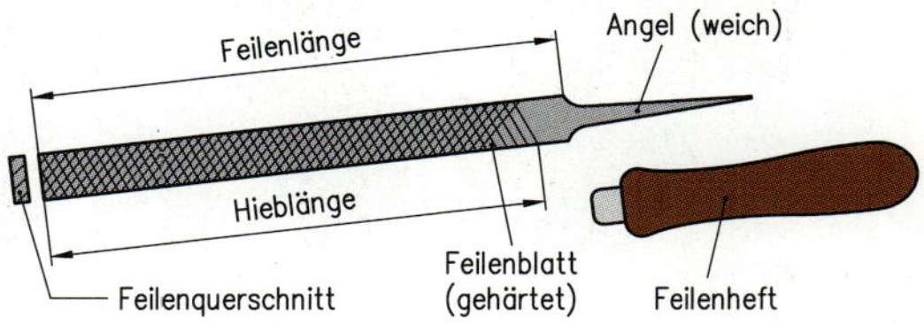

Bestandteile einer Feile

– **Feilenformen**

Für Feilarbeiten gibt es eine Vielzahl von Feilenquerschnitten. Jede Feilenform ist genormt.

Bei Werkstattfeilen werden bestimmte Querschnittformen angeboten, bei anderen Feilenarten gibt es entsprechende Feilenformen, z. B. Löffelfeilen, gebogene Feilen.

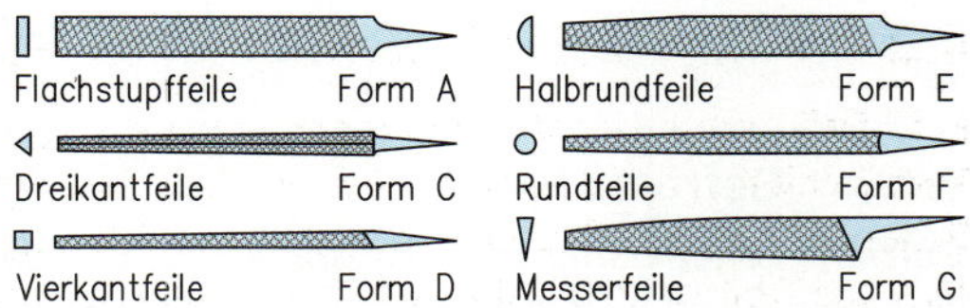

Querschnittsformen von Werkstattfeilen

– **Kennzeichnung**

Reihenfolge:	Bezeichnung	Form	Länge	Hieb	DIN-Nummer
Beispiel	Werkstattfeile	E	250 –	3	DIN 7261

4.4.2 Gehauene Feilen

Gehauene Feilen haben negative Spanwinkel und damit schabende Wirkung. Durch den großen Keilwinkel haben gehauene Feilen eine stabile Schneide an den Feilenzähnen. Darum können harte Werkstoffe, wie z.B. Stahl oder Gußeisen, mit gehauenen Feilen bearbeitet werden.

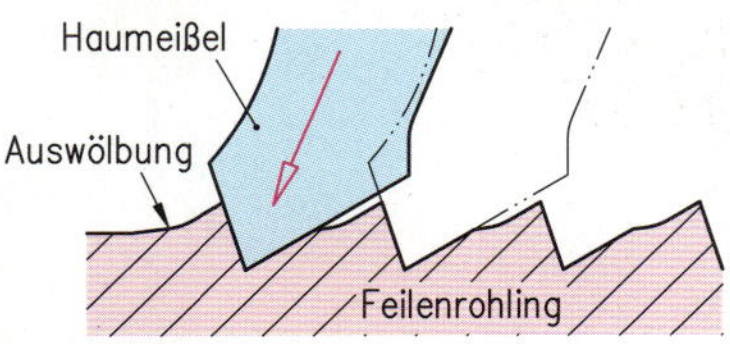

Hauen einer Feile

$$\alpha_o + \beta_o + \gamma_o = 90°$$
$$36° + 70° + (-16°) = 90°$$

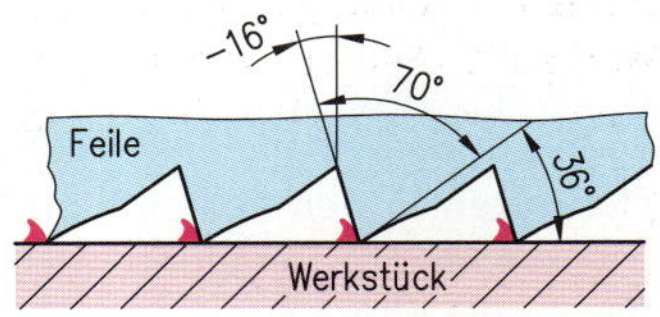

Winkel einer gehauenen Feile

Feilenzähne, Hiebe genannt, entstehen durch das Einschlagen des Haumeißels in den Feilenrohling. Man spricht von **Einhiebfeilen,** wenn die Hiebe nur in einer Richtung eingeschlagen wurden.

Die meistverwendeten Feilen sind Feilen mit **Kreuzhieb**. Bei diesen Feilen hat der erste Hieb, der Unterhieb, meist eine größere Teilung als der Oberhieb. Durch unterschiedliche Hiebteilungen und unterschiedliche Winkel, unter denen der Hieb erfolgte, stehen die Zähne nicht genau hintereinander, sondern ein wenig versetzt. Diesen seitlichen Versatz bezeichnet man als **Schnürung**. Durch die Schnürung wird beim Feilen eine Riefenbildung vermieden.

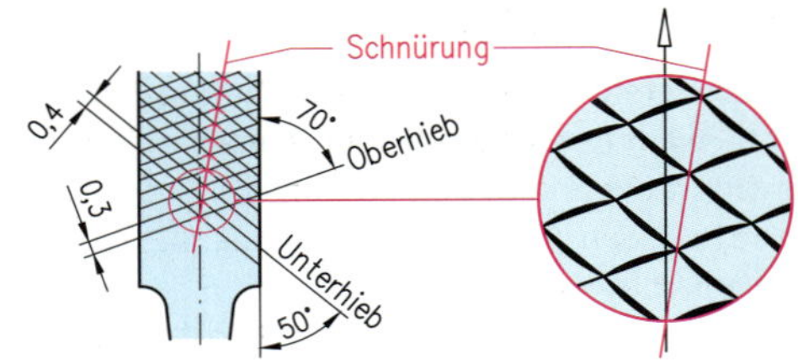

Anordnung von Ober- und Unterhieb bei Kreuzhiebfeilen

> **!** Gehauene Feilen haben Schnittwinkel über 90° und damit schabende Wirkung. Man bearbeitet mit ihnen harte Werkstoffe, z.B. Stahl oder Gusseisen.
> Durch Schnürung vermeidet man Riefenbildung an den durch Feilen bearbeiteten Oberflächen.

Entsprechend der Normung kennzeichnet man Feilen mit Hiebnummern von 0 (grob) bis 6 (sehr fein). Die Zahl der Hiebe je cm in Zusammenhang mit der Hieblänge bestimmt die Hiebnummer.

Beispiel für den Zusammenhang zwischen Hieblänge und Hiebnummer

Hieblänge	Hieb 1	Hieb 2	Hieb 3	Hieb 4
	Hiebzahl je cm			
150 mm	13	18	23	28
200 mm	10	15	20	24
250 mm	8	13	17	21
300 mm	7	11	15	19

Hiebnummern und Hiebzahlen

Hiebnummer	Hiebzahl je cm		Übliche Hiebbezeichnung	Erreichbare Oberflächengütern
	lange Feilen	kurze Feilen		
0	4,5 ...	10	Grob	**Geschruppt:** Riefen fühlbar und mit bloßem Auge sichtbar
1	5,3 ...	16	Bastard	
2	10 ...	25	Halbschlicht	**Geschlichtet:** Riefen mit bloßem Auge noch sichtbar
3	14 ...	35	Schlicht	
4	25 ...	50	Doppelschlicht	**Fein geschlichtet:** Riefen mit bloßem Auge nicht mehr sichtbar
5	40 ...	71	Feinschlicht	

4.4.3 Gefräste Feilen

Gefräste Feilen haben positive Spanwinkel und damit schneidende Wirkung. Sie werden vorwiegend zum Zerspanen von Kunststoffen und weichen Metallen, z. B. Aluminium, eingesetzt

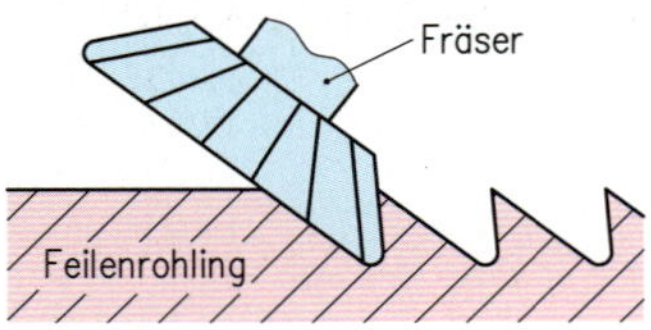

Fräsen einer Feile

$$\alpha_o + \beta_o + \gamma_o = 90°$$
$$37° + 48° + 5 = 90°$$

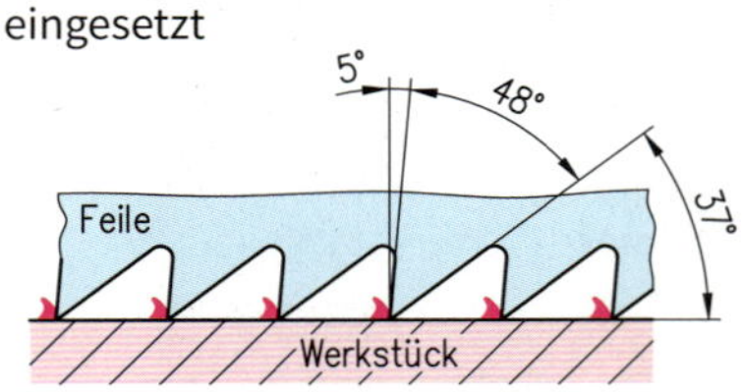

Winkel an einer gefrästen Feile

Damit sich bei einer gefrästen Feile die Späne nicht stauen, sondern zur Seite ablaufen, fräst man die Zähne schräg zur Längsachse der Feile oder (seltener) bogenförmig.
Darüber hinaus vermeidet man das Stauen der Späne, indem man feine Späne durch **Spanbrechernuten** in den Feilenzähnen erzeugt. Das Abtrennen feiner Späne führt auch zu besserer Oberflächengüte der bearbeiteten Flächen.

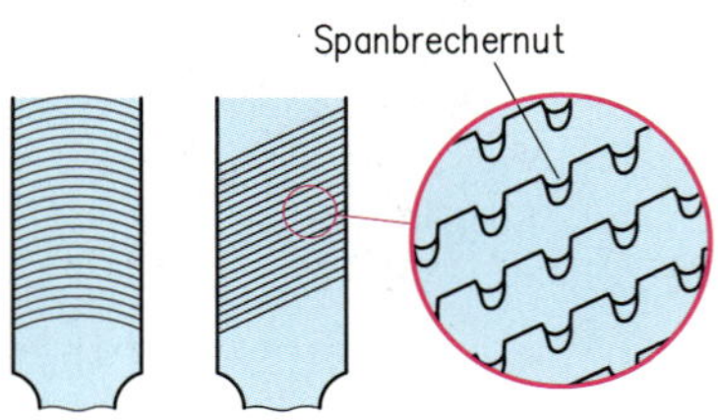

Spanbrechernuten an gefräster Feile

> **!** Gefräste Feilen haben Schnittwinkel unter 90° und damit schneidende Wirkung. Man bearbeitet mit ihnen weiche Werkstoffe, z. B. Aluminium oder Kunststoffe.

Übungsaufgaben 4/14 bis 4/17

4.5 Bohren

Ein Bohrer trennt während der Drehbewegung Späne ab, wenn gleichzeitig eine geradlinige Bewegung in Werkstückrichtung erfolgt.

- Die Drehbewegung des Bohrers nennt man **Schnittbewegung.**
- Die zur Spanabnahme notwendige geradlinige Bewegung des Bohrers wird **Vorschubbewegung** genannt.

Die Überlagerung der Bewegungen ergibt eine wendelförmige Bewegung der Schneidecken.

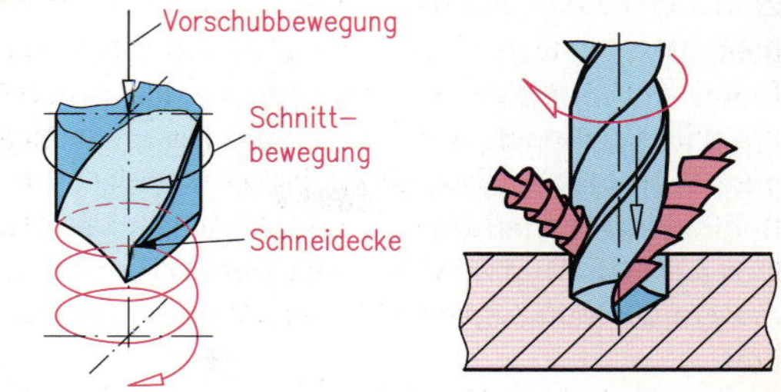

Wendelförmige Bohrbewegung

> **!** Die Spanabnahme beim Bohren erfolgt durch das Zusammenwirken einer kreisförmigen Schnittbewegung und einer geradlinigen Vorschubbewegung.

4.5.1 Spiralbohrer

1. Aufbau und Winkel

Spiralbohrer sind die am häufigsten verwendeten Bohrwerkzeuge. Der spiralförmige Schneidteil endet in einem zylindrischen oder kegeligen Einspannteil. Die Spitze der Schneidseite wird von den Bohrerschneiden gebildet.

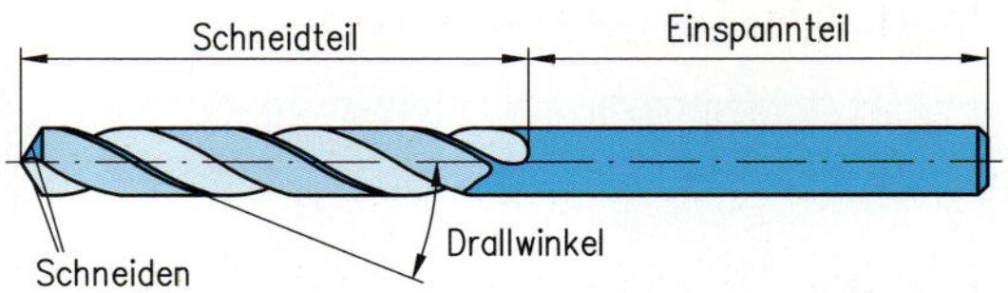

Spiralbohrer

Im Schneidteil des Bohrers befinden sich zwei gegenüberliegende, wendelförmig aufsteigende **Spannuten.** Der Winkel zwischen Spannut und Bohrerachse wird **Drallwinkel** genannt. Er entspricht dem **Spanwinkel** γ_o des Schneidkeils am Bohrer. Die beiden **Hauptschneiden** schließen den **Spitzenwinkel** σ von meist 118° ein. Die beiden Freiflächen sind um den **Freiwinkel** α_o geneigt.
Weil sich die Winkel von außen nach innen verändern, wie bei der Steigung einer Wendeltreppe, spricht man von den außen gemessenen Winkeln von Seitenwinkeln, z. B. vom Seitenspanwinkel.

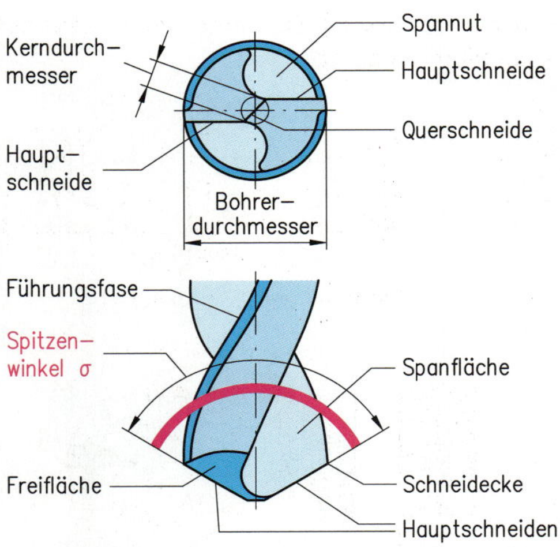

Benennungen und Winkel am Spiralbohrer

Freiwinkel + Keilwinkel + Spanwinkel = 90°

$$\alpha_o + \beta_o + \gamma_o = 90°$$

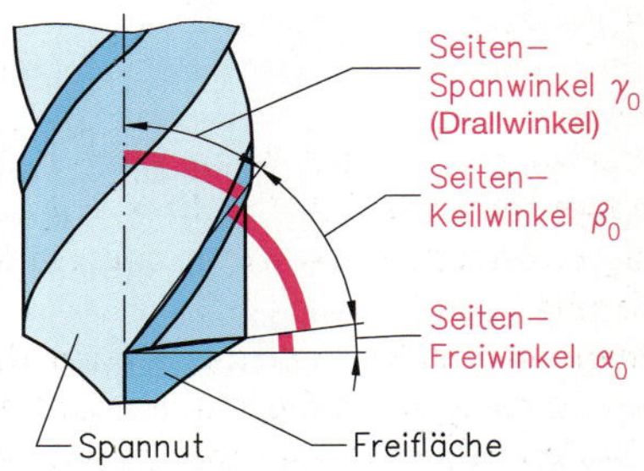

Winkel an den Bohrerschneiden

> **!** Beim Spiralbohrer bestimmt der Drallwinkel den Spanwinkel. Der Hinterschliff ergibt den Freiwinkel. Durch beide Winkel wird der Keilwinkel festgelegt. Die Bohrerfase dient der Führung.

Übungsaufgaben 4/18 bis 4/20

2. Spiralbohrertypen

Zur Bearbeitung von Werkstoffen mit unterschiedlicher Festigkeit stehen verschiedene Spiralbohrertypen zur Verfügung. Danach gibt es den Grundtyp N für Werkstoffe mittlerer Festigkeit und die Typen W und H für weiche bzw. härtere Werkstoffe. Bedingt durch den unterschiedlichen Drall ergibt sich z. B. beim Typ H aus einem kleinen Drallwinkel ein großer Keilwinkel mit großer Schneidenstabilität.

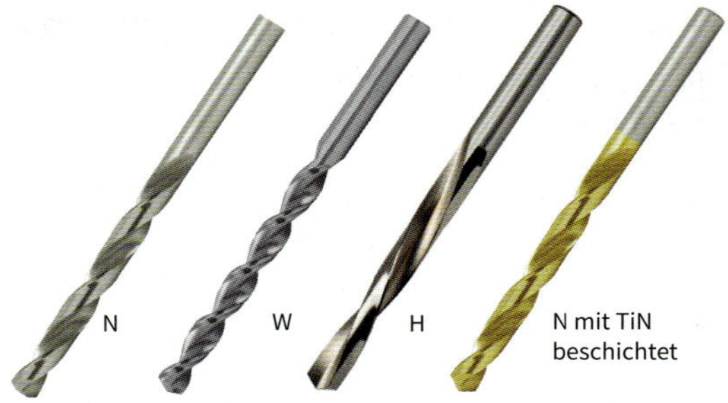

Spiralbohrertypen

Alle Bohrertypen werden auch mit einer Titannitrid-Beschichtung (TiN) geliefert, die bei höheren Schnittgeschwindigkeiten eine längere Einsatzzeit (Standzeit) erlaubt. Für besonders harte Einsatzbedingungen bei der Bearbeitung hochlegierter Stähle stehen verstärkte Ausführungen mit Sonderanschliffen oder Hartmetallbohrer bereit.

3. Einspannen von Bohrern

Die Mitnahme des Bohrers erfolgt bei allen Einspannverfahren durch Reibung.

Bohrer mit zylindrischem Schaft	Bohrer mit kegligem Schaft
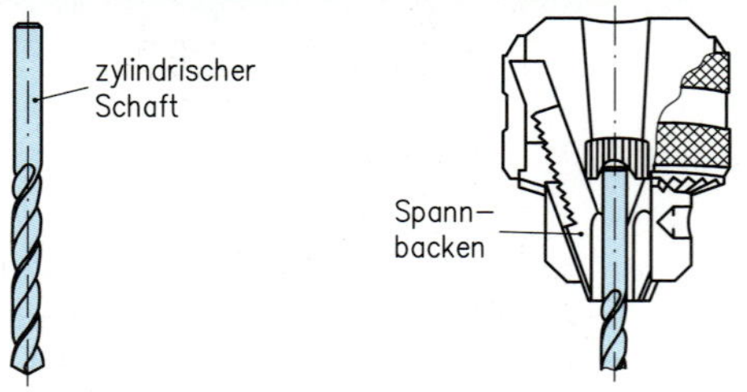	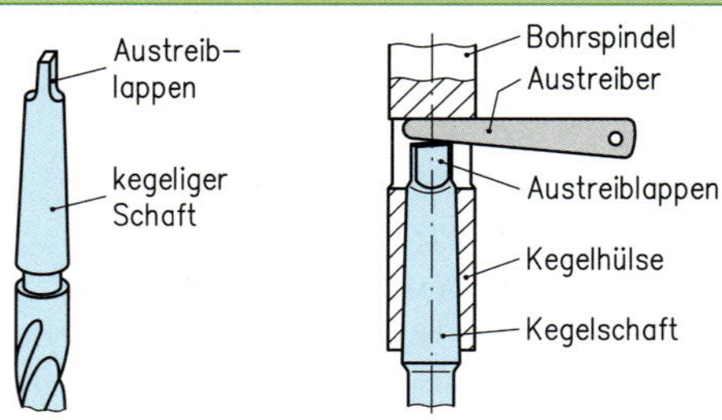
Zylindrische Schäfte für Bohrerdurchmesser bis 13 mm	Keglige Schäfte ab 13 mm Bohrerdurchmesser haben Morsekegel MK0 bis MK6

4.5.2 Bohrmaschinen

Unterschiedliche Werkstücke mit Bohrungen, die sich in der Größe, Lage und Genauigkeit unterscheiden, erfordern den Einsatz verschiedenartiger Bohrmaschinen. So unterschiedlich die Konstruktionen der Bohrmaschine sind, so führen sie alle die für den Bohrvorgang notwendigen Bewegungen aus.

Häufig werden Säulenbohrmaschinen in Handwerks- und Industriebetrieben eingesetzt. Sie bestehen aus einer Grundplatte, Rundsäule, Werkstücktisch und Antriebseinheit im Bohrmaschinenkopf. Der Werkstücktisch ist um die Rundsäule schwenkbar und höhenverstellbar, er dient zum Aufspannen der Werkstücke. Der Antrieb der Bohrspindel kann mit einer Verstellung der Umdrehungsfrequenzen in Stufen oder stufenlos erfolgen. Produktionsmaschinen werden serienmäßig mit stufenloser Umdrehungsfrequenzregelung und digitaler Anzeige von Umdrehungsfrequenz und Bohrtiefe ausgestattet. Als Sonderausstattung sind Gewindeschneid- und Vorschubeinrichtungen im Einsatz.

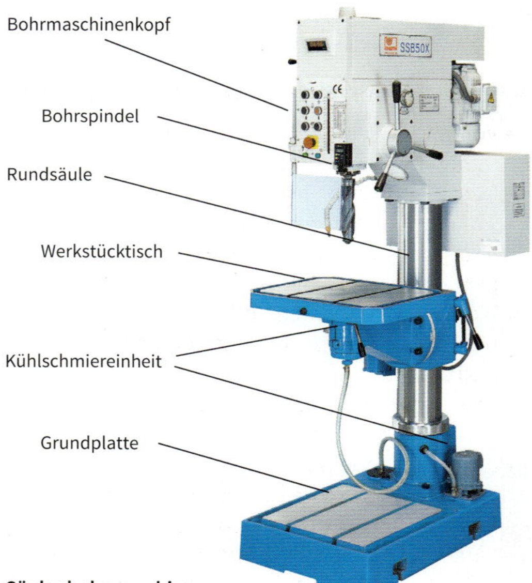

Säulenbohrmaschine

4.5.3 Spannen der Werkstücke beim Bohren

Kleine Werkstücke werden in einen Maschinenschraubstock eingespannt. Der Maschinenschraubstock eignet sich zum Spannen von Werkstücken mit parallelen Anlageflächen.
Prismatische Ausarbeitungen in den Spannbacken ermöglichen ein genaues Spannen der Werkstücke in waagerechter und senkrechter Richtung.

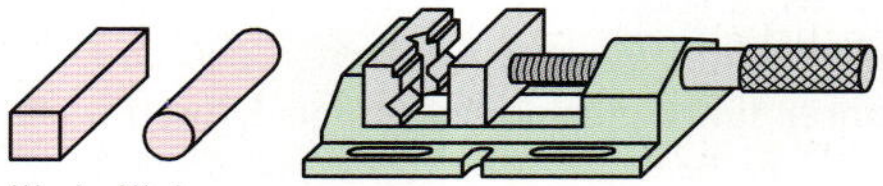

Maschinenschraubstock für Bohrmaschinen

Große Werkstücke werden mit Spannelementen direkt auf dem Bohrtisch befestigt. Spannelemente gibt es in vielgestaltigen Ausführungsformen. Ein Werkstück kann z.B. mithilfe von Spanneisen, Spannschrauben und Schraubbock gegen Parallelanschläge gespannt werden. Bei Durchgangslöchern muss durch Zwischenlagen ein Auslauf für die Bohrspitze geschaffen werden.

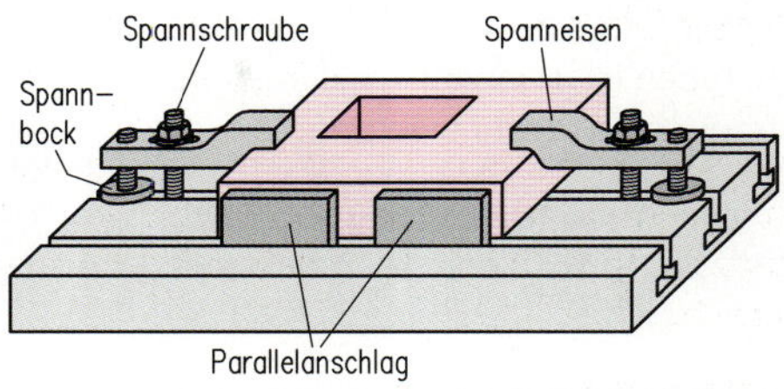

Aufspannen von Werkstücken mit Spannelementen

Eine große Zahl von gleichen Werkstücken wird zum Bohren in Bohrvorrichtungen gespannt. Die Spannkraft kann dabei mechanisch, hydraulisch oder pneumatisch aufgebracht werden. Jedes Werkstück wird so in der gleichen Lage festgespannt. Außerdem wird der Bohrer durch gehärtete Bohrbuchsen so genau geführt, dass die Lage der Bohrungen an allen Werkstücken übereinstimmt.

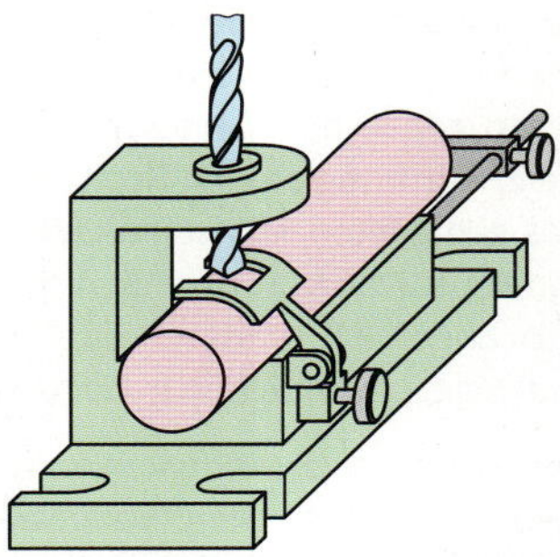

Bohrvorrichtung für zylindrische Werkstücke

> **!** Durch Spannzeuge und Spannvorrichtungen erreicht man:
> - ein schnelles und genaues Spannen der Werkstücke und
> - eine Verringerung der Unfallgefahren

4.5.4 Sicherheitshinweise zum Bohren

- Vor Inbetriebnahme Maschine auf Betriebssicherheit überprüfen.
- Bohrer zentrisch und fest einspannen. Spannschlüssel sofort wieder entfernen und sicher ablegen – nicht an Kette oder Schnur befestigen.
- Werkstück ausrichten und so sicher einspannen, dass es gegen Mit- und Hochreißen gesichert ist.
- Beim Bohren dünner Werkstücke Unterlagen aus Holz oder Kunststoff verwenden.
- Eng anliegende Ärmel tragen, bei langen Haaren Haarnetz benutzen, bei spröden Werkstoffen Schutzbrille tragen.

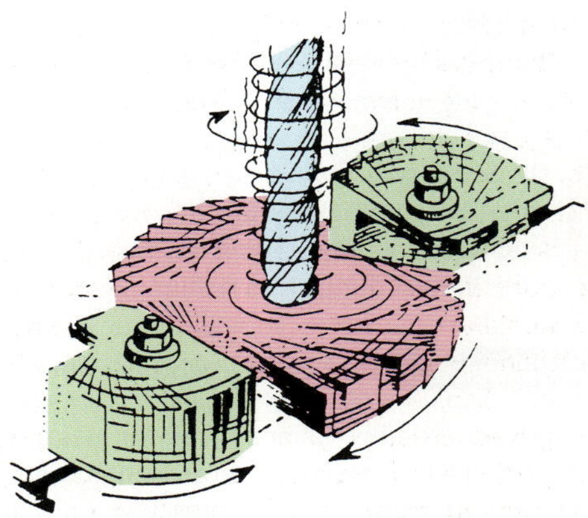

Werkstücke sicher spannen

- Laufende Arbeitsspindel nach Abschalten der Maschine nicht mit der Hand abbremsen.
- Vorsicht vor Schnittverletzungen infolge Gratbildung.

Übungsaufgaben 4/23; 4/24

4.5.5 Berechnung von Schnittdaten zum Bohren

Die Geschwindigkeit, mit der der Trennvorgang erfolgt, wird **Schnittgeschwindigkeit** v_c genannt.
Der Bohrer führt eine kreisförmige Schnittbewegung aus. Die höchste Schnittgeschwindigkeit hat der Bohrer an der Schneidecke. Deshalb werden Schnittgeschwindigkeitsberechnungen für diesen Punkt ausgeführt.
Aus der Schnittgeschwindigkeit, die aus Tabellen zu entnehmen ist, kann die einzustellende Umdrehungsfrequenz errechnet werden.

$$n = \frac{v_c}{d \cdot \pi}$$

n Umdrehungsfrequenz
v_c Schnittgeschwindigkeit
d Bohrerdurchmesser

Die **zulässige Schnittgeschwindigkeit** ist von der Zerspanungseignung des Werkstücks und von der Warmstandfestigkeit der Bohrerschneide abhängig. Mit abnehmender Zerspanungseignung steigt der Widerstand gegen den Trennvorgang und damit auch die Erwärmung an den Schneiden. Durch Zugabe eines geeigneten Kühlschmiermittels wird die Zerspanungswärme von den Werkzeugschneiden schneller abgeführt. Dadurch kann mit einer höheren Schnittgeschwindigkeit gebohrt werden.

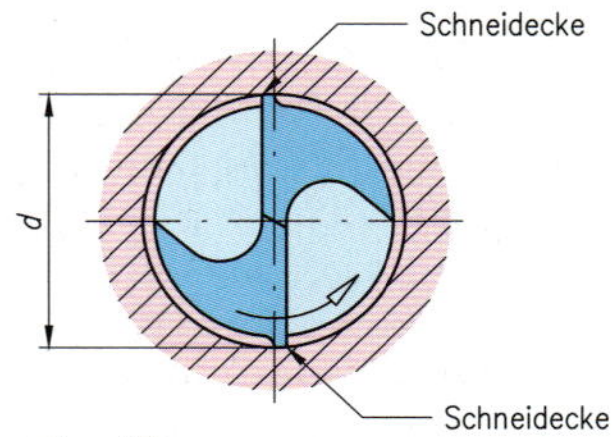

Bohrer im Eingriff

Richtwerte für Schnittgeschwindigkeiten für HSS-Bohrer

Werkstoffe des Werkstücks (R_m)	Schnittgeschwindigkeit in m/min		Kühlschmiermittel
	unbeschichtet	mit TiN-beschichtet	
Leichtmetalle langspannend	90	–	trocken, Bohrölemulsion
Messing	30–50	50–60	trocken, Bohrölemulsion
Gusseisen bis 260 N/mm²	25–35	35–45	trocken, Bohrölemulsion
Stahl bis 700 N/mm²	25–35	30–45	Bohrölemulsion

Die zulässige Schnittgeschwindigkeit wird unter Berücksichtigung der Werkstoffe vom Werkstück und vom Werkzeug Tabellen entnommen. Bei gewählter Schnittgeschwindigkeit und vorgegebenem Bohrerdurchmesser kann man die einzustellende Umdrehungsfrequenz rechnerisch bestimmen.

Beispiel für die Berechnung der Umdrehungsfrequenz

Aufgabe

In Baustahl sind mit unbeschichteten HSS-Bohrern zwei Löcher von 3 mm und 8 mm Durchmesser zu bohren.
Die jeweils maximal einzustellende Umdrehungsfrequenz ist zu berechnen.

Lösung

$$n = \frac{v_c}{d \cdot \pi} \qquad v_c = 30\,\text{m/min}$$

$$n_1 = \frac{30\,000\,\text{mm}}{3\,\text{mm} \cdot 3{,}14 \cdot \text{min}} = \mathbf{3\,184\,1/min}$$

$$n_2 = \frac{30\,000\,\text{mm}}{8\,\text{mm} \cdot 3{,}14 \cdot \text{min}} = \mathbf{1\,194\,1/min}$$

! Die Schnittgeschwindigkeit wird ausgewählt nach:
- der Zerspanungseignung des Werkstückwerkstoffs,
- der Warmstandfestigkeit des Bohrers,
- der Verwendung eines Kühlmittels.

Hinweise zum fachgerechten Bohren

- Bohrungen über 12 mm mit einem kleineren Bohrer (etwa 4 mm Durchmesser) vorbohren. Dadurch ist die Querschneide des größeren Bohrers nicht im Eingriff.
- Werte für zulässige Schnittgeschwindigkeit und Vorschub dem Tabellenbuch entnehmen. Für die ausgewählten Bohrer die zulässige Umdrehungsfrequenz an der Maschine einstellen.
- Bohrer mit Kühlemulsionen kühlen, um Schneidhaltigkeit zu erhalten.

Übungsaufgaben 4/25 bis 4/29

4.6 Senken

Senken ist ein dem Bohren verwandtes spanendes Bearbeiten. Durch Senken erhalten zylindrische Löcher ihre zur Aufnahme von Verbindungselementen wie Schrauben, Niete, Stifte notwendige Form.
Damit beim Senken glatte Oberflächen erzielt werden, arbeitet man mit niedrigen Schnittgeschwindigkeiten. Diese sollen etwa halb so groß sein wie beim Bohren unter gleichen Bedingungen.

1. Entgraten

Durch Entgraten werden scharfkantige Bohrungen gratfrei gemacht, damit sie einwandfreie Anlageflächen erhalten. Schnittverletzungen werden vermieden.
Zum Entgraten werden wegen der günstigen Schnittbedingungen meist die einschnittigen Kegelsenker (Entgrater) verwendet. Daneben werden für tiefere Ansenkungen die mehrschnittigen Kegelsenker mit 5 bis 12 Schneiden eingesetzt.

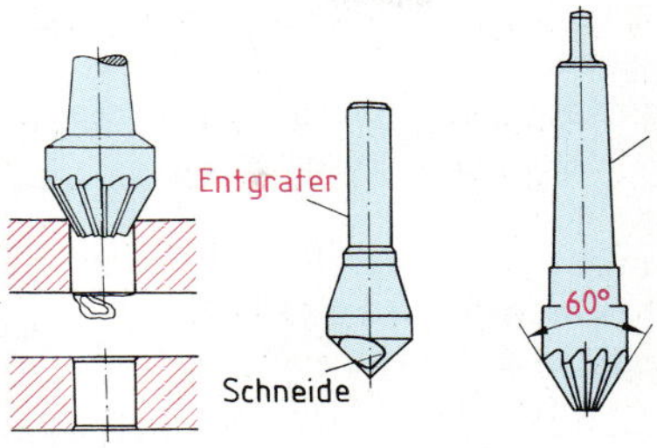

Entgraten

> **!** Zum Entgraten verwendet man meist einschnittige Entgrater oder Kegelsenker (60°).

2. Kegeliges Ansenken

Zur Aufnahme der Köpfe von Senknieten und Senkschrauben werden kegelige Ansenkungen benötigt. Senkniete und Senkschrauben haben unterschiedliche Kegelwinkel. In beiden Fällen werden mehrschnittige Senker in verschiedenen Ausführungsformen verwendet.
Senker für Niete haben Senkwinkel von 75°, 60° oder 45°. Die Größe des Senkwinkels richtet sich nach dem Nietdurchmesser. Für kleine Bohrungen gelten große Senkwinkel, für große Bohrungen die kleinen Senkwinkel.
Senker für Schrauben haben einen Senkwinkel von 90°. Solche Senker gibt es auch mit Führungszapfen, wodurch erreicht wird, dass die Senkung genau zentrisch zur Bohrung liegt.

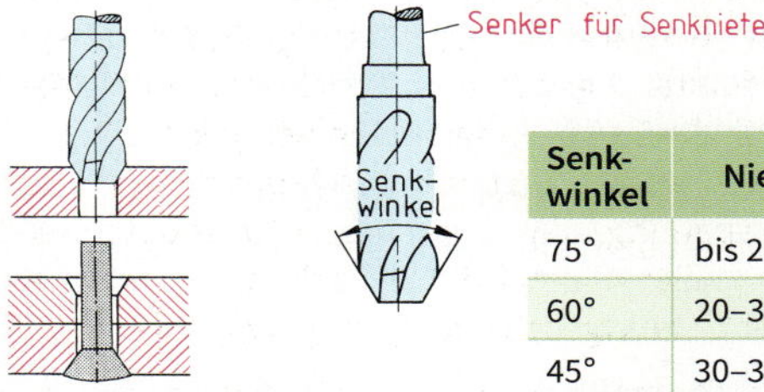

Senken für Senkniete

Senk-winkel	Niet-∅
75°	bis 20 mm
60°	20–30 mm
45°	30–36 mm

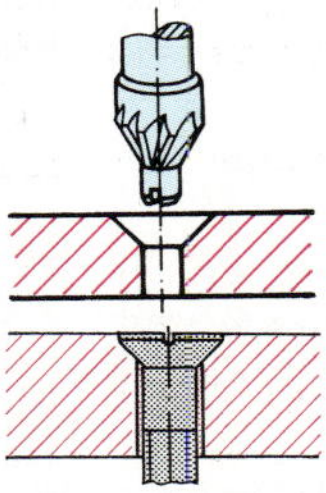

Senken für Senkschrauben

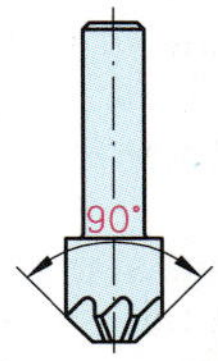

Kegelsenker 90°

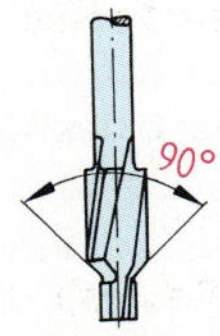

Kegelsenker 90° mit Führungszapfen

> **!** Zum kegeligen Ansenken von Bohrungen verwendet man:
> - für Senkniete bis ∅ 20 mm Kegelsenker 75°
> - für Senkschrauben Kegelsenker 90°.

3. Zylindrisches Einsenken

Für die Aufnahme zylindrischer Schraubenköpfe von Innensechskant- oder Zylinderkopfschrauben benötigt man zylindrische Einsenkungen.
Solche Einsenkungen fertigt man mit Flachsenkern, die stets einen Führungszapfen haben. Der Führungszapfen kann auswechselbar sein. Dadurch kann ein Senker für verschiedene Bohrungsdurchmesser verwendet werden. Flachsenker sind mehrschnittige Werkzeuge mit höchstens vier Schneiden.

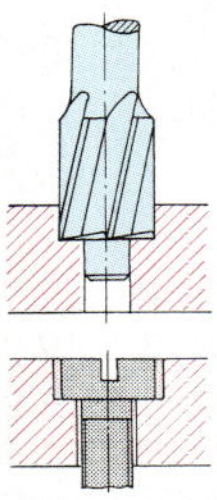

Zylindrisches Einsenken

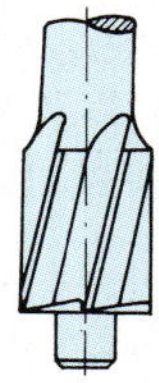

Flachsenker mit festem Führungszapfen

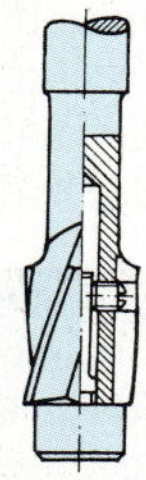

Flachsenker mit auswechselbarem Führungszapfen

> **!** Zum zylindrischen Ansenken von Bohrungen verwendet man Flachsenker mit Führungszapfen.

Übungsaufgaben 4/30 bis 4/32

4.7 Gewindeschneiden

4.7.1 Aufbau und Maße von Gewinden

1. Gewinde und Schraubenlinie

Bei der Gewindeherstellung wird entlang der Schraubenlinie eine fortlaufende Rille in das Werkstück eingearbeitet. Die Gewinderillen mit dem dazwischen verbliebenen Werkstoff werden Gewindeprofil genannt.

Schrauben haben ein dreieckiges Gewindeprofil, es wird normgerecht als Spitzgewinde bezeichnet.

- Arbeitet man das Gewindeprofil in die Mantelfläche eines Bolzens ein, so erhält man **Außengewinde**.
- Arbeitet man das Gewindeprofil in die Mantelfläche einer Bohrung ein, so erhält man **Innengewinde**.

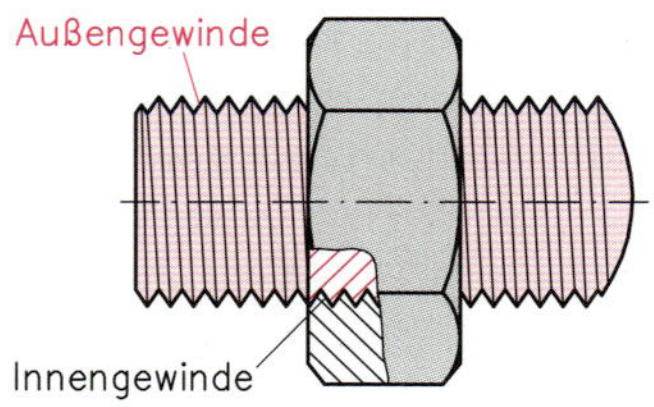

Außen- und Innengewinde

Die Abwicklung des Zylindermantels zwischen Grundfläche des Zylinders bis zur Schraubenlinie ergibt ein rechtwinkliges Dreieck. Die Höhe des Dreiecks ist gleich dem Anstieg bei einer Umdrehung und wird beim Gewinde Steigung genannt. Aus Steigung und Umfang des zylindrischen Körpers ergibt sich der Verlauf der Schraubenlinie.

Das rechtwinklige Dreieck aus Umfang, Steigung und Schraubenlinie wird Steigungsdreieck genannt.

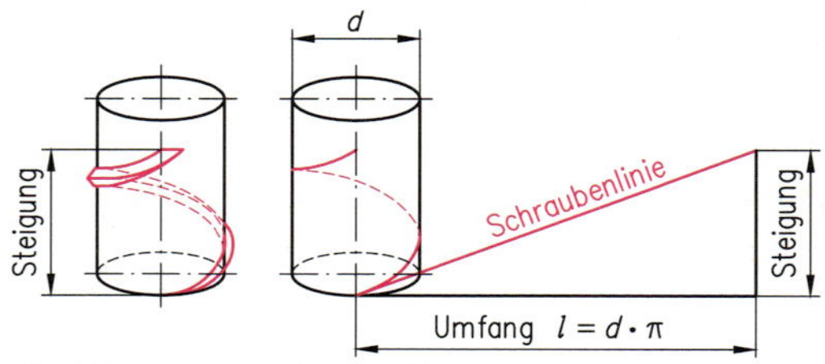

Abwicklung einer Schraubenlinie

2. Gewindemaße des metrischen ISO-Gewindes

Bauteile mit Gewinden müssen austauschbar sein. Aus diesem Grund sind Gewinde in allen Einzelheiten genormt. Am häufigsten wird das metrische ISO-Regelgewinde verwendet. Seine Maße sind in DIN 13 festgelegt. Man benennt die

- Maße des Außengewindes mit **kleinen** Buchstaben,
- Maße des Innengewindes mit **großen** Buchstaben.

– **Nenndurchmesser (*D* und *d*)**

Der Nenndurchmesser ist der äußere Gewindedurchmesser.

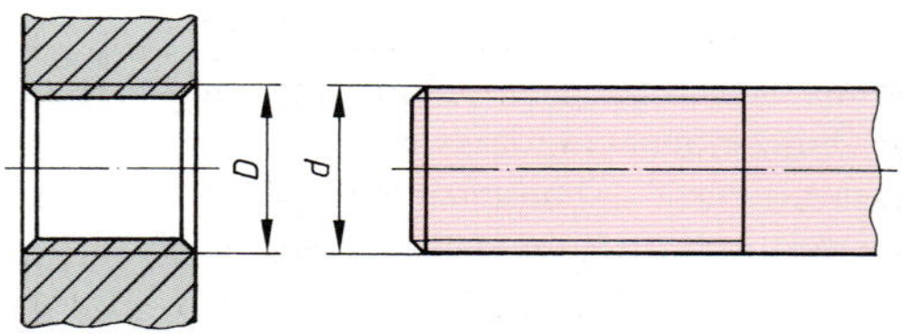

Gewinde-Nenndurchmesser

– **Kerndurchmesser (D_1 und d_3)**

Bei Außengewinden wird der Durchmesser des noch vorhandenen Restquerschnitts als Kerndurchmesser bezeichnet. Beim Innengewinde entspricht der Kerndurchmesser etwa dem Durchmesser des herzustellenden Bohrlochs.

– **Steigung (*P*)**

Die Steigung ist bei eingängigen Gewinden der Abstand von Gewindegang zu Gewindegang.

– **Flankenwinkel**

Als Flankenwinkel bezeichnet man den Winkel zwischen den Gewindeflanken. Er beträgt bei metrischen ISO-Regelgewinden 60°.

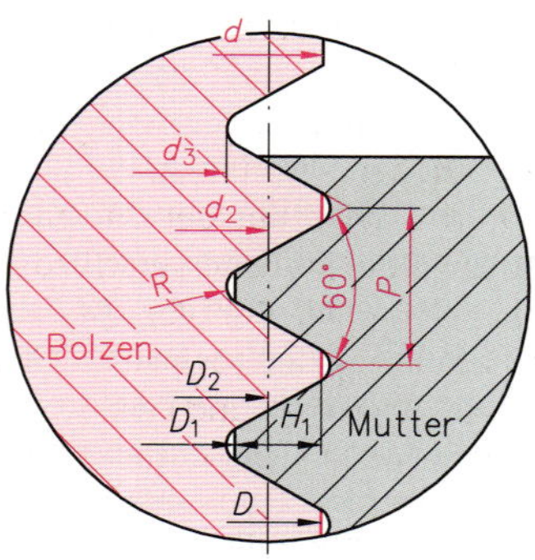

Metrisches ISO-Regelgewinde

Übungsaufgaben 4/33; 4/34

4.7.2 Herstellen von Innengewinden mit Handgewindebohrern

Zum Innengewindeschneiden muss zunächst gebohrt werden. Wegen der Aufwulstung des Werkstoffs beim Schneiden des Gewindes muss der Bohrerdurchmesser geringfügig größer als der Kerndurchmesser des Gewindes gewählt werden. Nach dem Bohren werden die Bohrungen mit einem Kegelsenker von 90° auf den Nenndurchmesser des Gewindes angesenkt. Hierdurch wird der Anschnitt erleichtert und man erhält ein gratfreies Gewindeloch. Die nutzbare Gewindelänge muss so groß sein, dass die Gewindegänge bei Belastung nicht ausreißen. Bei gleichem Werkstoff von Schraube und Mutter genügt als Gewindelänge das 0,8-Fache des Gewindedurchmessers.

Gewindelänge *l* bei Werkstoffen mit gleicher Festigkeit von Bolzen und Mutter

$$l_{\text{mindestens}} = 0{,}8 \cdot D$$
$$l_{\text{höchstens}} = 1{,}5 \cdot D$$

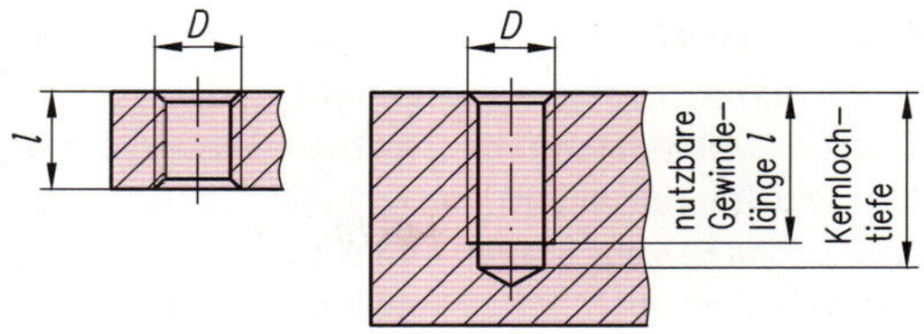

Durchgangs- und Grundlochgewinde

Bohrerdurchmesser für Gewindekernlöcher

Gewinde	Kerndurchmesser D_1 (min)	Kernlochbohrer-Ø
M 5	4,134 mm	4,2 mm
M 6	4,917 mm	5,0 mm
M 8	6,647 mm	6,8 mm
M 10	8,376 mm	8,5 mm
M 12	10,106 mm	10,2 mm
M 24	20,752 mm	21,0 mm

! Bei Gewindebohrungen soll die Gewindetiefe nach dem Gewindedurchmesser festgelegt werden: Gewindelänge ungefähr gleich Gewindedurchmesser.

1. Gewindebohrersatz

Die beim Gewindeschneiden anfallende Spanmenge kann meist nicht in einem Arbeitsgang mit einem Werkzeug abgetrennt werden. Dabei wäre eine große Schnittkraft erforderlich; die Gewindebohrer würden brechen. Deshalb wird das Gewinprofil meist mit einem **Gewindebohrersatz** aus **Vor-, Mittel- und Fertigschneider** hergestellt. Die Trennarbeit verteilt sich auf drei Werkzeuge mit unterschiedlichen Spananteilen.

Gewindebohrer sind mit einem kegeligen Anschnitt versehen. So wird das Einführen des Werkzeugs in das Bohrloch ermöglicht. Die ersten Schneiden eines Gewindebohrers müssen das Gewindeprofil allmählich in den Werkstoff einarbeiten. Da die Schneiden des Anschnitts fast allein die Zerspanarbeit übernehmen, bewirkt der kegelförmige Anschnitt auch eine Verteilung der Spanabnahme auf die Schneiden des Anschnittteils. Die nachfolgenden Schneiden sind kaum an der Spanabnahme beteiligt.

Vor-, Mittel- und Fertigschneider haben unterschiedliche Anschnittlängen und verschieden ausgestaltete Gewindeprofile. Der Vorschneider hat den längsten Anschnitt, aber noch kein vollständiges Gewindeprofil. Bei Mittel- und Fertigschneider wird der Anschnitt jeweils kürzer, das Gewindeprofil nähert sich der Endform. Dadurch wird die Spanabnahme auf alle drei Gewindebohrer verteilt.

Zerspananteile beim Gewindebohrer-Satz

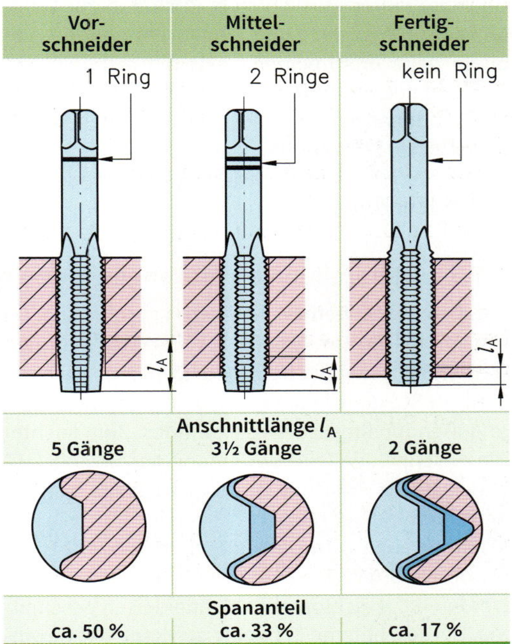

! Bei einem Gewindebohrersatz wird
- vom Vorschneider ein großer Anteil der Späne abgetragen,
- vom Fertigschneider das vollständige Gewindeprofil geschnitten.

2. Einschneider

Beim Schneiden von Durchgangsgewinden und Gewindetiefen bis 1,5 · *d* kann das Gewinde in einem Arbeitsgang mit einem **Einschneider** gefertigt werden. Die drei Bereiche Vor-, Nach- und Fertigschneiden werden mit einem einzigen Werkzeug ausgeführt. Wegen des langen Anschnitts eignen sich Einschneider nicht zum Gewindeschneiden von Grundlöchern.

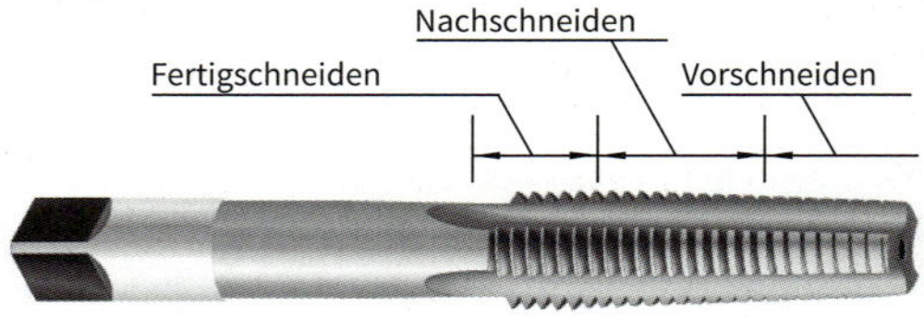

Einschneider

! Einschneider eignen sich für Durchgangsgewindebohrungen bis $l < 1{,}5 \cdot d$.

3. Spanwinkel am Gewindebohrer

Gewindebohrer sind mehrschnittige Werkzeuge, die mit keilförmigen Schneiden das Gewindeprofil aus dem Werkstoff herausarbeiten.

Der Schneidvorgang wird am stärksten von der Größe des **Spanwinkels** beeinflusst. Die Wahl des geeigneten Spanwinkels richtet sich nach der Festigkeit und dem Zerspanverhalten des zu bearbeitenden Werkstoffs.

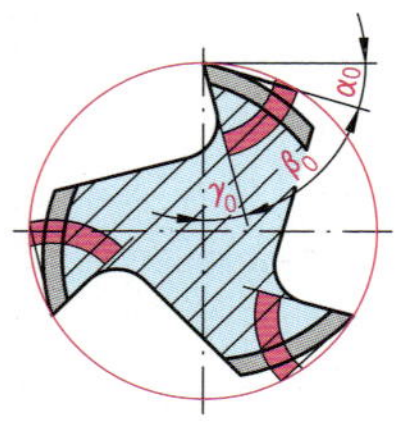

Winkel am Schneidkeil

Werkstoff	Spanwinkel γ_0
Aluminium	20° bis 25°
Baustahl	10° bis 15°
Gusseisen	4° bis 6°

! Gewindebohrer für weiche Werkstoffe haben große Spanwinkel.

4. Herstellen von Innengewinden

Gewindebohrer müssen stets fluchtend zur Bohrlochachse angesetzt und eingedreht werden. Vor allem beim Anschneiden muss die rechtwinklige Stellung des Gewindebohrers mehrfach mit einem Flach- oder Anschlagwinkel geprüft werden. Die erforderliche Schnittkraft wird von Hand aufgebracht, durch die Hebelwirkung des Windeisens verstärkt und auf das Werkzeug übertragen.

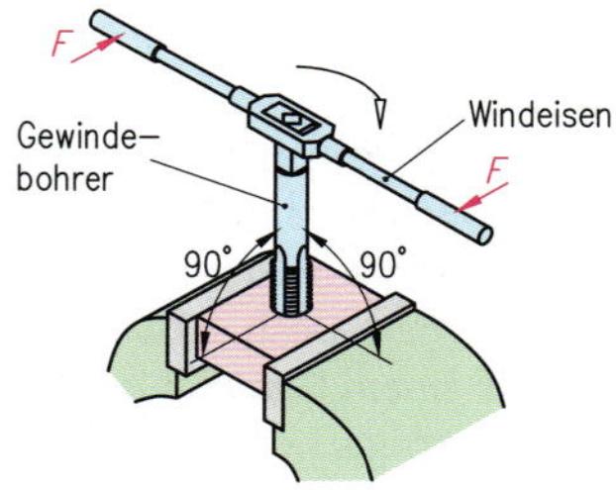

Schneiden von Innengewinden

4.7.3 Herstellen von Außengewinden mit Schneideisen

Außengewinde werden auf Bolzen geschnitten. Da fast immer ein Umformen des Werkstoffs erfolgt, werden bei Stahl die Bolzendurchmesser etwa um 1/10 der Steigung kleiner vorgefertigt als der spätere Außendurchmesser des Gewindes. Zum leichteren Anschneiden wird der Anfang des Bolzens 45° angefast. Die Anfasung muss mindestens bis zum Kerndurchmesser reichen.

Als Werkzeuge zum Gewindeschneiden von Hand werden **Schneideisen** verwendet. Kleine Gewinde werden mit geschlossenen Schneideisen geschnitten. Bei geschlitzten Schneideisen kann der Gewindedurchmesser geringfügig verändert werden.

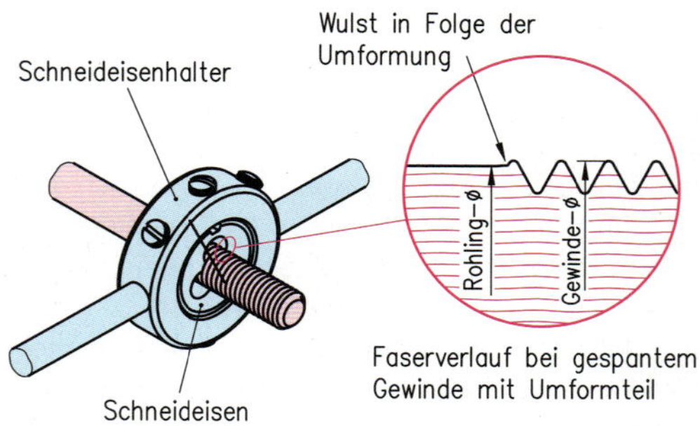

Schneiden von Außengewinden

! Für Außengewinde in Stahlbolzen gilt:
- Vordrehen des Bolzendurchmessers um 1/10 der Steigung kleiner.
- Anfasen im Winkel von 45° bis auf den Kerndurchmesser.

Außengewinde werden mit Schneideisen oder mit Schneidkluppen geschnitten.

Übungsaufgaben 4/37; 4/38

Als Werkzeuge zum Gewindeschneiden von Hand werden **Schneideisen** verwendet. Kleine Gewinde werden mit geschlossenen Schneideisen geschnitten. Bei *geschlitzten* Schneideisen kann der Gewindedurchmesser geringfügig verändert werden. Schneideisen werden in einen Schneideisenhalter eingesetzt.

Beispiele für Gewindeschneidwerkzeuge für Außengewinde

geschlossen

geschlitzt

Schneideisen

Schneidkluppe

> **!** Für Außengewinde in Stahlbolzen gilt:
> - Vordrehen des Bolzendurchmessers um 1/10 der Steigung kleiner.
> - Anfasen unter 45° bis auf den Kerndurchmesser.
>
> Außengewinde werden mit Schneideisen oder mit Schneidkluppen geschnitten.

4.7.4 Prüfen von Gewinden

1. Prüfen mit Gewindeschablonen

Mit Gewindeschablonen kann man auf einfache Art durch Lichtspaltverfahren die Profilgrößen eines Gewindes feststellen. Dabei vergleicht man in einem Vorgang Steigung, Gewindetiefe und Flankenwinkel von Lehre und Prüfgegenstand miteinander.

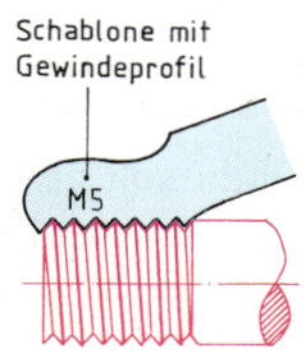

Prüfen mit Gewindeschablonen

Satz Gewindeschablonen

> **!** Mit Gewindeschablonen prüft man das Profil eines Gewindes.

2. Prüfen mit Gewindegrenzlehren

Zum Lehren von Innengewinden dienen **Gewindegrenzlehrdorne**. Die Gutseite des Lehrdorns hat das volle Gewindeprofil mit mehreren Gewindegängen. Die Gutseite muss sich in das zu prüfende Gewinde einschrauben lassen. Die Ausschussseite des Lehrdorns hat verkürzte Flanken und nur wenige Gewindegänge. Die Ausschussseite darf sich nicht einschrauben lassen.

Außengewinde prüft man mit Gewindelehrringen oder Muttern.

Gewindelehrringe entsprechen in ihrem Gewindeaufbau und ihrer Handhabung den Gewindegrenzlehrdornen. Für die Gut- und Ausschusslehrung gibt es jedoch getrennte Lehrringe. Da die Gutlehrringe durch das häufige Einschrauben stark verschleißen, verwendet man Lehrringe vorwiegend zum Prüfen von kurzen Außengewinden.

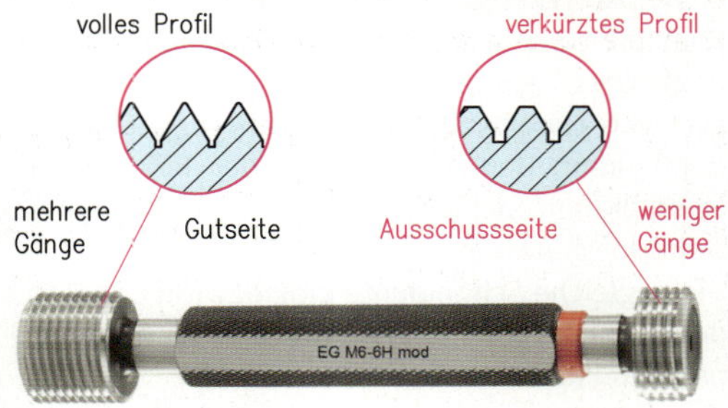

Gewindegrenzlehrdorn

Ausschusslehrring

Gutlehrring

Gewindelehrringe

> **!** Gewindelehren dienen zur Funktionsüberprüfung von Gewinden. Mit Gewindegrenzlehrdornen überprüft man Innengewinde, mit Gewindelehrringen Außengewinde.

4.8 Reiben

Beim Fügen von Bauteilen sind häufig Bohrungen mit geringer Maßtoleranz, hoher Formgenauigkeit und hoher Oberflächengüte zur Aufnahme von Stiften, Bolzen und Passschrauben herzustellen. Dies geschieht durch Reiben mit Reibahlen.

1. Reibvorgang

Die Bohrungen müssen um die Bearbeitungszugabe kleiner vorgebohrt werden. Die Bearbeitungszugabe ist vom Durchmesser der verlangten Bohrung abhängig.

Mit der Reibahle trägt man kleinste Spänchen aus der Bohrung ab und bekommt dadurch eine hohe Oberflächengüte. Dies wird erreicht durch eine Vielzahl von Schneiden, bei denen der Spanwinkel so gewählt ist, dass eine vorwiegend schabende Wirkung erzielt wird.

Die Oberflächengüte kann durch Verwendung geeigneter Schmiermittel merklich verbessert werden. Beim Reiben ist die Schmierwirkung wichtiger als das Kühlen. Daher erzielt man bei Verwendung eines Schneidöls bessere Oberflächen als mit einer Schneidölemulsion.

Die Schnittgeschwindigkeit beim Reiben soll aus Erfahrung wesentlich kleiner als beim Bohren sein.

Bearbeitungszugaben zum Reiben

Bohrungsdurchmesser	bis 5 mm	5–10 mm	10–20 mm	über 20 mm
Bearbeitungszugabe	0,1 mm	0,1–0,2 mm	0,2–0,3 mm	0,3–0,5 mm

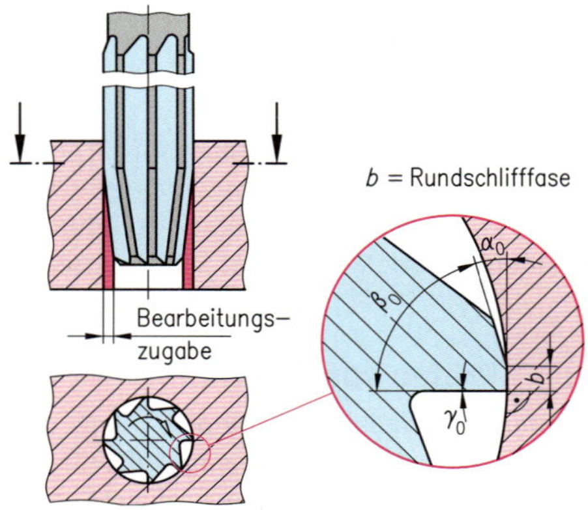

Spanabnahme beim Reiben

> **!** Beim Reiben erzielt man die hohe Oberflächengüte:
> - durch Werkzeuge mit mehreren Schneiden,
> - durch Schneidkeile mit schabender Wirkung,
> - durch Zugabe von Schmiermittel,
> - durch niedrige Schnittgeschwindigkeit.

2. Reibwerkzeuge

Reibahlen werden mit gerader Schneidenzahl und ungleicher Teilung gefertigt. Auf dem Umfang liegen sich jeweils zwei Schneiden gegenüber. Dadurch kann der Durchmesser der Reibahle mit Messgeräten wie Messschieber oder Bügelmessschraube genau gemessen werden.

Die ungleiche Schneidenteilung bewirkt den Bruch der Späne an stets anderer Stelle. Dadurch entstehen beim Reiben keine *Rattermarken*.

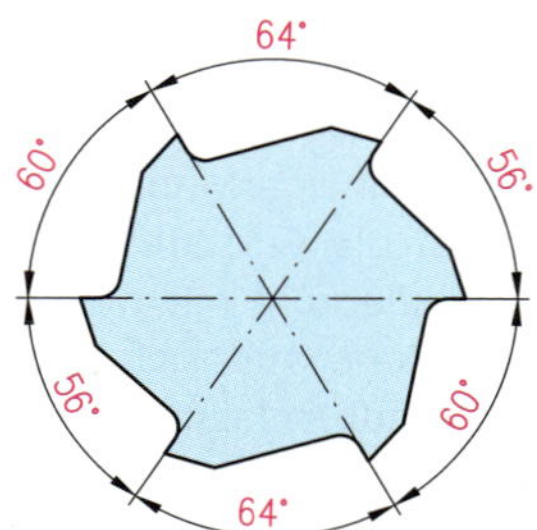

Schneidenteilung einer Reibahle

> **!** Reibahlen haben eine gerade Schneidenzahl und ungleiche Zahnteilung. Durch die ungleiche Teilung werden Rattermarken vermieden.

Beim Reiben von Bohrungen, die in Längsrichtung durch Nuten unterbrochen sind, benötigt man Reibahlen, deren Schneiden wendelförmig verlaufen. Solche drallgenuteten Reibahlen überbrücken eine Längsnut, da eine drallgenutete Schneide nicht achsparallel im Eingriff ist. Drallgenutete Reibahlen verhindern Rattermarken und erzeugen auch bei unterbrochenen Bohrungen hohe Oberflächengüte und große Formgenauigkeit.

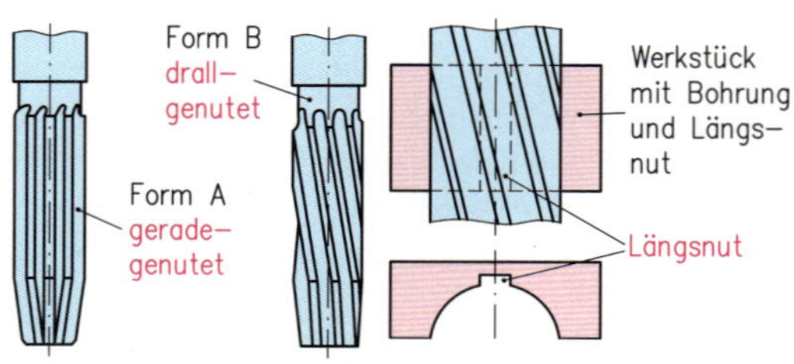

Reibahlen **Drallgenutete Reibahle im Eingriff**

Übungsaufgaben 4/44 bis 4/47

Arbeitsauftrag: **Fertigen einer Schraubzwinge**

Zum Spannen von kleinen Teilen soll eine Schraubzwinge aus E 295 gefertigt werden.

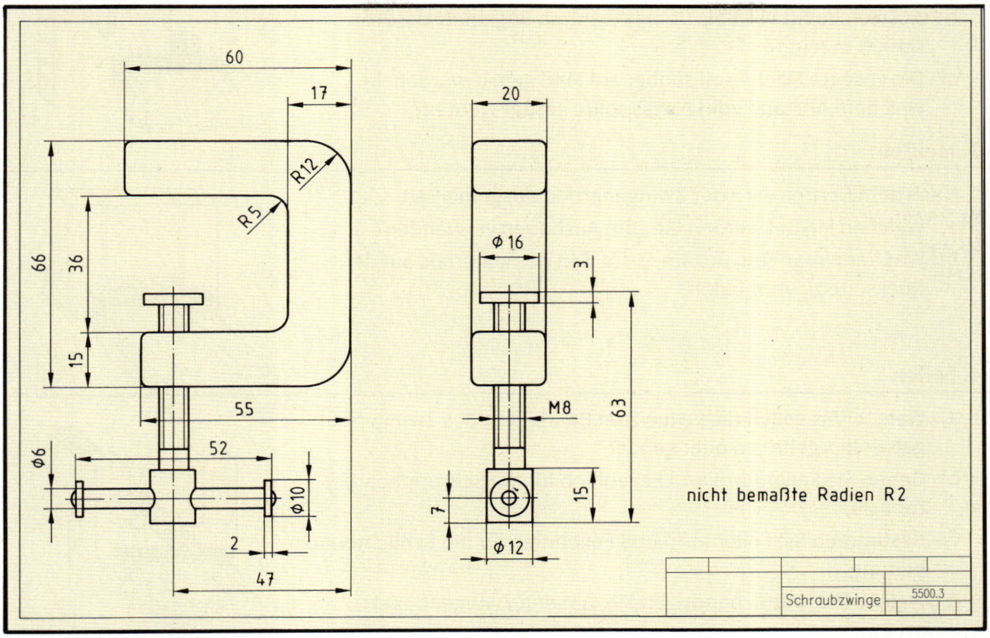

Zeichnung der Schraubzwinge

Die Rohlinge sind bereits vorbereitet, und ihre Maße sind überprüft worden.
Auf dem Rohling für den Bügel sind die Maße angerissen.
Beantworten Sie die folgenden Fragen im Rahmen eines Berichtes über die jeweilige Fertigung.

1. Bohren

a) Bestimmen Sie den Bohrerdurchmesser unter Berücksichtigung des späteren Meißelns.

b) Sollte in den Ecken ein anderer Bohrerdurchmesser gewählt werden?

c) In welchem Abstand von der fertigen Kante sind die Anrisse der Bohrungsmitten anzubringen?

d) In welchen Abständen ist zu Körnen?

e) Nennen Sie den Bohrerwerkstoff, den Bohrertyp und den Spitzenwinkel des Bohrers.

f) Wählen Sie die Schnittgeschwindigkeit zum Bohren aus.

g) Berechnen Sie die Umdrehungsfrequenz des Bohrers.

h) Geben Sie die einzustellenden Vorschübe an.

i) Sollte mit Kühlschmiermittel gearbeitet werden?

j) Wie ist das Werkstück zu spannen?

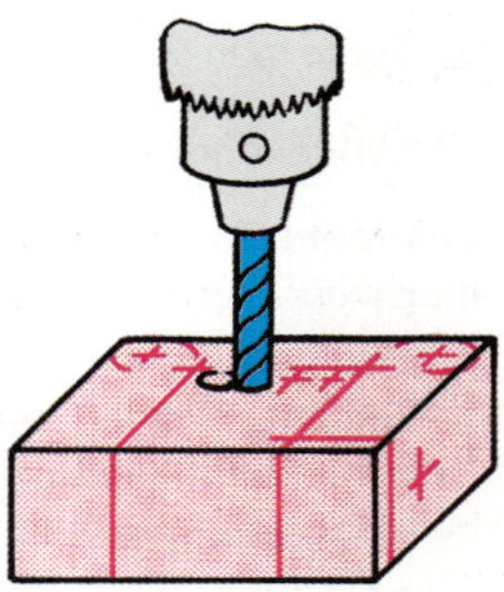

2. Sägen

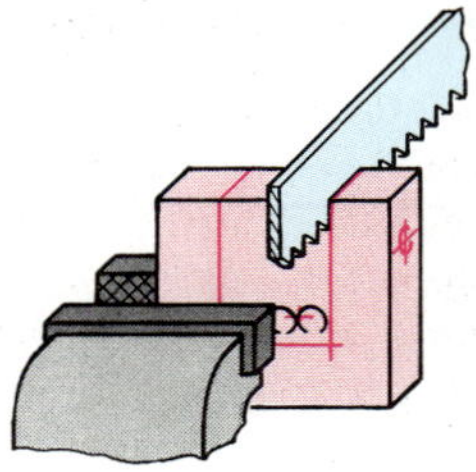

Die Seiten der Zwinge werden bis zu den Bohrungen im Zwingengrund eingesägt.

a) Geben Sie die Teilung des Handsägeblatts an.

b) Auf welche Art wird bei dem gewählten Sägeblatt der Freischnitt erzeugt?

c) Die gesägte Fläche soll sauber auf Maß gefeilt werden. In welchem Abstand vom Anriss sollte gesägt werden?

3. Meißeln

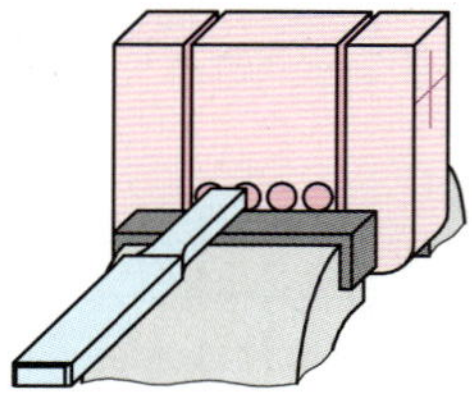

Nach dem Bohren wird der Zwingengrund ausgemeißelt.

a) Welchen Meißel werden Sie zum Aushauen verwenden?

b) Was kann man tun, um ein Ausreißen des Materials auf der Rückseite zu vermeiden?

4. Feilen

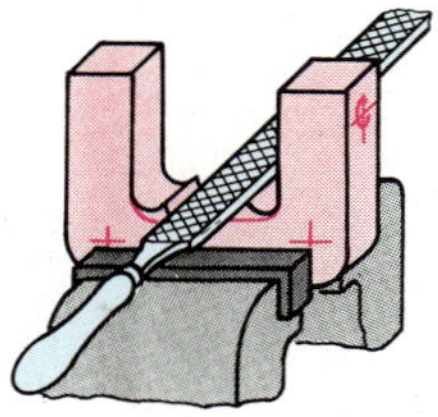

a) Welcher Art sollen die Feilen zum Bearbeiten des Zwingenbügels sein – gehauen oder gefräst?

b) Geben Sie Feilenform und Feilenhieb für die Schruppbearbeitung an.

c) Bestimmen Sie Feilenform und Feilenhieb für die Schlichtbearbeitung.

d) Welche Prüfmittel benötigen Sie, um den Zwingenbügel zu prüfen?

5. Innengewindeschneiden

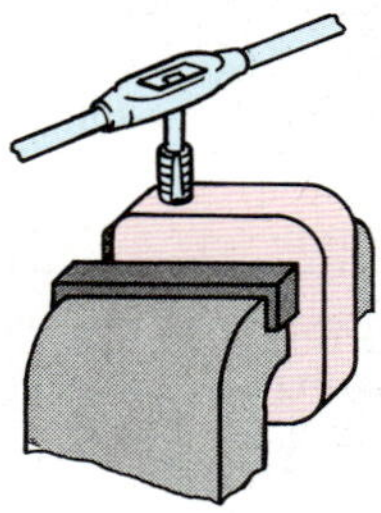

a) Bestimmen Sie den Bohrerdurchmesser zum Bohren des Kernloches.

b) Wie soll das Kernloch angesenkt werden?

c) Berichten Sie über den Ablauf des Gewindeschneidens.

d) Wie können Sie dafür sorgen, dass die Längsachse des Vorschneiders mit der Längsachse des Bohrloches übereinstimmt?

e) Sollte man schmieren?

6. Außengewindeschneiden

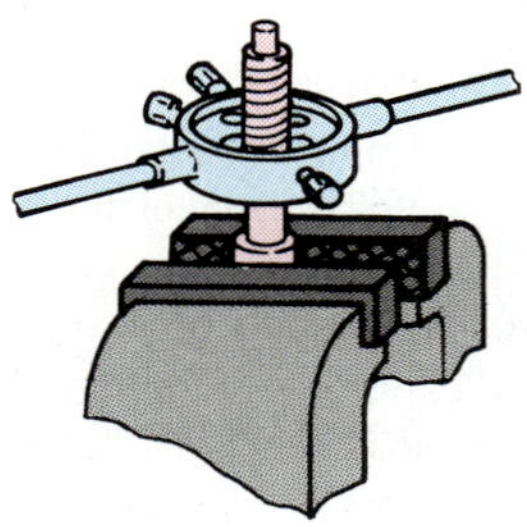

Das Rohteil für die Gewindespindel soll von einem Zerspanungsmechaniker gefertigt werden.

a) Erstellen und bemaßen Sie eine Skizze des Rohteiles für den Zerspanungsmechaniker.
Berücksichtigen Sie darin
- das Außenmaß des Gewindebolzens,
- die Anfasung des Bolzens,
- die Möglichkeit zur Befestigung der Druckplatte auf der Spindel.

b) Welche Möglichkeiten haben Sie zum Spannen beim Gewindeschneiden?

c) Berichten Sie über das Gewindeschneiden.

5 Fertigungsverfahren des Umformens

5.1 Grundbegriffe zum Umformen

In der Einteilung der Fertigungsverfahren nach DIN 8580 steht das Umformen an zweiter Stelle. Nach dem Urformen wird der größte Teil der Werkstoffe durch Umformen zu Blechen, Drähten und anderen Profilen weiterverarbeitet. Man nennt diese Produkte **Halbzeuge.** Für die Fertigung von Massenprodukten ist die weitere Umformung der Halbzeuge meist das wirtschaftlichste Verfahren.

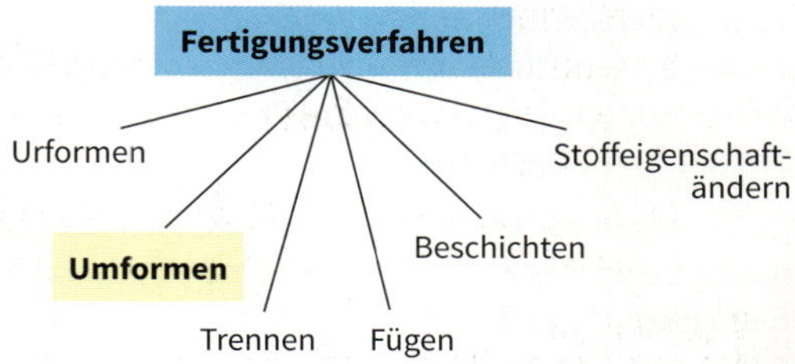

Beispiele für das Umformen

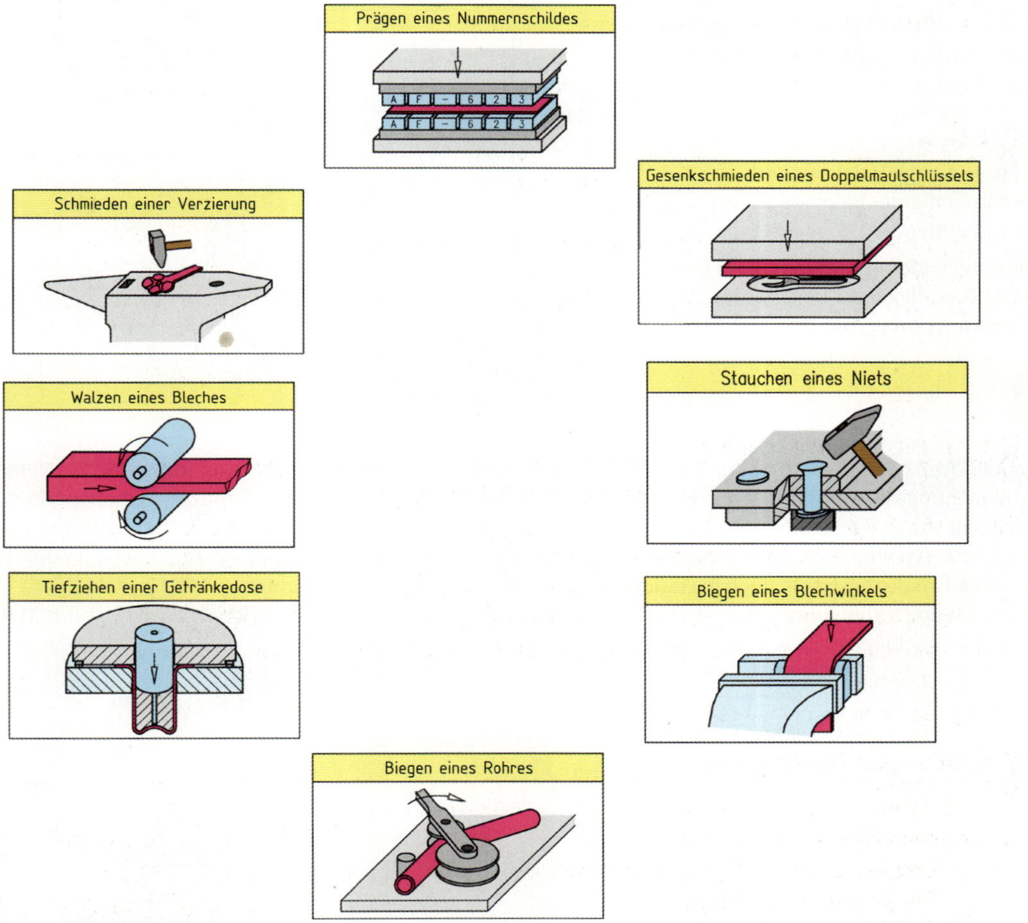

Beim Umformen wird die Formänderung von festen Körpern durch äußere Kräfte bewirkt. Nach Entlastung bleibt diese Formänderung weitgehend erhalten. Man spricht von einer **plastischen Formänderung.** Beim Umformen wird zwar die Form des Werkstücks geändert, jedoch bleiben das Volumen und der Zusammenhalt erhalten. Es können nur solche Werkstoffe umgeformt werden, die eine erhebliche plastische Formänderung ohne Zerstörung des Zusammenhalts ertragen.

! Umformen ist Fertigen durch plastische Formänderung eines festen Körpers.

Übungsaufgaben 5/1; 5/17

5.2 Biegen von Blechen und Rohren

Drähte, Bleche, Rohre und andere Halbzeuge erhalten vielfach durch Biegen eine andere Form. Dabei wird das Werkstück durch Biegekräfte umgeformt. Je nach Werkstückform und Stückzahl der Teile werden unterschiedliche Werkzeuge und Vorrichtungen zum Biegen verwendet.

Beim Biegen von Blechen im Schraubstock werden häufig Schutzbacken und Biegedorne eingesetzt. Beim Biegen von Rohren verhindern Rohrbiegevorrichtungen Querschnittsverengungen des Rohres.

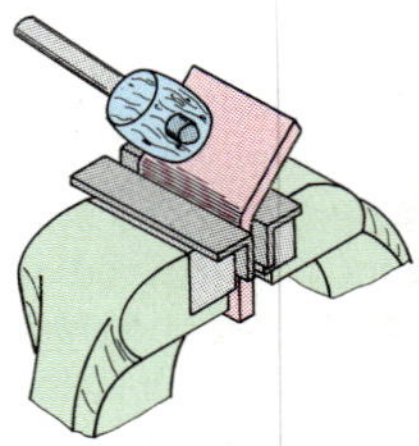

Biegen eines Bleches

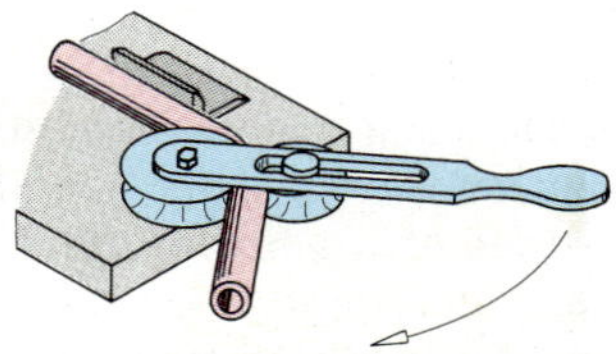

Biegen eines Rohres

5.2.1 Vorgänge beim Biegen

Beim Umformen durch Biegen wirkt stets von außen eine Kraft in einem Abstand von der Biegestelle. Die Entfernung der Kraft zum nächsten Auflagepunkt des Biegeteils bezeichnet man als Hebel. Die Biegewirkung wird größer mit

- zunehmender Biegekraft und
- zunehmender Länge des Hebelarms.

Die Biegewirkung wird durch das **Biegemoment** erfasst. Das Biegemoment ist das Produkt aus der Biegekraft und dem zugehörigen Hebelarm.

$M_b = F \cdot l$

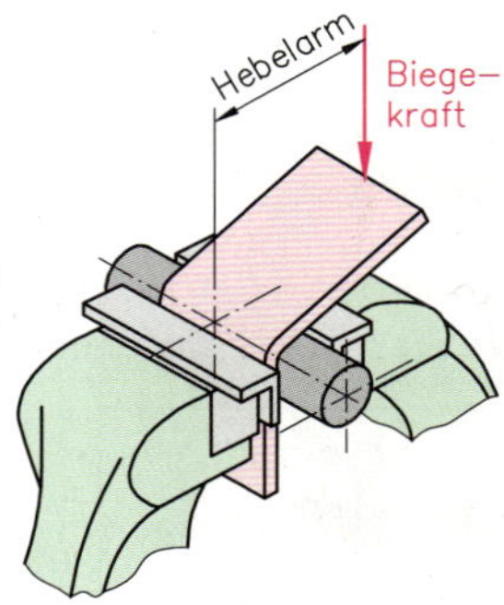

Wirkung des Biegemoments

> **!** Biegemoment = Biegekraft · Hebelarm

Beim Biegen eines Werkstücks erfolgt die Umformung unter der Wirkung eines Biegemomentes. Zur Veranschaulichung der Veränderungen wird das Biegeteil mit Längs- und Quermarkierungen versehen. An der Lage und Länge der Markierungen wird deutlich, dass im äußeren Bereich eine **Werkstoffstreckung** und im inneren Bereich eine **Werkstoffstauchung** erfolgt. Zwischen beiden Bereichen liegt eine Ebene, in der der Werkstoff weder gestreckt noch gestaucht wird, sie wird **neutrale Faser** genannt.
Da das Werkstoffvolumen beim Biegen konstant bleibt, erfolgt durch die Werkstoffstreckung und Stauchung an der Biegestelle eine Querschnittsveränderung.

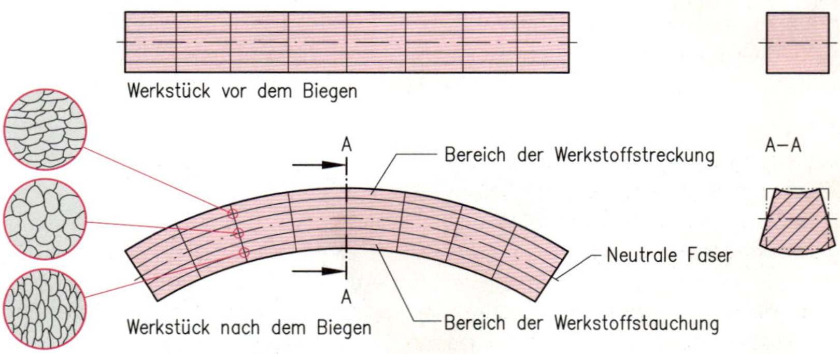

> **!** Beim Biegen wird der äußere Werkstoffbereich gestreckt und der innere gestaucht. Die mittlere Schicht behält ihre Ausgangslänge und wird neutrale Faser genannt.

Übungsaufgaben 5/4 bis 5/6

5.2.2 Mindestbiegeradien

Auf der gestreckten Seite eines gebogenen Werkstücks treten Zugspannungen auf. Diese können bei falscher Wahl des Biegeradius zu Rissen bzw. bei Hohlprofilen zu unzulässigen Querschnittänderungen führen.
Diese Fehler lassen sich vermeiden, wenn die Werkstücke mit ausreichend großem Radius gebogen werden. Den Innenradius des gebogenen Teils bezeichnet man als **Biegeradius**.
Die Mindestgröße des Biegeradius hängt von der Dehnbarkeit des Werkstoffs und von der Dicke s des Werkstücks ab.

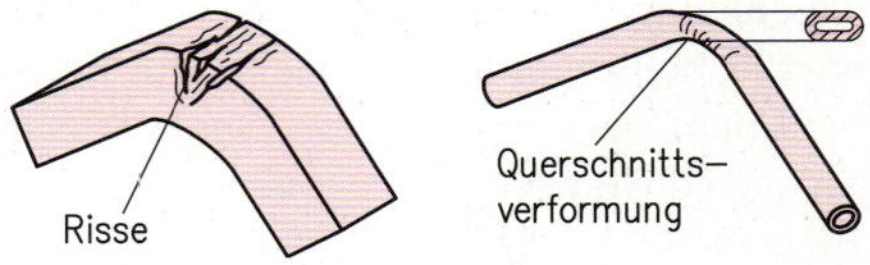

Fehlerhaft gebogene Werkstücke

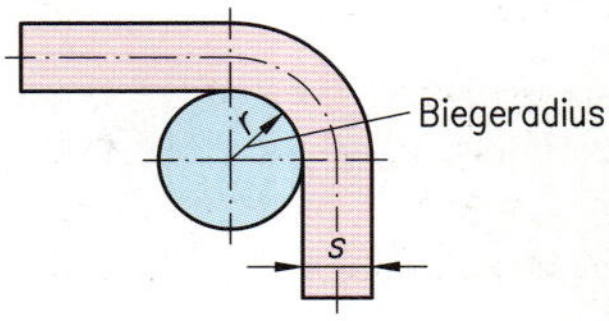

Biegeradius

! Als Biegeradius bezeichnet man den Innenradius von Biegeteilen.

Bei kleinem Biegeradius wird die Zugseite stärker gedehnt als bei einem größeren Radius. Damit der Werkstoff nicht einreißt, muss bei schlecht dehnbaren Werkstoffen deshalb ein größerer Biegeradius gewählt werden als bei gut dehnbaren Werkstoffen.
Je größer die Dicke des Werkstücks, desto größer sind die Spannungen und Dehnungen bei gleichem Biegeradius. Damit an keiner Stelle der gestreckten Seite die Festigkeit überschritten wird, muss bei größerer Werkstückdicke ein größerer Biegeradius gewählt werden.

Werkstoff	Mindestbiegeradius *r*
Stahl (weich)	2-mal Werkstückdicke
Weichaluminium	2-mal Werkstückdicke
Hartaluminium	4-mal Werkstückdicke
Messing	4-mal Werkstückdicke

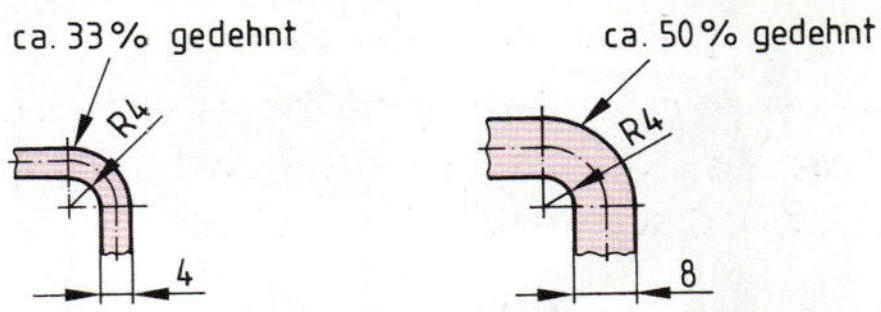

Dehnung in Abhängigkeit von der Weckstückdicke

! Die Größe des Biegeradius ist abhängig von:
- der Dehnbarkeit des Werkstücks,
- der Dicke des Werkstücks.

5.2.3 Biegen von Blechen

1. Biegen im Schraubstock

Kleinere Blechteile werden in der Einzelfertigung im Schraubstock gebogen. Zum Schutz der Oberfläche werden Beilagen oder Spannvorrichtungen verwendet. Bei Verwendung von entsprechenden Spannvorrichtungen können Werkstücke auch dann exakt gebogen werden, wenn sie breiter sind als der Schraubstock.

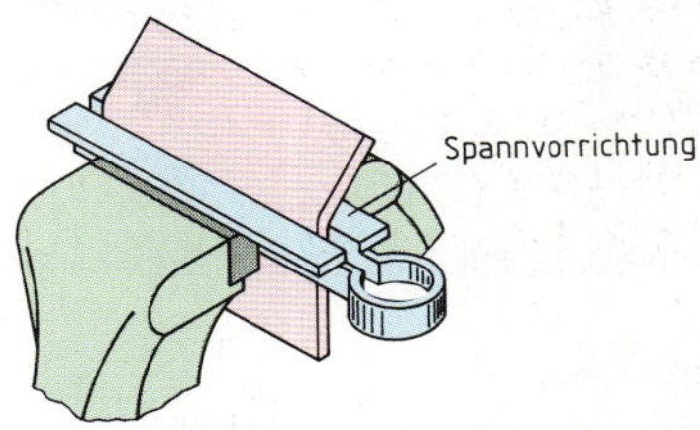

Biegen im Schraubstock

2. Gesenkbiegen

In der Massenfertigung werden Blechteile genauer und wirtschaftlicher in **Biegewerkzeugen** gebogen. Dazu wird die äußere Form des ebenen Blechteils aufgrund von Berechnungen und Versuchen vorher hergestellt.
Das Blech wird von dem *Biegestempel* (Obergesenk) in die *Formplatte* (Untergesenk) gedrückt. Die Rückfederung des Werkstücks wird im Biegegesenk berücksichtigt.
In einem Arbeitsgang können komplizierte Formteile hergestellt werden.

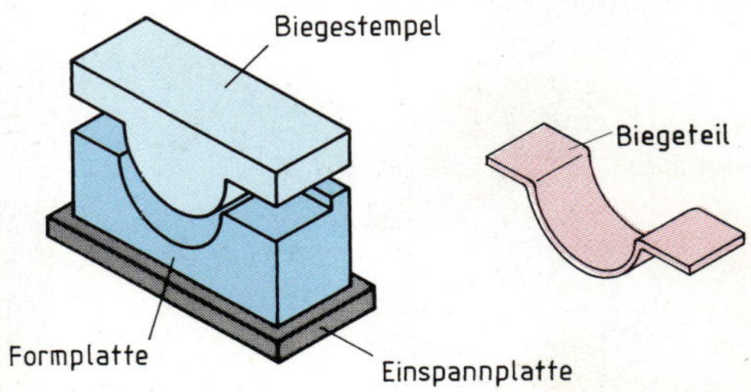

Gesenkbiegen

1. Schwenkbiegen

Längere Blechteile werden schnell und formgenau in **Schwenkbiegemaschinen** gebogen. Man spannt das Blech mit der Oberwange fest ein. Der herausragende Teil des Bleches wird durch Schwenken der Biegewange gegen die Biegeschiene gebogen. Man nennt das **Schwenkbiegen** auch **Abkanten**. Für unterschiedliche Biegeradien ist die Biegeschiene auswechselbar.

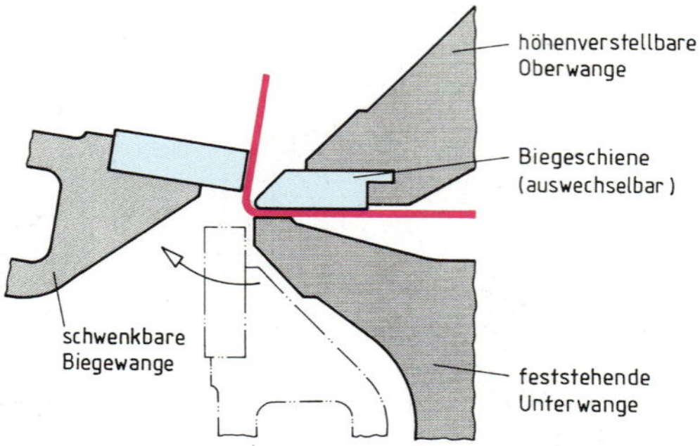

Schwenkbiegen

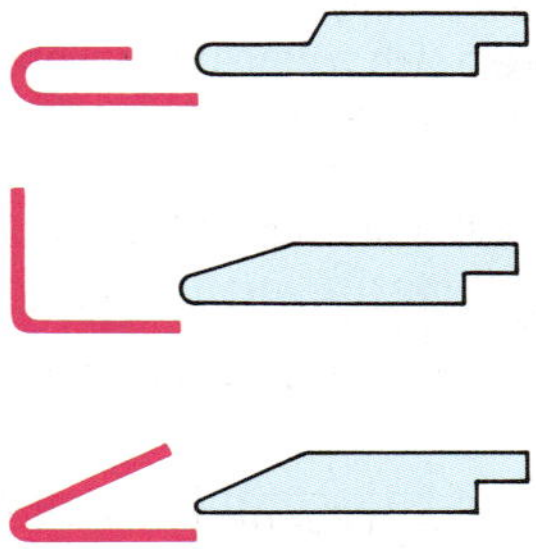

Profilformen (Beispiele)

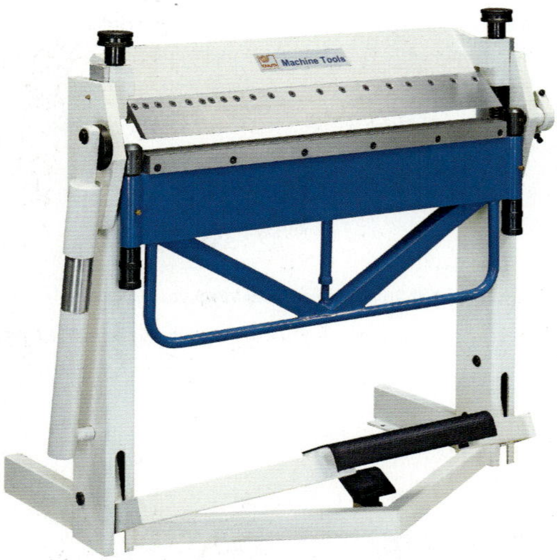

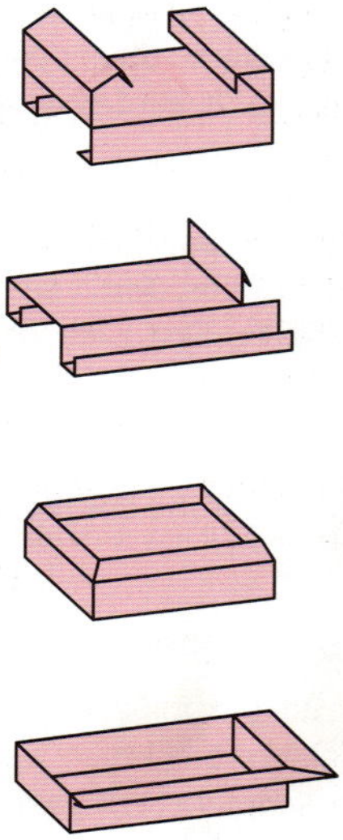

Schwenkbiegemaschine mit auswechselbarer Biegeschiene

2. Walzbiegen

Bogenförmige und rohrartige Werkstücke erzeugt man auf Rundbiegemaschinen. In diesen Maschinen wird das Werkstück von einer Biegewalze in Richtung der Führungswalzen gebogen. Je größer der Abstand zwischen Führungs- und Biegewalze ist, desto größer wird der Radius des gebogenen Werkstückes. Trichterförmige Werkstücke erzeugt man durch Schrägstellung der Biegewalze.

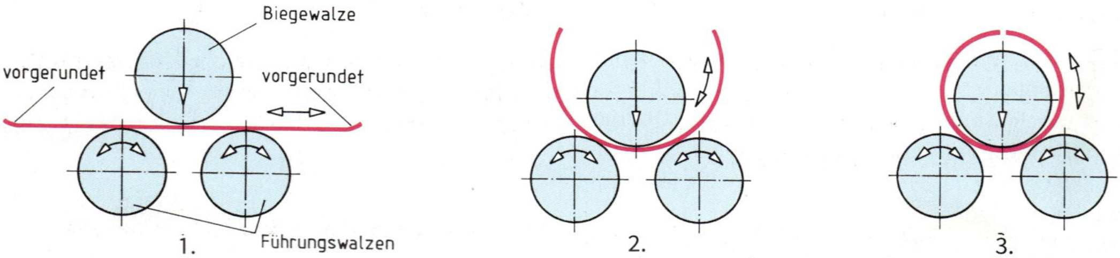

Rundbiegen

5.2.4 Biegen von Rohren

Beim Biegen von Rohren ohne Hilfsmittel tritt in der Biegezone eine Querschnittsveränderung ein. Die Teile der Rohrwand mit hohen Zug- und Druckspannungen weichen der Belastung dadurch aus, dass sie sich der neutralen Faser nähern. Das Rohr flacht ab.

Die Abflachung ist umso größer
- je größer der Rohrdurchmesser,
- je dünner die Rohrwand,
- je kleiner der Biegeradius und
- je geringer die Dehnbarkeit des Werkstoffs ist.

Durch die Abflachung verringern sich der Durchflussquerschnitt und die Belastbarkeit des Rohrs an der Biegestelle.

Beim **freien Biegen** von Rohren füllt man den Hohlraum aus, um Querschnittsveränderungen zu vermeiden.

Als Füllungen eignen sich trockener Sand, leicht schmelzbare Stoffe (Kolophonium, Blei) und Spiralfedern. In Kunststoffrohre werden häufig Gummischläuche eingezogen.

Nach dem Biegevorgang werden die Füllungen wieder entfernt. Kolophonium und Blei müssen dazu ausgeschmolzen werden.

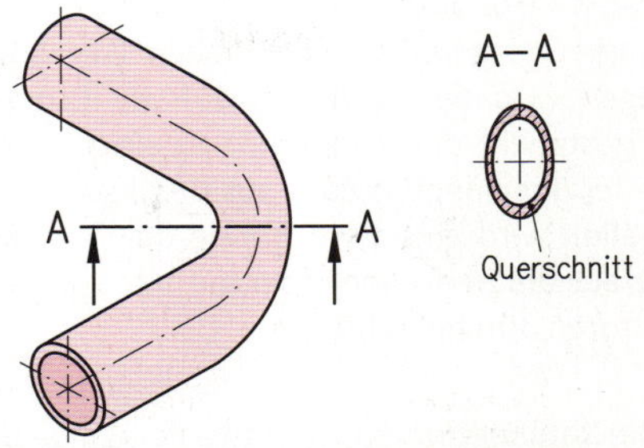

Querschnittsveränderung eines Rohrs durch Biegen ohne Hilfsmittel

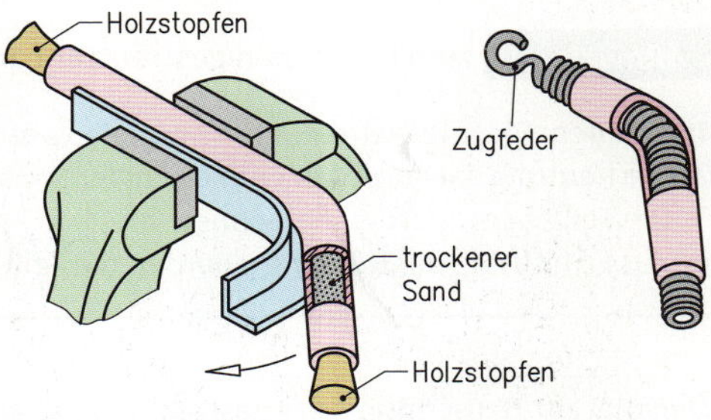

Freies Biegen von Rohren mit Füllung

In **Biegevorrichtungen** für Rohre verhindert eine an der Biegestelle dem Rohraußendurchmesser angepasste Form jede Querschnittsveränderung.

Biegevorrichtung für Rohre

Biegesegmente

Auch beim Biegen von Rohren ist ein Mindestradius einzuhalten, damit keine Risse in der Rohrwand auftreten. Der Mindestradius ist 3 · Rohraußendurchmesser. Beim Biegen von geschweißten Rohren muss die Schweißnaht in die Ebene der neutralen Faser gelegt werden. Dadurch wird die Schweißnaht nur geringfügig durch Spannungen beansprucht.

! Beim freien Biegen von Rohren werden Querschnittsveränderungen durch Füllungen vermieden. Mindestradius ist 3 · Rohraußendurchmesser.

5.2.5 Berechnung von gestreckten Längen

Bei dünnen Werkstücken, z. B. aus Blechen und Flachprofilen, und bei großen Biegeradien entspricht die gestreckte Länge etwa der Länge der neutralen Faser des Biegeteils.

Bei engen Biegeradien und dicken Werkstücken hingegen wird der Werkstoff auf der Druckseite stark gestaucht und es kommt zu einer Verschiebung der ungelängten Zone zur Druckseite. In diesen Fällen wird eine Berechnung der gestreckten Länge aus der neutralen Faser mithilfe von Korrekturfaktoren durchgeführt.

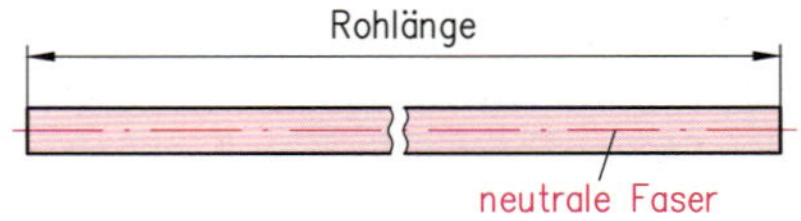

Gestreckte Länge (Rohlänge)

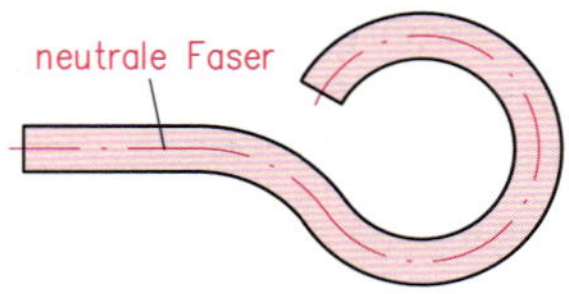

Fertigteil

> **!** Die Rohlänge entspricht etwa der Länge der neutralen Faser. Bei dicken Werkstücken und kleinen Biegeradien sind Korrekturen notwendig.

Hinweise zum Berechnen gestreckter Längen

1. Von dem Biegeteil wird nur die neutrale Faser gezeichnet und bemaßt.
2. Die neutrale Faser wird in einfach zu berechnende Teillängen zerlegt.
3. Die Teillängen werden berechnet.
4. Zur Ermittlung der Rohlänge werden die Teillängen addiert.

Beispiel zur Berechnung der gestreckten Länge eines dünnen Bauteils

Aufgabe

Die gestreckte Länge des dargestellten Werkstücks ist zu berechnen.

Gegeben: Skizze

Gesucht: L

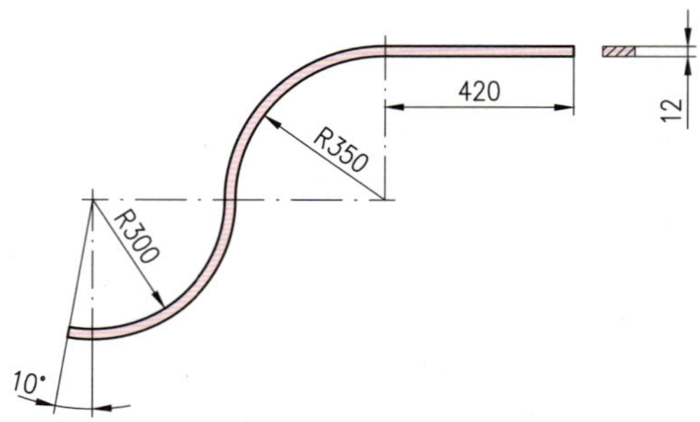

Lösung

1. und 2. Schritt

Skizze mit Bemaßung der neutralen Faser

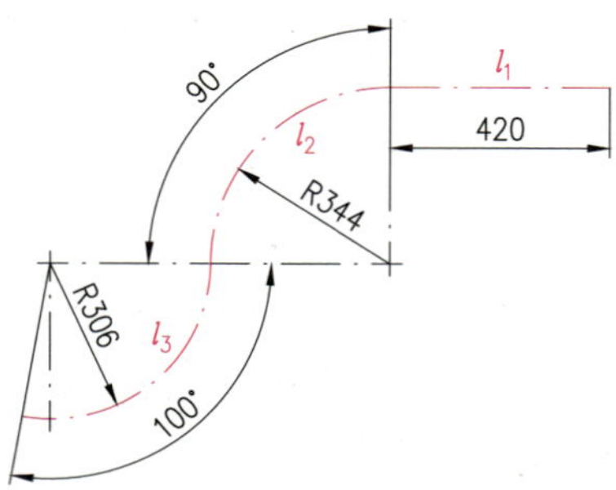

3. Schritt

Berechnung der Längen

$l_1 = 420\ \text{mm}$

$$l_{2/3} = \frac{d_m \cdot \pi \cdot \alpha}{360°}$$

$$l_2 = \frac{688\ \text{mm} \cdot \pi \cdot 90°}{360°}; \quad l_2 = 540\ \text{mm}$$

$$l_3 = \frac{612\ \text{mm} \cdot \pi \cdot 100°}{360°}; \quad l_3 = 534\ \text{mm}$$

4. Schritt

Addition der Teillängen

$L = l_1 + l_2 + l_3$

$L = 420\ \text{mm} + 540\ \text{mm} + 534\ \text{mm}$

$L = \mathbf{1\,494\ mm}$

Übungsaufgaben 5/16; 5/17

5.2.6 Berechnung von Blechbedarf und Verschnitt

Auf den Preis eines Werkstückes haben die Kosten für das Rohmaterial oft erheblichen Einfluss. Außer für die Fertigung ist es auch für die Kalkulation notwendig, den erforderlichen Materialbedarf und das Ausbringen zu ermitteln.

Zur Herstellung eines Werkstückes aus Blech muss das Rohteil mindestens die ebene Werkstückfläche der Abwicklung beinhalten. Die zur Erzeugung des Werkstücks vom Rohteil abzutrennenden Flächen bezeichnet man als Verschnitt.

> **!** Rohteilfläche (Blechbedarf)
> = Abwicklungsfläche + Verschnitt

Der Verschnitt wird in Prozent der Rohteilfläche angegeben.

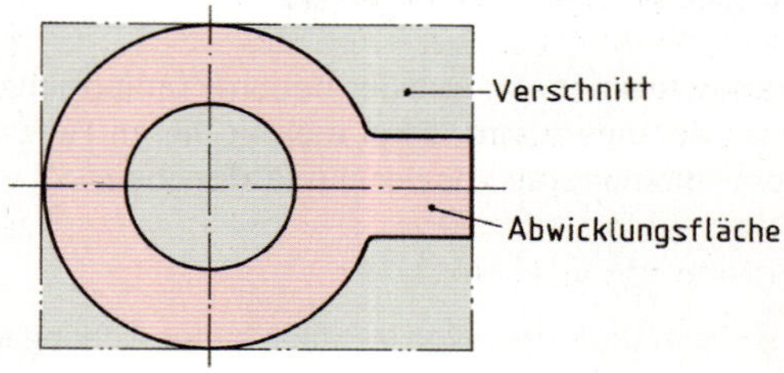

Rohteilfläche für ein Sicherungsblech

> **!** Rohteilfläche entspricht 100 %
> $$\text{Verschnitt (\%)} = \frac{\text{Rohteilfläche} - \text{Abwicklungsfläche}}{\text{Rohteilfläche}} \cdot 100\ \%$$

Beispiel für die Berechnung von Blechbedarf und Verschnitt

Aufgabe

Für den skizzierten Behälter sind Blechbedarf und Verschnitt zu berechnen.

Gegeben: Skizze
Gesucht: Verschnitt in %

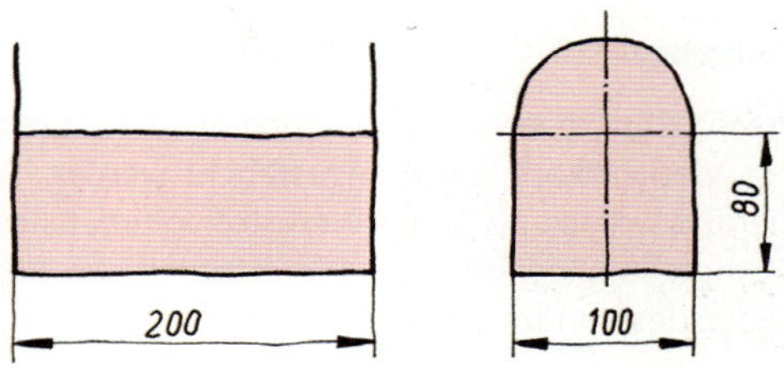

Lösung

1. Darstellung der Abwicklung

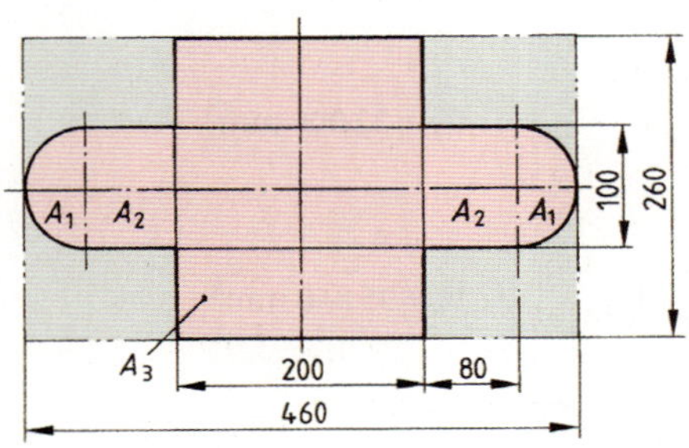

2. Berechnung der Rohteilfläche A_R (Blechbedarf)

$A_R = 460\ \text{mm} \cdot 260\ \text{mm}$

$A_R = \mathbf{119\,600\ mm^2}$

3. Berechnung der Abwicklungsfläche A_{ges}

$A_{ges} = 2 \cdot A_1 + 2 \cdot A_2 + A_3$

$2 \cdot A_1 = \frac{100^2\ \text{mm}^2 \cdot \pi}{4} = 7\,854\ \text{mm}^2$

$2 \cdot A_2 = 2 \cdot 100\ \text{mm} \cdot 80\ \text{mm} = 16\,000\ \text{mm}^2$

$A_3 = 200\ \text{mm} \cdot 260\ \text{mm} = 52\,000\ \text{mm}^2$

$A_{ges} = \mathbf{75\,854\ mm^2}$

4. Berechnung des Verschnitts x in Prozent

$x = \frac{119\,600\ \text{mm}^2 - 75\,854\ \text{mm}^2}{119\,600\ \text{mm}^2} \cdot 100\ \%$

$x = \mathbf{36{,}58\ \%}$

5.2.7 Berechnung von Schmiederohlängen

Zur Herstellung von Schmiedeteilen ist die Berechnung der Rohlänge des umzuformenden Stückes erforderlich. Bei dieser Berechnung geht man davon aus, dass der Rohling und das zu fertigende Teil die gleiche Masse haben.

Da das Volumen von Metallen bei einer Umformung nicht verändert wird, kann man in diesen Fällen vom Volumen statt von der Masse ausgehen.

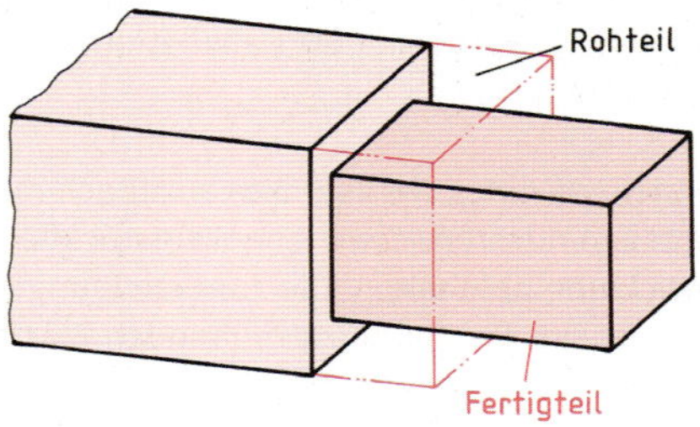

Schmiedeteil

! Beim Umformen von Metallen haben Rohling und Werkstück gleiches Volumen.

Da beim Warmumformen Verluste infolge Abbrand, Grat u. a. entstehen, muss das Volumen des Rohteiles größer als das zu formende Werkstück sein. Diese Volumenzugabe wird meist in Prozent ausgedrückt. Das Volumen des Werkstückes ist dabei stets 100 %.

Zur Berechnung von Rohlängen für Schmiedeteile geht man in folgenden Schritten vor:
1. Berechnung des Werkstückvolumens V_W (Volumen des Fertigteils).
2. Berechnung des Rohteilvolumens V_R durch Zuschlag der Volumenzugabe V_Z.
3. Errechnung der Länge des Rohlings L_R.

Beispiel für die Berechnung einer Rohlänge

Aufgabe

An ein Rundmaterial soll entsprechend der Skizze ein Vierkantkopf warm angestaucht werden. Als Verlust werden 12 % des Werkstoffvolumens des Fertigteils angenommen. Die erforderliche Rohlänge des Rundmaterials ist zu berechnen.

Gegeben: Skizze Gesucht: L_R

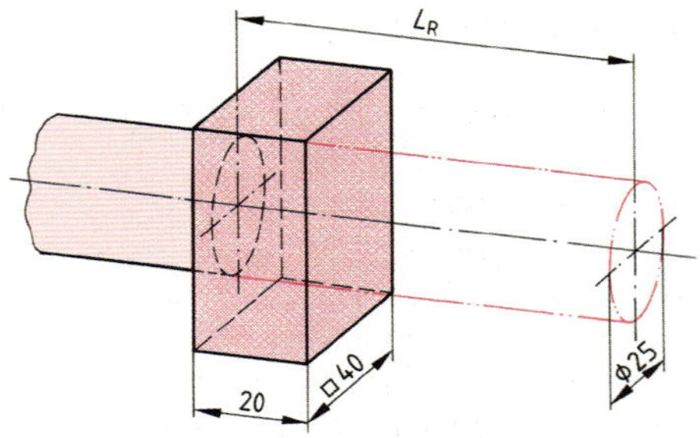

Lösung

1. Werkstückvolumen

$V_W = l \cdot b \cdot h$; $V_W = 40\ \text{mm} \cdot 40\ \text{mm} \cdot 20\ \text{mm}$; $\mathbf{V_W = 32\,000\ mm^3}$

2. Rohteilvolumen

$V_R = V_W \cdot V_Z$; $V_R = 32\,000\ \text{mm}^3 + 32\,000\ \text{mm}^3 \cdot 0{,}12$; $\mathbf{V_R = 35\,840\ mm^3}$

3. Rohlingslänge

$A_R = \dfrac{d^2 \cdot \pi}{4}$; $A_R = \dfrac{(25\ \text{mm})^2 \cdot \pi}{4}$; $A_R = 490{,}9\ \text{mm}^2$

Anschließend wird die zusätzliche Rohlänge ermittelt:

$L_R = \dfrac{V_R}{A_R}$; $L_R = \dfrac{35\,840\ \text{mm}^3}{490{,}9\ \text{mm}^2}$; $\mathbf{L_R = 73\ mm}$

Übungsaufgaben 5/20; 5/21

5.3 Richten

Verformte Werkstücke können durch Richten wieder in eine verwendbare Form überführt werden. Je nach Werkstückdicke, Profilform und Art der Verformung wendet man Richten durch äußere Krafteinwirkung oder Richten durch Wärmewirkung an.

1. Richten durch äußere Krafteinwirkung

Beim Richten durch äußere Krafteinwirkung staucht man die durch Verbiegen zu lang gewordene Seite bzw. streckt die verkürzte Seite.

Beispiele für Richten durch äußere Krafteinwirkung mit dem Hammer

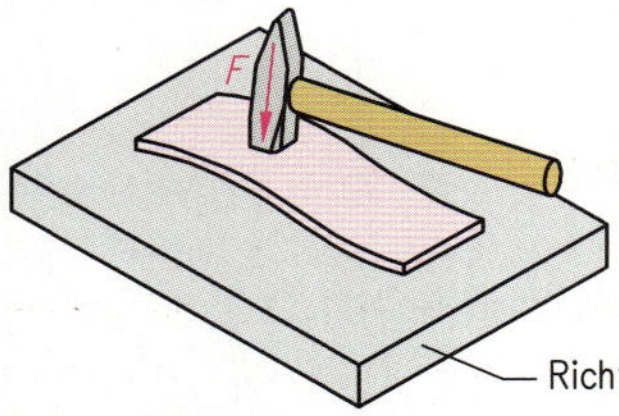

Richten eines flachkantig verbogenen Flachmaterials

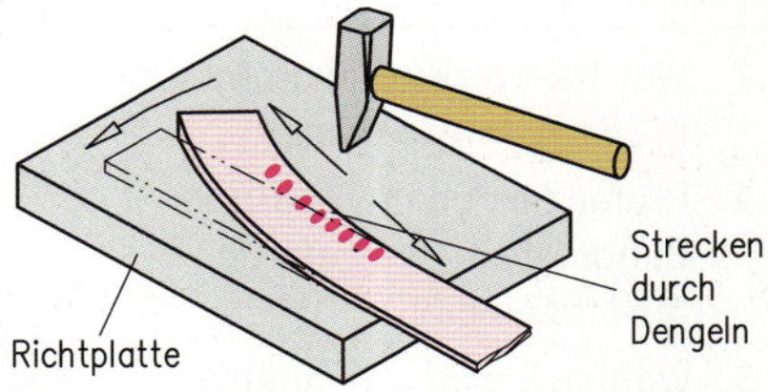

Richten eines hochkantig verbogenen Flachmaterials

Verbogene Flachstäbe und Profile können auch im Schraubstock oder in Pressen gerichtet werden. Das gezielte Aufbringen der Kräfte erfolgt über Beilagen an drei Stellen des verbogenen Werkstücks. Die Größe der Richtkräfte kann allmählich gesteigert und genau gesteuert werden. Dadurch wird die Werkstückoberfläche geschont und der Querschnitt verändert sich kaum.

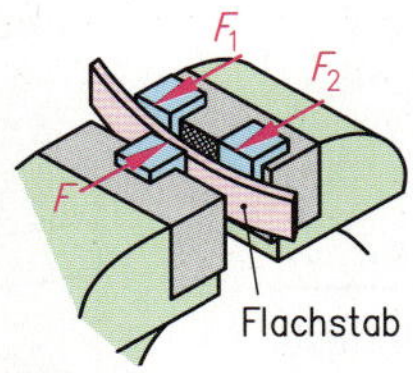

Richten im Schraubstock

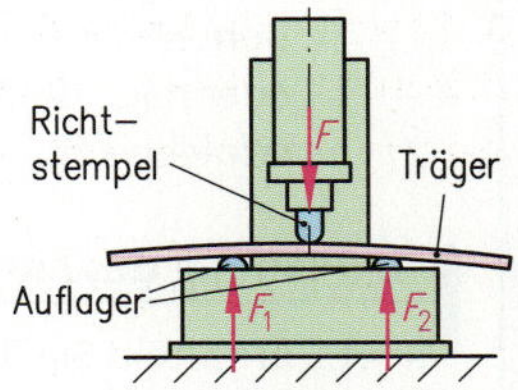

Richten in einer Presse

! Beim Kaltrichten werden gestreckte Fasern durch äußere Krafteinwirkung gestaucht.

2. Richten durch Wärmewirkung

Richten durch Wärmewirkung geschieht durch geschickte Ausnutzung der Wärmedehnung: Durch Erwärmen über 500 °C, z. B. bei Stahl, sinkt die Festigkeit des Werkstoffs erheblich.
Erwärmt man nun bestimmte Werkstückbereiche so, dass sie sich infolge der umgebenden kalten Werkstückpartien nicht ausdehnen können, so führt dies zu erheblichen Druckspannungen. Diese Druckspannungen bewirken eine Stauchung des heißen Werkstückbereichs.
Beim Abkühlen zieht sich der gestauchte, heiße Bereich zusammen und ist im kalten Zustand kürzer als vor der Erwärmung, so erfährt das Werkstück die gewünschte Formänderung.

Beispiele für Richten durch Wärmeeinwirkung

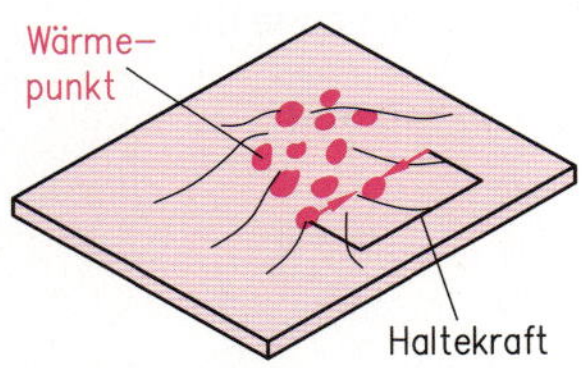

Richten eines Blechs durch Wärmepunkte

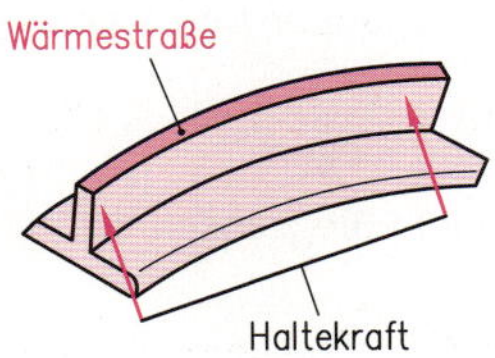

Richten eines Profils durch eine erwärmte Strecke (Wärmestraße)

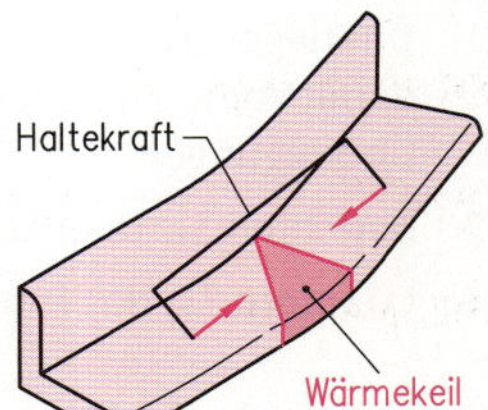

Richten eines Profils durch einen Wärmekeil

! Beim Warmrichten werden gestreckte Fasern hauptsächlich durch Wärmespannungen gestaucht.

Arbeitsauftrag: Biegen einer Rohrschelle

Zum Befestigen von Stahlrohren an einer gestuften Kante werden speziell geformte Rohrschellen benötigt.
Zur Fertigung liegt nur eine Handskizze mit den wichtigsten Maßen vor.

Auftrag:

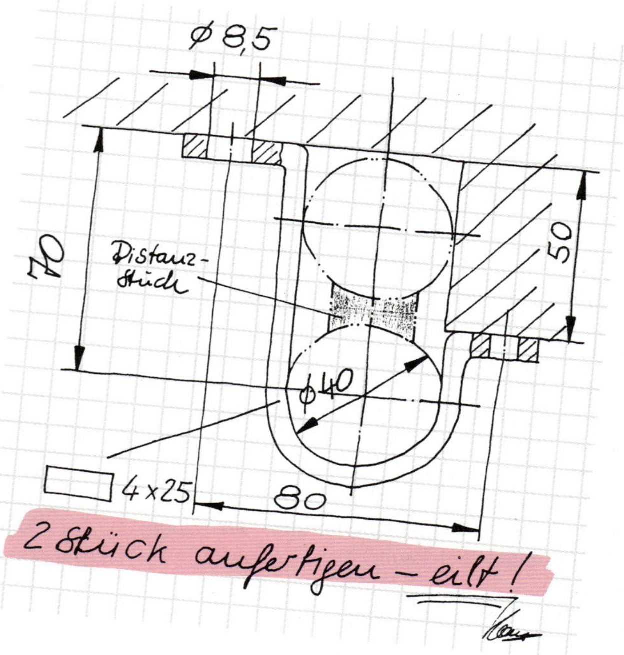

a) Analyse des Auftrags

1. Welcher Werkstoff kommt für die Fertigung in Frage?
2. Prüfen Sie, ob es genormten Bandstahl in den geforderten Maßen gibt.
3. Wählen Sie ein geeignetes Biegeverfahren.
4. Überlegen Sie, ob das Bohren der Löcher vor oder nach dem Biegen erfolgen soll.

b) Planung des Anrisses

1. Ermitteln Sie die Mindestbiegeradien.
2. Bestimmen Sie das Maß für die Schellenenden neben den Bohrungen.
3. Zeichnen Sie die Rohrschelle mit der neutralen Faser. Tragen Sie die fehlenden Maße ein. Ermitteln Sie die Maße der Teillängen und die Gesamtlänge lges des Zuschnitts.

c) Planung der Rohteilfertigung

Planen Sie das Ablängen des Rohteiles vom Halbzeug.

d) Planung des Biegens

1. Überlegen Sie, in welcher Reihenfolge die einzelnen Biegevorgänge vorzunehmen sind, damit keine Behinderungen beim Spannen und Biegen auftreten. Skizzieren Sie Ihre Überlegungen.
2. Berichten Sie über Einspannen und Biegen.
3. Erläutern Sie das Prüfen nach jedem Biegeabschnitt.

e) Kontrolle der fertigen Rohrschelle

1. Welche Maße sind für die Nutzung der Rohrschelle besonders wichtig?
2. Wie können diese Maße geprüft werden?

6 Fertigen mit Drehmaschinen

Durch Drehen werden vorwiegend zylindrische Rohlinge durch Spanabnahme in ihrer Form verändert. Das Werkzeug hat eine geometrisch bestimmte, keilförmige Schneide. Es wird Drehmeißel genannt.

Der Drehmeißel ist während der Spanabnahme ohne Unterbrechung im Eingriff. Die Spanabnahme erfolgt auf Drehmaschinen durch das Zusammenwirken zweier Bewegungen:

- Das *Werkstück* führt eine kreisförmige Schnittbewegung um die Drehachse aus.
- Das *Werkzeug* führt eine geradlinige und stetige Vorschubbewegung aus.

Die *Spandicke* wird durch die Zustellbewegung des Werkzeuges bestimmt.

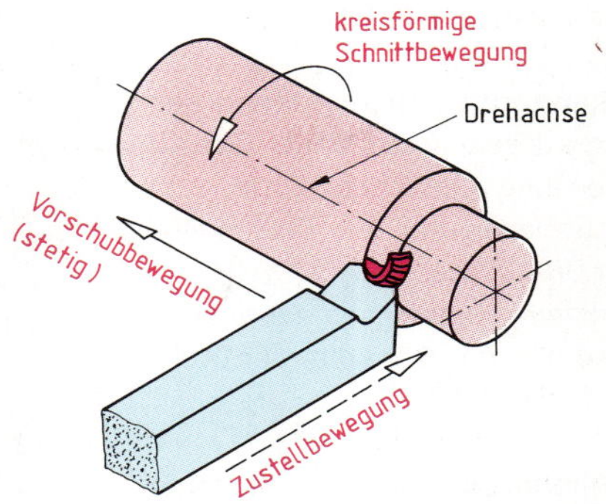

Werkzeug- und Werkstückbewegungen beim Längs-Runddrehen

> **!** Drehen ist ein spanendes Fertigen von Rundteilen. Als Werkzeug benutzt man einen einschnittigen Drehmeißel, der ständig im Eingriff ist.

6.1 Leit- und Zugspindel-Drehmaschine

Drehmaschinen, mit denen alle Dreharbeiten ausgeführt werden können, sind ihrer Verwendung nach Vielzweckmaschinen. Maschinen dieser Art sind für die Produktion von Einzelteilen und Kleinserien gebräuchlich.

Bei einer Vielzweckmaschine wird der Vorschub zum Gewindeschneiden durch eine Leitspindel übertragen. Die sonstigen Vorschubbewegungen erfolgen mithilfe einer Zugspindel. Man nennt diese Maschine daher Leit- und Zugspindel-Drehmaschine.

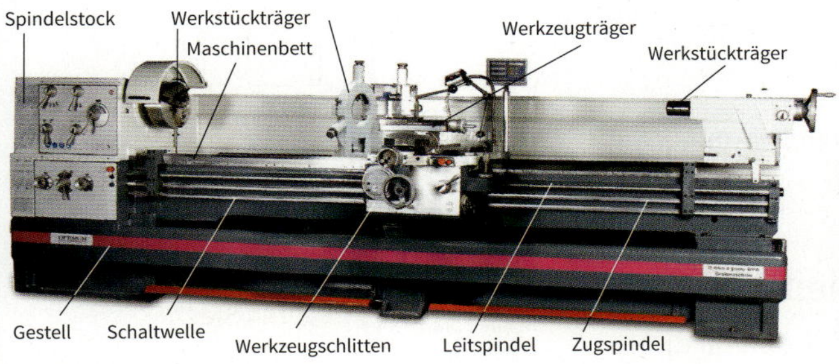

Leit- und Zugspindel-Drehmaschine

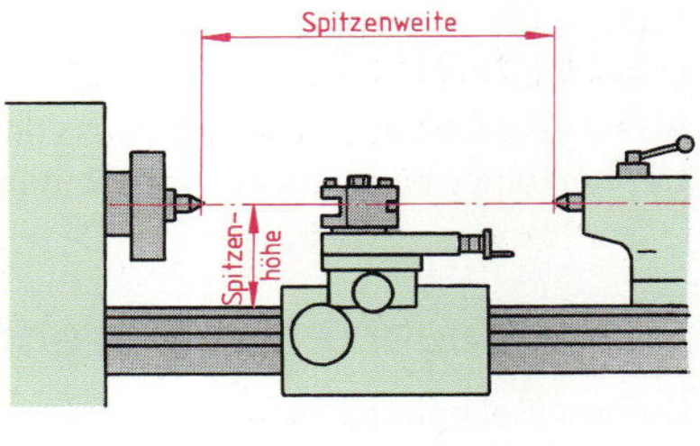

Spitzenhöhe und Spitzenweite

Spitzenweite

Dies ist der maximale Abstand zwischen Zentrierspitze in der Drehspindel und der Zentrierspitze im Reitstock. Die Spitzenweite bestimmt die größtmögliche Bearbeitungslänge.

Spitzenhöhe

Dies ist der Abstand zwischen Drehachse und Maschinenbett. Die Spitzenhöhe bestimmt in etwa den größtmöglichen Drehdurchmesser d_{max}.

6.2 Drehverfahren

Beim Drehen unterscheidet man nach der Form des Werkzeugs und nach der Art des Zusammenwirkens der Bewegungen folgende Verfahren:

1. Längs-Runddrehen beim Außendrehen
Werkstücke werden an der Mantefläche bearbeitet und erhalten eine zylindrische Form.
Die Vorschubbewegung des Drehmeißels erfolgt parallel zur Drehachse.
Bei einmaligem Überdrehen *verringert* sich der Durchmesser um das Doppelte der Drehmeißelzustellung.

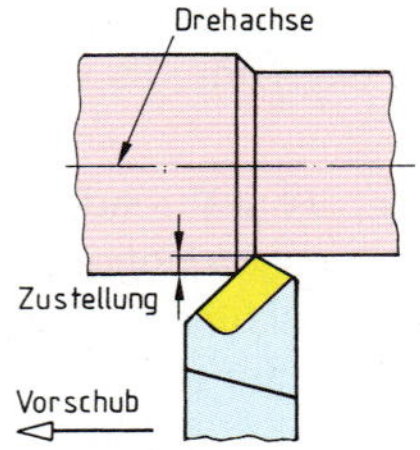

Längs-Runddrehen

2. Längs-Runddrehen beim Innendrehen
Die Innenwand von zylindrischen Hohlkörpern wird bearbeitet.
Die Vorschubbewegung des Drehmeißels erfolgt parallel zur Drehachse. Weit aus der Einspannung herausragende Drehmeißel neigen zum Rattern. Bei einmaligem Überdrehen *vergrößert* sich der Durchmesser um das Doppelte der Drehmeißelzustellung.

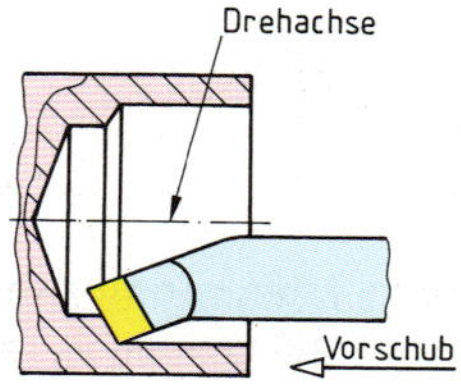

Längs-Runddrehen

3. Quer-Plandrehen
Werkstücke werden an der Stirnseite bearbeitet und erhalten dort eine ebene Fläche.
Die Vorschubbewegung des Drehmeißels erfolgt rechtwinklig zur Drehachse.
Bleibt beim Querplandrehen die Werkstückdrehzahl unverändert, nimmt die Schnittgeschwindigkeit zur Mitte hin ab.

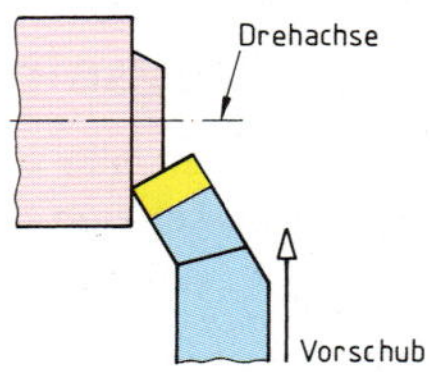

Quer-Plandrehen

4. Quer-Abstechdrehen
An einem Drehteil wird ringförmig Werkstoff abgetragen. Die Vorschubbewegung des Drehmeißels erfolgt rechtwinklig zur Drehachse.
Als Abstechen bezeichnet man das vollständige Abtrennen eines Werkstückes vom Rohling.

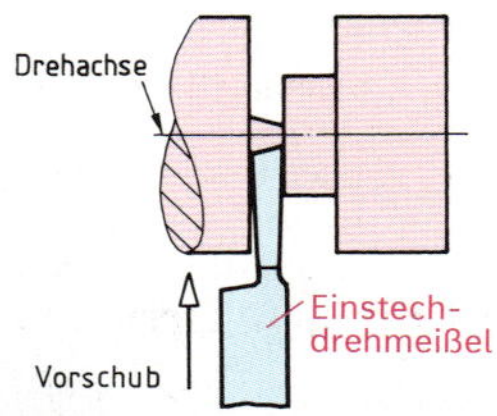

Quer-Abstechdrehen

6.3 Bauarten von Drehmeißeln

Drehmeißel haben häufig rechteckige oder quadratische Querschnitte. Für das Innendrehen werden auch runde Querschnitte verwendet. Der Querschnitt eines Drehmeißels soll möglichst groß gewählt werden, um elastische Verformungen und damit Maßabweichungen an Werkstücken einzuschränken.
Der Verlauf der Mittellinie durch Schaft und Schneidkopf ist für die Benennung des Meißels entscheidend. In der Längsrichtung können Drehmeißel gerade, gebogen oder abgesetzt sein.

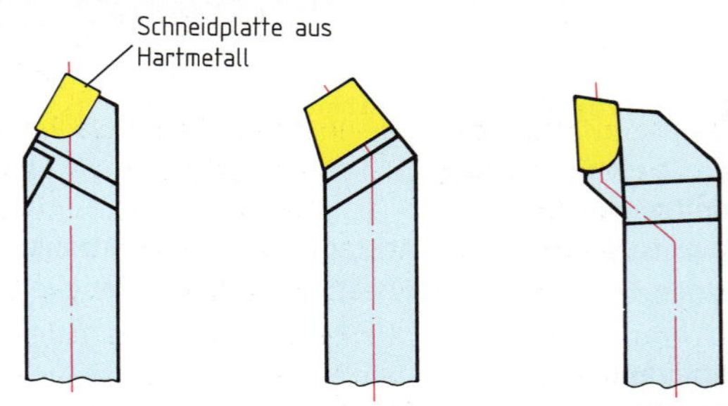

Gerader Drehmeißel **Gebogener Drehmeißel** **Abgesetzter Drehmeißel**

Übungsaufgaben 6/2; 6/3

1. Linke und rechte Drehmeißel

Nach der Lage der Hauptschneide unterscheidet man rechte und linke Drehmeißel. Für die Klärung der normgerechten Bezeichnung sieht der Betrachter auf die Spanfläche des Meißels und dabei muss der Schaft von ihm fort gerichtet sein.

Beispiele für die Einteilung in linke und rechte Drehmeißel

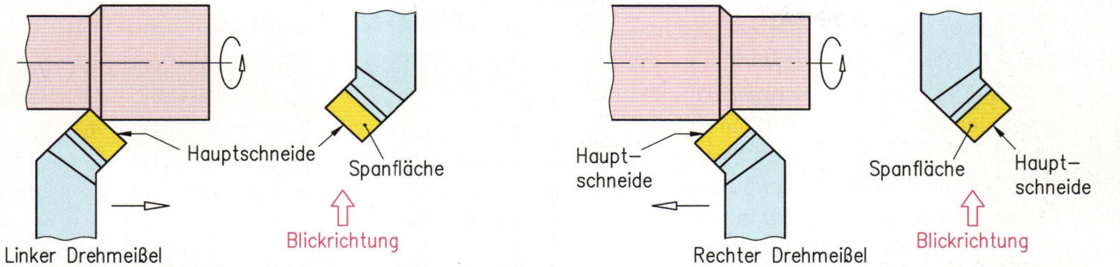

> **!** Sieht der Betrachter von der Schneide aus in Schaftrichtung,
> - dann ist es ein rechter Drehmeißel, wenn die Hauptschneide rechts liegt,
> - dann ist es ein linker Drehmeißel, wenn die Hauptschneide links liegt.

2. Ausführungsarten von Drehmeißeln

Einteilige Drehmeißel bestehen aus Schnellarbeitsstahl. Sie werden nach Bedarf aus Rohlingen (Drehlingen) geschliffen. Sie werden in der Einzelfertigung zum Profildrehen verwendet.
Drehmeißel aus unlegiertem Stahl mit eingelöteten Hartmetallplatten finden ähnliche Verwendung.
Zur Serienfertigung werden ausschließlich Drehmeißel mit auswechselbaren Schneidplatten eingesetzt.

Beispiele für Ausführungsarten von Drehmeißeln

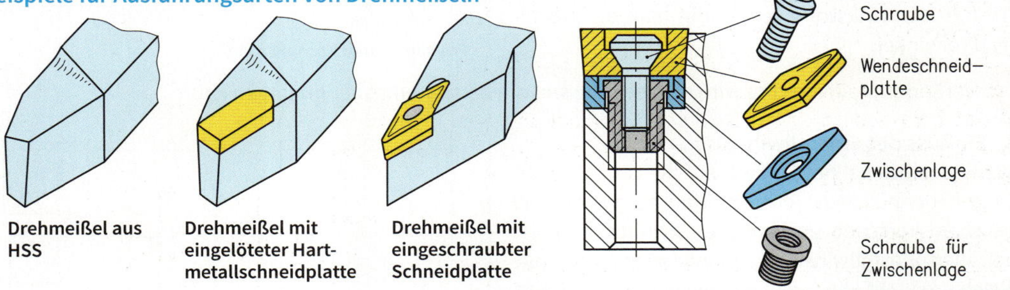

Drehmeißel aus HSS | **Drehmeißel mit eingelöteter Hartmetallschneidplatte** | **Drehmeißel mit eingeschraubter Schneidplatte**

6.4 Winkel an der Drehmeißelschneide

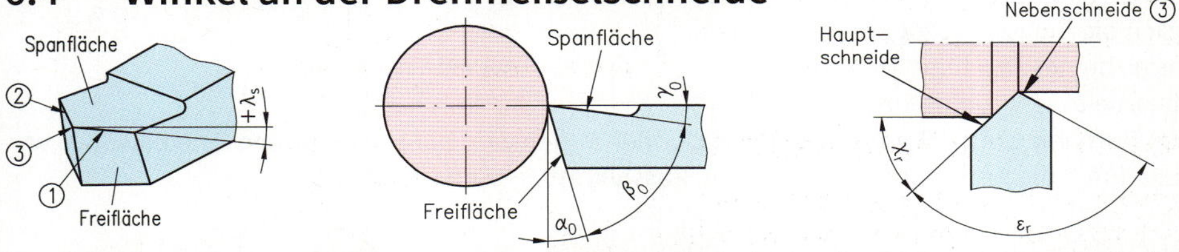

①	**Hauptschneide:**	Sie übernimmt hauptsächlich die Spanabnahme, sie weist in Vorschubrichtung.
②	**Nebenschneide:**	Sie ist geringfügig an der Spanabnahme beteiligt.
③	**Schneidenecke:**	Ecke zwischen Haupt- und Nebenschneide meist mit Schneidenradius.
β_o	**Keilwinkel:**	Winkel zwischen Spanfläche und Freifläche.
γ_o	**Spanwinkel:**	Winkel zwischen der Spanfläche und einer waagerechten Bezugsfläche.
α_o	**Freiwinkel:**	Winkel zwischen Freifläche und einer senkrechten Bezugsfläche.
ε_r	**Eckenwinkel:**	Winkel zwischen der Hauptschneide und der Nebenschneide.
χ_r	**Einstellwinkel:**	Winkel zwischen der Hauptschneide und der Vorschubrichtung.
λ_s	**Neigungswinkel:**	Winkel zwischen Hauptschneide und einer waagerechten Bezugsebene.

Übungsaufgaben 6/4 bis 6/7

1. Einfluss des Spanwinkels γ_o

Große Spanwinkel ergeben günstige Schnittkräfte und daher geringe Schneidenbelastungen. Deshalb können hohe Zerspanleistungen mit großen Spanwinkeln erreicht werden. Eine Vergrößerung ergibt jedoch eine Schwächung des Schneidkeils. Daher sind große Spanwinkel nur bei weichen und zähen Werkstoffen möglich. Bei Verkleinerung des Spanwinkels erhöht sich die Schneidenbelastung, die Zerspanleistung sinkt. Die Stabilität des Schneidkeils nimmt mit kleinerem Spanwinkel zu, sodass die Gefahr von Schneidenausbrüchen absinkt. Kleine oder negative Spanwinkel verwendet man für harte und spröde Werkstoffe und bei unterbrochenem Schnitt.

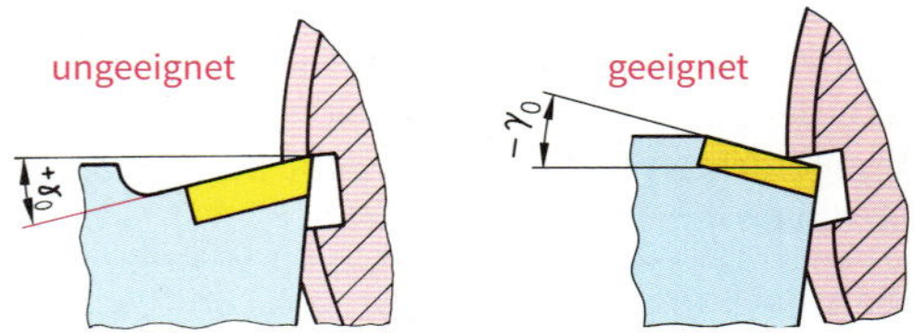

Eignung der Schneide bei unterbrochenem Schnitt

Werkstoff des Werkstücks	Spanwinkel λ_o bei SS-Stahl	Hartmetall
Messing, hartes Gusseisen	0° bis 8°	0° bis 5°
hochfeste Stähle, Stahlguss	12° bis 15°	10° bis 12°
Stahl mit R_m bis 700 N/mm², weiches Gusseisen	15° bis 20°	14° bis 18°
Al und Al-Legierungen	20° bis 40°	30° bis 35°

Richtwerte für den Spanwinkel bei nicht unterbrochenem Schnitt

> **!** Für weiche, zähe Werkstoffe wählt man große Spanwinkel.
> Für harte, spröde Werkstoffe wählt man kleine Spanwinkel.

2. Einfluss des Freiwinkels α_o

Eine Vergrößerung des Freiwinkels bewirkt eine Verringerung der Reibung zwischen Werkzeug und Werkstück. Dadurch wird jedoch nur eine unbedeutende Erhöhung der Standzeit des Meißels erreicht. Man wählt Freiwinkel zwischen 3° und 12°. Für härtere Werkstoffe verwendet man die kleineren Freiwinkel.

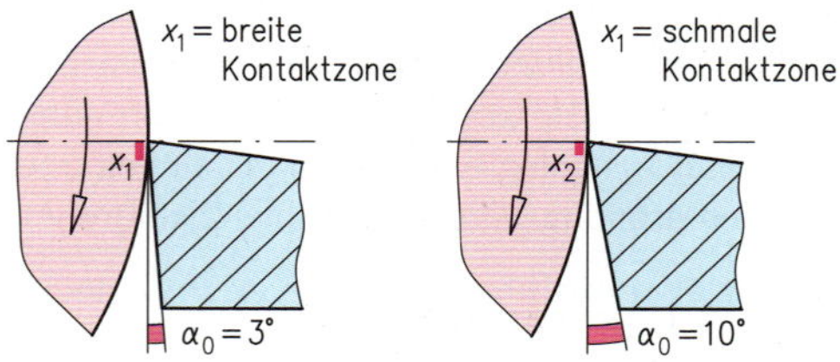

Freiwinkel und Kontaktzone

> **!** Veränderungen des Freiwinkels beeinflussen die Zerspanungsbedingungen kaum.

3. Einfluss des Einstellwinkels $\varkappa_r$

Der Einstellwinkel hat Einfluss auf die Länge des im Eingriff befindlichen Teils der Hauptschneide. Bei gleichem Vorschub und gleicher Schnitttiefe a_p ist bei allen Einstellwinkeln der Spanungsquerschnitt gleich groß. Mit kleinerem Einstellwinkel vergrößert sich das Schneidenstück, das die Spanabnahme vornimmt. Bei langen im Eingriff befindlichen Schneiden verteilt sich die Belastung, zudem wird die entstehende Wärme besser abgeführt. Daher wählt man für Schruppbearbeitungen kleine Einstellwinkel.

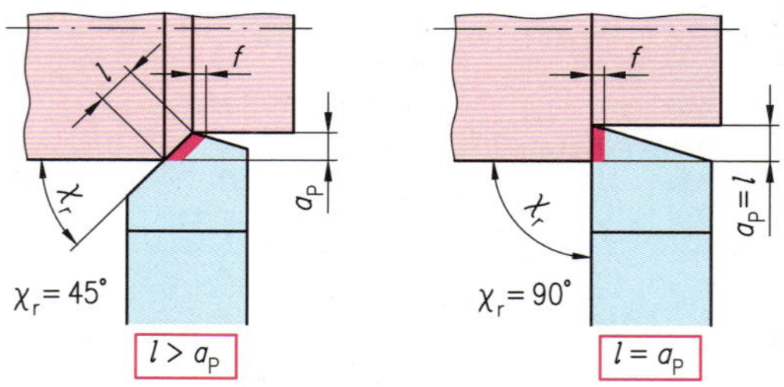

Einstellwinkel und Eingriffslänge

Die Gefahr der Durchbiegung beim Drehen langer, dünner Wellen wird bei einem großen Einstellwinkel verringert, weil dadurch die Kraft quer zur Drehachse, **Passivkraft** F_p, verringert wird.

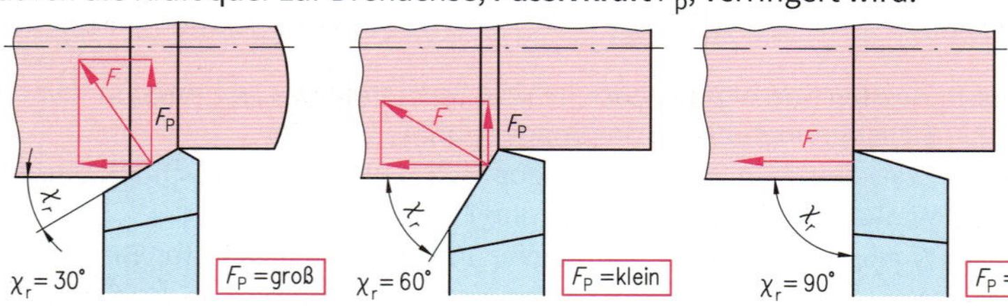

Einstellwinkel und Passivkraft

> **!** Zur Schruppbearbeitung wählt man kleine Einstellwinkel.
> Zum Drehen von langen, dünnen Wellen wählt man den Einstellwinkel $\varkappa_r = 90°$.

6.5 Spannen der Werkstücke

Zum Drehen müssen die Werkstücke sicher, schnell und mit gutem Rundlauf eingespannt werden. Die Art der Werkstückeinspannung richtet sich nach

- der Form und Größe des Werkstücks und
- nach der Anzahl gleicher Werkstücke.

1. Spannen im Spannfutter

Kurze Werkstücke, z. B. Rundteile verschiedener Durchmesser oder Sechskantprofile, werden in das **Dreibackenfutter** eingespannt. Zum Spannen der Vierkant- oder Achtkantprofile ist ein **Vierbackenfutter** erforderlich.

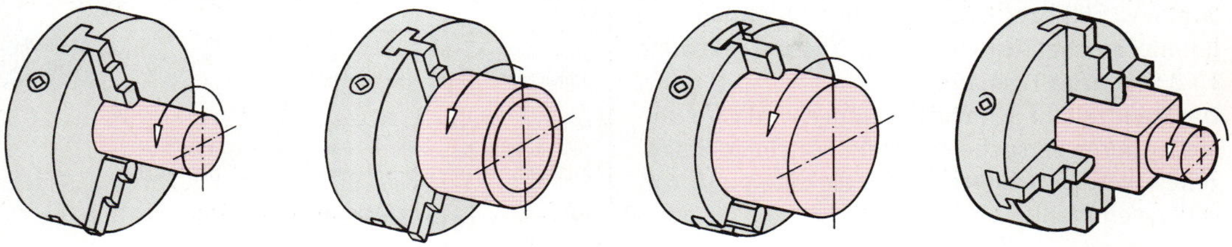

Spannmöglichkeiten in Spannfuttern

Die abgestuften Spannbacken der Futter werden in unterschiedlicher Weise zum Spannen eingesetzt. Werden Werkstücke von Backeninnenseiten gehalten, so wirken die Spannkräfte radial nach innen; beim Spannen mit Außenseiten müssen die Spannkräfte radial nach außen wirken.

> **!** Zum Drehen werden kurze Werkstücke verschiedener Formen und Durchmesser zentrisch in Drei- oder Vierbackenfuttern gespannt.

2. Spannen mit Zentrierspitzen

Lange Werkstücke, die über einen großen Teil ihrer Länge zu bearbeiten sind, müssen weit aus der Einspannung im Spindelstock herausragen. Durch die beim Drehen auftretenden Schnittkräfte wird ein einseitig eingespanntes Werkstück weggedrückt. Daher wird das freie Ende langer Werkstücke zusätzlich geführt. Diese Führung erhält das Werkstück durch eine Zentrierspitze, die im Reitstock eingesetzt ist, Zentrierspitzen gibt es in feststehender oder mitlaufender Ausführung.

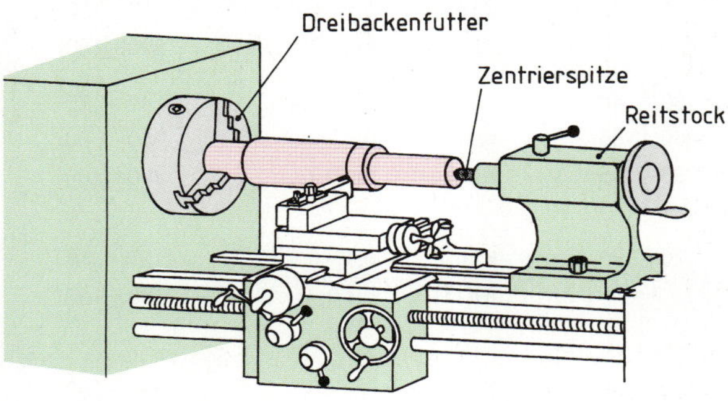

Spannen mit Zentrierspitze

Feststehende Zentrierspitze

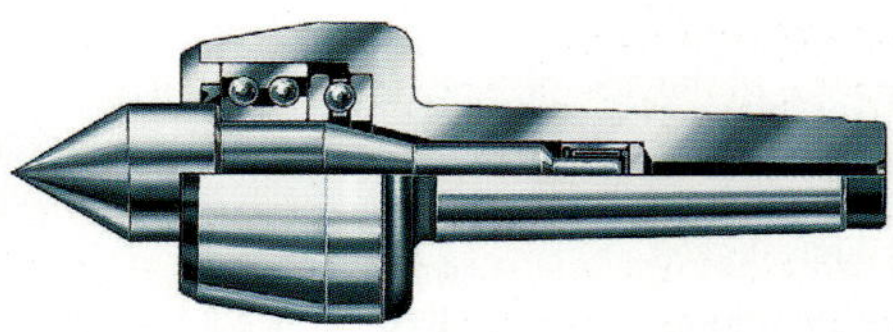

Mitlaufende Zentrierspitze

> **!** Schlanke Drehteile werden durch eine Zentrierspitze im Reitstock unterstützt.

3. Zentrierbohrungen

Bohrungen zur Aufnahme von Zentrierspitzen bezeichnet man als Zentrierbohrungen. Die Formen der Zentrierbohrungen sind nach DIN- und ISO-Normen festgelegt. Zentrierbohrungen unterscheiden sich durch gerade oder gewölbte Laufflächen, ferner können sie mit einer Schutzsenkung versehen sein.

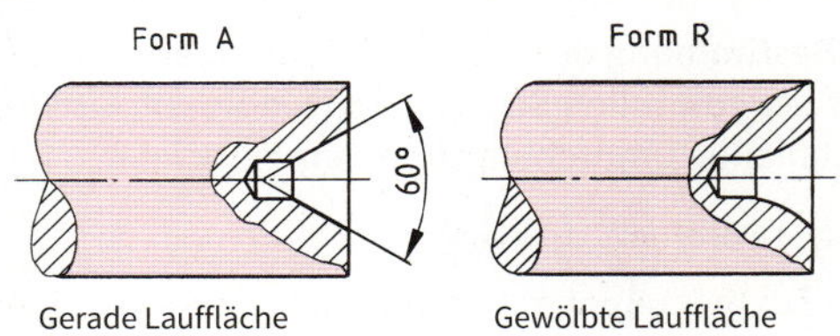

Zentrierbohrungen

Übungsaufgaben 6/8 bis 6/11

6.6 Ermittlung der Schnittwerte zum Drehen

Die Wahl der Schnittgeschwindigkeit richtet sich nach folgenden Faktoren:

- Schlichten oder Schruppen,
- Werkstoff des Werkstücks,
- Werkstoff der Werkzeugschneide,
- Standzeit des Werkzeugs.

1. Standzeit

Der wirtschaftliche Einsatz von Schneidwerkzeugen ist von der Zeit abhängig, in der das Werkzeug vom Anschliff bzw. Einsatz bis zum Stumpfwerden ununterbrochen im Eingriff ist. Diese Zeitspanne wird **Standzeit T** genannt.
Die Standzeit für Schneidwerkzeuge wird vom Hersteller durch Versuche ermittelt. Für einige Standzeiten werden Schnittgeschwindigkeiten und Vorschübe empfohlen.

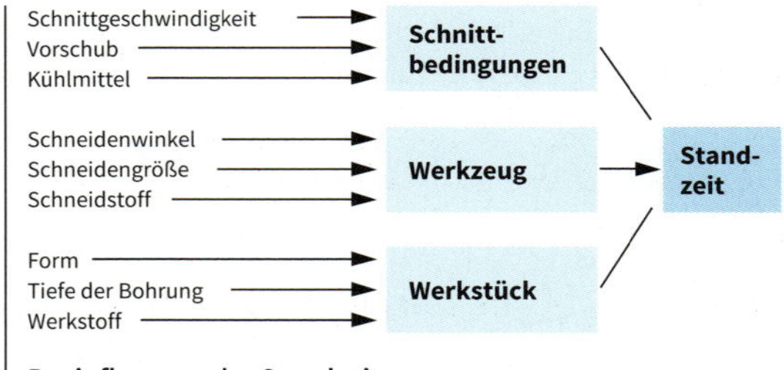

Beeinflussung der Standzeit

> **!** Die Standzeit ist die Zeitspanne zwischen zwei Anschliffen, in der das Werkzeug ununterbrochen im Einsatz ist.

Der Anwender entscheidet sich für eine Standzeit, die bei geringen Werkzeugkosten noch günstige Schnittwerte ermöglicht. Die nachfolgende Tabelle ist ein Auszug von Herstellerangaben.

2. Richtwerte für Drehen mit Hartmetall-Schneidplatten bei einer Standzeit von 30 min

Werkstoff des Werkstücks	Schruppen und unterbrochener Schnitt			Schlichten		
	HM-Sorte	Vorschub in mm	Schnittgeschwindigkeit in m/min	HM-Sorte	Vorschub in mm	Schnittgeschwindigkeit in m/min
Unlegierte Stähle bis 500 $\frac{N}{mm^2}$ Zugfestigkeit	**P20** **P30** **BK**[1])	0,4 – 0,8 0,5 – 1,2 0,3 – 0,5	120 – 70 90 – 60 200 – 150	**P01** **P10** **BK**[1])	bis 0,1 0,1 – 0,4 bis 0,1	300 – 250 220 – 160 300 – 250
Unlegierte Stähle über 500 – 700 $\frac{N}{mm^2}$ Zugfestigkeit	**P25** **P40** **BK**[1])	0,6 – 1,2 1,2 – 2,5 0,3 – 0,6	110 – 50 65 – 30 200 – 150	**P01** **P10** **BK**[1])	bis 0,1 0,1 – 0,4 bis 0,1	240 – 180 200 – 150 220 – 160
Niedrig legierte Stähle 850 – 1400 $\frac{N}{mm^2}$ Zugfestigkeit	**P25** **P30** **P40**	0,6 – 1,0 0,6 – 1,2 1,2 – 2,5	80 – 40 60 – 25 30 – 15	**P10** **M10** **BK**[1])	0,1 – 0,4 0,1 – 0,3 bis 0,1	140 – 70 110 – 60 300 – 200
Gusseisen bis 200 $\frac{N}{mm^2}$ Zugfestigkeit	**K20**	0,3 – 1,2	70 – 30	**K10** **BK1**[2])	0,1 – 0,5 bis 0,3	80 – 40 180 – 160
Aluminium-legierungen	**K10** **BK**[1])	0,3 – 0,6 0,3 – 0,6	450 – 250 450 – 250	**K10** **BK**[1])	0,1 – 0,3 bis 0,1	900 – 600 1 200 – 900

[1]) BK-TiC-TiN-Mehrfachbeschichtung auf P25 Grundhartmetall
[2]) BK1 Aluminiumoxid-Beschichtung (keramisch)

3. Bestimmung der Umdrehungsfrequenz durch Berechnung

Aus der gewählten Schnittgeschwindigkeit wird für den zu bearbeitenden Werkstückdurchmesser die einzustellende Umdrehungsfrequenz berechnet.

$$n = \frac{v_c}{d \cdot \pi}$$

n Umdrehungsfrequenz in 1/min
d Werkstückdurchmesser in m
v_c Schnittgeschwindigkeit in m/min

Die einzustellende Umdrehungsfrequenz kann auch aus Diagrammen ermittelt werden.

Übungsaufgaben 6/12; 6/13

Beispiel für die Berechnung der Umdrehungsfrequenz

Auftrag:
Ein Bundbolzen aus 34CrNiMo6 soll entsprechend der Zeichnung an einer Steite von 45 mm Durchmesser auf den Durchmesser 35h6 abgedreht werden.
Es steht eine Drehmaschine mit Werkzeug vor der Drehmitte zur Verfügung.
Für das Schruppen und Schlichten sind jeweils Werkzeug, Schnitttiefe, Drehzahl und Vorschub zu bestimmen.

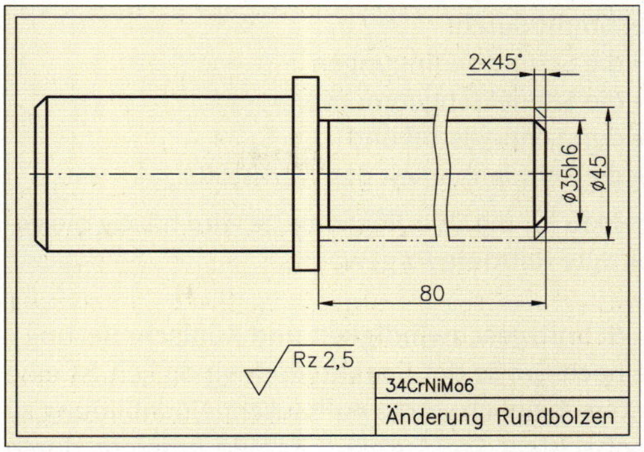

Berechnung der Umdrehungsfrequenz

Vorgaben	Ergebnis
Schruppen Ø 45 → Ø 36: Schnittgeschwindigkeit 50 m/min	$n = \frac{v}{d \cdot \pi}$; $n = \frac{50\,000\ \text{mm}}{\text{min}\ 45\ \text{mm} \cdot \pi}$; $n =$ **354 1/min**
Schlichten Ø 36 → Ø 35 Schnittgeschwindigkeit 120 m/min	$n = \frac{v}{d \cdot \pi}$; $n = \frac{120\,000\ \text{mm}}{\text{min}\ 36\ \text{mm} \cdot \pi}$; $n =$ **1 061 1/min**

4. Bestimmung der Umdrehungsfrequenz mithilfe eines Diagrammes
Mithilfe von Diagrammen können Umdrehungsfrequenzen wie folgt bestimmt werden: Aus Tabellen wird für den Werkstoff die Schnittgeschwindigkeit ermittelt, aus der Zeichnung wird der Drehdurchmesser abgelesen. Im Diagramm geht man von der Schnittgeschwindigkeit waagerecht nach rechts und vom Drehdurchmesser senkrecht nach oben. Im Schnittpunkt findet man die einzustellende Umdrehungsfrequenz. Entsprechende Diagramme mit Umdrehungsfrequenzen der Maschine befinden sich an Getriebekästen.

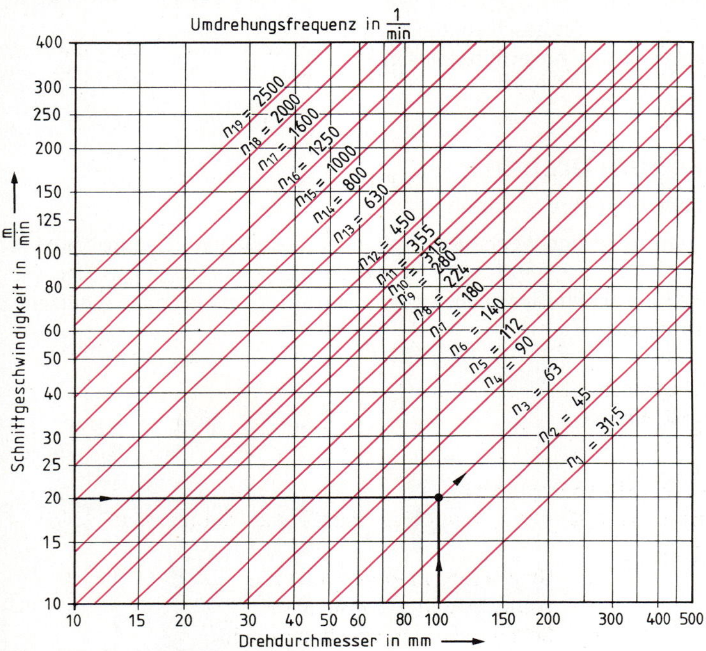

Diagramm zur Bestimmung der Umdrehungsfrequenz

Ablesebeispiel

Gegeben:
Schnittgeschwindigkeit
$v_c = 20\ \frac{\text{m}}{\text{min}}$

Drehdurchmesser
$d = 100$ mm

Lösung:
Gesuchte Umdrehungsfrequenz $n = 63\ \frac{1}{\text{min}}$

1. Einflussgrößen auf die Oberflächenbeschaffenheit beim Drehen

Die Oberflächenbeschaffenheit beim Drehen wird bestimmt durch:

- die Schnittbedingungen,
- die Schneidengeometrie,
- den Schneidstoff und
- die Zerspanbarkeit des Werkstoffs.

Als Maß für die Oberflächengüte wird häufig die gemittelte **Rautiefe** ***Rz*** gewählt.

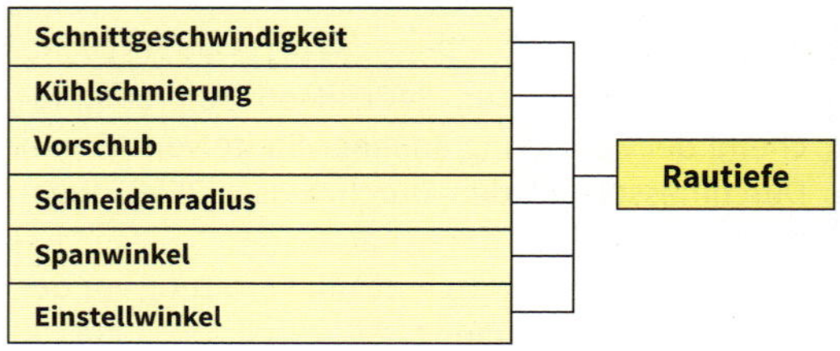

Die wichtigsten Einflussgrößen auf die Rautiefe

2. Schnittgeschwindigkeit und Kühlschmierung

Je nach Größe der Schnittgeschwindigkeit ist eine unterschiedlich starke Aufbauschneidenbildung zu beobachten. Die **Aufbauschneide** entsteht durch Verschweißung kleiner Werkstoffteilchen auf der Spanfläche und wird

- *groß* bei niedrigen bis mittleren Schnittgeschwindigkeiten und bleibt
- *sehr klein* bei hohen Schnittgeschwindigkeiten.

Kleine Partikel der sich periodisch aufbauenden und wieder abreißenden Aufbauschneide gleiten zwischen Span- und Freifläche ab und verursachen so eine große Rautiefe.

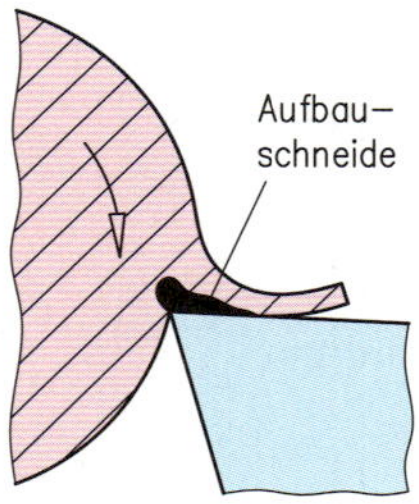

Bildung der Aufbauschneide

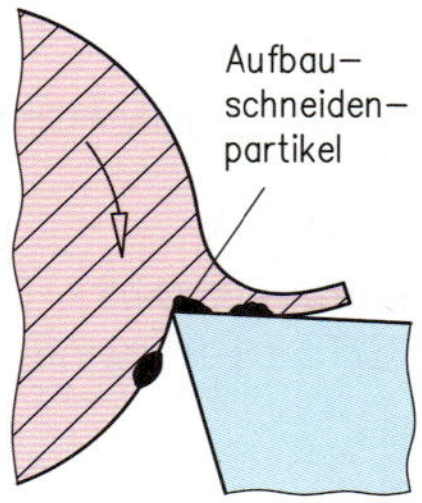

Abscherung der Aufbauschneide

Die **Kühlschmierung** verbessert die Oberflächenbeschaffenheit. Eine Verbesserung ist zu erreichen durch:

- eine gute Schmierung bei niedrigen Schnittgeschwindigkeiten und
- eine gute Kühlung bei hohen Schnittgeschwindigkeiten.

In beiden Fällen wirkt der Kühlschmierstoff verschleißmindernd und reduziert die Aufbauschneidenbildung.

> **!** Zu einer Verringerung der Rautiefe führen:
> - die Erhöhung der Schnittgeschwindigkeit und
> - ein angepasster Kühlschmiermitteleinsatz.

6.7 Sicherheitshinweise zum Drehen

Folgenden Sicherheitshinweise sind beim Drehen zu beachten:

- Geeignete Spannzeuge auswählen, Werkzeuge und Werkstücke fest und sicher spannen, Spannschlüssel abziehen und sicher ablegen.
- Eng anliegende Kleidung tragen, keine Handschuhe anziehen, Augen gegen abspritzende Späne schützen.
- Rundlauf bei niedriger Umdrehungsfrequenz überprüfen und Unwucht ausgleichen.
- Vorschubweg durch Endschalter begrenzen.
- Vorschub und Umdrehungsfrequenz richtig einstellen.
- Maschine vor Fertigungsbeginn probelaufen lassen.
- Für geeigneten Spanablauf sorgen.
- Keine Messungen an laufenden Werkstücken vornehmen.
- Zur Beseitigung von Spänen Spanhaken verwenden.
- Backenfutter nicht mit der Hand abbremsen.

Arbeitsraum abschirmen

Übungsaufgaben 6/16; 6/17

Arbeitsauftrag: Drehen eines Bolzen

Für eine Bohrvorrichtung soll der Bolzen, auf den das ringförmige Werkstück zum Bohren aufgeschoben wird, gefertigt werden.
Planen Sie die Fertigung des Bolzens auf der Drehmaschine.

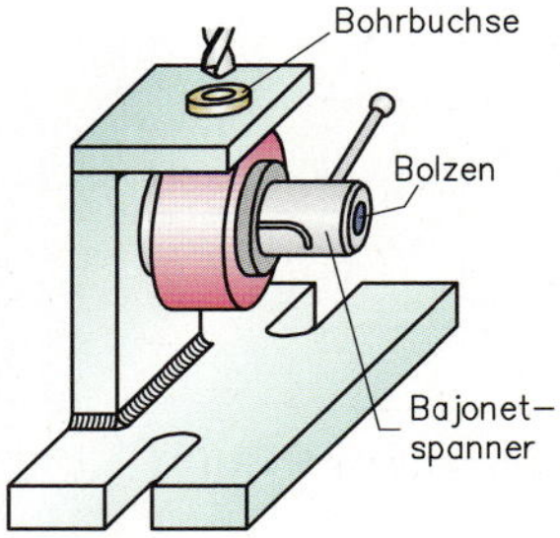

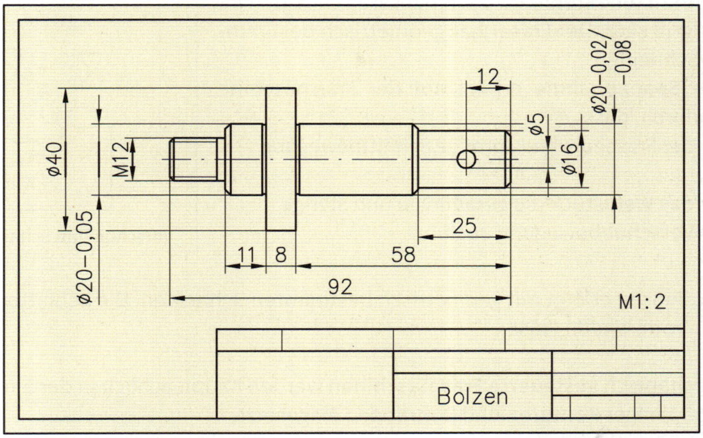

a) Analyse des Auftrags

1. Welche Funktion hat der Bolzen in der Vorrichtung?
2. Wie funktioniert der Bajonettspanner?
3. Fehlen Angaben, die zur Fertigung notwendig sind? Falls dies so ist, nehmen Sie Änderungen und Ergänzungen vor.

b) Planung der Fertigung

1. Ermitteln Sie die Rohteilmaße.
2. Bestimmen Sie die Einspannung.
3. Geben Sie die Reihenfolge der Fertigungsschritte an. Skizzieren Sie für jeden Fertigungsschritt nach der Durchführung die Form des Werkstücks.
4. Stellen Sie einen Arbeitsplan auf.

Nr.	1) Skizze	2) Schritt	Werkzeug/Messzeuge	Einstelldatum	Bemerkungen

c) Fertigen

Welche Sicherheitsregeln sind zu beachten?

d) Kontrollieren und bewerten

Welche Maße sind besonders zu kontrollieren? Geben Sie eine Begründung an.

7 Fertigen durch Fräsen mit mechanisch gesteuerten Werkzeugmaschinen

7.1 Fräsmaschinen

Fräsen ist ein spanendes Bearbeiten mit einem meist mehrschnittigen Fräser, von dem an der Schnittstelle stets eine oder mehrere Schneiden im Eingriff sind. Der Fräser hat geometrisch bestimmte Schneiden.

Die Spanabnahme erfolgt auf der Fräsmaschine dadurch, dass

- der Fräser die kreisförmige Schnittbewegung und
- das Werkstück die geradlinige und stetige Vorschubbewegung ausführt.

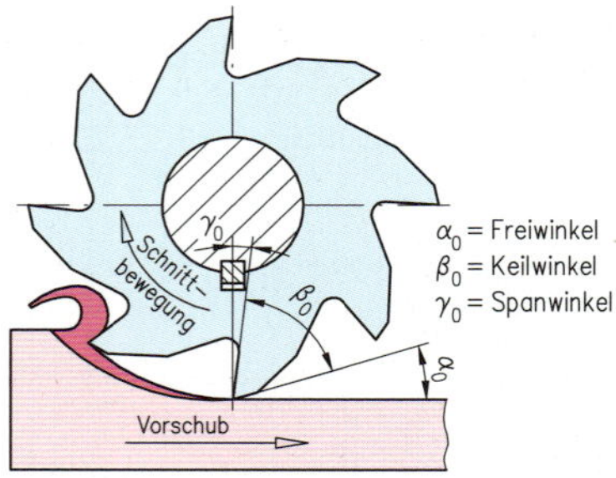

Vorschub und Schnittbewegung beim Fräsen

> **!** Fräsen erfolgt mit geometrisch bestimmten Schneiden. Die Schnittbewegung erfolgt durch den rotierenden Fräser.

Mechanisch gesteuerte Fräsmaschinen werden hauptsächlich in der Einzelfertigung zur Herstellung meist geradliniger Konturen und Bohrungen eingesetzt.

Nach der Lage der Frässpindel unterscheidet man Waagerecht- und Senkrechtfräsmaschinen. Universalfräsmaschinen mit schwenkbarem Kopf oder mit zwei Spindeln erlauben den Einsatz sowohl als Waagerecht- als auch als Senkrechtfräsmaschine.

Beispiele für eine Universalfräsmaschine im Einsatz als Waagerecht- und als Senkrechtfräsmaschine

Waagerecht-Fräsmaschine	Senkrecht-Fräsmaschine

Die Frässpindel liegt **waagerecht**. Für bestimmte Fräsarbeiten wird die Frässpindel durch verstellbare Stützlager im Gegenhalter geführt.	Die Frässpindel steht **senkrecht**. Der Fräskopf ist schwenkbar.

Übungsaufgabe 7/1

7.2 Fräsverfahren und Fräswerkzeuge

7.2.1 Einteilung der Fräsverfahren

Fräsverfahren werden nach der Form der zu erzeugenden Fläche, nach der Lage der Schneiden zur Vorschubbewegung und nach dem Zusammenwirken von Schnitt- und Vorschubbewegung unterschieden.

1. Einteilung nach der Form der zu erzeugenden Fläche

Nach der Form der zu erzeugenden Fläche unterscheidet man Planfräsen, Rundfräsen, Profilfräsen u. a.

Beispiele für die Bezeichnung von Fräsverfahren nach Vorschub und Form der zu erzeugenden Fläche

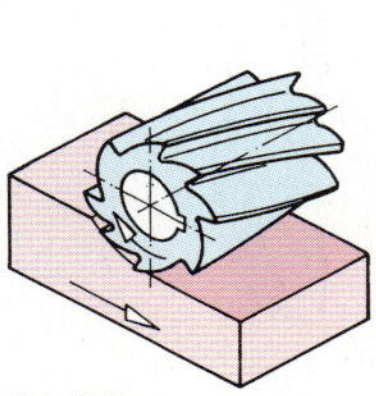

Planfräsen

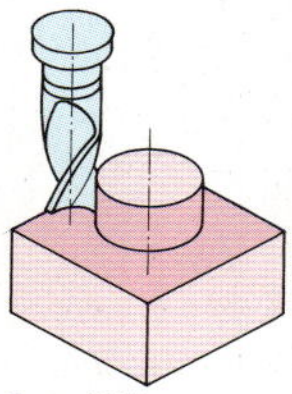

Rundfräsen

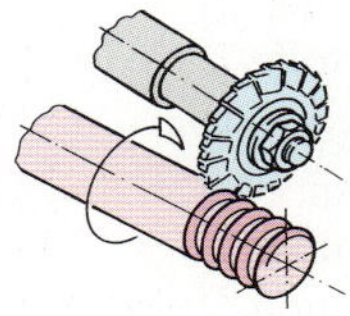

Schraubfräsen

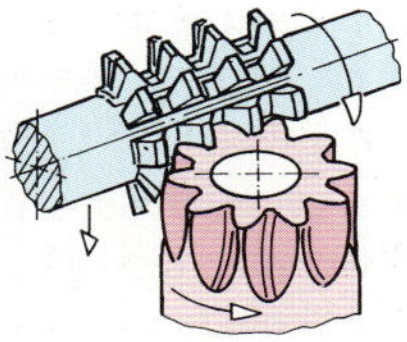

Zahnradfräsen

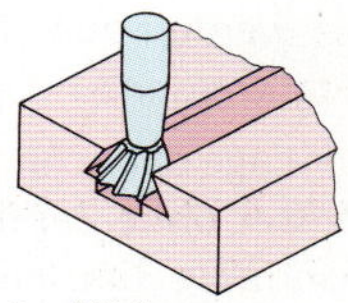

Profilfräsen

2. Einteilung nach der Lage der Schneiden zur Vorschubbewegung

Als Hauptschneiden bezeichnet man die Schneiden, welche in Vorschubrichtung liegen. Nebenschneiden liegen nicht in Vorschubrichtung. Haupt- und Nebenschneiden bilden die Schneidenecke.

Nach der Lage der Schneiden am Fräser, durch welche die gewünschte Oberfläche erzeugt wird, unterscheidet man Umfangsfräsen, Stirnfräsen und Stirn-Umfangsfräsen.

Planfräsen durch Stirnfräsen	Planfräsen durch Umfangsfräsen	Planfräsen durch Stirn-Umfangsfräsen
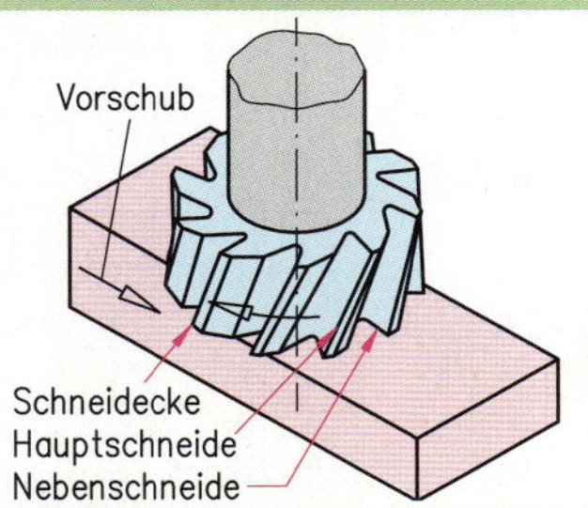	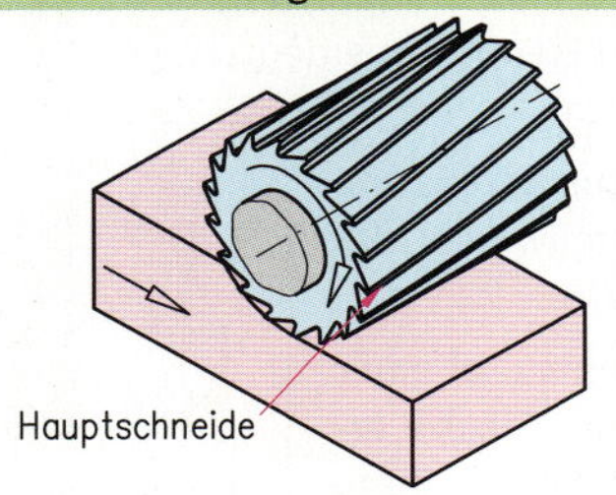	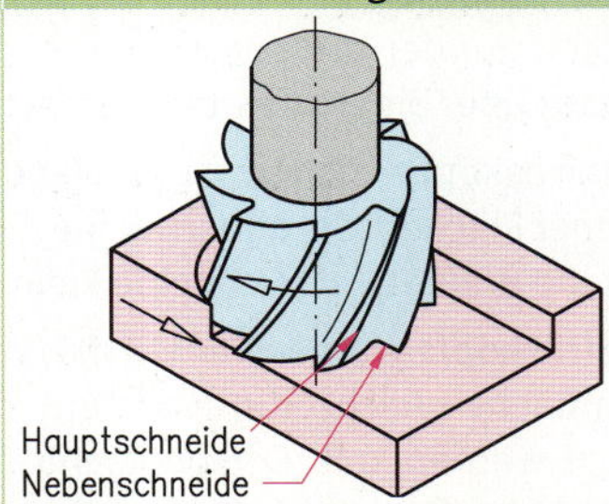
Die *Nebenschneiden* an der Stirnseite des Fräsers erzeugen die Werkstückoberfläche.	Die *Hauptschneiden* am Umfang des Fräsers erzeugen die Werkstückoberfläche.	Die *Hauptschneiden* am Umfang und die *Nebenschneiden* an der Stirnseite des Fräsers erzeugen die Werkstückoberfläche.

3. Einteilung nach der Art des Zusammenwirkens von Schnitt- und Vorschubbewegung

Entsprechend dem Zusammenwirken von Schnitt- und Vorschubbewegung unterscheidet man Gegenlauf- und Gleichlauffräsen.

Gegenlauffräsen	Gleichlauffräsen
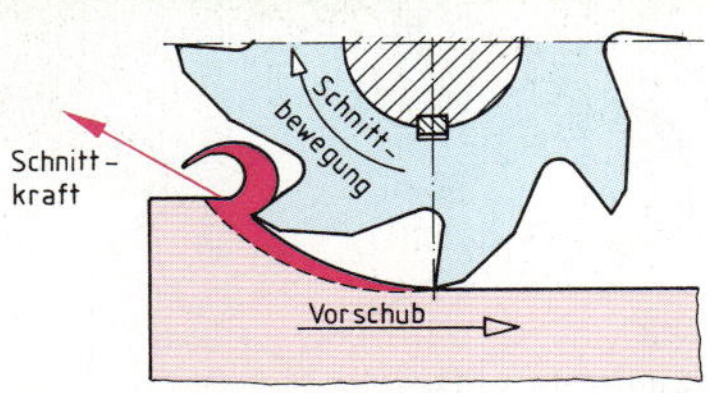	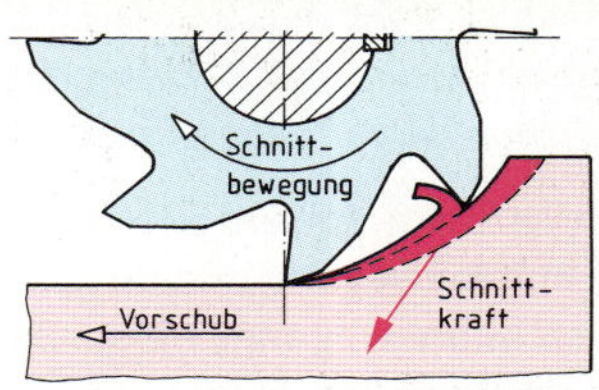
Beim Gegenlauffräsen wirken Schnittbewegung und Vorschub entgegengesetzt.	Beim Gleichlauffräsen wirken Schnittbewegung und Vorschub gleichgerichtet.

Übungsaufgaben 7/2 bis 7/4

7.2.2 Fräswerkzeuge

7.2.2.1 Schaftfräser

Schaftfräser werden vorwiegend zum Bearbeiten kleiner Flächen, Nuten Langlöcher und Taschen verwendet. Man unterscheidet nach der Art der Bearbeitung Schrupp- und Schlichtfräser.
Nach der Zahl der Schneiden unterscheidet man Ein- und Mehrschneider:

Einschneider haben wegen einer einzigen Schneide einen sehr großen Spanraum. Man verwendet sie zum Fräsen weicher Werkstoffe, z. B. für unverstärkte Kunststoffe und Aluminium.
Mehrschneider haben zwei oder mehrere Schneiden. Sie werden zum Fräsen härterer Werkstoffe eingesetzt werden.

Nach der Lage der Schneiden unterscheidet man:
Schaftfräser ohne Zentrumschnitt, die keine über die Frásermitte reichende Schneiden haben und deshalb nur außerhalb der Fräsbahn auf Tiefe zuzustellen sind.
Schaftfräser mit Zentrumsschnitt, die mindestens eine über die Fräsermitte reichende Schneide haben und deshalb ein senkrechtes Eintauchen in das Werkstück ermöglichen.

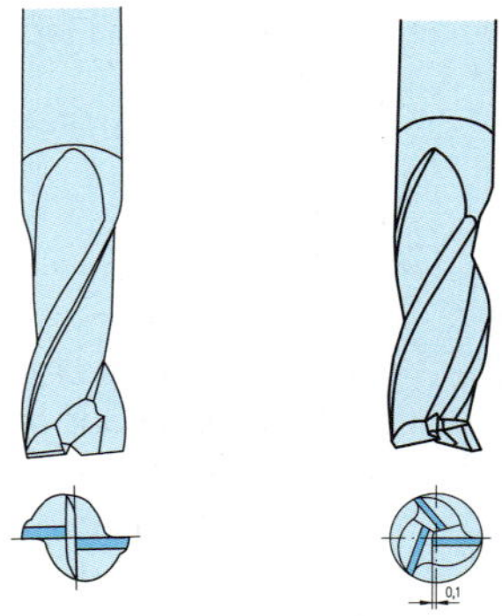

Schaftfräser

7.2.2.2 Plan- und Eckfräsköpfe

Zum Planfräsen und Eckfräsen werden Messerköpfe eingesetzt. Der Werkstoff wird beim Fräsen mit Fräsköpfen auf der Umfangsseite mit den Hauptschneiden zerspant. Die Stirnseite mit den Nebenschneiden schabt über die bearbeitete Fläche.

Planfräsköpfe dienen vorwiegend zur Erzeugung ebener Flächen. Sie haben kleine Einstellwinkel, damit die Kraft auf die Schneide klein ist.

Eckfräsköpfe werden verwendet, wenn außer einer Planfläche gleichzeitig eine senkrechte Fläche erzeugt werden soll. Entsprechend der Verwendung beträgt bei Eckfräsköpfen der Einstellwinkel 90°.

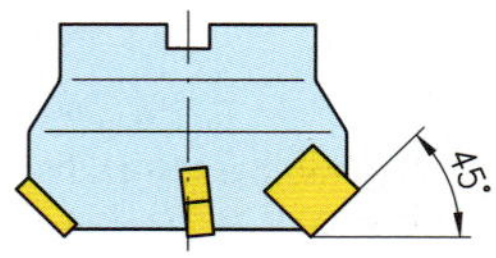

Planfräskopf 45°

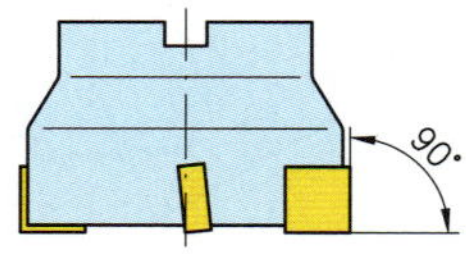

Eckfräskopf

7.3 Bestimmen von Arbeitsgrößen beim Fräsen

1. Bewegungen bei der Spanabnahme
Zur Vereinfachung und Vereinheitlichung der Betrachtungsweise der Bewegungen beim Fräsen sind folgende Vereinbarungen genormt:

- *Der Fräser führt theoretisch alle Bewegungen aus, das Werkstück steht still.*
- *Die Drehrichtung des Fräsers, Rechts- oder Linkslauf, wird von der Antriebsseite aus beurteilt.*

Die Spanabnahme beim Fräsen erfolgt durch die kreisförmige **Schnittbewegung** und die gleichzeitig ablaufende **Vorschubbewegung**. Beide Bewegungen zusammen ergeben die tatsächliche Bewegung eines Schneidenpunkts. Man nennt diese die **Wirkbewegung**.

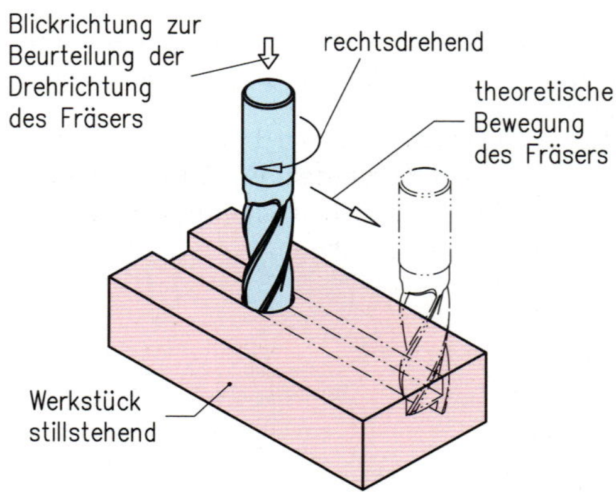

Vereinbarungen zur Beurteilung der Fräserbewegungen

2. Schnittgeschwindigkeit

Die **Schnittbewegung** ist durch die Schnittrichtung und die **Schnittgeschwindigkeit** gekennzeichnet. Die Schnittgeschwindigkeit ist die Geschwindigkeit eines Schneidenpunkts am Außenumfang des Fräsers.

$$v_c = d \cdot \pi \cdot n$$

v_c Schnittgeschwindigkeit
d Fräserdurchmesser
n Umdrehungsfrequenz

Die Schnittgeschwindigkeit für eine Bearbeitungsaufgabe kann entsprechend dem zu bearbeitenden Werkstoff, dem Schneidstoff und den Bearbeitungsbedingungen aus Tabellen entnommen werden.
Aus der Schnittgeschwindigkeit wird die für eine Fräsaufgabe einzustellende Umdrehungsfrequenz errechnet.

3. Vorschubgeschwindigkeit

Die **Vorschubbewegung** ist durch die Vorschubrichtung und die **Vorschubgeschwindigkeit** v_f gekennzeichnet. Mit der Vorschubgeschwindigkeit wird die Achse des Fräsers bei der Bearbeitung in Vorschubrichtung voranbewegt. Für Schaftfräser mit wenigen Zähnen wird die von Werkzeugherstellern empfohlene Vorschubgeschwindigkeit in Tabellen angegeben. Meist muss jedoch die Vorschubgeschwindigkeit aus dem **Zahnvorschub** f_z, der Zähnezahl z und der Umdrehungsfrequenz n errechnet werden.

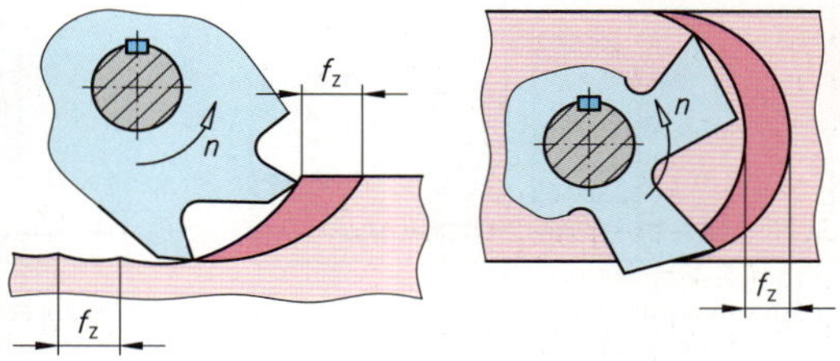

Umfangsfräsen Stirnfräsen
Zahnvorschub

$$v_f = n \cdot f = n \cdot z \cdot f_z$$

v_f Vorschubgeschwindigkeit
f Vorschub
f_z Zahnvorschub
z Zähnezahl
n Umdrehungsfrequenz

4. Richtwerte für Fräsen mit HSS-Schaftfräsern

Werkstoff des Werkstücks	Bearbeitungsart	Durchmesser d in mm bis 20 mm		Durchmesser d in mm über 20	
		f_z mm	v_c m/min	f_z mm	v_c m/min
Allgemeiner Baustahl (bis 500 N/mm²)	Schruppen Schlichten	0,05 0,05	25 30	0,08 0,05	19 23
Messing	Schruppen Schlichten	0,05 0,02	60 74	0,08 0,05	45 55
Al-Knetlegierung	Schruppen Schlichten	0,03 0,01	300 360	0,05 0,03	220 280

Beispiel für die Berechnung von Spindeldrehzahl und Vorschub beim Fräsen

Aufgabe

Mit einem Schaftfräser aus HSS-Stahl, 16 mm Durchmesser, 3 Zähne, soll eine Nut in eine 300 mm lange Schiene aus Vergütungsstahl gefräst werden.
Es sind die erforderlichen Schnittdaten aus der Tabelle zu ermitteln und die Umdrehungsfrequenz und der Vorschub zu errechnen.

Gegeben:

$z = 3$
$d = 16$ mm

Tabellenwerte:
$f_z = 0{,}03$ mm
$v_c = 22$ m/min

Gesucht: n; f_c

Lösung

$$n = \frac{v_c}{d \cdot \pi}$$

$$n = \frac{22\ \text{m}}{\text{min} \cdot 0{,}016\ \text{m} \cdot 3{,}14}$$

$$n = \mathbf{438\ 1/min}$$

$$f_c = f_z \cdot z$$

$$f_c = 0{,}03\ \text{mm} \cdot 3$$

$$f_c = \mathbf{0{,}09\ mm}$$

7.4 Spannen der Werkstücke

Zum Spannen *kleinerer Werkstücke* verwendet man meist den Maschinenschraubstock. Zum Einspannen unterschiedlich geformter Werkstücke benutzt man Spannbacken und Hilfsmittel, wie zum Beispiel Unterlagen, die entsprechend der Werkstückform gestaltet sind.
Beim Einsatz eines Maschinenschraubstockes muss darauf geachtet werden, dass die Schnittkraft möglichst nicht auf die bewegliche Schraubstockbacke gerichtet ist.

Beispiele für Spannen im Maschinenschraubstock

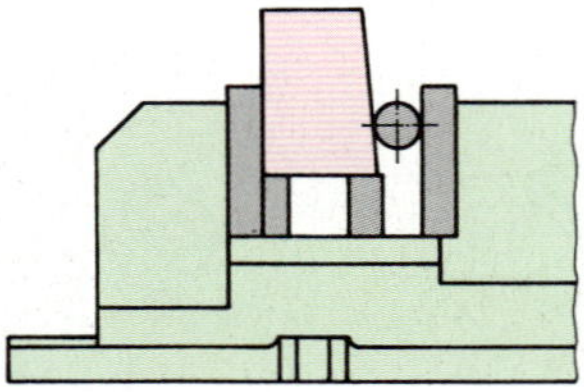

Spannen mit nicht parallelen Anlageflächen

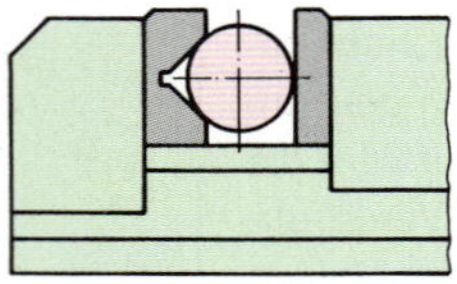

Waagerechtes Spannen eines runden Werkstücks

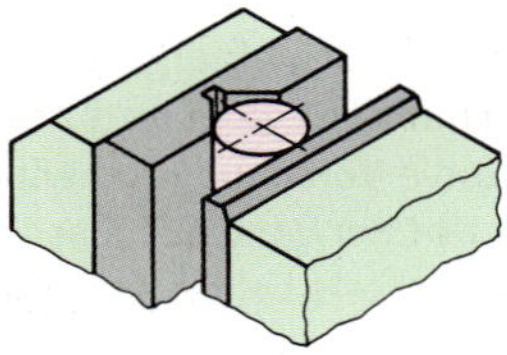

Senkrechtes Spannen eines runden Werkstücks

> ! Im Maschinenschraubstock werden kleine Werkstücke gespannt.
> Die Spannbacken sollen die Form des Werkstücks sicher aufnehmen.
> Die Schnittkraft soll nicht auf die bewegliche Spannbacke gerichtet sein.

Größere Werkstücke werden von oben mit Spanneisen direkt gegen den Maschinentisch oder gegen aufgespannte Winkel u. Ä. gespannt.

Beispiele für Spanneisen

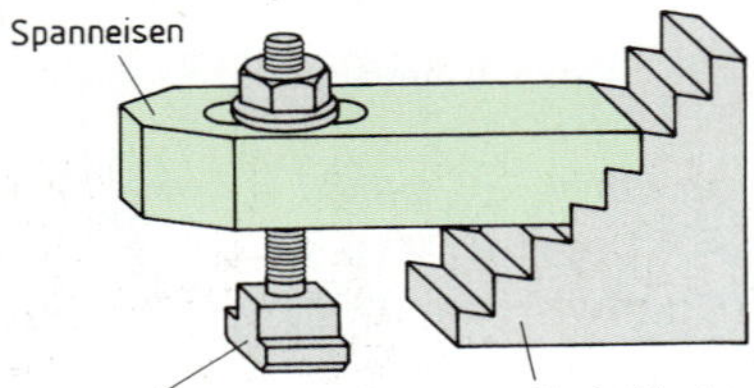

Spanneisen mit Stufenblock

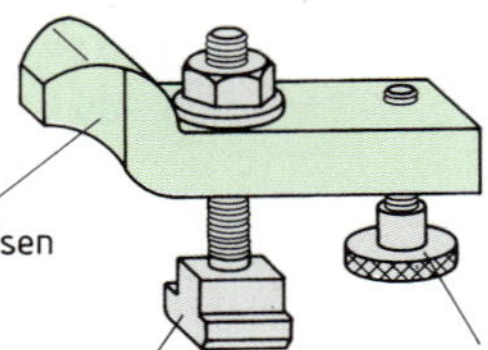

Gekröpftes Spanneisen

Zum Spannen von der Seite her werden Niederzugspanner eingesetzt. Diese pressen durch Keil- oder Hebelwirkung das Werkstück gleichzeitig gegen den Maschinentisch und einen festen Anschlag.

Beispiele für Niederzugspanner

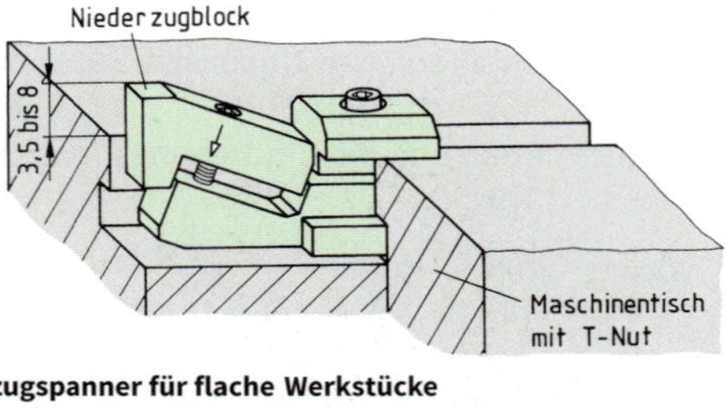

Niederzugspanner für flache Werkstücke

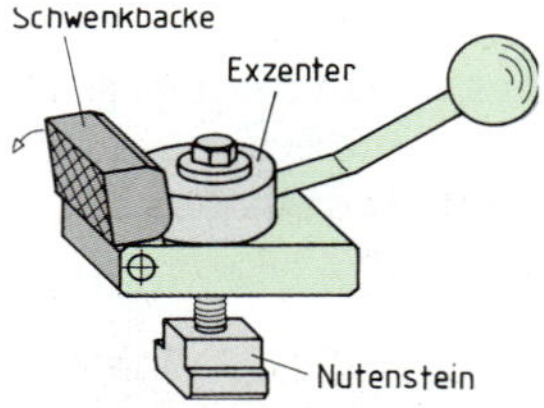

Niederzugspanner mit Schnellverstellung

> ! Größere Werkstücke werden gegen den Maschinentisch gespannt. Spanneisen wirken von oben – Niederzugspanner wirken gleichzeitig horizontal und vertikal.

7.5 Sicherheitshinweise beim Fräsen

Fräsbearbeitung mit Kühlschmiermittelzufuhr

- Beim Fräsen ist Tragen eng anliegender Kleidung vorgeschrieben, da die Gefahr besteht, dass lose Kleidung vom Fräser erfasst wird.
- Beim Einrichten und Reinigen der Maschine sowie beim Nachmessen des aufgespannten Werkstücks ist die Fräsmaschine vollständig abzuschalten (Hauptschalter: AUS).
- Fräser unfallsicher ablegen und zum Werkzeugeinbau Schneidenschutz benutzen.
- Nie in der Nähe des rotierenden Fräsers hantieren. Die messerscharfen Schneiden führen zu Verletzungen.
- Späne nur bei abgeschalteter Maschine mit Handfeger und Pinsel entfernen.
- Beim Fräsen kurzspanender Werkstoffe wie Gusseisen, Messing und Bronze ist eine Schutzbrille zu tragen. Die Umgebung ist gegen herumfliegende Späne durch Schutzvorrichtungen zu sichern.

8 Fertigen mit Schleifmaschinen

Schleifen ist ein spanendes Fertigungsverfahren mit einer Schleifscheibe.
Metallische Werkstücke werden durch Schleifen bearbeitet, um

- die Endform mit hoher Maßgenauigkeit und Oberflächengüte herzustellen,
- Schneidwerkzeuge zu schärfen,
- die Trennung an Werkstücken vorzunehmen.

Beispiele für Schleifarbeiten auf Schleifmaschinen

Innenrundschleifen

Außenrundschleifen

Werkzeugschleifen (Fräser)

Werkzeugschleifen (Kreissäge)

An der Oberfläche der Schleifscheibe bilden die Schleifkörner, welche durch ein Bindemittel zusammengehalten werden, eine große Anzahl von keilförmigen Schneiden. Die Form und die Lage der Schleifkörner ist zufällig und daher unbestimmt. Darum bezeichnet man die Schleifscheibe als **vielschnittiges Werkzeug mit geometrisch unbestimmten Schneiden**.

Die Schnittbewegung ist kreisförmig. Die Spanabnahme erfolgt mit hoher Schnittgeschwindigkeit, sodass jede Schneide nur kurzzeitig im Eingriff ist.

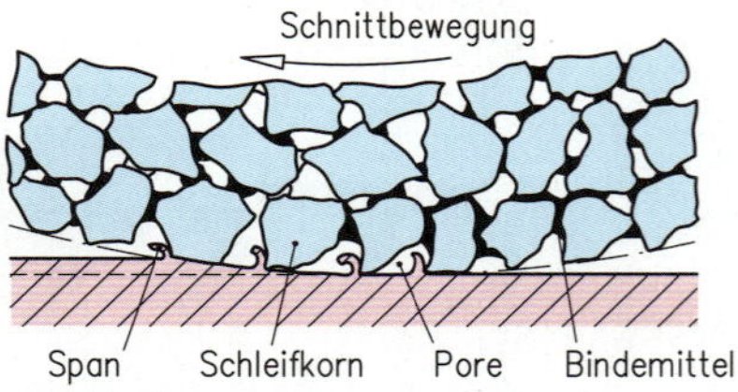

Spanabnahme beim Schleifen

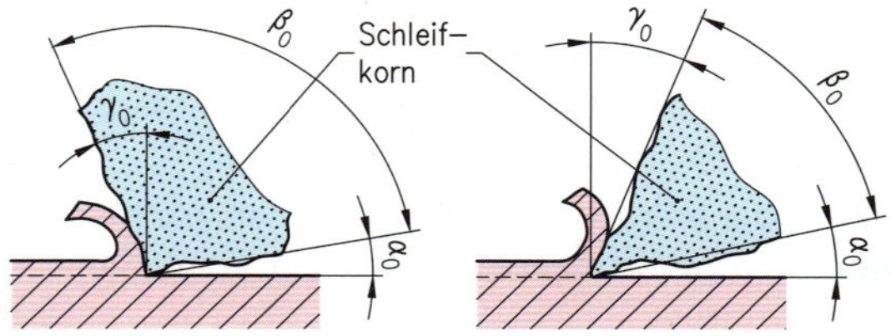

Unterschiedliche Winkel am Schneidkeil

> **!** Schleifen ist ein spanendes Fertigungsverfahren, bei dem mit einer kreisförmigen Schnittbewegung von hoher Geschwindigkeit kleine Späne durch ein vielschnittiges Werkzeug mit geometrisch unbestimmten Schneiden abgetrennt werden.

8.1 Schleifmaschinen

– **Doppelschleifmaschinen**

Doppelschleifmaschinen sind mit zwei Schleifscheiben ausgestattet, die zum Schruppen und Schlichten geeignet sind. Zum Schruppschleifen benutzt man Schleifscheiben mit **grober Körnung** und einem hohen Porenanteil. So kann ein großes Spanvolumen bei einer geringen Oberflächengüte abgetragen werden.

Zum Schärfen von Werkzeugen werden Schleifscheiben mit feiner Körnung eingesetzt, mit denen ein kleines Spanvolumen abgetragen und eine hohe Oberflächengüte erzielt wird.

Am Schleifbock werden durch Schruppschleifen einfache Werkstückformen grob vorgearbeitet. Die Werkstücke erhalten durch die Ablage eine Führung und werden von Hand gegen die Schleifscheibe gedrückt.

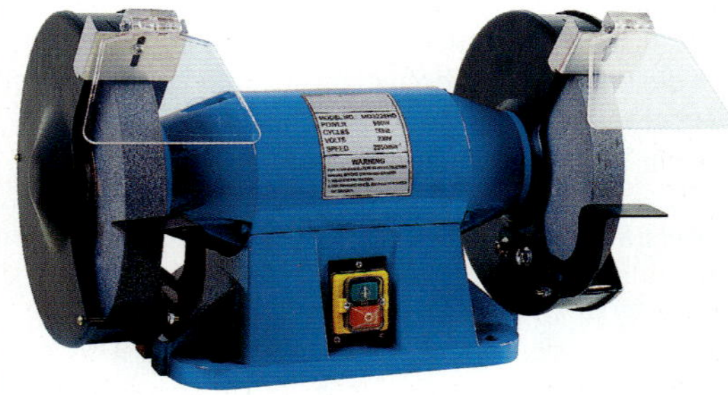

Doppelschleifmaschinen (Schleifbock)

– **Spiralbohrerschleifmaschinen**

Spiralbohrerschleifmaschinen sind Spezialmaschinen zum Schärfen von Bohrern. Als Schleifscheiben werden meist hochwertige Korundschleifscheiben, heute auch zunehmend CBN- oder Diamant-Schleifscheiben verwendet.

Die Schleifbewegung ist durch die Führungen in der Bohreraufnahme zwangsweise vorgegeben. Dadurch ist es auch für einen Ungeübten möglich, Bohrer einwandfrei zu schärfen.

Spiralbohrerschleifmaschine

Übungsaufgaben 8/2 bis 8/4

– Bandschleifmaschinen

Die moderne Fertigung verlangt neben erhöhter Maß- und Formgenauigkeit zunehmend Oberflächen mit sehr geringen Rautiefen, z. B. spiegelnde Metallflächen an Armaturen, Papierwalzen, Tafelblechen und Turbinenschaufeln. Für diese Aufgaben haben sich Schleifwerkzeuge mit Schleifmitteln auf Unterlagen wie z. B. Schleifbänder oder Schleifblätter besonders bewährt.
Schleifbänder bzw. Schleifblätter bestehen aus der Unterlage, der Bindung und dem Schleifmittel.

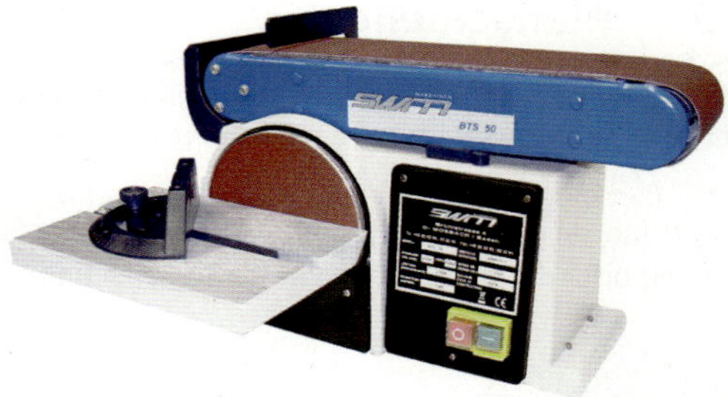

Maschine mit Schleifband und Schleifblatt

Beispiele für den Einsatz von Schleifwerkzeugen mit Schleifmitteln auf Unterlagen

Werkzeug	Schleifband	Schleifband	Schleifblatt	Schleifstreifen
Verfahren und Maschine	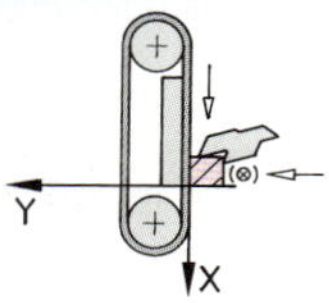 Tischbandschleifmaschine, vertikal	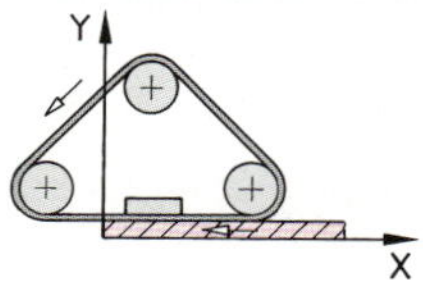 Flachschleifmaschine mit Stützplatte	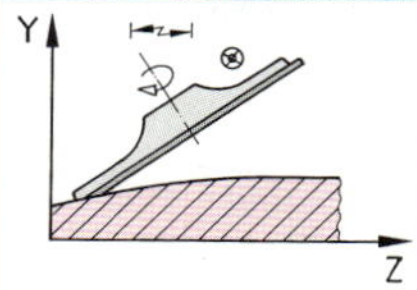 Winkelschleifer	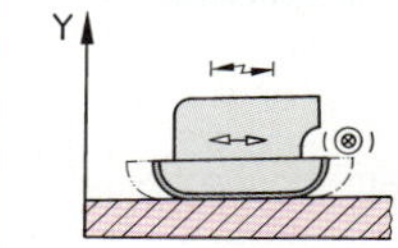 Schwingschleifer

– Planschleifmaschinen

Auf der abgebildeten Planschleifmaschine befindet sich die Schleifscheibe auf einer horizontalen Schleifspindel. Die Schleifscheibe bearbeitet mit ihrer Umfangsfläche die Werkstücke. Werkstücke aus magnetisierbaren Werkstoffen werden zum Planschleifen häufig auf Elektromagnettische gespannt. Der Werkstücktisch führt die geradlinig hin und her gehende Vorschubbewegung und auch die Quervorschubbewegung aus. Die Zustellbewegung erfolgt über eine Höhenverstellung des Schleifspindelträgers. Alle Bewegungen werden über hydraulische Antriebe betätigt. Eine automatische Kühlmittelzufuhr hält die Arbeitstemperatur im erlaubten Bereich und dient zum Wegspülen des abgetrennten Werkstoffs.
Da der Werkstoffabtrag durch das Umfangs-Planschleifen gering ist, werden die Werkstücke so vorgearbeitet, dass nur eine geringe Bearbeitungszugabe abgearbeitet werden muss.

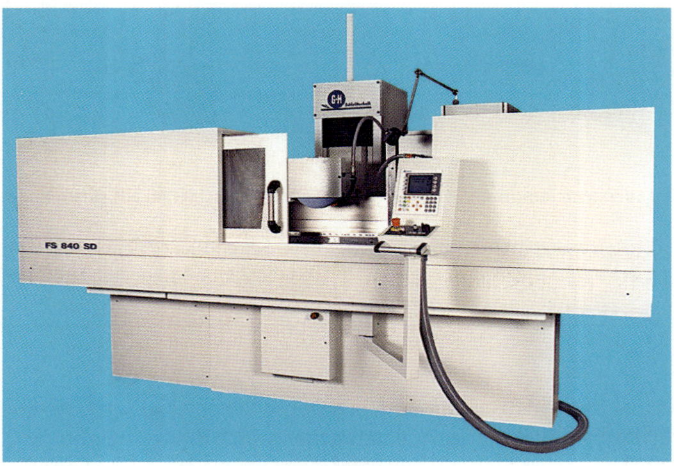

Planschleifmaschine mit Langtisch

8.2 Planschleifen

Werden *ebene Werkstückflächen* durch Schleifen bearbeitet, bezeichnet man dies als **Planschleifen**. Dazu werden die Werkstücke auf den ebenen Arbeitstisch der Schleifmaschine gespannt.

Die Verfahren des Planschleifens unterscheidet man danach, ob die ebene Werkstückoberfläche mit dem *Umfang* oder der Seitenfläche einer Schleifscheibe bearbeitet wird.

Umfangs-Planschleifen	Seiten-Planschleifen
Wird eine ebene Fläche durch Spanabnahme mit der Umfangsfläche einer Schleifscheibe erzeugt, so bezeichnet man dieses Verfahren als Umfangs-Planschleifen.	Wird eine ebene Fläche durch Spanabnahme mit der Seitenfläche einer Schleifscheibe erzeugt, so bezeichnet man dieses Verfahren als Seiten-Planschleifen.

Beide Planschleifverfahren werden mit unterschiedlichen Vorschubbewegungen zur Bearbeitung der Werkstücke eingesetzt.

- Auf *Langtischen* erfolgt die hin- und hergehende Längsbewegung mit schrittweisem Quervorschub.

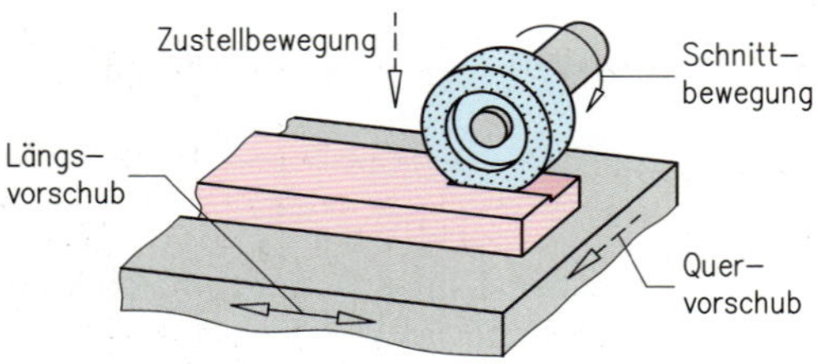

Umfangs-Planschleifen auf einem Langtisch

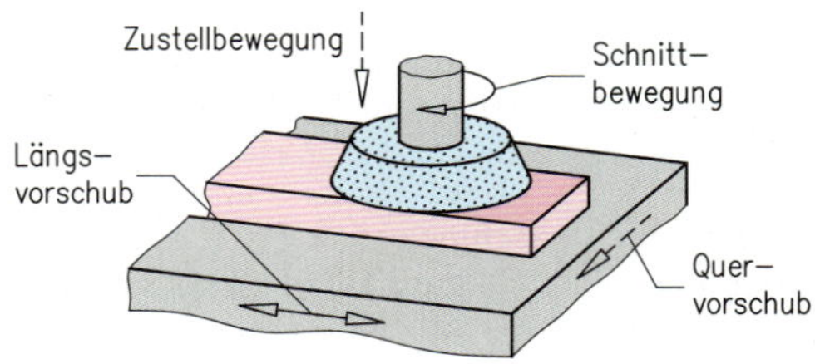

Seiten-Planschleifen auf einem Langtisch

- Auf *Rundtischen* erfolgt eine drehende Vorschubbewegung der Werkstücke. Gleichzeitig führt der Schleifstein eine stetige Vorschubbewegung in radialer Richtung aus.

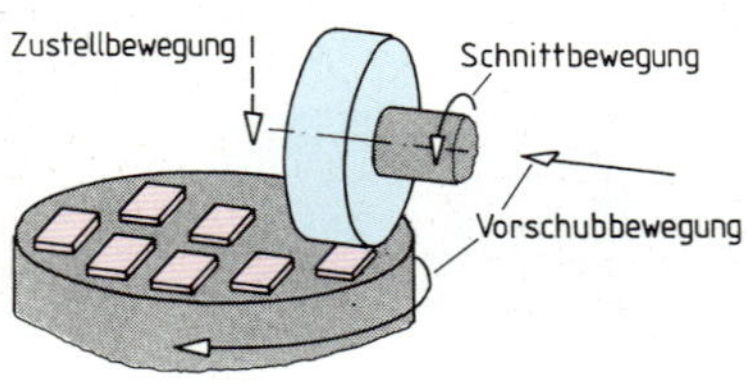

Umfangs-Planschleifen auf einem Rundtisch

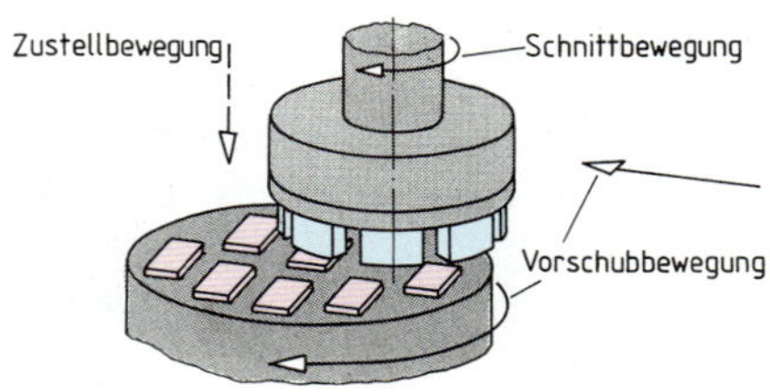

Seiten-Planschleifen auf einem Rundtisch

Beim Umfangs-Planschleifen erzielt man bei geringen Abtragsleistungen eine besonders hochwertige Werkstückoberfläche.	Beim Seiten-Planschleifen erzielt man bei geringer Oberflächengüte eine hohe Abtragleistung.

> **!** Das Seiten-Planschleifen wird bevorzugt zum Schruppschleifen eingesetzt. Die im Eingriff befindliche Fläche des Schleifwerkzeugs ist groß, entsprechend auch die Abtragleistung.
> Das Umfangs-Planschleifen ist für das Schlichtschleifen vorzuziehen. Es ist nur eine kleine Fläche des Schleifwerkzeugs im Eingriff, entsprechend gering ist die Abtragleistung.

Übungsaufgaben 8/6; 8/7

8.3 Schleifwerkzeuge

Die Auswahl des Schleifwerkzeuges hinsichtlich Form und Abmessung erfolgt nach der Werkstückform, dem Schleifverfahren und der Schleifmaschine.

Benennung	Schleifkörperform	Verwendungszweck
gerade Schleifscheibe	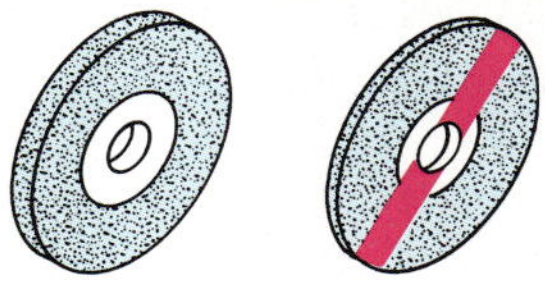	Gerade Schleifscheiben werden zum Planschleifen, Rundschleifen, Schleifen auf Schleifböcken, Werkzeugschärfen und Trennschleifen eingesetzt.
Topfschleifscheiben und Schleifteller	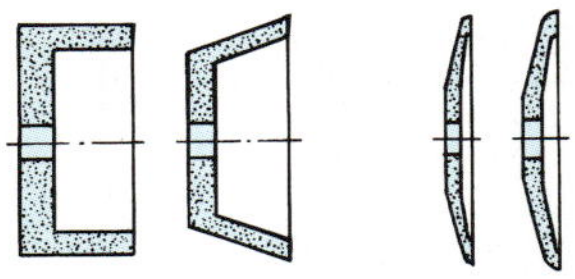	Topfschleifscheiben und Schleifteller werden zum Scharfschleifen von Trennwerkzeugen auf Universalschleifmaschinen verwendet. Sie sind in der Form den zu schleifenden Flächen an Bohrern, Senkern, Fräsern, Reibahlen angepasst.

– **Zulässige Umfangsgeschwindigkeit von Schleifscheiben**

Für normale Schleifscheiben sind Schnittgeschwindigkeiten bis zu 30 m/s üblich. Für Sonderschleifverfahren wie das Trennschleifen werden Schnittgeschwindigkeiten bis zu 100 m/s empfohlen.

Bei allen Schleifverfahren treten hohe Umfangsgeschwindigkeiten an der Schleifscheibe auf. Bei zu hohen Umfangsgeschwindigkeiten können die auftretenden Fliehkräfte die Schleifscheibe zerreißen und schwere Unfälle verursachen. Es dürfen aus diesem Grunde zum Schleifen mit hohen Geschwindigkeiten nur Schleifkörper und Schutzvorrichtungen eingesetzt werden, die vom **Deutschen Schleifscheiben-Ausschuss** zugelassen sind.

Auf Schleifscheiben wird die höchste zulässige Umfangsgeschwindigkeit durch einen Farbstreifen über den gesamten Durchmesser gekennzeichnet.

Farbstreifen	blau	gelb	rot	grün
geschwindigkeit zulässige Umfangs-	50 m/s	63 m/s	80 m/s	100m/s

Farbcodierung der zulässigen Umfangsgeschwindigkeit

Farbcodierung an Schleifscheiben

– **Abrichten von Schleifscheiben**

Schleifscheiben nutzen beim Schleifen unregelmäßig ab und werden unrund. Außerdem werden Schleifkörner stumpf, und die Poren setzen sich mit Spänchen zu. Daher ist es notwendig, die Schleifwerkzeuge mit Abrichtgeräten zu warten. Die ungleichmäßig abgenutzte Schicht wird abgetragen, bis die Schleiffläche wieder rund und formgenau ist und überall scharfe Schleifkörner freigelegt sind. Diesen Vorgang nennt man **Abrichten**.

Beim Abrichten von Hand werden als Abrichtgeräte gezahnte oder gewellte Stahlrädchen verwendet.

Für genaues Abrichten von Schleifwerkzeugen benutzt man Einzeldiamanten oder diamantbestückte Rollen, die vielfach bei Schleifmaschinen mit einer Abrichteinrichtung an der Schleifscheibe vorbeigeführt werden.

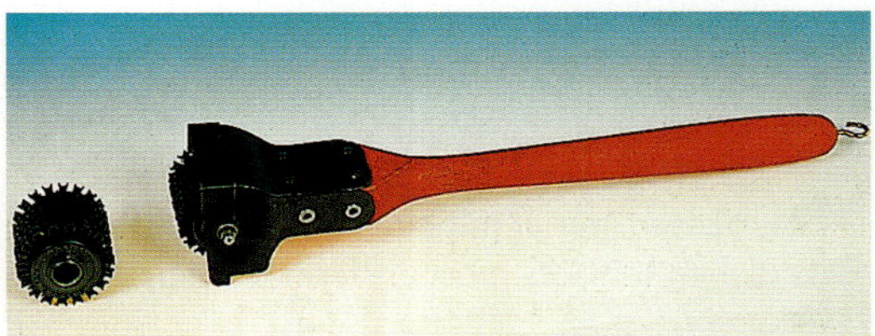

Abrichtrollen

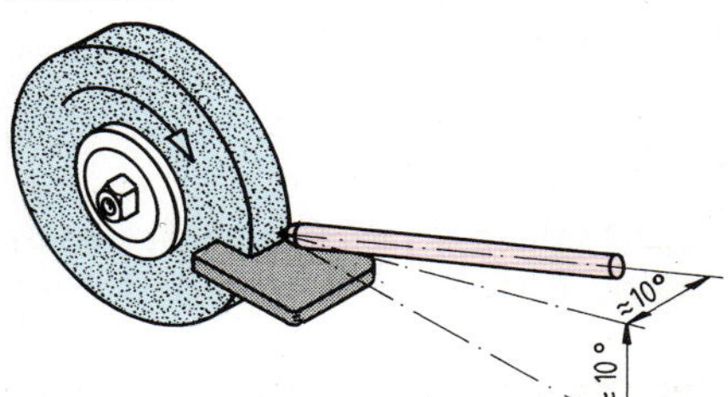

Abrichten mit Abrichtdiamanten

! Schleifwerkzeuge werden an ihren Schleifflächen auf der Schleifmaschine formgenau nachgearbeitet, sodass der Rundlauf gewährleistet ist. Diese Nacharbeit nennt man Abrichten.

8.4 Sicherheitshinweise zum Schleifen

An Schleifmaschinen bestehen Gefahren durch wegfliegende Schleifspäne, Schleifkörner und Werkstücke. Daher muss beonders beachtet werden:

- dass die zulässige Schnittgeschwindigkeit der Schleifkörper nie überschritten wird,
- dass geeignete Schutzbrillen getragen oder Schutzschilde benutzt werden,
- dass die Werkstücke sicher eingespannt oder gehalten werden.

Beim Schleifen am Schleifbock besteht die Gefahr, dass kleine Werkstücke oder auch Teile mit kleinen Durchmessern in den Spalt zwischen Auflage und Schleifscheibe gezogen werden. Durch eingeklemmte Werkstücke besteht die Gefahr, dass die Schleifscheiben zerspringen und den Facharbeiter und die Kollegen in unmittelbarer Nähe verletzen.

Unfallgefahr am Schleifbock

Am Schleifbock ist besonders darauf zu achten:

- dass der Spalt zwischen Werkstückauflage und Schleifscheibe nicht größer als 3 mm ist. Die Werkstückauflage ist entsprechend der Schleifscheibenabnutzung nachzustellen,
- dass die Schutzhaube höchstens einen Öffnungswinkel von 65° aufweist.

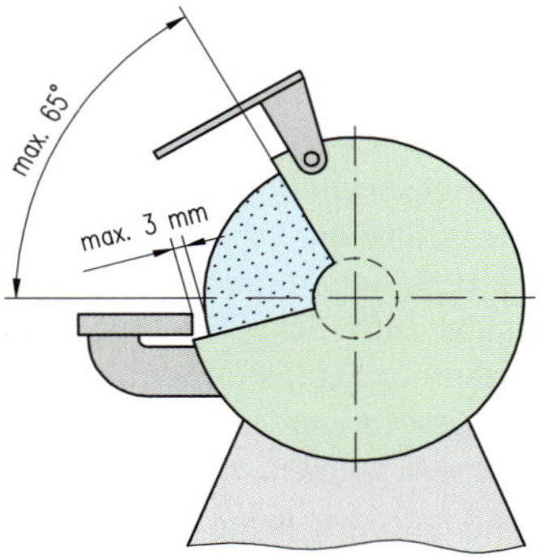

Sicherheitsmaße am Schleifbock

Winkelschleifmaschinen bilden bei unsachgemäßer Benutzung ebenfalls eine Gefährdung.

- Diese Maschinen müssen immer mit beiden Händen geführt werden, um ein Abrutschen zu verhindern.
- Sie müssen immer mit einer Schutzhaube versehen sein, die nicht entfernt werden darf.
- Eine Schutzbrille ist unverzichtbar.
- Funkenflug soll vom Körper weggerichtet sein.
- Schwer entflammbare Arbeitskleidung tragen.

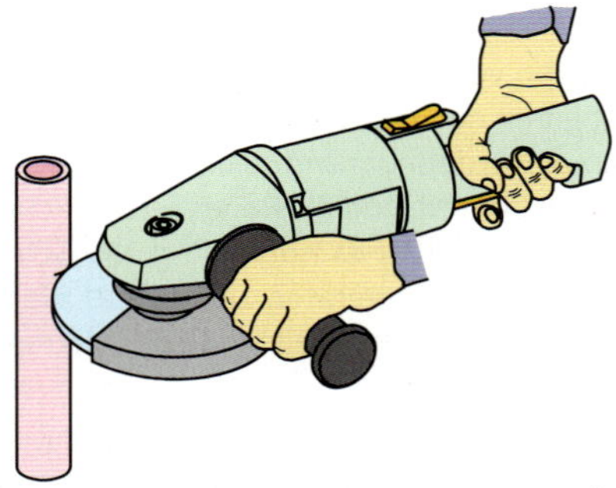

Trennschleifen ohne Schutzhaube ist verboten!

Durch den **Deutschen Schleifscheibenausschuss** sind darüber hinaus Sicherheitsempfehlungen durch Symbole für den jeweiligen Einsatz vorgeschlagen.

 = Nicht zulässig für Freihandschleifen!

 = Augenschutz aufsetzen!

 = Gehör schützen!

 = Nicht zulässig für Nassschleifen!

 = Nicht zulässig für Seitenschleifen!

 = Staubmaske anlegen!

Übungsaufgaben 8/12 bis 8/14

9 Kühlschmierstoffe zum Einsatz bei maschineller Zerspanung

Bei Zerspanungsvorgängen entsteht an der Schnittstelle Wärme. Sie wird verursacht durch die Umformung der Werkstoffteilchen und durch die Reibung. Die Wärme muss von der Schneide abgeführt werden, da sonst ihrer Härte erheblich gemindert wird. Dies wird mit Kühlschmierstoffen erreicht.

Es werden entsprechend der Norm zwei Gruppen von Kühlschmierstoffen unterschieden:

- **nicht wassermischbare Kühlschmierstoffe und**
- **wassermischbare Kühlschmierstoffe.**

Die Auswahl für einen bestimmten Fertigungsprozess hängt davon ab, ob Kühlen oder Schmieren im Vordergrund steht. Weitere Gesichtspunkte, welche die Auswahl betreffen, sind:

- die *Wirtschaftlichkeit,* hier sind wassermischbare Kühlschmierstoffe erheblich preisgünstiger,
- der *Pflegeaufwand* und die *Entsorgung,* nicht wassermischbare Kühlschmierstoffe sind leichter zu pflegen und brauchen nur selten entsorgt zu werden.

Anwendung von Kühlschmierstoffen

Zerspanungsart	bevorzugter Kühlschmierstoff	
	wassermischbar	nicht wassermischbar
Drehen	x	○
Bohren	x	○
Tieflochbohren	(x)	x
Fräsen	x	○
Räumen	x	x
Automatenarbeiten	(x)	x
Zahnradfräsen, -stoßen, -hobeln, -schaben	○	x

Zerspanungsart	bevorzugter Kühlschmierstoff	
	wassermischbar	nicht wassermischbar
Rund- und Flachschleifen	x	○
Formschleifen mit profilierter Scheibe	○	x
Spitzenloses Außenrundschleifen	x	○
Hochgeschwindigkeitsschleifen	(x)	x
Honen, Läppen	(x)	x

x häufige Anwendung (x) weniger häufige Anwendung ○ seltene Anwendung

9.1 Nicht wassermischbare Kühlschmierstoffe

Nicht wassermischbare Kühlschmierstoffe werden häufig auch als Metallbearbeitungsöle (Schneidöl, Honöl u. a.) bezeichnet. Sie bestehen aus Mineralöl mit Zusätzen und werden eingesetzt, wenn die Schmierung bei der Metallbearbeitung im Vordergrund steht. Ferner finden sie Verwendung auf Automaten, die mit einem **Einheitsöl** arbeiten, das gleichzeitig für die Hydraulik, die Maschinenschmierung und die Zerspanung eingesetzt wird.

Die wichtigste Eigenschaft von nicht wassermischbaren Kühlschmierstoffen ist die Viskosität. Je höher die Viskosität, desto zähflüssiger ist ein Öl. Für den Zerspanungsbereich liegt die Viskosität der Öle bei 40 °C etwa zwischen 2 mm^2/s (Honöle) bis 45 mm^2/s (für schwerste Zerspanungsarbeiten). Am häufigsten werden Öle im Viskositätsbereich von 20 bis 35 mm^2/s angewendet.

Die Erhöhung der Viskosität eines Kühlschmierstoffs ergibt folgende Eigenschaftsänderungen:

- Die Wärmeleitfähigkeit wird geringer.
- Die Nebelbildung beim Zerspanen nimmt ab.
- Der Austrag von Kühlschmierstoffen mit den Spänen nimmt zu.
- Der Spantransport wird durch Verkleben der Späne erschwert.
- Die Entflammbarkeit nimmt ab.

Man verwendet deshalb Kühlschmierstoffe mit hoher Viskosität

- bei großen Bauteilen,
- beim Zerspanen mit niedrigen Schnittgeschwindigkeiten,
- bei großen Spanquerschnitten,
- bei unterbrochenem Schnitt.

Übungsaufgaben 9/1 bis 9/3

9.2 Wassermischbare Kühlschmierstoffe

Wassermischbare Kühlschmierstoffe werden wegen der guten Kühlwirkung und vor allem wegen des günstigen Preises am häufigsten eingesetzt. Sie werden vom Hersteller als Konzentrat geliefert und vom Anwender mit Wasser entsprechend den Herstellerangaben verdünnt. Die meisten dieser wassermischbaren Kühlschmierstoffe sind Gemische von Öl, einem Emulgator, bakterien- und pilztötenden Zusätzen u. a., die als Konzentrat geliefert werden, und Ansetzwasser. Im fertigen Zustand enthalten Kühlschmierstoffe 2 % bis 10 % Konzentrat.

Wichtigster Bestandteil der Konzentrate sind Stoffe, die dafür sorgen, dass die öligen Bestandteile in feinster Verteilung im Wasser gehalten werden können. Man nennt solche Stoffe Emulgatoren. Dies sind seifenartige chemische Verbindungen, die aus kettenförmigen Molekülen bestehen. Diese Moleküle weisen ein „Fett liebendes“ und ein „Wasser liebendes“ Ende auf. Im wassermischbaren Kühlschmierstoff lagern sich die Emulgatormoleküle um die Öltröpfchen und verhindern so eine Vereinigung der Tröpfchen zu größeren Öltropfen, die im Wasser aufsteigen und damit den Kühlschmierstoff entmischen können.

Weitere Zusätze in Konzentraten für wassermischbare Kühlschmierstoffe sind korrosionshemmende Stoffe, Hochdruckzusätze (EP-Zusätze), Antischaummittel sowie bakterien- und pilztötende Zusätze (Biozide).

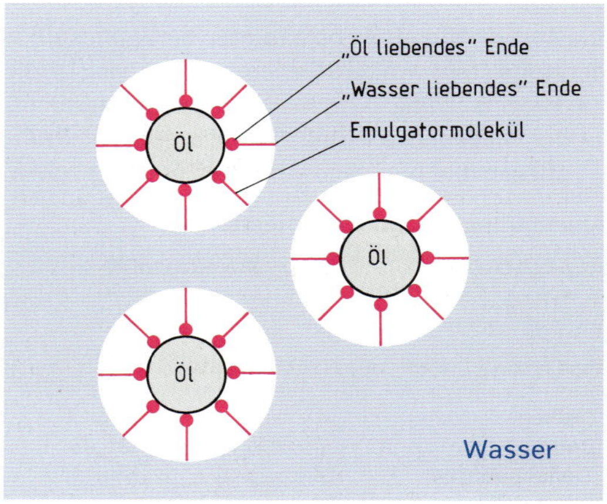

Wirkung des Emulgators

Öltröpfchendurchmesser und Aussehen der Lösung

Öltröpfchen	**0,001 µm**	**0,01 µm**	**0,1 µm**	**1 µm**
Aussehen der Lösung	wasserhell	trüb	undurchsichtig	milchig

> ! Wassermischbare Kühlschmierstoffe enthalten 2 % bis 10 % ölhaltiges Konzentrat und 90 % bis 98 % Wasser. Der Emulgator bestimmt besonders die Eigenschaften des Kühlschmierstoffes. Ansetzwasser soll möglichst weich und keimfrei sein.

Im Umgang mit wassermischbaren Kühlschmierstoffen ist zu beachten:

- Beim Ansatz muss stets Kühlschmierstoff in strömendes Wasser gegeben werden.
- Die Konzentration wird entsprechend der geplanten Bearbeitung eingestellt.
- Wassermischbare Kühlschmierstoffe werden am besten bei Raumtemperatur gelagert. Für Lagerung und Transport sind die Vorschriften zum Umgang mit wassergefährdenden Stoffen zu beachten.
- Kühlschmierstoffe müssen möglichst gut belüftet, kühl und frei von Verunreinigungen gehalten werden, damit sich Bakterien und Pilze nicht übermäßig vermehren.
- Vor dem Austausch von Kühlschmierstoffen ist die gesamte Anlage mit Reinigern zu desinfizieren.
- Kühlschmierstoff darf nicht ins Grundwasser und ins Abwasser gelangen. Darum ist die Entsorgung von Spezialfirmen durchzuführen.

> ! Wassermischbare Kühlschmierstoffe sind umweltschädlich und gesundheitsgefährdend. Darum müssen Richtinien zum Umgang mit diesen Kühlschmierstoffen streng beachtet werden.

Übungsaufgaben 9/4 bis 9/6

9.3 Schutzmaßnahmen beim Umgang mit Kühlschmierstoffen

Hautschäden im Zusammenhang mit Schmierstoffkontakt gehören zu den häufigsten Berufskrankheiten in der Metall verarbeitenden Industrie. Neben dem Einatmen der entstehenden Dämpfe birgt insbesondere der Hautkontakt mit Kühlschmierstoffen eine Reihe von Gefahren:

- Die Haut wird bei ständiger Berührung entfettet, verliert ihre Schutzschicht, wird rissig und anfällig gegenüber Krankheiten, z. B. Entzündungen, Akne und Ekzeme. Nicht selten treten diese Erkrankungen an Körperteilen auf, an denen ölverschmutzte Kleidung eng anliegt.
- Die in den Kühlschmierstoffen mitgeführten Fremdkörper wie kleine Metallspäne u. a. verursachen winzige Verletzungen, die ebenfalls zu Hautschäden führen können.

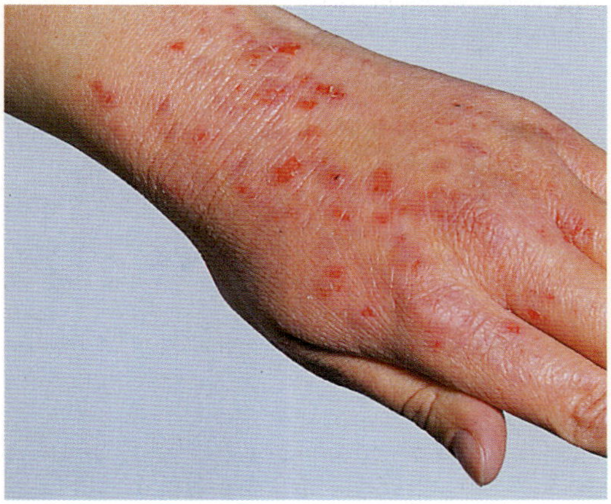

Hand mit Ölekzem

Den oben beschriebenen Gefahren kann mit einer Reihe von **Schutzmaßnahmen** begegnet werden:

 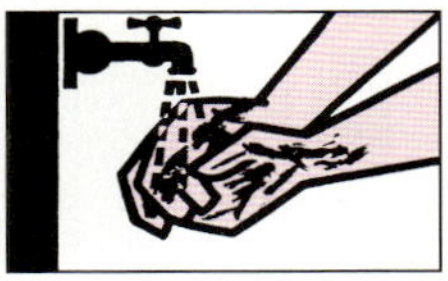	Hautkontakt mit Kühlschmierstoffen möglichst vermeiden. Nach Kontakt Hände unter kaltem Wasser mit Emulsionsreiniger waschen, damit die Hautporen geschlossen bleiben.
 	Vor der Arbeit eine schützende Hautcreme auftragen. Auf keinen Fall die reinigende Wirkung der Kühlschmierstoffe selbst ausnutzen.
 	Neben der Haut sind auch die Augen durch spritzenden Kühlschmierstoff gefährdet. Gelangt ein Spritzer ins Auge, so ist als erste Hilfe **sofort** mit dem Ausspülen zu beginnen. Anschließend ist **in jedem Fall** ein Augenarzt aufzusuchen.
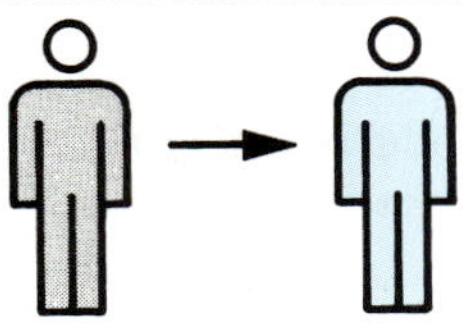	Öldurchnässte Arbeitskleidung **sofort** wechseln und nicht auf der Haut trocknen lassen.

9.4 Reinigung von Kühlschmierstoffen

Metallspäne, Werkzeugabrieb besonders von Schleifscheiben, Grafit von Gussteilen, Fremdöl u. a. verunreinigen den Kühlschmierstoff und mindern seine Gebrauchseigenschaften. Die Reinigung des Kühlschmierstoffs von festen Teilchen geschieht durch Absetzen, Filtrieren oder Magnettrennung.

Fremdöl kann nach Aufschwimmen von der Oberfläche abgezogen werden. Eine andere Möglichkeit der Fremdölabtrennung ist das Zentrifugieren.

Durch Zusätze spezieller Emulgatoren kann auch ein Teil des Fremdöls vom Kühlschmierstoff aufgenommen werden, dabei verschlechtern sich aber auf Dauer die Gebrauchseigenschaften.

Übungsaufgaben 9/7; 9/8

Arbeitsauftrag: Fertigung einer Nabe auf Werkzeugmaschinen

Durch Kreuzscheibenkupplungen kann man Wellen, die in der Höhe gering versetzt sind, miteinander verbinden.

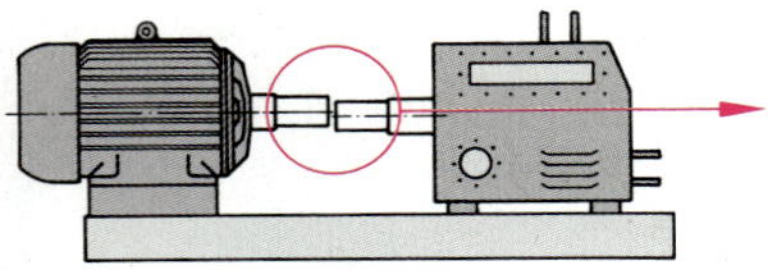

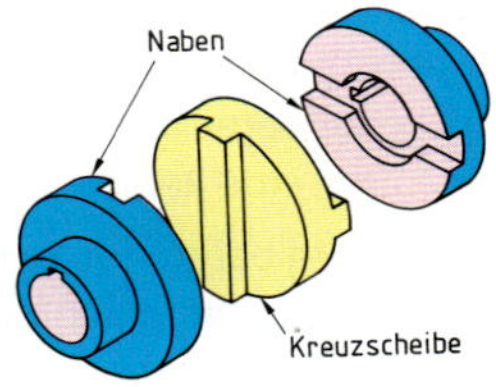

Es sollen die Naben für eine Kreuzscheibenkupplung aus E 295 hergestellt werden.

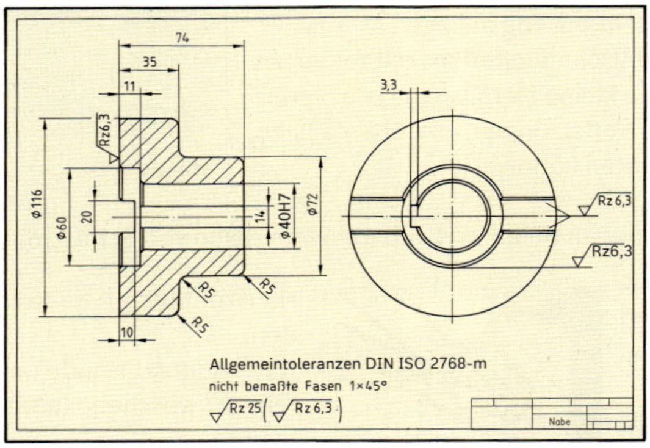

Zeichnung der Nabe

1. Analyse des Auftrags

a) Welcher Werkstoff ist vorgeschrieben? Erläutern Sie die Normbezeichnung.
b) Welche Oberflächenbeschaffenheiten müssen erreicht werden?
c) Legen Sie die Abfolge der Fertigungsverfahren zur Herstellung einer Nabe fest.

2. Planung der Rohteilfertigung

a) Wählen Sie aus Maßtabellen den Durchmesser für ein geeignetes Rundmaterial aus.
b) Wählen Sie ein geeignetes Verfahren zum Abtrennen des Rohlings aus.
c) Geben Sie die Länge des abzutrennenden Rohlings unter Berücksichtigung der Genauigkeit des Trennverfahrens an.
d) Es besteht die Gefahr, dass die Stirnflächen nicht rechtwinklig sind. Dadurch kann der Rohling trotz genügender Länge das Werkstück nicht mehr enthalten. Wählen Sie entsprechende Prüfverfahren und Prüfmittel zur Prüfung des Rohteils aus.

3. Planung vorbereitender Arbeiten

Überprüfen Sie, ob Anreißarbeiten vor der maschinellen Bearbeitung vorzunehmen sind.

4. Planung der Fertigungsschritte für jede erforderliche Werkzeugmaschine

4.1 Arbeiten auf der Drehmaschine

Es steht wahlweise eine Leit- und Zugspindeldrehmaschine mit dem Werkzeug vor der Drehmitte oder eine Maschine mit CNC-Steuerung und dem Werkzeug hinter der Drehmitte zur Verfügung.

a) Planen Sie
- die Abfolge der Dreharbeiten einschließlich der Bohrung,
- die erforderlichen Maßkontrollen,
- das Umspannen.

Legen Sie die Abfolge der einzelnen Arbeiten auf der Drehmaschine fest. Beschreiben Sie den jeweiligen Arbeitsschritt möglichst genau, z. B. in der Form „Plandrehen der Stirnfläche". Damit einheitliche Begriffe verwendet werden, benutzen Sie die nachfolgenden Beschreibungsbeispiele.

Beispiele für die Beschreibung der Arbeitsschritte

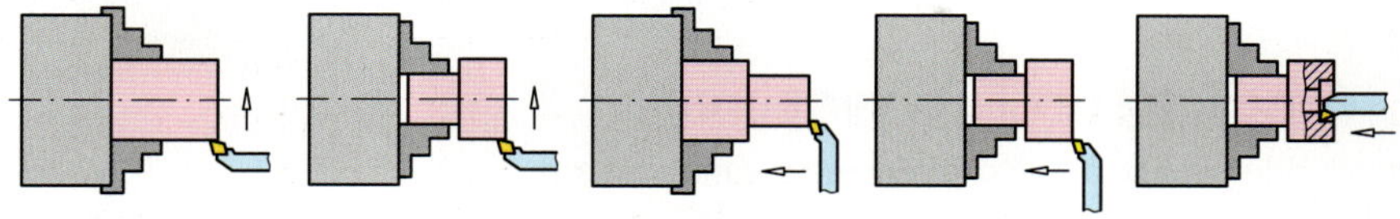

Plandrehen der Stirnfläche — Plandrehen der Gleitfläche — Längsdrehen des Nabenansatzes — Längsdrehen des Nabenkopfs — Ausdrehen der Bohrung

Legen Sie für die Dreharbeit eine Tabelle nach folgendem Muster an:

Fertigungsschritt	Werkzeug	Schnittgeschwindigkeit v_c m/min	Umdrehungsfrequenz n 1/min	Vorschub f mm	Schnitttiefe a_p mm
Plandrehen der Stirnfläche					
Schruppen Schlichten	abgesetzter rechter/linker Stirndrehmeißel, HSS	? ?	? ?	? ?	? ?

b) Welche Sicherheitsvorschriften sind beim Drehen besonders zu beachten?

4.2 **Arbeiten auf der Fräsmaschine**

Zum Fräsen der Nut für die Kreuzscheibe steht eine Senkrechtfräsmaschine zur Verfügung.

a) Geben Sie ein geeignetes Spannmittel an.
b) Beschreiben Sie die Fertigung der Nut.
c) Geben Sie für das Fräsen der Nut die wichtigen Größen tabellarisch an:

Fertigungsschritt	Werkzeug	Schnittgeschwindigkeit v_c m/min	Umdrehungsfrequenz n 1/min	Vorschub f mm	Schnitttiefe a_p mm
Schruppen	Schaftfräser, HSS $d = ?$	?	?	?	?
Schlichten	Schaftfräser, HSS $d = ?$	?	?	?	?

d) Welche Sicherheitsvorschriften sind beim Fräsen besonders zu beachten?
e) Geben Sie an, wie die mittige Lage der Nut geprüft werden kann.

5. Herstellen der Nut für die Verbindung von Welle und Nabe

Nennen Sie geeignete Verfahren zur Herstellung der Nut.

6. Fertiges Werkstück kontrollieren

a) Welche Maße sind für den späteren Einbau besonders wichtig und müssen überprüft werden?
b) Geben Sie jeweils geeignete Prüfmittel an.

10 Fertigungsverfahren des Fügens

Durch die Fertigungsverfahren des Urformens, Umformens und Trennens werden Werkstücke als Einzelteile hergestellt. Fertigungsverfahren, die dazu dienen, zusammengesetzte Baugruppen, vollständige Geräte und Maschinen herzustellen, ordnet man nach DIN 8580 den Verfahren des Fügens zu.

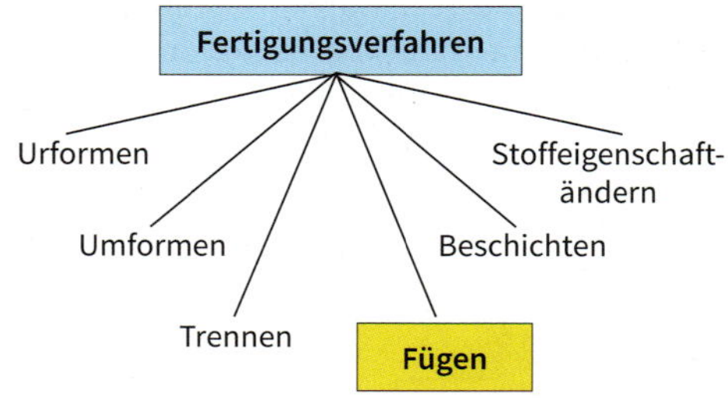

10.1 Einteilung der Fügeverfahren

1. Unterscheidung nach dem Schaffen des Zusammenhalts

Entsprechend der DIN-Norm werden die Fügeverfahren nach der Art und Weise, in der ein Zusammenhalt geschaffen wird, in Gruppen unterteilt.

Wichtige Fügeverfahren sind

- **Fügen durch Zusammensetzen**, z. B. durch Einlegen einer Feder,
- **Fügen durch An- und Einpressen**, z. B. durch Anpressen mit Schrauben,
- **Fügen durch Schweißen**, z. B. durch WIG-Schweißen,
- **Fügen durch Löten**, z. B. durch Hartlöten,
- **Fügen durch Kleben**, z. B. durch Metallkleben,
- **Fügen durch Umformen**, z. B. durch Falzen,
- **Fügen durch Urformen**, z. B. durch Eingießen.

Beispiele für Fügeverfahren bei der Montage eines Fußpedals

Einzelteile

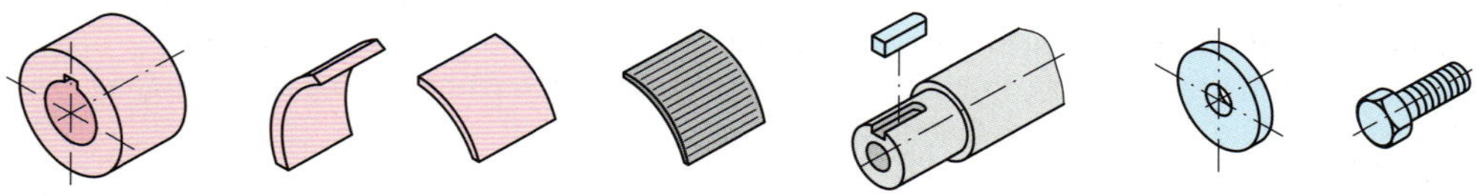

Fügeverfahren

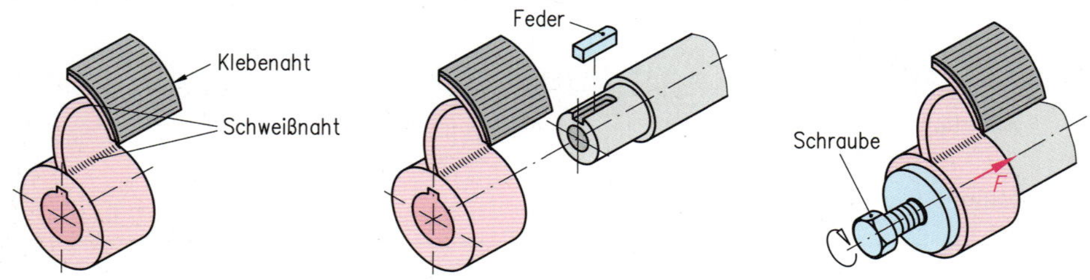

Fügen durch Kleben
Fügen durch Schweißen

Fügen durch
Zusammensetzen

Fügen durch
An- und Einpressen

Baugruppe

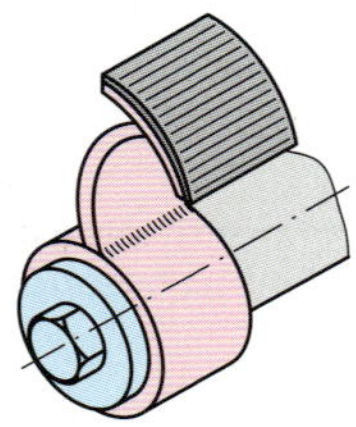

Übungsaufgaben 10/1; 10/2

2. Unterscheidung der Fügeverfahren nach Art der Kraftübertragung

Die Kraftübertragung von einem Bauelement auf das nächste kann unterschiedlich bewirkt werden:

- **Formschluss:** Gefügte Bauteile übertragen durch entsprechend gestaltete Bauelemente Kräfte.
- **Kraftschluss:** Reibungskräfte zwischen Bauelementen ermöglichen Kraftübertragung.
- **Stoffschluss:** Zusammenhaltskräfte zwischen den Werkstoffteilchen der gefügten Bauelemente übertragen Kräfte.

Beispiele für Form-, Kraft- und Stoffschluss beim Fügen einer Welle mit einer Nabe

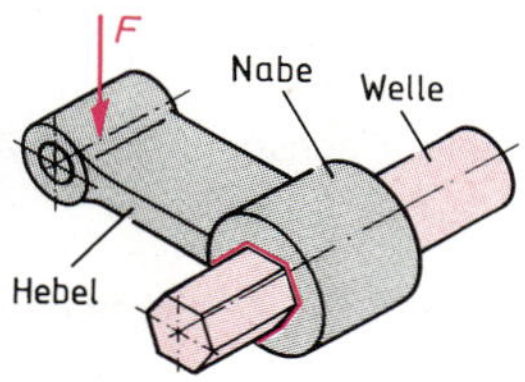

Nabe auf Sechskantwelle gesteckt
Gefügt durch Formschluss

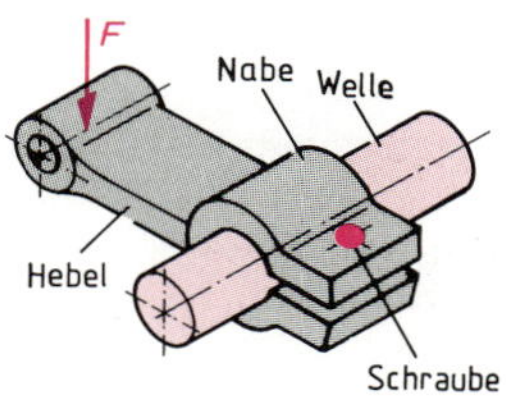

Nabe auf Welle geklemmt
Gefügt durch Kraftschluss

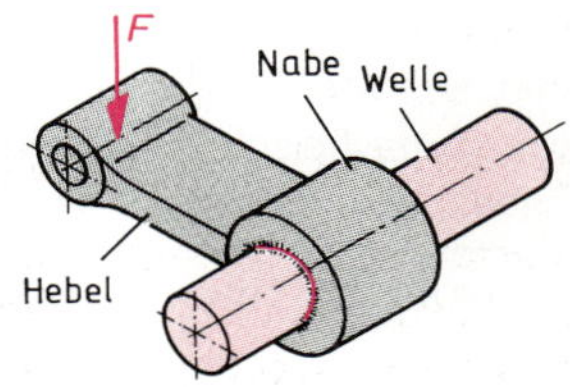

Welle und Nabe verschweißt
Gefügt durch Stoffschluss

> **!** Nach der Art der Kraftübertragung unterscheidet man:
> - Formschluss,
> - Kraftschluss,
> - Stoffschluss.

3. Unterscheidung der Fügeverfahren nach der Beweglichkeit der gefügten Bauelemente

Durch Fügeverfahren können starre oder bewegliche Verbindungen zwischen Bauelementen entstehen.
Starre, unlösbare Verbindungen sind nur durch Zerstörung wieder lösbar.
Starre, lösbare Verbindungen hingegen können bei Bedarf einfach getrennt werden.
Bewegliche Verbindungen lassen an den gefügten Bauteilen vorbestimmte Bewegungen zu.

Beispiele für starre und bewegliche Verbindungen

Starre Verbindung		Bewegliche Verbindung
unlösbar	lösbar	
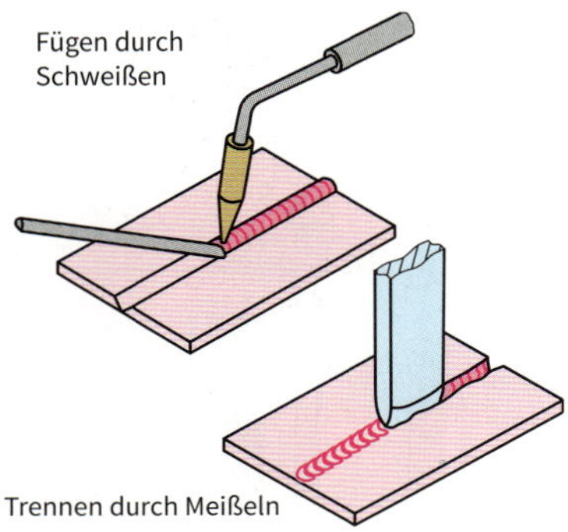	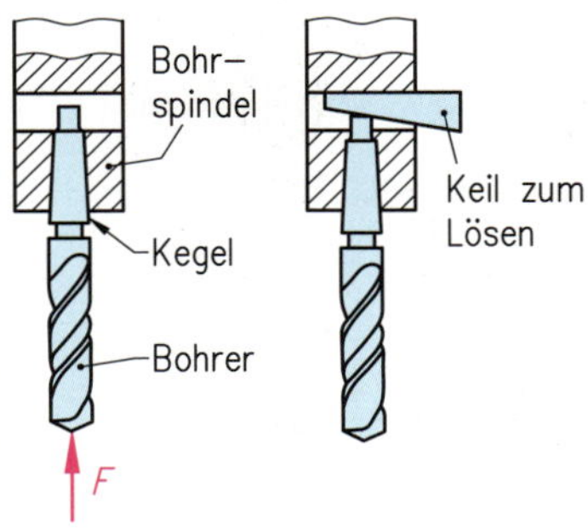	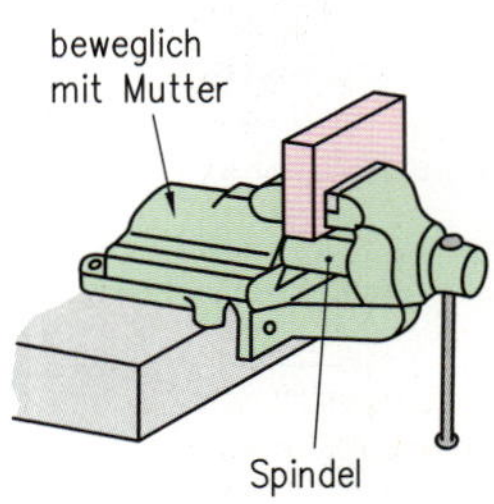

> **!** Nach der Beweglichkeit der verbundenen Bauelemente unterscheidet man:
> - starre, unlösbare Verbindungen,
> - starre, lösbare Verbindungen,
> - bewegliche Verbindungen.

10.2 Fügen mit Gewinden

1. Einsatz von Schrauben zur Befestigung

Zur Befestigung von Bauelementen wendet man Schrauben an, wenn die Bauelemente:

- zur Reparatur u. a. einfach gelöst werden müssen.
  Anwendungsbeispiele sind die Befestigung von Radfelgen am Kfz, Deckeln an Getriebegehäusen und Ventilen in Rohrleitungen.
- mit genau vorbestimmten Kräften zusammengepresst werden müssen, damit z. B. Dichtungen auch unter Last dicht bleiben.
  Anwendungsbeispiele sind Zylinderkopfschrauben am Kfz und Deckel an Druckbehältern.
- anders schwer zu fügen sind.
  Anwendungsbeispiel ist das Fügen von vorgefertigten Teilen von Gittermasten für Hochspannungsleitungen.

Beispiele für den Einsatz von Befestigungsschrauben

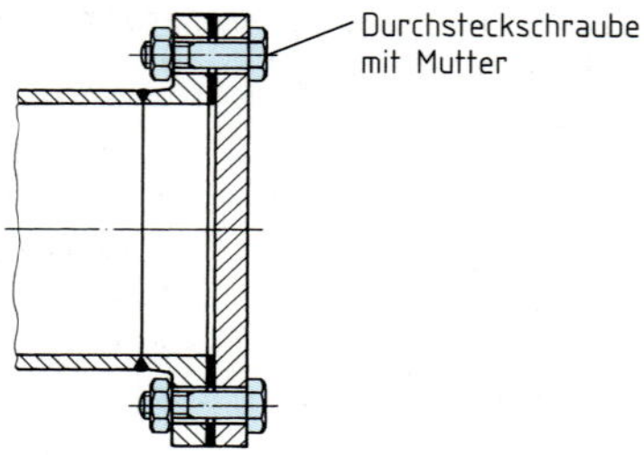

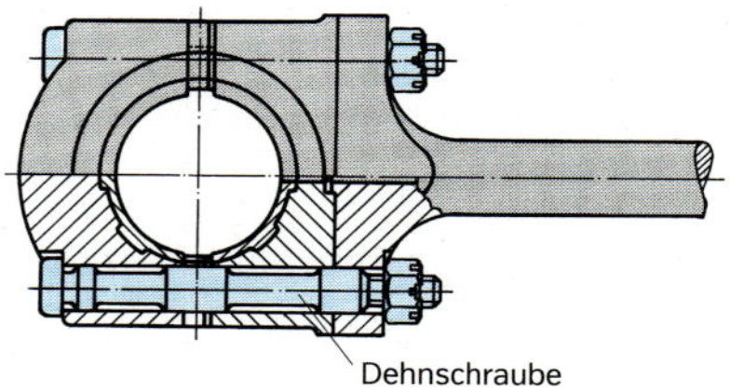

> **!** Befestigungsschrauben setzt man ein, wenn:
> - die Verbindung lösbar sein muss,
> - genaue Anpresskräfte erreicht werden müssen,
> - Montagearbeiten erleichtert werden.

2. Einsatz von Schrauben zur Übertragung von Bewegung

Schrauben zur Übertragung von Bewegung werden meist **als Spindeln** bezeichnet. Sie dienen zum Umformen einer Drehbewegung in eine geradlinige Bewegung.

Spindeln werden angewendet, wenn:

- bei der Umformung der Bewegung große Kräfte erzeugt werden müssen.
  Anwendungsbeispiele sind die Spindel im Schraubstock, Spindeln in Spindelpressen und Spindeln in Hebeböcken.
- präzise Längsbewegungen auszuführen sind.
  Anwendungsbeispiel sind Spindeln in Werkzeugmaschinen.

Beispiele für den Einsatz von Bewegungsgewinden

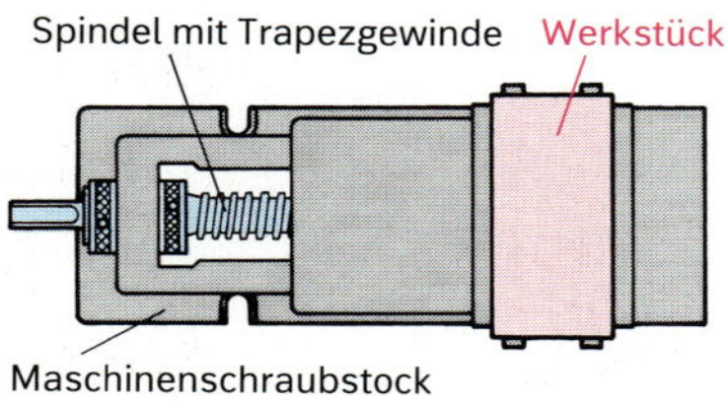

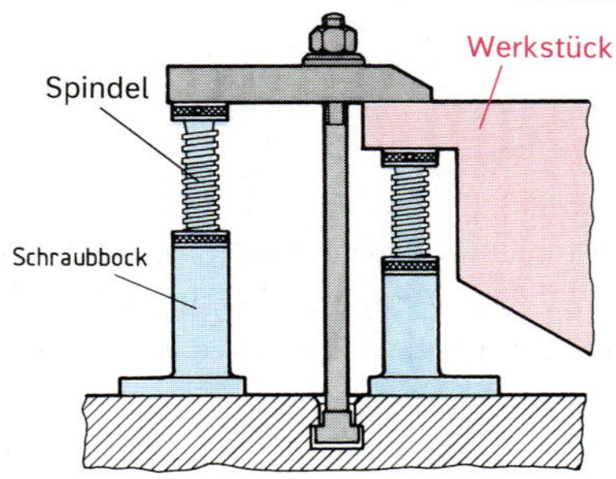

> **!** Bewegungsschrauben werden eingesetzt, wenn:
> - große Längskräfte aus einer Drehbewegung heraus erzeugt werden müssen,
> - präzise Längsbewegungen ausgeführt werden sollen.

Übungsaufgabe 10/5

10.2.1 Befestigungsschrauben

1. Kräfte in Schraubenverbindungen

Das Schrauben ist ein Fügeverfahren, bei dem die Bauelemente stark gegeneinander gepresst werden. Dadurch wirken zwischen den Bauelementen große Reibungskräfte, und es entsteht eine kraftschlüssige Vebindung.

In Schraubenverbindungen erreicht man die zum Kraftschluss erforderlichen großen Kräfte:

- durch die Hebelübersetzung der Handkraft an einem Schraubenschlüssel und
- durch die Kraftverstärkung im Gewindegang.

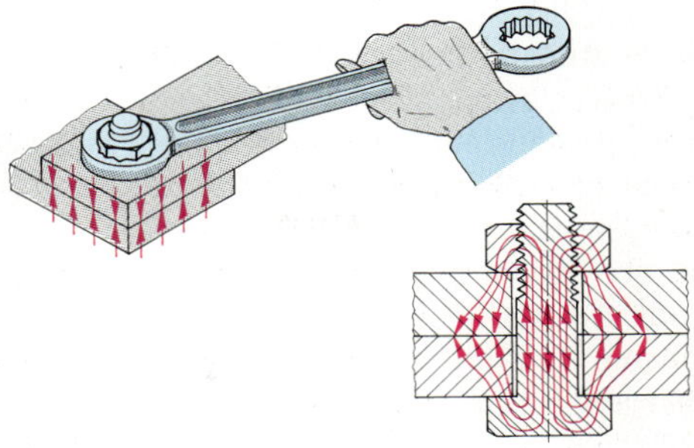

Kraftschluss in Schraubenverbindung

2. Befestigungsgewinde

In Spitzgewinden treten wegen der kleinen Steigungswinkel und der großen Flankenwinkel große Reibungskräfte auf; Spitzgewinde sind daher als Befestigungsgewinde besonders geeignet.

Benennung des Gewindes	Gewindeprofil	Beispiel für Maßangabe	Verwendung
Metrisches ISO-Regelgewinde (DIN 13)	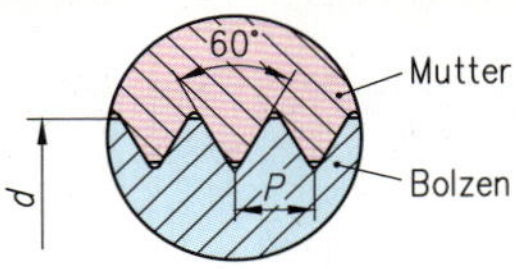	**M 30** M – Zeichen für metrisches Gewinde 30 – Gewindenenndurchmesser „*d*" in mm	**Befestigungsgewinde** für Schrauben und andere Bauteile
Metrisches ISO-Feingewinde (DIN 13)	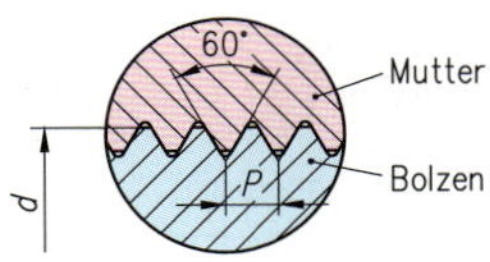	**M 30 × 1,5** M – Zeichen für metrisches Gewinde 30 – Gewindenenndurchmesser „*d*" in mm 1,5 – Steigung „*P*" in mm	**Befestigungsgewinde** bei kurzen Einschraublängen, großen Nenndurchmessern, dünnwandigen Bauteilen. Stellgewinde bei Messschrauben
Whitworth Rohrgewinde (DIN ISO 228)	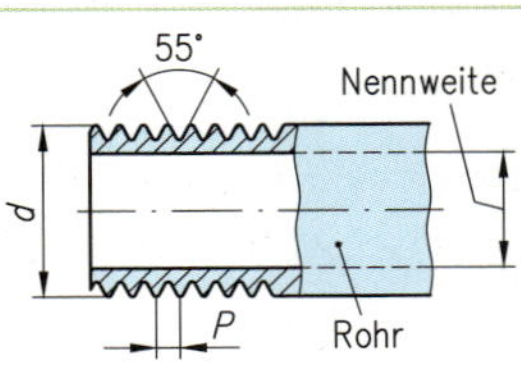	**G 3/4** G – Zeichen für zylindrisches Rohrgewinde 3/4 – Bezeichnung der Gewindegröße entspricht der Nennweite des benutzten Rohres in Zoll	**Befestigungsgewinde** für Rohre und Fittings im Installationsbau, nicht dichtend

> **!** Befestigungsschrauben erhalten Spitzgewinde.

3. Rechts- und linksgängige Gewinde

Die Normalausführung bei Gewinden ist rechtsgängig. Rechtsgängig ist ein Gewinde dann, wenn der Einschraubvorgang im Uhrzeigersinn erfolgt. Die Einschraubrichtung bei Linksgewinden ist dem Uhrzeigersinn entgegengesetzt. Eine Mutter mit Linksgewinde hat entweder einer Rille am Umfang oder ein großes L auf einer der Auflageflächen.

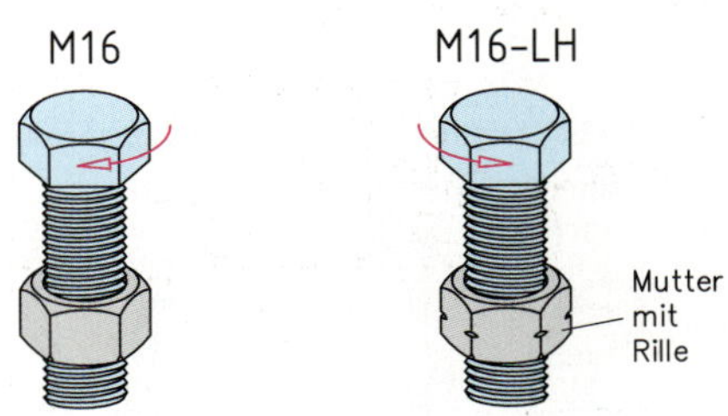

Rechtsgewinde **Linksgewinde**

> **!** Linksgewinde werden in der Normbezeichnung durch Anhängen der Buchstaben LH gekennzeichnet (LH kommt von Left Hand).

Beispiel für den Einsatz von Linksgewinden

Bei einem Doppelschleifbock muss eine Schleifscheibe mit Links- und die andere mit Rechtsgewinde befestigt werden, damit beim Anlauf kein Lösen erfolgt (*funktionsbedingtes Linksgewinde*).
An der Propangasflasche verhindert man durch Linksgewinde eine Verwechslung mit anderen Gasarmaturen (*sicherheitsbedingtes Linksgewinde*).

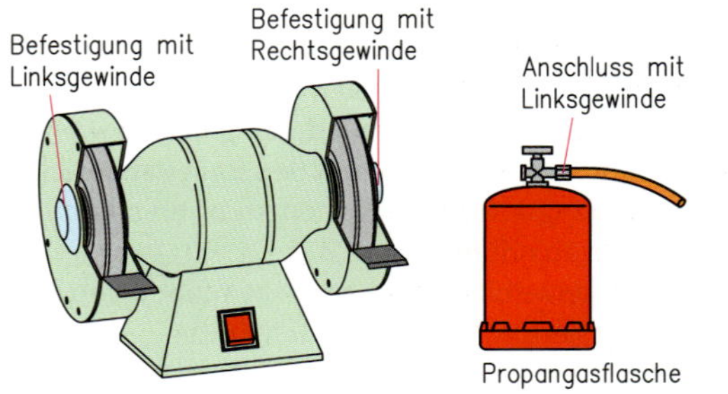

! Linksgewinde kommen nur in Sonderfällen zum Einsatz. Man verwendet sie aus funktions- und sicherheitsbedingten Gründen.

4. Schrauben- und Mutternformen

Schrauben unterscheiden sich in ihren verschiedenen Ausführungsformen vor allem durch die Gestaltung des Kopfes, durch das benutzte Gewinde und durch die Ausführung des Bolzenendes.

Kopfschrauben		Stiftschrauben	Gewindestifte
Sechskantschraube	Sechskant-Passschraube		
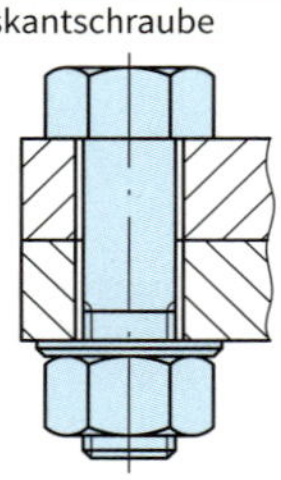	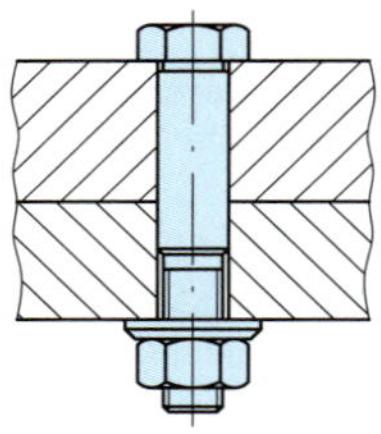	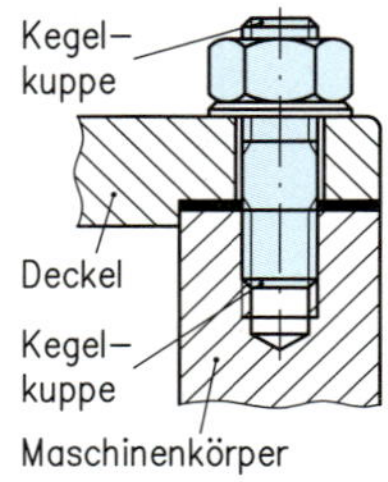	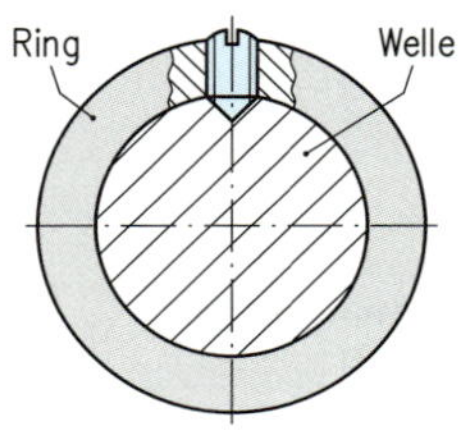

Ausführungen von Kopfformen für Schrauben								
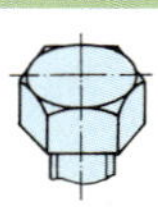	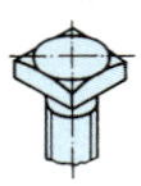	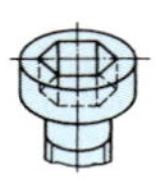	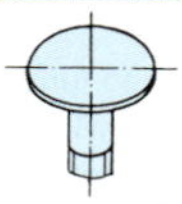	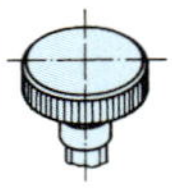	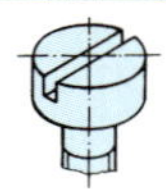	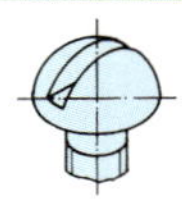	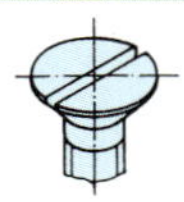	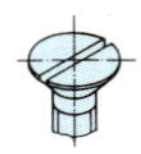
Sechskantkopf	Vierkantkopf	Innensechskantkopf	Flachrundkopf	Rändelkopf	Zylinderkopf	Halbrundkopf	Senkkopf	Linsensenkkopf mit Kreuzschlitz

Ausführungsformen von Muttern und ihr Verwendungszweck			
Linksgewinde Rechtsgewinde 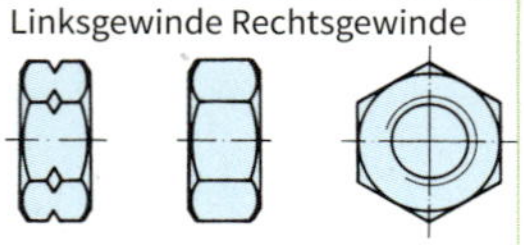	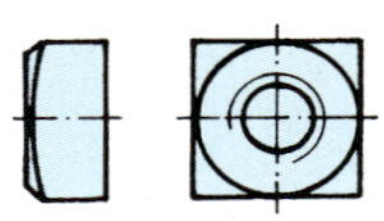	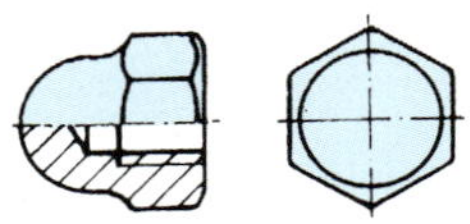	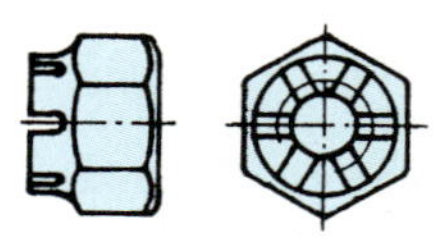
Sechskantmutter	**Vierkantmutter**	**Hutmutter**	**Kronenmutter**
Schraubenverbindung im Maschinenbau	preiswerte Mutter für untergeordnete Verbindungen	Schutz des Bolzenendes, Ziermutter	Schraubensicherung mit Splint
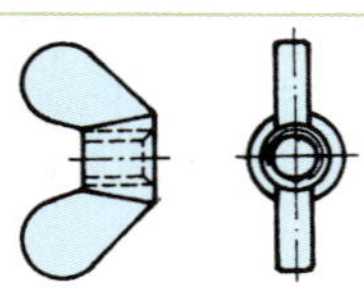	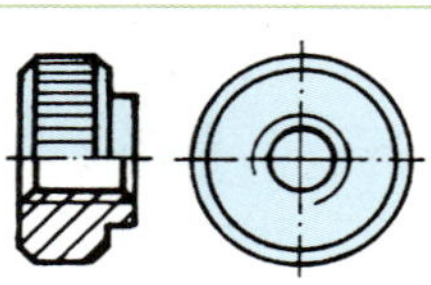	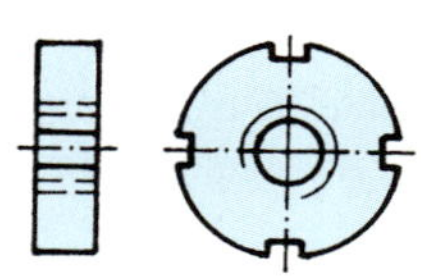	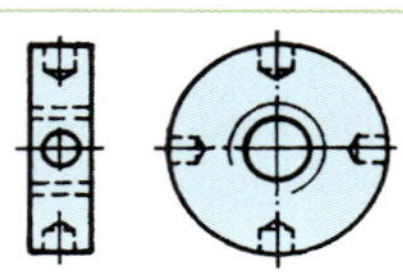
Flügelmutter	**Rändelmutter**	**Nutmutter**	**Kreuzlochmutter**
Anziehen und Lösen von Hand		Einstellarbeiten an Spindellagerungen	

Übungsaufgaben 10/12 bis 10/15

10.2.2 Festigkeit von Schrauben und Muttern

1. Schraubenfestigkeit

Die Festigkeitsklassen für Schrauben und Muttern aus Stahl sind genormt. Die Schrauben sind am Kopf meist durch zwei Zahlen, z. B. 12.9, gekennzeichnet, die durch einen Punkt getrennt sind. Diese Zahlenangabe wird Festigkeitskennzahl genannt. Aus dieser lassen sich Festigkeitskennwerte des Werkstoffs ermitteln.

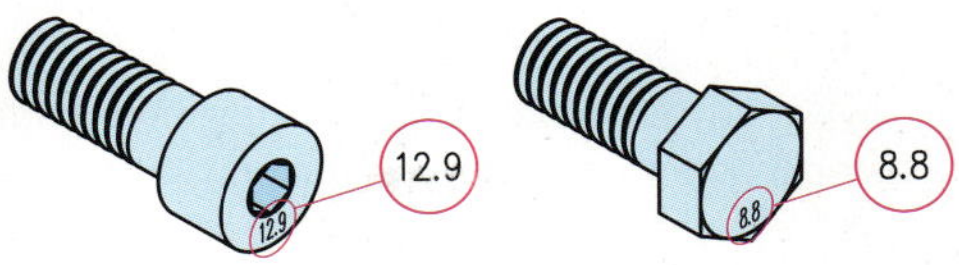

Festigkeitskennzahl bei Schrauben

Die erste Zahl ist die Kennzahl für die Zugfestigkeit Rm des Werkstoffes der Schraube. Zur Ermittlung der Zugfestigkeit aus der Kennzahl wird die erste Zahl mit 100 multipliziert. Man erhält die Zugfestigkeit in N/mm^2. Die Streckgrenze des Schraubenwerkstoffes lässt sich mithilfe der ersten und der zweiten Kennzahl ermitteln. Die erste Zahl mit dem 10-fachen der zweiten Zahl multipliziert, ergibt die Streckgrenze R_{eH} in N/mm^2.

Festigkeitskennzahlen bei Schrauben:

3.6	4.6	4.8	5.6	5.8	6.6	6.8	6.9	8.8	10.9	12.9	14.9

Beispiel für die Ermittlung der Festigkeitskennwerte aus der Festigkeitskennzahl

Aufgabe:

Es sind Zugfestigkeit R_m und Streckgrenze R_{eH} einer Schraube mit der Kennzeichnung 12.9 zu ermitteln.

Lösung:

Zugfestigkeit: $R_m = 12 \cdot 100 \frac{N}{mm^2} = \mathbf{1\,200 \frac{N}{mm^2}}$

Streckgrenze: $R_{eH} = 12 \cdot 9 \cdot 10 \frac{N}{mm^2} = \mathbf{1\,080 \frac{N}{mm^2}}$

! Die Zugfestigkeit R_m in $\frac{N}{mm^2}$ des Schrauben- und Mutternwerkstoffes wird errechnet aus der Multiplikation der Festigkeitskennzahl mit 100.

2. Mutternfestigkeit

Auch Muttern werden meist mit einer Festigkeitskennzahl versehen. Zulässig sind auch Markierungen durch Striche, die bestimmten Festigkeitskennzahlen zuzuordnen sind. Beim Fügen sollen Schrauben und Muttern die gleiche Festigkeitskennzahl aufweisen.

Festigkeitskennzahlen bei Muttern

Festigkeitskennzahl	6	8	10	12	14
bevorzugte Markierung	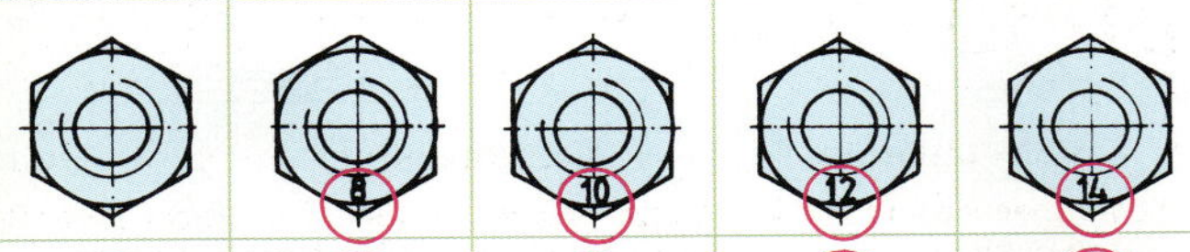				
mögliche Markierung	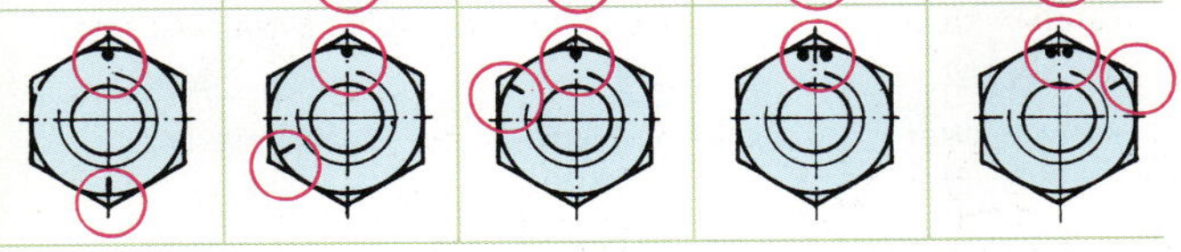				

! Bei Muttern wird nur die Kennzahl der Zugfestigkeit auf der Mutter eingeprägt. Die Kennzahl kann auch durch Markierungen auf der Mutter gekennzeichnet werden.

10.2.3 Schraubensicherungen

Bei dynamischen Belastungen, wie Vibrationen oder hohen Belastungen quer zur Schraubenachse, können sich Schraubenverbindungen lösen, obwohl zulässige Werte der Belastung nicht überschritten wurden. Hierbei wirken auf die Schraubenverbindung so starke dynamische Querkräfte, dass sich die verspannten Teile zwischen den Kontaktflächen gegeneinander bewegen und sich die Verbindung löst. Besonders Durchsteckverbindungen (Schraube und Mutter) sind gefährdet und benötigen bei dynamischer Belastung eine Losdrehsicherung. Bei den genormten Schraubensicherungen unterscheidet man mechanische und chemische Losdrehsicherungen

– **Mechanische Losdrehsicherungen**

Schrauben, Muttern und Unterlegscheiben sind an den Berührflächen mit den zu spannenden Bauteilen mit eingeprägten Radialrippen versehen. Die Radialrippen dringen beim Anziehen in das Bauteil ein und erzeugen einen Formschluss. Beim Lösen muss der Formschluss überwunden werden. Bei gehärteten Bauteilen ist diese Art der Schraubensicherung ungeeignet.

Eine andere Art der Schraubensicherung besteht aus paarweise miteinander schwach verklebten und verzahnten Unterlegscheiben. Diese haben an der Außenseite Radialrippen und an den Berührflächen Keilverzahnungen. Schon bei der geringsten Drehung in Löserichtung erfolgt aufgrund der Keilwirkung eine Erhöhung der Klemmkraft.

Beispiele für mechanische Sicherungselemente gegen selbstständiges Lösen

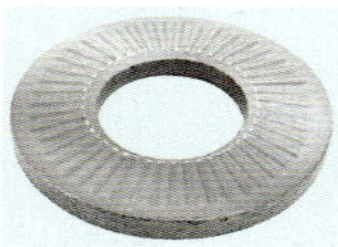
Spannscheibe

Kombischraube

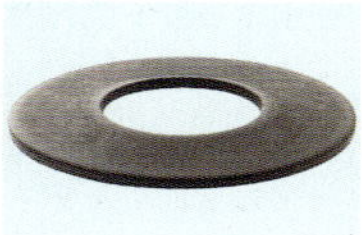
Tellerfeder

Flanschschraube

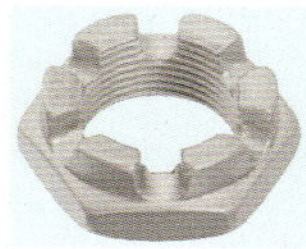
Kronenmutter

Mutter mit Kunststoffeinsatz

– **Chemische Losdrehsicherungen**

Bei chemischen Losdrehsicherungen werden Schraube und Mutter miteinander verklebt.

- dabei wird entweder der flüssige Klebstoff vor der Montage auf den Gewindebolzen der Schraube aufgetragen oder
- der Klebstoff ist in winzigen Kapseln auf dem Gewindebolzen aufgetragenen und wird so vom Schraubenhersteller geliefert. Die Kapseln platzen beim Einschrauben und der flüssige Klebstoff tritt aus.

Der Klebstoff hat die Eigenschaft, dass er unter Metallkontakt und unter Ausschluss von Luft aushärtet. Je nach Anwendung sind Klebstoffe auch für höhere Temperaturen verfügbar.

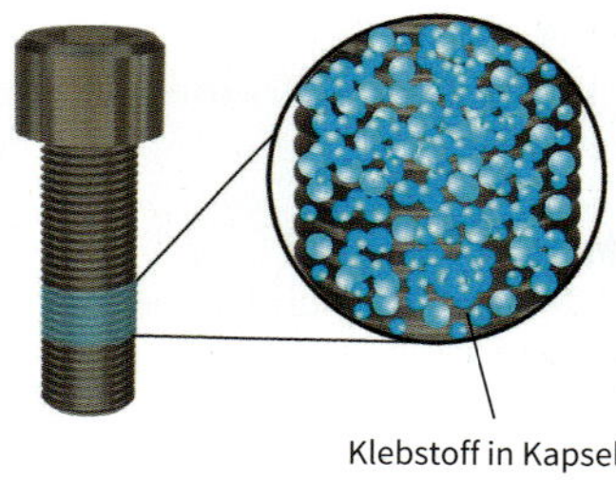

Schraube mit mikroverkapseltem Klebstoff

– **Verliersicherungen**

Sie lassen ein teilweises Losdrehen zu, verhindern jedoch, dass die Schraubenverbindung auseinander fällt.

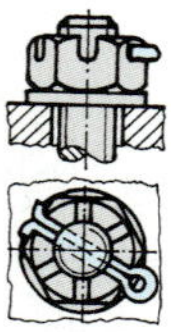
Kronenmutter mit Splint

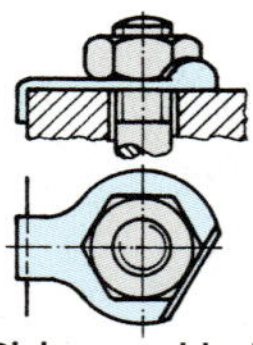
Sicherungsblech mit Lappen

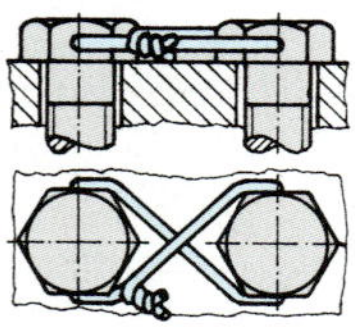
Drahtsicherung

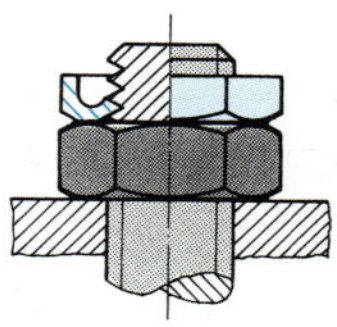
Sicherungsmutter

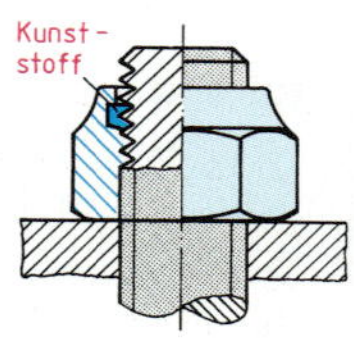

selbstsichernde Mutter

– **Unwirksame Schraubensicherungen**

Folgende Maschinenelemente gelten als unwirksame Schraubensicherungen, weil sie sich zur Aufrechterhaltung der Vorspannung einer Schraubenverbindung als wirkungslos erwiesen haben, z. B. Federringe, Federscheiben, Zahnscheiben. Die DIN-Normen dieser Bauteile wurden zurückgezogen

Übungsaufgaben 10/18; 10/19

10.2.4 Berechnung des Drehmomentes zum Anziehen von Schrauben

Die Funktionsfähigkeit einer Schraubenverbindung ist häufig abhängig von der Kraft, mit der die Schraube beim Anziehen vorgespannt wird. So müssen z. B. die Schrauben des Deckels eines Druckbehälters so angezogen werden, dass sie auch bei Betrieb des Behälters die Dichtungen noch andrücken.

Man erreicht die notwendige Vorspannkraft in der Schraube dadurch, dass man die Drehwirkung beim Anziehen genau beschreibt. Die Drehwirkung drückt man durch das **Drehmoment** aus.

Das Drehmoment M_d beim Anziehen der Schraube ist das Produkt aus der Handkraft F_H und dem Hebelarm l des Schraubenschlüssels.

$$M_d = F_H \cdot l$$

Zum genauen Anziehen einer Schraube verwendet man **Drehmomentschlüssel.**

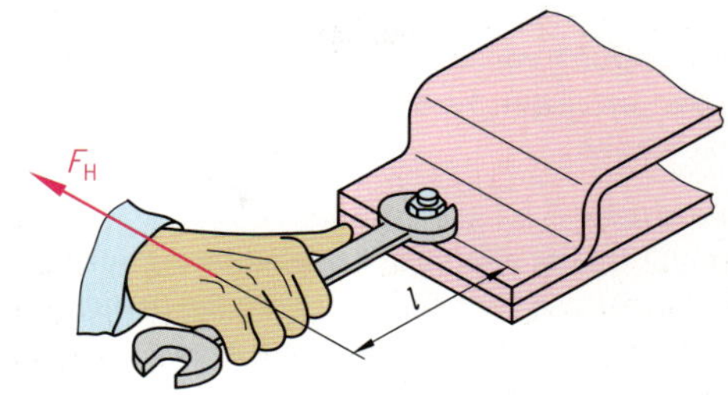

Drehmoment beim Anziehen einer Schraube

10.2.5 Bewegungsgewinde

Bewegungsgewinde sollen möglichst wenig Reibung aufweisen. Am günstigsten wären Flachgewinde. Da diese jedoch schwer herstellbar sind, fertigt man Bewegungsgewinde mit geringen Flankenwinkeln.

Benennung des Gewindes	Gewindeprofil	Beispiel für Maßangabe	Verwendung
Metrisches ISO-Trapezgewinde (DIN 103)	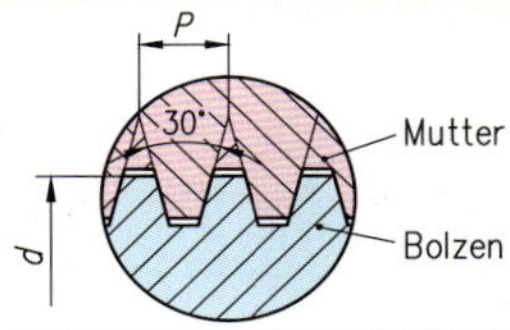	**Tr 32 × 6** Tr – Zeichen für Trapezgewinde 32 – Gewindenenndurchmesser „d" in mm 6 – Steigung „P" in mm	**Bewegungsgewinde** bei Spindeln für beidseitige Kraftübertragung
Sägengewinde (DIN 513)	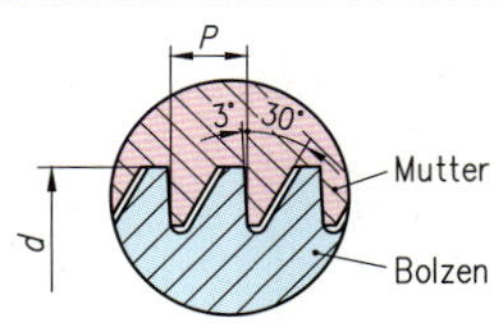	**S 30 × 6** S – Zeichen für Sägengewinde 30 – Gewindenenndurchmesser „d" in mm 6 – Steigung „P" in mm	**Bewegungsgewinde** für einseitig axiale Übertragung großer Kräfte, z. B. bei Spindelpressen und Spannzangen
Rundgewinde (DIN 405)	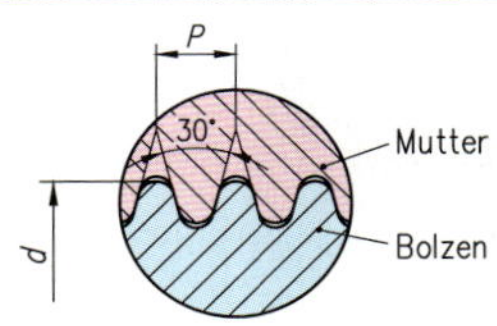	**Rd 30 × $^1/_8$** Rd – Zeichen für Rundgewinde 30 – Gewindenenndurchmesser „d" in mm $^1/_8$ – Steigung „P" in Zoll; entspricht 8 Gewindegängen je ein Zoll Bolzenlänge	**Bewegungsgewinde** bei Verbindungen, die starken Verschmutzungen unterliegen, z. B. Waggonverbindungen, Kupplungen; Spindeln für Ventile; in seltenen Fällen auch als Befestigungsgewinde

Normangaben über zusätzliche Eigenschaften der Bewegungsgewinde (DIN ISO 965)

Zusätzliche Eigenschaft	Zusätzliche Angabe hinter der Maßangabe	Beispiel für Maßangabe	Hinweise
Gewindetoleranzen der nach Norm festgelegten Güteklasse	f = fein m = mittel c = grob	Tr 32 x 6f	
Mehrgängige Gewinde	hinter dem Kurzzeichen und dem Gewindedurchmesser folgt die Steigung und die Teilung	Tr 60 x Ph 14 P7 Tr 60 x Ph 14 P7-8e Tr 32 x Ph 9 P3-LH	Die Teilung wird mit dem Buchstaben P hinter die Steigung Ph gesetzt. $\text{Gangzahl} = \frac{\text{Steigung}}{\text{Teilung}} = \frac{\text{Ph}}{\text{P}}$

Übungsaufgaben 10/20 bis 10/22

10.3 Fügen mit Stiften und Bolzen

10.3.1 Stifte

Stifte dienen zum lösbaren Fügen von Bauelementen. Durch Stifte werden Kräfte vor allem durch Formschluss übertragen.

1. Verwendung von Stiften

Nach der jeweiligen *Verwendung* werden Passstifte, Befestigungsstifte, Sicherungsstifte und Abscherstifte unterschieden.

– **Passstifte**

Werden Stifte vor allem zur Lagesicherung von Teilen eingesetzt, so kennzeichnet man die benutzten Stifte als Passstifte. Durch Passstifte lässt sich die Montage von Bauelementen erleichtern und die genaue Lage von zusammengeschraubten Teilen sichern.

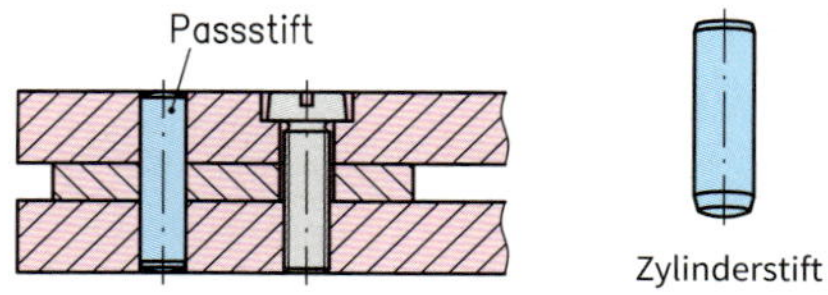

Lagesicherung von Bauteilen durch Passstifte

– **Befestigungsstifte**

Dienen Stifte in einer Verbindung von Bauelementen vor allem zur Befestigung, so bezeichnet man die benutzten Stifte als Befestigungsstifte. Mit Befestigungsstiften lassen sich auf einfache Art bewegliche und feste Verbindungen herstellen.

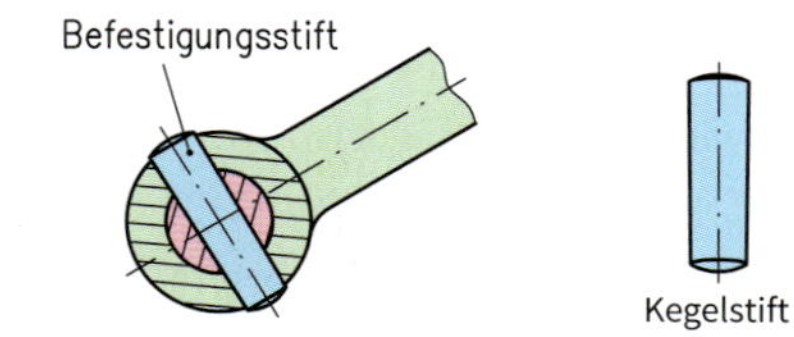

Befestigen von Bauteilen

– **Sicherungsstifte**

Sollen Stifte das selbstständige Lösen gefügter Bauelemente verhindern, so dienen sie zur Sicherung. Sicherungsstifte können gleichzeitig die Aufgabe von Befestigungs- oder Passstiften übernehmen.

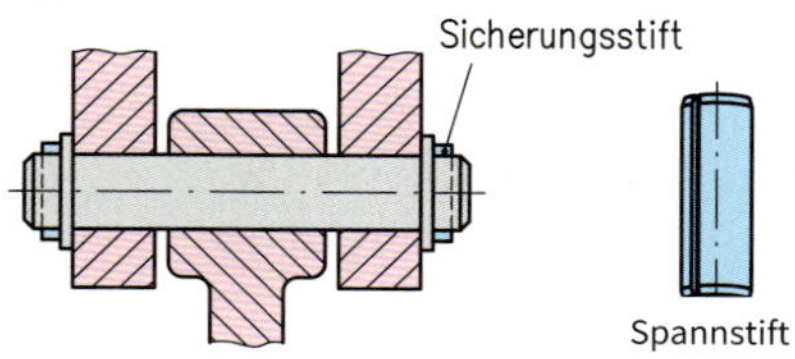

Sichern einer Bolzenverbindung

– **Abscherstifte**

Soll an einer Maschine ein bestimmter Bereich vor Überlastung geschützt werden, so kann man zwischen der treibenden Spindel und dem angetriebenen Bauelement, z. B. Zahnrad auf einer Welle, einen Stift einbauen, der die Kräfte weiterleitet und bei Überbelastung abschert. Der Abscherstift wird nach der Beseitigung der Störung durch einen neuen ersetzt.

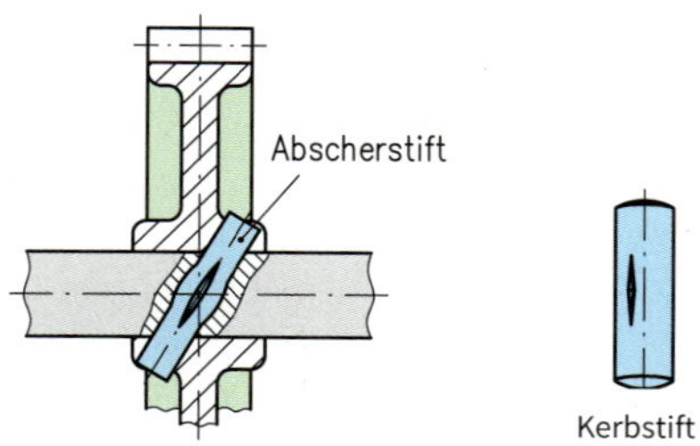

Überlastsicherung durch Abscherstift

2. Stiftformen

Je nach *Form* der Stifte unterscheidet man:
Zylinderstifte, Kegelstifte, Kerbstifte und Spannstifte.

– **Zylinderstifte**

Ungehärtete Zylinderstifte nach DIN EN ISO 2338 werden im Durchmesserbereich von 0,6 bis 50 mm mit den Toleranzen m6 und h8 angeboten. Die Norm erlaubt unterschiedliche Ausführungen der Stiftenden und weitere Toleranzen. So sind z. B. abgerundete Fasen und Einsenkungen möglich.
Die Oberflächengüte ist von der Toleranz abhängig, sie beträgt bei m6 $R_a \leq 0{,}8$ µm, bei h8 $R_a \leq 1{,}6$ µm.

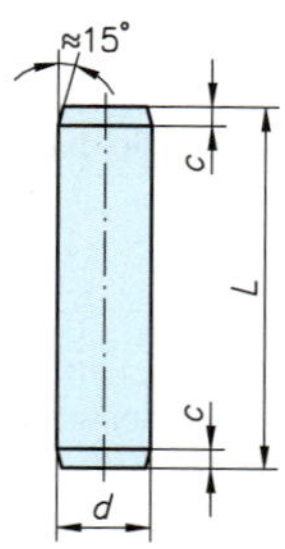

Beispiele für Abmessungen

d (mm)	3	8
c (mm)	0,5	1,6
l (mm)	8–30	12–80

Zylinderstifte (ungehärtet)

Übungsaufgaben 10/23 bis 10/25

– Kerbstifte

Kerbstifte tragen im Gegensatz zu den Zylinder- oder Kegelstiften auf ihrem Umfang in Längsrichtung drei Kerben mit wulstartigen Rändern. Beim Einschlagen des Kerbstiftes in die Bohrung sitzt er aufgrund der Verformung sehr fest.

Bohrungen für Kerbstifte brauchen nur mit dem Spiralbohrer hergestellt zu werden, ein Aufreiben entfällt.

Kerbstifte werden als Befestigungs- und Sicherungsstifte verwendet. Auch als Lager- oder Gelenkbolzen können sie eingesetzt werden.

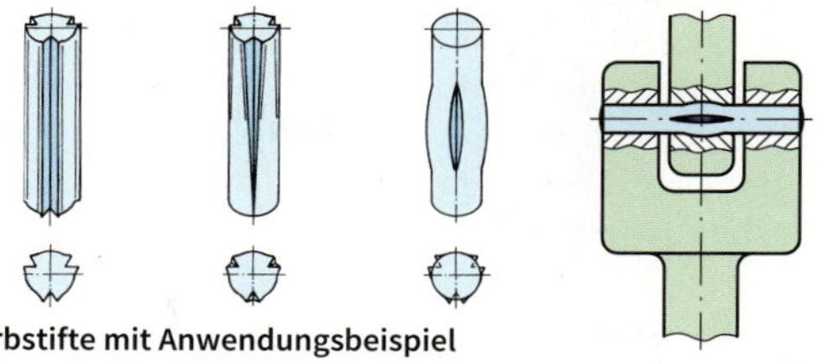

Kerbstifte mit Anwendungsbeispiel

! Verbindungen durch Kerbstifte sind leicht herzustellen. Kerbstifte sollen nur einmal verwendet werden.

– Spannstifte

Spannstifte sind in Längsrichtung offene Hülsen aus Federstahl. Sie haben gegenüber dem Nenndurchmesser je nach Größe ein Übermaß von 0,2 mm bis 0,5 mm. Ein kegeliges Ende an den Spannstiften erleichtert ihr Eintreiben in Bohrungen. Die Bohrungen werden nicht aufgerieben, weil die Spannung der zusammengedrückten Stifte die erforderliche Anpressung gewährleistet.

Spannstifte dienen wie die Kerbstifte als Befestigungs- und Sicherungselemente. Müssen in Schraubenverbindungen Scherkräfte aufgenommen werden, so kann man Spannstifte als Schraubenhülsen einsetzen.

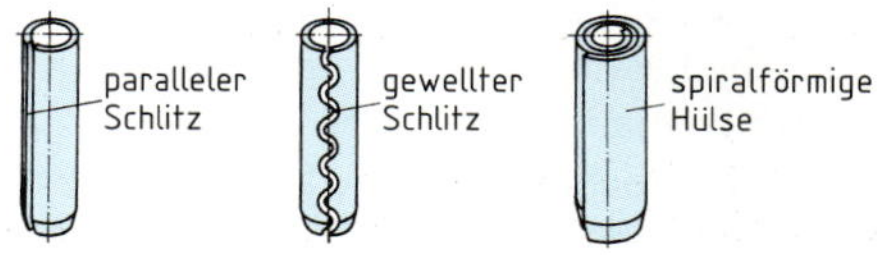

Ausführungsformen von Spannstiften

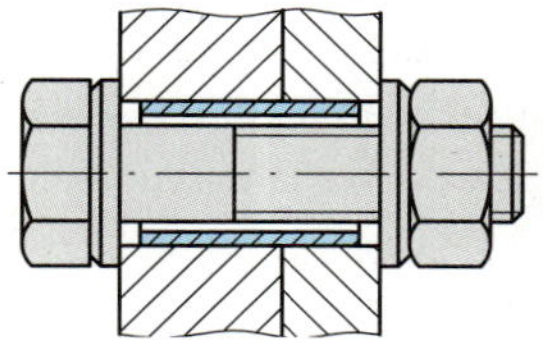

Spannstift als Schraubenhülse

! Verbindungen mit Spannstiften sind preiswert. Spannstifte lassen sich ohne Beschädigung wieder austreiben und erneut verwenden.

10.3.2 Bolzen

Bolzen sind zylindrische Bauteile mit und ohne Kopf. Bolzen haben meist das Toleranzfeld h11 und werden vor allem als Gelenkbolzen wie z. B. in Stangenverbindungen oder Laschenketten eingesetzt. Als Verbindungselement in beweglichen Verbindungen müssen Bolzen durch Sicherungselemente wie Sicherungsringe oder Splinte gegen Verschieben gesichert werden.

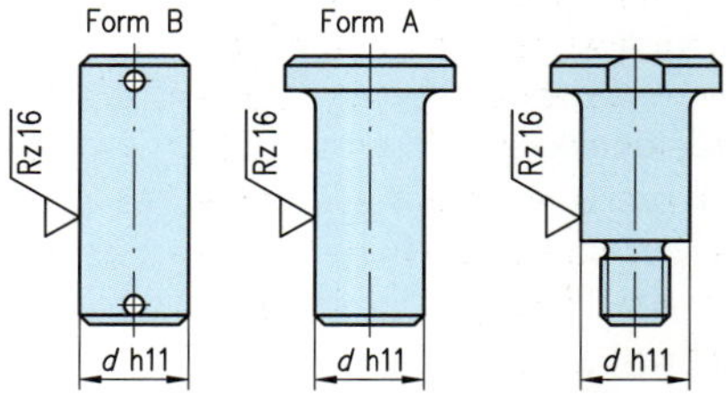

Genormte Bolzenformen

! Bolzen werden zum Fügen von Gelenkverbindungen verwendet. Sie werden dabei vorwiegend auf Scherung beansprucht.

10.4 Fügen mit Passfedern und Profilformen

Achsen, Zapfen und Wellen lassen sich mit den Naben von Rollen, Rädern und Hebeln auf unterschiedliche Art fügen. Durch Einlegeteile oder Profilformen wird dabei eine Mitnehmerverbindung zwischen Nabe und Welle geschaffen.

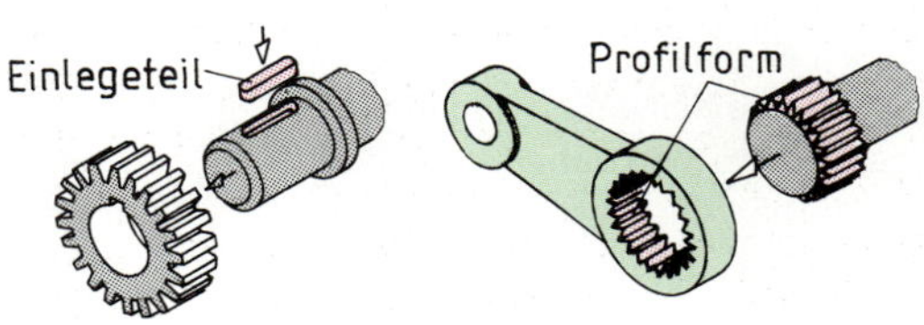

Fügen durch Einlegeteil oder Profilform

10.4.1 Passfederverbindungen

Die Passfederverbindung ist eine häufig angewendete Verbindung zum Fügen von Nabe und Welle. Die Passfeder liegt in Naben- und Wellennut. Die Kraftübertragung erfolgt formschlüssig über die Seitenflächen der Passfeder. Somit werden Passfedern auf Abscheren beansprucht. In der Höhe besteht zwischen Passfeder und Nabe Spiel.

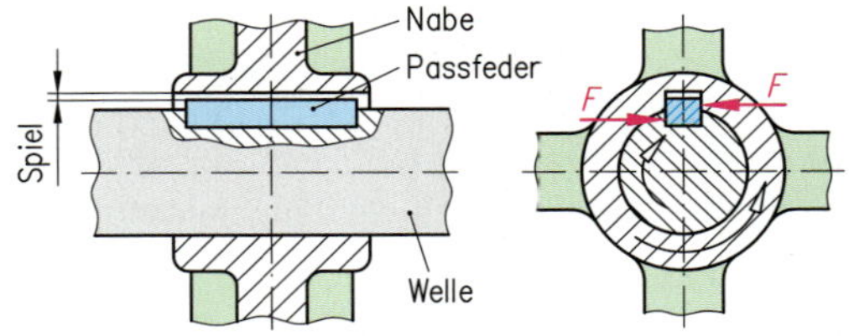

Nabe und Welle gefügt durch Passfeder.

! Passfedern übertragen Kräfte durch Formschluss über ihre Seitenflächen.

Je nach konstruktiven Anforderungen werden unterschiedliche Passfederformen verwendet.
Meist benutzt man rundstirnige Passfedern. Sie werden in entsprechend gefräste Wellennuten eingelegt. Flachstirnige Passfedern müssen gegen axiales Verrutschen gesichert werden.

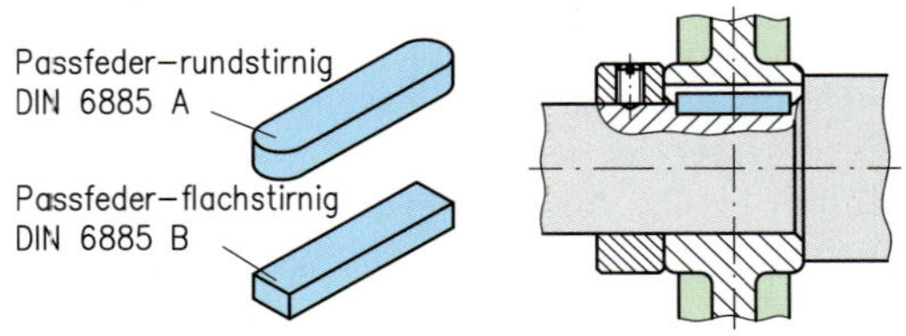

Passfederverbindung

Für Naben von Verschieberädern benutzt man Passfedern mit entsprechenden Toleranzen als Gleitfedern. Die Gleitfeder ist in der Wellennut und die Zapfenfeder in der Nabe fixiert. Die Nabe kann in axialer Richtung verschoben werden.

Beispiele für Federverbindungen mit axialer Verschiebung

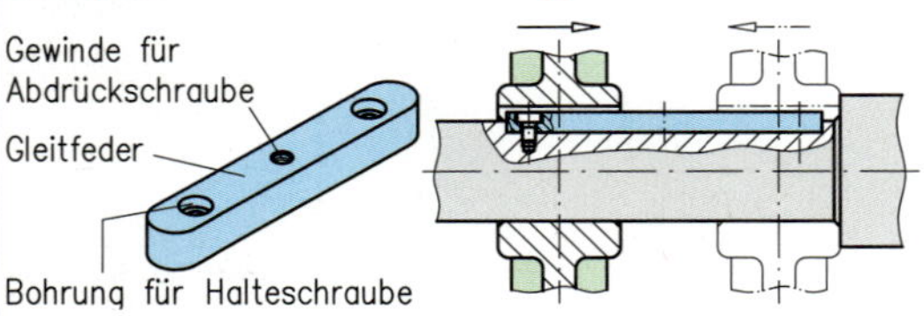

Gleitfederverbindung

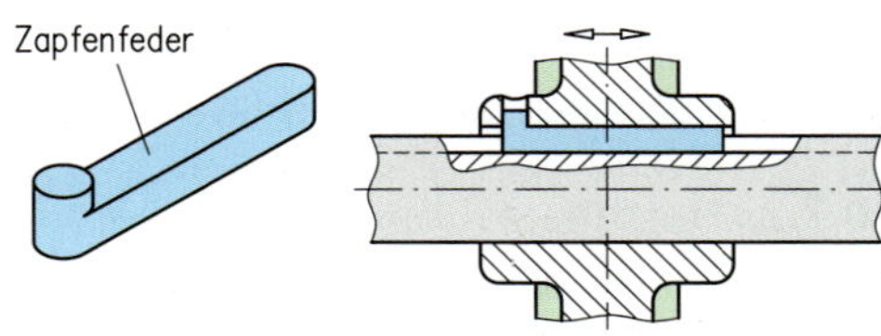

Zapfenfederverbindung

10.4.2 Fügen mit Profilformen

Werden Welle und Nabe mit einem besonderen Profil versehen, dann ist ebenfalls eine Verbindung beider Teile durch Formschluss gewährleistet. Die wichtigsten Profilformen sind das **Keilwellenprofil**, die **Kerbverzahnung** und das **Polygonwellenprofil**.

Beim **Keilwellenprofil** sind in die Welle und die Nabe Längsnuten gleichmäßig über den Umfang verteilt. Die Keilwellen haben keine Neigung. Richtiger müsste man daher von Federwellen sprechen. Gegenüber der Passfederverbindung haben Verbindungen mit Profilformen den Vorteil eines gleichmäßigeren Kraftflusses von Welle zu Nabe.

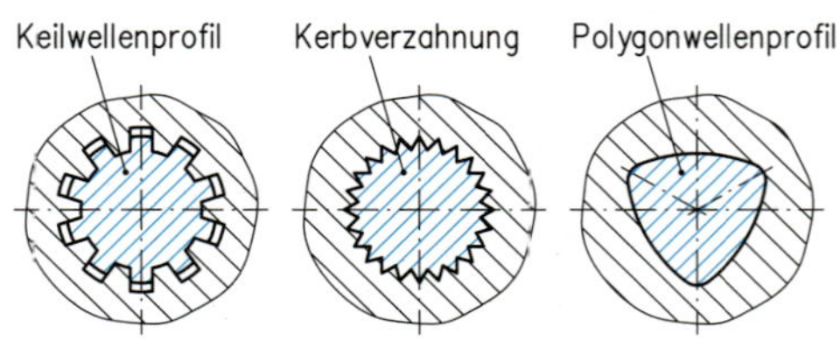

Profilformen von Nabe und Welle

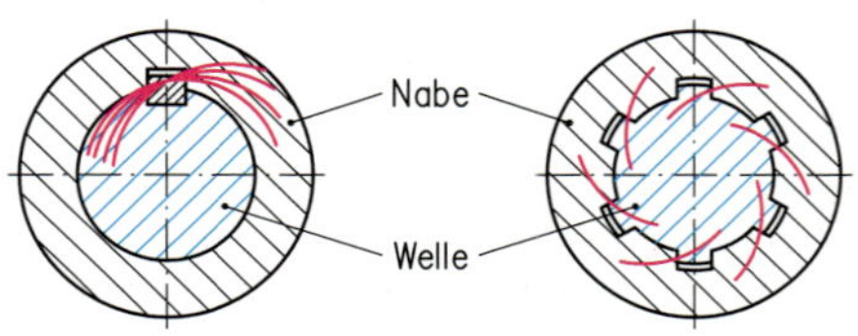

Kraftfluss in Nabenverbindungen

10.5 Fügen durch Kleben

Metallische bzw. nichtmetallische Werkstoffe können mithilfe von Klebstoffen gefügt werden. Da die Verbindung durch den Zusatzwerkstoff – den Klebstoff – zustande kommt, ist Kleben ein stoffschlüssiges Fügen. Eine Klebeverbindung kann nur durch Zerstören der Kleberschicht oder der Bauteile gelöst werden, daher ist Kleben ein unlösbares Fügen.

10.5.1 Vor- und Nachteile von Klebeverbindungen

1. Vorteile von Klebeverbindungen

Bis auf einige wenige Werkstoffe, wie z. B. Polyethylen (PE) und Silikon, lassen sich alle Werkstoffe in beliebiger Kombination miteinander verkleben.

Beim Kleben werden die Bauteile bis maximal 180 °C erwärmt. Daher treten keine Gefügeänderungen, kein Verzug der Bauteile und keine Wärmespannungen auf.

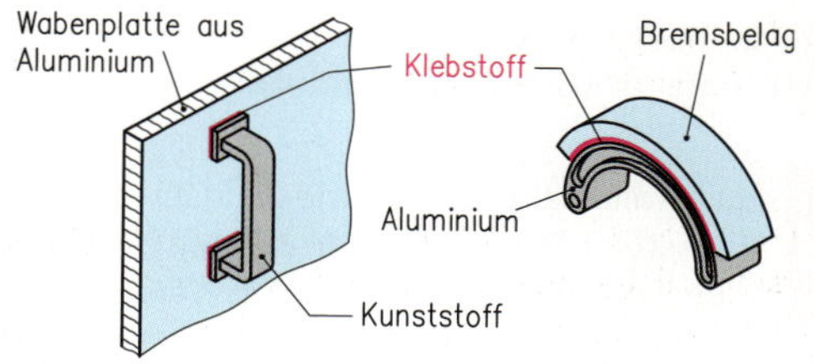

Kleben unterschiedlicher Werkstoffe

Bei Niet- und Schweißverbindungen treten an der Fügestelle unterschiedliche Spannungen auf. Geklebte Bauelemente dagegen haben an der Fügestelle eine gleichmäßige Spannungsverteilung.

Durch Kleben gefügte Behälter sind dicht gegen den Austritt von Flüssigkeiten und Gasen.

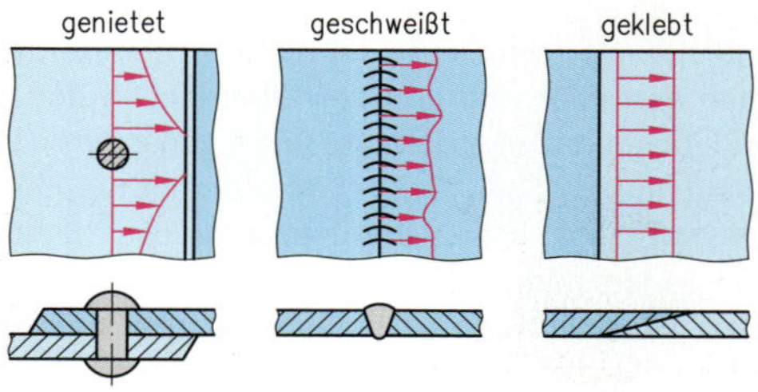

Spannungsverlauf bei gefügten Bauteilen

Klebstoffe leiten den elektrischen Strom nicht. Wegen ihrer Isolierfähigkeit werden sie in der Elektroindustrie als Fügestoffe eingesetzt. Weiterhin wird durch die isolierende Kleberschicht die Kontaktkorrosion verhindert, die sonst bei Verbindungen unterschiedlicher Metalle auftritt.

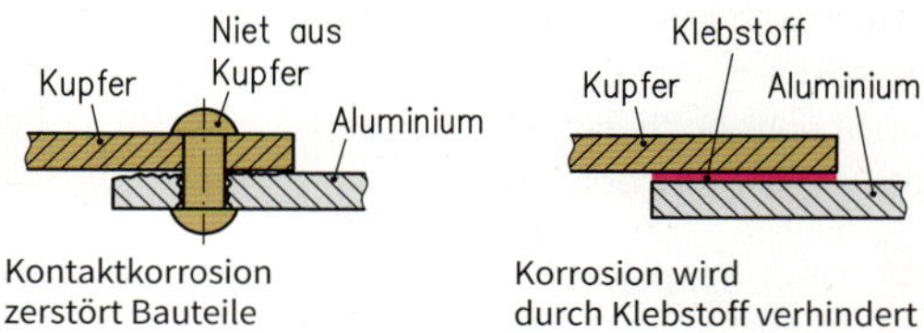

Klebstoff zur Isolierung

Durch Kleben können sowohl verhältnismäßig dünne als auch sehr unterschiedlich dicke Bauelemente gefügt werden. Konstruktionen mit Klebeverbindungen können daher gewichts- und werkstoffsparend gestaltet werden. So wird in der Luft- und Raumfahrtindustrie das Metallkleben besonders häufig eingesetzt.

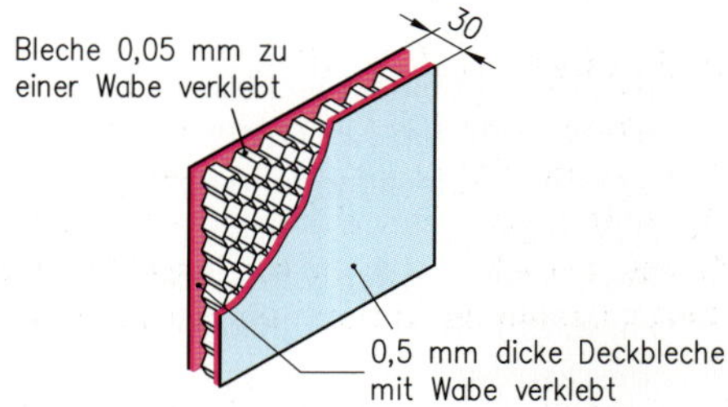

Geklebte Leichtbauplatte

> **!** Kleben ist ein stoffschlüssiges Fügen von gleichen oder verschiedenartigen Werkstoffen.
> Durch Kleben treten keine Gefügeänderungen und kein Verzug der Bauteile auf.
> Klebestoffe wirken isolierend und verhindern Kontaktkorrosion bei unterschiedlichen Metallen.
> Kleben ermöglicht Leichtbauweise.

2. Nachteile von Klebeverbindungen

Klebstoffe weisen meist eine geringere Festigkeit auf als die Werkstoffe, die gefügt werden sollen. Daher sind Klebeverbindungen nicht so stark belastbar wie Löt- und Schweißverbindungen gleicher Abmessung.

Bei den meisten Klebstoffen beginnt im Bereich von 55 °C bis ca. 120 °C ein Absinken der Festigkeit. Die Temperatur, bei der die Festigkeit erheblich abnimmt, nennt man die Grenztemperatur des Klebstoffs. Die Betriebstemperatur des Klebstoffs muss stets unter der Grenztemperatur liegen.

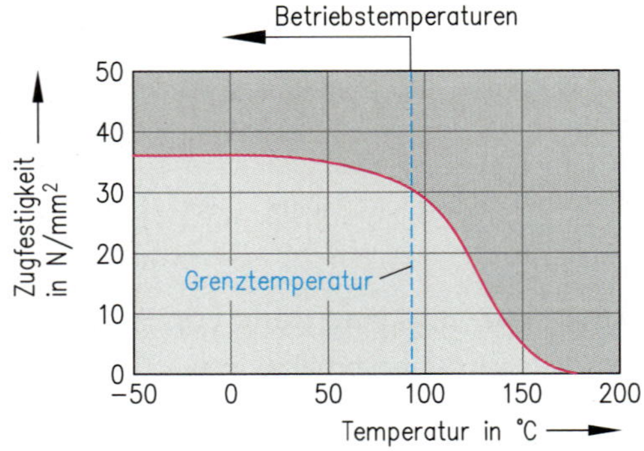

Wärmebeständigkeit eines Epoxidharzes

> **!** Klebstoffe haben meist eine geringere Festigkeit und Wärmebeständigkeit als die zu verbindenden Werkstoffe. Diese Nachteile müssen bei der Auswahl des Klebstoffs und der Gestaltung der Klebeverbindung berücksichtigt werden.

10.5.2 Vorgänge beim Kleben

Die Festigkeit von Klebeverbindungen hängt im Wesentlichen von der Größe der Adhäsionskräfte zwischen dem Klebstoff und den Oberflächen der zu verklebenden Werkstücke ab. Diese Adhäsionskräfte sind umso größer, je enger der Kontakt zwischen Klebstoff und Werkstückoberfläche ist. Schon kleinste Mengen an Verunreinigungen senken die Festigkeit einer Klebeverbindung. Darum müssen Klebestellen sehr sorgfältig gereinigt werden.

Zudem hängt die Festigkeit der Klebeverbindung von den Kohäsionskräften zwischen den Klebstoffmolekülen ab. Da die Festigkeit der Klebstoffe nicht sehr hoch ist, sollten dünne Klebstoffschichten angestrebt werden.

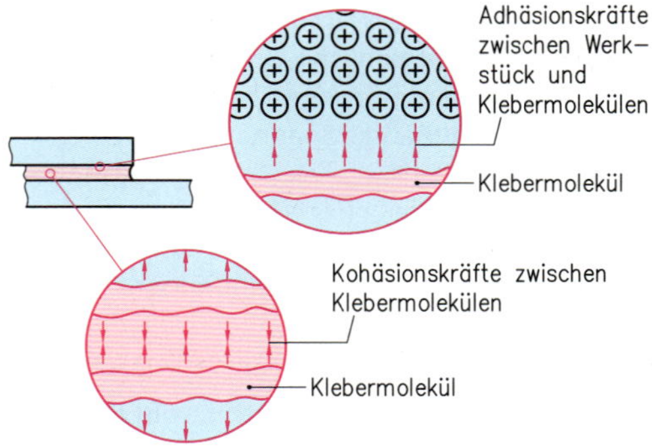

Kräfte in einer Klebeverbindung

> **!** Die Tragfähigkeit einer Klebeverbindung wird entscheidend durch die Sauberkeit der Klebeflächen bestimmt.

Klebstoffe erhärten nach unterschiedlichen Abbindemechanismen.

1. Physikalische Abbindemechanismen

- Bei **Nassklebstoffen** verdunstet das Lösungsmittel des Klebstoffs, wenn es durch einen der zu verklebenden Werkstoffe diffundieren kann. Der Klebstoff haftet durch Adhäsion bzw. durch Verklammern mit der Oberfläche.
- Bei **Kontaktklebstoffen** wird auf die Oberflächen der zu fügenden Bauteile getrennt eine Klebstoffschicht aufgetragen, die zunächst antrocknet. Nur die Oberfläche bleibt noch haftfähig. Nach Zusammendrücken der Bauteile entsteht zwischen den Klebstoffoberflächen eine feste Verbindung.
- Bei **Aktivierklebstoffen** wird ein fester Klebstoff meist durch Wärme aktiviert, z. B. geschmolzen. Nach dem Verfestigen verbindet er die Werkstücke.

2. Chemische Abbindemechanismen

Reaktionsklebstoffe härten durch chemische Reaktionen aus. Die meisten Metallklebstoffe sind Reaktionsklebstoffe. Bei der Aushärtung können je nach Klebstofftyp entweder aus Vorprodukten Kunststoffmoleküle gebildet werden oder vorhandene Kunststoffmoleküle vernetzt werden.

Übungsaufgaben 10/35 bis 10/39

Reaktionsklebstoffe unterscheidet man nach der Zahl der Komponenten aus denen der Klebstoff gebildet wird.

- Bei **Einkomponentenklebstoffen** erfolgt die Reaktion im Klebstoff durch Reaktion mit dem Luftsauerstoff, mit Luftfeuchtigkeit oder durch Wärme. Einige Einkomponentenklebstoffe härten nur unter Druck von 10 bis 80 N/cm^2 aus.
- Bei **Zweikomponentenklebstoffen** wird die Reaktion durch Vermischen der beiden Komponenten Binder und Härter unmittelbar eingeleitet.

Nach der Aushärtetemperatur unterscheidet man Kalt- und Warmklebstoffe.

- **Kaltklebstoffe** härten bei Raumtemperatur. Sie sind meist Zweikomponentenklebstoffe.
- **Warmklebstoffe** härten bei Temperaturen zwischen 120 und 180 °C aus. Die Temperatur muss über einen Zeitraum von 15 bis 120 min gehalten werden. Nach dieser Zeit ist die Verbindung fest, aber der Klebstoff härtet auch in der Folgezeit noch nach. Die Festigkeit von Warmklebstoffen ist höher als die von Kaltklebstoffen.

10.5.3 Gestaltung von Klebeverbindungen

Bei der Gestaltung sind folgende Gesichtspunkte zu berücksichtigen:

- Da die vom Klebstoff aufzubringenden Adhäsionskräfte meist geringer sind als die Festigkeit der zu verklebenden Werkstoffe, ist eine große Fügefläche anzustreben, die häufig nur durch eine Überlappung zu erreichen ist. Die Überlappungslänge sollte etwa das 20- bis 30-Fache der dünnsten Werkstückdicke der zu verklebenden Bauteile sein.

Überlappungslänge $l_ü = 20 \text{ bis } 30 \cdot s_{min}$

Einfachlaschen, Doppellaschen und besonders die Schäftung sind als Überlappungen geeignet. Bei Bauteilen aus Hohlprofilen wird die Überlappung meist durch Einlagen hergestellt.

- Die geringe Festigkeit des Klebstoffs erfordert dünne Klebeflächen von etwa 0,1 bis 0,15 mm.
- Biegebeanspruchung, die bei einfachen Überlappungen dünnwandiger Werkstücke auftritt, und besonders Schälbeanspruchung müssen vermieden werden.
- Da Klebstoffe bei dauernder statischer Belastung zum Kriechen neigen, sollte eine formschlüssige Sicherung in Verbindung mit der Verklebung vorgesehen werden.

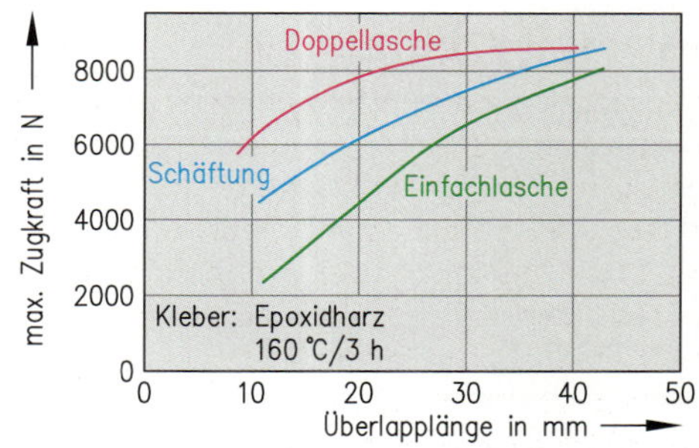

Max. Zugkraft bei verklebten Al-Blechen 12 x 2 mm

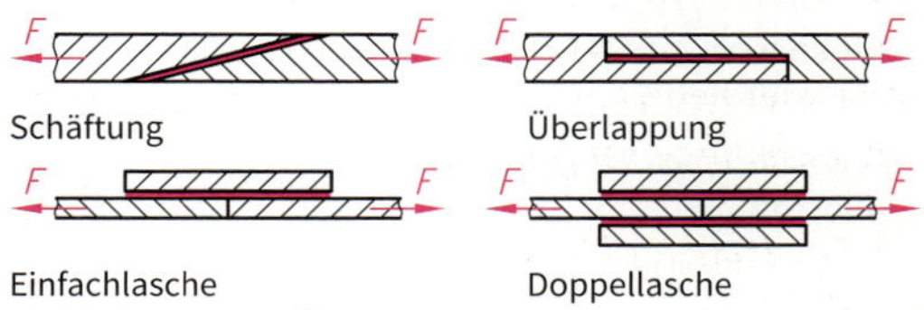

Verbindungen mit Überlappungen

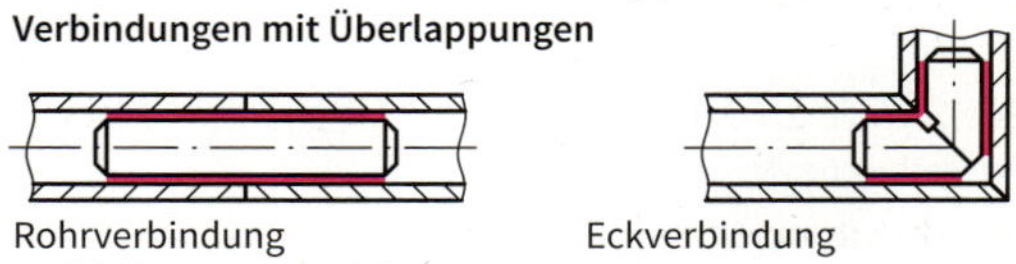

Verbindungen mit Einlagen

Biegung bei einfacher Überlappung

Schälbeanspruchung

> **!** Gestaltungsregeln für Klebeverbindungen:
> - Zug- und Schälbeanspruchung vermeiden,
> - dünne Klebstoffschichten anstreben,
> - großflächig verkleben.

Übungsaufgaben 10/40 bis 10/42

10.5.4 Übersicht über Klebstoffe

1. Kleben mit physikalisch abbindenden Klebstoffen

Klebstoff	Zusammensetzung	zu verklebende Werkstoffe	Abbindemechanismus	Beispiele
Nassklebstoff	Kunststoff in feinster Verteilung in Wasser, z. B. Vinylacetat-Kunststoffe	• poröse Werkstoffe untereinander, • z. B. Holz-Hartschaum • poröse Werkstoffe mit dichtem, nichtmetallischem Werkstoff, z. B. Holz mit Phenolharz-Hartpapier	das Dispersionsmittel Wasser verdunstet, der Kunststoff haftet an den Bauteilen (Dispersionskleber)	Ponal® Bindulin® EM-Holz®
	Kunststoffe in organischem Lösungsmittel gelöst, z. B. PVC in Methylenchlorid, Zelluloseacetat in Aceton	• anlösbare Kunststoffe untereinander, z. B. PVC mit PVC • anlösbare Kunststoffe mit porösen, nicht lösbaren Werkstoffen, z. B. PVC mit PU-Schaum	zu verklebende Flächen werden angelöst, der Kunststoff im Klebstoff überbrückt kleine Fugen, das Lösungsmittel verdampft (Lösungsmittelkleber)	Tangit® für PVC Gummilösung
Kontaktklebstoff	gummiartige Kunststoffe in organischen Lösungsmitteln gelöst	• poröse, nicht anlösbare plattenförmige Werkstoffe miteinander • poröse, nicht anlösbare plattenförmige Werkstoffe mit dichtem Werkstoff	zu verklebende Flächen werden beidseitig eingestrichen und nach einer Ablüftzeit werden die scheinbar trockenen Klebeflächen unter Druck vereinigt	Pattex®
Aktivierklebstoff	thermoplastischer Kunststoff, z. B. Polyamid	alle verklebbaren Werkstoffe einschließlich Metallen (nach guter Vorwärmung)	Erstarren des Klebstoffs beim Abkühlen (Schmelzkleber)	

2. Kleben mit chemisch abbindenden Klebstoffen (Reaktionsklebstoffen)

Klebstoff	Zusammensetzung	zu verklebende Werkstoffe	Abbindemechanismus	Beispiele
Polymerisationsklebstoff	Polyesterharze + Härter (Peroxide)	Metalle, Duroplaste, Keramik, Holz, Glas, keine weichelastischen Werkstoffe wie z. B. PVC, Gummi	Vernetzen des Polyesters	Stabilit®
Polyadditionsklebstoff	Epoxidharze + Härter		Kettenbildung und Vernetzung des Klebstoffs	Araldit® Redux® UHU-plus®
	Polyurethanharze + Härter			Desmocol®

®eingetragenes Markenzeichen

10.5.5 Schutzmaßnahmen beim Kleben

Lösungsmittel zum Entfetten, Beizbäder und Klebstoffe im ungehärteten Zustand können gesundheitsschädliche Dämpfe verursachen. Auch ein Kontakt mit der Haut ist zu vermeiden, da manche Klebstoffe Hautverletzungen hervorrufen. Nachdrücklich sei auf die Feuergefährlichkeit von Lösungsmitteln und Lösungsmittelklebstoffen hingewiesen. Beim Kleben darf nicht mit offenen Flammen umgegangen werden, auch Rauchen ist verboten.

!

Beim Umgang mit Klebstoffen und Lösungsmitteln sind zu beachten:
- Dämpfe nicht einatmen,
- Hautkontakt vermeiden,
- offenes Feuer fernhalten,
- Herstellerhinweise einhalten.

Übungsaufgaben 10/43 bis 10/46

10.6 Fügen durch Löten

10.6.1 Anwendung des Lötens

Das Löten ist ein Fügeverfahren, bei dem metallische Bauteile unlösbar miteinander verbunden werden. Zwischen die zu fügenden Bauteile wird ein flüssiges Zusatzmetall, das sogenannte **Lot**, eingebracht. Nach dem Erstarren des Lots ist die Verbindung fest.
Der Schmelzpunkt des Lots liegt immer unter den Schmelzpunkten der Fügeteile. Die Bauelemente können aus unterschiedlichen Metallen bestehen. So kann z. B. Stahl mit Hartmetall durch Löten verbunden werden.

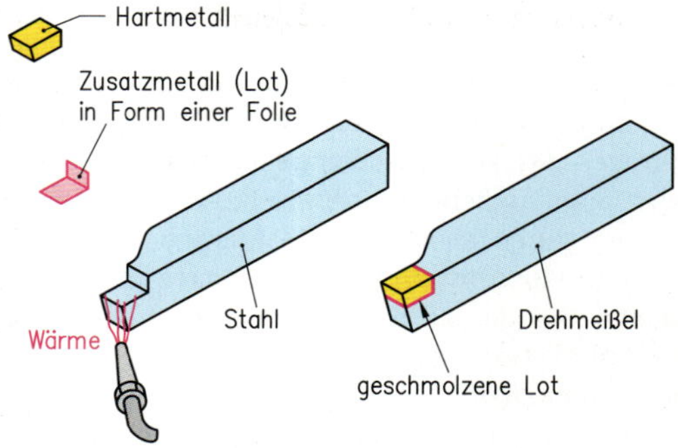

Einlöten einer Hartmetallplatte

> ! Löten ist ein unlösbares Fügen metallischer Bauelemente durch ein geschmolzenes Zusatzmetall, das Lot. Die Schmelztemperatur des Lots ist niedriger als die der gefügten Metalle.

Löten findet vorwiegend Anwendung:
- im Rohrleitungsbau, da sich dichte Verbindungen einfach herstellen lassen,
- in der Elektrotechnik, da Lötverbindungen elektrisch gut leiten,
- bei Blecharbeiten im Baugewerbe, da sich die dort verarbeiteten Werkstoffe Kupfer und Zink vor Ort sehr einfach löten lassen,
- im Leichtbau, da sich hochfeste Werkstoffe ohne Gefahr von Gefügeänderungen und Verzug bei verhältnismäßig niedrigen Temperaturen verbinden lassen.

Löten einer Hülse mit einem Gabelbrenner (MINITHERM-Brenner)

Nachteilig ist die meist geringe Festigkeit der Lote im Vergleich zur Festigkeit der zu verbindenden Werkstoffe. Darum sollten Lötverbindungen stets überlappt werden – was höheren Materialaufwand bedeutet. Bei Loten auf der Basis von Blei-Zinn besteht die Gefahr des Kriechens unter Belastung. Lote können in aggressiven Medien korrodieren.

> ! Durch Löten können unterschiedliche Metalle gefügt werden. In den Lötverbindungen treten kaum Gefügeänderungen und nur ein geringer Verzug auf. Sie sind dicht gegenüber Gasen und Flüssigkeiten. Die Fügestelle ist elektrisch gut leitend.

10.6.2 Vorgänge beim Löten

1. Legierungsbildung

Beim Lötvorgang werden die Werkstücke erwärmt und das Lot zum Schmelzen gebracht. Dabei wandern Atome des Lots in die Randschichten der zu verbindenden Bauelemente. Umgekehrt wandern auch Atome aus den Grenzflächen der Bauelemente in das Lot. So entsteht an den Grenzen zwischen Lot und Bauelement eine **Legierung**. Durch die Legierungsbildung ergibt sich an der Lötstelle eine dichte, feste und unlösbare Verbindung. Eine gelötete Verbindung überträgt Kräfte durch **Stoffschluss**.

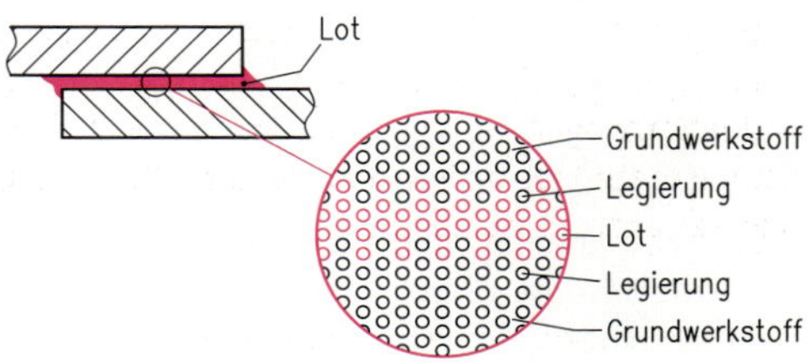

Legierungsbildung in der Lötstelle

> ! Beim Löten legieren sich in den Randschichten die Werkstoffe von Lot und Bauelementen.

2. Vorbereitung der Oberflächen zum Löten

Die Legierungsbildung beim Löten ist nur möglich, wenn die Werkstückoberflächen an der Lötstelle sauber und metallisch blank sind. Metalloxide werden darum vor dem Löten von der Oberfläche abgetragen. Starke Oxidschichten – etwa Rost – entfernt man zunächst mechanisch. Restliche Oxide werden durch chemische Reaktionen mit sogenannten **Flussmitteln** in Verbindungen überführt, welche bei der Löttemperatur dünnflüssig und leichter als das Lot sind. Dadurch erhöht sich die Benetzbarkeit der Lötstelle mit dem Lot.

Während des Lötens schwimmen die Verbindungen von Oxiden und Flussmitteln auf dem Lot und verhindern eine neue Oxidbildung. Sie werden durch das Lot aus der Lötstelle gedrängt.

Der Temperaturbereich, in dem ein Flussmittel seine Wirkung voll entfaltet, wird Wirktemperaturbereich genannt. Der Schmelztemperaturbereich des Lots muss innerhalb des Wirktemperaturbereichs des Flussmittels liegen.

Reste des Flussmittels müssen nach dem Löten entfernt werden, da sie korrodierend wirken.

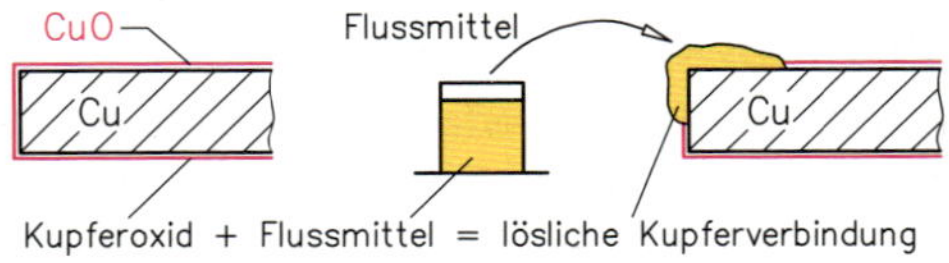

Flussmittel beseitigt Oxidschicht

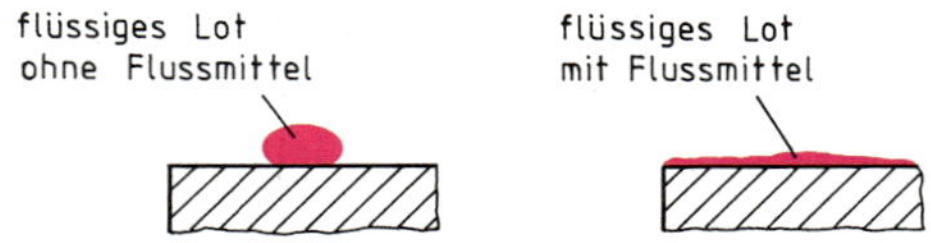

Flussmittel erhöht Benetzbarkeit

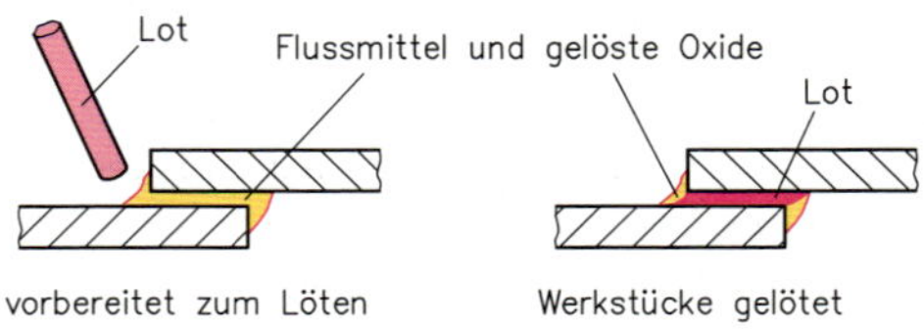

Lot verdrängt Flussmittel und Oxide

> **!** Werkstückflächen müssen zum Löten metallisch blank sein.
> Flussmittel haben folgende Aufgaben:
> - Sie entfernen Metalloxide durch chemische Reaktionen.
> - Sie verhindern die Bildung neuer Metalloxide.
> - Sie erhöhen die Benetzbarkeit der Lötstelle mit Lot.

3. Einbringen des Lots

Zur Erzeugung einer sicheren Lötung müssen Lötstelle und Lot auf die zur Legierungsbildung notwendige Temperatur gebracht werden.

Das Lot kann auf unterschiedliche Art an die Lötstelle gebracht werden.

- Als flüssiger Lottropfen kann das Lot vom Lötkolben unmittelbar an die Lötstelle herangeführt werden, wenn die zu verbindenden Werkstücke sehr dünn sind, wie z. B. bei Lötfahnen und Drähten in der Elektroindustrie. Der flüssige Lottropfen heizt dabei die Lötstelle auf und verbindet die Bauteile.
- Als Draht oder Stange kann Lot von außen an die erwärmte Lötstelle herangeführt werden. Es schmilzt dort ab. Diese Technik wird meist im Rohrleitungs- und Behälterbau angewendet.
- Als angepasste Formteile kann Lot in die kalte Lötstelle eingelegt und mit dieser zusammen erwärmt werden. Dieses Verfahren wird häufig in der Serienfertigung eingesetzt.

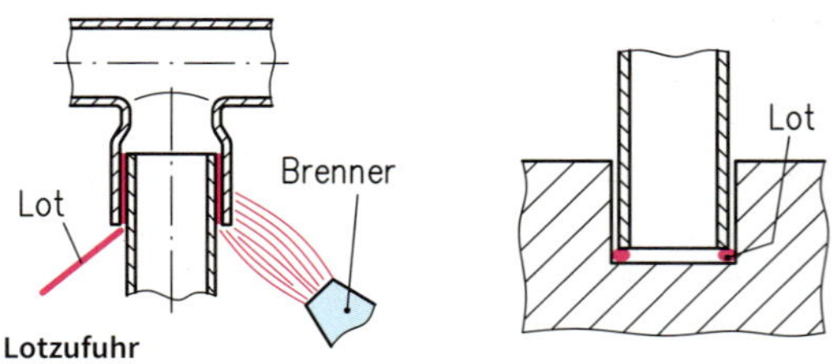

Lotzufuhr

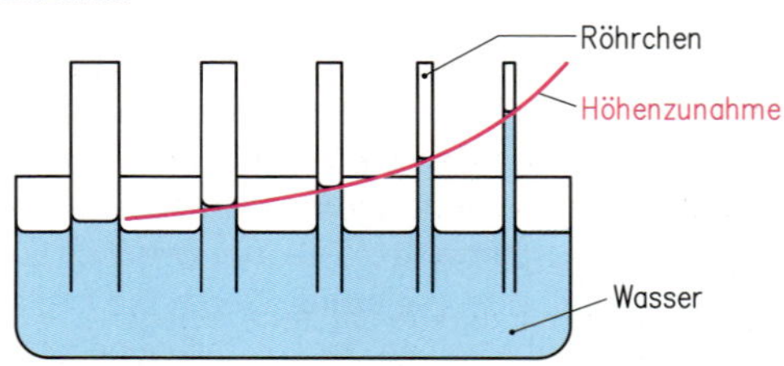

Kapillarwirkung

Damit das Lot an die Lötstelle gelangen kann, muss der Spalt zwischen den Bauelementen möglichst eng sein. Je enger der Lötspalt ist, desto leichter und weiter saugt sich das Lot in den Spalt. Diese Sogwirkung nennt man **Kapillarwirkung**. Sie tritt in dünnen Rohren und engen Spalten auf.

Übungsaufgaben 10/50; 10/51

Wegen der Kapillarwirkung hat sich für Lötverbindungen ein paralleler **Lötspalt** von 0,05 bis 0,2 mm als günstig erwiesen. Bei zu kleinem Spalt zwischen dem Bauelementen füllt das Lot wegen seiner Dickflüssigkeit den Lötspalt nicht voll aus. Ist er dagegen zu breit, tritt die Kapillarwirkung nur sehr schwach auf.

Außerdem vermindern sich bei zu breitem Lötspalt die Festigkeitseigenschaften der Lötstelle. Im zu breiten Lötspalt verbleibt nämlich in der Lötstelle zwischen den Bauelementen eine Schicht aus reinem Lot. Diese Schicht hat eine geringere Festigkeit als Legierung und Grundwerkstoff.

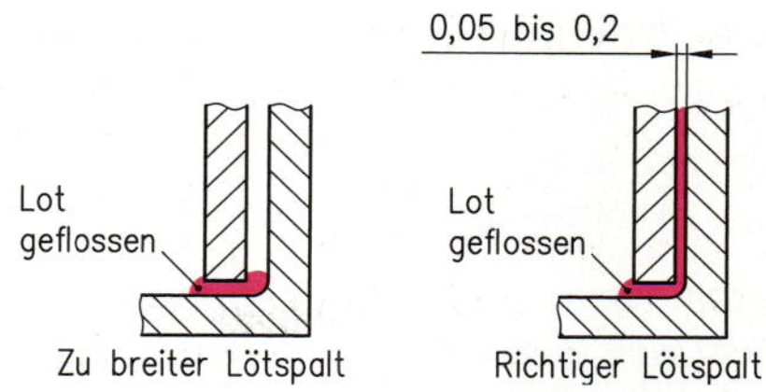

Zu breiter Lötspalt Richtiger Lötspalt
Kapillarwirkung im Lötspalt

> **!** Beim Löten soll das geschmolzene Lot durch die Kapillarwirkung in den Lötspalt gesaugt werden.
> Ein optimaler Lötspalt soll eine Breite von 0,05 bis 0,2 mm haben.

4. Wahl der Löttemperatur

Lote sind Legierungen, die Kristallgemenge bilden. Deshalb schmelzen und erstarren sie in einem Temperaturbereich. Lediglich eutektische Legierungen und reine Metalle, die als Lote verwendet werden, haben einen Schmelzpunkt. Siehe auch *„Werkstofftechnik“*, Kapitel *„Legierungen“*.

Die niedrigste Temperatur, bei der das Lot fließt und sich mit dem Grundwerkstoff verbindet, wird *Arbeitstemperatur* genannt. Sie liegt im Schmelzbereich des Lots oder geringfügig darüber.

Bei der höchstzulässigen Löttemperatur darf noch keine Schädigung der beteiligten Werkstoffe erfolgen.

Nach dem Fließen des Lots soll die Löttemperatur etwa 15 bis 60 Sekunden gehalten werden, damit der Legierungsvorgang an den Grenzflächen stattfindet.

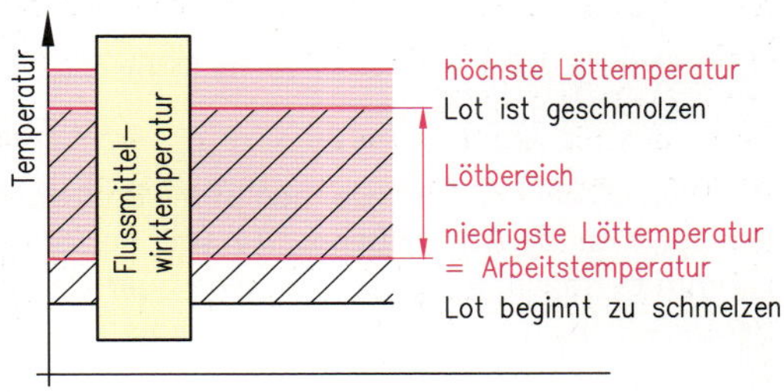

Temperaturen beim Löten

> **!** Die niedrigste Löttemperatur wird Arbeitstemperatur genannt. Der Lötvorgang muss im Temperaturbereich zwischen der Arbeitstemperatur und der höchsten Löttemperatur stattfinden.
> Der Wirktemperaturbereich des Flussmittels muss größer sein als der Schmelztemperaturbereich des Lots.

10.6.3 Lötverfahren

1. Einteilung der Lötverfahren

Die Lötverfahren werden meist nach der Schmelztemperatur der Lote in Weich-, Hart- und Hochtemperaturlöten unterteilt. Für jedes Verfahren sind spezielle Lote und Flussmittel typisch.

Weichlöten	Hartlöten	Hochtemperaturlöten
• Schmelztemperatur der Lote **unter 450 °C** • Lote auf Blei-Zinn-Basis	• Schmelztemperatur der Lote **zwischen 450 und 900 °C** • Kupferbasislote oder silberhaltige Lote	• Schmelztemperatur der Lote **über 900 °C** • Nickelbasislote
• Flussmittel mit geeignetem Wirktemperaturbereich	• Flussmittel mit geeignetem Wirktemperaturbereich	• Flussmittelfrei im Vakuum oder unter Schutzgas

Die größte Bedeutung haben Weich- und Hartlöten. Das Hochtemperaturlöten findet hauptsächlich in der automatisierten Serienfertigung statt.

2. Wärmequellen

Beim **Weichlöten** kann die Lötstelle wegen der niedrigen Temperaturen mit:

- Lötkolben,
- Lötbrenner und
- Lötlampe

erwärmt werden.

Die zum **Hartlöten** erforderlichen Temperaturen können mit folgenden Geräten erreicht werden:

- Schweißbrenner, betrieben mit Acetylen-Sauerstoffgemisch,
- Hartlötbrenner, betrieben mit Acetylen-Luftgemisch.

Übungsaufgaben 10/52 bis 10/55

10.6.4 Gestaltung von Lötverbindungen

Bei der Gestaltung von Lötverbindungen ist Folgendes zu berücksichtigen:
- Lote haben meist geringere Festigkeit als die zu verbindenden Werkstoffe.
- Das Lot sollte möglichst nicht auf Zug und keinesfalls auf Schälung beansprucht werden.

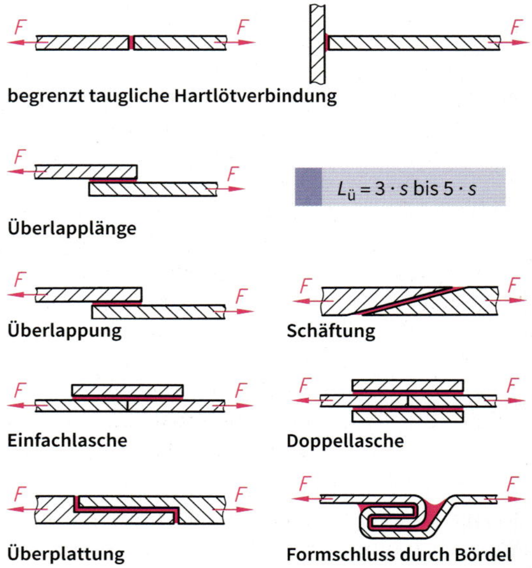

Lötverbindungen sollen als Überlappung gestaltet werden, weil dort eine Scherbeanspruchung vorliegt und die Lötfläche groß genug gestaltet werden kann. Sie soll das 3- bis 5-Fache der Wanddicke des dünneren Fügeteils betragen. Lediglich beim Hartlöten und beim Hochtemperaturlöten können wenig belastete Bauteile durch Stumpfnähte verbunden werden.

Die Form der Überlappung richtet sich vornehmlich nach der Funktion der Bauteile. Es kann zwischen Einfachlasche, Doppellasche, Überplattung und Schäftung gewählt werden.

Besonders bei Weichlötungen ist es günstig, die Überlappung durch eine zusätzliche formschlüssige Verbindung zu sichern.

Bei allen maßlichen Festlegungen ist die Breite des Lötspalts zu berücksichtigen. Sie soll bei Stahl 0,1 mm betragen. Bearbeitungsriefen quer zur Flussrichtung des Lots sind zu vermeiden. Die gemittelte Rautiefe R_z in Flussrichtung soll kleiner als 0,02 mm sein.

! Lötverbindungen sollen als Überlappungen gestaltet werden. Schälbeanspruchung ist zu vermeiden.

10.6.5 Lote und Flussmittel

1. Lote

Lote unterteilt man wie die Lötverfahren nach der Schmelztemperatur.

Weichlote sind hauptsächlich Legierungen aus Zinn (Sn) und Blei (Pb) in verschiedenen Mischungsverhältnissen. Zur Steigerung der Härte und Festigkeit der Lötstelle ist diesen Loten vielfach Antimon (Sb), Kupfer (Cu) oder Silber (Ag) in geringen Mengen zugegeben.

Hartlote sind in der Regel Kupfer-Zink-Legierungen (Kupferbasislote) oder silberhaltige Legierungen mit Silberanteilen von 2 bis 85 %.

Durch die Auswahl der geeigneten Lote lassen sich alle Schwermetalle und deren Legierungen löten. Zum Weich- und Hartlöten von Aluminiumwerkstoffen sind besondere Lote entwickelt worden.

Nach DIN EN ISO 9453 werden Weichlote für Schwermetalle mit den Legierungsbestandteilen und den jeweiligen Prozentanteilen angegeben.

Beispiele für die Bezeichnung eines Weichlots

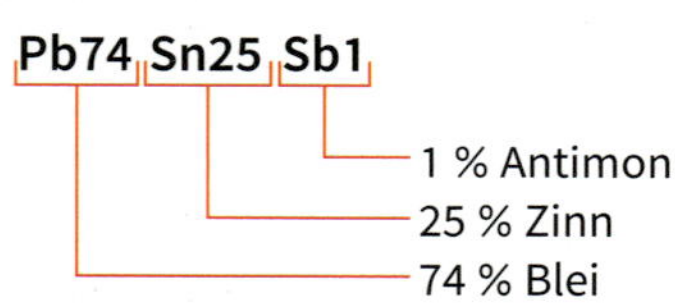

Übungsaufgaben 10/56 bis 10/58

10.7 Fügen durch Schweißen

Durch Schweißen werden nicht lösbare Verbindungen hergestellt. Dabei werden die zu verbindenden Bauteile durch Wärme oder durch Druck und Wärme stoffschlüssig gefügt. Vielfach geschieht dies unter Zugabe eines Schweißzusatzwerkstoffs.

Schweißen ist häufig das wirtschaftlichste und technisch günstigste Fügeverfahren, weil

- der Fertigungsaufwand bei Einzelfertigung gering ist, z. B. keine Modellherstellung wie beim Gießen,
- der Materialeinsatz gering ist, z. B. keine Überlappung und keine Hilfsfügeteile wie beim Fügen durch Nieten oder Schrauben,
- die Fügestelle nahezu die gleiche Festigkeit und Temperaturbeständigkeit wie die zu fügenden Grundwerkstoffe erreicht, z. B. keine großen Fügeflächen und Temperaturbegrenzung wie beim Löten und Kleben,
- das Schweißen mechanisierbar ist, automatisiert werden kann und so einfach in den Fertigungsprozess einzugliedern ist.

Wolfram-Inertgas-Schweißen (WIG-Schweißen) einer Konstruktion aus hochlegiertem Stahl

Nachteile des Schweißens sind die starke Erwärmung an der Schweißstelle, die zu Gefügeänderungen und Wärmespannungen führt. Ferner ist zu beachten, dass nur gleiche oder ähnliche Werkstoffe durch Schweißen gefügt werden können.

> **!** Durch Schweißen werden meist gleichartige Werkstoffe in flüssigem oder plastischem Zustand zu einem gemeinsamen Gefüge vereinigt. Schweißen ist ein unlösbares Fügen durch Stoffschluss.

Die Schweißverfahren können unter verschiedenen Gesichtspunkten gegliedert werden.

Einteilung der Schweißverfahren

Nach der Art des Energieträgers	Nach der Art des Grundwerkstoffs	Nach dem Zweck des Schweißens	Nach dem Ablauf des Schweißens	Nach der Art der Fertigung
Beispiel: MAG-Schweißen, Lichtbogenschmelzschweißen	**Beispiel:** Metallschweißen, Kunststoffschweißen	**Beispiel:** Verbindungsschweißen, Auftragschweißen	**Beispiel:** Schmelzschweißen, Pressschweißen	**Beispiel:** Handschweißen, automatisches Schweißen

Europaweit sind wichtige Schweißverfahren nach DIN EN ISO 4063 mit Kennziffern belegt worden, damit internationale Vereinbarungen im Bereich Auftragsabwicklung leichter eingehalten werden können.

Beispiele für Schweißverfahren

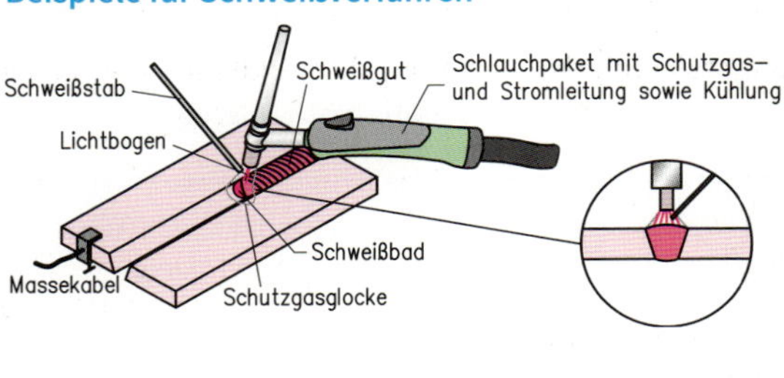

Wolfram-Inertgas-Schweißen (WIG) Kennziffer 141

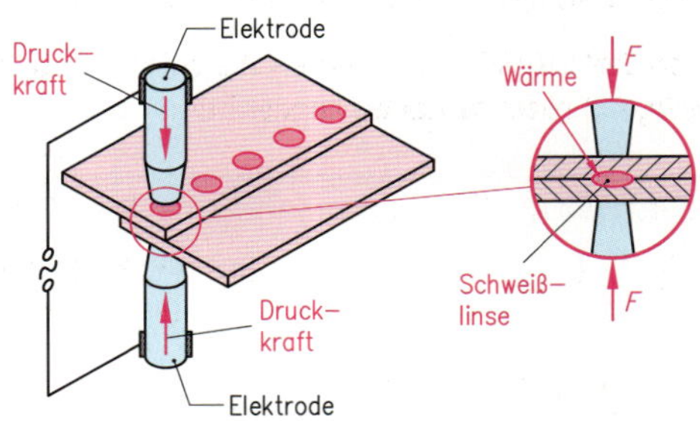

Widerstands-Punktschweißen, Kennziffer 21

Eine Schweißverbindung wird durch die Kenngrößen Schweißstoß, Schweißnahtart und Schweißposition gekennzeichnet.

Der Bereich, in dem Bauelemente durch Schweißen miteinander verbunden werden, wird Schweißstoß genannt. Die Bauelemente können an der Schweißstelle auf verschiedene Arten aufeinandertreffen. Man unterscheidet daher nach der Anordnung der zu fügenden Teile unterschiedliche Schweißstöße.

Beispiele für Schweißstöße

Stumpfstoß	Überlappstoß	T-Stoß	Mehrfachstoß
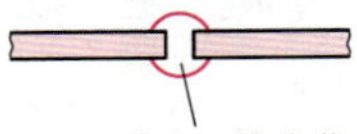 Schweißstelle	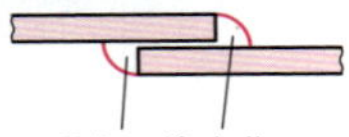 Schweißstellen	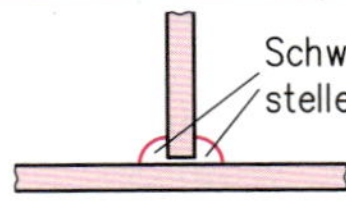 Schweiß-stellen	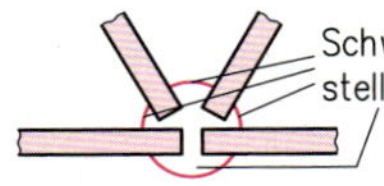 Schweiß-stellen

Beim Schweißen bezeichnet man die stoffschlüssige Verbindungsstelle der Bauelemente als Schweißnaht. Schweißnähte können durchgehend oder mit Unterbrechungen geschweißt werden. Auch einzelne Schweißpunkte sind üblich. Die Form einer Schweißnaht ergibt sich aus der Art des Schweißstoßes, aus der Werkstückdicke an der Schweißstelle und aus dem Schweißverfahren. Entsprechend der gewählten Nahtart werden die Werkstückkanten vorbereitet. Die Vorbereitung geschieht durch Fräsen, Schleifen oder Abtragen mittels Brennschneiden. Dünne Schweißnähte werden in einer Lage geschweißt, dickere Schweißnähte müssen in mehreren Lagen geschweißt werden.

Die Durchführung eines Schweißvorgangs hängt u. a. von der Lage der zu verschweißenden Werkstückkanten beim Schweißen ab. Die Lage einer Schweißnaht beim Schweißen bezeichnet man als **Schweißposition**. Nach DIN EN ISO 6947 sind die Schweißpositionen festgelegt:

Beispiele für Schweißpositionen und Schweißnahtarten

Benennung	**Schweißstoß** *(Lage der Halbzeuge zueinander)*					
	Stumpfstoß			**T-Stoß**		
	am Blech		**am Rohr**	**am Blech**		**am Rohr**
Bild	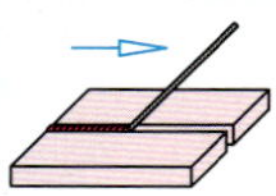	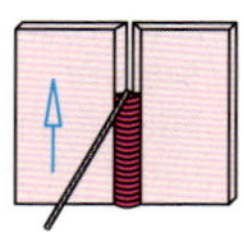	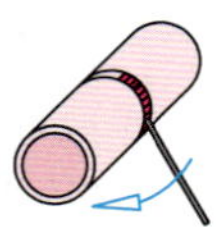	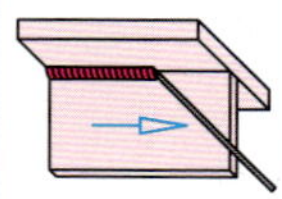	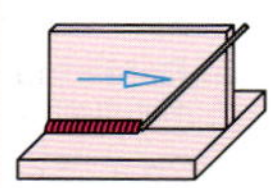	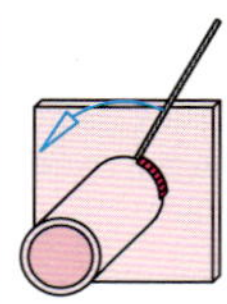
Fugenform (Nahtquerschnitt)	I-Naht 	V-Naht 	V-Naht 	Kehlnaht 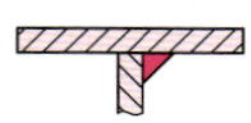	Kehlnaht 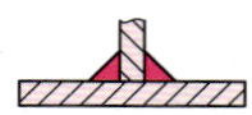	Kehlnaht 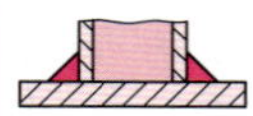
	einseitig bei *t* bis ca. 4 mm	einseitig bei *t* ca. 3 bis 10 mm		einseitig bzw. beidseitig bei *t* > 2 mm		
Symbol	‖	∨	∨	◺		◺
Schweiß-position	Wannen-position	Steig-position	Fall-position	Horizontal-Überkopf-Position	Horizontal-Vertikal-Position	Steig-position
Kurzzeichen	**PA**	**PF**	**PG**	**PD**	**PB**	**PF**

—▷ = Schweißrichtung

Übungsaufgaben 10/61; 10/62

10.7.1 Gasschmelzschweißen (Kennziffer 311)

Beim Gasschmelzschweißen – auch Autogenschweißen genannt – wird der Werkstoff der zu fügenden Bauteile an der Schweißstelle durch die Verbrennungswärme eines Gases geschmolzen.
Das Gasschmelzschweißen wird hauptsächlich in der Installationstechnik angewandt.

Beispiel für eine Gasschmelzschweißanlage

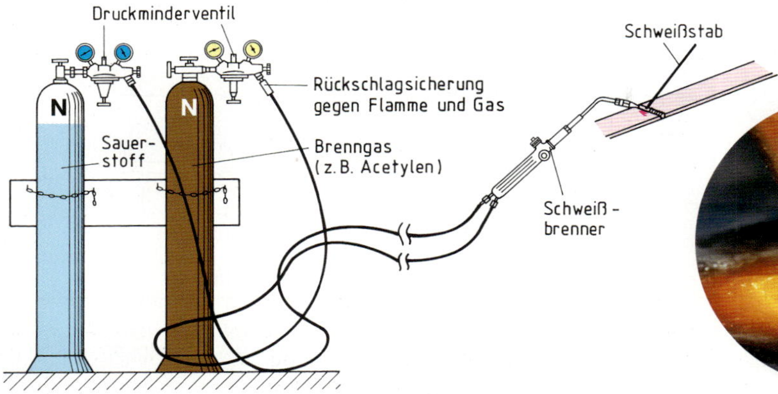

1. Gase für das Gasschmelzschweißen

Zum Gasschmelzschweißen werden als Brenngase Acetylen, Propan oder Wasserstoff eingesetzt. Zur Erzielung hoher Temperaturen werden sie mit reinem Sauerstoff verbrannt.

Die Acetylen-Sauerstoff-Flamme liefert die höchste Flammtemperatur. Sie wird deshalb bevorzugt eingesetzt.

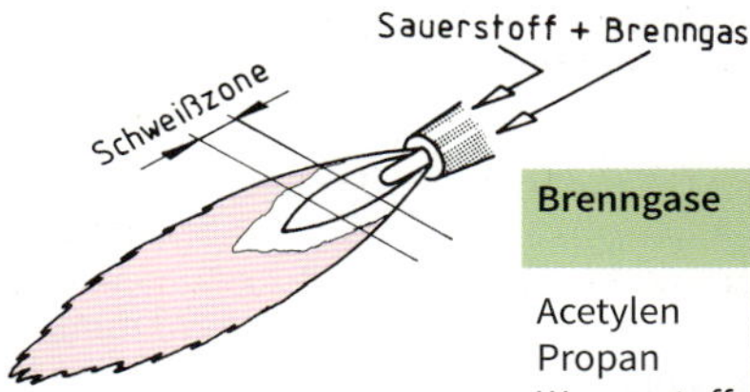

Gasflamme

Brenngase	Flammtemperatur
Acetylen	3200 °C
Propan	2800 °C
Wasserstoff	2100 °C

Speicherung von Sauerstoff	Speicherung von Acetylen
Sauerstoff wird in Stahlflaschen abgefüllt. Normalflasche (N): 40 l Volumen, 150 bar Überdruck, 6000 l Entnahmemenge Leichtflasche (L): 50 l Volumen, 200 bar Überdruck, 10000 l Entnahmemenge	Um größere Mengen Acetylen in einer Stahlflasche zu speichern, muss Acetylen in Aceton gelöst werden. Das Aceton wird in der Flasche von einer hochporösen Masse aufgenommen. Flaschenvolumen: 40 l Acetonmenge: 13 l Inhaltsdruck: 18 bar Überdruck Entnahmemenge: ca. 6000 l

2. Kennzeichnung von Druckgasflaschen

Die verbindliche Kennzeichnung des Gasinhalts einer Gasflasche erfolgt nach DIN EN 1089 auf einem Gefahrgutaufkleber auf der Schulter der Gasflasche. Eine zusätzliche Farbkennzeichnung der Schulter und des Mantels der Gasflasche erhöht die eindeutige Zuordnung zum technischen Gas. Bei einigen Gasen kann die Farbkennzeichnung des Mantels auch nach Norm – wie in der Tabelle dargestellt – unterschiedlich ausfallen.

Gasart	Farbkennzeichnung nach DIN EN 1089-3; technische Gase		
	Schulter	Mantel	
Sauerstoff	weiß	grau	(blau)
Acetylen	kastanienbraun	grau	(kastanienbraun)
Wasserstoff	rot	rot	
Argon	dunkelgrün	grau	(dunkelgrün)

3. Schweißbrenner mit Einstellung der Schweißflamme

Schweißbrenner mit Injektor

Bestandteile

Schweißeinsatz: Auswahl des Durchmessers der Schweißdüse nach Werkstückdicke

Griffstück: Ventil für Sauerstoff und Acetylen; erst wird das Sauerstoffventil geöffnet, um eine Saugwirkung zu ermöglichen. Anschluss für Acetylen- (rot) und Sauerstoffschläuche (blau)

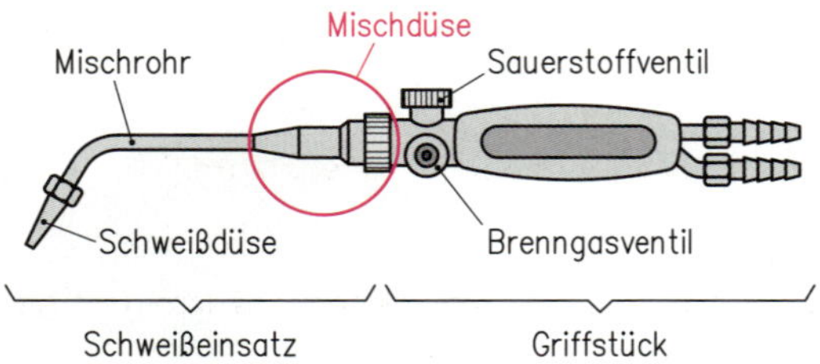

Schweißbrenner (Injektorbrenner = Saugbrenner)

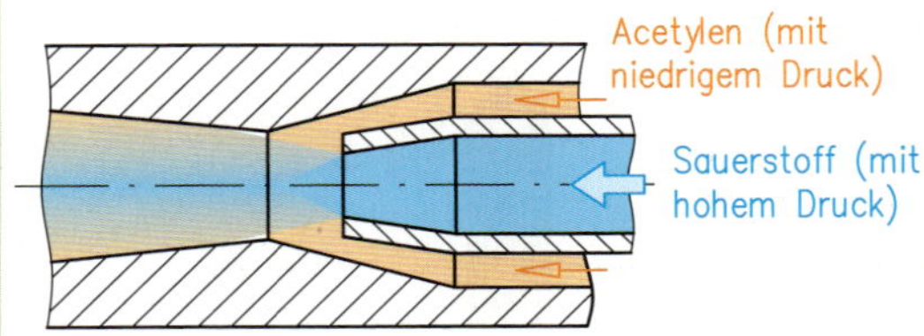

Saugwirkung beim Injektorbrenner

Den **Schweißeinsatz** wählt man entsprechend der Werkstückdicke. Zur Normalausrüstung gehören sechs Schweißeinsätze. Ihr Arbeitsbereich für Stahl entspricht einer Werkstoffdicke von 0,5 bis 14 mm. Für andere Werkstoffe werden abweichende Schweißeinsätze verwendet. Zum Beispiel nimmt man für Aluminium den Schweißeinsatz des höheren Nennbereichs, da dieser Werkstoff die Wärme schnell ableitet.

Einer Flamme mit neutraler Einstellung wird nur so viel Sauerstoff zugeführt, wie für die Verbrennung des Acetylens notwendig ist. Sie ist zum Schweißen von Stählen einzustellen.

Eine Flamme mit Sauerstoffüberschuss wird zum Schweißen von Kupfer-Zink-Legierungen (Messing) verwendet, um ein Verdampfen des Zinks zu verhindern.

Schweißeinsatz Größe	**Nennbereich** (Werkstoffdicke für Stahl in mm)	**Sauerstoffdruck** in bar	**Sauerstoffverbrauch = Acetylenverbrauch** in l/h (bei 1 bar)
1	0,5 bis 1	2,5	ca. 80
2	1 bis 2	2,5	ca. 160
3	2 bis 4	2,5	ca. 315
4	4 bis 6	2,5	ca. 500
5	6 bis 9	2,5	ca. 800
6	9 bis 14	2,5	ca. 1 250

Flamme mit neutraler Einstellung

Flamme mit Sauerstoffüberschuss

4. Schweißzusatzwerkstoff

Der Schweißzusatzwerkstoff muss entsprechend dem zu verschweißenden Grundwerkstoff ausgewählt werden. Für die Ausführung von Gasschmelzschweißarbeiten an unlegierten und niedriglegierten Stählen stehen sieben **Schweißstabklassen** zur Auswahl.

Am häufigsten werden Schweißstäbe der Klassen O III und O IV verwendet.

Grundwerkstoffe	**Schweißstabklassen**					
	OI	**OII**	**OIII**	**OIV**	**OV**	**OVI**
...S235	x	x	x	x		
...S275JR		x	x	x		
...S355JR			x	x		
16Mo3				x		
13CrMo4-5					x	
10CrMo9-10						x

Zuordnung der Schweißstabklassen zum Grundwerkstoff

Der **Schweißstabdurchmesser** wird in Abhängigkeit von der Dicke des zu verschweißenden Blechs gewählt. Bevorzugt werden Schweißstäbe mit den Durchmessern 2; 2,5; 3; 4 und 5 mm benutzt.

Die Oberfläche der Stäbe muss frei von Rost, Fett und anderen Verunreinigungen sein. Meist sind die Stäbe zum Korrosionsschutz verkupfert.

5. Bestimmung des Arbeitsverfahrens

Beim Gasschmelzschweißen wird nach zwei Verfahren gearbeitet, dem Nach-Links-Schweißen (NL bis etwa $t = 3$ mm) und dem Nach-Rechts-Schweißen (NR ab etwa $t = 3$ mm).

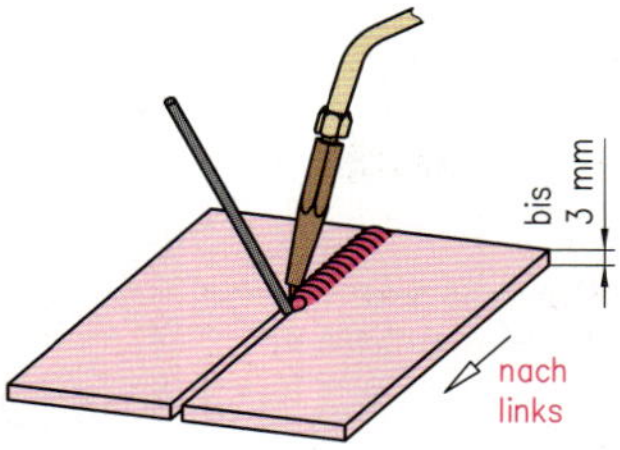

Nach-Links-Schweißen

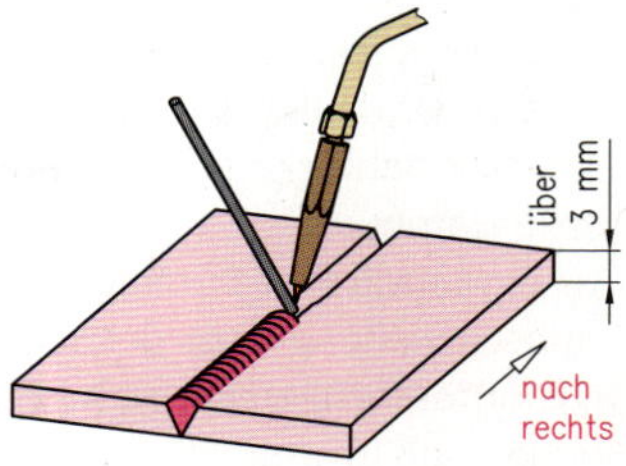

Nach-Rechts-Schweißen

6. Auswahl der Arbeitsgrößen beim Gasschmelzschweißen

Zur fachgerechten Durchführung sind der Schweißeinsatz, der Schweißzusatzwerkstoff und das Arbeitsverfahren auszuwählen sowie die Schweißflamme einzustellen.

Beispiel für die Auswahl und Festlegung der Arbeitsgrößen beim Gasschmelzschweißen

Arbeitsauftrag:

Zwei Bleche aus Baustahl S275JR von 3 mm Dicke sind zu verschweißen.
Zu bestimmen sind:
Schweißeinsatz des Schweißbrenners, Schweißstabklasse, Arbeitsverfahren und Einstellung der Schweißflamme.

Lösungen:

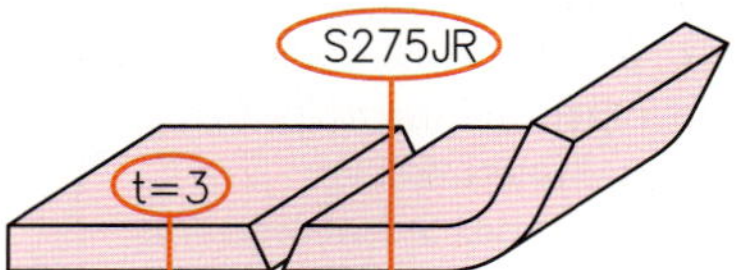

Schweißeinsatz

Schweißeinsatz Größe	Nennbereich (Werkstoffdicke für Stahl in mm)	Sauerstoffverbrauch = Acetylenverbrauch in l/h (bei 1 bar)
1	0,5 bis 1	ca. 80
2	1 bis 2	ca. 160
3	2 bis 4	ca. 315
4	4 bis 6	ca. 500
5	6 bis 9	ca. 800

Arbeitsverfahren

Ab 3 mm Dicke:
Nach-Rechts-Schweißen (NR)

Schweißstabklasse

Grundwerkstoffe	Schweißstabklassen				
	OI	OII	OIII	OIV	OV
...S235	x	x	x	x	
...S275JR		x	x	x	
...S355JR			x	x	
16Mo3				x	
13CrMo4-5					x

Einstellung der Schweißflamme

Schweißen von Stahl:
neutrale Flamme,
Acetylen : Sauerstoff = 1 : 1

7. Regeln für das Gasschmelzschweißen von Stahl:

Hinweis

- Der Schweißeinsatz des Brenners ist entsprechend der Werkstückdicke zu wählen.
- Die Schweißflamme ist neutral einzustellen.
- Die Spitze des Leuchtkegels darf das Schweißbad und den Schweißdraht nicht berühren.
- Der Brenner muss in einem günstigen Winkel zum Werkstück gehalten werden: anfangs steil, später stärker zur Naht hin geneigt.
- Der Schweißdraht muss ins Schweißbad eintauchen, er darf nicht tropfen und nicht „kleben“.
- Längere Schweißstöße sind zunächst zu heften.

10.7.2 Lichtbogenhandschweißen (Kennziffer 111)

Beim Lichtbogenhandschweißen brennt der Lichtbogen zwischen einer abschmelzenden Elektrode und dem Werkstück. Lichtbogen und Schmelzbad werden vor dem Zutritt der Atmosphäre nur durch Gase und Schlacken abgeschirmt, die von der Elektrode stammen.
Zur einwandfreien Durchführung einer Lichtbogenhandschweißung muss der Schweißer die folgenden Hilfsmittel sachgerecht auswählen bzw. einstellen:
- Schweißstromquelle,
- Schweißelektrode,
- Schweißstromstärke,
- Arbeitstechnik.

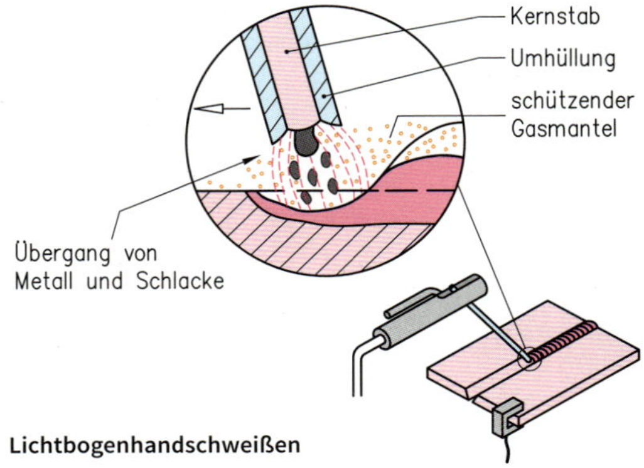

Lichtbogenhandschweißen

1. Wahl der Schweißstromquelle

Als Schweißstromquellen beim Lichtbogenhandschweißen kommen je nach Schweißaufgabe, Güteanforderungen und Fertigungsbedingungen Schweißtransformatoren, Schweißgleichrichter oder Schweißumformer mit *steil fallender Kennlinie* zum Einsatz.

! Schweißstromquellen zum Lichtbogenhandschweißen müssen steil fallende Kennlinien aufweisen.

2. Wahl der Schweißelektrode

Bei der Auswahl der Elektroden sind folgende Gesichtspunkte zu berücksichtigen:
- Werkstoff der zu verbindenden Bauteile,
- Materialdicke,
- Art des Schweißstroms,
- Schweißpositionen.

– Elektrodenwerkstoff

Der metallische Werkstoff der Elektrode muss etwa die gleiche Zusammensetzung haben wie der Werkstoff der zu verbindenden Bauteile.

– Kernstabdurchmesser

Der Kernstabdurchmesser der Elektrode richtet sich nach der Dicke der zu fügenden Bauteile. Für Werkstücke bis 4 mm Dicke wählt man den Elektrodendurchmesser gleich der Materialdicke.
Bei dickeren Werkstücken nimmt der Elektrodendurchmesser nicht in gleichem Maße zu. Große Schweißnahtquerschnitte werden in mehreren Lagen geschweißt.

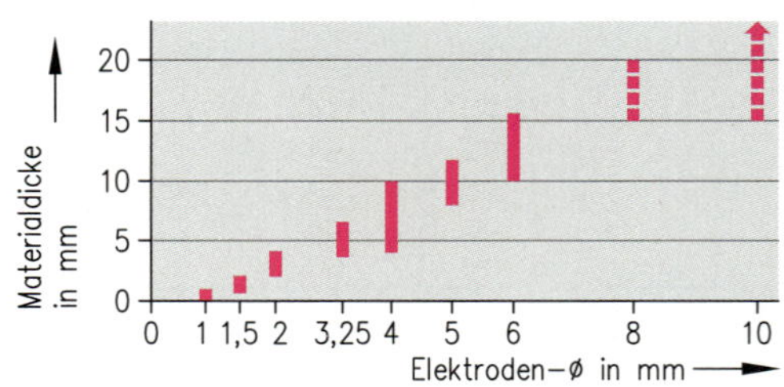

Einsatz der verschiedenen Elektrodendurchmesser

– Umhüllung

Aufgabe der Umhüllung

Die Umhüllung erfüllt beim Schweißvorgang folgende Aufgaben:
- Schutz der Schweißstelle vor Lufteintritt durch Bildung einer Gashülle,
- Bildung einer Schlacke: Schlacke nimmt Verunreinigungen aus der Schmelze auf, schützt die Schweißnaht vor zu schneller Abkühlung und verhindert Lufteintritt,
- Stabilisierung des Lichtbogens durch zusätzliche Ladungsträger,
- Ersetzen oxidierter Elemente, wie z. B. C, Mn.

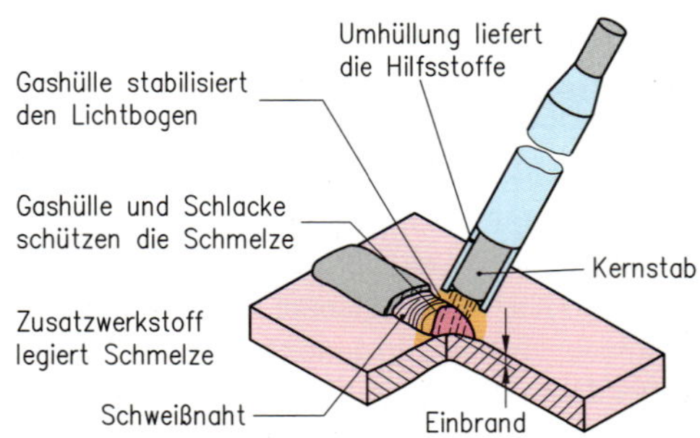

Aufgaben der Umhüllung

Übungsaufgaben 10/74; 10/75

Nach der **Zusammensetzung der Umhüllung** der Elektroden unterscheidet man folgende Umhüllungstypen:

- saure Elektroden (z. B. SiO_2-, Fe_3O_4-haltig): Umhüllungstyp **A**
- Rutil-Elektroden (TiO_2-haltig): Umhüllungstyp **R**
- basische Elektroden ($CaCO_3$-, MgO- und CaF_2-haltig): Umhüllungstyp **B**
- Cellulose-Elektroden: Umhüllungstyp **C**

Darüber hinaus sind Mischtypen, z. B. **AR** = Rutil- und sauer umhüllt, gebräuchlich.
Elektroden mit Celluloseumhüllung werden hauptsächlich zum Fallnahtschweißen verwendet.

Die verschiedenen Umhüllungstypen führen zu unterschiedlichen Schweißeigenschaften:

Umhüllungs-typ (dick umhüllt)	**Schlackeneigenschaften**		**Tropfen-übergang**	**Positions-verschweiß-barkeit**	**mechanische Kennwerte des Schweißgutes**
	Erstarrungs-intervall	Entfern-barkeit			
sauer A	groß	platzt ab	feintropfig bis sprühregenartig	schlecht in Zwangslagen	mittel
rutil R	mittel	gut	mittel- bis feintropfig	alle Positionen	gut
basisch B	klein	schlecht	mittel- bis grobtropfig	alle Positionen	sehr gut

! Die Zusammensetzung der Umhüllung beeinflusst Schlackeneigenschaften und Tropfenübergang und wirkt sich auf die Positionsverschweißbarkeit der Elektrode sowie auf die mechanischen Kennwerte des Schweißgutes aus.

3. Stromfluss im Lichtbogen

Wenn beim Heranführen der Elektrode an das Werkstück der Abstand genügend klein ist oder gar ein Kurzschluss herbeigeführt wurde, zündet der Lichtbogen. Wird nun die Elektrode abgehoben, so bleibt der Lichtbogen über eine gewisse Länge erhalten, denn Atome der Umgebung werden in elektrisch positiv geladene Ionen und Elektronen aufgespalten und ermöglichen die bessere Leitung. Sie findet im violett leuchtenden Kern des Lichtbogens statt.

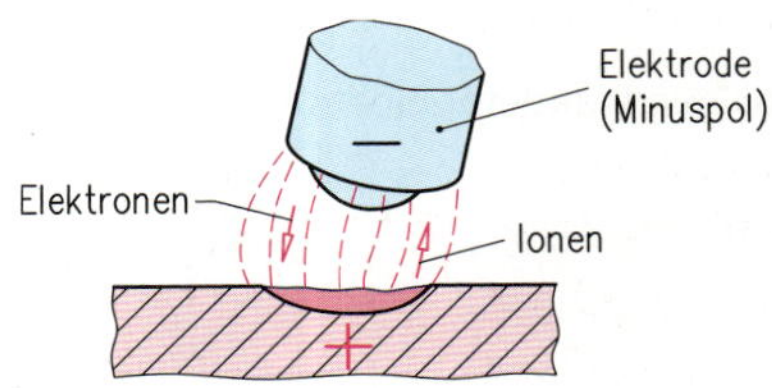

Bewegung der Ladungsträger im Lichtbogen

! Durch Spaltung von Atomen entstehen im Lichtbogen Ionen und Elektronen. Diese Ladungsträger ermöglichen den Stromfluss.

Die Elektronen werden im Lichtbogen besonders hoch beschleunigt und geben beim Auftreffen auf den positiven Pol dort ihre Energie ab. Darum ist beim Schweißen mit Gleichstrom die Temperatur am Pluspol etwa 600 Grad höher als am Minuspol. Beim Schweißen mit Wechselstrom sind die Temperaturen an beiden Ausgangspunkten des Lichtbogens gleich.
Der Lichtbogen brennt beim Schweißen mit Gleichstrom außerdem ruhiger als beim Schweißen mit Wechselstrom.

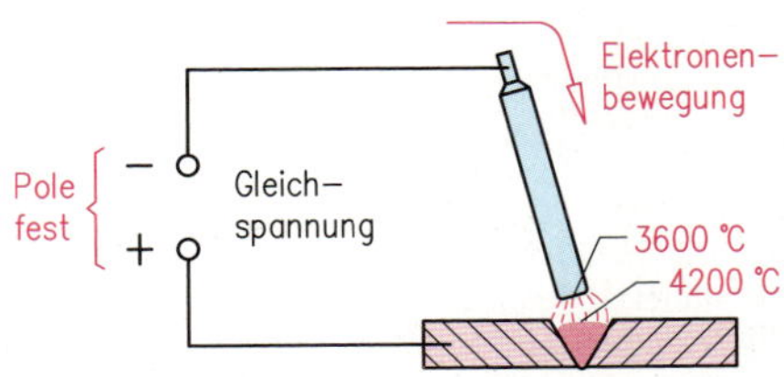

Temperaturen beim Schweißen mit Gleichstrom

! Beim Schweißen mit Gleichstrom ist der Pluspol heißer.

Im Lichtbogen entstehen zusätzlich Wärmestrahlung und besonders UV-Strahlung. Haut und Augen müssen durch entsprechende Schutzgläser, Schutzhauben und Schutzkleidung vor dieser Strahlung geschützt werden.

10.7.3 Schutzgasschweißen

Beim Schutzgasschweißen wird die Schweißstelle durch Schutzgase vor schädlichem Luftzutritt abgeschirmt.

Als Schutzgase werden einerseits Edelgase, z. B. Argon und Helium, verwendet. Diese Gase sind als Schutzgase besonders geeignet, weil sie keine chemischen Verbindungen mit dem Schweißgut eingehen. Diese chemisch nicht reagierenden Gase werden als **„inerte"** Gase bezeichnet.
Zum anderen werden Kohlendioxid, Wasserstoff, Stickstoff und Gemische dieser Gase mit Edelgasen verwendet. Diese Gase können chemisch mit anderen Stoffen reagieren. Man bezeichnet sie deshalb als **„aktive"** Gase. Diese aktiven Schutzgase können oxidierend auf die Schweißstelle wirken.

Art der Schutzgase

- **Inerte Gase**: Argon, Helium
- **Aktive Gase**: Kohlendioxid, Stickstoff
- **Mischgase**: Gemische aus Argon + Kohlendioxid

> **!** Schutzgase schirmen die Schweißstelle vor Luftzutritt ab.
> Als Schutzgase verwendet man inerte Gase und aktive Gase.

Beim Schutzgasschweißen kann der Lichtbogen entweder zwischen
- einer abschmelzenden Metallelektrode und dem Werkstück oder
- einer nicht abschmelzenden Wolframelektrode und dem Werkstück brennen.

Art der Elektrode

- **Abschmelzende Metallelektrode**
- **Nicht abschmelzende Wolframelektrode**

Je nach verwendeter Elektrode und zugeführter Gasart unterscheidet man mehrere Schutzgasschweißverfahren.

<table>
<tr><th colspan="2">Metall-Schutzgasschweißen</th><th>Wolfram-Schutzgasschweißen</th></tr>
<tr><td colspan="2">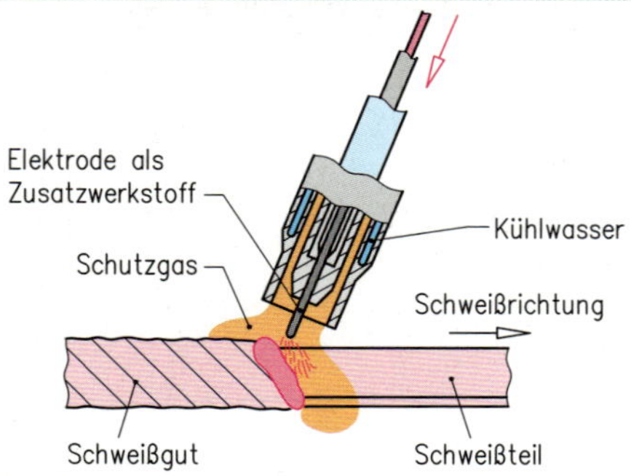
</td><td>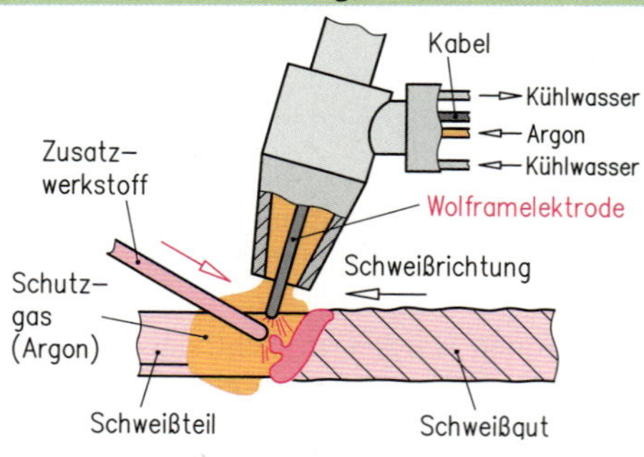
</td></tr>
<tr><td colspan="2">Merkmale:
Der Lichtbogen brennt zwischen der abschmelzenden Metallelektrode und dem Werkstück.
Die abschmelzende Elektrode liefert den Zusatzwerkstoff zur Bildung der Schweißnaht.</td><td>Merkmale:
Der Lichtbogen brennt zwischen der nicht abschmelzenden Wolframelektrode und dem Werkstück.
Schweißzusatzwerkstoffe werden stromlos zugeführt.</td></tr>
<tr><td>Als Schutzgase werden meist inerte Gase wie Argon, seltener Helium, eingesetzt.</td><td>Als Schutzgase werden aktive Gase wie Kohlendioxid, Stickstoff sowie Mischgase verwendet.</td><td>Als Schutzgase werden meist inerte Gase wie Argon, seltener Helium, verwendet.</td></tr>
<tr><td>Metall-Inert-Gas-Verfahren
MIG-Verfahren</td><td>Metall-Aktiv-Gas-Verfahren
MAG-Verfahren</td><td>Wolfram-Inert-Gas-Verfahren
WIG-Verfahren</td></tr>
</table>

Arbeitsauftrag: Fügen eines Schraubstockes

Der dargestellte Schraubstock soll aus den weitgehend vorgefertigten Teilen hergestellt werden.

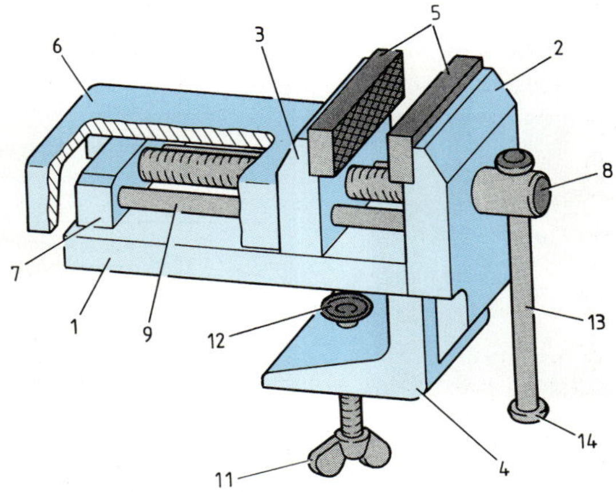

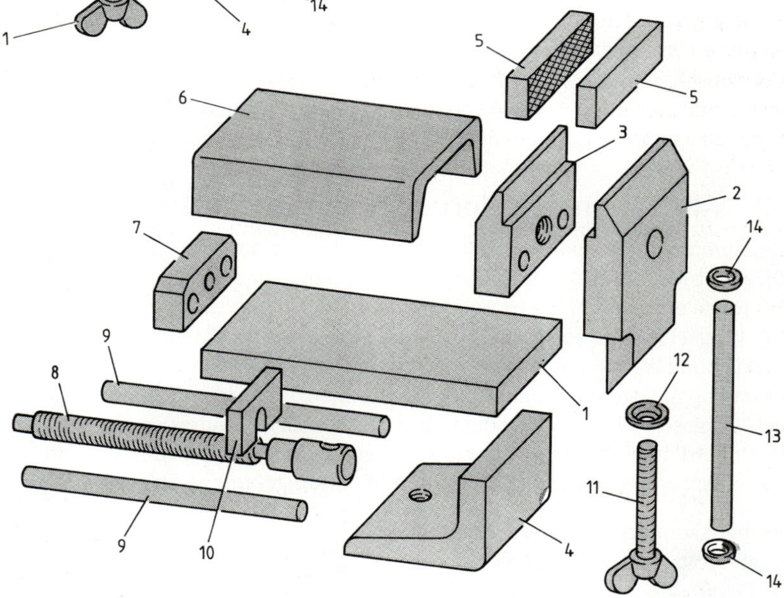

1. Machen Sie Vorschläge zum Fügen der Teile. Erledigen Sie diese Aufgabe in tabellarischer Form gemäß dem unten angeführtem Muster.
2. Geben Sie in der Spalte Bemerkungen an, welche Zusatzarbeiten an den einzelnen Teilen noch zu erledigen sind.
3. Beachten Sie ferner die Reihenfolge der einzelnen Fügearbeiten.

Arbeits-schritt	Fügen von Teil ... mit Teil ...	Verfahren	Bemerkungen

11 Arbeitssicherheit und Unfallschutz

11.1 Betrieblicher Arbeitsschutz

Zum Schutz von Leben und Gesundheit der arbeitenden Menschen sind *Arbeitsschutzmaßnahmen* erforderlich. Der **Arbeitsschutz** umfasst zwei Arten von Schutzvorschriften:

- *staatliche Vorschriften*, gegliedert nach den sechs Sachgebieten:
  Arbeitsstättenverordnung, Gerätesicherheitsgesetz, Gefahrstoffverordnung, Arbeitszeitordnung, Jugendarbeitsschutzgesetz und Arbeitssicherheitsgesetz,

© Flükiger & Co AG, CH-3414 Oberburg

- *berufsgenossenschaftliche Unfallverhütungsvorschriften*, die insbesondere Gebote und Verbote für bestimmte Maschinen, Geräte oder Anlagen enthalten. Diese sind z. B. Unfallverhütungsvorschriften für Pressen, für Schweiß- und Schneidanlagen oder für Drehmaschinen.
  Informationsschriften können von der Vereinigung der Metall-Berufsgenossenschaften (**www.vmbg.de**) bezogen werden.

11.2 Allgemeine Forderungen zum sicherheitsgerechten Verhalten

- Der Aufenthalt an Arbeitsplätzen ist nur befugten Personen erlaubt.
- Die Inbetriebnahme und Benutzung von Maschinen und Geräten ist nur den dafür ausgebildeten Personen erlaubt.
- Die Tätigkeiten sind so auszuführen, dass auch für andere Menschen keine Gefährdungen entstehen.
- Schutz- und Warneinrichtungen dürfen weder entfernt noch zweckentfremdet benutzt werden.
- Es ist eng anliegende Arbeitskleidung zu tragen. Gefährdende Schmuckgegenstände u. a. sind abzulegen. Vorgeschriebene Schutzkleidung ist anzulegen (z. B. Augenschutz, Handschutz, Sicherheitsschuhe).
- Vor Inbetriebnahme einer Maschine oder eines Geräts hat sich der Bediener von der Betriebssicherheit des entsprechenden Arbeitsmittels und seiner Umgebung zu überzeugen.

Sicherheitskennzeichnung – Gebotszeichen

Augenschutz tragen | Kopfschutz tragen | Gehörschutz tragen | Schutzhandschuhe tragen | Sicherheitsschuhe tragen

- Technologisch vorgegebene Daten wie Schnittgeschwindigkeiten und Vorschübe dürfen nicht überschritten werden.
- Arbeiten an oder in der Nähe bewegter Teile, z. B. Messen, Richten, Nachspannen, Säubern u. a. sind nur mit speziellen Vorrichtungen erlaubt. Falls diese nicht vorhanden sind, dürfen solche Arbeiten nur im Stillstand der Maschine vorgenommen werden.
- Maschinen und Anlagen dürfen in Betrieb nicht ohne die notwendige Aufsicht gelassen werden.
- Auftretende Störungen und Mängel sind unverzüglich der zuständigen Stelle zu melden.
- „NOT-AUS“-Schalter freihalten.

Übungsaufgaben 11/1; 11/2

11.3 Sicherheit beim Arbeiten an Werkzeugmaschinen

Jährlich erleidet in der Bundesrepublik Deutschland jeder sechzehnte Arbeitnehmer einen Arbeitsunfall, der eine zeitliche oder gar dauernde körperliche Schädigung verursacht. Von diesen Unfällen entfällt ein großer Teil auf den Umgang mit Werkzeugen und Werkzeugmaschinen. Die hohe Zahl der Unfälle kann durch strikte Einhaltung von Sicherheitsbestimmungen und Erweiterung von Schutzmaßnahmen erheblich gesenkt werden.

Arbeits- und Unfallschutz soll gewährleisten, dass

- *Gefahren nicht wirksam werden können,*
- *Gefährdungen rechtzeitig erkannt werden,*
- *Arbeitsschutzmaßnahmen rechtzeitig ergriffen werden.*

Gefährdungen an Werkzeugmaschinen

Gefährdung	Ursachen der Gefährdung durch ...		mögliche Auswirkungen
• **Erfassen von Kleidungs- und Körperteilen** • **Berühren scharfer Werkzeugteile**	*Maschinen-bewegungen*	• Schnittbewegungen • Vorschubbewegungen • Spannzeugbewegungen • Transportbewegungen	• Schnittwunden, Quetschungen, Brüche • Verluste von Gliedmaßen
• **Auftreffen abgeschleuderter Teile** • **Hautkontakt mit Schmier- und Kühlmitteln** • **Einatmen von Sprühnebeln und Stäuben**	*unkontrollierte Bewegungen von Maschinen- und Werkzeugteilen, Werkstoff- und Hilfsteilchen*	• Abreißen von Werkzeugen, Werkstücken oder Teilen infolge von Bruch oder Überlastung • Abschleudern von heißen Spänen • Abschleudern und Versprühen von Kühl- und Schmiermitteln • Mitreißen und Fortschleudern herumliegender Teile • Herabfallen von Teilen aus Transporteinrichtungen	• Schnittwunden, Brüche, Verbrennungen, Hautschäden (z. B. Ölakne) • Augenschäden • Schädigung der Atmungsorgane
• **Bestrahlung mit gefährlichen Strahlen**	*Wärme- und Lichtstrahlung*	• Laserstrahlung • UV-Licht	• Verbrennungen • Augenschäden
• **Berührung spannungführender Teile**	*elektrische Energie*	• Elektroantriebe • elektrische Steuerungen • elektrische Messsysteme	• Verbrennungen • Herz- oder Atemstillstand • Tod
• **Einwirkung auf Gehör und ervensystem**	*Lärm*	• Lärm durch Antriebe • Lärm durch Arbeitsvorgänge • Lärm durch Transportvorgänge	• Schwerhörigkeit • Herz- und Kreislaufbeschwerden

11.4 Maßnahmen bei Unfällen

Trotz Sicherheitseinrichtungen und sicherheitsbewusstem Verhalten kommt es zu Arbeitsunfällen. Damit in solchen Fällen zielgerichtet und schnell geholfen werden kann, ist es die Pflicht eines jeden Betriebsangehörigen, über die in seinem Betrieb vorhandenen Hilfs- und Meldeeinrichtungen informiert zu sein.

Sofortmaßnahmen nach einem Unfall:

- Maschinen und Geräte im unmittelbaren Gefahrenbereich abschalten.
- Verunglückte Personen aus dem Gefahrenbereich bergen.
- Verunglückte Personen sicher lagern.
- Hilfe herbeirufen.
- Verunglückten möglichst nicht allein lassen.
- Meldung des Unfalls nach betrieblichem Alarmplan.
- Soweit möglich erste Hilfe leisten.

11.5 Sicherheitskennzeichnung

Arbeitsplätze, an denen gefährliche Arbeitsstoffe verarbeitet werden, müssen nach der Unfallverhütungsvorschrift „Sicherheitskennzeichnung am Arbeitsplatz“ mit Sicherheitskennzeichen versehen sein.
Die Sicherheitskennzeichen werden mit genormten Farbtönen, den Sicherheits- und Kennzeichnungsfarben, erstellt.

Sicherheits- und Kennzeichnungsfarben	Bedeutung
Rot	Halt! Verbot!
Gelb	Achtung! Gefahr!
Blau	Gebote, Hinweise
Grün	Sicherheit, Hilfe

Als Kontrastfarben werden Weiß und Schwarz verwendet.

Die verschiedenen Sicherheitskennzeichen lassen sich in 4 Gruppen einteilen.

1. **Verbotszeichen** (Rot auf weißem Grund, schwarze Kontrastfarbe)

Zutritt für Unbefugte verboten

Rauchen verboten

Feuer, offenes Licht und Rauchen verboten

Verbot mit Wasser zu löschen

Mobilfunk verboten

2. **Warnzeichen** (Schwarz auf gelbem Grund)

Warnung vor feuergefährlichen Stoffen

Warnung vor explosionsgefährlichen Stoffen

Warnung vor giftigen Stoffen

Warnung vor ätzenden Stoffen

3. **Gebotszeichen** (blaue Schilder mit weißen Zeichen)

Allgemeines Gebotszeichen

Atemschutz tragen

Schutzschuhe tragen

Gebrauchsanweisung beachten

4. **Rettungszeichen** (grüne Schilder mit weißen Zeichen)

Notruftelefon

Hinweis auf „Erste Hilfe“

Krankentrage

Rettungsweg (Richtungsangabe für Rettungsweg)

Übungsaufgaben 11/7 bis 11/9

Maschinen- und Gerätetechnik

HANDLUNGSFELD: Baugruppen montieren

Problemstellung

Auftrag:

Zeichnung

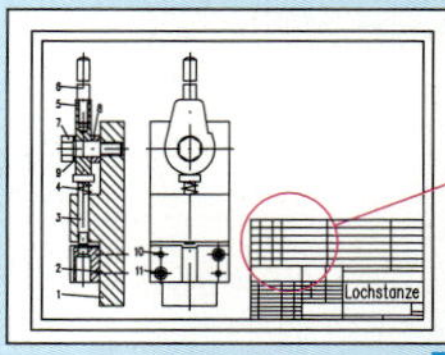

Stückliste

Pos.	Menge	Einh.	Benennung
11	2	St.	Zylinderschraube
10	2	St.	Passstift
9	1	St.	Scheibe
8	1	St.	Distanzhülse
7	1	St.	Sechskantpassschraube
6	1	St.	Hebel
5	1	St.	Spiralexzenter
4	1	St.	Feder
3	1	St.	Stempel
2	1	St.	Matrize
1	1	St.	Grundkörper
1	2	3	4

Einzelteile:

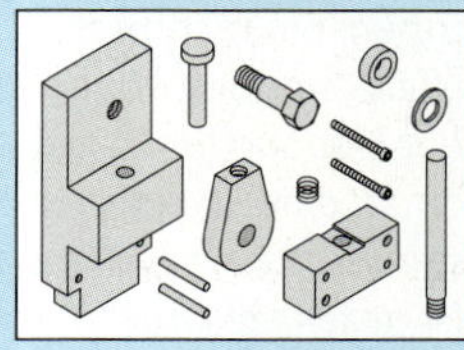

Vorgaben:
- Auftrag mit Termin
- Zeichnung mit Stückliste
- Herstellerliste (Eigenteile, Zukaufteile, Normteile)
- Grobzuordnung zu Baugruppen

Analysieren

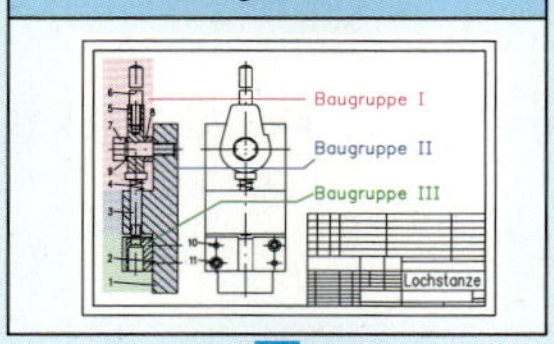

Ergebnisse:
- Gliederung in Baugruppen
- Kenntnisse über Funktion
- Montagefolge
- Besondere Anforderungen z. B. Einpassarbeiten, Justage, Zwischenprüfungen

Planungsgrundlagen:
- Informationen aus Zeichnung u. Auftrag
- Spezielle Anforderungen
- Sicherheitshinweise

Planen

Montageplan zur Montage der Lochstanze

Nr.	Schritt	Tätigkeit	Werkzeug	Bemerkung
1	Hebelstange ⑤ a mit Spiralexenter	verschrauben	Montagestift	
2	Stempel ③ mit Feder ④ in Grundkörper ①	einführen und fixieren	Montageklam…	
3	Passschraube ⑦, Scheibe ⑧, Spiralexzenter ⑤ und Distanzhülse ⑥ mit Grundkörper ①	verschrauben		
4	Montageklammer entfernen, …			

Ergebnisse:
- Montageplan und -anweisungen mit
  - Unterbaugruppen
  - Montageabfolge
  - Werkzeug- u. Hilfsmittelliste
  - spezielle Hinweise
- Prüfplan

Vorgaben:
- Montageplan und -anweisung
- Einzelteile, Hilfsstoffe
- Werkzeuge
- Sicherheitshinweise

Montieren

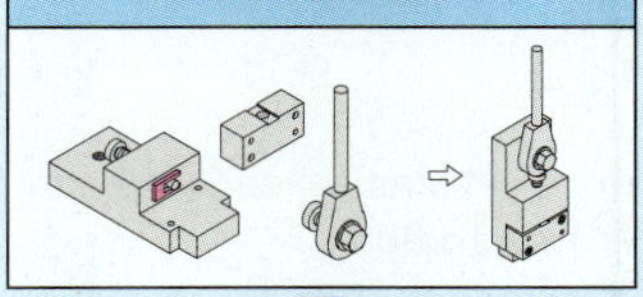

Ergebnisse:
- montierte Baugruppe

Vorgaben:
- montierte Baugruppe
- Prüfplan

Kontrollieren/Bewerten

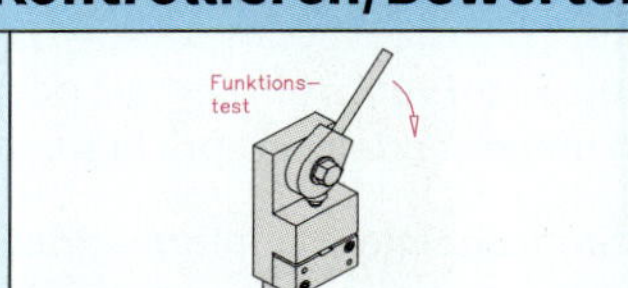

Ergebnisse:
- Dokumentation der Prüfung

1 Technische Systeme

1.1 Aufbau und Funktion von technischen Systemen

1.1.1 Systemtechnische Grundlagen

Maschinen, Geräte, Anlagen usw. sind häufig kaum überschaubar. Man versucht darum, durch Zusammenfassung die Überschaubarkeit herzustellen.

In der Technik bezeichnet man alles, was in sich geschlossen eine Funktion erfüllen kann, als **technisches System**. Man spricht so z. B. vom Verkehrssystem, Informationssystem. Auch ein Walzwerk, eine Ölraffinerie oder eine Maschinenfabrik kann man ebenso wie ein Automobil oder eine Werkzeugmaschine als System bezeichnen. Ein technisches System hat folgende Eigenschaften:

- *Es ist nach außen abgegrenzt,*
- *es hat Eingang und Ausgang,*
- *es erfüllt eine Funktion, bei der Eingangs- und Ausgangsgrößen verknüpft werden,*
- *es ist gekennzeichnet durch die Gesamtaufgabe* – nicht durch die Einzelaufgaben, die innerhalb des Systems gelöst werden.

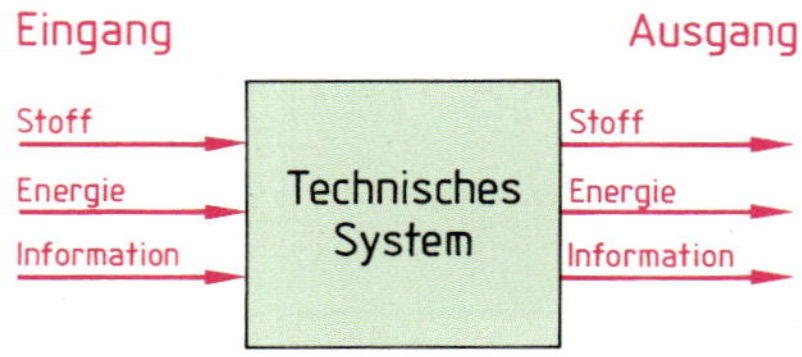

Allgemeine Systemdarstellung

Jedes technische System erfüllt eine Hauptfunktion, wie z. B. Umwandlung von Energie oder die Produktion von Gütern. In das System fließen Stoff, Energie und Information ein und gehen anschließend wieder heraus.
Das technische System stellt man grafisch durch ein Rechteck dar. Die Eingangs- und Ausgangsgrößen kennzeichnet man durch Pfeile.

Beispiel für ein technisches System

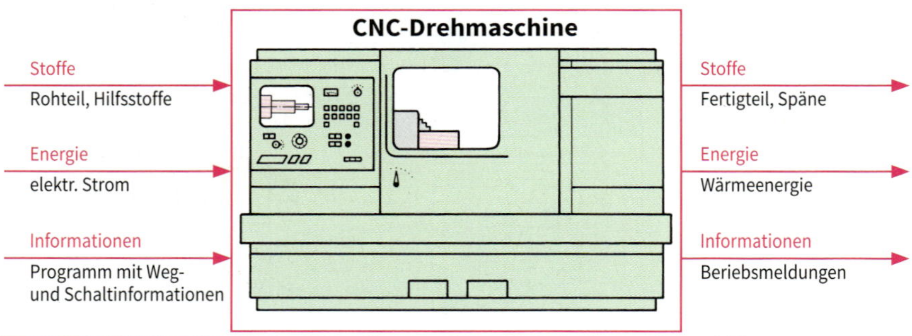

> ! Ein technisches System ist in sich geschlossen und funktionsfähig. Eingangs- und Ausgangsgrößen werden miteinander verknüpft.
> Ein- und Ausgangsgrößen können sein: • Stoff, • Energie, • Information.

An Stoff, Energie und Information können (in technischen Systemen) folgende Vorgänge ablaufen:

- **Transport,** • **Formung,** • **Umwandlung.**

Von den genannten Vorgängen steht in technischen Systemen entsprechend ihrer Aufgabe meist nur einer im Vordergrund.
Systeme, die vorwiegend dem Transport dienen, sind **Transportsysteme**. Zu den Transportsystemen zählen auch Speicher, in denen Stoff, Energie oder Informationen auf dem Transport zwischengespeichert werden.
Systeme zur Formung verändern nur die Form von Stoff, Energie oder Information.
Werden in einem System diese Größen umgewandelt, so spricht man von **Umwandlungssystemen**.

> ! In technischen Systemen können Stoff, Energie und Informationen transportiert, geformt und umgewandelt werden.

Übungsaufgaben 1/1; 1/2

1.1.2 Unterteilung innerhalb eines technischen Systems

Technische Systeme lassen sich in Teilsysteme untergliedern. Dabei ergibt sich:

System → **Einrichtung** → **Gruppe** → **Element**

System	Einrichtung	Gruppe	Element
Gesamtheit der Einrichtungen zur Auftragserfüllung	selbstständig verwendbare Einheit *innerhalb eines Systems*	noch nicht selbstständig verwendbare Einheit *innerhalb einer Einrichtung*	kleinste unteilbare Einheit *in einer Gruppe*

Beispiel für die Gliederung eines Systems

Das System CNC-Drehmaschine besteht aus verschiedenen **Einrichtungen**, z. B. dem Gestell, dem Antrieb, der Steuerung.
Die Einrichtung Steuerung besteht aus verschiedenen **Gruppen**, z. B. der Eingabeeinheit, dem Rechner, den Stellmotoren. Die Gruppe Stellmotore setzt sich aus **Elementen** zusammen, z. B. Wellen, Wicklungen.

System

Einrichtungen aus dem System CNC-Drehmaschine

Gruppen aus der Einrichtung Steuerung

Elemente aus der Gruppe Stellmotoren

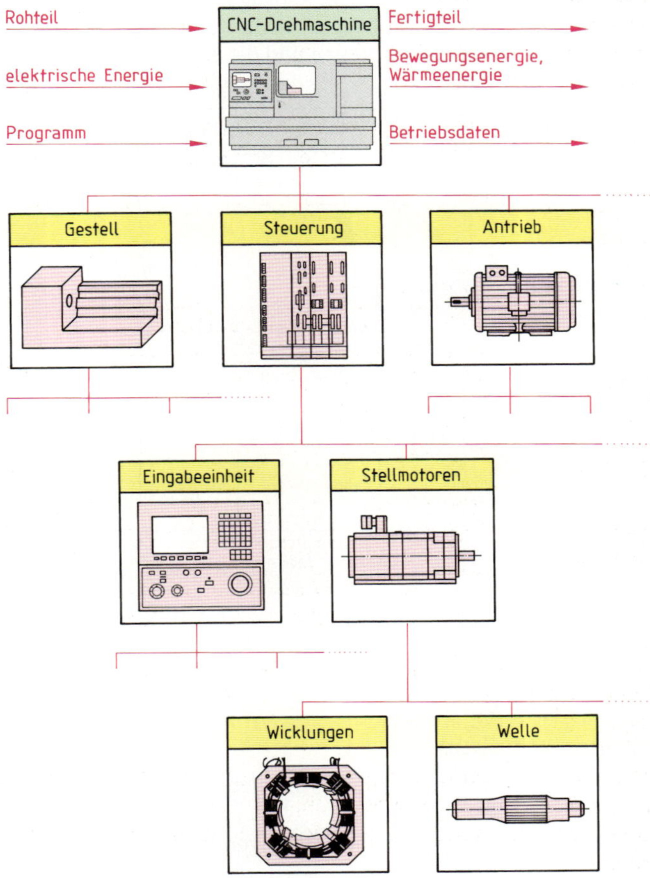

Ganz allgemein, ohne Rücksicht auf die Gliederung eines Systems, spricht man bei Einrichtungen und Gruppen auch von Einheiten. Was man als System bezeichnet, hängt vom Betrachter ab. So ist z. B. die Heizungsanlage eines Wohnhauses für den Architekten eine Einrichtung – ein Teilsystem. Der Heizungsbauer sieht die Heizungsanlage aber als ein System an, das von ihm installiert wird.

> **!** Systeme bestehen aus Einrichtungen (Teilsystemen).
> Einrichtungen bestehen aus Gruppen. Gruppen bestehen aus Elementen.

Übungsaufgaben 1/3; 1/4

1.1.3 Funktionen von Einrichtungen

Ein technisches System erfüllt eine Hauptfunktion. Diese Hauptfunktion kann nur durch das Zusammenwirken von **Teilfunktionen** erreicht werden. Wichtige Teilfunktionen in technischen Systemen sind z. B. Antreiben, Steuern und Regeln, Tragen und Stützen.

Einrichtungen, die Teilfunktionen erfüllen, bezeichnet man als **funktionale Einrichtungen**.

Neben dem Gesichtspunkt der Funktion ist der *Aufbau von Einrichtungen* von Bedeutung. Man spricht in diesem Zusammenhang dann von **Baueinrichtungen**. So kann z. B. die funktionale Einrichtung Antriebseinheit die Baueinrichtung Verbrennungsmotor sein.

Wichtige funktionale Einrichtungen und Beispiele für die entsprechenden Baueinrichtungen sind:

Antriebseinheiten	z. B. Turbine im Kraftwerk
Steuer- und Regeleinheiten	z. B. ABS-Bremsanlage im Auto
Energieübertragungseinheiten	z. B. Getriebe in einer Werkzeugmaschine
Speichereinheiten	z. B. Erzbunkeranlage im Hüttenwerk
Stütz- und Trageinheiten	z. B. Gestell einer Presse
Arbeits- und Umweltschutzeinheiten	z. B. Rauchgasentschwefelung eines Kraftwerks

Beispiel für die Funktionen von Einrichtungen und die entsprechenden Baueinrichtungen im technischen System Handbohrmaschine

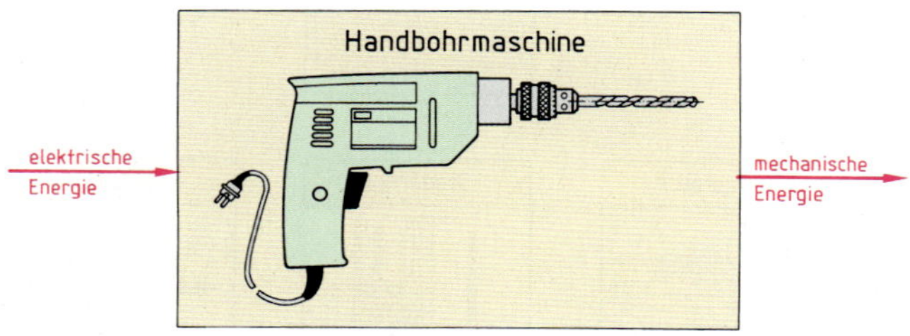

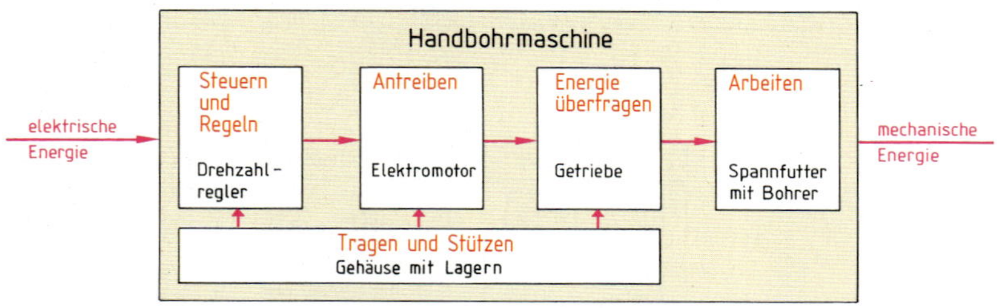

! Funktionale Einrichtungen erfüllen Teilfunktionen, die erst in ihrer Gesamtheit die Hauptfunktion ermöglichen.

1.1.4 Funktionen von Gruppen

Innerhalb von Einrichtungen erfüllen Funktionsgruppen bestimmte Grundfunktionen. Solche Grundfunktionen sind z.B.

- Leiten und Isolieren,
- Sammeln und Verzweigen,
- Vergrößern und Verkleinern.

! Funktionsgruppen erfüllen innerhalb einer Einrichtung Grundfunktionen.

In der Fertigungstechnik hat die Grundfunktion **Zusammenhaltändern** besondere Bedeutung, weil in nahezu allen Fertigungsverfahren der Zusammenhalt geändert wird. So werden z. B. beim Schweißen der Zusammenhalt vermehrt und beim Drehen der Zusammenhalt vermindert.

! In Maschinen und Geräten der Fertigungstechnik hat die Funktionsgruppe, mit welcher der Zusammenhalt geändert wird, besondere Bedeutung.

Übungsaufgaben 1/5; 1/6

Beispiele für Grundfunktionen

Grundfunktion	Praxisbeispiel
Leiten und Isolieren	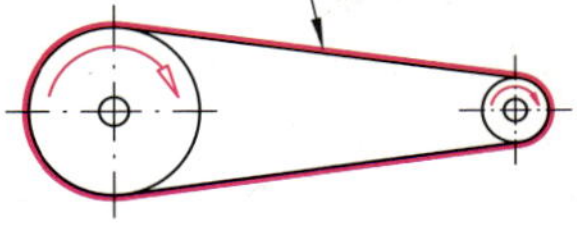 Leiten des Drehmoments in einem Riementrieb
	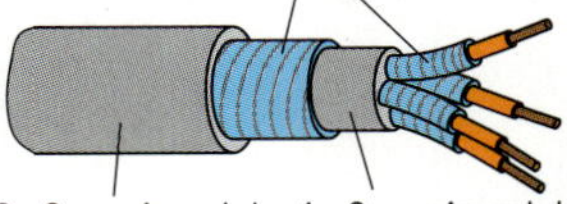 Elektrische Isolierung eines flexiblen Kabels
Sammeln und Verzweigen	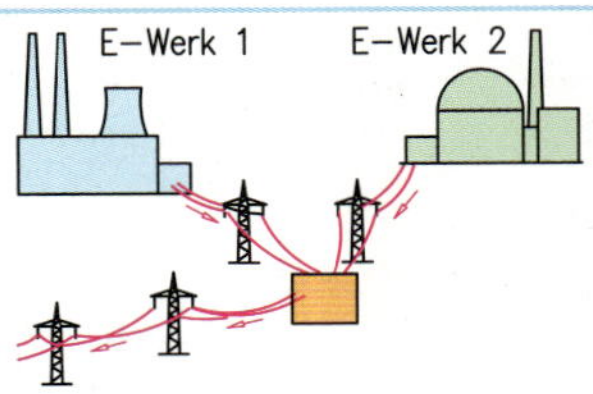 Sammeln elektrischer Energie von verschiedenen Erzeugern
	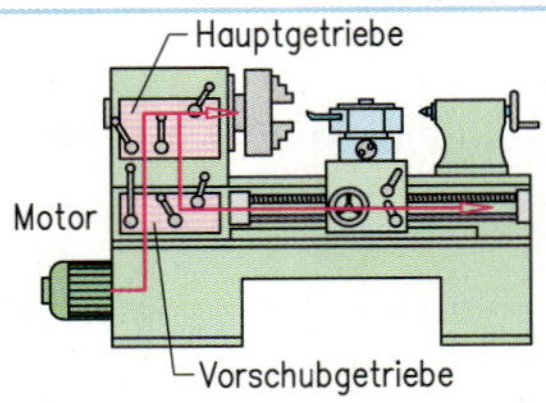 Verzweigen des Energieflusses an einer Drehmaschine
Führen	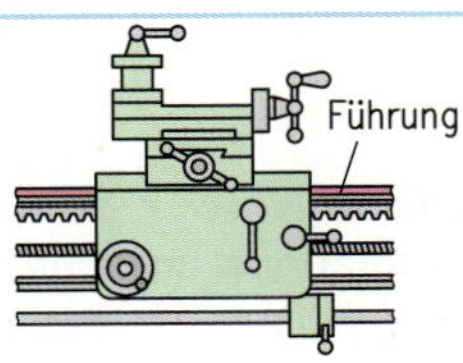 Führen des Werkzeugschlittens einer Drehmaschine
Wandeln	 Wandeln von elektr. Energie in mechanische Energie

Grundfunktion	Praxisbeispiel
Vergrößern und Verkleinern	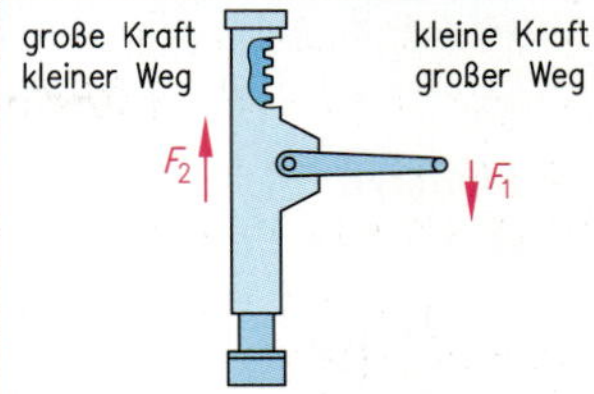 Vergrößern der Kraft – Verkleinern des Weges an einem Hebebock
Richten und Oszillieren	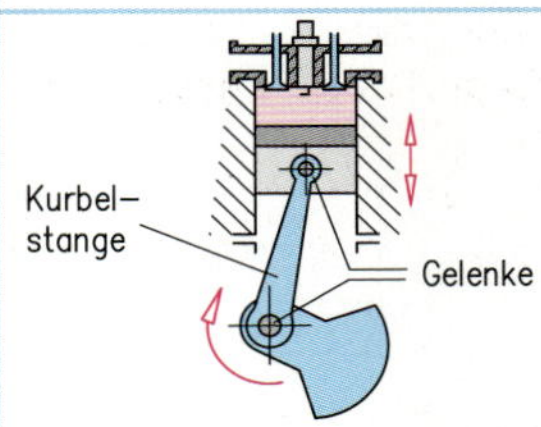 Richten einer hin- und hergehenden Bewegung in eine gleichmäßige Drehbewegung
	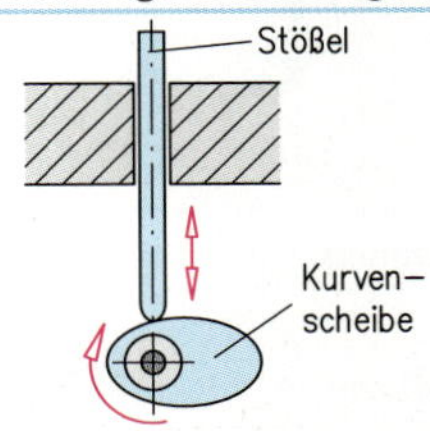 Formung einer gleichmäßigen Drehbewegung in eine oszillierende Bewegung
Koppeln und Unterbrechen	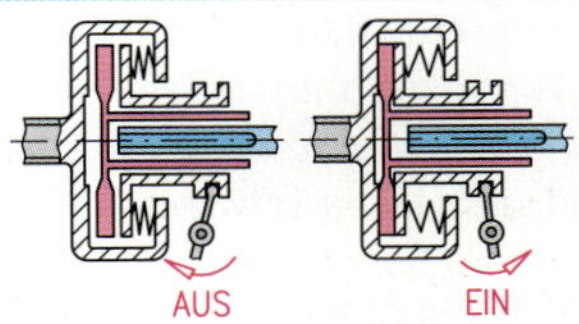 Koppeln und Unterbrechen des Energieflusses mit einer Scheibenkupplung
Verbinden (Mischen) **und Lösen** (Entmischen)	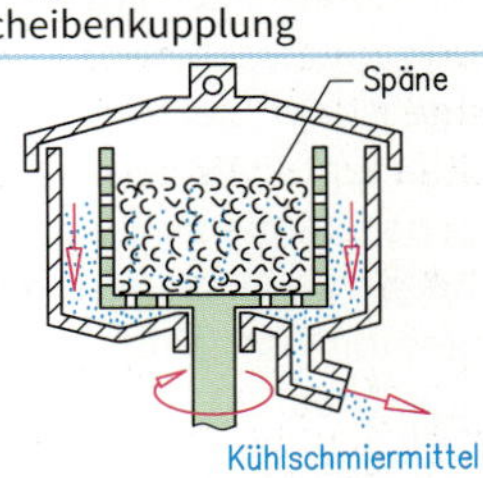 Zentrifugieren von Spänen zum Abtrennen von Kühl-Schmiermittel

1.2 Systeme zum Energieumsatz

1.2.1 Anlagen und Maschinen

Die Energie zum Betrieb von Maschinen und Anlagen liegt meist nicht in der gewünschten Form und an der gewünschten Einsatzstelle vor. Systeme mit der Hauptfunktion Energieumsatz besorgen die Wandlung, Formung und den Transport von Energie.

– **Kraftwerke**

Kraftwerke liefern die elektrische Energie für Maschinen und Anlagen.

Beispiel für den Energieumsatz in einem Wärmekraftwerk

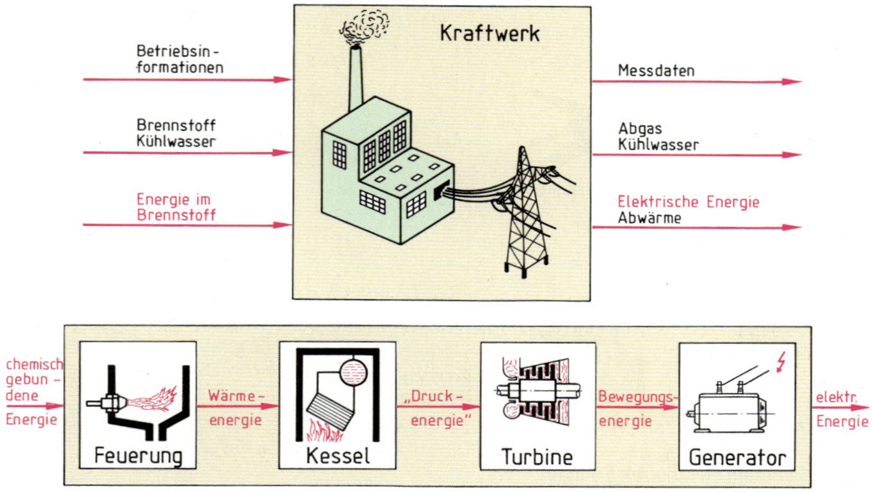

Energieumsatz im Wärmekraftwerk

> **!** Kraftwerke wandeln Energie von Brennstoff, Wasserströmung, Wind u. a. in elektrische Energie.

– **Kraftmaschinen**

Kraftmaschinen haben die Hauptfunktion, mechanische Energie zum Antrieb von Maschinen, Fahrzeugen oder Geräten bereitzustellen. Man unterscheidet nach der Eingangsenergie zum Betrieb dieser Maschinen

- *Wärmekraftmaschinen*, z. B. Verbrennungskraftmaschinen,
- *Elektrische Antriebsmaschinen*, z. B. Elektromotore,
- *Strömungsmaschinen*, z. B. Gasturbinen.

Elektrische Antriebsmaschinen

Antriebsmaschinen, die elektrische Energie aufnehmen und diese in mechanische Energie wandeln, heißen Elektromotoren. Nach ihrer Arbeitsweise unterscheidet man **Rotations- und Linearmotoren**.

Für Werkzeugmaschinen, Aufzüge und Schienenfahrzeuge ist der Elektromotor als Rotationsmotor das bevorzugte Antriebselement. Bei ihm wird elektrische Energie als Eingangsgröße in mechanische Energie als Ausgangsgröße umgewandelt. Der Elektromotor hat einen besonders hohen Wirkungsgrad (über 90 %). Er ist für nahezu alle Leistungen herstellbar und hat im Verhältnis zu seiner Leistungsfähigkeit nur geringe Masse.

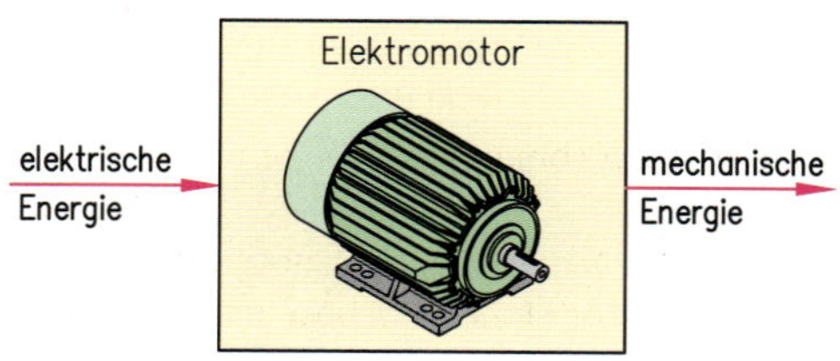

Elektromotor

> **!** Elektromotoren wandeln mit sehr hohem Wirkungsgrad elektrische Energie in mechanische Energie.

Übungsaufgabe 1/8

1.2.2 Arbeit

Eine Last kann auf verschiedene Art und Weise auf eine bestimmte Höhe befördert werden:

- die Last wird auf einer geneigten Ebene hoch gezogen,
- die Last wird an einem Seil hoch gezogen,
- die Last wird durch eine Hydraulikanlage hoch gehoben.

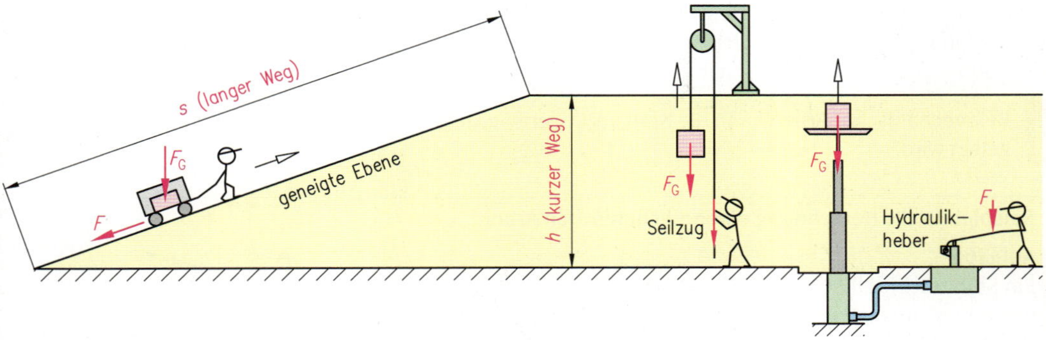

Befördern einer Last auf die Höhe *h*

In jedem Falle ist das Ergebnis gleich: Ein Gewicht wird um eine Höhe h gehoben; es wird jedesmal die gleiche Arbeit verrichtet. Physikalisch bezeichnet man eine solche Arbeit als Hubarbeit W_{Hub}. Sie ist das Produkt aus Gewichtskraft mal Höhe. Ganz allgemein gilt für die physikalische Arbeit:

> **!** Die Arbeit ist das Produkt aus Kraft mal Weg.
> Hubarbeit = Gewichtskraft · Höhe — Arbeit = Kraft · Weg
> $W_{Hub} = F_G \cdot h$ — $W = F \cdot s$

Bei der Ermittlung der Arbeit ist zu beachten, dass Weg und Kraft auf der gleichen Wirkungslinie liegen. Bei der Hubarbeit liegen Gewichtskraft und Hubhöhe auf gleicher Linie. Dabei ist die Gewichtskraft dem Hubweg genau entgegengerichtet.

Beim Ziehen eines Wagens wird der Weg in waagerechter Richtung zurückgelegt. Die Kraft, welche aufzubringen ist, damit der Wagen in Bewegung bleibt, entspricht nicht der Gewichtskraft, sondern lediglich der Reibungskraft des Wagens. Diese Reibungskraft ist der Bewegungsrichtung entgegengesetzt.

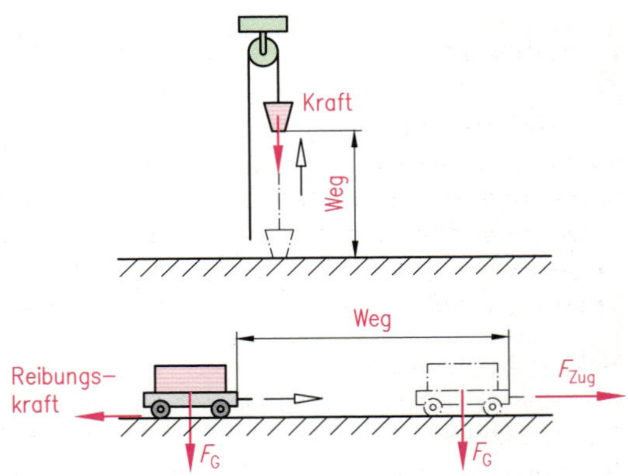

Kraft und Weg

> **!** Bei der Berechnung der Arbeit müssen die Kraftrichtung und Wegrichtung übereinstimmen.

Die Einheit der Arbeit setzt sich zusammen aus dem Produkt der Krafteinheit und der Längeneinheit und ist demnach Nm. Die Einheit Nm bezeichnet man als J (Joule). Ein Joule entspricht der elektrischen Arbeit von einer Wattsekunde.

> **!** 1 Nm = 1 J = 1 Ws

Übungsaufgaben 1/9; 1/10

Um eine bestimmte Arbeit zu verrichten, gibt es verschiedene Möglichkeiten:

- große Kraft auf einem kurzen Weg,
- kleine Kraft auf einem langen Weg.

Hebt man einen Gegenstand senkrecht auf eine bestimmte Höhe, so ist die Kraft groß und der Weg kurz. Befördert man jedoch diesen Gegenstand über eine geneigte Ebene auf die gleiche Höhe, so ist die Kraft klein, der Weg jedoch länger. Die Arbeit, als Produkt aus Kraft und Weg, ist immer gleich.

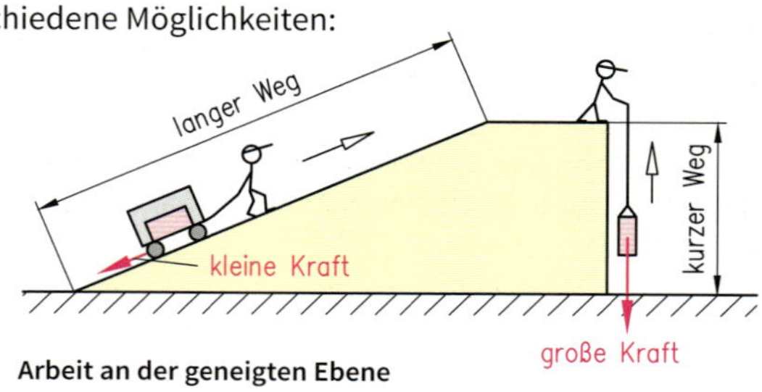

Arbeit an der geneigten Ebene

! Bei mechanischer Arbeit kann die Kraft verringert werden, wenn entsprechend mehr Weg zurückgelegt wird.

Beispiel für die Berechnung einer mechanischen Arbeit

Aufgabe

Ein Stahlträger mit 800 kg Masse wird durch einen Kran auf eine Höhe von 12,5 m gehoben. Welche Arbeit muss durch den Kran verrichtet werden?

Gegeben
m = 800 kg ≙ F_G = 8 000 N; *h* = 12,5 m

Gesucht
W in Nm

Lösung

$W = F \cdot s$

$W = 8\,000\ \text{N} \cdot 12{,}5\ \text{m}$

$W =$ **100 000 Nm**

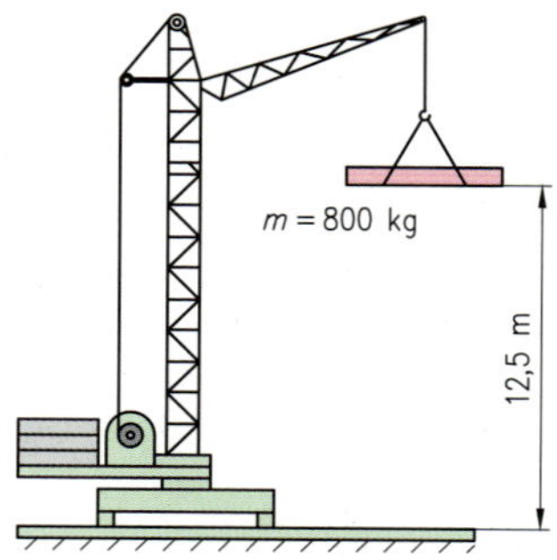

1.2.3 Leistung

Die gleiche Arbeit *W* kann in unterschiedlicher Zeit *t* verrichtet werden. Man bezeichnet das Verhältnis von Arbeit zu der dafür benötigten Zeit als Leistung *P*. Die Einheit der Leistung ist $\frac{\text{Nm}}{\text{s}}$ oder $\frac{\text{J}}{\text{s}}$ oder W (Watt).

$$\text{Leistung} = \frac{\text{Arbeit}}{\text{Zeit}} \qquad P = \frac{W}{t} = \frac{F \cdot s}{t} = F \cdot v$$

Einheiten der Leistung $\quad 1\,\frac{\text{Nm}}{\text{s}} = 1\,\frac{\text{J}}{\text{s}} = 1\ \text{W}$

P Leistung in W
W Arbeit in Nm
t Zeit in s
F Kraft in N
s Weg in m
v Geschwindigkeit in $\frac{\text{m}}{\text{s}}$

Hinweis:
Das Formelzeichen für die Arbeit *W* (kursiv geschrieben) nicht mit dem Einheitenzeichen W für die Leistung verwechseln.

! Leistung ist das Verhältnis von Arbeit zur dafür benötigten Zeit. $P = \frac{W}{t}$

Beispiel für die Berechnung einer mechanischen Leistung

Aufgabe

Ein Stahlträger mit 800 kg Masse wird durch einen Kran in 8 Sekunden auf eine Höhe von 12,5 m gehoben. Welche Leistung wird durch den Kran erbracht?

Gegeben $m = 800$ kg $F_G = 8\,000$ N; $h = 12{,}5$ m; $t = 8$ s
Gesucht *P* in kW

Lösung

$P = \frac{F \cdot s}{t} \qquad P = \frac{8\,000\ \text{N} \cdot 12{,}5\ \text{m}}{8\ \text{s}} = 12\,500\,\frac{\text{Nm}}{\text{s}}$

$P = 12\,500\ \text{W} =$ **12,5 kW**

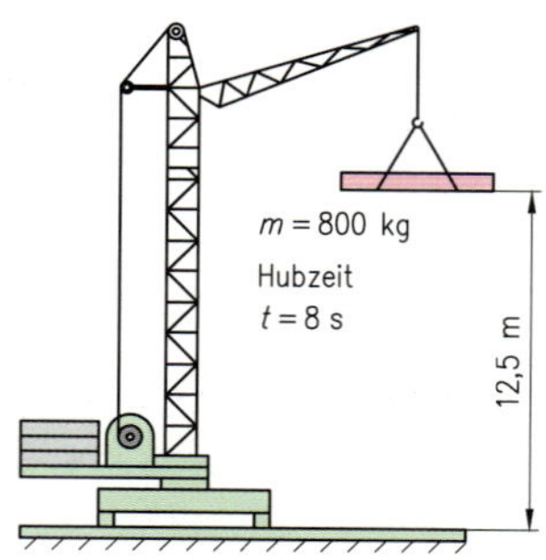

1.2.4 Energie

Gespeicherte Arbeit nennt man Arbeitsvermögen oder Energie. Man unterscheidet verschiedene Formen der Energie:

In einem Körper, der auf die Höhe h gebracht wurde, ist Hubarbeit gespeichert. Aufgrund seiner Lage in bestimmter Höhe besitzt der Körper Energie der Lage, auch **potenzielle Energie** genannt. Ein hochgezogener Fallhammer besitzt potenzielle Energie.

$$W_{pot} = F_G \cdot h$$

W_{pot} potenzielle Energie in Nm
F_G Gewichtskraft in N
h Höhe in m

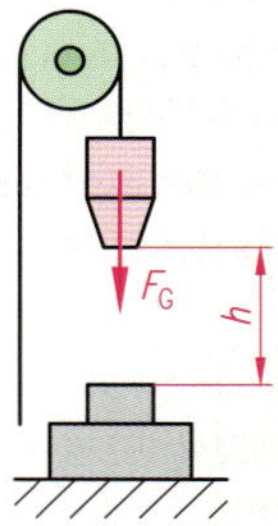

Einfacher Fallhammer

! Potenzielle Energie ist gespeicherte Hubarbeit.

1.2.5 Wirkungsgrad

Energie kann nie verloren gehen. Sie kann nur in andere Formen der Energie umgewandelt werden. Diesen grundlegenden Satz der Physik nennt man den **Energieerhaltungssatz**.

In technischen Systemen kann die eingegebene Energie nie vollständig in eine andere nutzbare Energieform umgewandelt werden. Es wird stets ein gewisser Anteil der aufgewendeten Energie *nicht nutzbringend* eingesetzt. Bei mechanischen Systemen wird er meist in Reibungswärme umgewandelt. Bei Systemen zur Umwandlung von Wärmeenergie in mechanische Energie, z. B. bei Verbrennungsmotoren, treten erhebliche Verluste durch Abwärme auf.

Man nennt das Verhältnis von Nutzenergie W_e zur aufgewendeten Energie Wi den Wirkungsgrad η des Systems.

$$\eta = \frac{W_e}{W_i}$$

Wenn Energieaufwand und Nutzung der Energie zur gleichen Zeit erfolgen, kann der Wirkungsgrad auch aus der Leistung berechnet werden.

Auf die Leistung bezogen ist der Wirkungsgrad η das Verhältnis von Nutzleistung (effektiver Leistung) P_e zur aufgewendeten (induzierten) Leistung P_i.

$$\eta = \frac{P_e}{P_i}$$

Beispiel für die Berechnung eines Wirkungsgrades

Aufgabe

Ein Kran hebt in 6 Sekunden 3 140 N Schrott auf eine Höhe von 4,8 m. Der Kranmotor nimmt 4,2 kW aus dem Stromnetz auf. Wie groß ist der Wirkungsgrad der Hubeinrichtung?

Gegeben

$F = 3\,140\text{ N}$
$s = 4{,}8\text{ m}$
$t = 6{,}0\text{ s}$
$P_i = 4{,}2\text{ kW}$

Gesucht

η

Lösung

$$P_e = \frac{F \cdot s}{t}$$

$$P_e = \frac{3\,140\text{ N} \cdot 4{,}8\text{ m}}{6\text{ s}} = 2\,512\,\frac{\text{Nm}}{\text{s}} = \mathbf{2{,}5\text{ kW}}$$

$$\eta = \frac{P_e}{P_i} = \frac{2{,}5\text{ kW}}{4{,}2\text{ kW}} = \mathbf{0{,}59}$$

! Energie geht nicht verloren (Energieerhaltungssatz).
Technisch ist eine verlustfreie Umwandlung in eine andere Energieform nicht möglich.

$$\text{Wirkungsgrad} = \frac{\text{Nutzenergie}}{\text{aufgewendete Energie}} \qquad \eta = \frac{W_e}{W_i}$$

1.3 Systeme zum Stoffumsatz

1.3.1 Stoffe in technischen Systemen

In technischen Anlagen werden Stoffe unterschiedlicher Art auf verschiedene Arten verarbeitet, bearbeitet und transportiert. Insgesamt bezeichnet man dies als **Stoffumsetzung**.

Je nach Aufgabe des Stoffes im Fertigungsprozess unterscheidet man:

- **Stoffe für die Werkstoffherstellung**
  z. B. Erze für die Metallgewinnung oder Erdöl zur Kunststoffherstellung,
- **Stoffe für die Werkstückherstellung**
  z. B. Halbzeuge zum Bearbeiten durch Drehen oder Granulate für Kunststoffteile,
- **Stoffe zum Einsatz im Fertigungsprozess**
  z. B. Kühlschmierstoffe beim Zerspanen, Fräser zur Spanabnahme oder Spritzgießformen für die Herstellung von Kunststoffteilen,
- **Stoffe zum Betreiben von Anlagen**
  z. B. Brennstoffe zur Energieerzeugung oder Öl als Schmiermittel in Getrieben.

1.3.2 Stoffumsetzungen

– Stoffumwandlung

Stoffumwandlungen finden statt bei der Energieerzeugung aus Brennstoffen oder bei Herstellung von Werkstoffen aus Rohstoffen.
So wird Erdgas zum Betreiben eines Glühofens in Wärmeenergie umgewandelt. Aus Eisenerz wird im Hüttenwerk Stahl erzeugt.

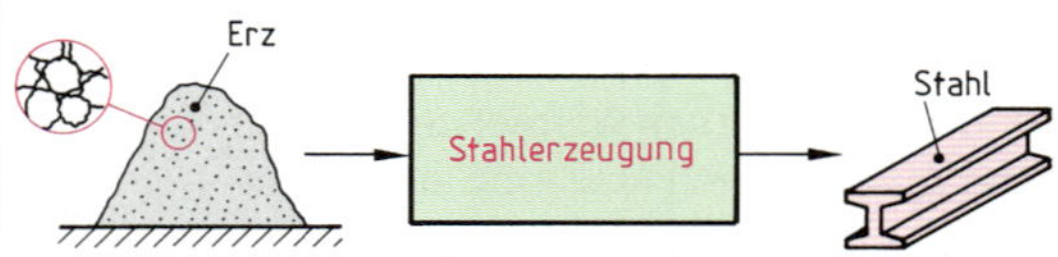

Stoffumwandlung bei der Stahlherstellung

– Stofftransport

In der Fertigung erfolgt der Transport von Stoffen bei Zuführen von Rohstoffen und Rohteilen in die Fertigungsanlagen. Innerhalb der Anlagen werden Werkstücke, Werkzeuge und Spannmittel bewegt.
Stofftransport geschieht mithilfe von Fördermitteln. Die Fördermittel unterscheidet man nach der Art des Bewegungsablaufes in stetige und unstetige Fördermittel.
Zu stetigen Fördermitteln gehören: Förderbänder, Förderschnecken, Becherwerke, Fördergebläse.
Zu unstetigen Fördermitteln gehören: Flaschenzüge, Kräne, Hubwagen, Lastwagen.

Beispiele für Fördermittel

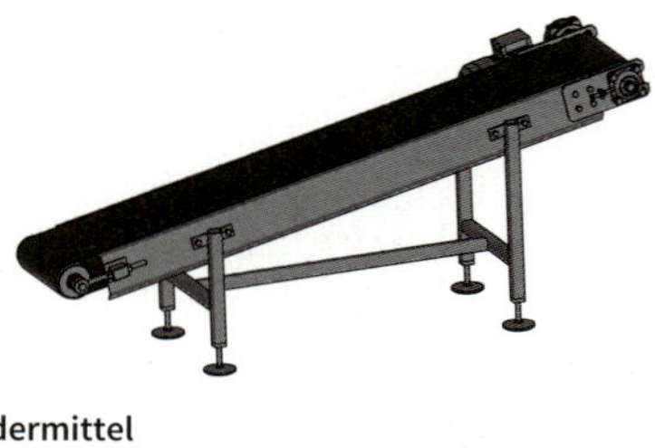
Stetiges Fördermittel

Unstetiges Fördermittel

– Stoffformung

In der Fertigungstechnik teilt man die Formung von Stoffen in die folgenden Hauptgruppen ein:

- **Urformen:** z. B. Gießen eines Motorblocks aus einer Aluminiumlegierung,
- **Umformen:** z. B. Schmieden einer Kurbelwelle aus einem Stahlrohteil,
- **Trennen:** z. B. Bohren von Flanschen für Rohrleitungen,
- **Fügen:** z. B. Schweißen von Karosserien für Pkws.

Übungsaufgaben 1/21 bis 1/23

In der Fertigungstechnik erfolgt die Herstellung von Einzelteilen mit unterschiedlichen Werkzeugmaschinen zur Stoffformung. Von den Maschinen zum Stoffformen durch Trennen werden Bohr-, Dreh- und Fräsmaschinen am häufigsten angewendet. Diese Maschinen sind aus bestimmten Funktionseinheiten aufgebaut, die in allen anderen Maschinen zum Spanen ebenfalls vertreten sind.

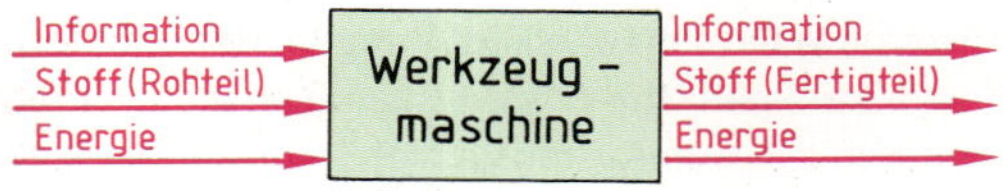

System Werkzeugmaschine

Beispiele für Funktionseinheiten an einer Drehmaschine

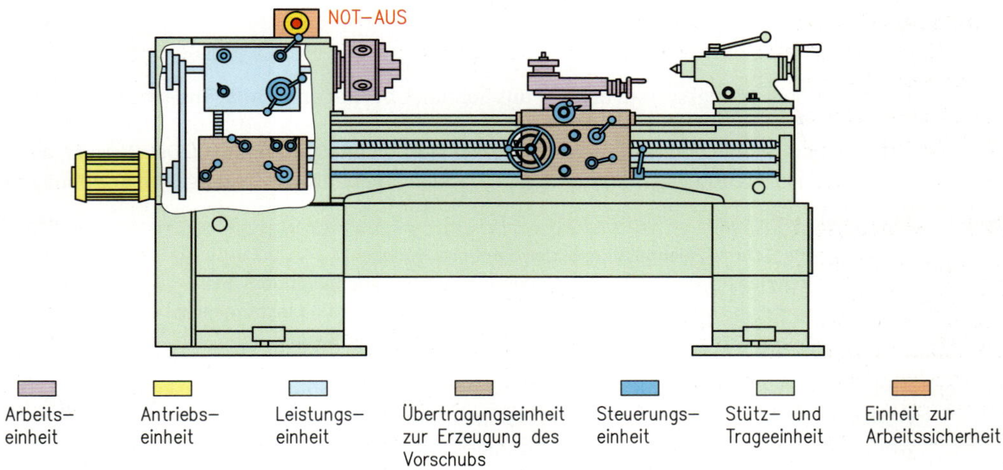

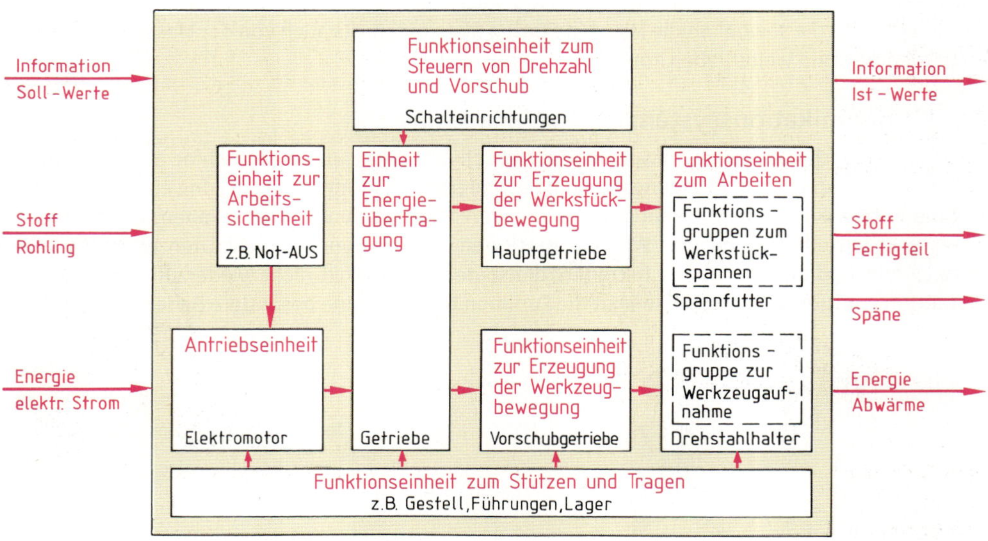

! Wesentliche Funktionseinheiten an Maschinen zum Trennen durch Spanen sind Einheiten zur Erzeugung einer Bewegung

- zwischen Werkzeug und Werkstück – Schnittbewegung,
- für eine kontinuierliche Spanabnahme – Vorschubbewegung.

Übungsaufgaben 1/24; 1/25

1.4 Systeme zum Informationsumsatz

1.4.1 Information und Informationsumsetzung

Informationen sind alle Mitteilungen, Nachrichten, Anweisungen, Hinweise u. a., die zwischen einem „Sender“ über einen Übertragungskanal an einen „Empfänger“ übertragen werden.
Im unmittelbaren Austausch von Informationen zwischen Menschen ist die akustische Übertragung durch die Sprache die wichtigste Form der Übermittlung. Neben der akustischen Übertragung durch die Sprache werden im zwischenmenschlichen Bereich auch optisch Informationen durch Mimik und Gestik übertragen. Der unmittelbare Informationsaustausch durch Gespräch zwischen Menschen zeigt die Grundelemente einer jeden Informationsübertragungskette oder **Kommunikationskette**, wie der Fachbegriff lautet.

Kommunikationskette:

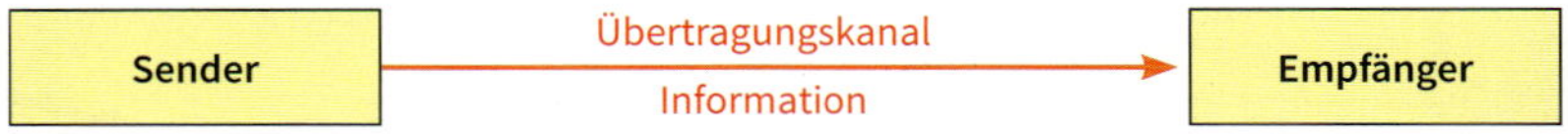

! Ein Informationsübertragungssystem besteht aus Sender, Übertragungskanal und Empfänger.

Als Partner treten in herkömmlichen technischen Systeme Mensch und Maschine auf. Der Begriff Maschine steht hier auch für Transport- und Lagereinrichtungen. Danach ergeben sich vier mögliche Beziehungen:

Sender	Informationsträger in der Technik	Empfänger
Mensch	Sprache, Schrift, Zeichnungen, Bilder, Symbole, Modelle	Mensch
Mensch	Schalter, Hebel, Kurvenscheiben, Codes, Programme, Identifikationssyteme	Maschine
Maschine	Akustische und optisch Signale, Anzeigen auf Bildschirmen und Instrumenten	Mensch
Maschine	Hebel, Gestänge u. Ä. , pneumat. u. elektr. Signale, digitale Signale	Maschine

Mit zunehmender Digitalisierung sind in der modernen Fertigung die Kommunikationsketten

Werkzeug → Maschine und
Werkstück → Maschine

hinzugekommen. Die Kommunikation erfolgt hier über

- Codes, die nur einseitig, vom Werkzeug bzw. Werkstück Daten übertragen sowie über
- digitale Systeme, die sowohl an die Maschine Daten übertragen, als auch von der Maschine Informationen mitnehmen und weitergeben können.

1.4.2 Kommunikationssystem Mensch- Maschine

Die Beziehung Mensch – Maschine, in welcher der Mensch als Sender und die Maschine als Empfänger auftritt, hat in der Transport- und Fertigungstechnik besondere Bedeutung. Zur Fertigung eines Produkts gibt der Fachmann zwei Arten von Informationen an die Werkzeugmaschine. Informationen, welche die Maße des Werkstücks betreffen, nennt man **Weginformationen**. Informationen, welche Drehzahlen, Vorschübe, Kühlmittelzufuhr und andere Größen betreffen, die später am Produkt nicht wiederzufinden sind, nennt man **Schaltinformationen**. Unter diesen hat die Funktion NOT-AUS eine besondere Bedeutung.

Informationsfluss an einer herkömmlichen Werkzeugmaschine

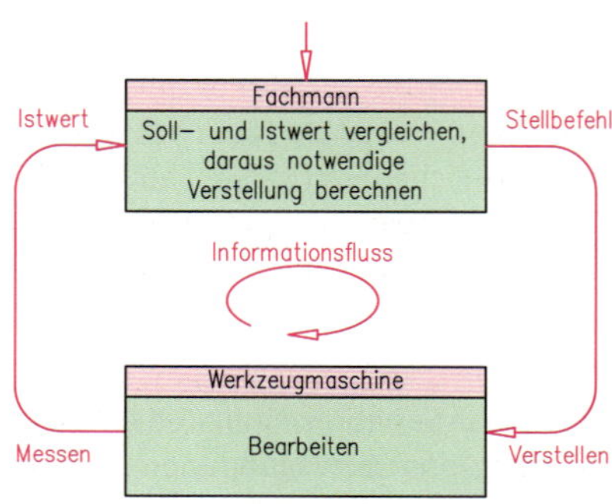

Übungsaufgabe 1/26

Die Art der Informationseingabe ist abhängig von der Maschinensteuerung. Gesteuert werden kann:

- manuell,
- mechanisch,
- numerisch.

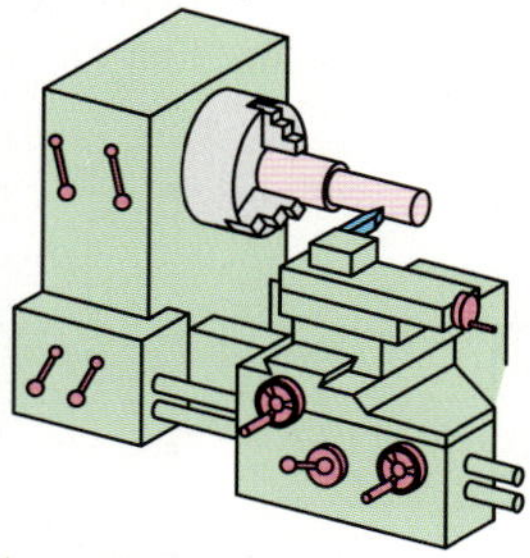

Informationseingabe durch Hebel, Kurbeln ...

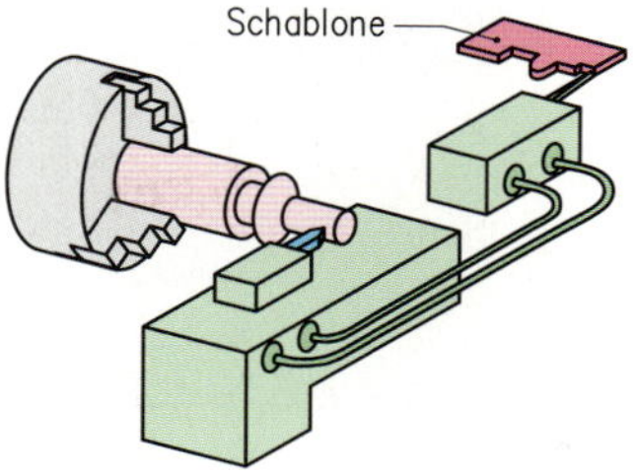

Informationseingabe durch Maß- und Formverkörperungen

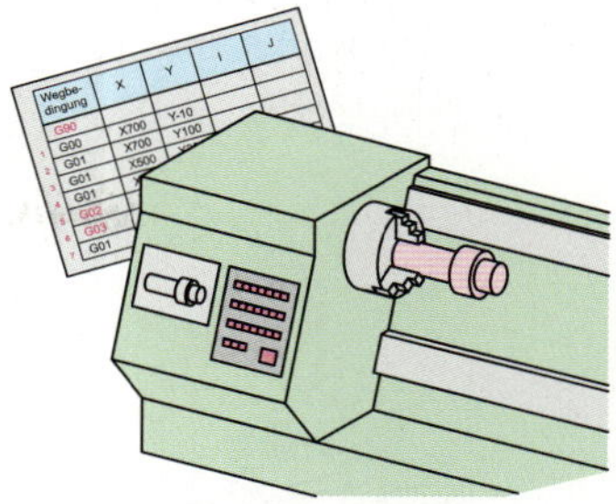

Informationseingabe durch Zeichen

! Die Informationseingabe im Kommunikationssystem Mensch – Maschine kann manuell, mechanisch oder numerisch erfolgen.

1.4.3 Kommunikationssystem Maschine – Mensch

Die Kommunikationsbeziehung Maschine – Mensch beschränkte sich bei herkömmlichen Werkzeugmaschinen fast ausschließlich auf Warnungen und Ausführungsmeldungen, z. B. durch Signalleuchten, Signalhörner und Maßanzeigen.
An numerisch gesteuerten Werkzeugmaschinen kann die Steuerung der Maschine auch vorprogrammierte Anweisungen, Fragen und Entscheidungshilfen an den Bediener geben. In diesem Fall spricht man vom **Dialogbetrieb**.
Computerunterstütztes Fertigen auf CNC-Maschinen geschieht ebenfalls im Dialogbetrieb.

Beispiel für einen Bildschirmdialog an einem CNC-Arbeitsplatz

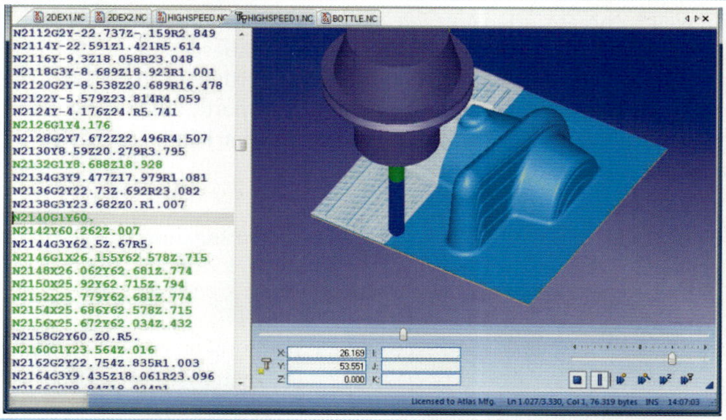

Im Rahmen einer ständigen Überwachung von Maschinen und Anlagen (Condition Monitoring) werden an allen entscheidenden Funktionsstellen Sensoren eingesetzt, die mit Einrichtungen zur digitalen Datenübertragung verbunden sind. Die Sensoren liefern ständig Hinweise auf den Zustand des Systems und veranlassen in kritischen Situationen automatisch Warnmeldungen, wenn z. B.:

- die Temperatur eines Lagers zu hoch ist,
- die Vibrationen einer Maschine außergewöhnlich intensiv sind oder
- der Schmierstoff an Schmierfähigkeit verloren hat.

! Bei herkömmlichen Werkzeugmaschinen beschränkt sich die Kommunikation zwischen Maschine und Mensch auf Warnungen und Anzeigen.
Programmgesteuerte Maschinen und Einrichtungen werden vorwiegend im Dialogbetrieb geführt.
Durch Sensoren überwachte Maschinen und Anlagen liefern kontinuierlich Hinweise auf den Zustand des Systems.

Übungsaufgabe 1/27

1.4.4 Kommunikationssystem Maschine – Maschine

Im Kommunikationssystem Maschine – Maschine werden Informationen von Maschinen ermittelt, weitergeleitet, ausgewertet und in Befehle umgesetzt. *Steuer- und Regeleinrichtungen* stellen derartige Kommunikationssysteme dar.

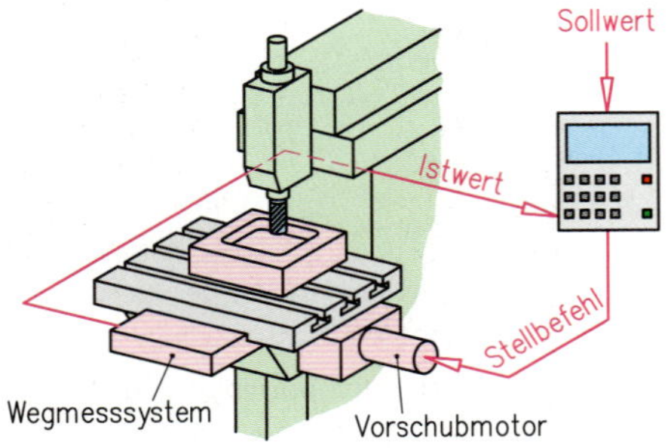

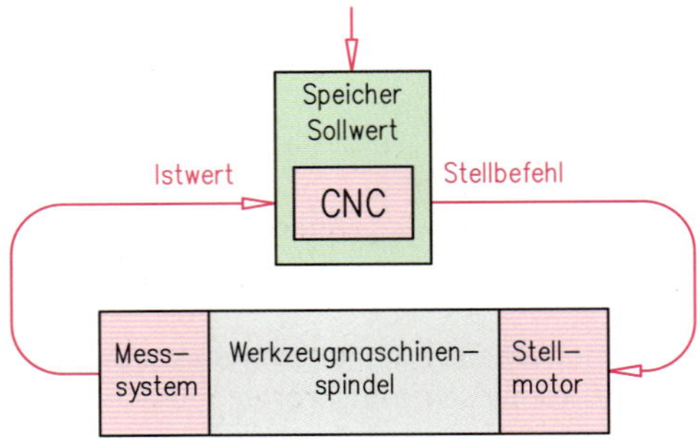

Informationsfluss an einer CNC-Maschine

> **!** Die Kommunikation Maschine – Maschine geschieht in einfachster Weise in Steuer- und Regeleinrichtungen.

Das Kommunikationssystem Maschine – Maschine ist am weitesten in der automatisierten Fertigung verwirklicht. Dort müssen z. B. Computer, Roboter, Transport- und Lagereinrichtungen miteinander kommunizieren, um einen reibungslosen Fertigungsablauf sicherzustellen.

In sehr weit automatisierten Anlagen, die an das Ziel der Industrie 4.0 heranreichen, sind Werkstücke, Werkzeuge, Vorrichtungen u. A. mit RFID-Tags (lesbar und beschreibbare Speicher) ausgerüstet. Diese RFID-Tags tragen alle notwendigen Informationen für den Fertigungsprozess mit sich. Sie kommunizieren mit den einzelnen Maschinen, Handhabungsgeräten, Transport-, Zuführ- und Entnahmeeinrichtungen, damit ein störungsfreier und zügiger Fertigungsprozess ablaufen kann. Gleichzeitig dokumentieren sie lückenlos den Produktionsablauf.

Beispiel für die Steuerung einer Transporteinrichtung durch ein RFID-Tag (Bosch)

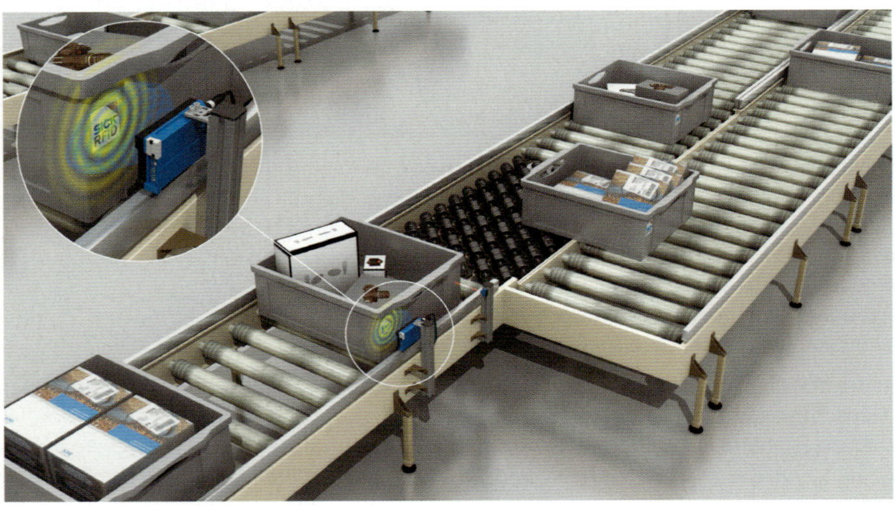

1.4.5 Identifikationssysteme

1.4.5.1 Identifikation von Personen und Berechtigungsnachweisen

An vielen Stellen im Betrieb müssen Mechaniker einen persönlichen Nachweis über ihre Anwesenheit und ihre besonderen Berechtigungen führen. Identifikationen werden z. B. verlangt über:

- die Anwesenheit am Arbeitsplatz,
- die Berechtigung zum Zugang in gesicherte Räume (Schaltwarte u. Ä.),
- die Berechtigung zur Abschaltung von Sicherheitseinrichtungen bei Wartungsarbeiten,
- die Ausleihe von speziellen Werkzeugen aus dem Magazin.

Die Daten aus diesen Nachweisen werden dokumentiert.

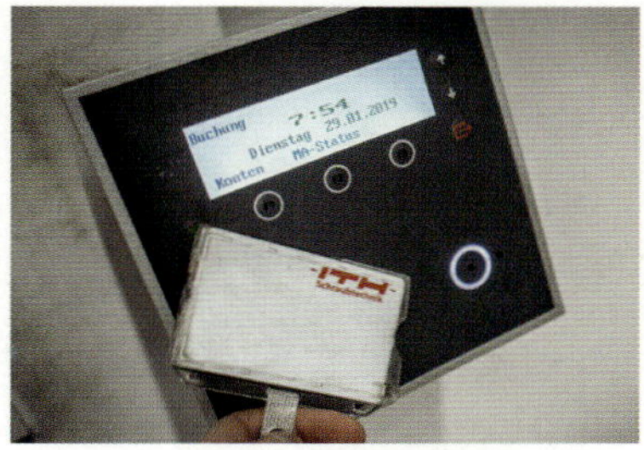

Zugangskontrolle mit RFID (ITH GmbH & Co. KG, Meschede)

Die Nachweise für die Berechtigungen und der Nachweis für die Anwesenheit werden besonders häufig mit besonders ausgestatteten Plastikkarten erbracht. Die Karten sind mit dem **RFID-System** versehen. Dieses RFID-System (**R**adio **F**requency **I**dentification) ist ein Sender-Empfänger-System.

In der Plastikkarte, die der Identifikation von Personen dient, ist ein Chip mit den entsprechenden Informationen eingebaut. Die Karte trägt eine Spule, die bei Kontakt mit einem Lesegerät von diesem Lesegerät Energie aufnimmt. Sodann kann die Einheit als Sender und Empfänger wirksam werden. Man nennt die Einheit aus Antennenspule und Chip den **Transponder**.

Das Gegenstück, von dem die Daten aus dem Chip des Transponders gelesen werden, ist das **RFID-Lesegerät**. Es enthält eine Spule, über die ständig ein hochfrequenter Strom geschickt wird. Kommt ein Transponder in die unmittelbare Nähe des Lesegeräts, so versorgt das Lesegerät den Transponder mit Energie und der Datenaustausch zwischen Transponder und Lesegerät zur Überprüfung der Berechtigung kann beginnen.

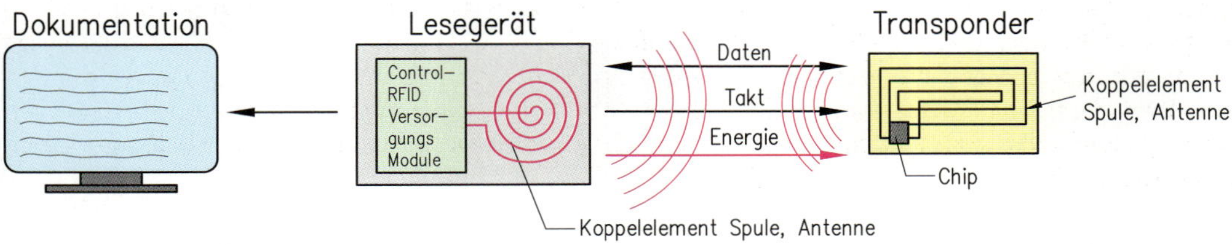

RFID-System (Schema)

1.4.5.2 Identifikation von Gegenständen und gleichzeitiger Datentransport

Mithilfe des RFID-Systems werden Gegenständen nicht nur Daten zur Identifikation, sondern auch Fertigungsdaten mitgegeben. Dies sind

- Daten in Zerspanungswerkzeugen, z. B. Werkzeuggeometrie, Standzeit und Schnittdaten,
- Daten in Rohteilen, z. B. CNC-Programmnummern, Hinweise zu Montage und Lagerplätzen sowie Daten zur Qualitätssicherung, z. B. Prüfmaße, Prüfkriterien und Wege zu evtl. Nacharbeit, transportiert und gespeichert.

Die verwendeten Transponder sind meist **passive Transponder**, die wie Transponder in Plastikkarten ihre Energie vom Lesegerät beziehen.

Aktive Transponder hingegen, wie sie z. B. in einem Autoschlüssel enthalten sind, haben eine Batterie als Energiequelle und können somit ihr Signal über größere Reichweiten senden.

Die Transponder können an jeder Station vom Schreib- und Lesegerät auch mit neuen Informationen, z. B. über Ort und Zeitpunkt der Bearbeitung sowie Ergebnisse der Qualitätsprüfung ausgestattet werden.

Türöffnung mit einem aktiven Transponder

1.4.5.3 Identifikation von Produkten

Mit Strichcodes und 2D-Codes werden in der Industrie Werkstücke, Werkzeuge u. a. mit Zahlenfolgen gekennzeichnet. Die Codes können mit Laser-Scannern , Handy-Scannern oder Auflicht-Scannern gelesen werden. Entsprechend der Codenummer können dem gekennzeichneten Objekt Lagerplätze, Montagearbeitsplätze, Bearbeitungsprogramme usw. zugewiesen werden.

1. Strichcode Interleaved 2/5 ITF

Der **Strichcode ITF** (**I**nterleaved **T**wo of **F**ive) wird in Form von aufgeklebten, gedruckten Etiketten oder gelaserten Markierungen verwendet.

1234567890

- Der Code **2/5 Interleaved** besteht aus jeweils fünf Elementen – zwei breiten und drei schmalen Elementen. Die breiten Elemente sind zwei- bis dreimal so breit wie die schmalen.
- Elemente sind sowohl Balken als auch Lücken.
- Jeweils zwei Ziffern bilden eine Einheit. Die erste Ziffer wird durch Balken dargestellt, die zweite durch die Lücken dazwischen. Bei ungerader Anzahl der darzustellenden Ziffernfolge wird eine Null vorangesetzt, z. B. statt 345 wird 0345 gesetzt.
- Die Zahlencodierung:

Beispiel für eine Codierung

Ziffer	1 bedeutet breit 0 bedeutet schmal				
0	0	0	1	1	0
1	1	0	0	0	1
2	0	1	0	0	1
3	1	1	0	0	0
4	0	0	1	0	1
5	1	0	1	0	0
6	0	1	1	0	0
7	0	0	0	1	1
8	1	0	0	1	0
9	0	1	0	1	0

Codierung der Zahl 34:

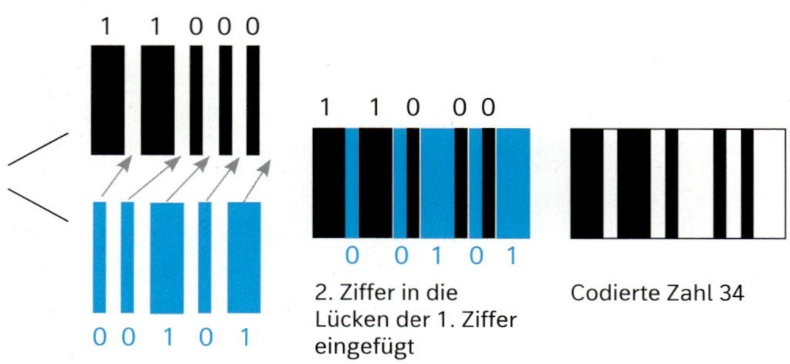

- Am Anfang der Ziffernfolge steht als Steuerzeichen die Folge: schmaler Balken, schmale Lücke, schmaler Balken, schmale Lücke.
  Am Ende der Zahlenfolge steht das Stoppzeichen: breiter Balken, schmale Lücke, schmaler Balken.

2. QR-Code

Der QR-Code (Quick Response-Code) wird wie der Strichcode in Form von aufgeklebten, gedruckten Etiketten oder gelaserten Markierungen eingesetzt. Im Unterschied zum Strichcode sind bei ihm die Informationen in der Fläche gespeichert.
Der Code ist ein 2D-Code. Er besteht aus einer quadratischen Struktur mit 21 × 21 bis zu 177 × 177 kleinen schwarzen und weißen Flächen. An drei Ecken befinden sich quadratische Positions-Markierungen zur Orientierung des Lesegeräts. In Angrenzung an die Positionsmarken liegen Bereiche, aus denen das Lesegerät das Datenformat und die Version des QR-Codes erkennen kann.

Aus dem flächenförmigem Aufbau ergeben sich erhebliche Vorteile gegenüber der Strichcodierung:

- Es können erheblich mehr Daten gespeichert werden.
- Daten können mehrfach an verschieden Stellen innerhalb der Struktur hinterlegt werden, sodass bei einer Beschädigung von bis zu 7 % in der niedrigsten und 30 % im höchsten Fehlerkorrekturlevel die Informationen noch einwandfrei ausgelesen werden können.

Übungsaufgaben 1/30; 1/31

1.4.6 IT-Sicherheit

Informationstechnische Systeme haben für Betriebe eine zentrale Bedeutung. Ohne ihre sichere Funktion sind Betriebsabläufe gestört oder gar unmöglich und es kann zu schweren Personen- und Sachschäden kommen. IT-Sicherheit umfasst:

- **Gerätesicherheit**,
- **Datensicherung**,
- **Datenschutz**.

Zur IT-Sicherheit hat jeder Nutzer beizutragen, auch wenn leider festzustellen ist:
„100 % Sicherheit sind unmöglich."

1.4.6.1 Gerätesicherheit

Gerätesicherheit verlangt Schutz vor dem Ausfall des Geräts, Schutz vor Manipulation und Schutz vor unerlaubter Benutzung.

Vor **Ausfall** sind Geräte, die im Betrieb von Mechanikern genutzt werden, meist durch entsprechende Umkleidung und bruchfeste Bildschirme gegen Schlag und Stoß gesichert. Die Umkleidungen schützen meist auch in einem gewissen Umfang vor dem Einfluss elektrischer und magnetischer Felder, wie sie z. B. in der Nähe von Elektroschweißanlagen und Elektroöfen auftreten. Die Felder sind im Moment des Ein- und Ausschaltens extrem stark. Sie schädigen besonders die Speichermedien.

Manipulationen des Computers erfolgen häufig durch das Internet, indem unbeabsichtigt Viren, Trojaner und andere Schadsoftware aufgeladen wird. Diese Schadprogramme manipulieren Abläufe oder legen gar das gesamte System lahm. Betrieblich eingesetzte Computer dürfen darum nur mit ausdrücklicher Erlaubnis im Internet genutzt werden. Mitgebrachte Datenträger dürfen wegen der Gefahr, Viren u. a. einzuschleppen, nicht am Computer angeschlossen werden.
In Betrieben mit einem entsprechenden IT-Management-System überwacht dieses alle Computer des Betriebs auf Schadsoftware, spielt zentral Updates auf und begrenzt aus Sicherheitsgründen den Einsatz des einzelnen PCs auf das für den Arbeitsplatz Notwendige.

Schutz vor unerlaubtem Zugriff auf den Computer und das WLAN geschieht durch geeignete Passwörter. Ein Passwort soll mindestens acht Zeichen enthalten und keinen Namen und persönlich bezogene Begriffe (z. B. Ausbildung) sowie keine leicht erkennbaren Zahlenfolgen (z. B. Geburtstagsdaten) enthalten. Am einfachsten merkt man sich einen Satz und stellt das Passwort aus den Anfangsbuchstaben und Sonderzeichen zusammen, wie z. B. *Für jeden PC und jede Anwendung ein eigenes Passwort, ergibt FjP+jA1eP*.
Damit eine unbefugte Person bei einer kurzen Abwesenheit des Benutzers nicht auf den Computer zugreifen kann, ist zusätzlich ein selbstständiges Abschalten bei Nichtbenutzung einzurichten.

1.4.6.2 Datensicherung

Datensicherung ist für Unternehmen lebenswichtig, denn der Verlust von Daten über Produktionsprozesse, Konstruktionen, Kunden u. A. kann zu schwersten Betriebsstörungen führen.

Auch der Einzelne muss an seinem Arbeitsplatz laufend die gewonnenen Daten sichern, damit bei einer Störung nicht die Arbeit eines ganzen Tags, z. B. die Ausarbeitung eines Fertigungsprogramms, dahin ist.

Damit ein solcher Fall nicht eintritt, erlauben alle Betriebssysteme eine automatische Speicherung in frei zu wählenden Zeitabständen.

verbranntes Notebook

Damit bei einem Ausfall des PCs z. B. durch einen Brand oder ein Schadprogramm, die Daten weiterhin zur Verfügung stehen, sollten möglichst täglich Kopien der Daten auf Speichermedien außerhalb des Computers gesichert werden.

Häufig geschieht die Speicherung der Daten außerhalb des Betriebs in einer Cloud. Man spricht von **Cloud-Backup**. Dabei werden die örtlich gewonnenen Daten verschlüsselt über das Internet an die Cloud, einen externen Datenspeicher mit riesigem Speichervolumen, übertragen und dort sicher aufbewahrt. Bei Bedarf können berechtigte Personen die Daten jederzeit und von überall abrufen.

1.4.6.3 Datenschutz

Unter Datenschutz versteht man zunächst den Schutz personenbezogener Daten. Entsprechend den gesetzlichen Bestimmungen ist eine Weitergabe personenbezogener Daten nur bei Zustimmung der betreffenden Person gestattet und auch nur für den der Zustimmung vorliegenden Fall. Eine mit der Zustimmung erfolgte Weitergabe ist in allen Einzelheiten zu protokollieren und ggf. ist der betroffenen Person Auskunft über die weitergeleiteten Daten zu geben.

In Betrieben kommt zum personenbezogenen Datenschutz der sachbezogene Datenschutz hinzu. Dabei geht es darum, betriebsbezogene Daten vor missbräuchlicher Anwendung, Verfälschung, Verlust und Spionage zu schützen.

Der wichtigste Datenschutz ist der Zugangsschutz nur für Berechtigte z. B. durch ein Passwort.

Datenvermeidung ist nahezu ebenso wichtig, d. h., Daten, die im Rahmen eines Auftrags nicht benötigt werden, sind geschützt, wenn jeder Zugangsberechtigte nur einen Zugriff auf diejenigen Daten bekommt, die er für seine Arbeit benötigt.

Ein Verfälschen von Daten (Sabotage) oder ihr unberechtigtes Abgreifen zu Spionagezwecken kann durch Verschlüsselung und verschlüsselte Weitergabe verhindert werden.

Um in einem Unternehmen Datenschutz effektiv durchzusetzen, sind gute Fachkenntnisse nötig. Darum sollten Firmen einen Datenschutzbeauftragten benennen und schulen. Bei zehn Beschäftigten im Bereich der automatisierten Datenverarbeitung oder bei 20 beschäftigten Personen, die die Daten anders verarbeiten, sind Betriebe sogar dazu verpflichtet, einen betrieblichen Datenschutzbeauftragten zu beschäftigen.

Hinweise **Zusammenfassung der IT-Sicherheitsregeln**

- PC und Datenträger vor magnetischen und elektrischen Feldern schützen.
- Passwörter verwenden, Mindestlänge sind acht Zeichen dabei auch Zahlen und Sonderzeichen.
- Passwörter sicher aufbewahren und regelmäßig ändern.
- Passwörter und geheim zu haltende Daten verdeckt eingeben.
- Datenträger regelmäßig mit Virenschutzprogrammen überprüfen.
- Keine unbekannten Dateien aus dem Internet herunterladen.
- Auf Betriebs-PC nur auftragsbezogene Daten hochladen, keine privaten Dateien.
- Daten regelmäßig sichern, Sicherungskopien anfertigen und geschützt aufbewahren.
- USB-Sticks verschlüsseln.
- WLAN-Betrieb durch Verschlüsselung sichern.

2 Funktionseinheiten des Maschinenbaus

2.1 Einteilung der Funktionseinheiten

Maschinen und Anlagen bestehen aus festen und beweglichen Elementen. Durch das Zusammenwirken der Elemente führen Maschinen vorbestimmte, regelmäßig wiederkehrende Bewegungen aus.
Es gibt Maschinen für die verschiedensten Aufgaben. In ihnen werden unabhängig von der Gesamtaufgabe gleiche Bauelemente für gleiche Einzelaufgaben verwendet. Darum sind diese Bauelemente zumeist in Abmessungen und im Werkstoff genormt. Die Normung führt zur Vereinfachung in Konstruktion und Montage und ermöglicht das Austauschen.

Beispiele für Funktionselemente und Bauelemente in einer elektrischen Bohrmaschine

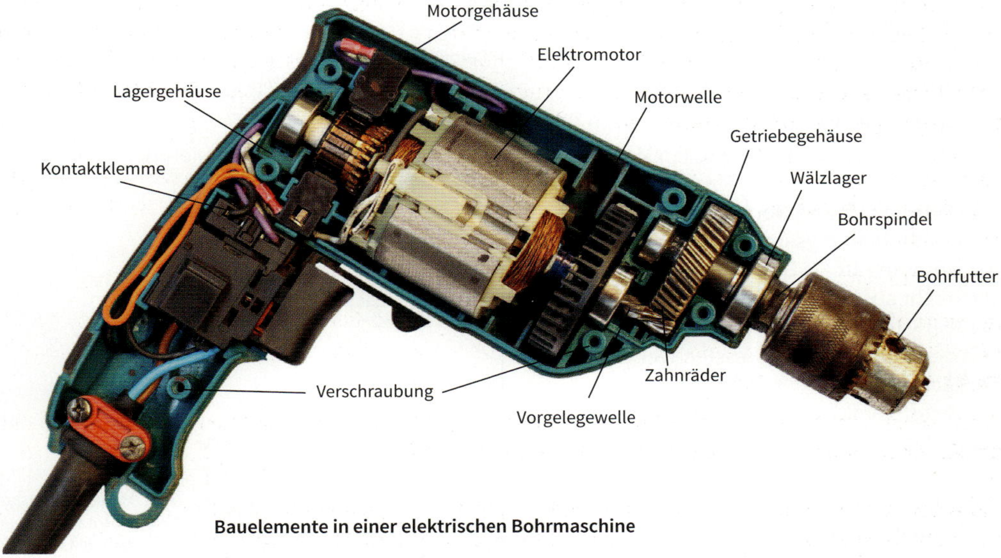

Bauelemente in einer elektrischen Bohrmaschine

Je nach der Aufgabe, die im Vordergrund steht, unterscheidet man verschiedene Gruppen von Funktionselementen.

Funktionselemente	Bauelemente	Funktion
Verbindungselemente	**Schraube** **Passfeder**	verbindet Elemente des Verschiebemechanismus verbindet Zahnrad mit Bohrspindel
Stützelemente	**Gehäuse** **Wälzlager**	trägt Lager und nimmt feststehende Bauteile auf trägt Bohrspindel, Motorwelle und Vorgelegewelle
Leitungselemente für mechanische Energie	**Vorgelegewelle** **Bohrspindel**	überträgt Energie auf Zahnräder überträgt Energie vom Zahnradgetriebe
Elemente zum Formen von Bewegungen	**Zahnräder**	übertragen Drehmoment vom Motor auf die Bohrspindel und ändern Umdrehungsfrequenzen

2.2 Funktionseinheiten zum Stützen und Tragen

Alle Einheiten zum Abstützen beweglicher Baueinheiten gehören zu den Gruppen Lager und Führungen. Lager tragen Bauteile, die Drehbewegungen ausführen, z. B. Wellen und Achsen. Geradführungen tragen Baueinheiten, die geradlinige Bewegungen ausführen, z. B. Schlitten und Maschinentische.

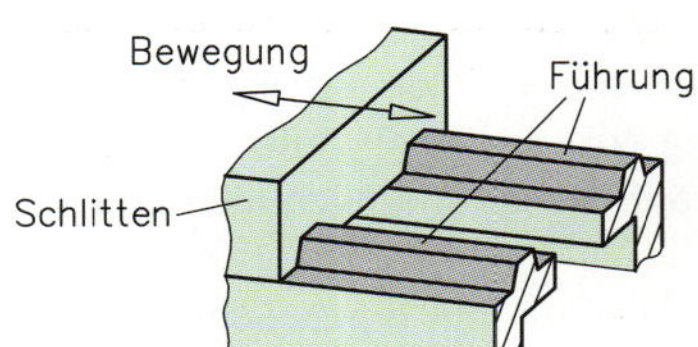

Geradführung

Durch einen Riementrieb sollen Kräfte und Bewegungen vom Motor zur Maschine übertragen werden. Ein solcher Antrieb ist nur deswegen möglich, weil zwischen Riemen und Riemenscheiben eine große Kraft wirkt. Diese Kraft bezeichnet man als **Reibungskraft**; je größer sie ist, desto günstiger ist dies für die Wirkungsweise des Antriebes (erwünschte Reibung).
In den Lagern tritt zwischen den Bauelementen, die sich gegeneinander bewegen, eine hemmende Kraft auf. Auch diese Kraft bezeichnet man als Reibungskraft. Sie soll in Lagern möglichst gering sein, lässt sich aber nicht verhindern (unerwünschte Reibung).

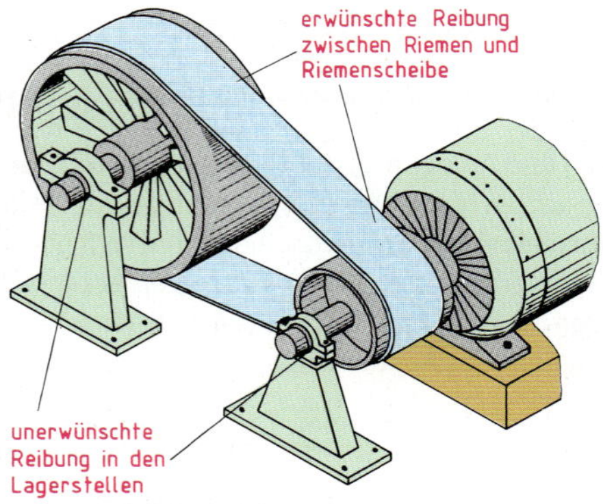

Reibung zwischen Maschinenteilen

> **!** Erwünschte Reibung nutzt man zur Kraftübertragung.
> Unerwünschte Reibung zwischen Maschinenteilen vermindert man durch Schmierung.

– Reibungskraft und Normalkraft

Die Größe der Reibungskraft ist abhängig von
- der **Normalkraft** F_N. Diese ist die Kraft, welche senkrecht auf die Reibungsflächen wirkt.
- der Werkstoffkombination und der Beschaffenheit der aufeinander gepressten Werkstückoberflächen.

Die Werkstoffkombination und die Beschaffenheit der Oberflächen werden mit der **Reibungszahl** μ erfasst.
Die Reibungskraft ist von der Größe der Reibungsflächen unabhängig.
Die Reibungskraft wirkt immer der angestrebten Bewegung entgegen.
Mit steigender Normalkraft wächst im gleichen Verhältnis die Reibungskraft. Es gilt somit:

$$F_R = \mu \cdot F_N$$

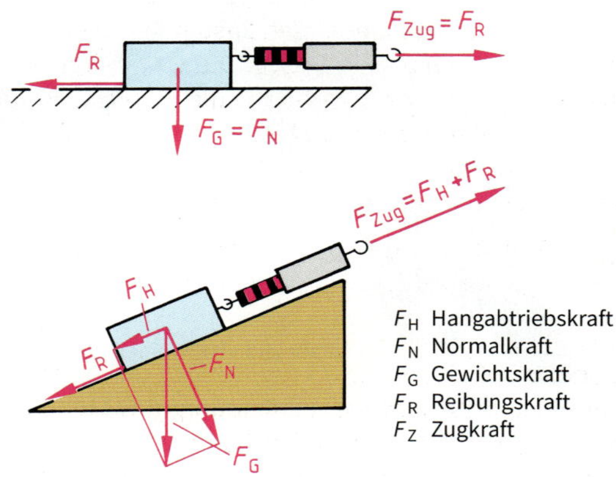

Reibungskraft an der geneigten Ebene

> **!** Die Reibungskraft ist von der Normalkraft und der Reibungszahl abhängig.
> Die Reibungskraft wirkt einer entstehenden oder vorhandenen Bewegung immer entgegen.

– Reibungsarten

Haftreibung muss überwunden werden, wenn ein Bauteil aus dem Ruhezustand in Bewegung gesetzt werden soll.
Gleitreibung muss überwunden werden, um ein Bauteil in gleichförmiger Bewegung zu halten. Gleitreibung ist immer kleiner als Haftreibung.
Rollreibung tritt zwischen aufeinander rollenden Bauteilen auf. Sie ist erheblich kleiner als Gleitreibung.
Reibungskräfte können durch Schmierung verringert werden.

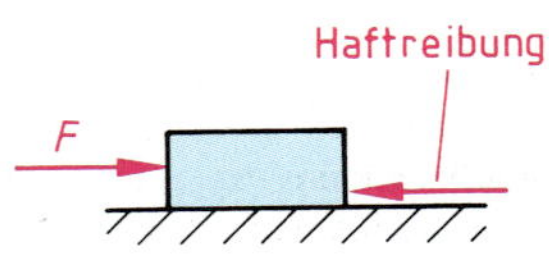

Körper eben noch in Ruhe

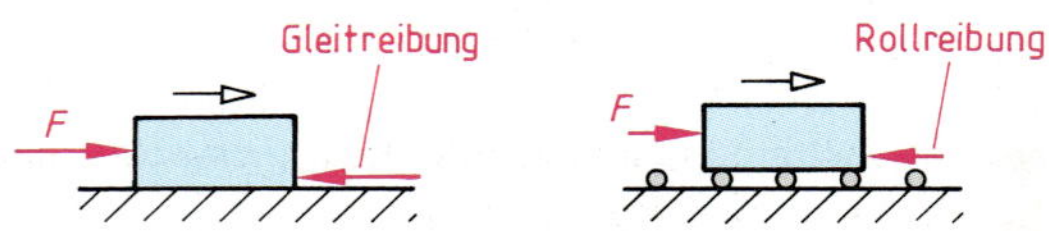

Körper in gleichförmiger Bewegung

Übungsaufgaben 2/2 bis 2/4

1. Haftreibung

Will man z. B. die Spannbacken eines geöffneten Schraubstockes verstellen, so spürt man eine Widerstandskraft. Diese bewegungshemmende Kraft ist die Reibungskraft. Sie wirkt in den Führungen und im Gewinde. Die bewegungshemmende Kraft wird spürbar, sobald man versucht, die Bauteile des Schraubstockes zu bewegen. Die Bauteile haften nämlich aneinander. Man spricht daher auch von Haftreibung. Die Haftreibung entsteht, weil sich die sehr kleinen Unebenheiten der Körperoberflächen ineinander verklammern.

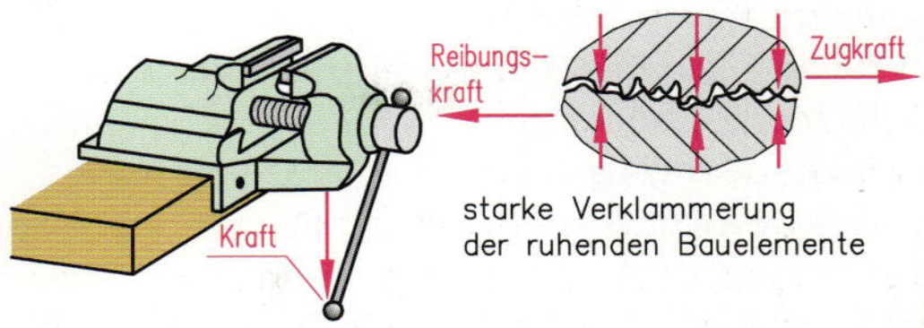

Haftreibung

> **!** Die Haftreibungskraft ist der Reibungswiderstand, den zwei aneinander gedrückte Bauteile einer entstehenden Bewegung entgegensetzen.

2. Gleitreibung

Beim Öffnen des Schraubstockes muss man zunächst die Haftreibungskraft überwinden. Sobald sich die Spannbacke bewegt, lässt die Reibungskraft nach. Die Bauelemente gleiten aneinander vorbei. Man bezeichnet diesen Zustand als Gleitreibung oder Bewegungsreibung. Die Gleitreibungskraft hat die gleiche Ursache wie die Haftreibungskraft. Die Oberflächen sind jedoch nicht mehr so stark ineinander verklammert. Die Gleitreibungskraft ist kleiner als die Haftreibungskraft.

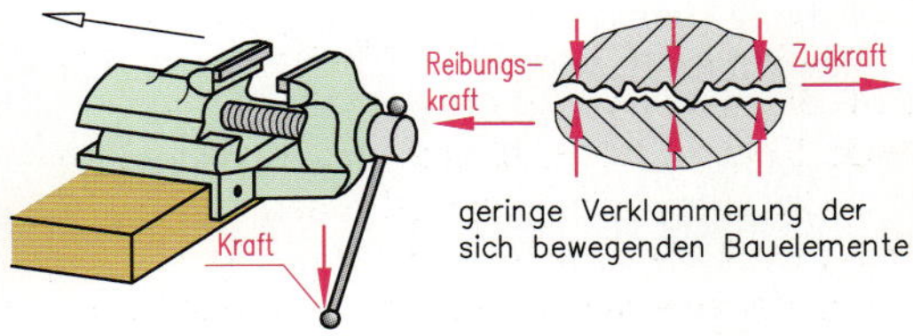

Gleitreibung

> **!** Die Gleitreibungskraft ist der Reibungswiderstand, den zwei aneinander vorbeigleitende Bauelemente der vorhandenen Bewegung entgegensetzen.

3. Rollreibung

Durch die Rollkörper wird die Reibungskraft stark vermindert. Die auftretende Reibung wird als Rollreibung bezeichnet. Die Rollreibungskraft entsteht ähnlich wie die Gleitreibungskraft. Auch bei der Rollreibung verklammern und verformen sich die Unebenheiten der Bauelemente an den Berührungsflächen und verursachen eine bewegungshemmende Kraft.

Für serienmäßige Maschinenteile wie etwa Wälzlager oder Autoreifen kann man zur Vereinfachung der Rechnung eine Rollreibungszahl μ_R einführen.

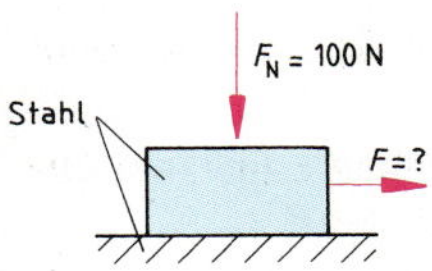

Gleitreibungszahl $\mu = 0{,}18$

$F = F_{R,\,Gleit} = \mu \cdot F_N$
$F_{R,\,Gleit} = 0{,}18 \cdot 100$ N
$F_{R,\,Gleit} = \mathbf{18\ N}$

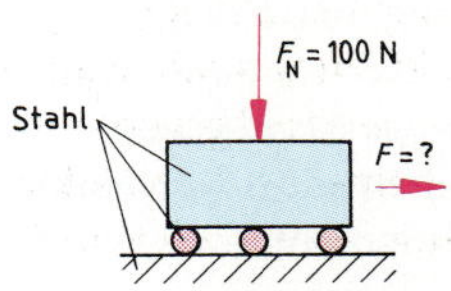

Rollreibungszahl $\mu_R = 0{,}05$
bei $R = 10$ mm

$F = F_{R,\,Roll} = \mu_R \cdot F_N$
$F_{R,\,Roll} = 0{,}05 \cdot 100$ N
$F_{R,\,Roll} = \mathbf{5\ N}$

Gleitreibung verglichen mit Rollreibung

– **Richtwerte für Reibungszahlen**

Werkstoffpaarung (Glatte Oberflächen)	Beispiel	Haftreibungszahl μ_0 trocken	Haftreibungszahl μ_0 geschmiert	Gleitreibungszahl μ trocken	Gleitreibungszahl μ geschmiert
Stahl/Stahl	Schraubstockführung	0,18	0,1	0,13	0,05
Gummi/Gusseisen	Riemen auf Riemenscheibe	0,55	0,3	0,4	0,2
Bremsbelag/Stahl	Scheibenbremse	–	–	0,3 bis 0,5	0,15 bis 0,3
		Rollreibungszahl μ_R			
Stahl/Stahl Gummi/Asphalt	Wälzlager Reifen auf Straße	je nach Bauart 0,0005 bis 0,001, je nach Größe 0,015 bis 0,025			

> **!** Die Rollreibungskraft ist der Reibungswiderstand, den zwei aufeinander abrollende Bauelemente der Bewegung entgegensetzen.
> Rollreibungskräfte sind kleiner als Gleitreibungskräfte, diese sind kleiner als Haftreibungskräfte.

2.3 Funktionseinheiten zum Stützen, Tragen und Führen

2.3.1 Lagerarten

Nach der Richtung der *Lagerbelastung* unterteilt man die Lager in zwei Gruppen:
- **Radiallager:** Die zu tragende Kraft wirkt in Richtung des Radius.
- **Axial- oder Längslager:** Die zu tragende Kraft wirkt in Richtung der Längsachse.

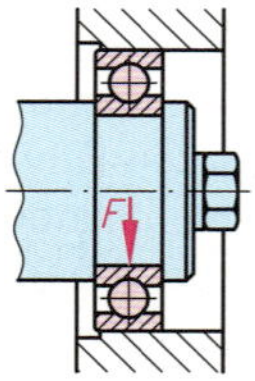

Radiallager

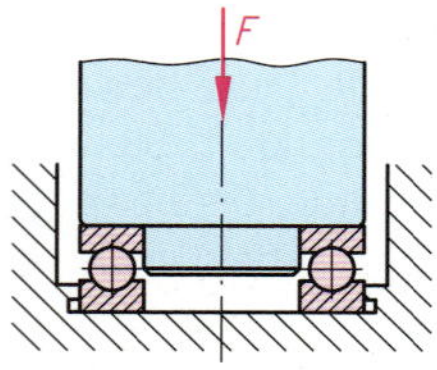

Axiallager

> **!** Nach der Richtung der Belastung unterscheidet man:
> • Radiallager: Belastung in Richtung des Radius, • Axiallager: Belastung in Längsrichtung der Achse.

Weiterhin unterscheidet man die Lager nach der Art der *Reibung* im Lager:
- **Gleitlager:** Der Wellenzapfen gleitet über die Lagerfläche, es entsteht *Gleitreibung*.
- **Wälzlager:** Im Lager sind zur Verringerung der Reibung Kugeln, Nadeln o. Ä. eingebaut, es entsteht *Rollreibung*.

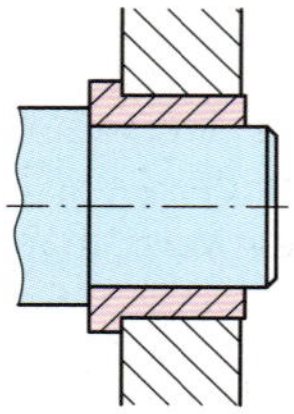
Gleitlager

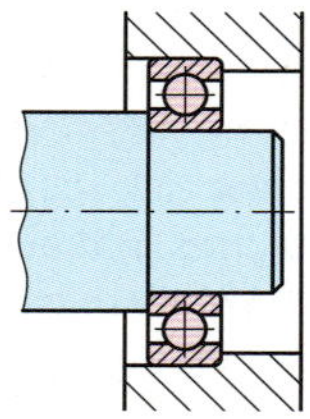
Wälzlager

> **!** Nach der Art der Reibung unterscheidet man:
> • Gleitlager bei Gleitreibung, • Wälzlager bei Rollreibung.

2.3.2 Gleitlager

Ein Gleitlager besteht meist aus
- Lagergehäuse,
- Lagerbuchse oder Lagerschalen,
- Schmiereinrichtung.

Lagergehäuse werden als genormte Bauelemente in Maschinen eingebaut. Sie sind meist gegossen oder geschmiedet. Um die Montage zu ermöglichen bzw. zu erleichtern, sind die Lagergehäuse meist geteilt.

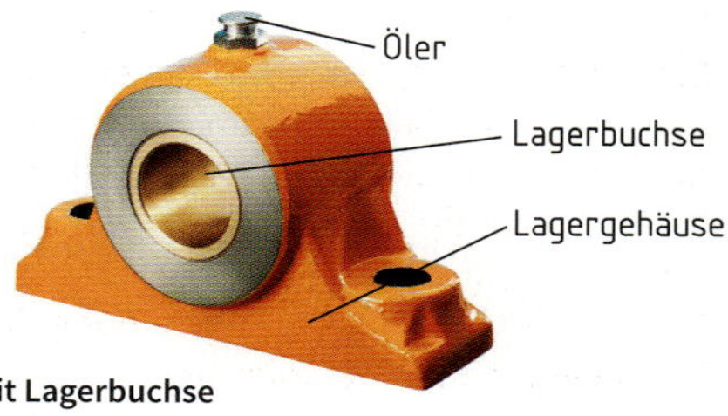

Stehlager mit Lagerbuchse

Je nach Werkstoff des Lagers und Qualität der Ausführung wird das Lager eingepasst oder der Lagerwerkstoff eingegossen. Eingegossene Lager werden spanend nachgearbeitet. Die Gleitfläche des Lagers muss eine hohe Oberflächengüte aufweisen. Die Rautiefe darf jedoch $R_z \approx 1$ µm nicht unterschreiten, da Flächen mit geringerer Rautiefe zum Ausreißen neigen.

Eigenschaften wichtiger Lagerwerkstoffe

notwendige Eigenschaft	Gusseisen	Sintermetalle	Bronzen und Pb-Sn-Legierungen	Kunststoff
Gleiteigenschaft	befriedigend	befriedigend	gut	sehr gut
Notlaufeigenschaft	befriedigend	sehr gut	gut	sehr gut
Verschleißfestigkeit	sehr gut	befriedigend	gut	befriedigend
Tragfähigkeit	sehr gut	befriedigend	Bronze gut; Pb-Sn ausreichend	mäßig
Wärmeleitfähigkeit	befriedigend	befriedigend	befriedigend	mangelhaft
geringe Wärmedehnung	sehr gut	sehr gut	gut	mangelhaft
Anwendungsbeispiel	EN-GJL-200, für wenig belastete und billige Lager	Sint-B10 und Sint-B51, für Kleinmaschinen	G-CuPb10Sn, für hochwertige Lager an Motoren	Polyamid, für kleine und schwingungsfreie Lager

Übungsaufgaben 2/6; 2/7

1. Lagerreibung in Gleitlagern

Man unterscheidet bei Gleitlagern folgende Fälle der Reibung:

– **Trockenreibung**

Es ist kein Schmiermittel vorhanden. Die Gleitflächen von Welle und Lager gleiten unmittelbar aufeinander. Trockenreibung führt zur starken Erwärmung und zur schnellen Zerstörung des Lagers.

– **Mischreibung**

Zwischen den Gleitflächen von Lager und Welle ist kein zusammenhängender Schmierfilm vorhanden. Teilweise tritt Trockenreibung auf.

– **Flüssigkeitsreibung**

Ein zusammenhängender Schmierfilm trennt die Gleitflächen voneinander. Dabei findet die Reibung im Schmiermittel statt. Es tritt kein Verschleiß auf, die Erwärmung bleibt niedrig.

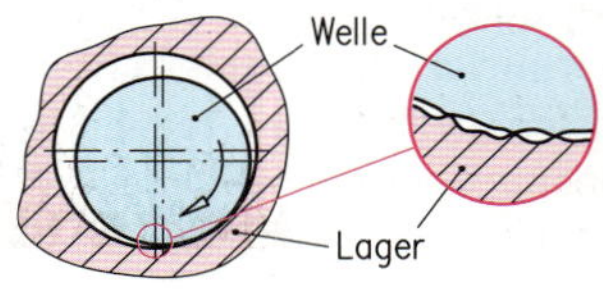

Trockenreibung

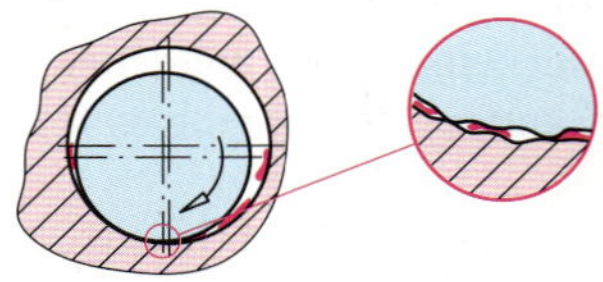

Mischreibung

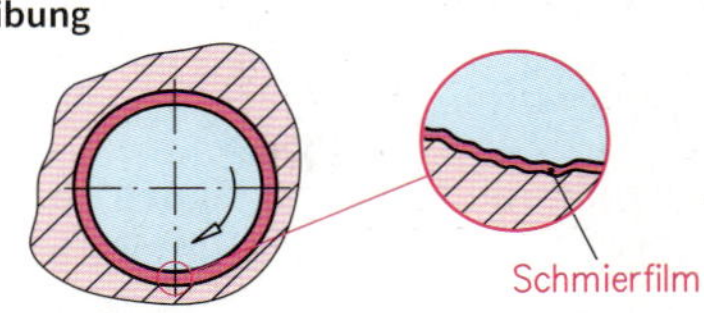

Flüssigkeitsreibung

> **!** Man unterscheidet hinsichtlich der Reibung bei Lagern
> • Trockenreibung, • Mischreibung, • Flüssigkeitsreibung.

2. Hydrodynamische Schmierung

In Ruhestellung liegen Zapfen und Lager unmittelbar aufeinander. Beim Anlauf tritt deshalb Mischreibung oder gar Trockenreibung auf. Durch die Gleitbewegung wird an der Welle anhaftender Schmierstoff mitgerissen und in den sich verengenden Spalt zwischen Welle und Lager gepresst. Dadurch wird der Zapfen im Lager geringfügig angehoben, und es entsteht bei genügend großer Umdrehungsfrequenz ein zusammenhängender Schmierfilm, also Flüssigkeitsreibung. Dies ist die **hydrodynamische Schmierung.**

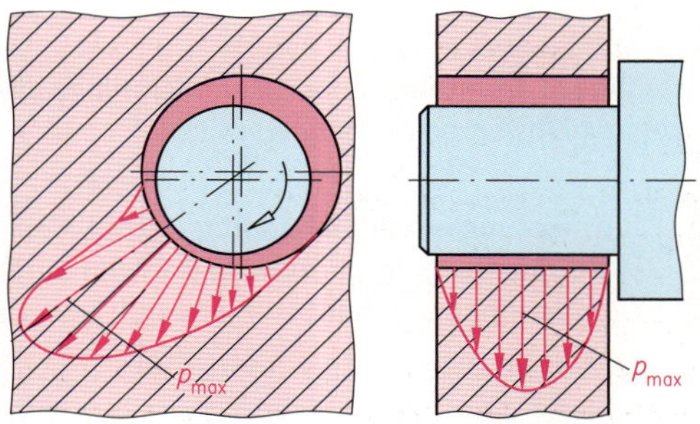

(Lagerspiel ist stark vergrößert dargestellt)

Druckverteilung bei hydrodynamischer Schmierung

Für diese Schmierung eignen sich besonders Mineralöle mit Zusätzen zur Erhöhung der Belastbarkeit. (Kennbuchstaben „CLP“)

Die Lagerflächen hydrodynamisch geschmierter Lager dürfen im Bereich des größten Drucks keine Schmiernute u. Ä. aufweisen.

3. Hydrostatische Schmierung

Im Werkzeugmaschinen- und Großmaschinenbau werden häufig Lager eingesetzt, bei denen ein Film aus eingepresstem Drucköl die Wellenzapfen trägt. Durch das eingepresste und damit unter Druck stehende Öl werden die Gleitflächen von Lager und Wellenzapfen schon vor Anlaufen der Maschine voneinander getrennt. Man bezeichnet diese Gleitlager wegen des konstanten Öldruckes im Lager, der unabhängig von der Umdrehungsfrequenz ist, als *hydrostatische Lager*.

Als Schmieröl für diese Lager eignen sich Mineralöle, denen Wirkstoffe zur Verschleißminderung zugegeben sind. Sie werden normgerecht durch die Kennbuchstaben „CG“ bezeichnet.

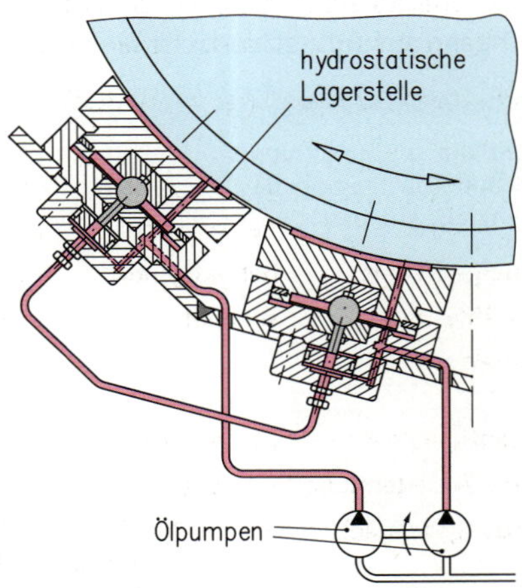

Hydrostatisch geschmiertes Segmentlager

Übungsaufgaben 2/8 bis 2/11

1. Ölschmierung

– Schmiermittel und Schmiermittelzuführung

Für die meisten Gleitlager aus Metall wird Öl als Schmiermittel verwendet. Dabei muss das Schmieröl dem Lager an einer *unbelasteten* Stelle zugeführt werden. Die Schmierölzuführung kann auf verschiedene Weise erfolgen:

– Schmierung durch Umlauföl

Diese Art der Schmierung wird bei Einzellagern häufig verwendet. Hierbei gibt es folgende Möglichkeiten:

- Welle und Lager befinden sich im Ölbad.
- Durch einen Schmierring, der sich lose auf der Welle mitdreht, wird das Öl aus dem Bad hoch befördert.

Zur Schmierung mit Umlauföl eignen sich besonders Öle mit Bitumenanteil, weil sie eine hohe Haftfähigkeit aufweisen (Kennbuchstabe „B“).

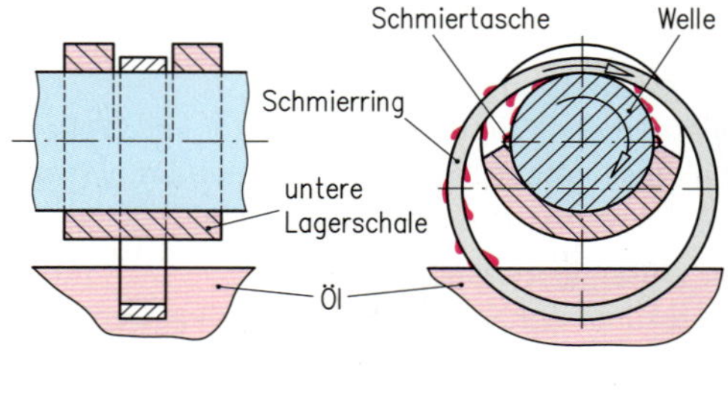

Schmierung durch Umlauföl mit Schmierring

– Zentralschmierung

Hier werden alle Gleitlager einer Maschine von einer zentralen Schmieranlage mit Schmiermittel versorgt. Für eine Zentralschmierung bei Öltemperaturen bis 50 °C eignen sich Mineralöle ohne Zustz (Kennbuchstaben „AN“).

Automatisch arbeitende Zentralschmieranlagen bieten gegenüber Einzelschmierung folgende Vorteile:

- *genaue Dosierung des Schmiermittels,*
- *keine Stillstandzeiten wegen Schmierung.*

> **!** Ölschmierung erfolgt bei Gleitlagern mit kleinen bis sehr hohen Drehzahlen und Belastungen. Die Zuführung des Schmieröls kann erfolgen durch:
> - Ölbäder ohne und mit Schmierring,
> - Pumpen in Zentralschmieranlagen.

2. Fettschmierung

Fettschmierung erfolgt bei Lagern mit geringen Drehzahlen und hoher Belastung sowie bei Lagern in Gelenken. Vorzugsweise wird eine Fettschmierung bei Sinterlagern verwendet.

Das verwendete Fett muss auf die Lagerbelastung und die Betriebstemperatur abgestimmt sein. Zu berücksichtigen ist auch die Beständigkeit des Fettes gegenüber Wasser.

Das Fett kann auf unterschiedliche Weise ins Lager gebracht werden:

Handschmierung	selbsttätige Schmierung	Schmierung aus Fettdepot
Fett wird durch Schmiernippel oder Staufferbuchsen an die Schmierstelle gepresst. 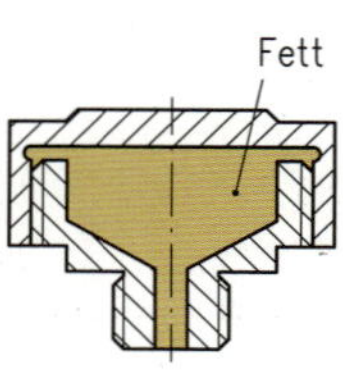 **Staufferbuchse**	Fett wird durch Federdruck aus einer Fettbuchse in das Lager gepresst. 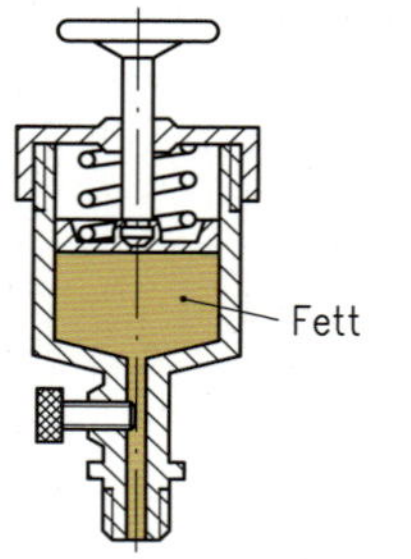 **Fettbuchse**	Fett wird vom Lager aus einem Depot entnommen. Lager mit Depotfüllung sind wartungsfrei. 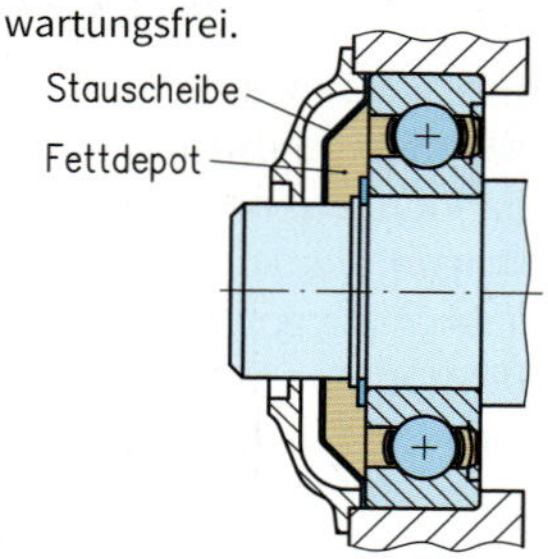 **Sinterlager mit Depotfettfüllung**

Übungsaufgaben 2/12; 2/13

2.3.3 Wälzlager

In Wälzlagern rollen zwischen der inneren und der äußeren Lauffläche Wälzkörper ab. Dabei entsteht **Rollreibung**. Sie ist wesentlich geringer als Gleitreibung.

Wälzlager werden bevorzugt eingesetzt bei

- *wartungsfreien Lagern mit normaler Beanspruchung*, z. B. Getriebe, Motoren, Fördereinrichtungen,
- *Lagern mit kleinen Drehzahlen und hohen Belastungen*, z. B. Kranhaken und Drehgestellen,
- *Lagern, in denen Bewegungen „ruckfrei" ausgeführt werden müssen*, z. B. Werkzeugmaschinen.

– **Aufbau**

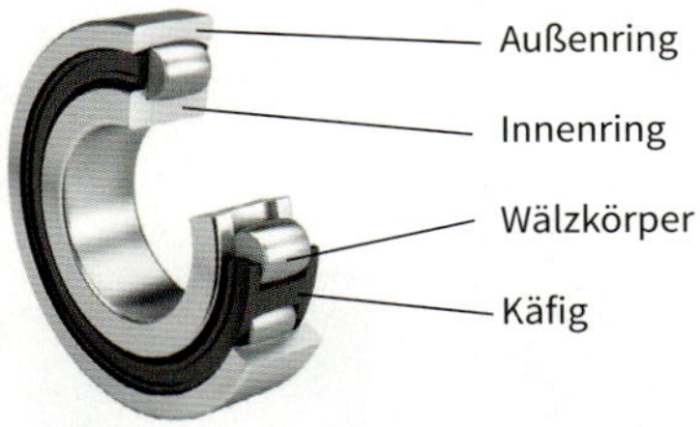

Teile eines Wälzlagers

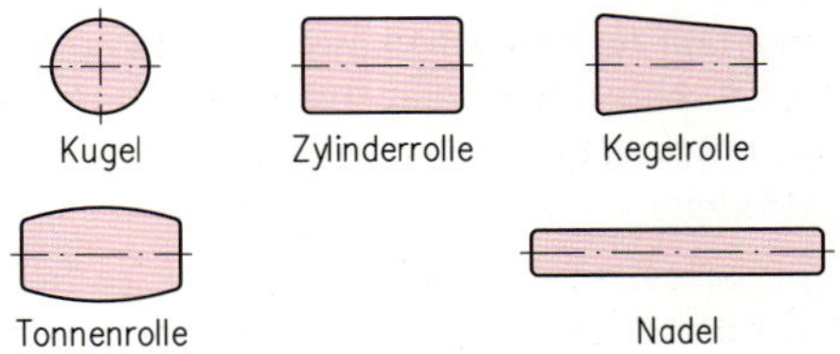

Bauformen von Wälzkörpern

Die Wälzkörper werden meist in Käfige eingebaut.
Falls der Lagerdurchmesser sehr klein werden muss, verwendet man käfiglose **Nadellager** ohne Innen- und ohne Außenring und lässt die Wälzkörper unmittelbar zwischen Gehäuse und Welle rollen.

> **!** Ein Wälzlager besteht meist aus Außenring, Innenring, Wälzkörpern und Wälzkörperkäfig.
> Als Wälzkörper werden Kugeln, Zylinder, Kegelstümpfe, Tonnen oder Nadeln verwendet.

– **Ausführungsformen von Wälzlagern**

Wälzlager werden in verschiedenen Ausführungen für den jeweiligen Verwendungszweck hergestellt.

Übersicht über wichtige Bauformen von Kugellagern

Bezeichnung der Bauform	**Radiallager**					**Axiallager**
		Rillenkugellager				Axialrillenkugellager
	Rillen-kugellager	einreihig	zwei-reihig	Vierpunkt-lager	Pendel-kugellager	
Belastungs-richtung	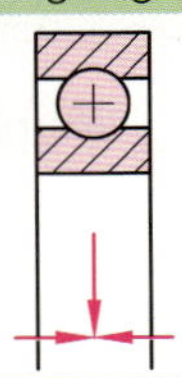	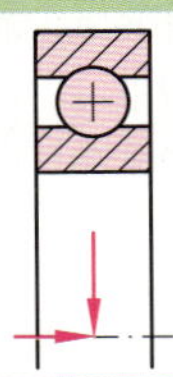	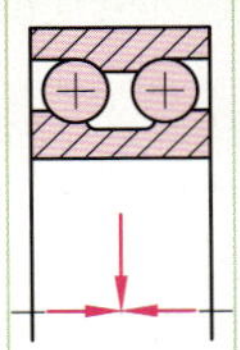	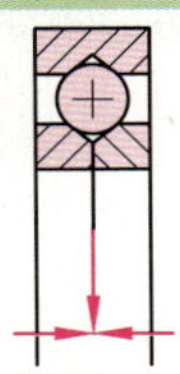	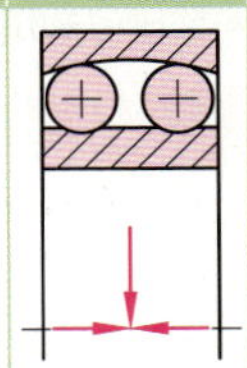	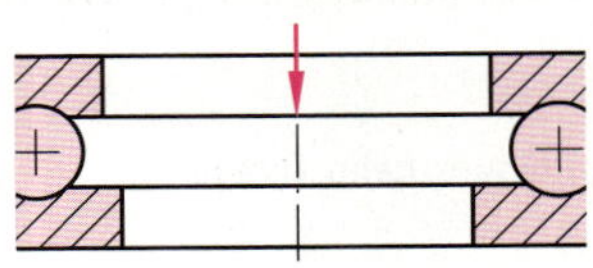

Von den Kugellagern werden bevorzugt Rillenkugellager verwendet, weil sie gut in axialer und radialer Richtung belastbar sind. Darüber hinaus sind diese Lager preiswert.

Übersicht über wichtige Ausführungsformen von Rollen- und Nadellagern

Bezeichnung der Bauform	**Radiallager**				**Axiallager**
	Zylinder-rollenlager	Nadellager	Kegelrollen-lager	Pendelrollen-lager	Axialpendelkugellager
Belastungs-richtung	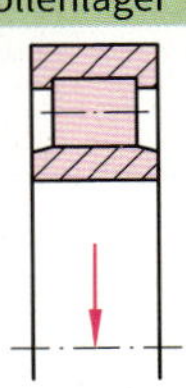	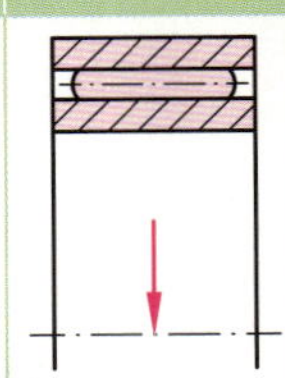	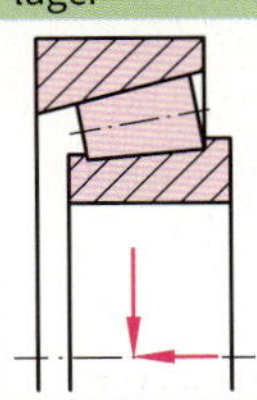	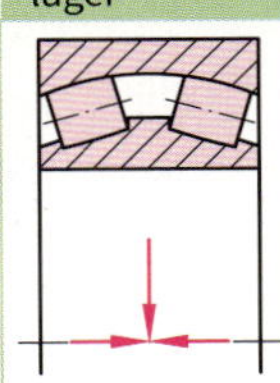	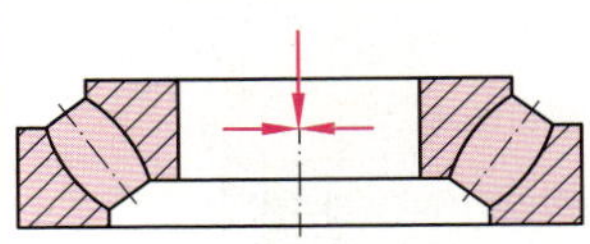

– Lebensdauer von Wälzlagern

Da in einem Wälzlager die Wälzkörper auf den Laufflächen nur mit sehr kleinen Flächen abrollen, unterliegen Wälzlager auch bei bester Schmierung dem Verschleiß. Darum ist die Lebensdauer von Wälzlagern stets begrenzt. Wenn Kugel- oder Rollenlager unter Belastung umlaufen, stellt sich nach gewisser Zeit an irgendeiner Stelle eine Ermüdung des Werkstoffes ein. Sie beginnt im Allgemeinen mit feinen Rissen unter der Oberfläche, die im weiteren Verlauf zur Schälung führen und dadurch früher oder später einen Lagerwechsel erforderlich machen. Bei den ersten Anzeichen einer Schälung hat das Lager seine Lebensdauer erreicht.

Große Lager mit niedriger Lagerbelastung und vielen Wälzkörpern halten bei niedriger Lagertemperatur und guter Schmierung sehr lange.

Zur Schmierung werden Wälzlager beim Einbau mit einer Fettfüllung versehen oder sie werden vom Getriebeöl geschmiert.

Besonders lange Lebensdauer haben Wälzlager, bei denen Wälzkörper und Laufflächen aus Keramik gefertigt sind.

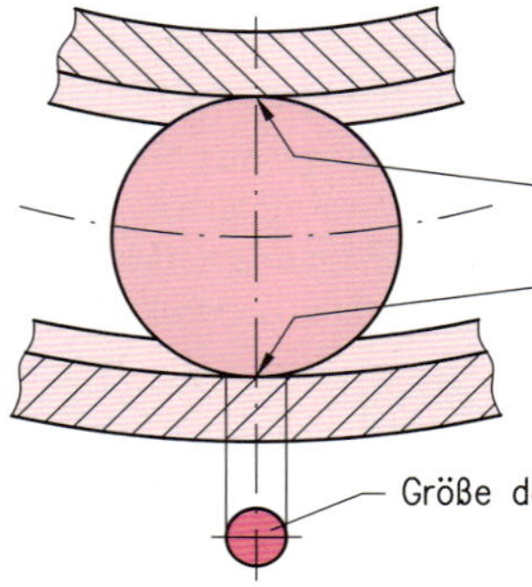

Innenring eines Rillenkugellagers mit Schälung

> **!** Die Lebensdauer von Wälzlagern ist begrenzt. Sie hängt ab von
> • Größe der Lagerbelastung, • Zahl der Umläufe, • Lagertemperatur, • Schmierung.

– Gegenüberstellung von Gleit- und Wälzlagern

	Gleitlager	Wälzlager
Reibung beim Anlauf	groß bei Trockenreibung, gering bei Flüssigkeitsreibung	gering
Empfindlichkeit gegen Stöße	unempfindlich, Stöße werden gedämpft	empfindlich, Stöße werden nicht gedämpft
Laufgeräusch	gering	höher
Umdrehungsfrequenz	unbegrenzt hoch, bei hydrodynamisch geschmierten Lagern nach unten begrenzt	nach unten unbegrenzt, nach oben begrenzt
Lebensdauer	bei ständiger Flüssigkeitsreibung unbegrenzt	begrenzt durch Materialermüdung
Schmierstoffverbrauch	hoch	gering
Wartung	ständige Wartung nötig	geringe Wartung
Abdichtung gegen Verunreinigung	gut	weniger gut
Austauschbau	aufwändig	einfach

Übungsaufgaben 2/18 bis 2/20

2.3.4 Gleitführungen

Bei Gleitführungen bewegen sich die Gleitflächen der Baueinheiten aufeinander. Zur Verringerung der Reibung und zur genaueren Führung werden die Gleitflächen geschliffen oder geschabt. Gute Schmierung gewährleistet Flüssigkeitsreibung und vermindert den Verschleiß. Häufig sind die Gleitflächen gehärtet, wodurch der Verschleiß ebenfalls verringert wird.

Nach dem Querschnitt unterscheidet man folgende Grundformen von Gleitführungen:

- **Flachführungen**
  für schwere Maschinen
- **Schwalbenschwanzführungen**
  für mittelgroße Maschinen
- **V- und Dachführungen**
  für kleine bis mittelgroße Maschinen
- **Zylindrische Führungen**
  für Bohrspindeln, Säulenführungen

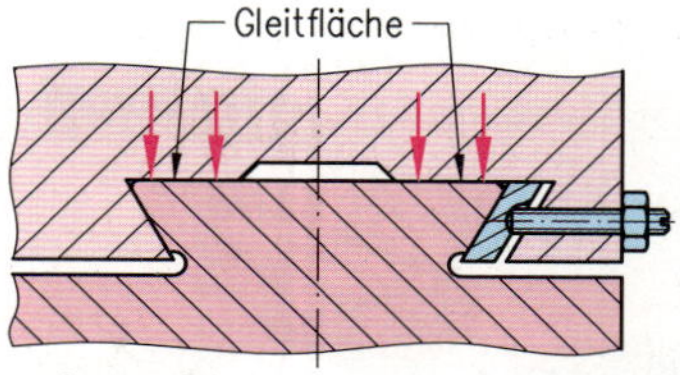

Schwalbenschwanzführung

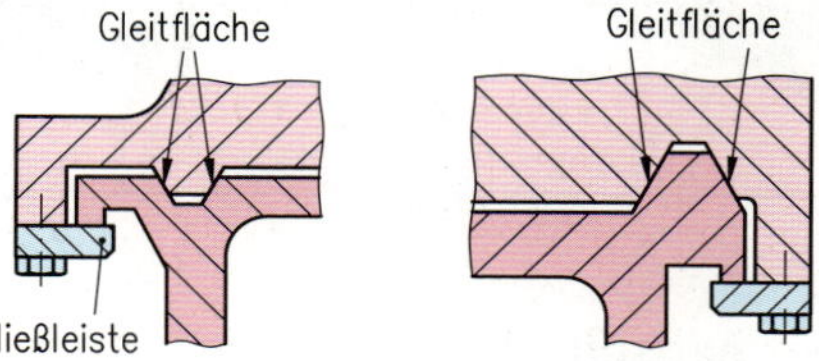

V-Führung **Dachführung**

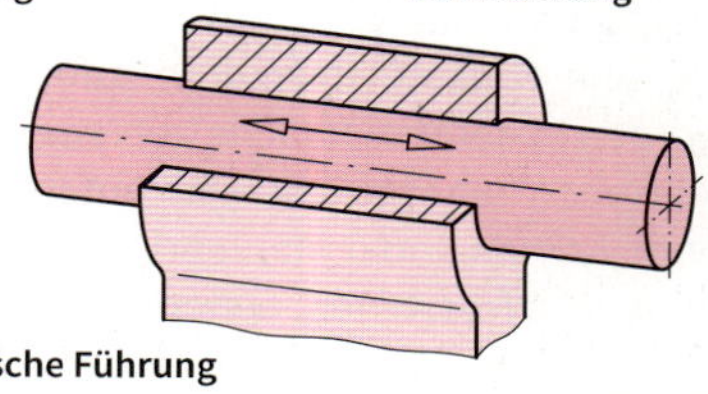

Zylindrische Führung

> **!** Grundformen von Gleitführungen sind:
> - Flachführungen,
> - Schwalbenschwanzführungen,
> - V-Führungen und Dachführungen,
> - zylindrische Führungen.

Gleitführungen sind leicht herzustellen und gut belastbar. Deshalb werden sie im Maschinenbau, Apparatebau und in vielen anderen Bereichen verwendet.

Gleitführungen haben jedoch folgende Nachteile:

- *unterschiedlicher Kraftbedarf:* Hoher Kraftaufwand beim Anfahren durch Haftreibung, geringerer Kraftaufwand beim Gleiten durch Gleitreibung. Die Folge ist ein nicht ruckfreies Anfahren des gleitenden Bauteils, Stick-Slip-Effekt genannt.
- *hoher Schmiermittelverbrauch:* Eine laufende Wartung ist erforderlich.
- *Verschleiß:* Eine ständige Flüssigkeitsreibung kann nicht aufrecht erhalten werden.
- *schwieriger Austauschbau:* Die Teile der Führung müssen meist zueinander passend gefertigt werden.
- *Auftreten von Spiel:* Verschleiß führt zu Spiel. Die Folge ist ein ungenaues Führen. Deshalb müssen Gleitführungen von Zeit zu Zeit nachgestellt werden.

> **!** Vor- und Nachteile von Gleitführungen:
> - einfache Herstellung,
> - hohe Belastbarkeit,
> - hoher Schmierstoffverbrauch,
> - Verschleiß.
> - Stick-Slip-Effekt,

2.3.5 Wälzführungen

In Wälzführungen rollen wie bei den Wälzlagern zwischen zwei Laufflächen Wälzkörper ab. Dabei entsteht Rollreibung, die wesentlich geringer ist als Gleitreibung. Wälzführungen sind im Gegensatz zu Gleitführungen Bauelemente, die komplett geliefert werden, wie dies auch bei den Wälzlagern der Fall ist. Insgesamt haben Wälzführungen gegenüber Gleitführungen folgende Vorteile:

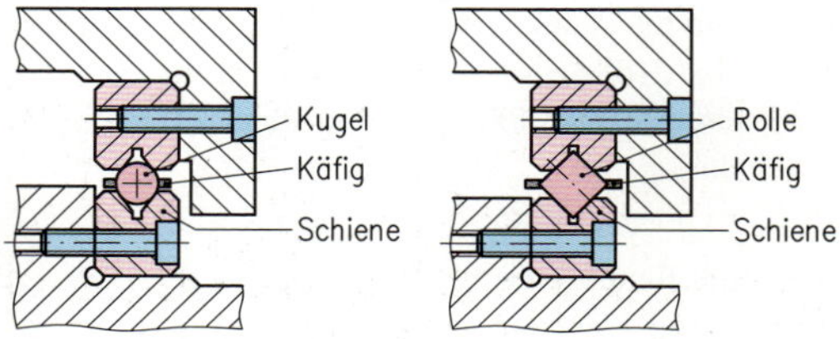

Wälzführungen

- *geringe Reibung,*
- *kein Stick-Slip-Effekt,*
- *leichtes und spielfreies Führen,*
- *geringer Schmiermittelverbrauch.*
- *leichter Austauschbau,*

Übungsaufgaben 2/21 bis 2/23

Man unterscheidet Wälzführungen meist nach der Form der Laufflächen.

Flache Laufflächen	V-förmige Laufflächen	Zylinderförmige Laufflächen

2.3.6 Achsen

Achsen tragen und stützen sich drehende Baueinheiten. Sie sind Funktionselemente zum Stützen. Achsen werden in der Hauptsache auf Biegung und nie auf Verdrehen beansprucht. Man unterscheidet feststehende Achsen und umlaufende Achsen. Kurze Achsen, welche feststehen, nennt man auch Bolzen. Sie sind zur wirtschaftlichen Verwendung in unterschiedlichen Formen genormt.

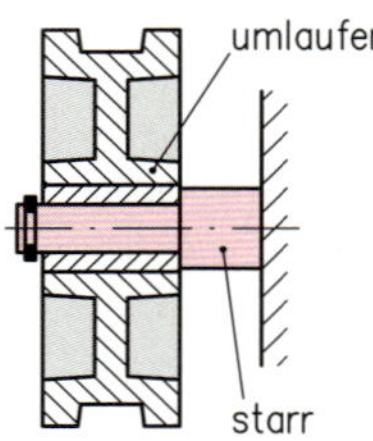

Starre Achse

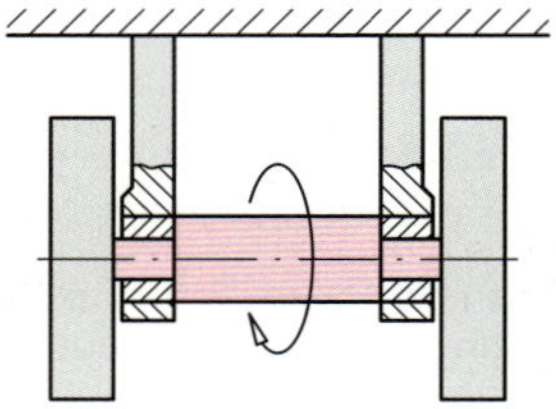
Umlaufende Achse

! Achsen werden hauptsächlich auf Biegung und nie auf Verdrehung beansprucht.

Biegebeanspruchung bei Achsen

Die Biegebeanspruchung bei Achsen entsteht dadurch, dass die Lagerung der Achse und der Kraftangriff der abgestützten Baueinheit an verschiedenen Stellen der Achse erfolgen.

Damit die Beanspruchung der Achse durch die zu stützende Baueinheit anschaulicher wird, zeichnet man die Achse als Strecke und trägt Größe und Richtung der angreifenden Biegekräfte als Pfeile entsprechend an. Nimmt die Biegekraft zu, so wächst im gleichen Verhältnis die Biegebeanspruchung.

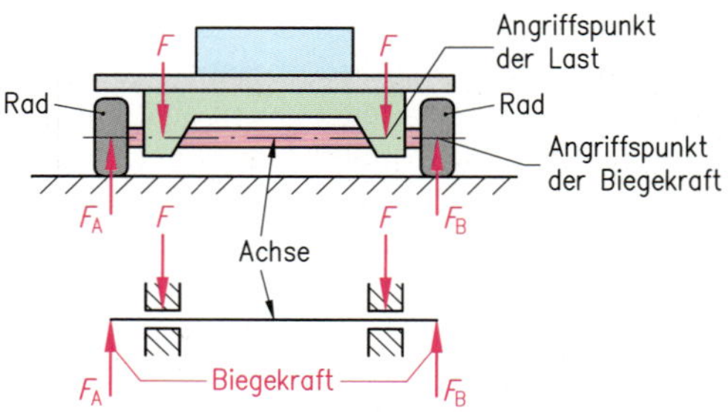

Kräfte an einer Achse

Bei gleicher Biegekraft wächst die Biegebeanspruchung mit größer werdendem Abstand zwischen Biegekraft und Lagerstelle. Die Biegewirkung für jede Stelle der Achse in diesem Bereich hängt ab:

- von der Größe der aufgebrachten Kraft,
- von dem Abstand zwischen Kraftangriff und Achslagerung.

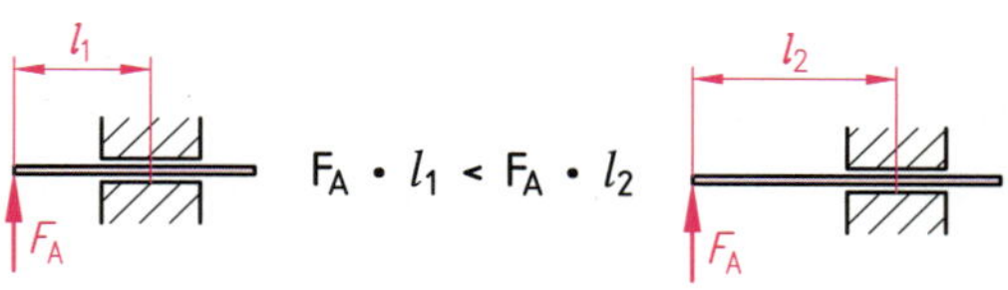

Biegewirkung an der Lagerstelle

Die größte Biegewirkung tritt bei der skizzierten Achse an der Lagerstelle auf. Sie wird als Produkt aus Kraft und Abstand zwischen Kraftangriff und Lagerstelle berechnet und als **Biegemoment** bezeichnet.

Biegemoment	=	Kraft	·	Hebelarm
M_b	=	F	·	l

Übungsaufgaben 2/24 bis 2/26

2.4 Elemente und Gruppen zur Energieübertragung

2.4.1 Wellen

Wellen haben die Aufgabe, mechanische Energie von der Antriebseinheit zum Antriebsort zu leiten. Sie laufen dabei um und übertragen Drehbewegungen. Diese werden durch Zahnräder, Kupplungen, Hebel u. a. in die Welle eingeleitet und auch wieder abgeleitet. Dadurch sind Wellen auf Verdrehung beansprucht. Gleichzeitig können Wellen durch Kräfte, die senkrecht zur Wellenachse wirken, auf Biegung beansprucht werden.

Weiterleiten mechanischer Energie über Wellen

> **!** Wellen sind Bauelemente, die mechanische Energie weiterleiten. Sie werden hauptsächlich auf Verdrehung beansprucht.

1. Drehmoment

Beim Einleiten der Drehbewegung in eine Welle wirkt eine Kraft an einem Hebelarm, z. B. am Teilkreis eines Zahnrades. Dabei ist der Hebelarm der Abstand zwischen Angriffspunkt der Kraft und Drehpunkt.

Das Drehbestreben, welches eine Kraft an einem Hebel ausübt, nennt man Drehmoment (M_d). Das Drehmoment ist das Produkt aus Umfangskraft und Hebelarm. Eine Welle kann ein eingegebenes Drehmoment nur in gleicher Größe weiterleiten.

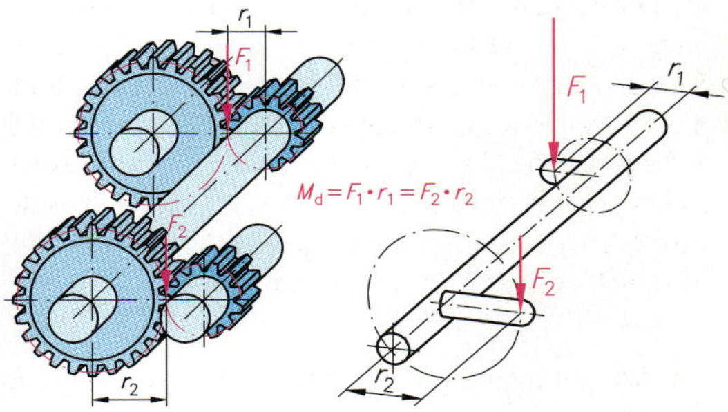

Drehmoment an einer Welle

> **!** Wellen übertragen Drehmomente. Ein Drehmoment ist das Produkt aus Umfangskraft und Hebelarm (Radius).

2. Befestigung von Bauteilen auf Wellen und Achsen

Auf Wellen und Achsen müssen die Naben von Rädern, Hebeln u. a. gegen Verschieben in axialer Richtung gesichert werden. Zur Übertragung des Drehmomentes müssen Wellen und Naben durch Verbindungselemente u. a. fest verbunden werden.

– **Sicherungen von Wellen und Achsen gegen axiales Verschieben**

Wenn in axialer Richtung nur geringe Kräfte an der Nabe wirken, genügen einfache Sicherungselemente wie Stifte, Splinte, Federstecker und Sicherungsringe zur Sicherung gegen axiale Verschiebungen.

Bei Wellen dürfen diese Sicherungselemente nur in den Bereichen der Welle eingesetzt werden, die nicht durch Dreh- oder Biegemoment beansprucht werden, weil die entsprechenden Aussparungen in der Welle hohe Kerbwirkung verursachen. Besonders hoch ist die Kerbwirkung der schmalen scharfkantigen Nuten für Sicherungsringe.

Bei Wellen verwendet man darum meist angedrehte Schultern und Distanzhülsen zur Sicherung gegen Verschiebungen im Bereich der Beanspruchung durch Dreh- und Biegemomente.

Beispiel für Sicherungen gegen axiales Verschieben

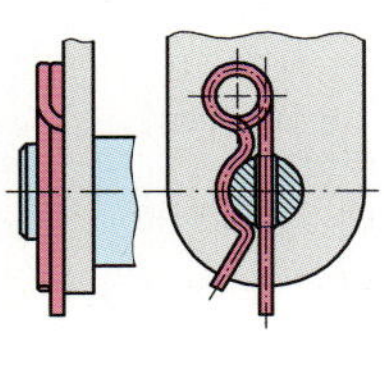

Federstecker

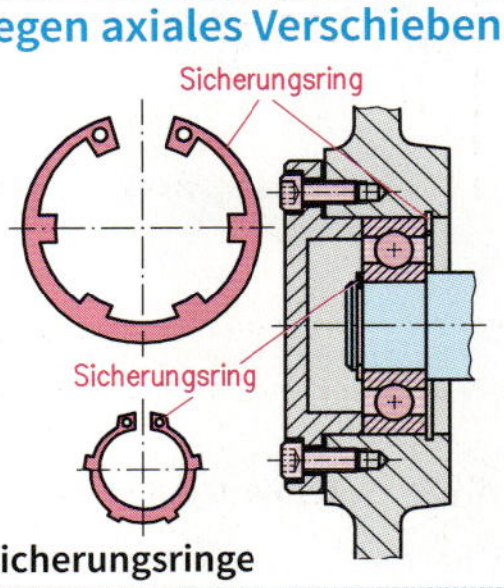

Sicherungsringe

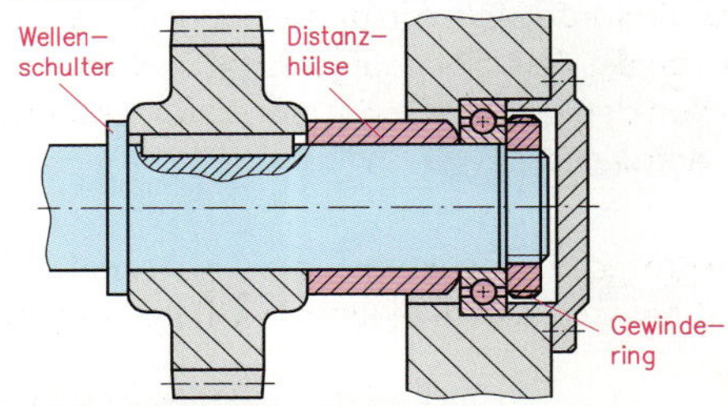

Sicherung durch Wellenschulter, Distanzhülse und Nutmutter

2.4.2 Kupplungen

Kupplungen sind Funktionseinheiten, die zur Übertragung von Drehmomenten von einer Welle auf die andere dienen. Dadurch ergibt sich, dass eine Kupplung stets aus zwei Hälften besteht, die auf unterschiedliche Weise verbunden sind. Die verschiedenen Bauformen von Kupplungen lassen sich entsprechend der Forderung nach dauernder oder nur zeitweiliger Verbindung der Bauteile beim Betrieb in zwei Gruppen einteilen:

- nicht schaltbare Kupplungen,
- schaltbare Kupplungen.

1. Nicht schaltbare Kupplungen

Nicht schaltbare Kupplungen verbinden Wellen dauernd während des Betriebes. Man unterscheidet bei diesen Kupplungen:

- *starre Kupplungen*, welche die Wellen so miteinander verbinden, als wären sie aus einem Stück und
- *nachgiebige Kupplungen*, welche Längen-, Winkel- und Lageänderungen von Wellen ausgleichen können.

Beispiele für nicht schaltbare Kupplungen

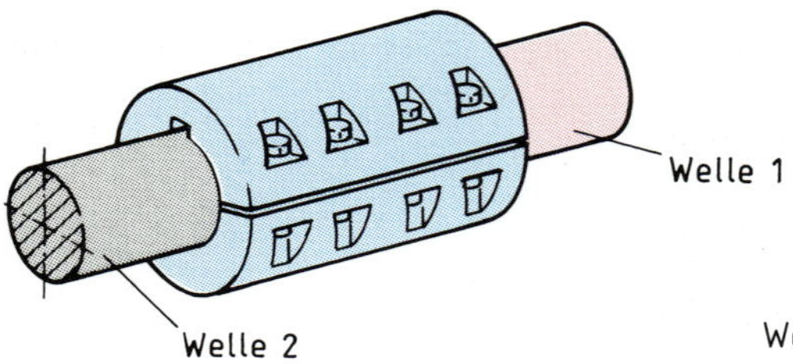

Starre Kupplung

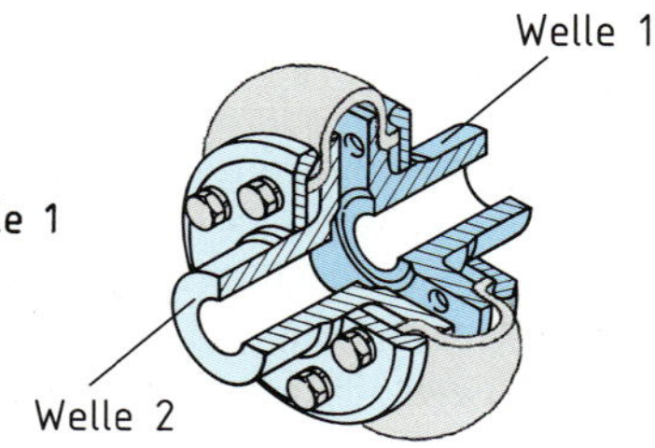

Nachgiebige Kupplung

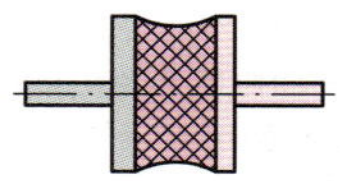

Längenänderung

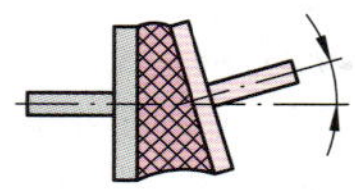

Winkelbeugung

> **!** Nachgiebige, nicht schaltbare Kupplungen verbinden Wellen stoßdämpfend miteinander. Diese Verbindungsteile lassen folgende Verlagerungen zwischen den Wellen zu:
> - Längenänderung,
> - Winkelbeugung,
> - Querverlagerung.

2. Schaltbare Kupplungen

Schaltbare Kupplungen erlauben es, die Verbindung zwischen dem treibenden und dem getriebenen Teil einer Maschine zu unterbrechen. Man unterscheidet zwischen:

- *formschlüssigen Kupplungen*, nur im Stillstand (oder bei Gleichlauf) schaltbar und
- *kraftschlüssigen Kupplungen*, im Stillstand und in Betrieb schaltbar.

Beispiele für schaltbare Kupplungen

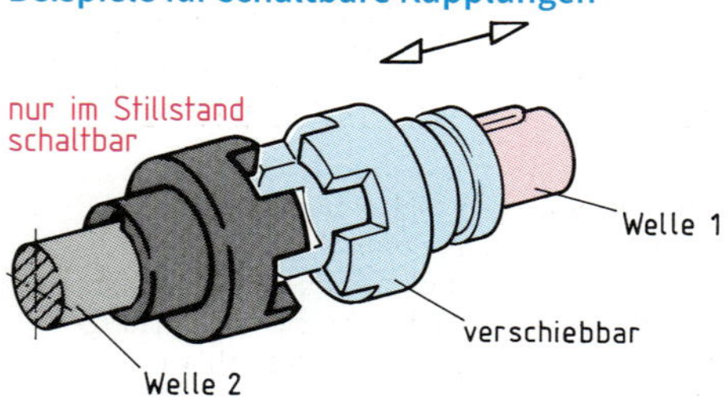

Formschlüssige Kupplung

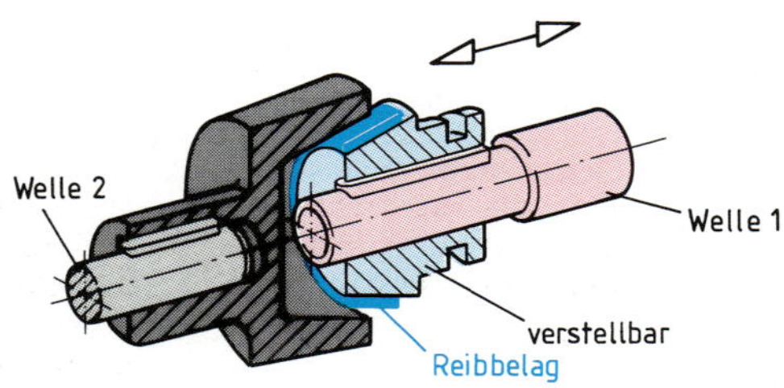

Kraftschlüssige Kupplung

> **!** Kraftschlüssige Kupplungen sind im Stillstand und in Betrieb schaltbar.
> Der Schaltvorgang kann mechanisch, hydraulisch, pneumatisch oder elektromagnetisch erfolgen.

Übungsaufgabe 2/31

2.4.3 Getriebe und ihre Einteilung

Getriebe sind Baueinheiten zwischen Antriebs- und Arbeitseinheit. Sie können die Funktionen haben:

- Bewegungsenergie weiterzuleiten,
- Drehzahlen zu ändern,
- Drehrichtung umzukehren,
- Bewegungsart umzuformen.

Antriebseinheit → Getriebe → Arbeitseinheit

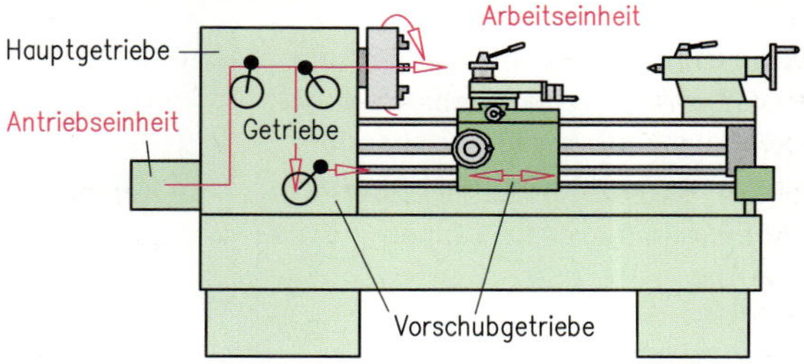

Weiterleiten der Energie von der Antriebseinheit zur Arbeitseinheit

Entsprechend dem mechanischen Prinzip der Umformung lassen sich verschiedene Getriebearten unterscheiden:

- **Zugmittelgetriebe** z. B. Fahrradkette mit Kettenrädern,
- **Zahnradgetriebe** z. B. Drehmaschinengetriebe,
- **Schraubengetriebe** z. B. Schlossmutter an Leitspindel,
- **Gelenkgetriebe** z. B. Pleuelstange mit Zapfen,
- **Kurvengetriebe** z. B. Ventilsteuerung der Nockenwelle,
- **Sperrgetriebe** z. B. Hemmgetriebe in Uhr,
- **Druckmittelgetriebe** z. B. hydraulische Presse.

Beispiele für mechanische Getriebe

	Zugmittelgetriebe	Zahnradgetriebe	Schraubengetriebe
Aufgabe	Übertragung einer Drehbewegung von einer Welle auf eine andere, bei einem Achsabstand, der größer ist als die Summe der Radien von An- und Abtriebsrad, meist verbunden mit Änderung der Drehzahl	Übertragung der Drehbewegung von einer Welle auf eine andere, verknüpft mit der Umkehrung der Drehrichtung, meist angewendet zur Änderung der Drehzahl	Umwandlung einer Drehbewegung in eine geradlinige Bewegung, wobei die geradlinige Bewegung der Drehbewegung jederzeit proportional ist
Beispiel	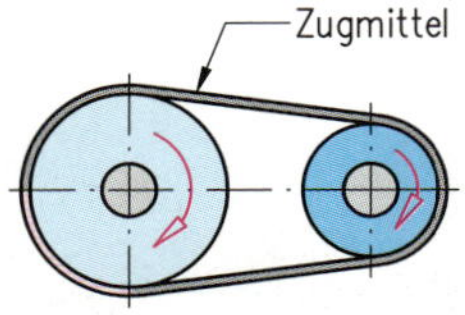	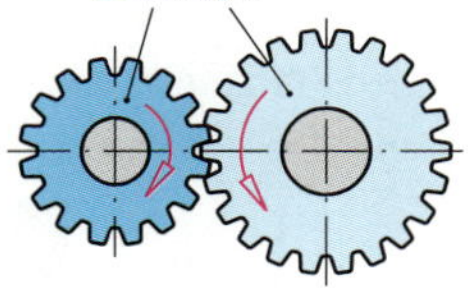	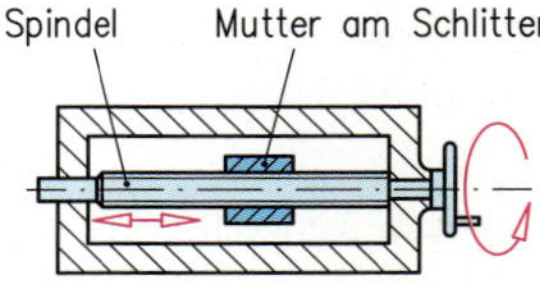
	Übertragen der Drehbewegung der Pedalbewegung auf das Hinterrad eines Fahrrads	Umformung der Drehzahl und Drehrichtung von der Antriebseinheit auf die Arbeitseinheit in einem Drehmaschinengetriebe	Schlittenbewegung an der Drehmaschine Umformung der Drehbewegung an der Spindel in geradlinige Bewegung des Schlittens

! Getriebe werden für folgende Aufgaben verwendet:
- Weiterleiten der Bewegung von der Antriebseinheit zu der Arbeitseinheit,
- Anpassen der gegebenen Antriebsbewegung an die geforderte Arbeitsbewegung.

2.4.4 Zugmittelgetriebe

Bei Zugmittelgetrieben werden die Drehbewegungen vom Antriebsrad durch Riemen oder Ketten als Zugmittel auf das getriebene Rad übertragen. Diese Getriebe verwendet man, wenn große Achsabstände zu überbrücken sind.

1. Kraftschlüssige Riemengetriebe

In Riemengetrieben dient ein elastischer Riemen als Zugmittel zur Übertragung der Drehbewegung. Dabei besteht *Kraftschluss* zwischen Riemen und Riemenscheibe. Die Größe der übertragbaren Kraft hängt von der Reibungskraft ab, die zwischen Riemen und Riemenscheibe wirkt. Die Reibungskraft wird bestimmt durch:

- die Normalkraft F_N,
- die Reibungszahl μ,
- den Umschlingungswinkel α.

Teil eines Zugmittelgetriebes

Flachriemen werden aus Leder oder Textil mit Reibbelag hergestellt. Bei mehrschichtigem Aufbau besteht die Zugschicht aus einem Polyestergewebe und die Reibschicht aus Chromleder oder gummielastischem Kunststoff. Flachriemen werden bei großen Wellenabständen verwendet.

Keilriemen werden aus Gummi hergestellt. Sie werden wegen ihrer Höhe im Wesentlichen auf der Oberseite auf Zug beansprucht und sind dort durch Gewebe verstärkt.

Keilriemen liegen an den Flanken der keilförmig ausgearbeiteten Riemenscheibe an. Dadurch wird die Kraft im Riemen in große Normalkräfte zerlegt, welche auf die Flanken wirken. Daher müssen Keilriemen den gleichen Flankenwinkel wie die Riemenscheiben haben und dürfen am Scheibengrund nicht aufliegen.

Bei sehr großer Kraftübertragung werden Riemenscheiben eingesetzt, auf denen nebeneinander Keilriemen angeordnet sind.

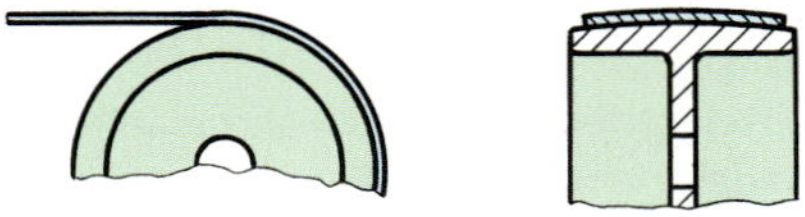

Flachriemen

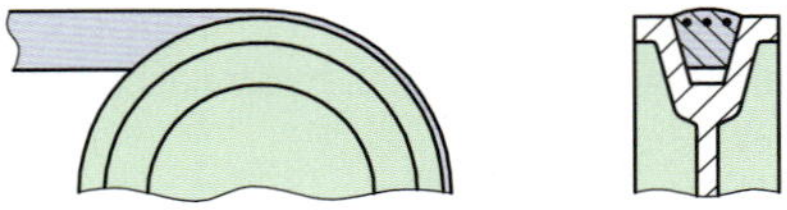

Keilriemen

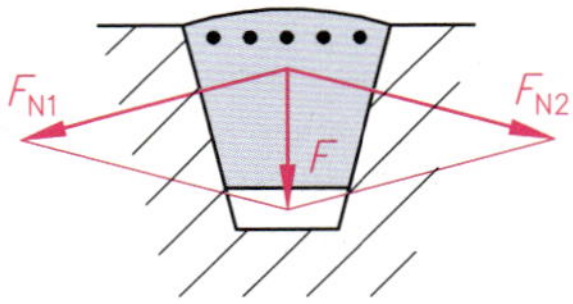

Normalkraft beim Keilriemen

> **!** Flachriemen haben Kraftschluss am Umfang der Riemenscheiben.
> Keilriemen haben Kraftschluss an den Flanken der Riemenscheiben.

2. Formschlüssige Riemengetriebe

Zahnriemen werden aus Gummi oder Kunststoff hergestellt. Durch das Zahnprofil wird zwischen Riemen und Scheibe Formschluss erzeugt. Dadurch ist eine schlupffreie Übertragung der Drehbewegung möglich.

Zahnriemen werden eingesetzt, wenn die Vorteile der Riemengetriebe, z. B. großer Wellenabstand und Stoßminderung, genutzt werden sollen, und der Nachteil, der Schlupf, aber keinesfalls auftreten darf.

Zahnriemen

> **!** Zahnriemen übertragen die Drehbewegung durch Formschluss zwischen Riemen und Scheibe.

Übungsaufgaben 2/34; 2/35

2.4.5 Zahnradgetriebe

Mithilfe von Zahnrädern werden Drehbewegungen von einer Welle auf eine andere durch Formschluss und damit ohne Schlupf übertragen. Zahnradgetriebe eignen sich je nach Ausführung zur Übertragung von sehr niedrigen Leistungen, wie z. B. in der Uhrentechnik, bis zu sehr großen Leistungen, wie z. B. bei Walzenantrieben. Neben der Übertragung der Drehbewegung werden meist Drehzahl, Drehmoment oder auch Drehrichtung geändert.

Zahnradgetriebe

1. Formen von Zahnradgetrieben

Man unterscheidet nach der Lage der Wellen verschiedene Grundformen von Zahnradgetrieben.

Wellen liegen parallel zueinander	Wellen schneiden sich	Wellen kreuzen sich
		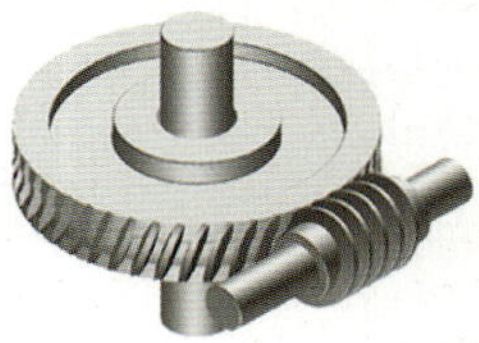
Stirnradgetriebe	Kegelradgetriebe	Schneckengetriebe

– Stirnradgetriebe

Stirnradgetriebe werden zur Übertragung von Drehmomenten von einer Welle auf eine parallel dazu liegende andere Welle verwendet. Nach der Lage der Zähne zur Drehachse spricht man bei Stirnradgetrieben von Rädern mit Geradverzahnung und Schrägverzahnung.
Bei schräg verzahnten Stirnrädern sind stets mehrere Zähne im Eingriff. Dadurch laufen diese Getriebe ruhiger. Infolge der schrägen Verzahnung treten aber Kräfte in Achsrichtung auf, die von den Lagern aufgenommen werden müssen.

Stirnradgetriebe mit Schrägverzahnung

! Schrägverzahnte Stirnräder haben gegenüber geradverzahnten Stirnrädern:
- höhere Laufruhe,
- bessere Eignung für hohe Drehzahlen,
- geringe Empfindlichkeit gegen Zahnformfehler,
- geringeren Wirkungsgrad,
- Schubkraft in Axialrichtung, kann durch Doppelschräg- und Pfeilverzahnung aufgehoben werden.

– Kegelradgetriebe

Kegelradgetriebe dienen zur Übertragung von Drehmomenten von einer Welle auf eine andere Welle, die im rechten Winkel dazu steht. Nach der Lage der Zähne zur Kegelspitze unterscheidet man gerade, schräg und bogenverzahnte Kegelräder.

Übungsaufgaben 2/36; 2/37

2. Verstellbare Zahnradstufengetriebe

In verstellbaren Zahnradstufengetrieben sind mehrere Rädergetriebe vereinigt. Mit ihnen lassen sich unterschiedliche Umdrehungsfrequenzen, Drehmomente und Drehrichtungen einstellen.

– **Schieberadgetriebe**

In Schieberadgetrieben werden gerade verzahnte Zahnradpaare, Stirnradsätze oder Schiebeblöcke durch axiales Verschieben zum Eingriff gebracht. Die Schiebeblöcke werden meist auf Keilwellen geführt und durch Schaltgabeln in die jeweilige Eingriffsposition geschoben.

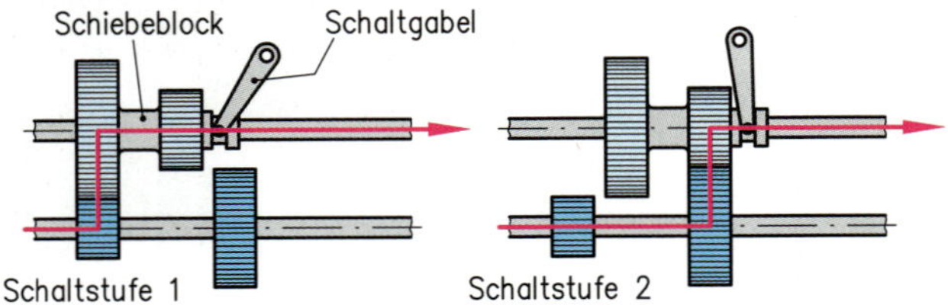

Schieberadgetriebe, (vereinfacht)

– **Kupplungsgetriebe**

Bei Kupplungsgetrieben sind stets alle Zahnräder im Eingriff. Die getriebenen Räder werden jedoch durch eine elektrische oder mechanisch betätigte Kupplung verbunden. Müssen große Leistungen übertragen werden, verwendet man Lamellenkupplungen.

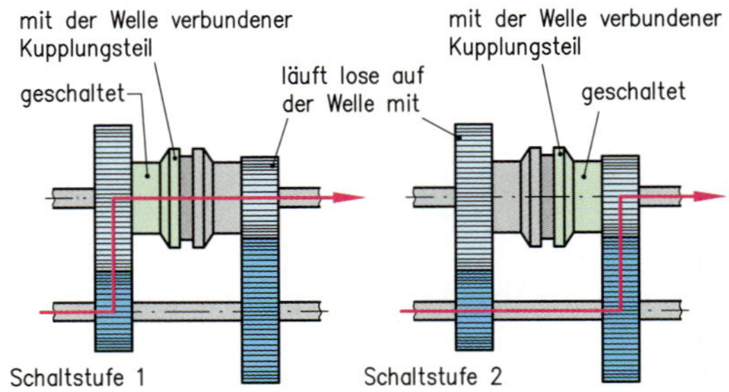

Kupplungsgetriebe (vereinfacht)

2.4.6 Stufenlos verstellbare Getriebe

Unter den mechanischen, stufenlos verstellbaren Getrieben sind die Umschlingungsgetriebe besonders im mittleren und oberen Leistungsbereich bis etwa 150 kW am stärksten vertreten.

Stufenlos verstellbare Getriebe gibt es mit einem kraftschlüssigen Zugmittel, z. B. einem breiten Keilriemen, und einem formschlüssigen Zugmittel, z. B. einer Lamellenkette. Zwei keglige Scheibenpaare lassen sich auf ihren Wellen axial so verschieben, dass die dadurch entstehenden Laufflächen mehr oder weniger geöffnet bzw. geschlossen werden können. Die so entstehenden unterschiedlichen Laufradien für das Zugmittel bewirken die Drehzahländerung. Diese Getriebe sind meist unter PIV-Getriebe bekannt.

Die Anpresskraft der Kegelscheibe gegen den Zugstrang wird durch mechanische oder hydraulische Stelleinrichtungen der zu übertragenden Leistung angepasst. Bei allen Ausführungsformen kann die Drehzahländerung nur während des Laufs vorgenommen werden.

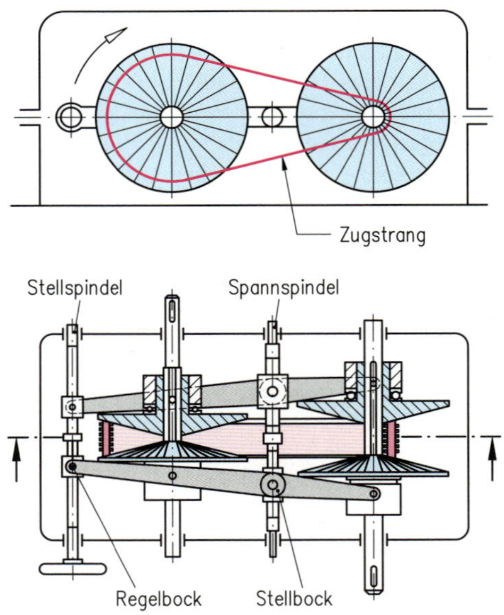

Stufenlos einstellbares Umschlingungsgetriebe mit Lamellenkette

! Umschlingungsgetriebe arbeiten mit keilförmigen Zugmitteln, die auf unterschiedlich einstellbaren Durchmessern von Antriebs- und Abtriebsscheibe laufen können.

Übungsaufgaben 2/38 bis 2/41

Arbeitsauftrag: Analyse von Funktionseinheiten eines Motors

In der Zeichnung ist der Kolben eines Motors mit Pleuelstange und Kurbelwelle dargestellt.

1. Welche Teilfunktion hat die dargestellte Gruppe im Gesamtsystem zu erfüllen?
2. Welche Funktionen erfüllen die folgenden Beuelemente innerhalb der dargestellten Gruppe: Kolben; Kolbenbolzen; Sicherungsring; Lagerbuchse; Pleuelstange; Kurbelwelle.
3. Welche Fertigungsverfahren müssen eingesetzt werden, um die einzelnen Bauelemente herzustellen?
4. Aus welchen Werkstoffgruppen (z. B. Gussbronze, gehärteter Stahl) sind die Werkstoffe für die dargestellten Bauelemente auszuwählen?
5. Welcher Verschleiß ist zwischen Kolbenbolzen und Lagerbuchse bzw. zwischen Kurbelwelle und Lagerbuchse zu erwarten? Begründen Sie Ihre Aussage.

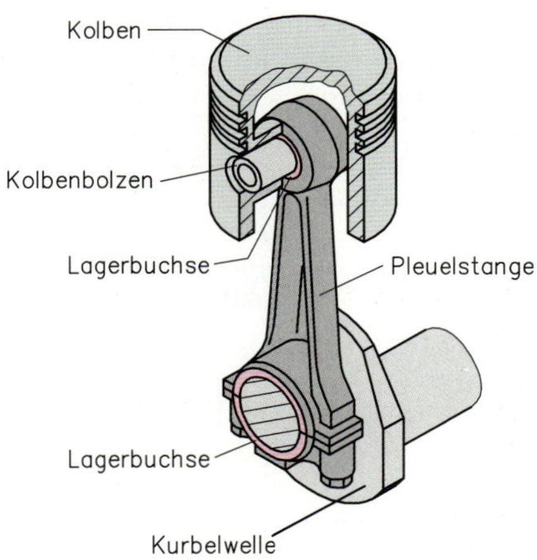

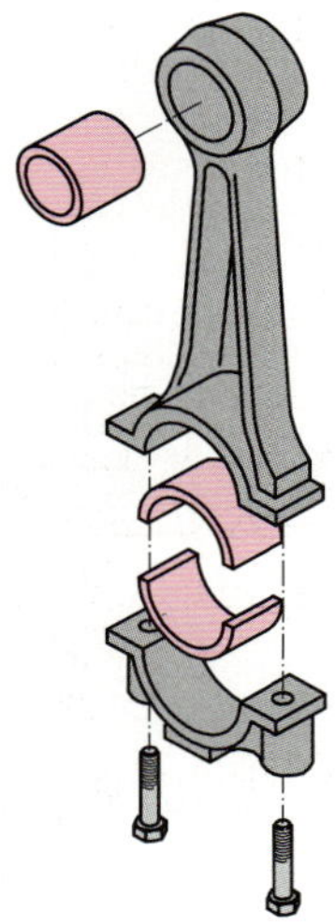

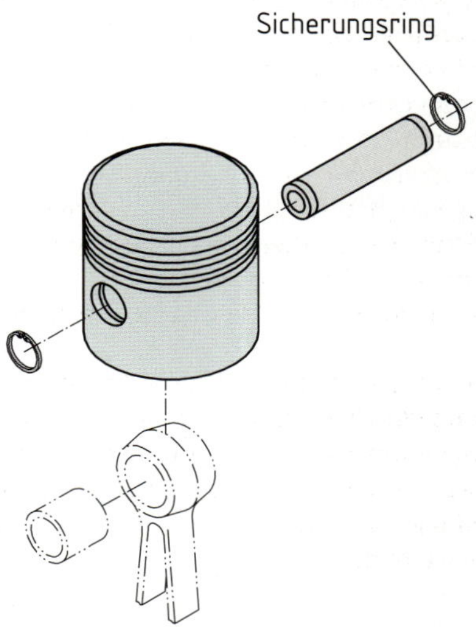

HANDLUNGSFELD: Wartungsmaßnahmen durchführen

Problemstellung

Wartungsauftrag:

Für eine neue LZ-Drehmaschine ist ein Wartungsplan zu erstellen. Die Maschine ist zu warten.

zu wartendes Objekt:

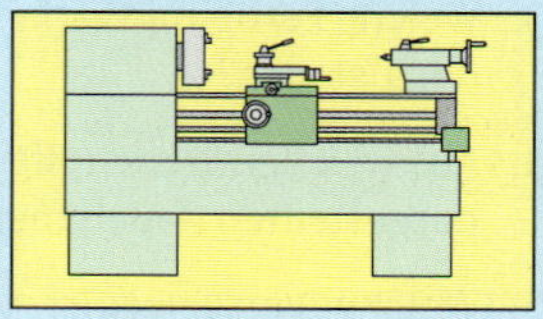

Analysieren

Vorgaben:
- Auftrag
- zu wartendendes Objekt
- Bedienungsanleitung

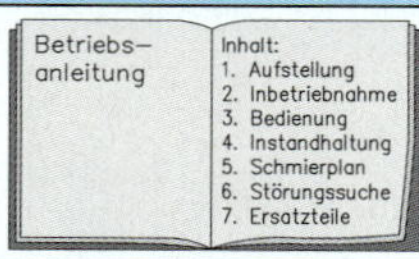

ausgewählte Informationen:
- Instandhaltungsanleitung
- Beschreibung des Sollzustands
- Ersatzteilliste

Planen

Vorgaben:
- Instandhaltungsanleitung
- Ersatzteilliste
- Sicherheits- und Umweltbestimmungen

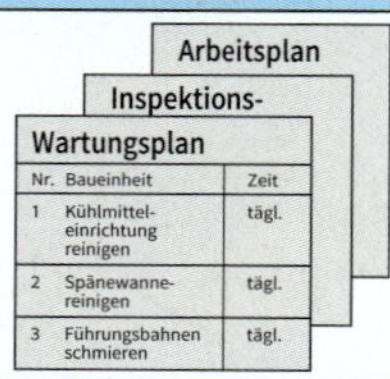

Ergebnisse:
- Wartungsplan mit Angaben zum Inspizieren, Konservieren, Schmieren u. a. (Was?)
- Zeitplan (Wann?)
- Personalplan (Wer?)
- Materialliste
- Entsorgungsmaßnahmen

Warten

Vorgaben:
- Wartungsplan u. a.
- Ersatzteile, Hilfsstoffe u. a.
- Werkzeuge
- Messgeräte

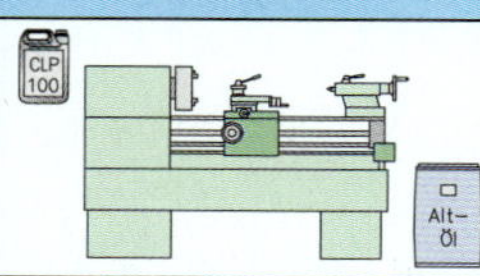

Ergebnisse:
- gewartetes Objekt
- verbrauchte Hilfsstoffe
- verschlissene Bauteile

Kontrollieren/Dokumentieren

Vorgaben:
- gewartetes Objekt
- Prüfdaten (Soll – Ist)

– 4 –

Nr.	Kontrolle	Ergebnis
14	Spiel-Oberschlitten	o.k.
15	Spiel Querschlitten	o.k.
16	Antrieb Keilriemen	o.k.
04.02.04	Meier	

Ergebnisse:
- Dokumentation der Wartung
- Beschreibung des Objektzustands

1 Grundlagen der Instandhaltung

1.1 Aufgaben der Instandhaltung

Instandhaltung hat die Aufgabe, eine störungsfreie und sichere Benutzung von Maschinen, Anlagen und Gebrauchsgegenständen zu gewährleisten. Denn der Ausfall oder die Beeinträchtigung der Funktion von solchen Systemen kann wirtschaftlichen Schaden, Qualitätsminderung von Produkten, Gefährdung von Personen und Umweltschäden verursachen.
Maschinen und Anlagen von hoher Qualität können viele Jahrzehnte lang ihre Aufgaben erfüllen, wenn sie gut instand gehalten werden und man sie dabei stets entsprechend dem Stand der Technik aufrüstet.

Beispiel für den Werterhalt einer Maschine durch gute Instandhaltung

Drehmaschine, Baujahr 1977, zurzeit noch in Betrieb

Drehdurchmesser max. 1,5 m
Drehlänge max. 6 m

Maschine wurde 1996 überholt und mit einer neuen Elektroanlage ausgestattet.

! Instandhaltung dient dazu, technische Systeme in funktionsfähigem Zustand zu halten oder bei Störungen die Funktionsfähigkeit wiederherzustellen.

1.2 Abnutzung und Abnutzungsvorrat

Anlagen, Maschinen, Geräte und Teile, die bestimmungsgemäß gebraucht werden, nutzen sich mit der Zeit ab. Die Abnutzung ist unvermeidbar und wird durch chemische und/oder physikalische Vorgänge verursacht. Weil die Abnutzung jedoch vorhersehbar ist, plant man sie ein, indem man bei der Konstruktion einen **Abnutzungsvorrat** schafft. Dieser Abnutzungsvorrat kann im Betrieb bis zu einer vereinbarten oder festgelegten **Abnutzungsgrenze** aufgebraucht werden.

Beispiel für Abnutzungsvorrat und Abnutzungsgrenze an einer Bremsanlage

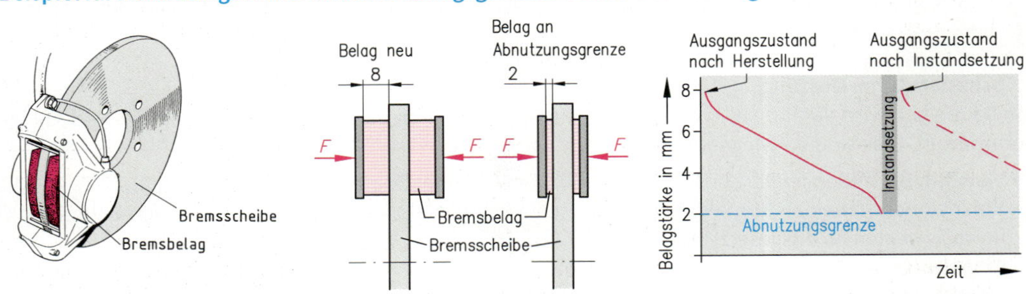

! Durch Maßnahmen der Instandhaltung wird der Abnutzungsvorrat einer Einheit so wiederhergestellt, dass die Einheit ihre Funktion erneut erfüllen kann.

1.3 Ursachen der begrenzten Nutzungsdauer

Unbegrenzte Lebens- und Nutzungsdauer von Maschinen und Anlagen ist infolge von Schwachstellen im Ausgangsprodukt, fehlerhafter Nutzung und schädigender Einflüsse beim Betrieb nicht zu erreichen. Unter dem Gesichtspunkt der stetig steigenden Kosten für Instandhaltung und Anpassung an den technischen Fortschritt ist unbegrenzte Nutzung auch nicht wünschenswert.

1. Qualitätsmängel im Ausgangsprodukt

Anlagen, Maschinen und Geräte können schon vor *ihrer Nutzung* mit Fehlern behaftet sein, die nicht unmittelbar am Produkt erkennbar sind und erst im Laufe der Nutzung zutage treten.

- **Konstruktionsfehler** z. B. können auf falschen Annahmen der im Betrieb auftretenden Höchstlasten beruhen und zu Verformungen oder Maschinenbruch führen. Fehlerhafte Betriebsanweisungen und Programme, die ebenfalls mit der Konstruktion aufgestellt werden, können später bei der Nutzung schwere Schäden verursachen.
- **Werkstofffehler** wie Lunker in Gussteilen oder Spannungen in wärmebehandelten Bauteilen sind verborgene Fehler, die erst bei der Nutzung des Produkts zutage treten.
- **Fertigungs- und Montagefehler**, z. B. Bearbeitungsriefen, die später im Betrieb zu Dauerbrüchen führen können, oder zu großes Spiel, durch das Bauteile „ausgeschlagen" werden, sind ebenfalls verborgene Fehler aus der Herstellung.
- **Fehler in zugekauften Bauteilen und Baugruppen**

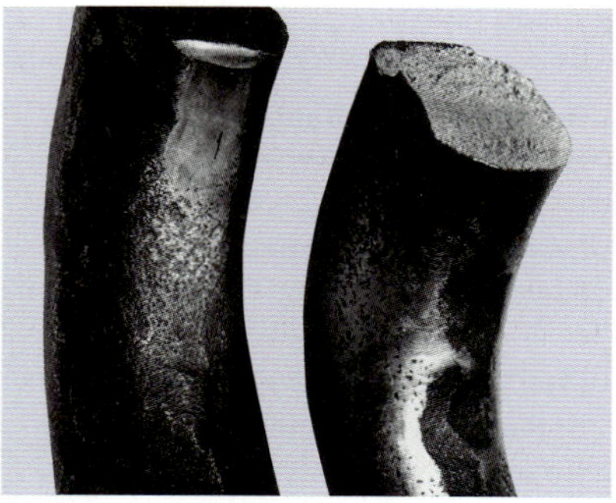

Bruch eines Kettenglieds infolge falscher Wärmebehandlung

> ! Konstruktionsfehler, Werkstofffehler und Fehler durch unsachgemäße Fertigung sind Qualitätsmängel des Ausgangsprodukts. Schäden durch sie sind nicht vorhersehbar und führen meist schon zu Beginn der Nutzung zu Ausfällen.

2. Schäden durch falsche Bedienung und Instandhaltung

Wenn Vorschriften in Bezug auf Bedienung und Instandhaltung nicht genau eingehalten werden, kann dies ebenfalls zu Betriebsstörungen und Schäden führen.

- **Bedienungsfehler** treten meist durch Unachtsamkeit oder Nachlässigkeit auf. In einigen Fällen sind sie auch auf unpräzise Betriebsanweisungen zurückzuführen. Häufige Bedienungsfehler, die zu Schäden an Maschinen und Anlagen führen, sind Überlastungen und Fehlschaltungen.
- **Instandhaltungsfehler** entstehen, wenn z. B. notwendige Instandhaltungsmaßnahmen nicht oder mit falschen Hilfsstoffen oder entgegen sonstigen Vorschriften durchgeführt werden.

> ! Durch Bedienungs- und Instandhaltungspersonal können durch Nichtbeachten der Bedienungs- und Instandhaltungsvorschriften im laufenden Betrieb Störungen verursacht werden. Diese Störungen sind nicht vorhersehbar.

3. Schäden durch Nutzung

Am häufigsten wird der Industriemechaniker mit Schäden durch die Nutzung von Maschinen und Anlagen konfrontiert. Dies sind vorwiegend:

- **Verschleißschäden** an Berührungsflächen sich bewegender Bauteile,
- **Korrosionsschäden** an Kontaktstellen unterschiedlicher Metalle und an Oberflächen von Bauteilen, die korrosiven Medien ausgesetzt sind,
- **Gewaltbrüche**, die durch Überlastung auftreten.
- **Ermüdungsbrüche**, die auf Vibrationen und Fehler in der Herstellung der Bauteile zurückzuführen sind.

> ! Schäden durch Verschleiß, Korrosion und Materialermüdung können durch sorgfältige Inspektion und rechtzeitige Instandsetzungsmaßnahmen weitgehend vermieden werden.

Übungsaufgabe 1/3

1.4 Grundmaßnahmen der Instandhaltung

Die Instandhaltung umfasst die Grundmaßnahmen Inspektion, Wartung, Instandsetzung und Verbesserung. Durch gut geplante Arbeiten in diesen Bereichen der Instandhaltung wird sichergestellt, dass geforderte Qualitätsmerkmale in der Produktion über die gesamte Fertigung erhalten bleiben und dass bei Gebrauchsgütern Nutzung und Sicherheit gewährleistet sind.

Bei der **Inspektion** werden alle Maßnahmen ergriffen, die zur Feststellung und Beurteilung des Istzustands an einem System notwendig sind.
Unter **Wartung** versteht man alle Maßnahmen, die dazu dienen, den Sollzustand an einem System zu bewahren.
Die **Instandsetzung** umfasst alle Maßnahmen, welche dazu dienen, den Sollzustand in einem System wiederherzustellen.
Unter **Verbesserung** versteht man alle technischen und organisatorischen Maßnahmen zur Steigerung der Funktionstüchtigkeit eines Systems, ohne die bisherige Funktion zu ändern.

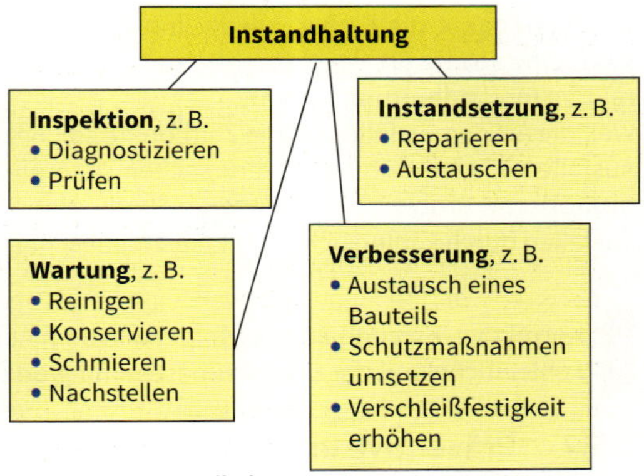

Bereiche der Instandhaltung

Beispiele für Grundmaßnahmen der Instandhaltung an einem Gabelstapler

Inspektion	Wartung	Instandsetzung	Verbesserung

Ladezustand der Batterie prüfen	Karosserie säubern und wachsen	Bremsbeläge ausbauen und erneuern	Umrüsten

> **!** Instandhaltung umfasst die Grundmaßnahmen
> • Inspektion, • Wartung, • Instandsetzung, • Verbesserung.

1.5 Vorgehen bei Instandhaltungsmaßnahmen

Instandhaltung diente lange Zeit nur dazu, plötzliche Ausfälle durch Verschleiß oder Bruch zu beheben. Man bezeichnet diese Art des Vorgehens, bei der man erst bei Auftreten von Fehlern korrigiert, als **korrektive Instandhaltung**, häufig auch vereinfacht **Crash-Methode**. Heute vermeidet man störungsbedingte Ausfälle durch Instandhaltung, die einem Schaden zuvorkommt – der Fachmann spricht in diesem Fall von **präventiver Instandhaltung**.

Bei der Fertigung auf Großanlagen und bei der Nutzung von gekoppelten Maschinensystemen wird nahezu ausschließlich die präventive Instandhaltung durchgeführt, denn Störungen führen zu erheblichen Produktionsausfällen. Ein „Bandabriss“ in der Automobilproduktion kann z. B. je nach Dauer mehrstellige Millionenbeträge kosten.

Übungsaufgabe 1/4

1.5.1 Korrektive Instandhaltung

Kann eine Anlage, eine Maschine oder eine sonstige Einheit ihre Aufgabe nicht mehr erfüllen, so spricht man von einem **Ausfall**. Hat man den oder die Fehler, die zum Ausfall führten, erkannt, so wird man entsprechende Instandhaltungsmaßnahmen einleiten, damit die Einheit wieder funktionsfähig wird. Eine solche Art der Instandhaltung wird **korrektive Instandhaltung** genannt.
Weil die Art der Ausfälle und die Zeitpunkte solcher Ausfälle nicht bekannt sind, verursachen sie organisatorische Probleme mit längeren Produktionsausfällen durch Fehlersuche und Ersatzteilbeschaffung.

Maschinenausfall durch Bruch

> ! Korrektive Instandhaltung erfolgt nach dem Ausfall einer Einheit. Ausfälle erzwingen wegen der Fehlersuche und der Ersatzteilbeschaffung oft längere Unterbrechungen der Produktion.

1.5.2 Präventive Instandhaltung

Präventive Instandhaltung kann sich an laufenden Informationen über den Zustand des instand zu haltenden Systems (**zustandsorientierte Instandhaltung**) orientieren oder in vorausbestimmten regelmäßigen Abständen (**vorausbestimmte Instandhaltung**) durchgeführt werden.

1. Zustandsorientierte Instandhaltung

Ausfallbedingte Unterbrechungen von Maschinen und Anlagen lassen sich weitgehend vermeiden, wenn man den Zustand verschleißanfälliger Bauelemente kontinuierlich überwacht. Man leitet die Instandhaltungsmaßnahmen ein, bevor die Abnutzungsgrenze eines Bauteils erreicht ist. Über Änderungen im Verhalten des Bauteils, z. B. am Temperaturanstieg eines Wälzlagers oder an Veränderungen der Lagergeräusche, lassen sich drohende Schäden vorherbestimmen. Meist bleibt genügend Zeit zur Ersatzteilbeschaffung und zur Vorbereitung der Instandsetzungsmaßnahmen.

Maschinenausfall vermeidbar

> ! Zustandsorientierte Instandhaltung ist bis auf den Zeitpunkt nach Art und Umfang planbar.

2. Vorausbestimmte Instandhaltung

An Maschinen und Anlagen mit hoher Produktivität, langen Laufzeiten und geringem zeitlichen Spielraum, z. B. an Druckerpressen in Zeitungsverlagen oder an Produktionsanlagen der Automobilindustrie, wechselt man in bestimmten Zeitintervallen störungsgefährdete Bauelemente aus, ohne dass sich ein Schaden ereignet hat. Diese Art des Vorgehens bezeichnet man als vorausbestimmte Instandhaltung. Dabei erzielt man ein hohes Maß an Zuverlässigkeit, jedoch zum Preis vorschnellen Bauteilaustauschs.

Maschinenausfall absehbar

> ! Bei vorausbestimmter Instandhaltung sind Art, Umfang und Zeitpunkt im Voraus geplant.

2 Systembeurteilung durch Inspektion

Unter Inspektion versteht man alle Maßnahmen zur Feststellung und Beurteilung des Istzustands einer Einheit einschließlich der Bestimmung der Ursachen der Abnutzung und der notwendigen Folgerungen für eine künftige Nutzung.

2.1 Inspektionsintervalle

Inspektionen sind in gewissen Zeitabständen durchzuführen, man spricht von Inspektionsintervallen. Der Abstand regelmäßiger Inspektionsintervalle richtet sich nach:
- den Umwelteinflüssen am Einsatzort, z. B. Schmutz, Hitze,
- den zu erwartenden Schäden, z. B. Verschleiß, Korrosion, Lockerung von Bauteilen,
- der Maschinen- und Anlagenbelastung, z. B. häufiger Teillastbetrieb, zeitweise Überlastung,
- der Gefahr für Menschen, Umwelt und Anlagen, z. B. Explosion, Absturz.

Beispiel für Inspektionsintervalle

- Für kontinuierlich arbeitende Maschinen, Pumpen und Produktionsanlagen wird die Betriebszeit als Basis gewählt, z. B. alle 500 Betriebsstunden.
- Produzieren Maschinen ständig den gleichen Artikel, so wird häufig nach einer bestimmten Produktionszahl eine Inspektion vorgenommen, z. B. nach 10 000 Stück.
- Bei Fahrzeugen wird meist die gefahrene Strecke zugrunde gelegt, z. B. für Pkw alle 20 000 km.

2.2 Inspektion durch Sinneswahrnehmung

Von einem im Normalzustand arbeitenden Gerät oder einer im störungsfreien Betrieb arbeitenden Anlage haben wir bestimmte Sinneseindrücke. Wir hören ein uns vertrautes Geräusch in gewohnter Lautstärke; wir sehen Bauteile und deren Bewegungen im gewohnten Lauf; wir fühlen Vibrationen und Temperaturen, wie sie schon immer waren.
Abweichungen von diesen uns vertrauten Zuständen nehmen wir unmittelbar wahr. Unsere Sinne machen uns auf Störungen im Betrieb von Geräten und Anlagen aufmerksam.

Sinn	Wahrnehmung	Fehlerkennung
Sehen	Beschädigungen	Risse, Poren
	Verformungen	Verbiegungen, lose Teile, lockerer Riemen
	Bewegungen	ruckartiger Lauf, Verrutschen von Teilen
	Aussehen	farbliche Änderungen, Glanzänderungen, Dampf
Hören	Hohe Töne	Quietschen wegen Reibung
	Unregelmäßige Schwingungen	Unrundlauf
	Frequenzänderungen	Spannungen in Drahtseilen
	Pfeifgeräusche	Leck in Leitungen
Fühlen	Temperaturunterschiede	Heißlaufen von Lagern
	Kraftunterschiede	Lockerung eines Bauteils
	Oberflächenänderung	Rauheitsänderungen, Klebrigkeit
Riechen	Verbrennungsgeruch	Überhitzung, Verdampfen von Flüssigkeiten
	Geruch nach Chemikalien	Auslaufen von Chemikalien

Aufgrund unserer Wahrnehmungen können wir ohne besonderen Aufwand den Zustand einer Anlage, Maschine oder Baugruppe feststellen. Darum wird in Inspektions- und Wartungsvorschriften sehr häufig die Inspektion durch Sinneswahrnehmung gefordert.

Beispiel für eine Inspektionsanweisung mit Hinweis auf Geräusch- und Sichtprüfung

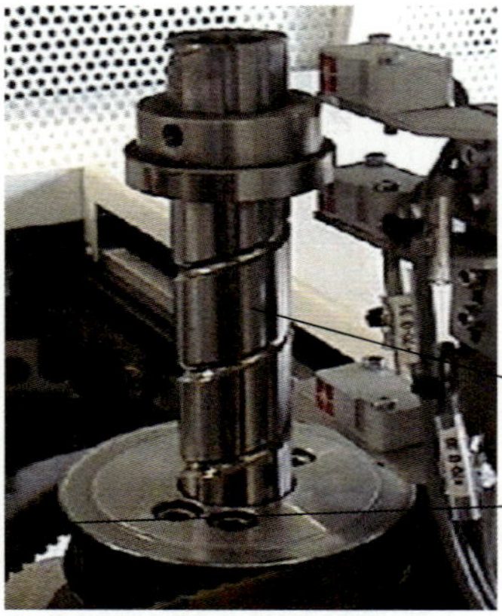

Pneumatikverschraubungen auf Dichtheit prüfen	wöchentlich	Geräuschprüfung
Kugelgewindespindel Achsen fetten	monatlich	Auftragen eines dünnen Fettfilms auf die Spindel
Zahnriemen auf Risse, Ausfransungen und Zahnausbrüche prüfen	monatlich	Sichtprüfung für den gesamten Riemen durchführen

Als Ergebnis einer Inspektion durch Sinneswahnehmungen muss der Fachmann den einwandfreien Betrieb der untersuchten Anlage, Maschine oder Baugruppe bestätigen oder bei Auftreten von Abweichungen Maßnahmen zur Instandsetzung einleiten.

! Inspektion durch Sinneswahrnehmung liefert dem erfahrenen und mit der Maschine oder Anlage vetrauten Fachmann Hinweise auf evtl. Störungen.

2.3 Inspektion mit Messgeräten

Inspektionen mit Messgeräten sind meist aussagekräftiger als Inspektionen durch Sinneswahrnehmung, denn die zu beurteilenden Eigenschaften werden objektiv erfasst und können entsprechend dokumentiert und bewertet werden.

Beispiel für die Inspektion einer Frässpindel auf Rundlauf

Inspektionsanweisung

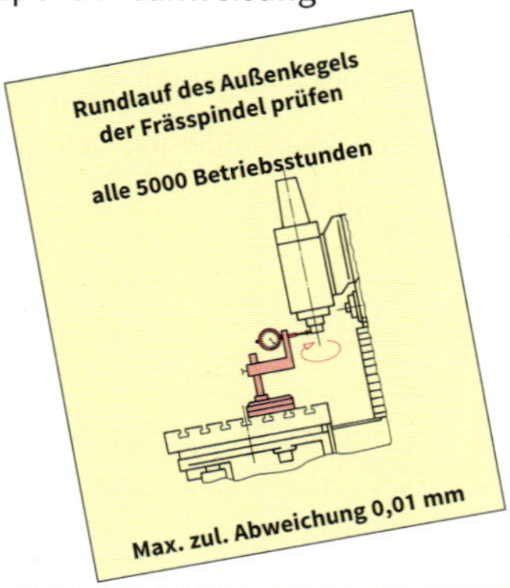

Durchführung

! Die Inspektion mit Messgeräten liefert objektive und gut auswertbare Ergebnisse und ist der Inspektion durch Sinneswahrnehmung vorzuziehen.

3 Instandhaltung durch Wartung

3.1 Übersicht über Wartungsarbeiten

Durch Wartung sollen Maschinen, Anlagen und Geräte möglichst in ihrem Sollzustand erhalten bleiben. Zumindest aber möchte man den unvermeidlichen Abnutzungsprozess verlangsamen und weiterhin einen sicheren Umgang gewährleisten. Arbeiten im Rahmen von Wartung sind ihrer Art nach Erhaltungsmaßnahmen und lassen sich in mehrere Aufgabenbereiche unterteilen.

Wartungsarbeiten	vorzunehmende Tätigkeiten
Reinigen	Fremdstoffe oder belastete Hilfsstoffe entfernen
Konservieren	Systeme gegen Fremdeinflüsse durch Schutzmaßnahmen haltbar machen
Schmieren	Reibstellen im System Schmierstoffe zuführen, um die Gleitfähigkeit zu erhöhen
Nachstellen	Mithilfe von Korrektureinrichtungen Abweichungen von einem Sollzustand beseitigen
Ergänzen	System mit erforderlichen Hilfsstoffen auffüllen

Beispiele für Wartungsarbeiten an einer Fräsmaschine

Reinigen

- Säubern der T-Nute mit Pinsel
- Putzen des Maschinentischs mit Putzwolle
- Säubern offenliegender Gleitflächen mit Pinsel und Putzwolle
- Säubern der Ablaufsiebe für Kühlschmiermittel

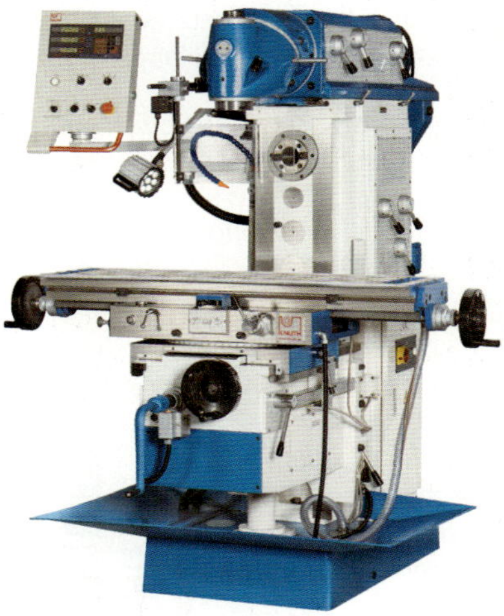

Nachstellen

- Nachstellen der Leisten in den Gratführungen zur Einstellung des Spiels
- Nachstellen des Gewindespindelspiels
- Nachstellen des Lagerspiels der Frässpindel

Konservieren

- Einfetten blanker Führungen mit Gleitbahnöl
- Leichtes Einfetten des Maschinentischs

Schmieren

- Schmieren der Führungen
- Schmieren der Gewindespindeln

Ergänzen

- Ergänzen der Füllmenge an Getriebeöl

! Wartungsarbeiten dienen der Erhaltung des Sollzustands und somit der Bewahrung der Funktionsfähigkeit und der Werterhaltung von technischen Systemen. Wartung erfolgt durch Reinigen, Konservieren, Schmieren, Ergänzen und Nachstellen.

Übungsaufgaben 3/1; 3/2

3.2 Säubern und Konservieren

1. Säubern

Verschmutzungen an Maschinen und Geräten lassen diese nicht nur unschön aussehen, sondern führen auch zu höherem Verschleiß bewegter Teile, zu erhöhter Reibung und damit zu einer Leistungsminderung. Deshalb müssen je nach Verschmutzungsgrad und Benutzungshäufigkeit Schmutzteilchen, Späne und Abriebteilchen sowie verschmutzte Fette, Öle und Hilfsstoffe in bestimmten Zeitintervallen entfernt werden.

Werkzeugmaschinen sollen täglich vom Maschinenbediener gesäubert werden:

- Der Arbeitsraum der Maschine ist mit dem Pinsel oder einem Industriesauger von Spänen zu reinigen.
- Die Spänewanne ist auszuleeren und die Späne sind vorschriftsmäßig zu entsorgen.
- Führungsbahnen sind mit Putzwolle oder nicht fasernden Lappen von Staub und Kühlschmiermitteln zu reinigen.
- Bewegungsgewinde sind einzuölen.
- Schutzscheiben sind mit einem neutralen Reinigungsmittel ohne festen Druck zu säubern, damit anhaftende Stäube keine Kratzer verursachen.

Säubern einer Antriebseinheit

Druckluft darf zum Säubern von Maschinen nicht eingesetzt werden, weil dadurch Späne und schmirgelnd wirkende Stäube in Führungen und Bewegungsgewinde gelangen können und dort Verschleiß verursachen.

> **!** Säubern von Maschinen und Anlage schützt diese vor Verschleiß und Wertminderung und wertet den Arbeitsplatz auf.

Reinigungsstoffe siehe „Instandhalten“, Kapitel Reinigungsmittel

2. Konservieren

Durch Konservieren mit Beschichtungsstoffen schützt man die Oberflächen von Bauteilen vor schädlichen Umwelteinflüssen, die zur Korrosion führen. Als Beschichtungsstoffe verwendet man Öle, Fette, Wachse und Anstriche.

- Blanke Maschinenteile, wie z. B. die Säule oder der Arbeitstisch einer Bohrmaschine sowie Gleitbahnen und Bettführungen von Werkzeugmaschinen, werden zum kurzzeitigen Korrosionsschutz gefettet.
- Mess- und Prüfzeuge sowie Anreißplatten werden zum kurzzeitigen Schutz gereinigt und anschließend geölt oder gefettet.
- Blanke Maschinenteile aus Stahl werden für längere Versandwege mit Wachs oder einem Schutzlack beschichtet. Auch ein Verpacken solcher Teile mit ölhaltigem Papier ist üblich.
- Verzinkte Bauteile, an denen eine Beschädigung der Schutzbeschichtung eingetreten ist, werden mit Zinkspray nachverzinkt, um wieder einen ausreichenden Schutz herzustellen.

Hilfsstoffe mit konservierender Wirkung

> **!** Konservierende Maßnahmen werden durchgeführt, um die Oberflächen von Bauteilen vor schädlichen Umwelteinflüssen (Korrosion) zu schützen.

3.3 Schmieren

1. Aufgaben des Schmierens

Durch Schmieren von Maschinen, Geräten und Anlagen erreicht man Folgendes:

- Energieverluste infolge von Reibungsvorgängen werden vermindert.
- Verschleißvorgänge an Bauteilen, die sich gegeneinaner bewegen, werden verringert.
- Oberflächen können vor schädlichen Umwelteinflüssen geschützt werden.

Besonders wichtig ist die Schmierung von Lagern und Führungen. Die Schmierstoffe verhindern, dass sich die aufeinandergleitenden oder abrollenden Bauteilflächen direkt berühren.
Schmierung verringert die Beanspruchung der Oberflächen und verlängert die Einsatzzeit von Bauteilen, wie z. B. Kugellagern.

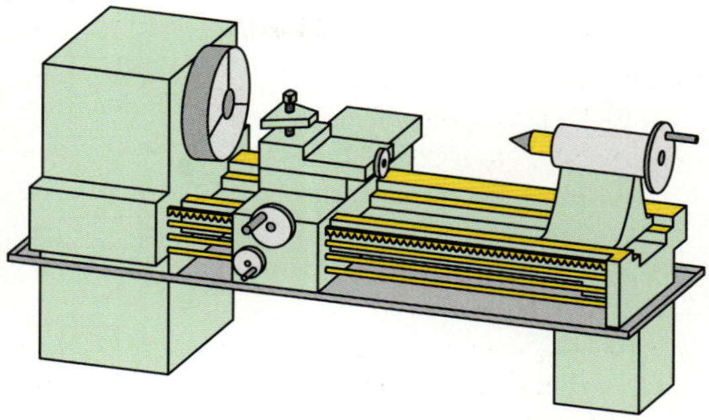
Gleitflächen (gelb markiert) an einem Drehmaschinenbett

> ! Durch Schmieren vermindert man in technischen Systemen Energieverluste, verringert Verschleißvorgänge und schützt Oberflächen vor Korrosion.

2. Schmieranweisungen

Schmieren erfolgt nach festen Vorgaben des Herstellers einer Maschine, eines Geräts oder einer Anlage. Die Vorgaben berücksichtigen vor allem die Einsatzbedingungen der Maschinen bzw. Anlagen im Produktionsprozess.

Die Schmieranweisung muss gemäß Normvorgaben Folgendes enthalten:

- eine **Schmierstoffübersicht** mit den empfohlenen Schmierstoffen und ihren genormten Bezeichnungen,
- einen **Schmierstellenplan**, in dem die einzelnen Schmierstellen und die vorgesehenen Schmierintervalle eingetragen sind,
- die Angaben über die jeweiligen Schmierstoffmengen,
- die Art des jeweiligen **Schmierverfahrens**, mit dem der Schmierstoff einzubringen ist.

> ! In der Betriebsanleitung des Herstellers einer Maschine oder Anlage werden Schmieranweisungen gegeben. Sie geben Auskunft über:
> • Schmierstellen, • Schmierstoffe, • Schmierungen, • Schmierintervalle, • Schmierverfahren.

3. Schmierplan

Im Betrieb werden die Anweisungen des Herstellers in den Instandhaltungsplan eingebracht. Es wird ein entsprechender Schmierplan aufgestellt, nach welchem der Fachmann die Schmierung vorzunehmen und zu bestätigen hat. Der Schmierplan enthält:

- die Bezeichnung der Schmierstellen in sinnvoller Reihenfolge (**wo?**),
- die eindeutige Bezeichnung der zuzuführenden Schmierstoffe (**was?**),
- die Menge des beim jeweiligen Schmiervorgang einzubringenden Schmierstoffs (**wie viel?**),
- die Beschreibung der notwendigen Arbeitsmittel (**womit?**),
- das Intervall, nach dem jeder der beschriebenen Arbeitsgänge regelmäßig auszuführen ist. Das Intervall (**wann?**) kann in Zeitabständen, Stückzahlen o.a. gemessen sein,
- die Arbeitszeitvorgabe (**wie lange?**),
- die Hinweise zur Koordinierung der Arbeiten mit dem Betriebsablauf, z. B. *„in Betrieb“* oder *„bei Stillstand auszuführen“* (**wobei?**).

Symbole für Schmieranleitungen in Schmierplänen

Symbol	Erklärung
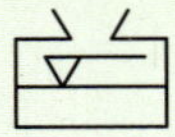	Ölstand prüfen
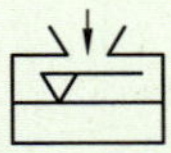	Ölstand überwachen, falls erforderlich auffüllen
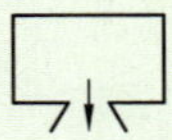	Behälter entleeren
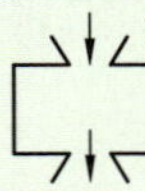	Behälterinhalt austauschen, Angabe der Füllmenge in l

Symbol	Erklärung
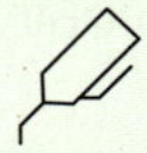	Schmierung allgemein mit Ölkanne oder Spraydose
	Automatische Zentralschmiereinrichtung für Öl
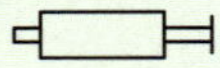	Fettschmierung mit Fettpresse
	Filter auswechseln, Filtergehäuse reinigen

Symbol	Erklärung
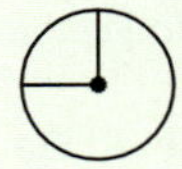	Angabe der Schmierintervalle in Betriebsstunden
	Ergänzende Erläuterungen in der Betriebsanleitung nachlesen

Beispiel für einen Schmierplan

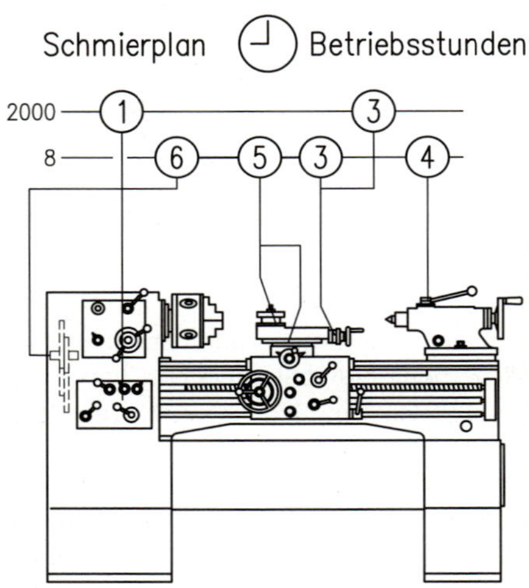

Präzisions–Drehmaschine

Hersteller: XYZ–Werkzeugmaschinen
Bauart: Super 1
Super 2

Achtung!
Vor der Schmierung alle Eingriffsstellen reinigen.

Maschinenteile	Vorschub–getriebe	Schlosskasten		Reitstock	Ober–support	Wechselrad–getriebe
Nr. der Eingriffsstelle	1	3		4	5	6
Bildzeichen des Eingriffs / Art des Eingriffs	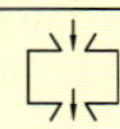	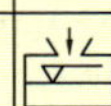		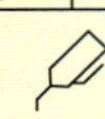		
Nachfüllen (h)						
Prüfen– Auffüllen (h)		8				
Abschmieren (h)				8		
Austauschen (h)	2000		2000			
Füllmenge (l)	1,2	0,5	1,0	3 Hübe		
Schmierstoff DIN/ISO	DIN 51517 – CLP46					DIN 51825 –KI 2 K

Der Schmierplan ist vom Fachmann aus folgenden Gründen genau einzuhalten:

- Viele Schmierstoffe vertragen sich nicht untereinander, deswegen darf man keine eigenmächtigen Änderungen hinsichtlich der *Art des Schmierstoffs* vornehmen.
- Übervolle Fettfüllungen in Lagern führen zu erhöhter Lagerreibung und damit zur Verflüssigung des Fettes und zu Schmierstoffverlust, deswegen muss die *Schmierstoffmenge* eingehalten werden.
- Oft muss das Schmiermittel beim Einbringen durch Kanäle gepresst werden, die verfestigten Schmierstoff und Abriebteilchen enthalten. Das *Arbeitsmittel* zum Einbringen des Schmiermittels ist daher festgelegt, damit der notwendige Einpressdruck aufgebracht werden kann.

! Genaue Angaben über die Schmierung einer Maschine oder Anlage sind dem Schmierplan zu entnehmen.

Schmierstoffe siehe „Instandhaltung – Wartungstechnik", Kapitel 8.

3.4 Wartung durch Ergänzen und Nachstellen

1. Wartung durch Ergänzen

Warten durch Ergänzen bezieht sich vorwiegend auf das Nachfüllen von Hilfsstoffen wie Öle, Fette, Kühlschmiermittel und Kühlwasser.

Dabei ist jedoch zu beachten, dass die so ergänzten Stoffe nicht mehr die Qualität erreichen, die sie zu Beginn ihres Einsatzes hatten. Es tritt also eine stete Verschlechterung ein. Deshalb müssen nach einer festgelegten Zahl von Ergänzungen die Stoffe komplett ausgetauscht werden.

Auch das Aufladen von Akkumulatoren und das Aufpumpen von Luftreifen sind Beispele für Warten durch Ergänzen.

Warten durch Ergänzen von Motoröl

! Warten durch Ergänzen ist vorwiegend das Auffüllen von Hilfsstoffen.

2. Wartung durch Nachstellen

Im Betrieb können sich die Maße und die Lage von Bauteilen verändern. Verursacht werden diese Veränderungen durch die Höhe der Belastung, durch Verschleiß und durch bleibende Dehnungen der Bauteile. So dehnen sich z. B. Riemen und Ketten im Laufe des Betriebs und Führungen bekommen durch Verschleiß Spiel.

Durch Nachstelleinrichtungen, die heute meist schon in den Maschinen eingebaut sind, lassen sich die Veränderungen ausgleichen oder wieder rückgängig machen. So wird der ursprüngliche Sollzustand des Systems wieder erreicht.

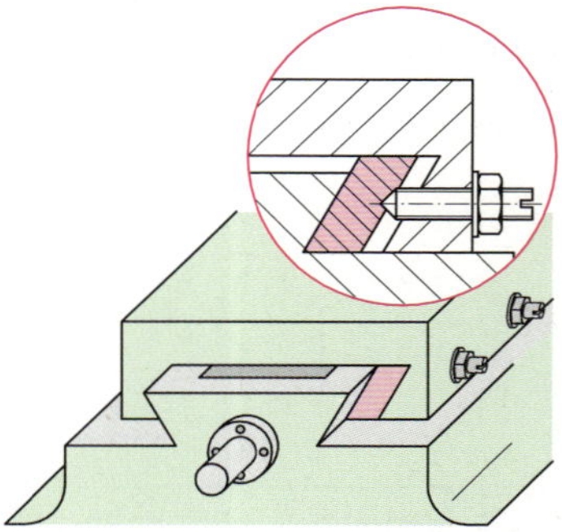

Nachstellbare Führung an einer Maschine

Bei Messgeräten bezeichnet man das Nachstellen wegen festgestellter Maßabweichung des Messgeräts als **Justieren**.

Bei Bügelmessschrauben mit einem bei Null beginnenden Messbereich ist der Wert Null das Normal. Wenn eine Bügelmessschraube nach dem Anziehen mit der Gefühlsratsche z. B. nicht genau den Wert Null anzeigt, so tritt bei jeder Messung ein systematischer Fehler um den abweichenden Betrag auf. An der Bügelmessschraube kann durch Drehen der Skalenhülse der Wert Null wieder eingestellt werden. Damit ist die Messschraube wieder justiert.

Ebenso kann das Gewindespiel bei Messschrauben nachgestellt werden, wenn es durch häufige Beanspruchung zu groß geworden ist.

Beispiel für das Justieren einer Bügelmessschraube

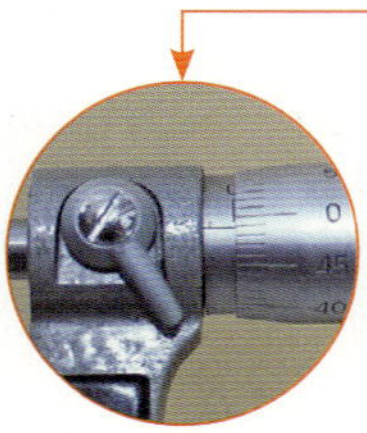

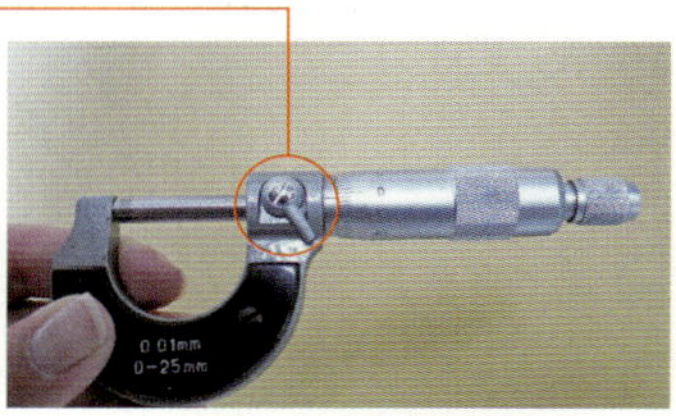

Messschraube mit Anzeigefehler

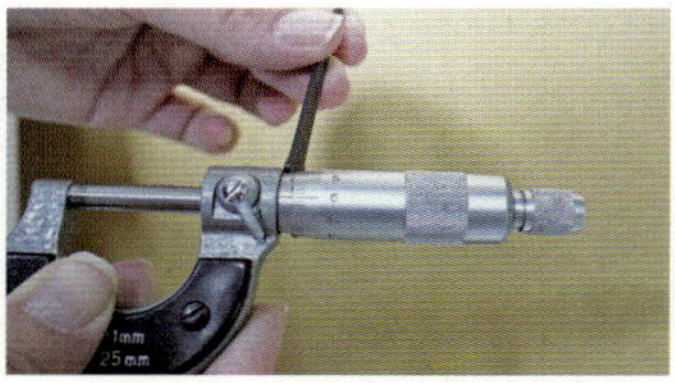

Messschraube justieren

! Durch Nachstellen korrigiert man Abweichungen vom Sollzustand, verbessert die Funktion des Produktionsablaufs, erhöht die Qualität der Produkte und beugt Störungen vor.

3.5 Wartungs- und Inspektionspläne

Die Auflistung der Inspektions- und Wartungsarbeiten in den Plänen kann nach verschiedenen Gesichtspunkten gegliedert werden. Man ordnet die Wartungsschritte nach:

- den **Wartungsintervallen** – diese werden meist steigend in Betriebsstunden angegeben, zum Beispiel: nach acht, nach 50, nach 200 Betriebsstunden usw.,
- den **Baugruppen der Anlage**, zum Beispiel: Gehäuse, Führungsbahnen, Bedienpult, Kühlmitteleinrichtung usw. oder
- der **Zweckmäßigkeit des Arbeitsablaufs** der Gesamtmaßnahme, zum Beispiel: Stellen Sie den Hauptschalter auf AUS und schalten die Zuleitung zur Maschine spannungsfrei, öffnen Sie die Verschlussklappe zum ... usw.

Beispiel für den Wartungs- bzw. Inspektionsplan einer Fräsmaschine (nur Auszüge!)
Die Nummern geben die laufende Nummer im Wartungsplan an.

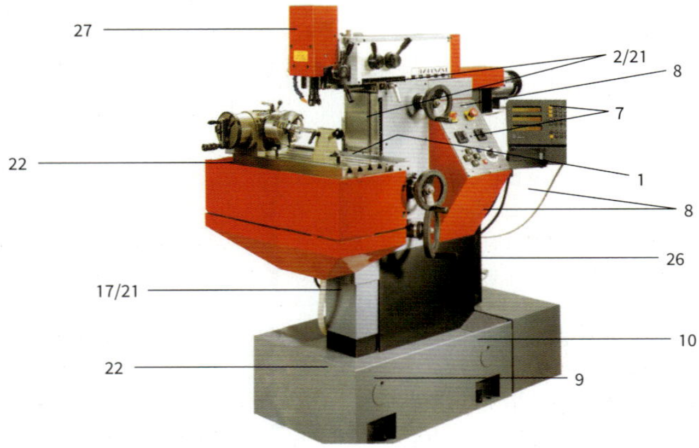

Lfd. Nr.	Wartungs-/Inspektionsmaßnahme	Intervall in Betriebs-Std.	Bemerkungen
1	**Frästisch** reinigen, auf Beschädigungen kontrollieren und leicht fetten	8	Nur Pinsel und Putzlappen verwenden
2	Alle **Schlittenführungen** reinigen	8	Keine Pressluft einsetzen!
7	**Maschinengehäuse, Steuerung** und **Bedienpult** reinigen	40	
8	**Elektrozuleitungen** und **Schalter** auf Beschädigugen sorgfältig kontrollieren	40	Alle Schäden sofort melden!
9	**Füllmenge** der Kühlschmiereinrichtung prüfen und bei Bedarf auffüllen	40	Kühlschmierstoff E 8 %
10	**Füllmenge** der Zentralschmiereinrichtung prüfen und bei Bedarf auffüllen	40	Ölsorte: CL 68
17	**Abstreifer** an **Führungsbahnen** reinigen und bei Bedarf auswechseln	80	
21	**Stellleisten** der **Schlittenführungen** prüfen und eventuell nachstellen	160	
22	**Siebe** und **Filter** der Kühlschmiereinrichtung reinigen	160	
26	Spannung u. Verschleiß des **Keilriemens** vom Hauptantrieb sowie des **Zahnriemens** vom Vorschubantrieb prüfen, evtl. nachstellen	1 000	
27	Lagerspiel der **Frässpindel** prüfen und bei Toleranzüberschreitung nachstellen	5 000	Zul. Rundlaufabweichung Max. $t = 0{,}03$ mm

Übungsaufgaben 3/11; 3/12

3.6 Wartungshinweise für handgeführte Werkzeuge

- Werkzeuge und Messzeuge getrennt am Arbeitsplatz, im Schrank bzw. im Werkzeugkasten aufbewahren, denn übereinander liegende Werkzeuge und Messzeuge werden beschädigt und ein zügiges Arbeiten wird behindert.
- Nach Abschluss der Arbeiten Werkzeuge und Arbeitsplatz von Schmutz und Spänen reinigen.

Beispiel für die Ordnung am Arbeitsplatz

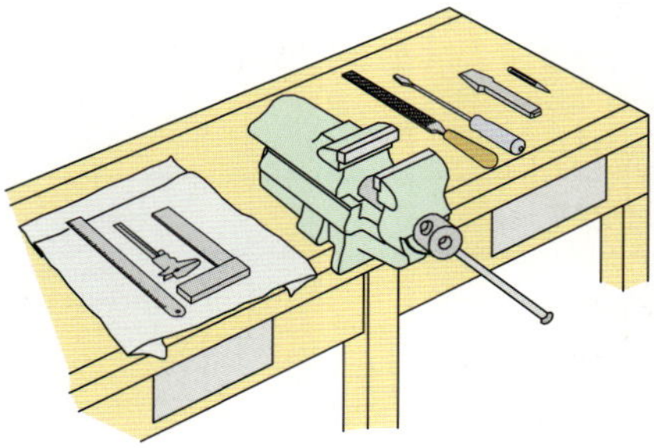

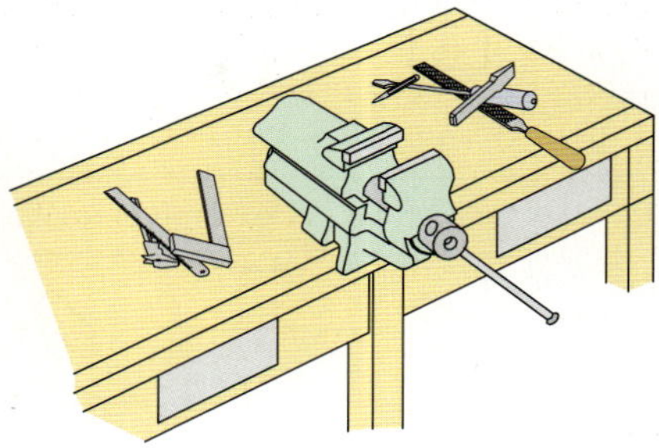

so nicht!

- In Schlichtfeilen setzen sich Späne fest, die auf der Werkstückoberfläche störende Riefen erzeugen. Die Feile ist mit einer Feilenbürste zu reinigen, wobei die Feilenbürste in Richtung des Oberhiebs bewegt wird.
- Stumpfe Werkzeuge, wie Sägeblätter, Feilen u. a. austauschen; andere, wie Bohrer, Meißel, Körner, Reißnadeln, zum Schärfen geben oder selbst schärfen.
- Werkzeuge, wie Hämmer, Meißel, Körner und Feilen, überprüfen, ob eine Unfallgefährdung vorliegt, z. B. Hammer sitzt nicht fest auf dem Stiel, Meißel hat einen Bart, Feile sitzt locker im Feilenheft. Unfallgefährdung durch sachgerechtes Befestigen von Hammer und Feile bzw. Abarbeiten des Meißelbartes beiseitigen.

Beispiele für das Warten der Handwerkzeuge

Schleifvorrichtung für Spiralbohrer

Unfallgefahr!
Meißel mit Grat

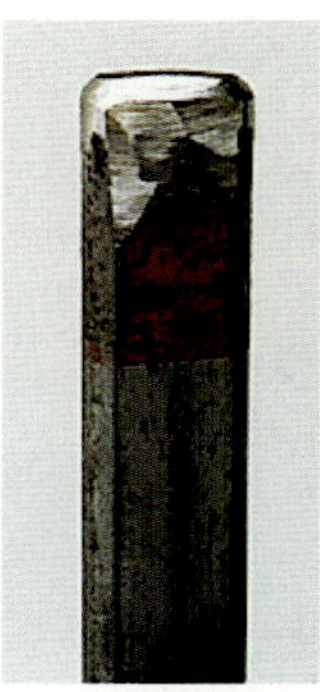

Meißelkopf
richtig geschliffen

– **Am Ende einer Arbeitswoche:**

- den Schraubstock gründlich reinigen, die Spindel und die Führungen leicht einfetten, um den Schraubstock leicht gängig zu halten,
- die Bohrmaschine und evtl. die Säge gründlich reinigen und blanke Stahlflächen mit Öl leicht einfetten, um Korrosion zu verhindern.

Arbeitsauftrag: Wartungsplan erstellen

In der Werkstatt wurde in der vierten Kalenderwoche (4. KW) eine Fräsmaschine aufgestellt. Diese wurde vor der Inbetriebnahme komplett gewartet.
In der Betriebsanleitung zur Maschine wird u. a. die folgende Schmieranleitung vorgegeben:

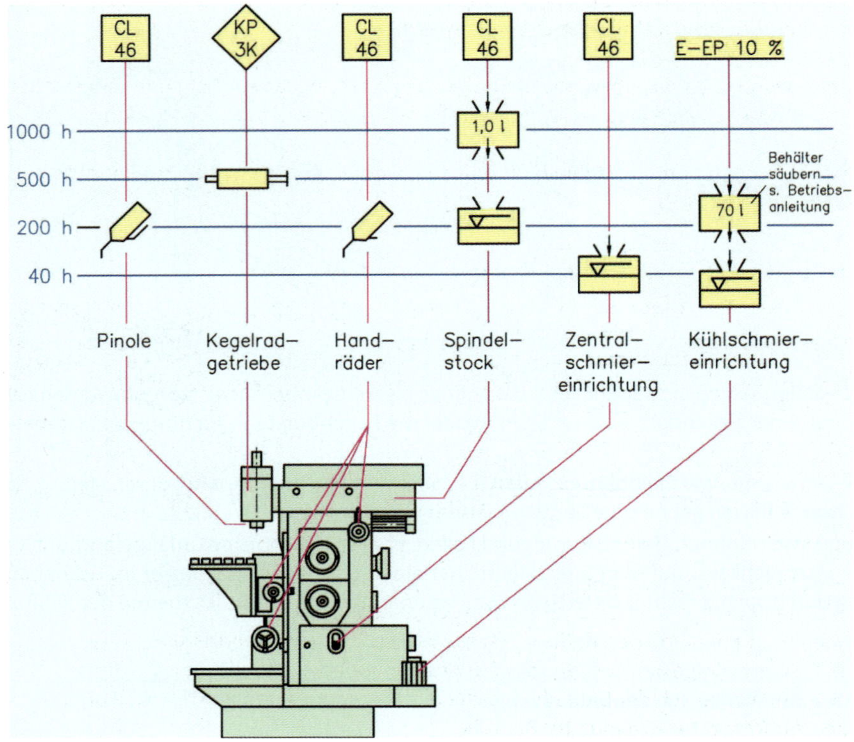

Erstellen Sie anhand der Schmieranleitung eine Auflistung der verschiedenen Arbeiten, geordnet nach den Kalenderwochen, in denen die Arbeiten anfallen. Berückichtigen Sie dabei, dass die Fräsmaschine in jeder Woche einmal etwa 20 Stunden in Betrieb ist.
Fassen Sie gleichzeitig auszuführende Tätigkeiten zusammen und tragen Sie diese in eine Tabelle – wie vorgegeben – ein.

Kalenderwoche	Schmierstelle	Art der Tätigkeit	Schmierstoff/ Sonstige Hilfsstoffe
4.		Anlieferung, Inbetriebnahme, Vollständige Wartung	
6., 8., 10., …	Zentralschmiereinrichtung	Ölstand kontrollieren, ggf. nachfüllen	Umlaufschmieröl mit korrosionshemmenden Zusätzen, Viskositätsgrad 46
	Kühlschmiermitteleinrichtung	Flüssigkeitsstand kontrollieren, ggf. nachfüllen	Kühlschmierstoffemulsion mit 10 % Öl und Zusätzen

4 Instandsetzen

4.1 Vorausbestimmtes und zustandsorientiertes Instandsetzen

Bei der **vorausbestimmten** Instandsetzung werden Baugruppen und Bauteile nach einer festgelegten Betriebsstundenzahl oder nach einer festgelegten Zahl von Fertigungsabläufen ausgebaut und Instand gesetzt.
Im Fall einer **zustandsorientierten** Instandsetzung erfolgt diese, sobald durch Inspektion festgestellt wurde, dass die vorher festgelegte Abnutzungsgrenze erreicht ist.

In beiden Fällen werden Baugruppen und Bauteile ausgebaut, bevor ein Schaden eingetreten ist. Damit entfällt eine Störungssuche. Ersatzteile können vorbestellt und bereitgehalten werden.

Für Bauteile, die einem höheren Verschleiß unterliegen, werden vom Hersteller sogenannte Verschleißteilsätze geliefert.

Beispiel für den Verschleißteilsatz eines Pneumatikzylinders

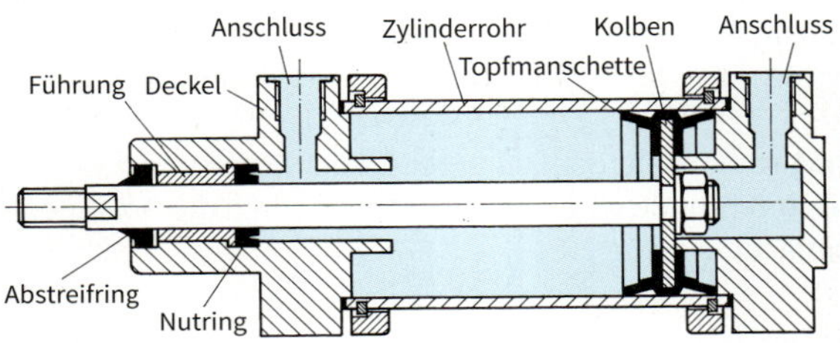

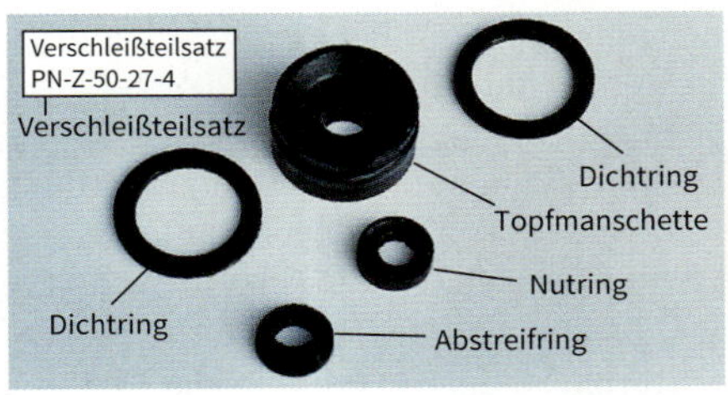

Die geplante Instandsetzung wird entsprechend den in der Instandhaltungsanleitung des Herstellers festgelegten Richtlinien durchgeführt. Diese Hinweise geben Auskunft über

- Sicherheitsmaßnahmen und persönliche Schutzausrüstung des Instandhalters,
- die systematische Abfolge des Ausbaus der Baugruppe oder des Bauteils,
- Anleitungen zum Austausch der Bauteile, welche die Abnutzungsgrenze erreicht haben,
- Anleitungen zur Reparatur abgenutzter Bauteile,
- systematische Abfolge des Zusammenbaus/Einbaus von Bauteilen und Baugruppen,
- Richtlinien zum Einstellen und zum Probelauf,
- Unterlagen zur Dokumentation der Instandsetzungsmaßnahme und das Abnahmeprotokoll.

! Vorausbestimmtes und zustandsorientiertes Instandsetzen verkürzt die Ausfallzeit für Instandhaltungsarbeiten und kann systematisch nach den Richtlinien des Herstellers des Instand zu haltenden Systems durchgeführt werden.

4.2 Instandsetzen mechanischer Baugruppen nach einer Störung

4.2.1 Maßnahmen unmittelbar nach einer Störung

Bei Störungen im Betrieb einer Anlage wird das Betriebspersonal erste Maßnahmen einleiten. Soweit dies notwendig ist, werden umgehend die betroffenen Teile der Anlage entsprechend dem Notfallplan stillgesetzt, ein möglicher Gefahrenbereich abgesichert und das verantwortliche Führungspersonal benachrichtigt.

Die für die Reparatur zuständigen Industriemechaniker haben vor Beginn ihrer Tätigkeit die Stillsetzungsmaßnahmen und die Absicherung zu überprüfen und ggf. mit dem Führungspersonal organisatorische Maßnahmen abzusprechen.

Übungsaufgaben 4/1 bis 4/4

4.2.2 Störungsdiagnose

Nach dem Auftreten einer Störung an einer Maschine oder Anlage ist der erste Schritt zur Wiederherstellung der Funktionsfähigkeit die gezielte Fehlersuche. Alle Tätigkeiten, die der Fachmann im Rahmen der Suche nach der Fehlerursache durchführt, nennt man **Diagnose**.

Grundvoraussetzung für eine solche Störungsdiagnose und die spätere Instandsetzung sind die genaue Kenntnis des Aufbaus und der Funktion des Systems. Nur so kann der Fachmann mögliche Fehlerquellen ermitteln und entsprechend überprüfen. Die Überprüfung besteht immer aus einem Vergleich zwischen dem Soll- und dem Istzustand des Systems. Die Reihenfolge der Überprüfungen wird durch die Erfahrung des Fachmanns mit zuvor aufgetretenen Störungen bestimmt.

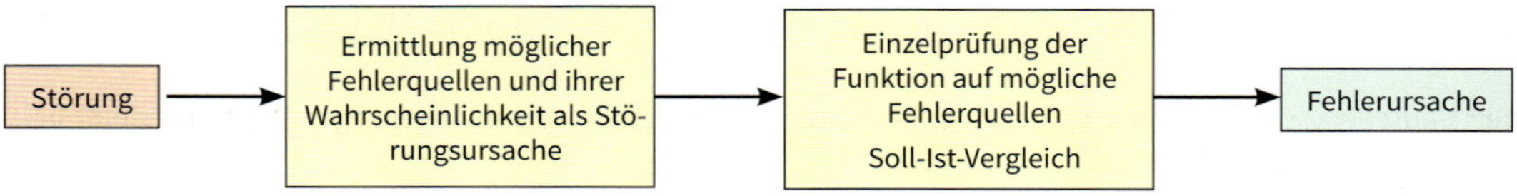

Die Hersteller von Maschinen und Anlagen geben in ihren Betriebsanweisungen in den meisten Fällen Hinweise auf den Umgang mit Störungen. Sie listen dabei den Zustand nach Auftreten der Störung auf und geben Ratschläge zur Behebung der Störungen, soweit diese nicht durch spezielle Servicekräfte durchgeführt werden müssen.

! Störungsdiagnose beginnt mit Ermittlung möglicher Fehlerquellen unter Berücksichtigung des Vorwissens von ähnlichen Störungen. Aus diesem Grunde wird die Fehlersuche durch die Dokumentation von Fehlern und Fehlerursachen vereinfacht.

– **Störungsdiagnose mithilfe von Fehlerursachen-Tabellen**

Beispiel für eine Fehlerursachen-Tabelle bei einer steuerungstechnischen Anlage

Art der Störung	Fehlerursache	Fehlerfolge	Hinweise zur Behebung
Luftversorgung ist nicht ausreichend	Anlage ist zu klein ausgelegt, Querschnittsverringerung durch Schmutz, Luftverlust durch Undichtigkeiten in der Anlage	In der Taktfolge der Zylinder treten Störungen auf. Kräfte an den Arbeitselementen reichen zeitweise nicht aus	Ist die Anlage erweitert worden? Leckstellen aufsuchen, Filter überprüfen, korrodierte Leitungen austauschen
Hoher Kondensatanfall oder feuchte Druckluft	Trockner arbeitet nicht, Kondensat ist nicht entfernt worden, automatischer Kondensatablass ist defekt, Anschlussleitungen sind falsch verlegt	Schaltfunktionen sind beeinträchtigt, Ventilteile sitzen fest, Korrosionsschäden treten auf, Schmierstoffe in der Anlage emulgieren und verharzen	Tägliche Kontrolle der Wartungseinheiten, Filter austauschen
Zylinder führt vorgesehene Bewegungen nicht aus	Rückschlagventil ist undicht, Ringdüse am Stromregelventil ist verklebt, Stellglieder steuern nicht um, Rückstellfeder im Zylinder gebrochen	Kolbengeschwindigkeit lässt sich nicht mehr regeln, Kolben fährt nicht mehr ein oder aus, Kolben fährt ruckartig	Verschleißteile oder Federn in den Bauteilen auswechseln, elektrischen Anlagenteil auf Spannung überprüfen
Ventile führen vorgesehene Funktionen nicht aus	Ventil ist verschmutzt, Feder im Ventil ist gebrochen, Dichtsitze in den Ventilen sind beschädigt, Dichtringe sind gequollen, Entlüftungsbohrungen sind verstopft, Magnetspule ist durchgebrannt	Taktfolge in der Anlage ist gestört, Kolben fahren nicht mehr ein oder aus, Elektrischer Anlagenteil ist ohne Spannung, an Ventilen treten Leckverluste auf	Verschleißteile oder Federn in den Bauteilen auswechseln, elektrischen Anlagenteil auf Spannung überprüfen, Ventile komplett austauschen

4.2.3 Störungsbehebung

1. Ausbau und Reinigung

Nach Ermittlung der Störungsursache müssen bei mechanischen Schäden Bauteile und Baugruppen ausgebaut, gereinigt und geprüft werden. Beim Ausbau ist darauf zu achten, dass

- keine unerwünschten oder gefährlichen Bewegungen, z. B. durch Einschalten von Antrieben oder Lösen von Blockierungen, ausgelöst werden können;
- keine weiteren Schäden, z. B. abgerissene Schrauben, Beschädigungen an Verkleidungen und Lagern, entstehen;
- keine Hilfsstoffe und Öle unkontrolliert auslaufen;
- dort, wo notwendig, Spezialwerkzeuge, z. B. Abziehvorrichtungen, eingesetzt werden;
- die Ausrichtung ausgewuchteter Bauteile, z. B. von Lüfterrädern, markiert wird, um später den Einbau in gleicher Position zu garantieren.

Um Fehler bei der Demontage zu vermeiden, geben viele Hersteller von Maschinen und Geräten genaue Demontageanweisungen.

> ! Der Ausbau fehlerhafter Baugruppen erfordert besondere Sorgfalt, damit keine zusätzlichen Schäden entstehen oder der spätere Wiedereinbau erschwert wird.

2. Entscheidung über Reparatur, Auswechseln oder Verbesserung

Wenn der Fehler, der zu einer Störung führte, gefunden wurde und die Störung in einem fehlerhaften Bauteil liegt, muss der Industriemechaniker entscheiden, ob eine Reparatur des Bauteils wirtschaftlich vertretbar ist oder ein Ersatzteil beschafft werden muss.

Eine Reparatur ist nur vertretbar, wenn

- für die Ausführung der Reparatur qualifiziertes Personal und geeignete Einrichtungen zur Verfügung stehen.
- die Kosten des Produktionsausfalls, die mit der Zeit für die Reparatur entstehen, unter den Kosten der Reparatur liegen.

> ! Bei der Überlegung Reparatur oder Ersatzteilbeschaffung bestimmen in Produktionsanlagen nicht die Kosten des Bauteils und die Kosten der Arbeitszeit für die Reparatur, sondern die Kosten des Produktionsausfalles die Entscheidung.

3. Zusammenbau und Probelauf

Nach Reparatur oder Austausch beschädigter Bauteile erfolgt deren Einbau in die Maschine oder Anlage. Bei diesen Arbeiten ist nach den Vorschriften des Herstellers vorzugehen, denn nur so können erneute Fehler eingeschränkt werden:

- Bauteile sind ohne Beschädigung einzubauen. Zur Wälzlagermontage müssen z. B. Montagehülsen verwendet werden, damit die Einpresskraft nicht über die Wälzkörper übertragen wird.
- Schmierstoffe und andere Hilfsstoffe sind entsprechend den Herstellervorschriften in richtiger Art und Menge einzubringen.
- Spiel ist an geforderten Stellen einzustellen.
- Schrauben und Muttern sind mit den vorgeschriebenen Anzugsmomenten anzuziehen und nach dem Anziehen zu sichern.
- Riemen und Federn sind entsprechend Vorschriften zu spannen.
- Ausgewuchtete Bauteile müssen in der Position, in der sie ausgebaut wurden, wieder eingesetzt werden. Andernfalls ist ein erneutes Auswuchten notwendig.

Einfetten eines Wälzlagers

Nach dem Einbau neuer oder reparierter Baugruppen sind diese – soweit es möglich ist – zunächst im Stillstand zu prüfen. Bei Getrieben werden bevorzugt das Flankenspiel sowie der Rundlauf geprüft. Der anschließende Probelauf wird unter Betriebsbedingungen durchgeführt und zeitlich so ausgedehnt, dass z. B. bei einer Fertigung ein kompletter Durchlauf stattfindet.

Übungsaufgabe 4/9

5 Maschinenschaden durch mechanische Beanspruchung

Im Zuge der Nutzung von Maschinen treten an ihnen zwangsläufig Schäden auf. Die häufigsten Schäden sind auf Verschleiß zurückzuführen. Lager und Führungen sind von Verschleiß besonders betroffen. Verschleiß entsteht allmählich, darum sind seine Auswirkungen durch günstigere Werkstoffwahl, gute Schmierung und vorbeugendes Auswechseln betroffener Bauteile vorhersehbar zu begrenzen.
Anders ist es beim Bruch von Maschinenteilen. Gewaltbruch entsteht meist durch Überlastung und gefährdet Menschen, Maschinen und Anlagen. Brüche durch Überlastungen lassen sich durch Überlastsicherungen (z. B. Rutschkupplungen), Sollbruchstellen u. a. vermeiden. Besonders tückisch sind Risse in Bauteilen, die durch Schwingungen beansprucht werden. In diesen Bauteilen schreiten die Risse langsam fort und führen plötzlich und ohne Vorwarnung zum Bruch (Dauerbruch).

5.1 Verschleiß

Gleiten Oberflächen aufeinander, so werden vor allem wegen der Unebenheiten der Oberflächen laufend Teilchen aus ihnen herausgetrennt – man spricht von **Verschleiß**. Er tritt z. B. in Lagern, an Führungen, in Fördereinrichtungen, Getrieben, Düsen u. a. auf. Verschleiß ist eine der Hauptursachen für Bauteilschädigung und den damit verbundenen Ausfall von Maschinen und Geräten. Die Verringerung von Verschleiß ist darum eine wesentliche Möglichkeit, die Lebensdauer von Maschinen und Geräten zu erhöhen und damit Kosten und Rohstoffe einzusparen.
Man nennt die Wissenschaft und Technik, die sich mit Reibung und Verschleiß befasst, **Tribologie**.

5.1.1 Einflussgrößen auf Verschleiß

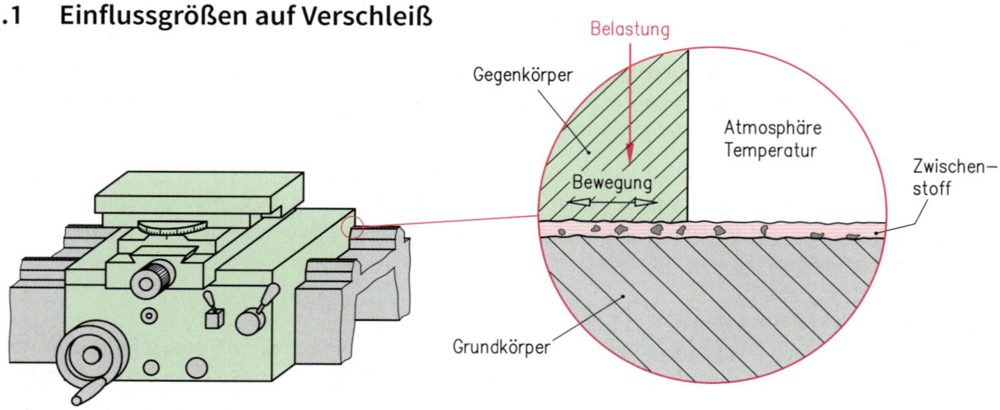

Einflüsse bei Gleitreibung

Die Höhe des Verschleißes wird von vielen Faktoren bestimmt:

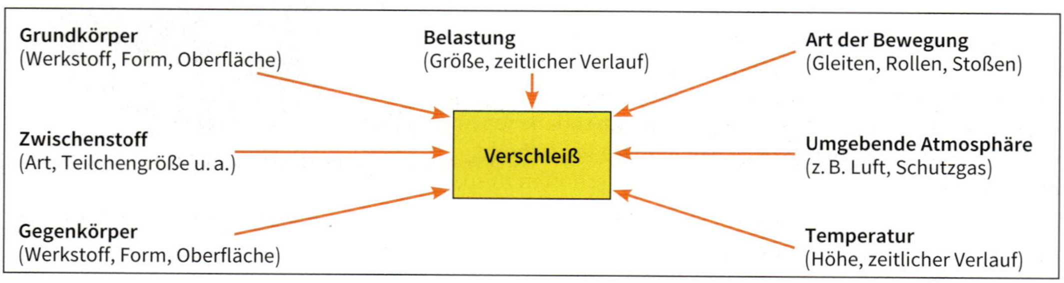

Einflussgrößen auf den Verschleiß

! Verschleiß ist der fortschreitende Materialverlust an der Oberfläche von Maschinenelementen. Verursacht wird er durch den mechanischen Kontakt und die Relativbewegung eines Gegenkörpers.

Übungsaufgabe 5/1

5.1.2 Verschleiß beim Gleiten, Rollen und Wälzen

1. Gleitverschleiß

Wenn feste Körper aufeinander gleiten, so entsteht Verschleiß. Bei Trockenlauf trennt kein schützender Schmierfilm Grund- und Gegenkörper, wie zum Beispiel Gleitlager und Welle. Infolge hoher Belastung können an geringen Unebenheiten, die aufeinander liegen, so hohe Drücke entstehen, dass beide Körper im Ruhezustand fest aneinander haften und örtlich sogar „kaltschweißen". Bei Gegeneinanderbewegen der Teile werden dann diese Bindungen getrennt, oder es werden Teilchen aus der Oberfläche des weniger festen Werkstoffes gerissen, die zunächst an der Oberfläche des widerstandsfähigeren Werkstoffes hängen bleiben. Später lösen sie sich meist und bleiben als feinste Teilchen zwischen den Gleitflächen. Dort können sie zu erheblichem Abrieb führen.

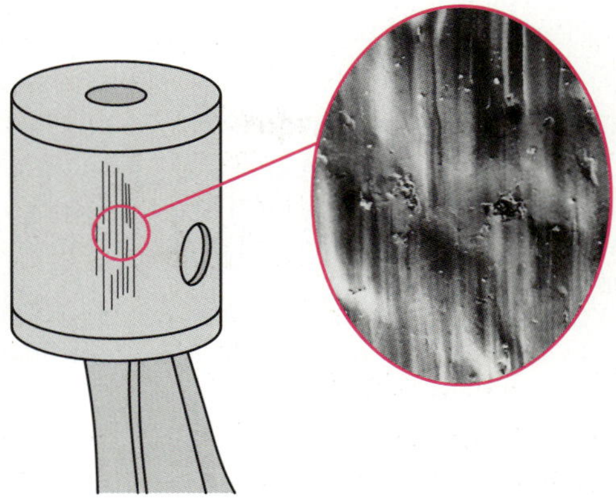

Gleitverschleiß durch Adhäsion und Abrasion an einem vernickelten Pumpenkolben

Ohne Oxidhaut neigen alle aufeinander gleitenden Metalle zu starkem Verschleiß. Wenn hingegen die Metalle eine Oxidschicht aufweisen, ist der Abrieb erheblich geringer. Je nach Art der Oxidschicht unterscheiden sich die Metalle sehr in ihrer Neigung zu Gleitverschleiß.

Maßnahmen zum Verringern des Gleitverschleißes liegen in erster Linie in der richtigen Wahl der Werkstoffkombination und dabei in der Wahl des Lagerwerkstoffs.

Wesentliche Verringerung des Verschleißes wird durch die Wahl des Schmiermittels erreicht. Entsprechend der Gleitgeschwindigkeit wählt man bei geringen Geschwindigkeiten Fette und bei höheren Gleitgeschwindigkeiten Öle.

! Gleitverschleiß entsteht, wenn Oberflächen von Werkstücken aneinander haften und bei Bewegung Teilchen aus der Oberfläche gerissen werden. Gleitverschleiß wird durch Festkörperteilchen zwischen den Gleitflächen erheblich verstärkt.

2. Roll- und Wälzverschleiß

Rollen belastete Körper über Flächen, wie zum Beispiel Räder über Schienen, Wälzkörper über Lagerringe, so treten an den Berührungsstellen hohe Flächenpressungen auf. Diese führen zu Spannungen an der belasteten Stelle und schließlich zur Rissbildung dicht unter der Oberfläche. Die Risse breiten sich im Inneren der Randschicht aus und führen schließlich zum Abschälen einzelner Teilchen. So entstandener Verschleiß wird als **Rollverschleiß** bezeichnet. Die Ursache ist die Oberflächenzerrüttung oder Materialermüdung. Die abgeschälten Teilchen bleiben häufig in der Zwischenschicht und verursachen dann abrasiven Verschleiß.

Innenring eines Rillenkugellagers mit Schälung

In ähnlicher Weise entsteht auch der **Wälzverschleiß**, zum Beispiel an Zahnflanken. Wegen des Gleitanteils, der hier auftritt, geht der Anriss vorzugsweise von der Oberfläche aus.

! Roll- und Wälzverschleiß beruht im Wesentlichen auf Oberflächenzerrüttung, verbunden mit Abrasion.

Gegen Roll- und Wälzverschleiß hilft Schmierung nur sehr begrenzt.
Als Werkstoffe gegen Roll- und Wälzverschleiß haben sich hochlegierte und vergütete Stähle bewährt, allerdings sollten diese im Gebrauchszustand nicht kaltverformt sein, da dies zu vorzeitiger Ermüdung führt.

Übungsaufgaben 5/2; 5/3

5.2 Maschinenbruch

Bruch an Bauteilen kann zwei Ursachen haben: *Überlastung oder schwingende Beanspruchung*. Überlastung kann zu **Gewaltbrüchen**, schwingende Beanspruchung zu **Dauerbrüchen** führen.

5.2.1 Gewaltbruch

Ein Bauteil darf sich beim Betrieb nicht plastisch verformen. Es darf nur im elastischen Bereich beansprucht werden – bei Zugbeanspruchung ist dies unterhalb der Streckgrenze. Steigt die Belastung weiter an, so tritt bei Überschreiten der Festigkeit der Bruch ein. Man nennt einen solchen, durch Überbelastung verursachten Bruch, einen Gewaltbruch.
Ein Gewaltbruch an einem zähen Werkstoff hat eine zerklüftete Bruchfläche, die an den Rändern verformt ist. An spröden Werkstoffen ist die Gewaltbruchfläche samtartig glatt und zeigt keine Verformungen.

Beispiel für Gewaltbrüche

zäher Werkstoff

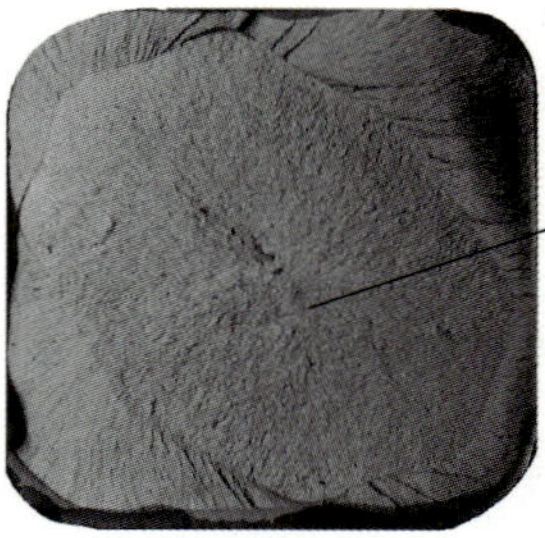

spröder Werkstoff

> **!** Gewaltbrüche entstehen durch Überlastung.
> Sie sind an der Bruchfläche und den Bruchkanten zu erkennen.

5.2.2 Dauerbruch

Im Maschinen- und Fahrzeugbau werden Bauteile häufig schwellenden und wechselnden Belastungen ausgesetzt. Dabei kann schon bei Belastungen *weit unterhalb* der Streckgrenze ein Bruch auftreten.

Dieser Bruch beginnt meist an Fehlerstellen der Oberfläche, reißt etwas weiter, verlangsamt sich oder hält gar einige Zeit mit Weiterreißen inne und setzt dann wieder ein. Durch die schwingende Beanspruchung reiben die Bruchflächen gering aneinander und es entsteht, auch durch Oxidation, eine glatte Bruchfläche mit typischen Rastlinien. Man nennt diesen Teil der Bruchfläche die Dauerbruchfläche. Sobald durch diesen Dauerbruch der Querschnitt so geschwächt ist, dass er die Last nicht mehr tragen kann, bricht er. Der gebrochene Restquerschnitt zeigt die typischen Merkmale eines Gewaltbruchs.

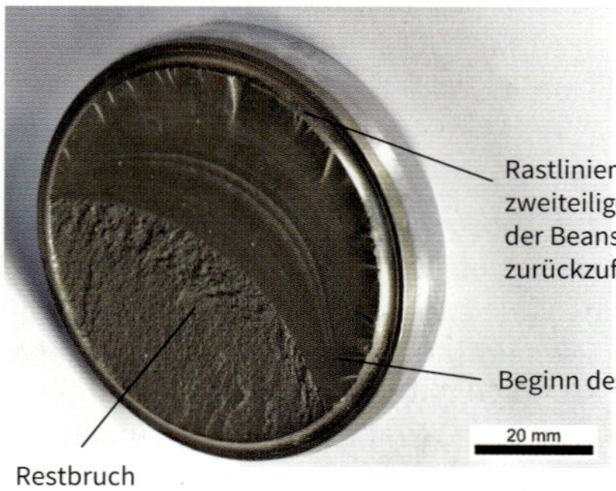

Dauerbruch im Gewinde einer Schraube mit ausgeprägten Rastlinien

> **!** Ein Dauerbruch ist an der Bruchfläche deutlich erkennbar. Die Bruchfläche zeigt
> - die Dauerbruchfläche mit Rastlinien und
> - die Restbruchfläche als Gewaltbruch.

5.3 Maschinenschaden durch Korrosion

Metallische Werkstoffe in Anlagen und Maschinen können von der Oberfläche her durch chemisch wirksame Stoffe wie Luftsauerstoff, Feuchtigkeit und andere Bestandteile der Umgebung oder aus verschmutzter Luft zerstört werden. Diese Zerstörung bezeichnet man als Korrosion.

Zwei verschiedene Metalle einer Konstruktion, die sich berühren und von einer elektrisch leitenden Flüssigkeit – z. B. von „saurem Regen“ – umgeben sind, verursachen einen elektrochemischen Prozess, durch den eines der Metalle langsam zerstört wird. Zwischen den beiden Metallen findet eine Ionenwanderung statt, wenn sie äußerlich elektrisch leitend zu einem Stromkreis verbunden sind. Die Art der Metallzerstörung bezeichnet man als **elektrochemische Korrosion**. Die elektrisch leitende Flüssigkeit wird Elektrolyt genannt.

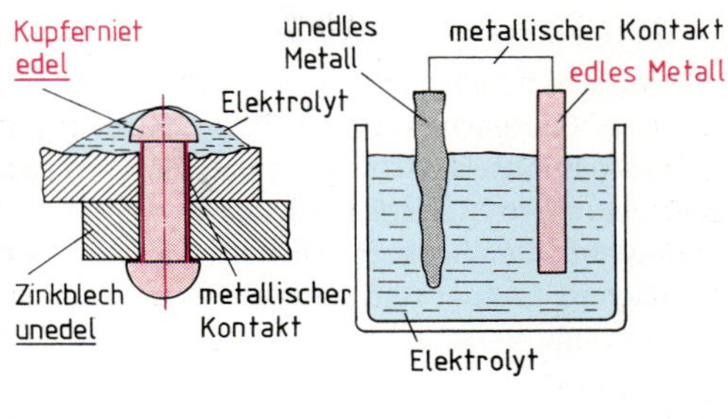

Elektrochemische Korrosion

> **!** Korrosion ist die von der Oberfläche ausgehende Zerstörung metallischer Werkstoffe, welche meist durch elektrochemische Reaktionen verursacht sind.

Welches Metall einer Werkstoffpaarung zerstört wird, wurde in Versuchsreihen ermittelt. Dazu hat man die elektrische Spannung gemessen, die ein Metall gegenüber einem von Wasserstoff umspülten Platinblech abgibt. Die entstehenden Spannungen sind verschieden hoch, die Werte können positiv oder negativ sein. Sie sind in einer Reihe geordnet, welche **elektrochemische Spannungsreihe** genannt wird.
Je weiter ein Element in dieser Reihe rechts steht, desto geringer ist sein Bestreben, Verbindungen zu bilden. Ganz rechts stehen edle Elemente, nach links hin werden sie zunehmend unedel.
Je weiter zwei Elemente in der Spannungsreihe auseinander stehen, desto höher ist der Spannungsunterschied zwischen diesen, die Korrosionsgefahr nimmt zu.

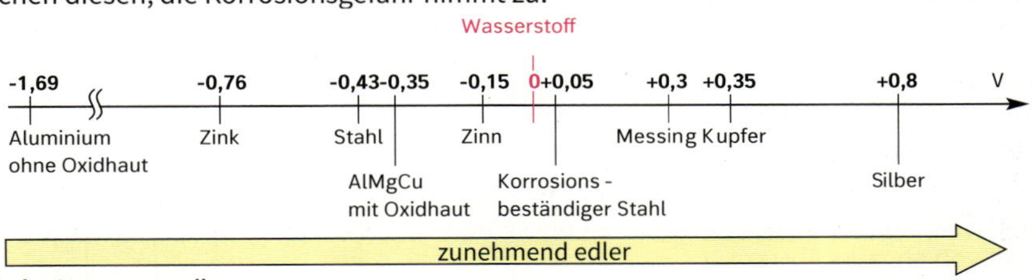

Elektrochemische Spannungsreihe

> **!** Zwei unterschiedliche Metalle können bei bestimmten Bedingungen elektrochemische Reaktionen hervorrufen, welche das unedlere langsam zerstören.

Elektrochemische Korrosion kann durch unterschiedliche Maßnahmen in erträglichen Grenzen gehalten werden:

- Man soll nach Möglichkeit nur Bauelemente aus gleichen Metallen miteinander verbinden.
- Bei der Werkstoffauswahl sollen Legierungen mit Mischkristallgefüge vorgezogen werden.
- Beim Fügen von Bauelementen aus unterschiedlichen Metallen kann der Stromfluss durch Isolierzwischenlagen verhindert werden.
- Durch Beschichten kann der Zutritt eines Elektrolyten verhindert werden.

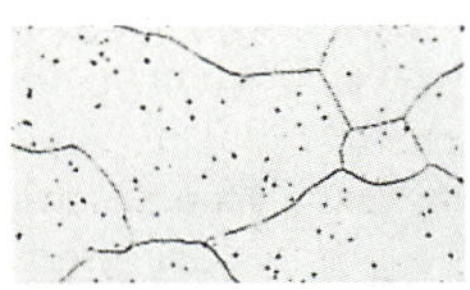

Gefüge eines korrosionsbeständigen Stahles

Gefüge eines nicht korrosionsbeständigen unlegierten Stahles

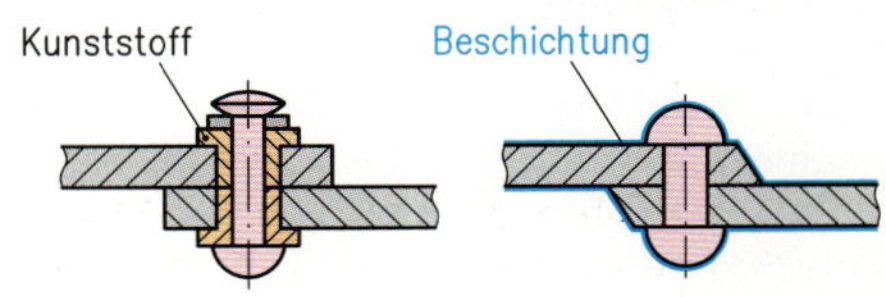

Korrosionsschutz durch Kunststoffzwischenlagen und Anstrich

6 Hilfsstoffe für die Instandhaltung

6.1 Schmierstoffe

Schmierstoffe sollen durch Reibung auftretende Energieverluste und Verschleiß an Maschinen und Geräten mindern. Jährlich müssen zurzeit in Deutschland einige Mrd. EUR für zusätzliche Energie- und Materialkosten, die durch Reibung und Verschleiß verursacht werden, aufgewendet werden.

Befindet sich Schmiermittel in genügender Menge zwischen Gleitflächen, so werden diese durch die Schmiermittelschicht voneinander getrennt. Diese Schmiermittelschicht bezeichnet man als Schmierfilm. Der Schmierfilm haftet fest an den Gleitflächen. Werden die Bauelemente gegeneinanderbewegt, verschieben sich kleinste Schmiermittelteilchen innerhalb des Schmierfilms. Der Schmierfilm bleibt dabei erhalten, sodass sich die Bauelemente selbst nicht berühren. Reibung und Verschleiß sind sehr gering.

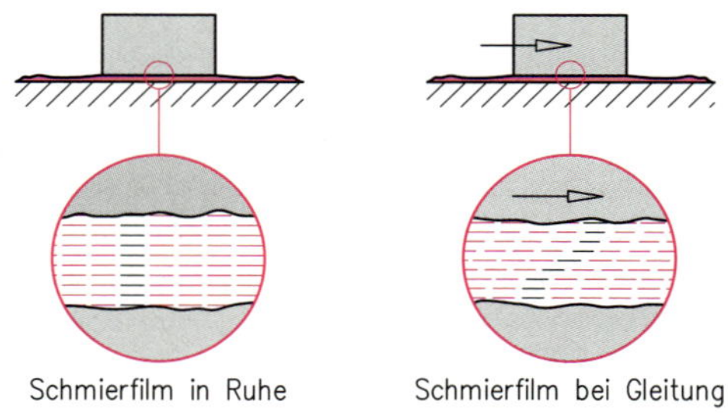

Wirkungsweise der Schmierung

6.1.1 Schmieröle

6.1.1.1 Schmieröleigenschaften

1. Viskosität

Der wichtigste Kennwert eines Schmieröls ist seine Viskosität. Ein Öl mit niedriger Viskosität ist dünnflüssig, ein Öl mit hoher Viskosität ist zähflüssig. Die Viskosität beeinflusst zum Beispiel die Schmierfilmdicke in Lagern, die Leckverluste in Hydraulikanlagen, die Reibungsverluste in Schmierölleitungen.

Beim Messen im Kapillarviskosimeter lässt man eine bestimmte Ölmenge bei Prüftemperatur durch ein langes, dünnes Rohr, die Kapillare, laufen. Aus der Auslaufzeit ermittelt man die kinematische Viskosität. Wasser hat bei 20 °C eine kinematische Viskosität von etwa 1 mm^2/s.

Industrieöle werden nach ISO in 18 Klassen unterteilt. Die ISO-Klassifikation wird in Viskositätsgraden (VG) angegeben. Sie ist zahlenmäßig an der Viskosität bei 40 °C orientiert.

Beispiel für die Klassifikation eines Öls

ISO – VG 220

- VG 220: Viskositätsgrad zwischen 198 und 242 mm^2/s
- ISO: Schmieröl nach DIN ISO 51519

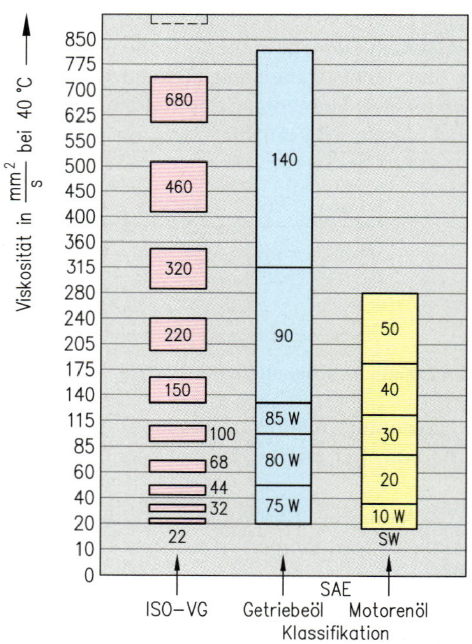

Vergleich wichtiger Ölklassen

Kfz-Öle werden gemäß der amerikanischen Society of Automative Engineers (SAE) gekennzeichnet. Die Kennzeichnung stimmt nicht mit der Einteilung nach DIN ISO überein. Auch die Bezugstemperatur ist unterschiedlich, die SAE-Klassen haben je nach Klasse unterschiedliche Bezugstemperaturen.
Die für eine bestimmte Aufgabe notwendige Viskosität wird zum Teil nach *Erfahrungswerten* gewählt.

> **!** Kfz-Öle werden nach ISO in 18 Klassen gegliedert.
> Die Klassifikationsnummer bezieht sich auf die kinematische Viskosität in mm^2/s bei 40 °C.

Die Viskosität ist stark von der Temperatur abhängig. Mit steigender Temperatur sinkt die Viskosität. Da Maschinen häufig bei unterschiedlichen Temperaturen beansprucht werden, ist das Viskositäts-Temperatur-Verhalten von Schmierstoffen von großer Bedeutung. Am günstigsten sind Öle, die bei niedrigen Temperaturen noch so dünnflüssig sind, dass Maschinen leicht anfahren, und bei der Betriebstemperatur noch eine ausreichend hohe Viskosität besitzen, damit der Schmierfilm bei Belastung nicht abreißt. Die Temperaturabhängigkeit der Viskosität lässt sich durch Zusätze verbessern. Die zugesetzten Stoffe enthalten fadenförmige Großmoleküle, die sich mit steigender Temperatur entknäulen und so den Viskositätsabfall verringern.

! Die Viskosität eines Öls sinkt mit steigender Temperatur.

2. Flammpunkt, Pourpoint

Der Flammpunkt eines Öls gibt die Temperatur an, bei der über der Ölfläche brennbare Gase entstehen. Die Kenntnis dieses Punkts ist wichtig für die Einordnung eines Öls entsprechend der **Gefahrenklasse**. Bei Flammpunkten über 100 °C sind keine besonderen Vorschriften – außer im Bergbau – zu beachten. Für die Schmiertechnik ist dieser Punkt ohne Bedeutung.

Der Pourpoint (früher Stockpunkt genannt) gibt an, bei welcher Temperatur das Öl eben noch fließt.

Der Pourpoint wird beeinflusst durch
- Zunahme der Viskosität mit sinkender Temperatur,
- Paraffinausscheidung mit sinkender Temperatur.

Pourpointerniedriger wirken nur der Paraffinausscheidung entgegen.

! Der Flammpunkt bestimmt die Einordnung eines Öls in eine Gefahrenklasse.
Der Pourpoint gibt an, bei welcher Temperatur ein Öl eben noch fließt.

3. Schaumverhalten und Luftabgabevermögen

Durch bewegte Teile werden Öle stark mit Luft durchmischt und können schäumen. Schäume, die von der Ölpumpe angesaugt werden, können zu schweren Störungen in der Schmierstoffversorgung führen, z. B. Luftblasen in Ölleitungen.

Das Luftabgabevermögen (LAV) eines Öls gibt nach ISO 9120 die Zeit an, in der eine von Luft durchströmte Ölprobe nach dem Abschalten der Luft nur noch 0,2 % Luft enthält.

Durch geringe Zusätze, zum Beispiel an Silikonölen, kann das Schaumverhalten verbessert werden. Bei Hydraulikanlagen hat das Luftabgabeverhalten eines Öls besondere Bedeutung, da mit steigendem Luftanteil die Kompressibilität steigt.

! Zur Aufrechterhaltung eines festen Schmierfilms muss Öl ein hohes Luftabgabevermögen besitzen.

4. Alterungsneigung

Durch Verunreinigungen, zum Beispiel Abrieb, verschlechtern sich die Öleigenschaften. Ein weiteres Absinken der Eigenschaften tritt ein durch Bildung von
- Säuren infolge Oxidation,
- harz- und asphaltartigen Produkten infolge Bildung größerer Moleküle.

Dieses sind Vorgänge, wie sie in kurzer Zeit auch im Speiseöl in Fritteusen ablaufen.

Den größten Einfluss auf die Alterung von Ölen hat die Temperatur. Nur 10 Kelvin Temperaturerhöhung verkürzen die Zeit zum Altern auf die Hälfte.

Metalle können die Alterungsreaktionen beschleunigen. Hier fördert Kupfer den Alterungsprozess besonders stark. Aus diesem Grunde sollen Schmierölleitungen möglichst nicht aus Kupfer hergestellt werden.

Durch Zusätze von Alterungsschutzadditiven (Antioxidantien, Oxidationsinhibitoren) wird ein gewisser Alterungsschutz erreicht.

! Öle altern besonders bei höheren Temperaturen und bei Anwesenheit von kupferhaltigen Werkstoffen im Ölkreislauf.

Übungsaufgaben 6/8 bis 6/10

6.1.1.2 Erzeugung und Aufbau von Schmierölen

1. Mineralöle

In Erdölraffinerien werden aus dem Erdöl verschiedene Produkte wie Benzin, Heizöl, Schmieröl, Bitumen gewonnen. Dies geschieht, indem das Erdöl zunächst vergast wird. Die verschiedenen Kohlenstoff-Wasserstoff-Verbindungen des Gases verflüssigen sich wieder bei unterschiedlichen Temperaturen. Zu den Produkten, die man dabei gewinnt, gehören neben den verschiedenen Kraftstoffen die Mineralöle. Den Gesamtvorgang bezeichnet man als **Destillation**. In einem anschließenden Reinigungsverfahren entfernt man alle schädlichen Bestandteile aus dem Mineralöl. Diese Verunreinigungen können bei Gebrauch der Mineralöle Harze oder Säuren bilden und vermindern die Einsatzdauer der Schmiermittel.

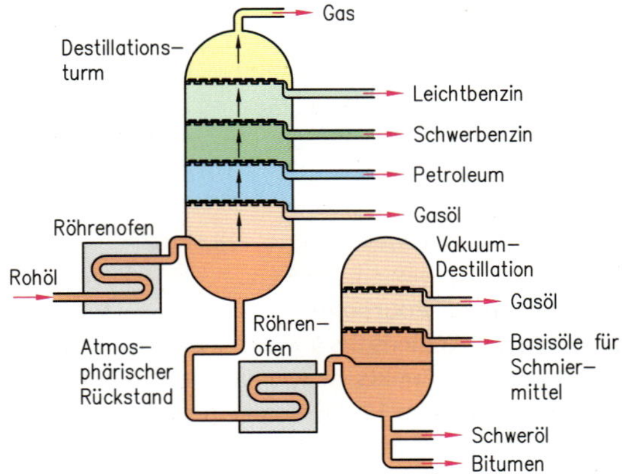

Vom Rohöl zu Kraft- und Schmierstoffen

Hochwertigen Mineralölen setzt man besondere Wirkstoffe zu. So verbessert man z. B. durch Zusätze die Tragfähigkeit des Schmierfilms oder erweitert die Wirksamkeit eines Schmieröls auf einen größeren Temperaturbereich.

> **!** Mineralöle gewinnt man aus Erdöl durch Destillation und anschließende Reinigung.

2. Synthetische Flüssigschmierstoffe

Synthetische Flüssigschmierstoffe werden aus einfachen einheitlichen Kohlenstoff-Wasserstoff-Verbindungen oder Siliziumverbindungen durch chemische Synthese aufgebaut. Deshalb sind diese Flüssigschmierstoffe in ihrem chemischen Aufbau besonders einheitlich und völlig frei von schädlichen Beimengungen. Synthetische Flüssigschmierstoffe zeichnen sich durch eine nahezu gleichbleibende Viskosität in einem großen Temperaturbereich aus. Darüber hinaus sind sie schwer entflammbar und beständig gegen Säuren und Laugen. Man verwendet sie außer zur Schmierung auch als hochwertige Hydrauliköle.

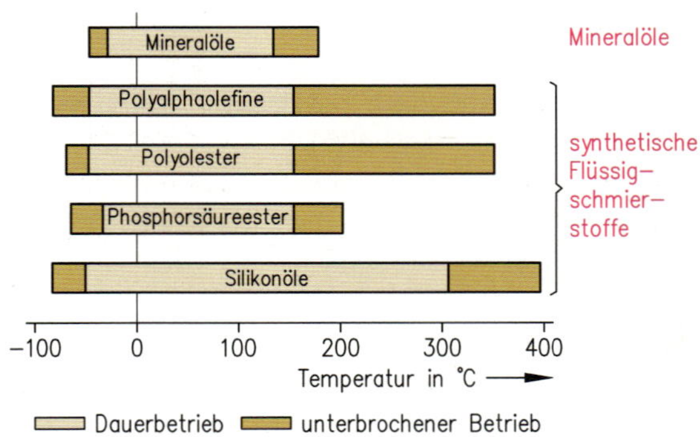

Temperatur-Einsatzgrenzen von Schmierstoffen

Neben den Flüssigschmierstoffen aus reinen Kohlenwasserstoffen werden auch phosphorhaltige Kohlenwasserstoffe und Silikone als synthetische Schmierstoffe verwendet.
Synthetische Flüssigschmierstoffe und Mineralöle dürfen nicht miteinander vermischt werden.

> **!** Synthetische Flüssigschmierstoffe werden aus einfachen Verbindungen synthetisch aufgebaut. Sie sind einheitlich im Aufbau und frei von schädlichen Beimengungen, aber teurer als Mineralöle.

3. Zweitraffinate

Aus gebrauchten Schmierölen werden durch mehrstufige Aufbereitungsprozesse sogenannte Zweitraffinate gewonnen. Diese unterscheiden sich qualitativ kaum von den Mineralölen aus der Erstdestillation.

Übungsaufgaben 6/11 bis 6/14

6.1.2 Schmierfette

Für viele Anwendungsfälle sind flüssige Schmiermittel wenig geeignet, weil sie von der Schmierstelle wegfließen, z. B. bei freistehenden Lagern. Hier werden Schmierfette verwendet. Sie haften an der Schmierstelle und gewähren den geschmierten Lagerstellen guten Schutz gegen das Eindringen von Wasser und Verunreinigungen.
Der Verbrauch von Schmierfetten ist in der Bundesrepublik wegen verbesserter Ölschmiereinrichtungen erheblich zurückgegangen. Er beträgt nur etwa 2 % des Mineralölverbrauchs.

1. Aufbau von Schmierfetten

Schmierfette bestehen aus einem Eindickmittel, in das Mineralöle und Zusätze (Additive) eingemischt sind. Als Eindickmittel werden Metallsalze von Fettsäuren, Metallseifen genannt, verwendet. Die Metallseifen bilden ein Gerüst, in dem das Öl sehr fein verteilt wird. Man bezeichnet das Fett nach der Art des Eindickmittels.
Mehr als die Hälfte der verwendeten Schmierfette sind mit Lithiumsalzen von Fettsäuren eingedickt – man nennt diese Schmierfette lithiumverseifte Fette. Für Sonderfälle gibt es ein metallfreies Eindickmittel, ein Gel.

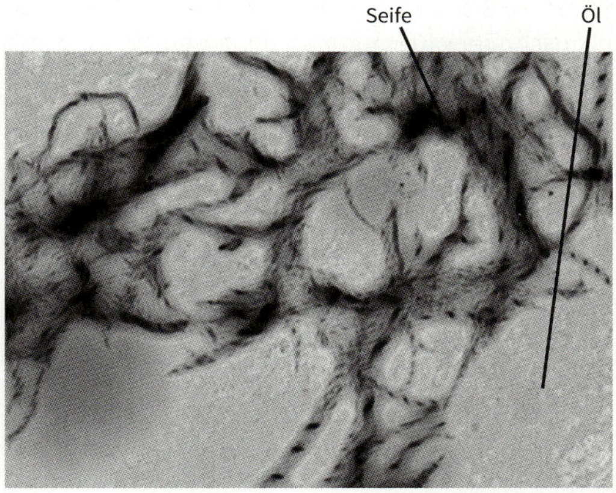

Elektronenmikroskopische Aufnahme eines Schmierfetts

2. Klassifizierung

– **Klassifizierung von Schmierfetten nach dem Eindickmittel**

Eindickmittel	Gebrauchstemperaturbereich in °C	Verhalten gegenüber Wasser
Lithiumseife	– 30 bis + 140	beständig
Calciumseife	– 30 bis + 60	abweisend
Natriumseife	– 30 bis + 100	nicht beständig
Lithiumkomplexseife	– 30 bis + 160	beständig
Gel	– 20 bis + 160	beständig

! Schmierfette bestehen aus Mineralöl und einem Eindickmittel sowie Additiven.
Das Eindickmittel bestimmt stark das Verhalten des Fetts gegenüber Wasser.

– **Klassifizierung der Schmierfette nach der Konsistenz**

Fette zeigen je nach Gehalt an Eindickmitteln und Temperatur unterschiedlich starken Zusammenhalt beim Verschmieren (Konsistenz), sie reicht von einem Verhalten wie dickes Öl über salbenartig bis zu fast wachsartig.
Am häufigsten werden Schmierfette der Konsistenzklasse 2 verwendet.

Konsistenzklassen	Konsistenz	Verwendung
000	ähnlich sehr dickem Öl	Getriebefette
00	halb fließend	
0	sehr weich	
2	salbenartig	Wälzlagerfette
3	beinahe fest	Gleitlagerfette
4	fest	Gleitlagerfette
5	sehr fest	Blockfette
6	sehr fest	

! Schmierfette werden nach ihrer Konsistenz in Klassen von 000 bis 6 eingeteilt. Mit steigender Nummer wächst die Konsistenz.

Übungsaufgaben 6/15 bis 6/18

6.1.3 Festschmierstoffe

Trockene Schmiermittel sind pulverförmige Stoffe, die aus besonders feinen Plättchen bestehen. Zu diesen Schmiermitteln gehört z. B. Graphit. Die Schmierwirkung trockener Schmiermittel entsteht dadurch, dass die sehr feinen Plättchen des Schmierstoffs im Schmierspalt wie Karten eines Kartenspiels aufeinandergleiten. Wichtige Trockenschmiermittel im Maschinenbau sind Graphit und Molybdänsulfid.

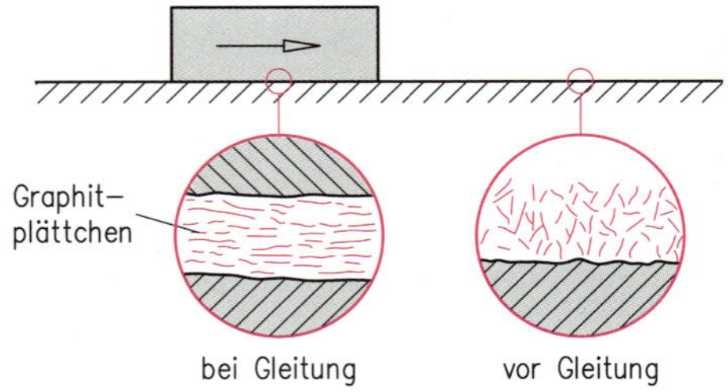

Trockenschmierung mit Graphit

Eigenschaften von Graphit und Molybdänsulfid

Eigenschaften	Graphit	MoS_2
Dichte in g/cm^3	2,4	4,8
Härte nach Mohs	0,5 bis 1,0	1,0 bis 1,5
Reibwert bei trockenem Stahl auf Stahl	0,1 bis 0,2	0,04 bis 0,08
Temperaturgrenzen an Luft in °C	– 180 bis + 450	– 180 bis + 450
Zersetzungsprodukt	CO_2-Gas	MoO_3-Teilchen
Schmierfähigkeit im Vakuum	versagt	gut

Wenn MoS_2 als einziger Schmierstoff dienen soll, wird Paste mit 60 bis 70 % MoS_2 verwendet. Diese Pasten sind zur Schmierung von Wälzlagern nicht geeignet, da nach dem Verdunsten des Öls *Klümpchenbildung* einsetzen kann.

! Festschmierstoffe werden dann eingesetzt, wenn aufgrund der Bedingungen an der Schmierstelle keine Flüssigkeitsreibung erreicht werden kann.

6.1.4 Entsorgung von Schmier- und Kühlschmierstoffen

Schmier- und Kühlschmierstoffe werden nach einer bestimmten Einsatzdauer unbrauchbar. Entweder kommt es zu Verunreinigungen oder zur Oxidation, wobei das Schmiermittel seine Schmierfähigkeit verliert. Der Schmierstoff muss also entsorgt werden. Da Öle und Emulsionen zu den wassergefährdenden Stoffen zählen, dürfen sie nicht in den Boden, in ein Gewässer oder eine übliche Kläranlage eingeleitet werden.

Die Entsorgung regeln Verordnungen, die aufgrund des Bundesabfallgesetzes erlassen wurden. So dürfen z. B. nur Unternehmen mit entsprechenden Genehmigungen die Entsorgung von Sonderabfällen wie Öl und Kühlschmierstoffen vornehmen.

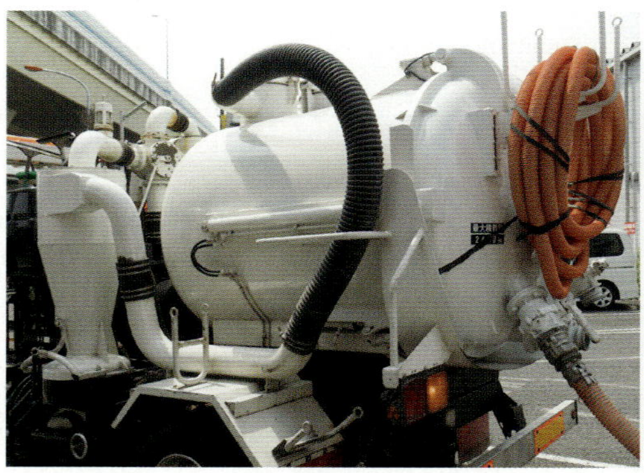

Sammeln und Entsorgen von Schmier- und Kühlschmierstoffen

Für Sonderabfälle ist in jedem Fall der Erzeuger der Abfälle entsorgungspflichtig. Die ordnungsgemäße Beseitigung von Sonderabfällen wird von Behörden überwacht. Einige Besonderheiten bei der Entsorgung von Ölen oder Emulsionen sind zu beachten.

- Öle sind durch Reinigungsprozesse teilweise wieder regenerierbar und können für untergeordnete Zwecke weiterverwendet werden.
- Emulsionen sind nicht unmittelbar weiterzuverwenden, sie müssen in kostspieligen Trennverfahren aufbereitet werden.

HANDLUNGSFELD: Messungen in elektrisch gesteuerten Anlagen durchführen

Problemstellung

Eine SPS-gesteuerte Anlage funktioniert nicht bestimmungsgemäß. Der Teilestopp an der Übergabestelle für ein Fertigungszentrum findet nicht statt. Fehlerart und -quelle sind festzustellen.

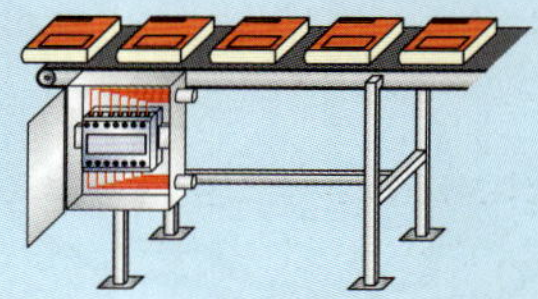

Vorgaben:
- allgemeine Fehlerbeschreibung
- definierte Aufgabenstellung
- keine weiteren Informationen oder Dokumente

Analysieren

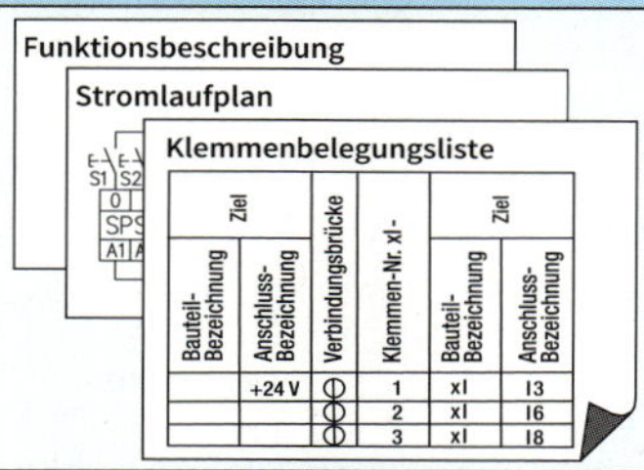

Ergebnisse:
- Unterlagen zur Anlage:
  - Funktionsbeschreibung
  - Stromlaufplan
  - Klemmenbelegungsliste
- Messgerät (Art und Messbereich)
- Steuerungsart
- Fehlerlisten, Anlagenzustand, Ausfallzeiten

Eingang:
- ausgewertete Informationen
- Art und Messbereich des Messgeräts

Planen

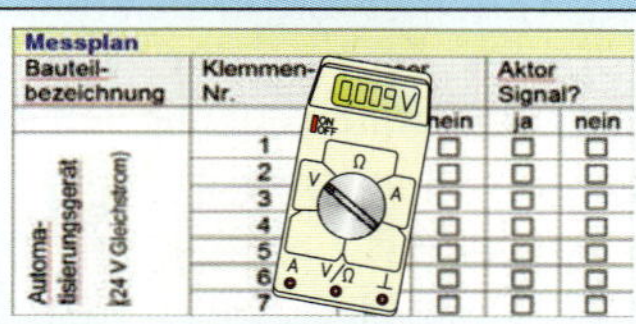

Ergebnisse:
- Messgerät Messplan mit
  - Messstelle und
  - Abfolge
  - Messstrategie
- Sicherheit (Mensch, Anlage)

Eingang:
- Sicherheit für Personen und System herstellen
- Messgerät einstellen (Stromart, Messbereich)
- Messstellen kontaktieren
- Schwellenwerte messen

Ausführen

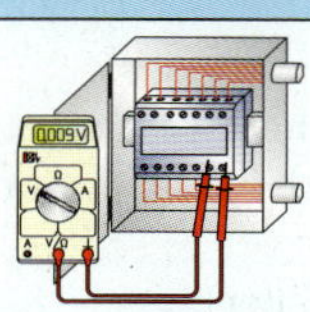

Ergebnisse:
- Messwerte
- Messprotokoll
- Auffälligkeiten (erkennbar) in der Messumgebung

Eingang:
- Messprotokoll Auffälligkeiten

Auswerten

Fehlerliste

Störung	mögliche Ursache	Maßnahme zur Beseitigung
kein Teilestop an Übergabestelle (keine Spannung an Klemme 2)	Signalleitung unterbrochen	Signalleitung austauschen

Ergebnisse:
- Fehlerstatistik
- aktualisierte Fehlerliste (Fehlererkennung)

1 Wirkungen und Einsätze elektrischer Energie

1. Wärmewirkung

Elektrische Energie kann in Wärmeenergie umgewandelt werden. Dies geschieht z. B. im Elektroofen, beim Lichtbogenschweißen und beim Schmelzen einer Schmelzsicherung.

Beispiel für die Umwandlung von elektrischer Energie in Wärmeenergie

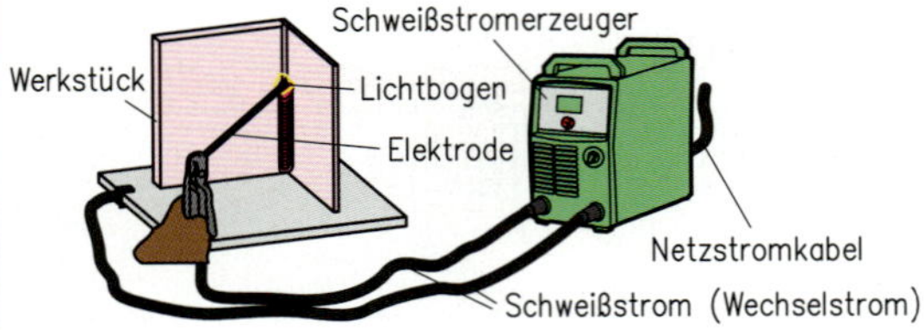

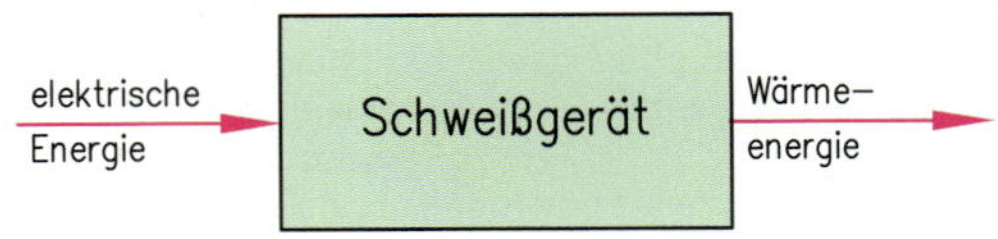

2. Magnetische Wirkung

Elektrische Energie wird in Elektromagneten in Energie eines magnetischen Felds umgewandelt. Dies geschieht z. B. in Hubmagneten und Elektromotoren.

Beispiel für die Umsetzung elektrischer Energie in Energie eines Magnetfelds

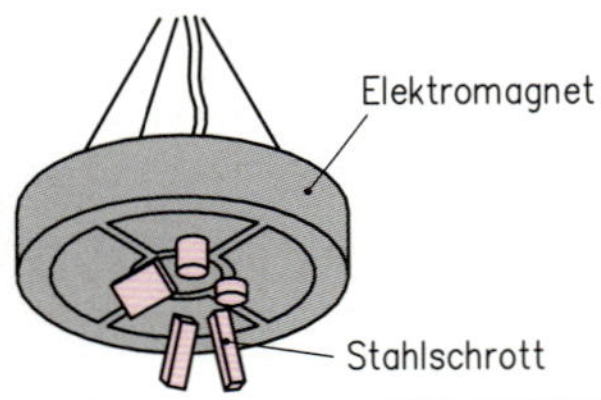

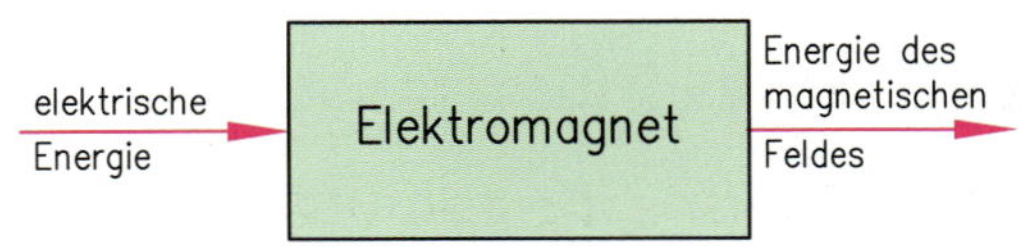

Die magnetische Wirkung des elektrischen Stromes wird in Elektromotoren ausgenutzt.

Beispiel für die Nutzung elektrischer Energie zur Erzeugung von Bewegungsenergie

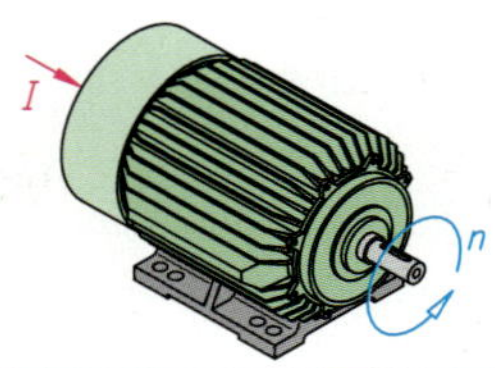

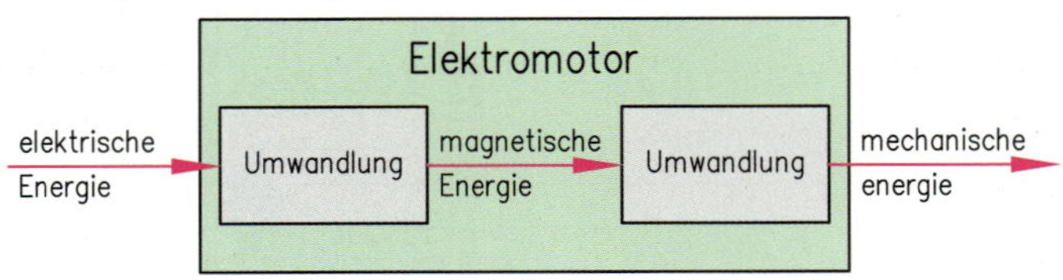

3. Chemische Wirkung

Zur Auslösung und Fortführung vieler chemischer Reaktionen benötigt man Energie. Sie wird oft in Form elektrischer Energie zugeführt, z. B. in galvanischen Anlagen und zum Laden von Akkus.

Beispiel für die Nutzung elektrischer Energie bei chemischen Prozessen

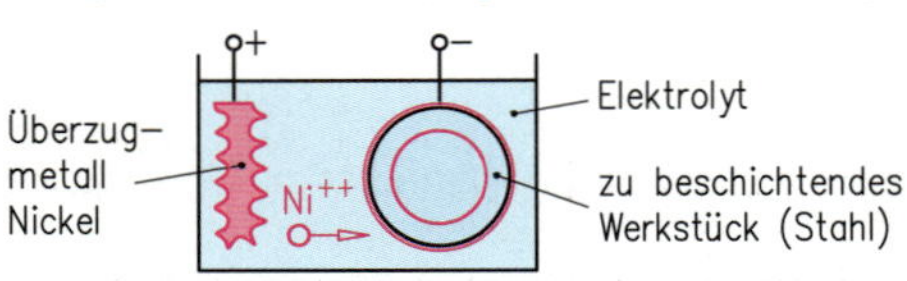

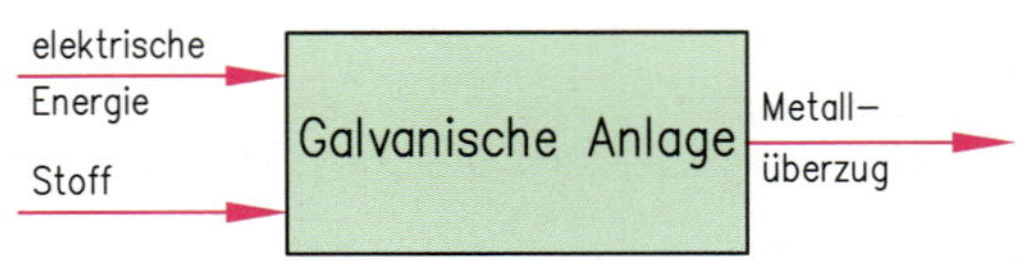

! In der Metalltechnik werden folgende Wirkungen des elektrischen Stroms genutzt:
- Wärmewirkung,
- magnetische Wirkung,
- chemische Wirkung.

– **Einsatz elektrischer Energie**

In der Metalltechnik wird elektrische Energie als Arbeitsenergie zum Antrieb von Maschinen und Einrichtungen und als Hilfsenergie zum Steuern und Regeln verwendet.

Beispiel für den Einsatz elektrischer Energie als Arbeits- und Hilfsenergie

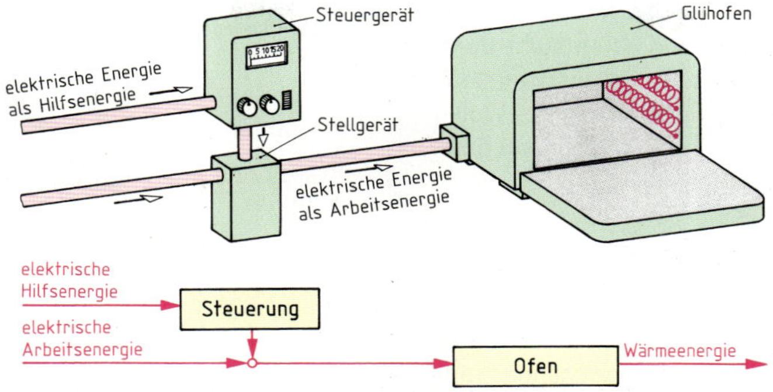

! Elektrische Energie wird in Antrieben als Arbeitsenergie und in Steuer- und Regeleinrichtungen als Hilfsenergie verwendet.

2 Physikalische Grundlagen

2.1 Elektrische Ladung

– **Atomaufbau**

Die Atome aller Elemente haben einen Kern und eine Hülle. Der Atomkern enthält als wichtigste Bausteine die **Protonen** und die **Neutronen**. Protonen und Neutronen haben etwa die gleiche Masse.
Die Hülle wird von elektrisch negativ geladenen Teilchen, den **Elektronen**, gebildet. Diese Elektronen bewegen sich mit sehr hoher Geschwindigkeit um den Kern, sodass sich die Vorstellung einer Elektronenhülle ergibt. Elektronen haben nur etwa $^{1}/_{2000}$ der Masse eines Protons.
Protonen sind elektrisch positiv, Elektronen sind negativ geladen. Neutronen sind neutral.

Teilchenart	Symbol	Ladung	Masse	Massenverhältnis
Proton	p^+	positiv	$1{,}7 \cdot 10^{-24}$ g	1
Neutron	n	neutral	$1{,}7 \cdot 10^{-24}$ g	1
Elektron	e^-	negativ	$9{,}1 \cdot 10^{-28}$ g	$\approx \frac{1}{2000}$

– **Elementarladung**

Die Ladung eines Elektrons ist die kleinste Ladungseinheit. Deshalb bezeichnet man diese Ladung als Elementarladung, und da das Elektron negativ geladen ist, als *negative Elementarladung*.
Die gleich große Ladung eines Protons bezeichnet man als *positive Elementarladung*.

! Jedes Elektron besitzt eine negative Elementarladung.
Jedes Proton besitzt eine positive Elementarladung.

Die Ladung eines Elektrons ist zu klein, um mit ihr technische Berechnungen durchzuführen. Man fasst darum die Ladung von $6{,}25 \cdot 10^{18}$ Elektronen zu einem **Coulomb** (C) zusammen.

! 1 Coulomb ist die Ladungsmenge von 6,25 · 1018 Elektronen.

Übungsaufgaben 2/1; 2/2

– **Kräfte zwischen Ladungen**

Unterschiedliche elektrische Ladungen können durch Einsatz von Energie getrennt werden.

Beispiel für Ladungstrennung

Beim Reiben eines Kunststoffstabes mit einem Wolltuch gehen Elektronen des Wolltuches auf den Kunststoffstab über, und es entsteht dort ein Elektronenüberschuss. Der Kunststoffstab erhält dadurch eine negative Ladung. Das Wolltuch weist hingegen Elektronenmangel auf und ist dadurch positiv geladen.

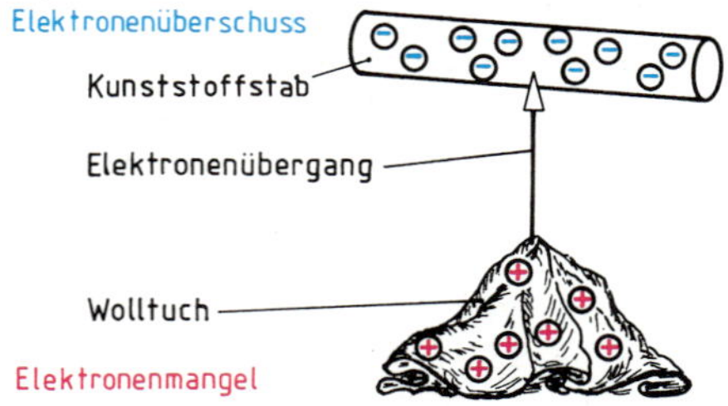

! Zur Trennung elektrischer Ladungen ist Energie erforderlich.

Hat man unterschiedliche Ladungen voneinander getrennt, so bestehen zwischen Teilen mit unterschiedlicher elektrischer Ladung *anziehende* Kräfte und zwischen Teilen mit gleicher elektrischer Ladung *abstoßende* Kräfte.

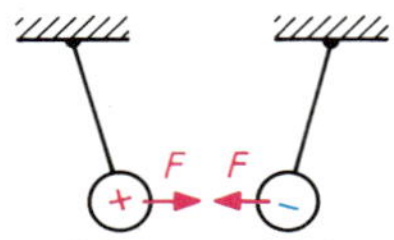

Anziehung ungleicher Ladungen

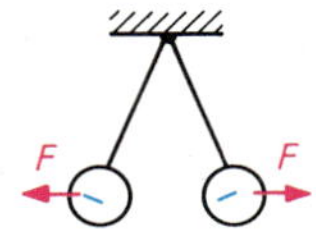

Abstoßung gleicher Ladungen

! Teile mit unterschiedlicher elektrischer Ladung ziehen sich gegenseitig an.
Teile mit gleicher elektrischer Ladung stoßen sich gegenseitig ab.

2.2 Strom

In elektrischen Leitungen können Elektronen weiter bewegt werden. Diesen Fluss von Elektronen bezeichnet man als den elektrischen Strom. Wenn durch den Leiterquerschnitt in einer Sekunde $6{,}25 \cdot 10^{18}$ Elektronen strömen, so fließt ein Strom von **1 Ampere**.

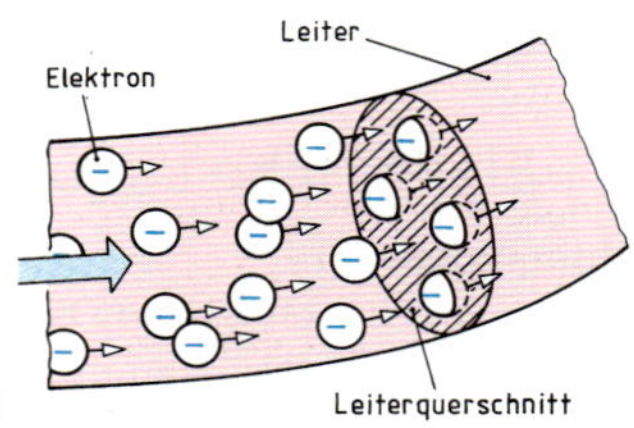

Elektronenstrom

! Der elektrische Strom ist der Fluss von Elektronen.
1 Ampere entspricht einem Fluss von $6{,}25 \cdot 10^{18}$ Elektronen je Sekunde.

Bewegt sich der Elektronenstrom stets in die gleiche Richtung, so spricht man von **Gleichstrom**. Stellt man in einem Diagramm den Strom in Abhängigkeit von der Zeit dar, so zeigt das Diagramm eine parallele Linie zur Zeitachse. Batterien und Akkumulatoren liefern Gleichstrom.

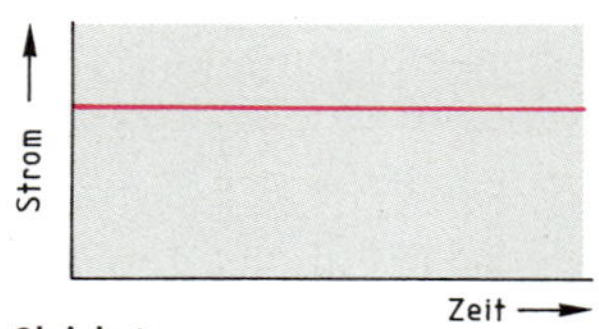

Gleichstrom

Symbol für Gleichstrom: = oder DC (DC = direct current)

! Ein Strom, der stets in gleiche Richtung fließt, ist ein Gleichstrom.

Ändert der Elektronenstrom in regelmäßigen Zeitabständen (periodisch) seine Größe und seine Richtung, so nennt man diesen Strom **Wechselstrom**. Stellt man in einem Diagramm den Strom in Abhängigkeit von der Zeit dar, so zeigt das Diagramm eine Wellenlinie (Sinuskurve) um die Nulllinie. Die Elektroversorgungsunternehmen liefern einen Wechselstrom, der in 1 Sekunde 50-mal eine Sinuskurve durchläuft und damit 100-mal in der Sekunde seine Richtung ändert.

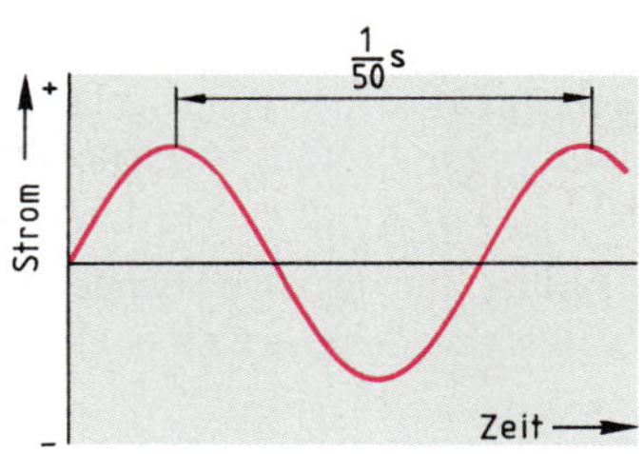

Wechselstrom

Symbol für Wechselstrom: oder AC (AC = alternating current)

! Ein Strom, der periodisch seine Richtung und Größe ändert, ist ein Wechselstrom.

Übungsaufgaben 2/3 bis 2/6

2.3 Spannung

1. Prinzip der Spannungserzeugung

Durch die Trennung elektrischer Ladungen erhält man Bereiche mit Elektronenüberschuss und solche mit Elektronenmangel.

Der Bereich mit *Elektronenüberschuss* ist der **Minuspol**, der Bereich mit dem *Elektronenmangel* der **Pluspol**.

Wegen der Anziehungskräfte zwischen den unterschiedlichen Ladungen besteht das Bestreben, einen Ausgleich zwischen den beiden Polen herzustellen. Dieses Ausgleichsbestreben nennt man die elektrische **Spannung**.

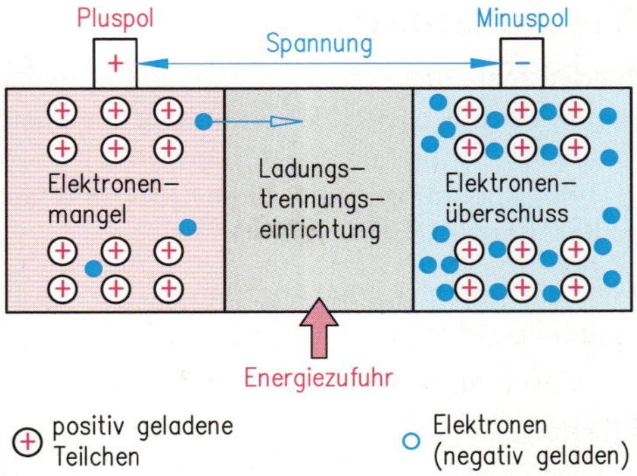

Prinzip einer Spannungsquelle

> ! Spannung besteht zwischen getrennten elektrischen Ladungen.

Zur Spannungserzeugung muss Arbeit aufgewendet werden. Verrichtet man bei der Ladungstrennung an 1 Coulomb (1 Coulomb ≙ $6{,}25 \cdot 10^{18}$ Elektronen) eine Arbeit von 1 Nm, so hat man eine Spannung von **1 Volt** erzeugt.

> ! 1 Nm Arbeit an 1 Coulomb verrichtet, ergibt die Spannung 1 Volt.

2. Spannungsquellen

– **Generator**

In Generatoren wird Spannung durch Aufwenden mechanischer Energie erzeugt.

Diese Art der Spannungserzeugung wird von den Elektroversorgungsunternehmen mit Wasser-, Dampf- und Windkraftanlagen betrieben. Generatoren im kleineren Maßstab sind der Dynamo am Fahrrad und die „Lichtmaschine“ im Kraftfahrzeug.

– **Batterie und Akkumulator**

In Batterien und Akkumulatoren wird Spannung durch chemische Prozesse erzeugt.

Man verwendet diese Spannungsquellen zur Versorgung nicht ortsgebundener Maschinen und Geräte.

– **Solarzellen**

In Solarzellen erfolgt die Ladungstrennung durch Lichteinwirkung.

Nach dem beschlossenen Ausstieg aus der Stromerzeugung durch Kernenergie kommt der Nutzung von Solarzellen zur Energieerzeugung in der Bundesrepublik erhöhte Bedeutung zu.

– **Thermoelemente**

In Thermoelementen geschieht die Ladungstrennung unmittelbar durch Wärmeenergie.

Man verwendet Thermoelemente zum Speisen von Zündsicherungen in Erwärmungsanlagen und zur Temperaturmessung.

Beispiele für Spannungsquellen

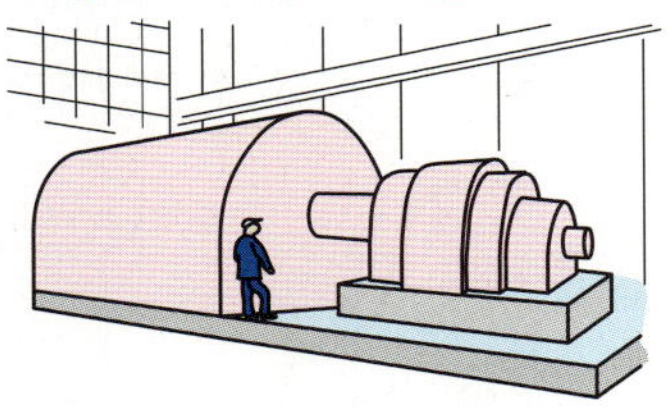

Generator

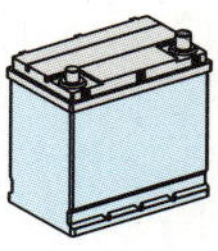

Akkumulator

Solarzelle

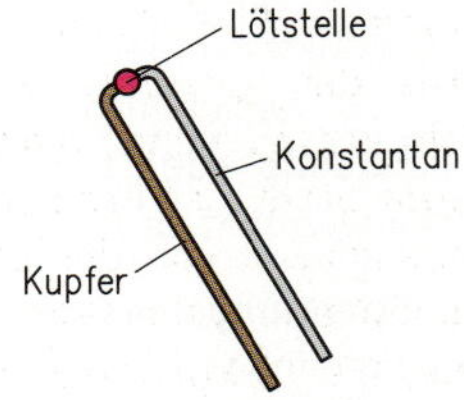

Thermoelement

> ! Spannungserzeugung geschieht in:
> - Generatoren,
> - Batterien und Akkumulatoren,
> - Solarzellen,
> - Thermoelementen.

2.4 Stromkreis

Verbindet man die Pole einer Spannungsquelle über eine elektrisch leitende Verbindung mit einem Verbraucher, so fließen Elektronen vom Minuspol (–) der Spannungsquelle über Leiter und Verbraucher zum Pluspol (+).

Die in sich geschlossene Anordnung von Spannungsquelle, Leiter und Verbraucher bezeichnet man als *elektrischen Stromkreis*.

Aus historischen Gründen hat man als Stromrichtung eine Bewegung vom Pluspol zum Minuspol festgelegt. Diese Festlegung wird als technische Stromrichtung bezeichnet.

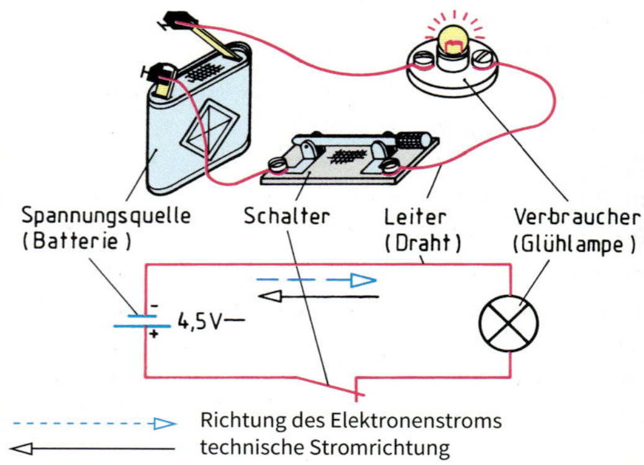

Stromkreis

> **!** Der geschlossene Stromkreis besteht aus Spannungsquelle, Leiter und Verbraucher.
> Technische Stromrichtung: vom Pluspol zum Minuspol.

2.5 Messung von Stromstärke und Spannung

1. Strommessung

Strommessung ist Durchflussmessung, deshalb müssen **Strommessgeräte** direkt in den Stromkreis eingesetzt werden. Sie stehen in einer Reihe mit dem Verbraucher – sie sind *in Reihe geschaltet*. Strommessgeräte zeigen die Stromstärke in Ampere an, man nennt sie auch Amperemeter.

Strommessgeräte dürfen nur zusammen mit einem Verbraucher zum Einsatz kommen, da sonst ein extrem hoher Strom fließt, den man in der Technik als **Kurzschlussstrom** bezeichnet.

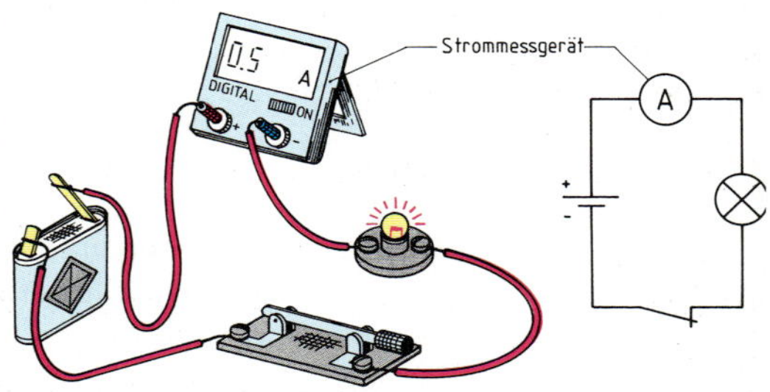

Strommessung

> **!** Der Strommesser wird immer mit dem Verbraucher in Reihe geschaltet.

2. Spannungsmessung

Spannungsmessung ist die Messung eines Unterschiedes. Spannungen müssen immer zwischen zwei Punkten eines Stromkreises gemessen werden, z. B. zwischen den beiden Polen einer Spannungsquelle oder zwischen dem Eingangs- und Ausgangspunkt eines Verbrauchers.

Das **Spannungsmessgerät** wird *parallel zum Verbraucher* angeschlossen. Spannungsmesser zeigen die Spannung in Volt an, man bezeichnet sie auch als Voltmeter.

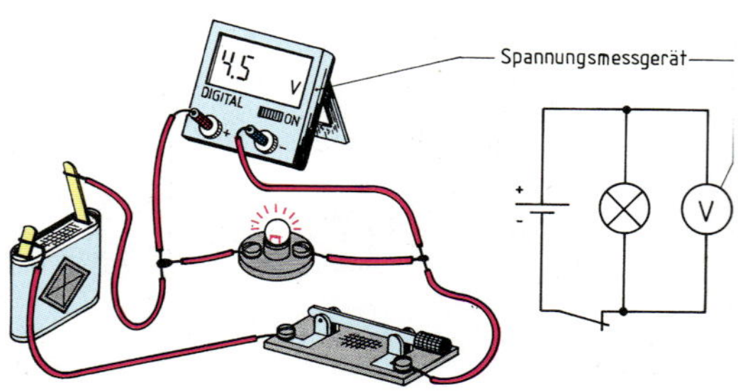

Spannungsmessung

> **!** Der Spannungsmesser wird immer mit dem Verbraucher parallel geschaltet.

Übungsaufgaben 2/13 bis 2/17

2.6 Leiter – Halbleiter – Nichtleiter

1. Leiter

– Metallische Leiter

Metalle sind gute elektrische Leiter. Die Ursache dafür sind frei bewegliche Elektronen im Metall. Sobald mit einem metallischen Leiter ein Stromkreis geschlossen wird, setzen sich diese in Richtung Pluspol in Bewegung.

Elektronen treten am Minuspol der Spannungsquelle in den Leiter ein, und am Pluspol treten dafür andere heraus. Obwohl sich die Elektronen nur mit sehr geringer Geschwindigkeit (ca. 0,3 m/h) im Leiter in Stromrichtung bewegen, pflanzt sich der „Stoß“, der durch das Eintreten von Elektronen in den Leiter entsteht, mit hoher Geschwindigkeit fort.

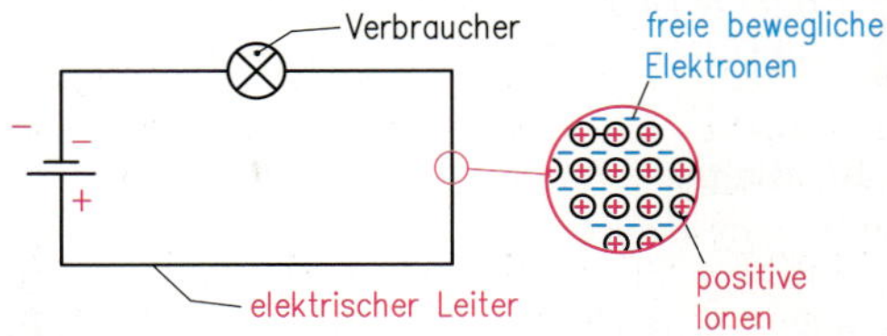

Metall als elektrischer Leiter

> **!** Quasifreie Elektronen sind die Ursache für die gute elektrische Leitfähigkeit eines Metalles.

– Elektrolyte als Leiter

Wässrige Lösungen von Säuren, Laugen und Salzen können ebenfalls elektrischen Strom leiten, denn in Wasser sind Säuren, Laugen und Salze in positive und negative Ionen aufgespalten. Unter Spannung wandern die Ionen zu den entgegengesetzt geladenen Polen und transportieren so elektrische Ladungen. An den Polen erfolgen dabei stets chemische Umsetzungen. Diese elektrisch leitenden Flüssigkeiten nennt man **Elektrolyte**.

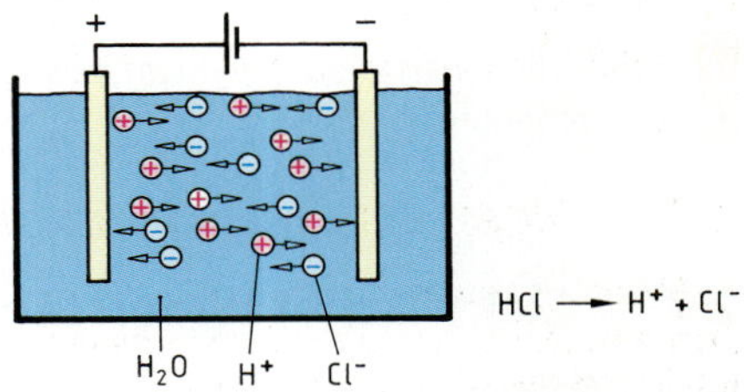

Stromleitung in verdünnter Salzsäure (HCl)

> **!** In Elektrolyten erfolgt der Ladungstransport über Ionen.

2. Halbleiter

In Halbleiterwerkstoffen, z. B. in reinem Silizium und Germanium, erfolgt die Bindung zwischen den Nachbaratomen durch die Elektronen der Außenschale. Daher sind diese Elektronen nicht mehr frei beweglich wie bei den Metallen, sondern so fest gebunden, dass sie bei niedrigen Temperaturen nicht zur Leitung des elektrischen Stromes zur Verfügung stehen. Erst bei höheren Temperaturen können einige dieser Elektronen durch die Wärmebewegung freigesetzt werden und Ladungen transportieren. Reine Halbleiter leiten also den elektrischen Strom erst bei höheren Temperaturen.

Beispiel für das Verhalten eines Halbleiterwerkstoffes bei verschiedenen Temperaturen

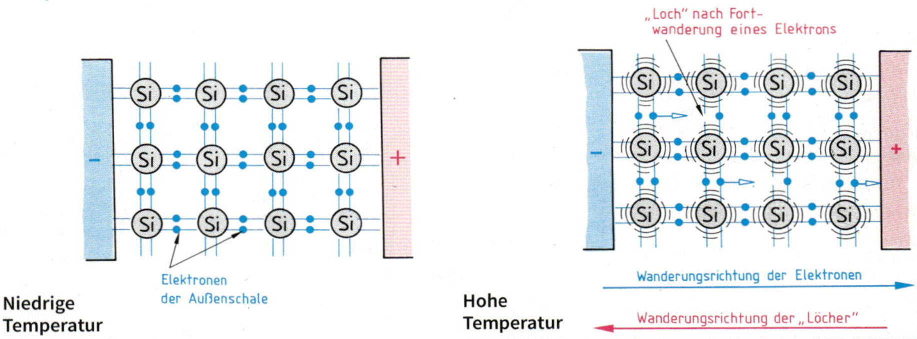

> **!** Reine Halbleiter leiten bei niedrigen Temperaturen keinen elektrischen Strom.
> Bei hohen Temperaturen werden Halbleiter zu Leitern.

Legiert man zu einem Halbleiterwerkstoff in sehr geringen Mengen Stoffe, deren Atome z. B. gegenüber Silizium oder Germanium ein Elektron mehr oder ein Elektron weniger auf der Außenschale haben, so kann man gezielt überschüssige (quasifreie) Elektronen oder Löcher erzeugen. Man nennt diese Halbleiterwerkstoffe **dotierte** Halbleiter. Halbleiterbauelemente der Elektronik (z. B. Dioden, Transistoren) sind Kombinationen verschieden dotierter Halbleiter.

! Dotieren ist das Legieren eines Halbleiterwerkstoffes mit sehr wenigen Fremdatomen. Elektronische Halbleiterbauelemente bestehen aus dotierten Halbleiterwerkstoffen.

3. Nichtleiter

Stoffe ohne bewegliche Ladungsträger leiten den elektrischen Strom nicht. Solche Stoffe sind z. B. Gummi, Kunststoffe, Glas, trockene Luft und chemisch reines Wasser. Man verwendet diese Stoffe zur Isolierung von elektrischen Leitern und Geräten. Deshalb bezeichnet man sie als **Isolierstoffe** oder **Nichtleiter**.

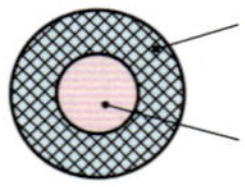

Querschnitt einer isolierten Kupferleitung

! Stoffe, in denen Ladungen nicht bewegt werden können, werden als Nichtleiter oder Isolierstoffe bezeichnet.

2.7 Elektrischer Widerstand

Im Stromkreis wird der Fluss der Elektronen gehemmt. Diese Erscheinung bezeichnet man als **elektrischen Widerstand**. Er wird in **Ohm** (Ω) angegeben.

Der elektrische Widerstand eines Leiters ist abhängig von:
- Leiterlänge,
- Leiterquerschnitt,
- Leiterwerkstoff,
- Temperatur des Leiters.

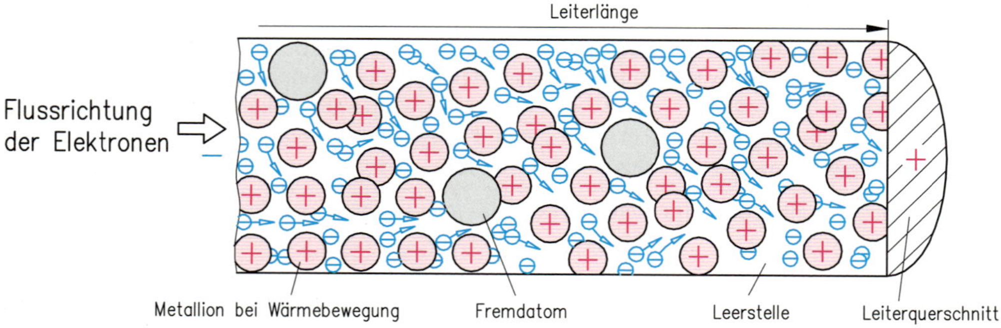

Einflussgrößen auf den elektrischen Widerstand

Die verschiedenen Einflussgrößen auf den elektrischen Widerstand haben folgende Auswirkungen:
- Mit *steigender Leiterlänge* wächst der Widerstand, weil die Elektronenbewegung auf dem längeren Weg stärker behindert wird.
- Mit *kleinerem Leiterquerschnitt* wird der Widerstand größer, weil die Durchtrittsfläche kleiner wird.
- Mit *sinkender Zahl* freier Elektronen und *stärkerer Behinderung durch Fremdatome* im Kristallgitter steigt der elektrische Widerstand. Diese Werkstoffabhängigkeit des Widerstandes drückt man durch den **spezifischen Widerstand** (Formelzeichen: ϱ) aus.

Übungsaufgaben 2/22 bis 2/24

Der Zusammenhang zwischen den Einflussgrößen und dem elektrischen Widerstand R bei 20 °C wird in folgender Gleichung angegeben:

$$R = \frac{\varrho \cdot l}{S}$$

R Widerstand in Ω
l Leiterlänge in m
S Leiterquerschnitt in mm²
ϱ spezifischer Widerstand in $\frac{\Omega\,mm^2}{m}$ bei 20°C

Werkstoff	Spezifischer Widerstand ϱ in $\frac{\Omega\,mm^2}{m}$ bei 20 °C
Silber	0,0149
Kupfer	0,0178
Aluminium	0,0241
Eisen	0,1400

Beispiel für die Berechnung des elektrischen Widerstandes eines Leiters

Aufgabe

Ein aufgewickelter Kupferdraht mit 0,016 mm² Querschnitt ist 73,1 m lang.
Der elektrische Widerstand ist zu berechnen.

Lösung

$R = \frac{\varrho \cdot l}{S}$ $\quad R = \frac{0{,}0178\,\Omega\,mm^2 \cdot 73{,}1\,m}{m \cdot 0{,}016\,mm^2}$ $\quad \mathbf{R = 80\,\Omega}$

! Der Widerstand eines Leiters hängt bei konstanter Temperatur ab von:
- Länge,
- Querschnitt,
- Werkstoff.

$$R = \frac{\varrho \cdot l}{S}$$

Weicht die Temperatur eines Widerstandes von 20 °C ab, so muss der Widerstandswert neu errechnet werden. Diese Neuberechnung erfolgt über den *Temperaturbeiwert α*.

$$R = R_K \cdot (1 + \alpha \cdot \Delta\vartheta)$$

R_K Widerstand bei 20 °C
α Temperaturbeiwert
$\Delta\vartheta$ Temperaturänderung gegenüber 20 °C

Werkstoff	Temperaturbeiwert α in $\frac{1}{K}$
Kupfer	0,0039
Aluminium	0,0038
Eisen	0,0045

Beispiel für die Berechnung eines Widerstandes bei einer von 20 °C abweichenden Temperatur

Aufgabe

Ein Stahldraht hat bei 20 °C einen Widerstand von 60 Ω.
Auf welchen Wert steigt der Widerstand bei einer Temperaturerhöhung auf 70 °C?
($\alpha = 0{,}0045\ 1/K$)

Lösung

$R = R_K \cdot (1 + \alpha \cdot \Delta\vartheta)$

$R = 60\,\Omega \cdot \left(1 + 0{,}0045\,\frac{1}{K} \cdot 50\,K\right)$

$\mathbf{R = 73{,}5\,\Omega}$

! Der Widerstand von elektrischen Leitern ist temperaturabhängig. Bei metallischen Leitern steigt der Widerstand mit steigender Temperatur.

Übungsaufgaben 2/25 bis 2/32

2.8 Ohmsches Gesetz

Den gesetzmäßigen Zusammenhang der elektrischen Größen **Spannung**, **Stromstärke** und **Widerstand** in einem elektrischen Stromkreis erforschte Georg Simon Ohm.

Er stellte folgende Abhängigkeiten fest:

1. Steigert man die Spannung bei gleich bleibendem Widerstand, so steigt die Stromstärke im gleichen Verhältnis wie die Spannung.
2. Erhöht man den Widerstand bei gleich bleibender Spannung, so nimmt die Stromstärke im gleichen Verhältnis ab, wie der Widerstand zunimmt.

Aus diesen beiden Abhängigkeiten ergibt sich das **Ohmsche Gesetz**:

> **!** Spannung = Stromstärke · Widerstand
>
> $$U = I \cdot R$$

Beispiel für einen Versuch zum Nachweis des Ohmschen Gesetzes

Man führt eine Versuchsreihe mit 0,98 m Konstantandraht mit einem Querschnitt von 1 mm² durch, indem man verschiedene Spannungen anlegt und dabei die verschiedenen Stromstärken misst.

Versuchsaufbau:

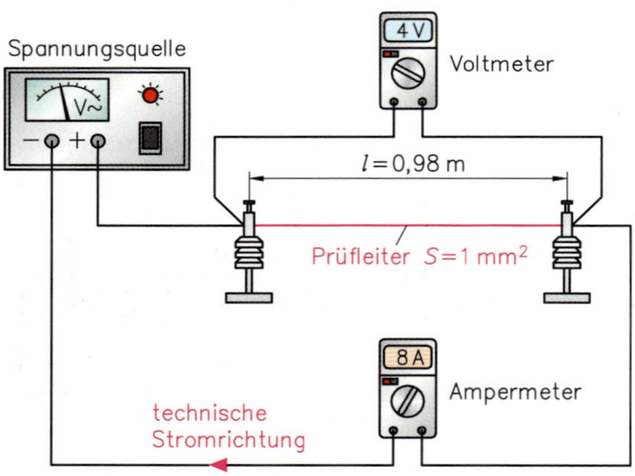

Messergebnis:

Spannung U in Volt	Stromstärke I in Ampere
1	2
2	4
3	6
4	8

Versuchsauswertung:

Aus den Messwerten und dem Verlauf des Graphen im Spannungs-Stromstärken-Schaubild ergibt sich, dass Spannung und Stromstärke stets in gleichem Verhältnis stehen. Das Verhältnis aus Spannung und Strom ist der Widerstand.

Der Versuch zeigt, dass z. B. eine Spannung von 1 V in einem Konstantandraht von 0,98 m Länge und 1 mm² Querschnitt einen Strom von 2 A fließen lässt. Der Widerstand des Drahtes ist demnach:

$$R = \frac{U}{I} = \frac{1\,\text{V}}{2\,\text{A}} = 0{,}5\,\Omega$$

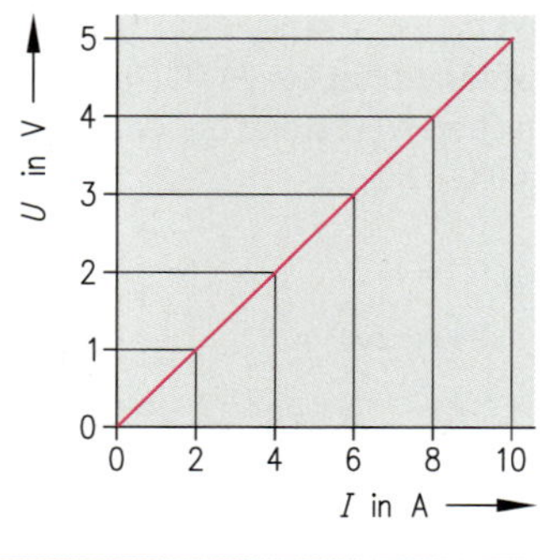

> **!** Das Spannungs-Stromstärken-Schaubild verdeutlicht die Abhängigkeit zwischen Spannung und Strom in einem Stromkreis.

3 Grundschaltungen

3.1 Reihenschaltung

In einer Reihenschaltung liegen alle Verbraucher hintereinander im Stromkreis und werden vom gleichen Strom durchflossen. Die Reihenschaltung findet z. B. bei Lichterketten für Weihnachtsbäume Verwendung. Zudem stellt jede Zuleitung zu einem Verbraucher einen Widerstand dar, der mit dem Verbraucher in Reihe geschaltet ist.

Für die Reihenschaltung gilt:

1. Der Strom ist an allen Stellen gleich.
   $I_{ges} = I_1 = I_2 = I_3 = \dots$
2. Der Gesamtwiderstand ist gleich der Summe der Einzelwiderstände.
   $R_{ges} = R_1 + R_2 + R_3 + \dots$
3. Der Spannungsbetrag, der notwendig ist, um den Strom durch den einzelnen Widerstand zu treiben – Spannungsabfall am Widerstand – ist nach dem ohmschen Gesetz:
   $U_1 = I \cdot R_1 \quad U_2 = I \cdot R_2 \quad U_3 = I \cdot R_3 \dots$
   Die Gesamtspannung ist gleich der Summe der Teilspannungen.
   $U_{ges} = U_1 + U_2 + U_3 + \dots$

Reihenschaltung von Glühlampen

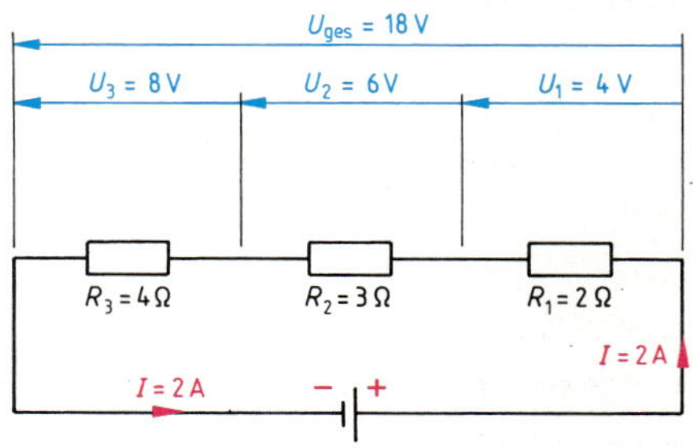

Reihenschaltung mit Widerständen

Beispiel für die Berechnung von Spannungen und Strom in einer Reihenschaltung

Aufgabe

In der skizzierten Reihenschaltung fließt ein Strom von 2,5 A.
Es sind die Spannungsabfälle an den Widerständen und die Gesamtspannung zu berechnen.

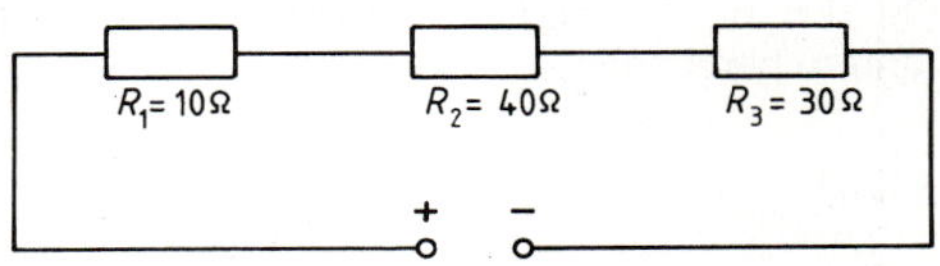

Lösung

$R_{ges} = R_1 + R_2 + R_3$	$U_{ges} = I \cdot R_{ges}$	$U_1 = I \cdot R_1$	$U_2 = I \cdot R_2$	$U_3 = I \cdot R_3$
$R_{ges} = 10\ \Omega + 40\ \Omega + 30\ \Omega$	$U_{ges} = 2{,}5\ \text{A} \cdot 80\ \Omega$	$U_1 = 2{,}5\ \text{A} \cdot 10\ \Omega$	$U_2 = 2{,}5\ \text{A} \cdot 40\ \Omega$	$U_3 = 2{,}5\ \text{A} \cdot 30\ \Omega$
$R_{ges} = \mathbf{80\ \Omega}$	$U_{ges} = \mathbf{200\ V}$	$U_1 = \mathbf{25\ V}$	$U_2 = \mathbf{100\ V}$	$U_3 = \mathbf{75\ V}$

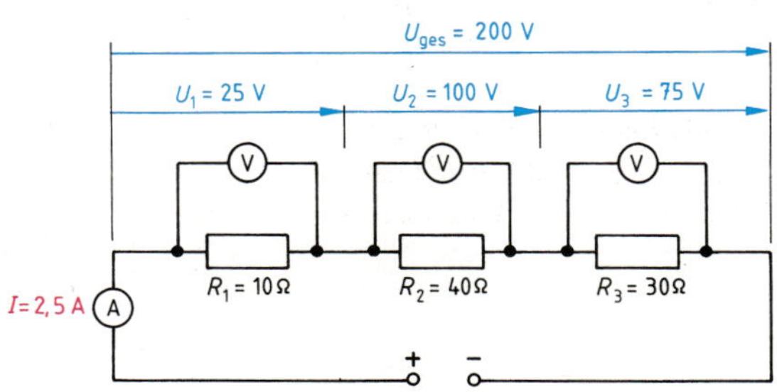

! Reihenschaltung: $I_{ges} = I_1 = I_2 = I_3 = \dots \quad R_{ges} = R_1 + R_2 + R_3 + \dots \quad U_{ges} = U_1 + U_2 + U_3 + \dots$

Übungsaufgaben 3/1 bis 3/3

3.2 Parallelschaltung

In einer Parallelschaltung liegen die Verbraucher parallel zueinander. An allen Verbrauchern liegt die gleiche Spannung an.
Die Geräte am Stromnetz sind parallel geschaltet.

Für die Parallelschaltung gilt:

1. Die Spannung ist an allen Verbrauchern gleich.

$U_{ges} = U_1 = U_2 = U_3 = \ldots$

2. Der Strom, welcher durch den einzelnen Widerstand fließt, ist

$I_1 = \frac{U}{R_1}$ $\quad I_2 = \frac{U}{R_2}$ $\quad I_3 = \frac{U}{R_3}$

Der Gesamtstrom ist gleich der Summe der Teilströme.

$I_{ges} = I_1 + I_2 + I_3 + \ldots$

3. Den Gesamtwiderstand errechnet man aus

$\frac{U}{R_{ges}} = \frac{U}{R_1} + \frac{U}{R_2} + \frac{U}{R_3} + \ldots \quad | : U$

$\frac{1}{R_{ges}} = \frac{1}{R_1} + \frac{1}{R_2} + \frac{1}{R_3} + \ldots$

Parallelschaltung von Glühlampen

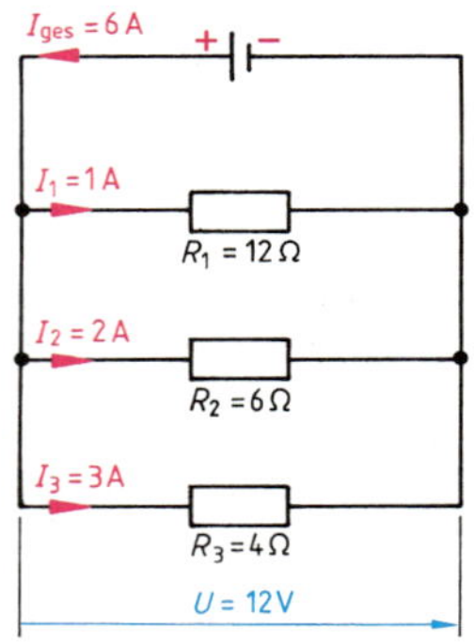

Parallelschaltung von Widerständen

Beispiel für die Berechnung von Strom und Widerstand in einer Parallelschaltung

Aufgabe

In der skizzierten Parallelschaltung liegen die Widerstände an einer Spannung von 60 V. Es sind die Teilströme und der Gesamtwiderstand zu berechnen.

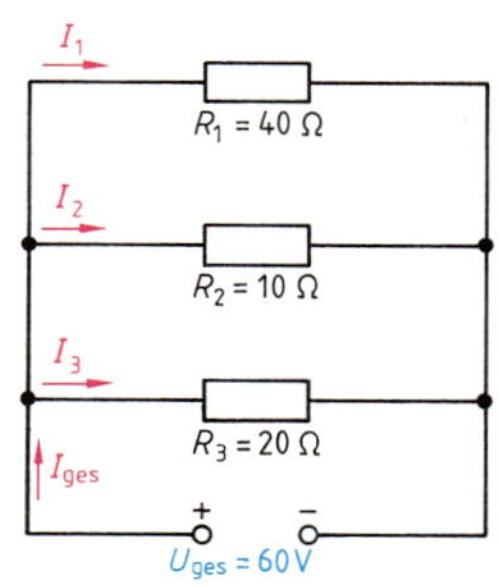

Lösung

$I_1 = \frac{U}{R_1}$ $\quad I_2 = \frac{U}{R_2}$ $\quad I_3 = \frac{U}{R_3}$

$I_1 = \frac{60\text{ V}}{40\ \Omega} = \mathbf{1{,}5\ A}$ $\quad I_2 = \frac{60\text{ V}}{10\ \Omega} = \mathbf{6\ A}$ $\quad I_3 = \frac{60\text{ V}}{20\ \Omega} = \mathbf{3\ A}$

$I_{ges} = I_1 + I_2 + I_3$

$I_{ges} = 1{,}5\text{ A} + 6\text{ A} + 3\text{ A} = 10{,}5\text{ A}$

$\frac{1}{R_{ges}} = \frac{1}{R_1} + \frac{1}{R_2} + \frac{1}{R_3} + \ldots$

$\frac{1}{R_{ges}} = \frac{1}{40\ \Omega} + \frac{1}{10\ \Omega} + \frac{1}{20\ \Omega} = 0{,}175\,\frac{1}{\Omega}$

$R_{ges} = \mathbf{5{,}7\ \Omega}$

$I_{ges} = \frac{U}{R_{ges}} = \frac{60\text{ V}}{5{,}7\ \Omega} = \mathbf{10{,}5\ A}$

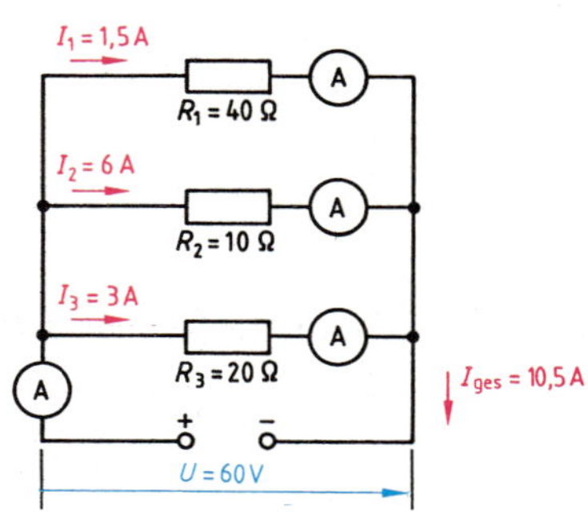

! Parallelschaltung: $U_{ges} = U_1 = U_2 = U_3 = \ldots$ $\quad I_{ges} = I_1 + I_2 + I_3 + \ldots$ $\quad \frac{1}{R_{ges}} = \frac{1}{R_1} + \frac{1}{R_2} + \frac{1}{R_3} + \ldots$

Übungsaufgaben 3/4 bis 3/6

4 Schaltzeichen für elektrische Bauelemente und Schaltpläne

4.1 Bauteile in der Elektrotechnik

Sehr viele elektrische Schaltungen bestehen im Prinzip aus folgenden Bauelementen:

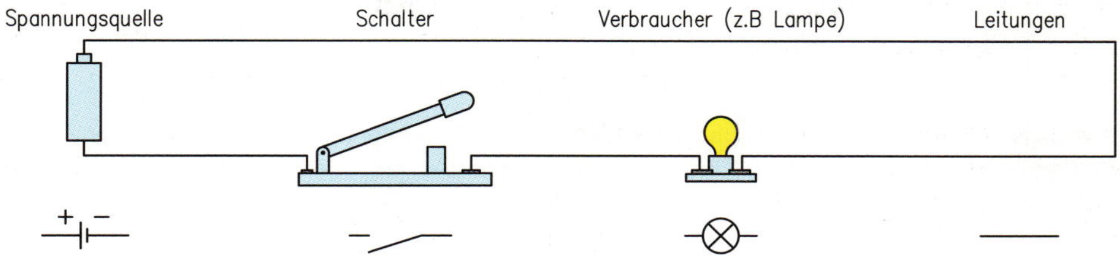

Diese Bauteile werden **Betriebsmittel** genannt. Betriebsmittel werden durch Symbole dargestellt. Die Symbole heißen **Schaltzeichen**. Schaltzeichen enthalten die allgemeinste Information über Art und Funktion des Betriebsmittels. Alle Schaltzeichen sind genormt.

Beispiele für Betriebsmittel und Schaltzeichen

Betriebsmittel	Beispiele für Bauformen	Schaltzeichen
chemische Spannungsquellen	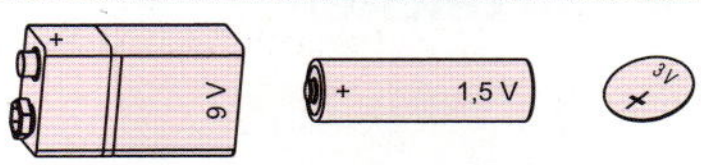	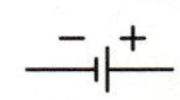
Schalter		
Lampen		
Leitungen	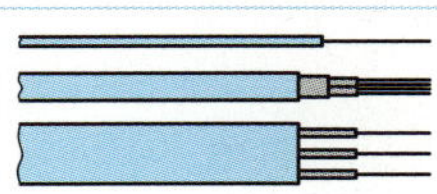	——

! Schaltzeichen enthalten die allgemeinste Information über Art und Funktion des elektrischen Bauelements.

4.2 Elektrische Schaltpläne

Schaltzeichen werden zu Schaltplänen zusammengefasst. Verschiedene Schaltpläne (z. B. Stromlaufplan oder Installationsplan) sollen verschiedene Sachverhalte einer Schaltung deutlich machen. Damit keine Missverständnisse entstehen, ist auch die Ausführung (die Darstellungsweise) der Schaltpläne genormt. Schaltpläne enthalten Informationen über

- die Anordnung der Betriebsmittel in einer Schaltung,
- die elektrischen Verbindungen in einer Schaltung,
- die Wirkungsweise einer Schaltung.

In Stromlaufplänen kommt es ausschließlich auf die Wirkungsweise einer Schaltung an. Deshalb müssen in Stromlaufplänen die einzelnen Stromwege übersichtlich dargestellt werden.

Beispiele für Stromlaufpläne

1. Zusammenhängende Darstellung

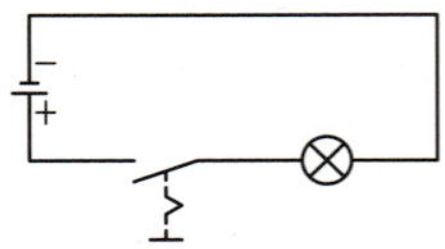

Bei der zusammenhängenden Darstellung werden alle Schaltzeichen der elektrischen Betriebsmittel **zusammenhängend** – als Einheit – gezeichnet.

2. Aufgelöste Darstellung

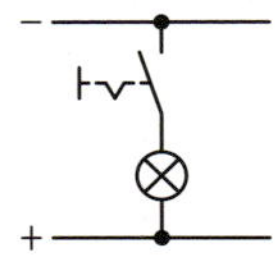

Bei der aufgelösten Darstellung werden die Schaltzeichen so angeordnet, dass geradlinige Stromwege entstehen.

In allen Stromlaufplänen werden die Verbindungslinien waagerecht oder senkrecht gezeichnet, ganz gleich, wie die Leitungen in der ausgeführten Schaltung tatsächlich liegen.

! In Schaltplänen werden Schaltzeichen mit elektrischen Leitern verbunden dargestellt, sie zeigen die Arbeitsweise der elektrischen Schaltung.

4.3 Auswahl genormter Schaltzeichen

Spannungsquellen, Umrichter				
Primärelement Akkumulator	Primärelement mit Spannungsangabe (1,5 V)	Batterie von Primärelementen	Stromversorgungsgerät (Gleichrichter)	Stromversorgungsgerät (Transformator)

Messgeräte	
(V) Spannungsmesser	(A) Strommesser

Schaltglieder			
Einschaltglied (Schließer)	Ausschaltglied (Öffner)	Umschaltglied (Wechsler)	Zweiwegschließer

Schaltglied ohne selbstständigen Rückgang		Schaltglieder mit selbstständigem Rückgang	
Schließer	Öffner	Wechsler	Zweiwegschließer

Antriebe für Schalter			
Handbetrieb		Kraftbetrieb	Elektromagnetischer Antrieb
allgemein	drücken	allgemein	allgemein

Betätigte Schalter	
betätigter Schließer	betätigter Öffner

Verbraucher					
Lampe, Leuchtmelder allgemein	Widerstand allgemein	veränderbarer Widerstand	(M 1~) Wechselstrommotor	(M 3~) Drehstrommotor	(M =) Gleichstrommotor

Leiter					
Leiter, allgemein	Leiter, bewegbar	Abzweigung	Doppelabzweigung	Erdung	Masseanschluss

Sicherung
Sicherung allgemein

Übungsaufgaben 4/1 bis 4/4

5 Maßnahmen zur Unfallverhütung

Die Gefahren des elektrischen Stroms können mit den menschlichen Sinnen nicht wahrgenommen werden, sodass viele Unfälle aus Unkenntnis, Unachtsamkeit oder auch aus Leichtsinn geschehen.

1. Kontrolle und Instandsetzung elektrischer Bauelemente
Alle elektrischen Leitungen und Bauelemente an Anlagen und Maschinen sind ständig auf Beschädigung zu überprüfen. Beschädigungen an Schaltern, Steckern, Steckdosen, Zuleitungen, Verlängerungen und Kabeltrommeln bilden eine Gefahr. Anlagen mit beschädigten elektrischen Bauteilen sind durch Betätigung des Hauptschalters spannungsfrei zu schalten. Die beschädigten Bauteile müssen durch einen Fachmann ausgetauscht werden.

2. Gefährliche Wirkungen des elektrischen Stroms
Der menschliche Körper leitet den elektrischen Strom. Daher kann bei Berührung eines stromdurchflossenen Leiters durch den Menschen Strom fließen. Die Größe der Stromstärke ist abhängig von der anliegenden Spannung und dem Gesamtwiderstand des Menschen. Der Gesamtwiderstand setzt sich dabei zusammen aus

- dem Übergangswiderstand zwischen Leiter und Mensch,
- dem Körperinnenwiderstand,
- dem Übergangswiderstand zwischen Mensch und zweitem Leiter bzw. zwischen Mensch und Erde.

Der Körperinnenwiderstand ist gegenüber dem Hautwiderstand vernachlässigbar klein. Feuchte Hände oder Feuchtigkeit zwischen Füßen und Boden verringern den Übergangswiderstand erheblich. Nach dem Ohmschen Gesetz steigt die Stromstärke mit abnehmendem Gesamtwiderstand. Daher besteht eine besondere Gefährdung in Feuchträumen und auf feuchtem Untergrund im Freien, wo der Übergangswiderstand sehr gering sein kann.

Nach internationalen Sicherheitsvorschriften dürfen Menschen kurzzeitig einer Stromstärke von 30 mA und einer geringeren Spannung als 50 V ausgesetzt sein. Beim Überschreiten dieser Grenzwerte können folgende **gefährliche Wirkungen** auftreten:

– **Fehlsteuerungen von Körperfunktionen**
Viele Körperfunktionen werden elektrisch über Nervenbahnen gesteuert. So kann unter dem Einfluss eines durch den Körper fließenden Stroms eine Fehlsteuerung eintreten. Diese kann zur Muskelverkrampfung, zu Herzkammerflimmern oder zum Herzstillstand führen.

– **Schäden durch übermäßige Erwärmung**
Bei großen Stromstärken führt die Wärmewirkung des elektrischen Stroms an den Ein- und Austrittsstellen zu Verbrennungen. Es kann zur Verkohlung von Körperteilen kommen, wenn an den Übergangsstellen ein Lichtbogen entsteht.

– **Zersetzen der Körperflüssigkeit**
Bei längerer Einwirkung des elektrischen Stroms zersetzt sich die Körperflüssigkeit (Blut u. a.) elektrolytisch. Dies kann zu Vergiftungserscheinungen führen. Da diese Folgeerscheinungen erst nach einigen Tagen auftreten, sollte nach Unfällen mit Elektrizität ein Arzt aufgesucht werden, damit dieser vorbeugend das Unfallopfer behandeln kann.

ERSTE HILFE bei Unfällen mit Elektrizität

Eine gute und schnelle Hilfe bei Unfällen mit Elektrizität kann lebensrettend sein. Anleitungen zur ersten Hilfe bei Unfällen müssen in allen elektrischen Betriebsräumen aushängen.

Erste Maßnahmen sind:

- Stromkreis unterbrechen oder Verunglückten von Kontaktstelle entfernen, ohne ihn direkt zu berühren.
- Bewusstlosen in Seitenlage bringen und Atemwege frei machen.
- Wiederbelebung mit Atemspende und Herzmassage.
- Sofortige Benachrichtigung eines Arzts zur weiteren Versorgung veranlassen.

Übungsaufgaben 5/1 bis 5/4

3. **Allgemeine Schutzmaßnahmen**
- Alle spannungsführenden Teile müssen mit Isolierungen oder Abdeckungen versehen sein.
- Alle Anlagen und Geräte mit einer Spannung über 50 V Wechselspannung bzw. 120 V Gleichspannung müssen mit Maßnahmen zum Schutz für den Bediener versehen sein, wenn ein Defekt an den Isolierungen auftreten sollte – **VDE-Bestimmungen**. Das *VDE-Zeichen* garantiert die Einhaltung der geltenden Schutzvorschriften für die Bauart dieses Geräts.
- Arbeiten an unter Spannung stehenden Anlagen sind strengstens verboten.
- Arbeiten an elektrischen Anlagen sind nur von Fachkräften auszuführen.

VDE-Zeichen

! Nur autorisierte Fachkräfte dürfen an elektrischen Anlagen arbeiten. Es besteht ein strenges Verbot, an Anlagen, die Spannung führen, zu arbeiten.

5.1 Leitungs- und Geräteschutzeinrichtungen

1. **Leitungsquerschnitte nach DIN VDE 0100**

Elektrogeräte und elektrische Leitungen können bei Überlastung durch eine zu hohe Stromstärke beschädigt oder zerstört werden, da sich die stromführenden Teile erwärmen.
In den DIN VDE-Bestimmungen ist z. B. festgelegt, dass sich Leitungen mit PVC-Isolierungen bei gängiger Verlegeart wie in Installationsrohren oder Kanälen bis maximal 70 °C erwärmen dürfen. Die Erwärmung eines Leiters wächst mit steigender Stromstärke und sinkendem Leiterquerschnitt. Aus diesem Grund ist für jeden Leiterquerschnitt die maximal zulässige Stromstärke in den DIN VDE-Bestimmungen festgelegt.

Mindestquerschnitt für Cu-Leitungen mit 2 belasteten Adern in mm^2	Nennstrom der Sicherungen in A
1,5	13
2,5	16
4	25

Auszug aus DIN VDE 0100 für Mehraderleitungen verlegt in Installationsrohren

! Leistungsquerschnitte werden entsprechend der maximalen Stromstärke ausgewählt.

2. **Schmelzsicherungen**

Schmelzsicherungen werden als schwächstes Glied am Anfang eines Stromkreises eingebaut. Die auswechselbare Sicherungspatrone ist mit einem dünnen Schmelzdraht im Sandbett versehen. Der Gesamtstrom fließt durch diesen Schmelzdraht, sodass dieser bei einer Überschreitung der zulässigen Stromstärke schmilzt. Damit wird der Stromfluss unterbrochen.
Schmelzsicherungen werden entsprechend dem vorhandenen Leiterquerschnitt eingebaut. Um eine Verwendung zu starker Sicherungen zu erschweren, hat der Fußkontakt der Sicherungspatrone einen festgelegten Durchmesser, der in einen Passring des Sicherungssockels passen muss.
Ein farbiges Signalplättchen, welches von einer Feder herausgedrückt wird, zeigt an, ob der Schmelzdraht durchgebrannt ist. *Schmelzsicherungen dürfen nicht geflickt werden.*

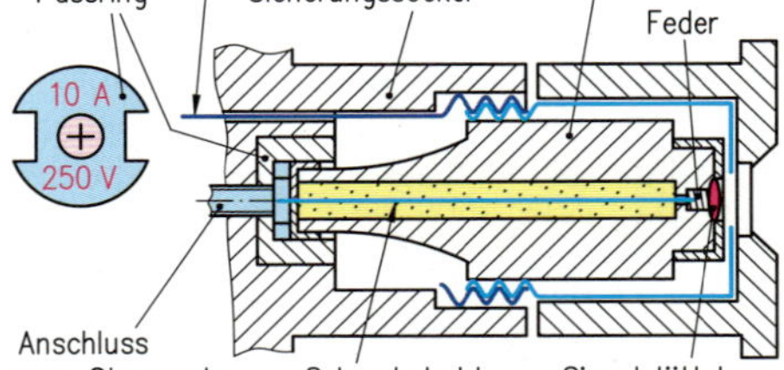

Sicherungspatrone im Sicherungssockel

Nennstrom ≙ Höchststrom	Kennfarbe für Sicherung u. Passring
8 Ampere	grün
10 A	rot
16 A	grau
20 A	blau
25 A	gelb

Schmelzsicherungen und ihre Kennfarben

! Schmelzsicherungen müssen auf den verwendeten Leiterquerschnitt abgestimmt sein. Sie dürfen nicht überbrückt oder geflickt werden.

Übungsaufgaben 5/5 bis 5/9

5.2 Schutzmaßnahmen gegen gefährliche Körperströme

Die Schutzmaßnahmen, die den menschlichen Körper gegen gefährliche Ströme schützen sollen, lassen sich in zwei Gruppen unterteilen:

Arten von Schutzmaßnahmen

Netzunabhängige Schutzmaßnahmen

Der Schutz ergibt sich durch die Bauweise der Geräte (Verbraucher), z. B.
- Schutzisolierung,
- Schutzkleinspannung.

Netzabhängige Schutzmaßnahmen

Der Schutz ergibt sich durch einen Schutzleiter im Stromversorgungsnetz, z. B.
- Schutzerdung,
- Fehlerstromschutzschalter.

1. Schutzisolierung

Ortsveränderliche Betriebsmittel – z. B. eine Handbohrmaschine – sind mit einer Schutzisolierung versehen.
Eine Auskleidung des Maschinengehäuses mit einer Isolierschicht bzw. ein Gehäuse aus Kunststoff verhindert, dass im Fall eines Fehlers Gehäuseteile unter Spannung geraten.
Das Gerät muss bei dieser Isolierung mit einem Profilstecker ohne Schutzkontakt ausgestattet werden. Die Anschlussleitung ist mit dem Stecker fest verbunden. Schutzisolierung wird angewendet bei Elektrowerkzeugen (z. B. Handbohrmaschine), Haushaltsgeräten, Leuchten und Kleingeräten (z. B. Elektrorasierern).

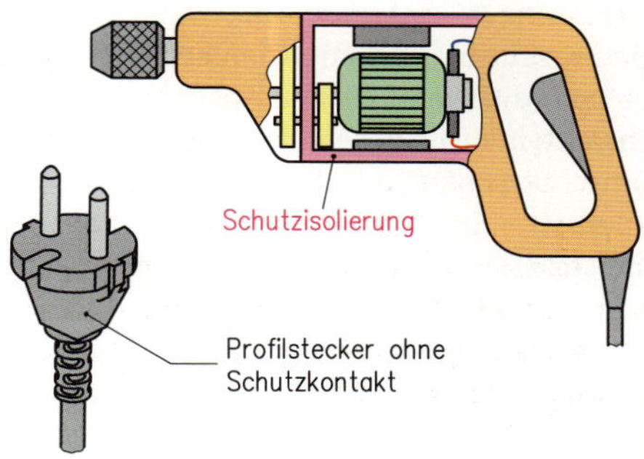

Handbohrmaschine mit Schutzisolierung

> **!** Schutzisolierung verhindert Fehlerspannung an Betriebsmitteln.
> Betriebsmittel mit Schutzisolierung haben Profilstecker ohne Schutzkontakt.

2. Schutzkleinspannung

Als Schutzkleinspannung bezeichnet man Wechselspannungen bis 50 V. Einem Verbraucher wird ein Transformator vorgeschaltet oder dieser ist ein fest installierter Bestandteil des Geräts.
Der Trafo formt die Netzspannung in die Kleinspannung um. Die Sekundärseite, an die der Verbraucher angeschlossen ist, hat keine leitende Verbindung zum Netz. Dies und die niedrige Spannung sind eine wirksame Schutzmaßnahme. Geräte mit Schutzkleinspannung dürfen auf der Sekundärseite keine Anschlussklemme für einen Schutzleiter besitzen.

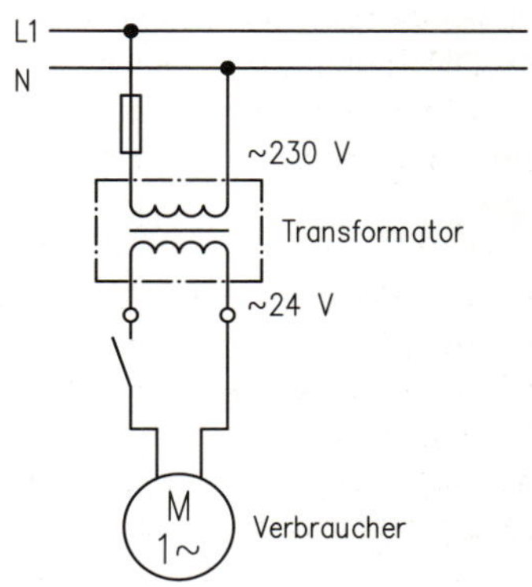

Schutzkleinspannung

> **!** Eine Schutzkleinspannung bis 50 V-Wechselspannung erzeugt man durch einen dem Verbraucher vorgeschalteten Transformator.
> Die Kleinspannungsseite hat keine leitende Verbindung zum Stromnetz.

Übungsaufgaben 5/10 bis 5/13

3. Schutzerdung
Von einer Schutzerdung spricht man, wenn die nicht stromführenden Teile von Betriebsmitteln (Verbraucher) über einen Schutzleiter mit einem **Erder** verbunden sind.
Erder sind großflächige leitende Metallteile, die in Oberflächennähe, in Fundamenten oder als Tiefenerder elektrische Ströme in das Erdreich ableiten. Erder dürfen nur einen begrenzten Übergangswiderstand zum Erdreich haben. Dadurch entstehen zwischen einer Person, die das wegen des Fehlers spannungsführende Bauteil berührt, und der Erde nur geringe Spannungsdifferenzen. Diese sind ungefährlich.

Benennung des Schutzleiters: **PE** (**p**rotective **e**arth [engl.] = Schutzerde)
Kennfarbe: grün/gelb — Symbol:  Erdung

! Schutzerdung verhindert hohe Berührungsspannung.

4. Fehlerstromschutzschalter
Fehlerstromschutzschalter schützen den Menschen vor Schäden durch den elektrischen Strom. Sie schalten das angeschlossene Betriebsmittel innerhalb von 0,2 Sekunden ab, wenn ein Fehlerstrom wegen eines Isolationsfehlers fließt.
Solange die Ursache für die Abschaltung des Betriebsmittels *nicht* beseitigt ist, kann der Fehlerstromschutzschalter *nicht* wieder eingeschaltet werden.
Fehlerstromschutzschalter werden meist kurz als FI-Schutzschalter bezeichnet.

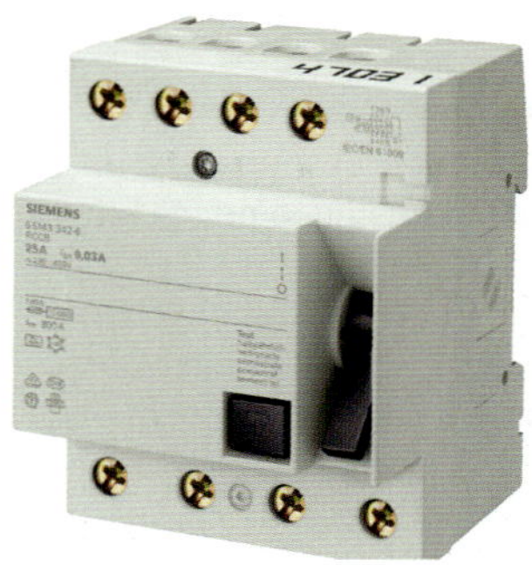

Fehlerstromschutzschalter

! Fehlerstromschutzschalter dienen dem Personenschutz. Nach Abschalten durch einen Fehlerstromschutzschalter ist das Wiedereinschalten des Betriebsmittels erst nach Beseitigung der Störungsursache möglich.

5.3 Kennzeichnung elektrischer Geräte

Die technischen Daten eines elektrischen Geräts kann man dem Leistungsschild auf dem Gerät entnehmen. Die richtige Deutung der Kennzeichnung kann lebenswichtig sein, besonders, wenn das Gerät bei der Benutzung feucht werden kann. Manche Geräte sind auch nur für Kurzzeitbetrieb geeignet.

Schutzsymbole

Symbole	Bedeutung
	VDE-geprüft auf Sicherheit
	schutzisoliert
	funkentstört
	explosionsgeschützte Ausführung
	regengeschützt

Symbole	Bedeutung
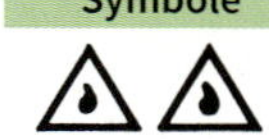	strahlwassergeschützt
	spritzwassergeschützt
	wasserdicht
 ...bar	druckwasserdicht
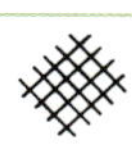	staubgeschützt
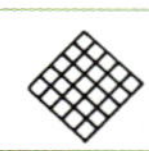	staubdicht

Übungsaufgaben 5/14 bis 5/18

HANDLUNGSFELD: Werkstoffe auswählen

Problemstellung

Für ein Bauteil ist der Werkstoff auszuwählen

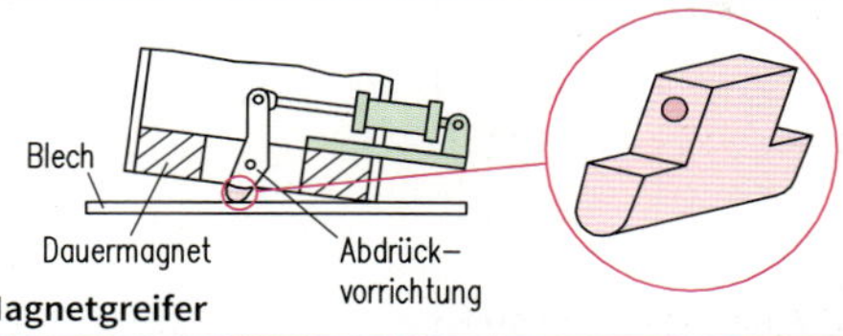

Magnetgreifer

Analysieren

- Belastung des Bauteils feststellen (mechanisch, thermisch, chemisch)
- notwendige Eigenschaften aus der Belastung ermitteln

Belastung:	**notwendige Eigensch.:**
– Biegung – Verschleiß	– unmagnetisch – fest – abriebfest – weicher als Blech – etc.

- bisher verwendete bzw. in ähnlichen Fällen eingesetzte Werkstoffe auflisten
- Kostenrahmen für Werkstoff ermitteln

Vorauswahl durchführen

(für das jeweilie Verfahren)

Werkstoffe mit den notwendigen Eigenschaften auswählen

geeignet:
- austenitischer Stahl
- Messing, Bronze
- PA, PE, PTFE
- Al-Legierungen

- Werkstoffhauptgruppe auswählen (Stahl, Leichtmetall, Kunststoff …)
- Werkstoffuntergruppe benennen (z. B. Baustahl, Messing …)

Werkstoff technisch und wirtschaftlich bewerten

- Fertigung:
  - Werkstoffkosten
  - Fertigungskosten
  - Umweltbelastung

	Punktebewertung		
	Werkstoffpreis	Fertigungskosten	Umweltbelastung
austenitischer Stahl	1	1	
Messing	2	2	
Bronze	1	2	
Polyamid	3	2	
Polytetrafluorethylen	2	1	

- Nutzung:
  - Wartung
  - Instandhaltung (Ersatzteilbeschaffung …)
- Beseitigung:
  - Recycelbarkeit

ausgewählten Werkstoff normgerecht definieren

- Werkstoffbezeichnung

Druckstück: Polyamid PA 6 10

- Werkstoffnummer
- Kurzzeichen

1 Eigenschaften der Werkstoffe

Jeder Werkstoff besitzt viele Eigenschaften, die ihn von anderen Werkstoffen unterscheiden.
Man unterscheidet physikalische und chemische Eigenschaften. Aus diesen ergeben sich die technologischen Eigenschaften. Sie bestimmen die technische Verwendbarkeit von Werkstoffen.

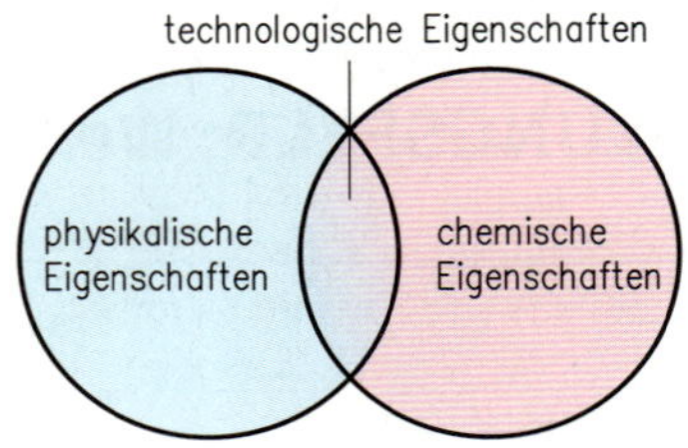

Eigenschaften der Werkstoffe

1.1 Physikalische Eigenschaften

1.1.1 Mechanische Eigenschaften

1. Dichte

Jeder Körper besitzt eine Masse (Formelzeichen m). Die Basiseinheit der Masse ist das Kilogramm (Einheitenzeichen kg).
Jeder Werkstoff hat eine für ihn kennzeichnende Massenkenngröße. Diese Massenkenngröße erhält man, wenn man die Masse eines Körpers durch sein Volumen dividiert. Die so ermittelte Kenngröße bezeichnet man als **Dichte** (Formelzeichen ϱ, gesprochen: rho).

$$\text{Dichte} = \frac{\text{Masse}}{\text{Volumen}}$$

$$\varrho = \frac{m}{V}$$

Einheiten der Dichte:
$\frac{t}{m^3}$; $\frac{kg}{dm^3}$; $\frac{g}{cm^3}$

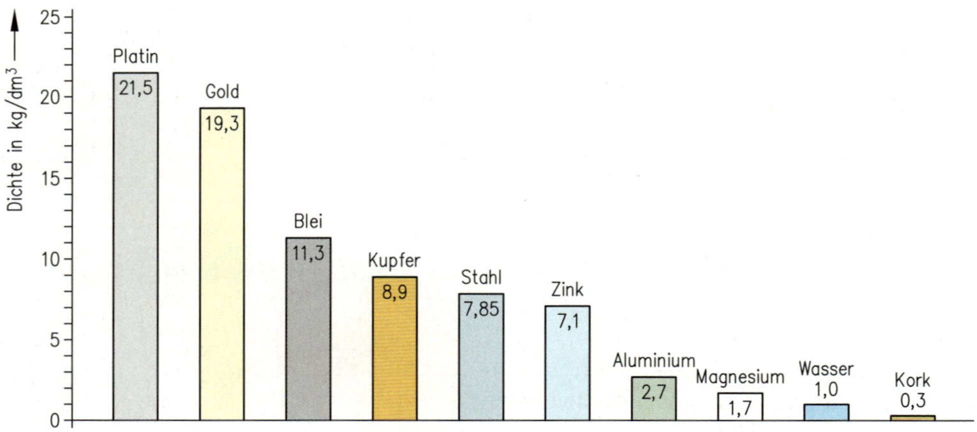

Dichte verschiedener Werkstoffe

Die Dichte ist bei der Auswahl von Werkstoffen z. B. für den Fahrzeug- und Flugzeugbau von Bedeutung. Um Gewicht zu sparen, werden z. B. Flugzeugkonstruktionen aus Aluminiumlegierungen, Felgen für Pkw aus Magnesiumlegierungen, Motor- und Getriebehäuse für Pkw aus Aluminiumlegierungen gefertigt.

! Die Dichte ist das Verhältnis von Masse zu Volumen.
In der Technik wird die Dichte eines Stoffs meist in kg/dm³ angegeben.

2. Festigkeit

Die kleinsten Teilchen eines Werkstoffs werden untereinander durch Kräfte zusammengehalten. Diese Kräfte bezeichnet man als Zusammenhangskräfte oder Kohäsionskräfte eines Werkstoffs. Wird ein Werkstoff belastet, so verhindern die **Kohäsionskräfte** die Trennung der Werkstoffteilchen. Sobald jedoch die Belastung die Kohäsionskräfte übersteigt, werden die Werkstoffteilchen voneinander getrennt.

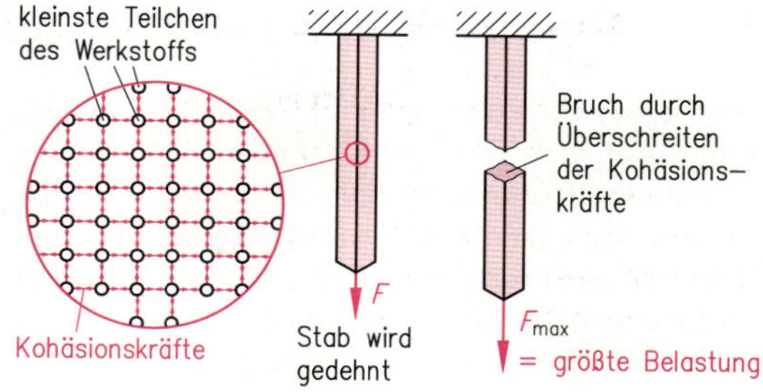

Kohäsionskräfte und Wirkung äußerer Kräfte

Die Kraft zur Überwindung der Kohäsionskräfte hängt von Werkstoff und Querschnitt des belasteten Körpers ab. Mit größer werdendem Querschnitt kann ein Körper eine größere Belastung aufnehmen. Damit verschiedene Werkstoffe miteinander verglichen werden können, rechnet man die zur Überwindung der Kohäsionskräfte notwendige äußere Belastung auf einen Quadratmillimeter des Querschnitts um. Man spricht dann von der Festigkeit des Werkstoffs.

$$\text{Festigkeit} = \frac{\text{größtmögliche Belastung}}{\text{Anfangsquerschnitt}}$$

> **!** Die Festigkeit ist ein Kennwert für die Belastbarkeit eines Werkstoffs. Die Festigkeit wird durch das Verhältnis von größtmöglicher Belastung zum Querschnitt ausgedrückt. Die Festigkeit wird meist in N/mm^2 angegeben.

Die Werkstoffe zeigen bei den einzelnen Beanspruchungen unterschiedlichen Widerstand gegen eine Trennung der kleinsten Teilchen. Man unterscheidet darum verschiedene Festigkeitsarten.

– Zugfestigkeit

Wird ein Körper durch Zugkräfte beansprucht, so verlängert er sich. Die Festigkeit, die ein Werkstoff dem Zerreißen infolge Zugbeanspruchung entgegensetzt, nennt man seine Zugfestigkeit.
Die Zugfestigkeit des Werkstoffs ist besonders wichtig z. B. bei Schrauben, Seilen, Ketten und Betonstahl.

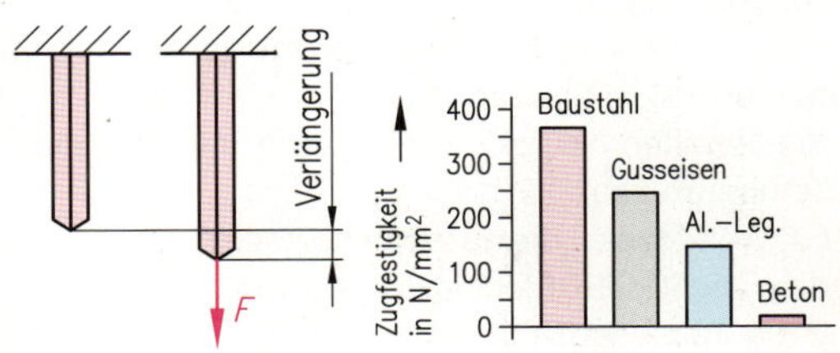

Zugbeanspruchung

– Scherfestigkeit

Wird ein Körper durch Scherkräfte beansprucht, so werden die Teilchen des Werkstoffs gegeneinander verschoben. Die Festigkeit, die ein Werkstoff dem Abscheren infolge Schubbeanspruchung entgegensetzt, nennt man seine Scherfestigkeit. Die Scherfestigkeit eines Werkstoffs ist von besonderer Wichtigkeit bei Bolzen und Nieten.

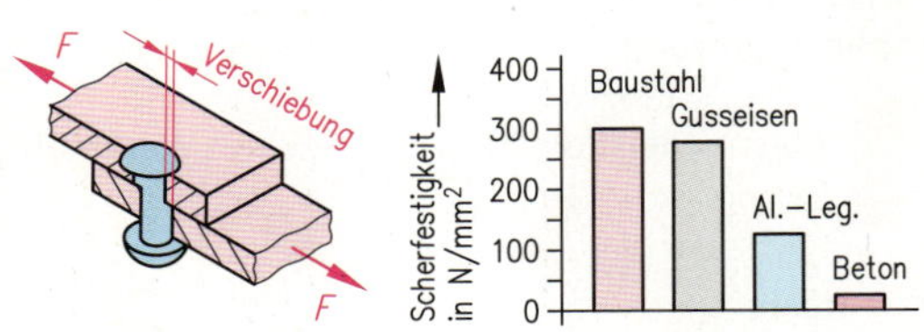

Scherbeanspruchung

Weitere Festigkeitsarten sind:

- Bei Biegebeanspruchung: Biegefestigkeit,
- bei Knickbeanspruchung: Knickfestigkeit,
- bei Druckbeanspruchung: Druckfestigkeit,
- bei Verdrehbeanspruchung: Verdrehfestigkeit.

> **!** Zur Ermittlung der Festigkeitsarten werden genormte Prüfverfahren eingesetzt. Dabei werden die Prüfkörper bis zum Bruch belastet.
> Festigkeitsarten: • Zugfestigkeit, • Druckfestigkeit, • Scherfestigkeit, • Biegefestigkeit, • Knickfestigkeit, • Verdrehfestigkeit.

Übungsaufgaben 1/4 bis 1/7

3. Elastizität

Wirken Kräfte auf ein Werkstück, so werden die Abstände zwischen den Werkstoffteilchen um ein geringes Maß vergrößert oder verkleinert. Das Werkstück ändert dadurch seine äußere Form. Nach Entlastung gehen die Teilchen wieder auf ihre Ausgangsplätze zurück. Das Werkstück nimmt seine ursprüngliche äußere Form wieder ein. Diese Eigenschaft bezeichnet man als Elastizität.
Die Elastizität von Werkstoffen ist meist begrenzt. Beim Überschreiten einer werkstoffeigenen Grenze (Elastizitätsgrenze) wird der Werkstoff dauerhaft verformt oder bricht.
Hohe Elastizität des Werkstoffs ist z. B. bei Blatt- und Wendelfedern besonders wichtig.

Hochelastische Werkstoffe, z. B. Gummi, sind nicht umformbar, weil sie nach Entlasten wieder in ihre Ausgangslage zurückgehen.

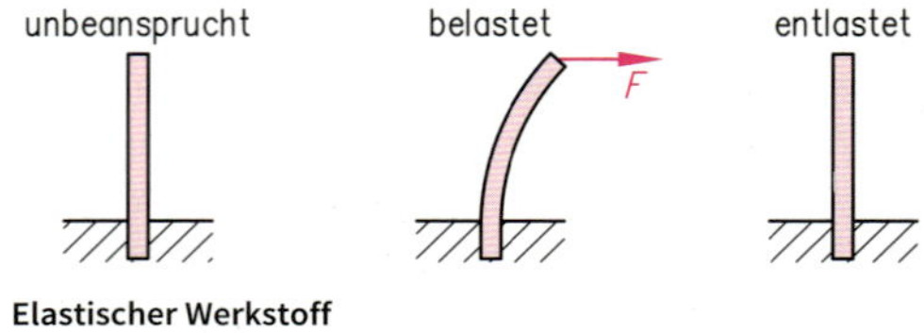

Elastischer Werkstoff

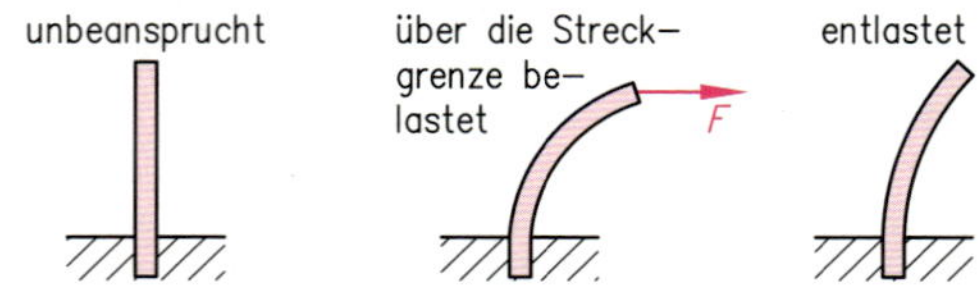

Plastisch und elastisch verformter Werkstoff

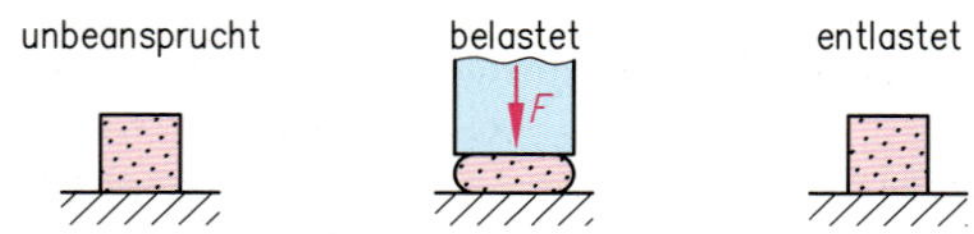

Hochelastischer Werkstoff, z. B. Gummi

> **!** Elastizität ist die Eigenschaft eines Werkstoffs, nach Entlasten seine Ausgangsform wieder einzunehmen.

4. Plastizität

Wird ein Werkstoff so hoch belastet, dass er nach Entlastung *nicht* in seine ursprüngliche Form zurückgeht, so ist er bleibend umgeformt. Man spricht von **plastischer Formänderung**. Werkstoffe mit hoher Plastizität lassen sich mit geringem Kräfteaufwand stark umformen.
Bei Metallen nimmt die Plastizität mit steigender Temperatur zu.
Für Werkstücke, die durch Umformen gefertigt werden, wie Profile, Bleche, Rohre, müssen Werkstoffe mit hoher Plastizität gewählt werden.
Werkstoffe, die bei Belastung ohne nennenswerte plastische Verformung zu Bruch gehen, bezeichnet man als **spröde**.

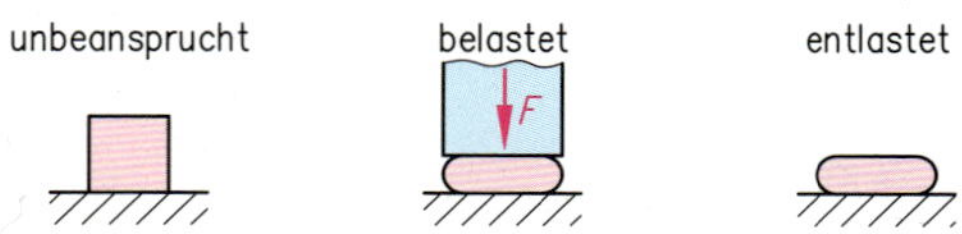

Plastischer Werkstoff, z. B. Blei

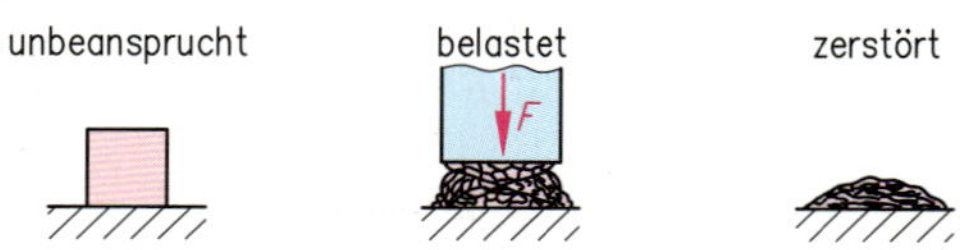

Spröder Werkstoff, z. B. Glas, Stein

> **!** Plastizität ist die Eigenschaft eines Werkstoffs, sich in bestimmten Grenzen bleibend umformen zu lassen.

5. Härte

Werkstoffe können unterschiedlich hart sein. Diese Eigenschaft lässt sich nur durch Vergleich mehrerer Werkstoffe ermitteln. Harte Werkstoffe ritzen weiche. Den Widerstand, den ein Werkstoff dem Eindringen eines anderen in seine Oberfläche entgegensetzt, nennt man seine Härte. Bei der Auswahl von Werkstoffen für Werkzeugschneiden ist eine große Härte von besonderer Bedeutung.

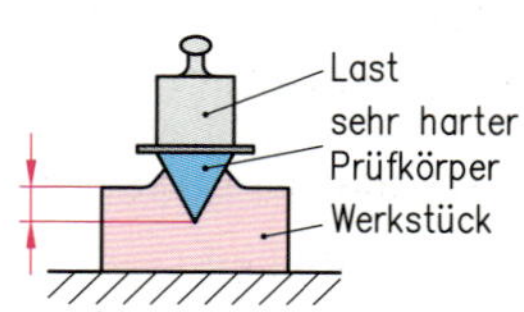

Weicher Werkstoff

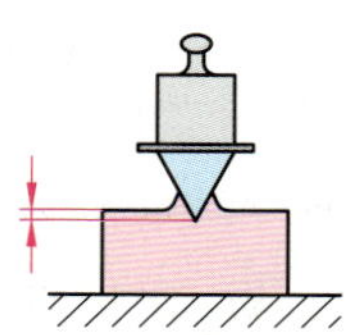
Harter Werkstoff

> **!** Härte ist der Widerstand, den ein Werkstoff dem Eindringen eines anderen Körpers entgegensetzt.

Übungsaufgaben 1/8; 1/9

1.1.2 Thermische Eigenschaften

1. Wärmedehnung

Bei steigender Erwärmung eines Stoffs geraten seine kleinsten Teilchen in immer heftigere Bewegung. Sie benötigen dafür mehr Raum, das Volumen des Werkstoffs nimmt zu. Darum dehnen sich die Werkstoffe bei Erwärmung aus. Beim Abkühlen nimmt das Volumen ab, der Werkstoff schrumpft.
Bei Stahl beträgt die Wärmedehnung 0,012 mm je Meter Länge bei 1 Grad Temperaturänderung.

Versuch zur Wärmedehnung

Beim Fügen von Werkstücken muss die Wärmedehnung berücksichtigt werden, so werden z. B. Wellen und Achsen nur einseitig genau fixiert, während sie auf der anderen Seite verschiebbar gelagert werden.
Beim Fügen durch Eingießen muss darauf geachtet werden, dass nur Werkstoffe mit gleicher Wärmedehnung verbunden werden.
In der Praxis wird die Wärmedehnung als Verfahren zum Fügen – **Schrumpfverbindungen** – eingesetzt.

Längenausdehnung verschiedender Werkstoffe im Vergleich zur Längenausdehnung von Stahl

Kunststoffe: **Polyethylen (PE)** **Polyvinylchlorid (PVC)**	 **16**-fach **7**-fach
Zink	**2,5**-fach
Aluminium	**2**-fach
Beton	**1**-fach
Glas	**0,6**-fach

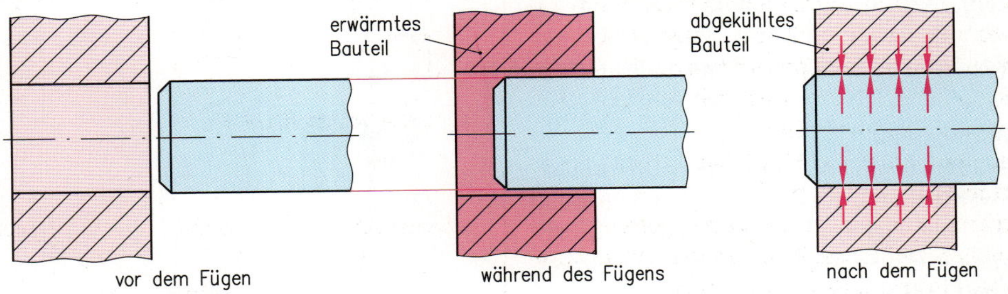

Herstellung einer Schrumpfverbindung

> **!** Wärmedehnung ist die Eigenschaft eines Werkstoffs, bei Temperaturänderung sein Volumen zu vergrößern. Angaben für die Wärmedehnung berücksichtigen meist nur die Längenausdehnung.

2. Wärmeleitfähigkeit

Die Geschwindigkeit, mit der beim Erwärmen eines Stoffs die Wärmeenergie von einem Teilchen auf das nächste weitergeleitet wird, bestimmt die Wärmeleitfähigkeit.
Metalle sind Stoffe mit hoher Wärmeleitfähigkeit. Man verwendet sie darum als Werkstoffe für wärmeabgebende und wärmeaufnehmende Flächen, z. B. in Heiz- oder Kühlanlagen. Schlechte Wärmeleiter sind Kunststoffe, Glas, Holz u. a. Man verwendet sie deshalb zum Isolieren.

Wärmeleitfähigkeit verschiedener Werkstoffe im Vergleich zur Wärmeleitfähigkeit von Glas

Kupfer	**320**-fach	**Kesselstein**	**1**- bis **3**-fach
Stahl	**43**-fach	**Styropor**	**0,02**-fach

> **!** Die Wärmeleitfähigkeit gibt an, wie gut ein Werkstoff Wärmeenergie weiterleitet.

Übungsaufgaben 1/10 bis 1/13

1.2 Chemische Eigenschaften

1. Korrosionsbeständigkeit

Durch chemische Vorgänge können metallische Werkstoffe von der Oberfläche her unter Einwirkung von Luft, Wasser, Säuren oder anderen Stoffen zerstört werden. Diese Zerstörung bezeichnet man als **Korrosion**. Werkstoffe, die sich durch Einflüsse ihrer Umgebung chemisch nicht verändern, sind korrosionsbeständig.

2. Giftigkeit

Flüssige Metalle verdampfen geringfügig. Dämpfe von Blei, Quecksilber und Kadmium sind giftig, sie können schon in geringen Mengen beim Einatmen zu akuten Gesundheitsschäden führen.

1.3 Technologische Eigenschaften

Durch technologische Eigenschaften wird das Verhalten der Werkstoffe bei der Verarbeitung beschrieben.

1. Gießbarkeit

Durch Gießen von flüssigem Werkstoff in Formen werden Werkstücke gefertigt.
Die Eignung eines Werkstoffs, durch Gießen in Formen eine vorgegebene Gestalt anzunehmen, bezeichnet man als Gießbarkeit. Gut gießbare Stoffe sind im flüssigen Zustand dünnflüssig und neigen bei der Erstarrung und Abkühlung nicht zu Fehlern, wie z. B. zu Rissen und Blasen.

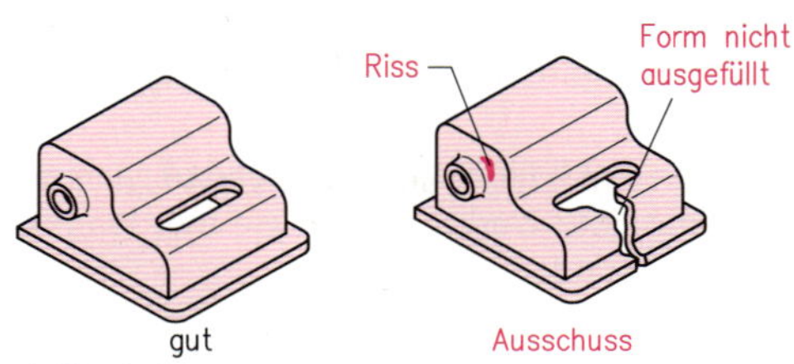

Gießbarkeit

> ! Gießbarkeit ist die Eignung eines Werkstoffs zum Vergießen in Formen.

2. Umformbarkeit

Durch Walzen, Schmieden und andere Umformverfahren werden Werkstücke in ihrer Form bleibend geändert. Die Eignung eines Werkstoffs, durch Umformen in eine andere Form gebracht zu werden, bezeichnet man als seine Umformbarkeit. Gut umformbare Werkstoffe sind leicht plastisch formbar.

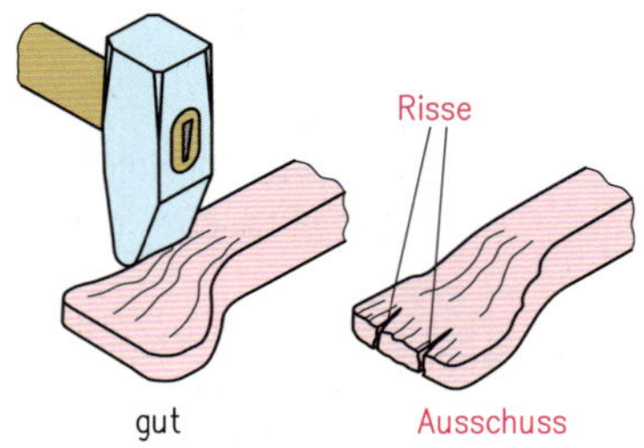

Umformbarkeit

> ! Umformbarkeit ist die Eigenschaft eines Werkstoffs, durch äußere Beanspruchung bleibend umgeformt zu werden.

3. Zerspanbarkeit

Durch spanende Bearbeitung, wie z. B. durch Drehen, Fräsen und Bohren, werden Werkstücke in ihrer Form geändert. Die Eignung eines Werkstoffs zum Zerspanen bezeichnet man als seine Zerspanbarkeit. Gut zerspanbare Werkstoffe zeigen glatte Oberflächen nach der Zerspanung und ergeben Späne, die den Fertigungsablauf nicht behindern.

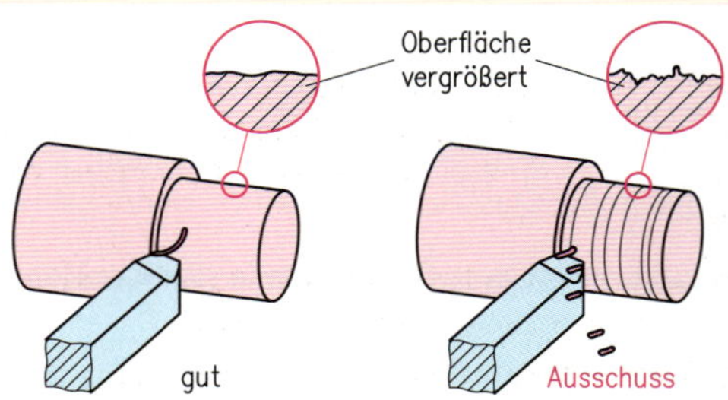

Zerspanbarkeit

> ! Zerspanbarkeit ist die Eignung eines Werkstoffs zum Zerspanen.

Übungsaufgaben 1/14 bis 1/17

2 Aufbau metallischer Werkstoffe

2.1 Chemische Elemente

1. Vorkommen und Einteilung

Alle Stoffe auf der Erde, z. B. Wasser, Stein, Holz, Stahl, Kunststoff, sind aus Grundstoffen aufgebaut. Diese Grundstoffe nennt man chemische **Elemente**. In der Natur gibt es 92 Elemente. Zu diesen kommen noch Elemente, die mit Mitteln der modernen Atomphysik erzeugt werden, hinzu. Diese künstlich hergestellten Elemente sind bislang jedoch technisch bedeutungslos.

Auf der Erde sind die Elemente in sehr unterschiedlichen Mengen vorhanden. So bestehen z. B. 50 % der Erdrinde aus dem Element Sauerstoff, während 83 andere Elemente einen Anteil von insgesamt nur 1,4 % haben. Darunter befinden sich so wichtige Elemente wie Kupfer, Zink, Nickel und Kohlenstoff.

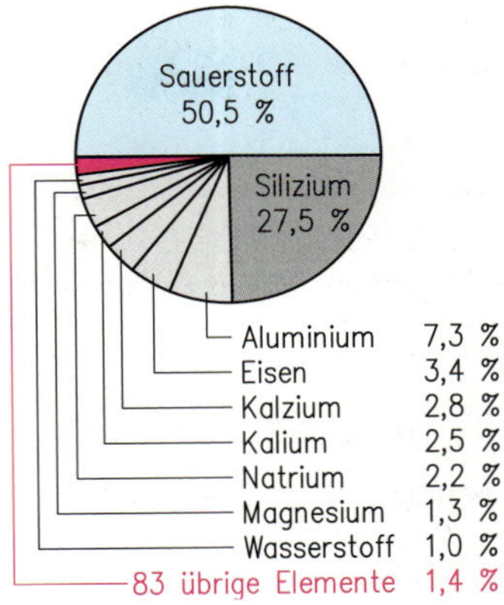

Verteilung der Elemente in der Erdrinde

> **!** Alle Stoffe bestehen aus Grundstoffen, den chemischen Elementen.

Jedes Element hat einen Namen, der durch ein international gültiges Symbol abgekürzt wird. Das Symbol setzt sich aus Buchstaben des lateinischen Namens des Elements zusammen.

Eisen	= **F**e**rrum**	⇒	**Fe**
Sauerstoff	= **O**xygenium	⇒	**O**
Kohlenstoff	= **C**arboneum	⇒	**C**
Stickstoff	= **N**itrogenium	⇒	**N**

Etwa 70 Elemente zeigen als gemeinsame Merkmale besonderen Glanz, gute Wärmeleitfähigkeit, elektrische Leitfähigkeit und gute Umformbarkeit. Sie werden als **Metalle** bezeichnet.

> **!** Kennzeichen der Metalle:
> - glänzende Oberfläche,
> - gute elektrische Leitfähigkeit,
> - gute Wärmeleitfähigkeit,
> - gute Umformbarkeit.

Einige Elemente weisen nur unter bestimmten Bedingungen, z. B. ab einer bestimmten Temperatur, alle Eigenschaften eines Metalls auf. Man bezeichnet diese Elemente als **Halbmetalle**. Zu den Halbmetallen gehören z. B. Silizium, Germanium und Antimon.

Die übrigen Elemente, z. B. Kohlenstoff, Stickstoff und Sauerstoff, bezeichnet man als **Nichtmetalle**.

Die Metalle werden nach der Dichte in **Leichtmetalle** und **Schwermetalle** unterteilt. Leichtmetalle haben eine Dichte unter 5 g/cm^3.

Von den Schwermetallen ist das Element Eisen das in der Technik am häufigsten verwendete Metall. Andere Schwermetalle sind als Legierungsmetalle des Eisens von Bedeutung, wie z. B. Mangan, Wolfram und Chrom.

Häufig verwendete Leichtmetalle sind die Elemente Aluminium, Magnesium und Titan.

Unter den Nichtmetallen nimmt das Element Kohlenstoff eine besondere Stellung ein. Kohlenstoff ist die Grundlage aller Stoffe der lebenden Natur und der Kunststoffe.

Schwermetalle:					
Eisen	Fe	Kupfer	Cu	Zinn	Sn
Zink	Zn	Blei	Pb	Nickel	Ni
Mangan	Mn	Wolfram	W	Vanadium	V
Kobalt	Co	Molybdän	Mo	Chrom	Cr
Leichtmetalle:					
Aluminium	Al	Magnesium	Mg	Titan	Ti
Nichtmetalle:					
Kohlenstoff	C	Silizium	Si	Stickstoff	N
Schwefel	S	Wasserstoff	H	Chlor	Cl
Phospor	P	Sauerstoff	O	Argon	Ar

2. Aufbau der Elemente

Das Atom ist das kleinste Teilchen eines chemischen Elements. Jedes Element hat anders aufgebaute Atome. Bausteine der Atome sind das **Proton**, das **Neutron** und das **Elektron**. Sie unterscheiden sich von einander durch ihre Masse, ihre elektrische Ladung und ihren Platz im Atom.

Protonen sind elektrisch positiv geladen. Elektronen sind elektrisch negativ geladen.
Neutronen sind elektrisch neutral.
Protonen und Neutronen haben etwa die gleiche Masse und bilden den **Atomkern**.
Das Elektron hat nur etwa 1/2000 der Masse eines Protons. Die Elektronen bilden die **Hülle des Atoms**.
Das erste brauchbare Atommodell wurde 1913 von Ernst Rutherford (1871–1937) entworfen und von Niels Bohr (1885–1962) weiterentwickelt. Hiernach bewegen sich die Elektronen auf kreis- oder ellipsenförmigen Bahnen um den Atomkern.
Die Bahnen, auf denen sich die Elektronen bewegen, liegen schalenförmig um den Atomkern. Man spricht deshalb von Schalen, die unterschiedliche Abstände zum Kern haben.

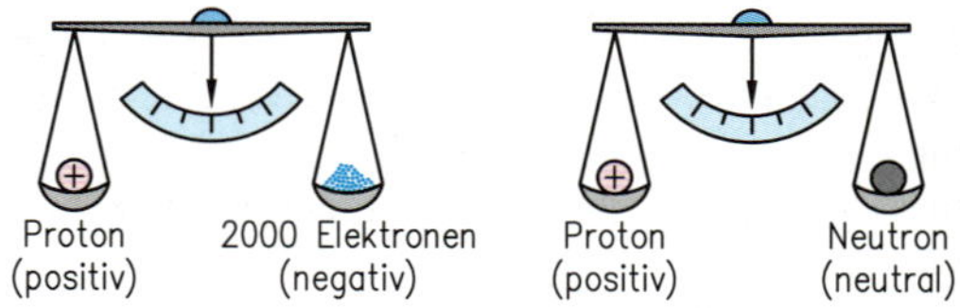

Massenvergleich der Atombausteine

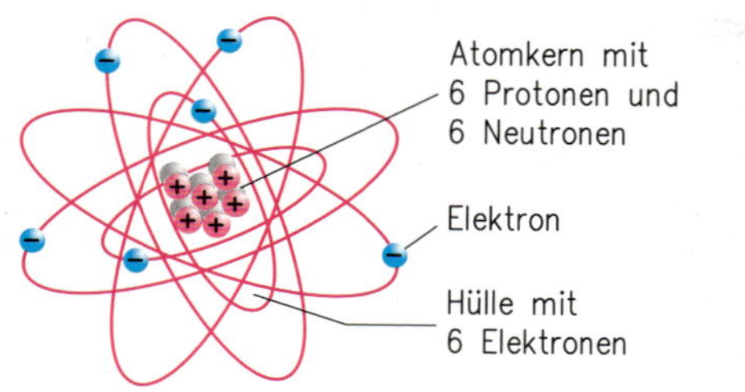

Kohlenstoffatom nach Bohr

> **!** **Atombausteine**
> Kernbausteine: • Protonen (elektrisch positiv) • Neutronen (ungeladen)
> Bausteine der Hülle: • Elektronen (elektrisch negativ)
> Ein Atom ist nach außen elektrisch neutral, da die Anzahl der Protonen und Elektronen gleich groß ist.

3. Atomaufbau der Elemente 1 bis 18

(nach dem Atommodell von Bohr)

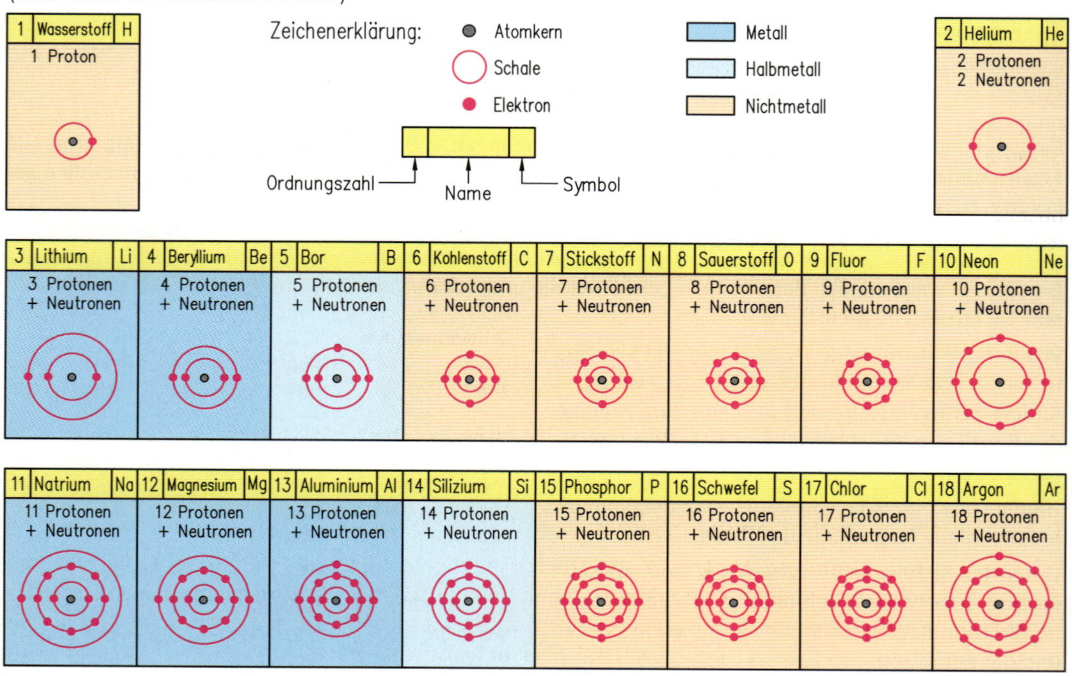

Übungsaufgaben 2/5 bis 2/11

2.2 Aufbau von reinen Metallen

2.2.1 Metallbindung

Metallatome geben die Elektronen der äußeren Schalen ab. Dadurch entstehen elektrisch positiv geladene Teilchen, die man als **Metallionen** bezeichnet.
Die abgegebenen Elektronen bleiben ungebunden und können sich zwischen den Metallionen frei bewegen. Durch ihre negative Ladung bewirken sie den Zusammenhalt der Metallionen. Es entsteht ein **kristalliner Aufbau** – ein Metallkristall.
Bei starker Vergrößerung ist an polierten Metallflächen die Kristallform erkennbar.

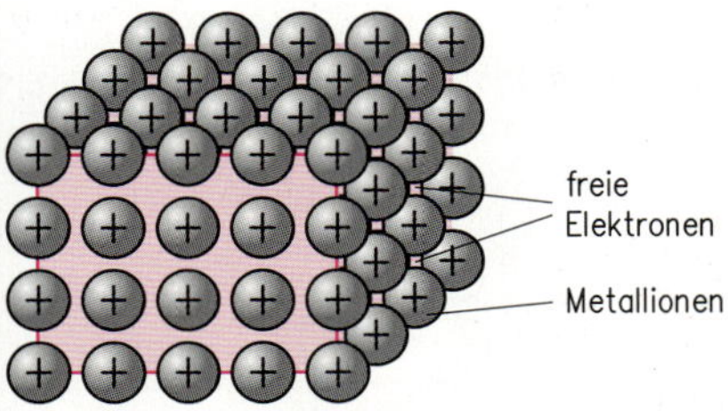

Schema eines Metallkristalls

Foto einer Aluminiumoberfläche

> In Metallen werden die positiv geladenen Metallionen von freien Elektronen zusammengehalten. Metalle sind kristallin aufgebaut.

Wirken Kräfte auf einen Metallkristall, so können die Schichten innerhalb des Metallkristalls gegeneinander verschoben werden, ohne dass der Gesamtzusammenhang verloren geht. Die Folge ist eine gute Umformbarkeit der Metalle.

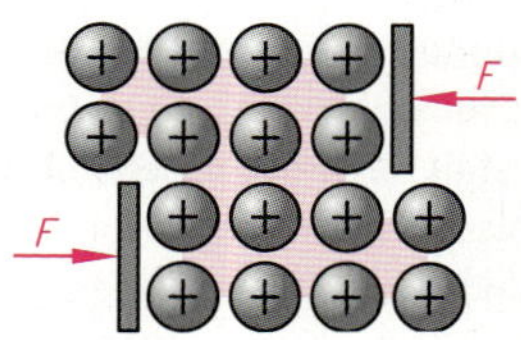

Metallkristall bei Umformung

> Metalle sind wegen des kristallinen Aufbaus umformbar.

Bildet man mit einem metallenen Draht und einer Batterie einen geschlossenen Stromkreis, so fließen Elektronen. Die Elektronen strömen vom Minuspol durch den Draht zum Pluspol. Die leichte Verschiebbarkeit der freien Elektronen in Metallen ist die Ursache für die gute elektrische Leitfähigkeit der Metalle.

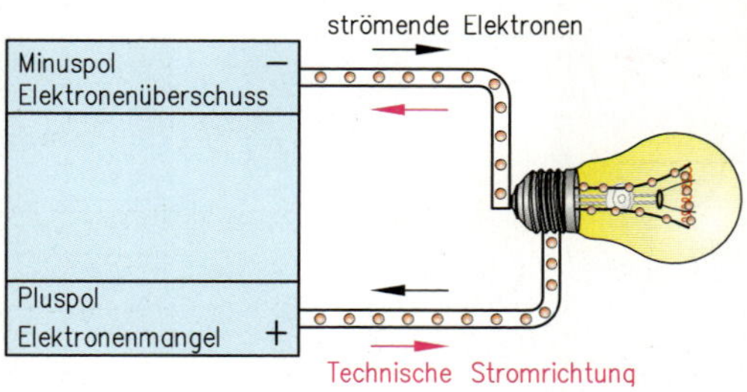

Stromfluss

> Die freien Elektronen sind die Ursache für die elektrische Leitfähigkeit der Metalle.

2.2.2 Schmelzverhalten von reinem Metall

Erwärmt man reines Metall, so steigt die Temperatur im Werkstoff zunächst gleichmäßig an. Dabei behalten die kleinsten Teilchen des Metallgefüges ihre Plätze im Metallkristall bei. Sie werden jedoch mit steigender Temperatur in immer stärkere Schwingungen versetzt. Schließlich lösen sich nacheinander einige Teilchen aus dem Gitter und bewegen sich frei – das Metall beginnt flüssig zu werden.

Übungsaufgaben 2/12 bis 2/14

Zum Übergang vom festen in den flüssigen Zustand benötigen die Teilchen sehr viel Wärme. Die Temperatur im Werkstoff steigt deswegen nicht weiter, obwohl ständig Wärme zugeführt wird. Erst wenn das ganze Metall geschmolzen ist, steigt die Temperatur wieder stetig an.

Beispiele für das Schmelzen eines reinen Metalls

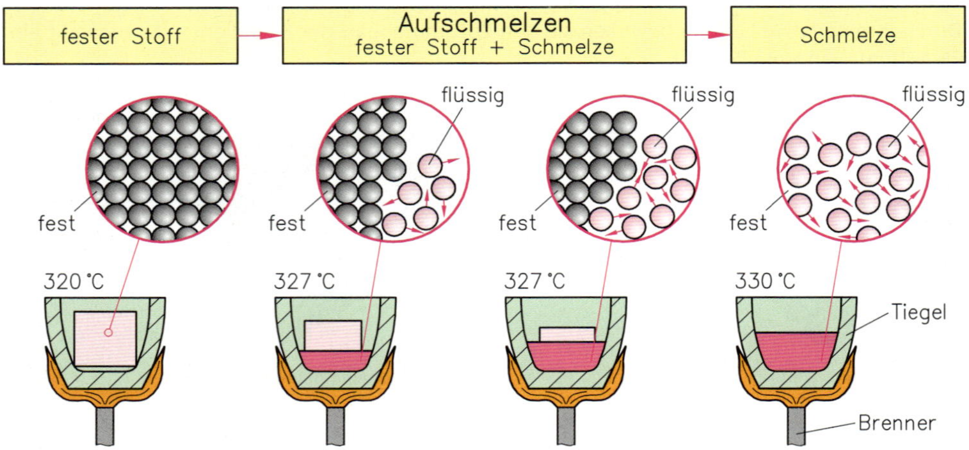

Schmelzen von reinem Blei

Misst man beim Aufschmelzen eines Metalls in bestimmten Zeitabständen die Temperaturen und trägt zugehörige Temperaturen und Zeiten in ein Diagramm ein, so erhält man durch Verbinden der einzelnen Punkte einen Linienzug. Dieser Linienzug gibt das Verhalten des Metalls genau wieder. Zunächst verläuft der Linienzug steil nach oben. Während eines bestimmten Zeitraums erfolgt kein weiterer Temperaturanstieg. Es tritt also keine Temperaturveränderung ein. Diese Temperatur bezeichnet man als **Schmelztemperatur** oder Schmelzpunkt. Man spricht auch von einem **Haltepunkt**, weil die Temperatur „anhält“. Anschließend verläuft die Kurve entsprechend der steigenden Temperatur wieder steil nach oben.

Beispiele für die Schmelzpunktbestimmung eines reinen Metalles

Schmelzpunktbestimmung bei Blei

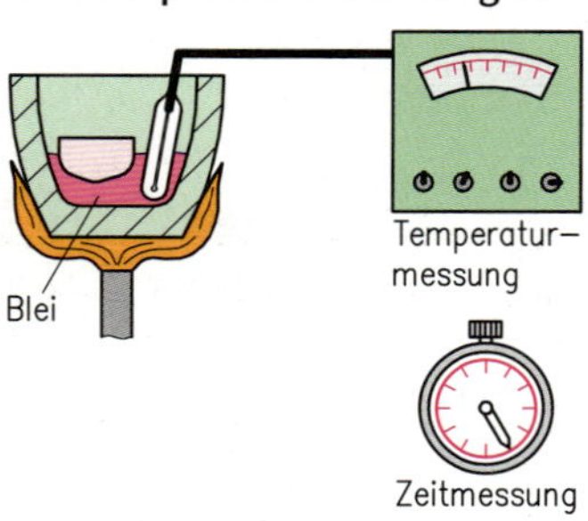

Versuchseinrichtung

Zeit in s	Temp. in °C
20	315
30	321
40	327
50	327
60	327
70	327
80	345

Messergebnisse

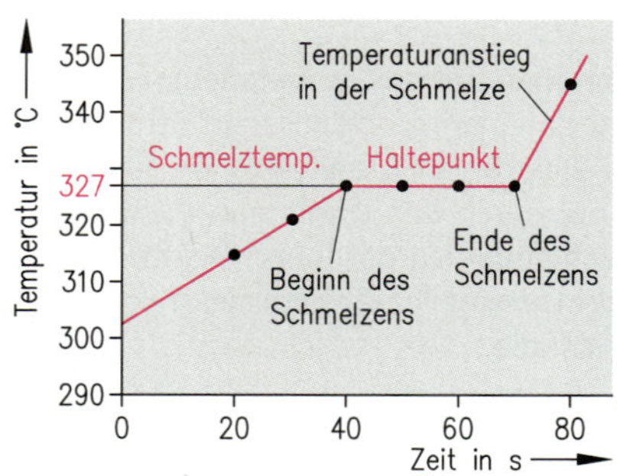

Aufheizkurve

Misst man den zeitlichen Verlauf der Temperatur bei der Abkühlung, so ergibt sich bei der Umwandlung vom flüssigen in den festen Zustand ein Haltepunkt bei der gleichen Temperatur wie der Schmelzpunkt. Schmelz- und Erstarrungspunkt sind gleich.

> **!** Reine Metalle schmelzen und erstarren während eines Haltepunkts.
> Schmelz- und Erstarrungstemperatur sind gleich. Darum können Umwandlungspunkte über den Aufheiz- oder Abkühlungsverlauf ermittelt werden.

Übungsaufgaben 2/15; 2/16

2.2.3 Metallgefüge

In einer Metallschmelze bewegen sich Metallionen regellos mit hoher Geschwindigkeit durcheinander. Kühlt die Schmelze ab, wird die Bewegung der Metallionen langsamer. Bei Erreichen der **Erstarrungstemperatur** lagern sich die Ionen gleichzeitig an vielen Stellen der Schmelze zusammen. Es entstehen viele einzelne Kristalle, die während des Erstarrungsvorgangs wachsen.
Die so entstandenen und gegeneinander gewachsenen Kristalle nennt man **Körner**.
Die Grenzen zwischen den Körnern werden als **Korngrenzen** bezeichnet.

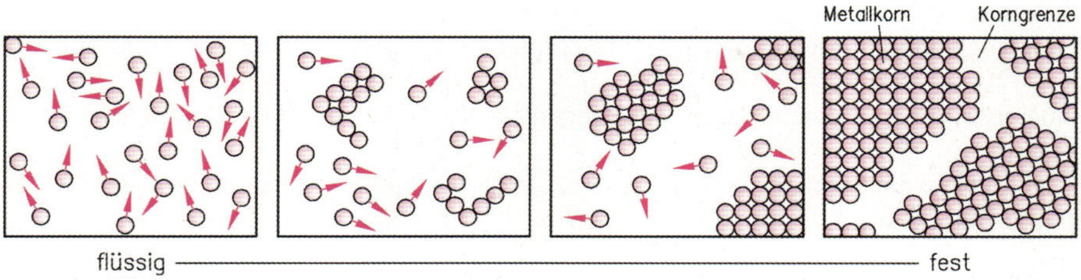

Entstehung des Metallgefüges

> ! Bei der Erstarrung einer Metallschmelze lagern sich Metallionen zu Kristallen zusammen.

Körner und Korngrenzen sind an polierten und mit Säure behandelten Metallproben unter dem Mikroskop zu erkennen. Diesen unter dem Mikroskop sichtbaren Aufbau des Metalls nennt man **Metallgefüge**.

Die Größe der Körner beeinflusst die Eigenschaften eines Metalls:
- grobkörnige Gefüge sind leichter zerspanbar,
- feinkörnige Gefüge sind zäher.

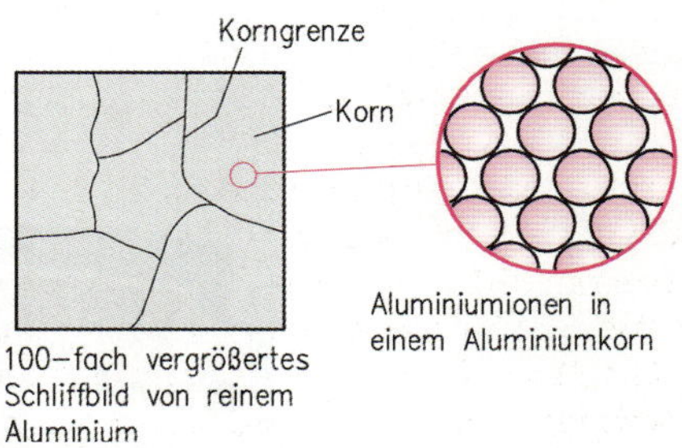

Gefüge von Aluminium

> ! Das Metallgefüge besteht aus vielen gegeneinander gewachsenen Kristallen.
> Man nennt diese Kristalle Körner.
> Feinkörnige Gefüge sind zäher, grobkörnige Gefüge sind besser zerspanbar.

2.2.4 Gittertypen

Die Art, wie die Metallionen innerhalb eines Korns angeordnet sind, ist bei den einzelnen Metallen unterschiedlich. Zur Verdeutlichung des Unterschiedes denkt man sich die Mitten benachbarter Metallionen verbunden. Das so entstandene Netzwerk beziechnet man in der Werkstofftechnik als Metallgitter.

Gittertyp	Kubisch-flächenzentriert	Kubisch-raumzentriert	Hexagonal
Gitteraufbau	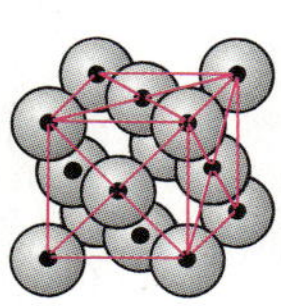	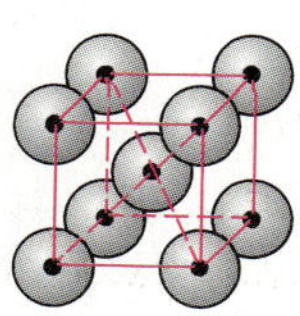	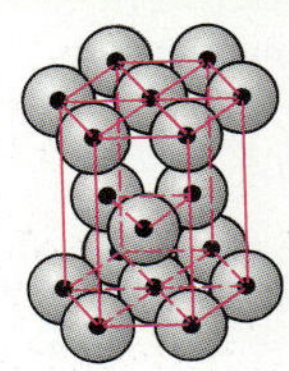
Beispiele	Aluminium, Kupfer, Blei, Eisen (bei höheren Temperaturen)	Chrom, Molybdän, Eisen (bei niedrigen Temperaturen)	Magnesium, Titan, Zink
Umformbarkeit	Schwieriger umformbar →		

2.3 Legierungen

Reine Metalle haben im Maschinenbau und in der Fertigungstechnik nur geringe Bedeutung. Die reinen Metalle erfüllen nicht die vielseitigen Anforderungen, die an die Werkstoffe von Bauteilen gestellt werden. Zur Änderung der Eigenschaften werden darum Metalle mit anderen Metallen oder Nichtmetallen im flüssigen Zustand gemischt. Ein solches Gemisch ist eine **Legierung**.
Häufig verwendete Legierungen haben einen besonderen Namen, wie z. B. Stahl, Gusseisen, Messing.
Stahl ist eine Sammelbezeichnung für schmiedbare Legierungen aus Eisen und höchstens 2,06 % Kohlenstoff. Für besondere Anforderungen legiert man andere Elemente zu.
Gusseisen ist eine Sammelbezeichnung für nicht schmiedbare Legierungen aus Eisen und 3 bis 5 % Kohlenstoff.
Messing ist eine Sammelbezeichnung für Legierungen aus Kupfer (mehr als 50 %) und Zink.

! Eine Legierung ist ein Gemisch von Metallen bzw. Metallen mit Nichtmetallen, das aus einer gemeinsamen Schmelze erstarrt.

An die einzelnen Bauelemente von Maschinen und Anlagen werden unterschiedliche Anforderungen gestellt, die für die Auswahl des Werkstoffs entscheidend sind.

Beispiele für verschiedene Legierungen in einem Getriebemotor

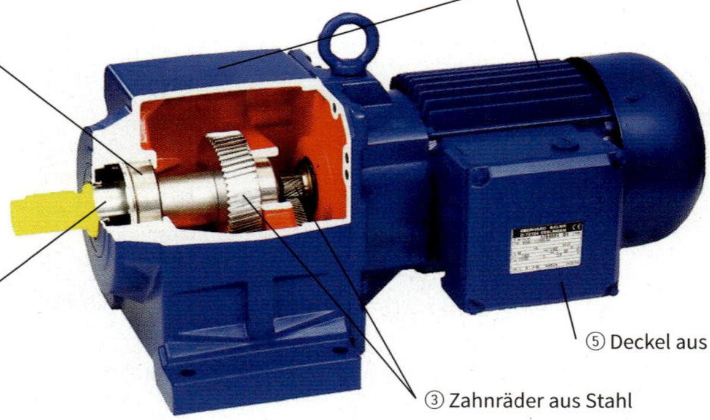

Bauelemente	Geforderte Eigenschaften	Werkstoff
① Gehäuse	mittlere Festigkeit, leicht herstellbar durch Gießen	**Gusseisen** mit 3,5 % Kohlenstoff und 1,5 % Silizium
② Welle	hohe Festigkeit und Zähigkeit	**Stahl** mit 0,42 % Kohlenstoff, 4 % Chrom, 0,5 % Silizium und 0,4 % Mangan
③ Zahnräder	hohe Zähigkeit mit harter Oberfläche	**Stahl** mit 0,2 % Kohlenstoff, 1,3 % Mangan und 0,5 % Silizium (oberflächengehärtet)
④ Wälzlager	harte und verschleißfeste Oberfläche	**Stahl** mit 1,05 % Kohlenstoff, 0,5 % Chrom und 0,3 % Silizium
⑤ Deckel	leicht herstellbar durch Gießen, sehr geringe Anforderungen	**Zinkdruckguss** mit 3,8 % Aluminium
Wicklung	gute elektrische Leitfähigkeit	**reines Kupfer**
Kontaktschrauben	gute elektrische Leitfähigkeit, mittlere Festigkeit	**Messing** mit 65 % Kupfer und 35 % Zink

Übungsaufgaben 2/22 bis 2/24

Das Gefüge von Legierungen besteht ebenso wie das Gefüge von reinen Metallen aus Körnern. Nach dem Aufbau des Gefüges unterscheidet man Gefüge von Legierungen mit Mischkristallen und Gefüge von Legierungen mit Kristallgemengen.

2.3.1 Mischkristallgefüge

Wenn die Bestandteile einer Legierung in jedem Korn der Legierung gleichmäßig verteilt sind, spricht man von einem Mischkristallgefüge.
Weil die Körner einer Legierung mit Mischkristallen alle gleich aufgebaut sind, kann man im Mikroskop einer solche Legierung nur Körner und Korngrenzen sehen – es ist also im Mikroskop kein Unterschied zu einem reinen Metall zu erkennen.
Da alle Körner gleich aufgebaut sind, verformen sich auch alle gleichmäßig gut und verhalten sich chemisch gleich. Darum sind Legierungen mit Mischkristallen gut umformbar und korrosionsbeständig.

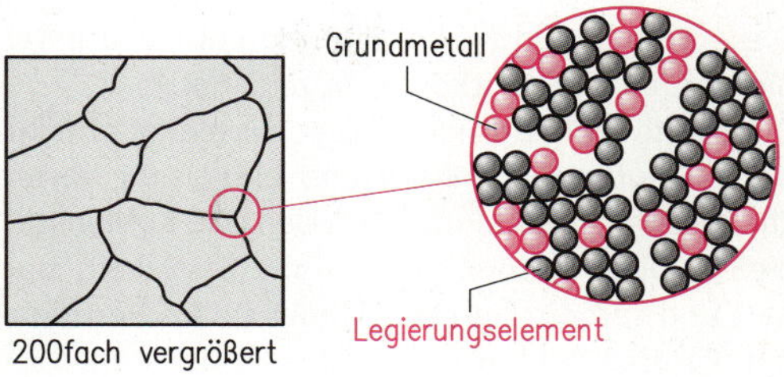

Gefüge von Mischkristallen in korrosionsbeständigem Stahl

> **!** Legierungen bilden Mischkristalle, indem die Bestandteile gemeinsame Gitter bilden.
> Legierungen mit Mischkristallgefüge:
> • haben hohe Zähigkeit, • sind leicht umformbar, • sind meist korrosionsbeständig.

2.3.2 Gefüge von Kristallgemengen

Wenn die Bestandteile einer Legierung eigene Körner bilden, so liegt ein Kristallgemenge vor.
Weil die einzelnen Körner unterschiedlich aufgebaut sind, können sie im Mikroskop unterschieden werden.
In Legierungen mit Kristallgemengen sind häufig die verschiedenen Bestandteile unterschiedlich spröde. Darum sind diese Legierungen schlecht umformbar. Beim Spanen bricht der Span am spröderen Bestandteil leichter. Darum sind Legierungen mit Kristallgemengen gut spanbar. Die meisten Gusslegierungen sind Kristallgemenge.

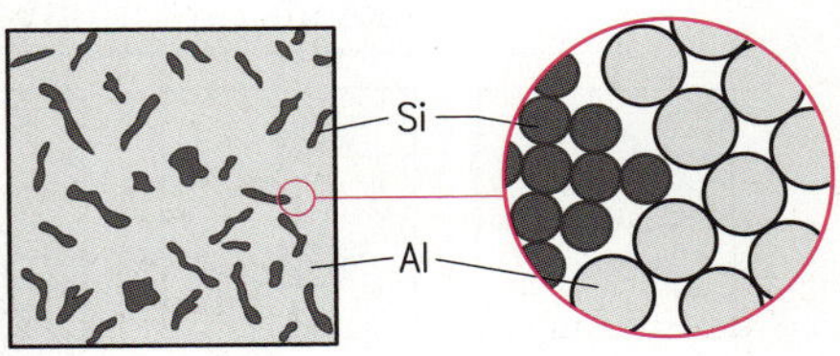

Kristallgemenge in einer schlecht umformbaren Al-Legierung mit 12 % Silizium

> **!** Legierungen bilden Kristallgemenge, indem die Legierungsbestandteile nebeneinander eigene Kristalle bilden.

3 Stahl und Eisen-Kohlenstoff-Gusswerkstoffe

Stahl ist eine schmiedbare Eisen-Kohlenstoff-Legierung mit höchstens 2 % Kohlenstoff. Aufgrund unterschiedlicher Kohlenstoffgehalte, weiterer Legierungselemente und Wärmebehandlungsverfahren lassen sich Stähle mit unterschiedlichsten Eigenschaften herstellen. Da die Herstellung von Stahl im Verhältnis zu anderen Gebrauchsmetallen zudem kostengünstig ist, ist Stahl der am häufigsten verwendete metallische Werkstoff.
Eisen-Kohlenstoff-Gusswerkstoffe enthalten Kohlenstoff in verschiedener Konzentration und verschiedener Form. Sie haben deshalb sehr unterschiedliche Gefüge.
Stahlguss ist in Formen gegossener Stahl. Er zeigt das normale Stahlgefüge. Der C-Gehalt beträgt höchstens etwa 0,75 % C.
Gusseisen weist den Kohlenstoff überwiegend in Form von Lamellen oder Kugeln auf. Gusseisen hat C-Gehalte von 3 bis 5 %.

3.1 Stahl

3.1.1 Gefüge von Stahl bei Raumtemperatur

Das Gefüge von Stahl ist bei Raumtemperatur ein Kristallgemenge aus zwei verschiedenen Arten von Körnern. Je nach Anteil der einzelnen Kornarten hat Stahl unterschiedliche Eigenschaften.

Die eine Sorte Körner besteht aus reinem Eisen. Diese Körner sind weich, zäh und gut umformbar. Sie werden als **Ferritkörner** bezeichnet.
Die zweite Sorte Körner besteht aus einem schichtartigen Aufbau von Eisen und einer sehr harten chemischen Verbindung von Eisen und Kohlenstoff (Fe3C). Diese Körner haben hohe Festigkeit, sind hart und spröde. Man bezeichnet sie als **Perlitkörner**. Perlitkörner enthalten 0,8 % Kohlenstoff.

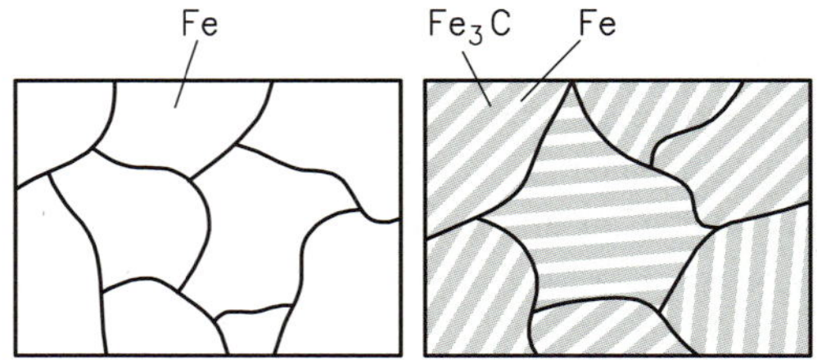

Ferritkörner **Perlitkörner**

> **!** Ferritkörner bestehen aus reinem Eisen, sie sind weich, zäh und gut umformbar.
> Perlitkörner enthalten neben Eisen die chemische Verbindung Fe_3C. Sie sind sehr fest, hart und spröde.

Bei Raumtemperatur besteht das Gefüge von Eisen mit 0 % Kohlenstoff nur aus Ferrit. Mit steigendem Kohlenstoffgehalt wächst der Perlitanteil, der neben den Ferritkörnern im Stahlgefüge vorliegt. Bei insgesamt 0,8 % Kohlenstoff besteht das Stahlgefüge ganz aus Perlit. Mit steigendem Perlitanteil erhöhen sich Festigkeit und Härte. Der Stahl lässt sich jedoch schlechter umformen, schweißen und spanen.

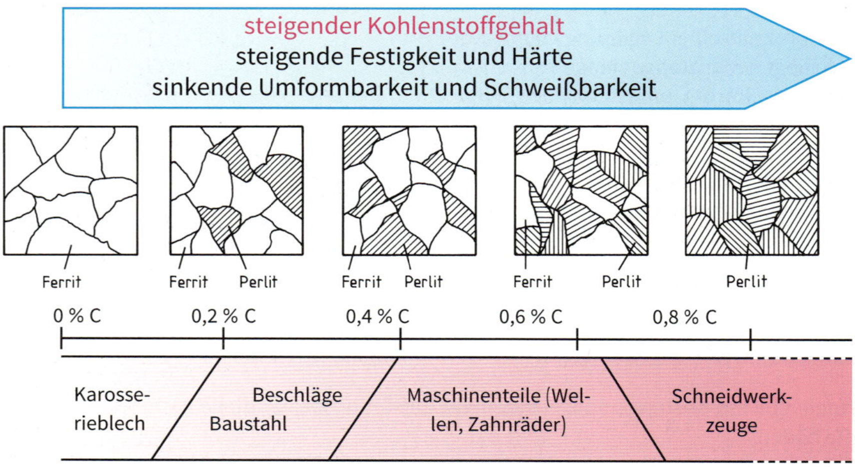

3.1.2 Kurznamen von Stählen

1. Benennung nach den mechanischen Eigenschaften und Verwendung

Für Stähle, die zu Konstruktionszwecken verwendet werden, gibt der Kurzname nach DIN EN 10027 Auskunft über die Festigkeitseigenschaften.

Hauptgruppe		Zusatzgruppe	
Kennzeichen für Verwendungszweck	**Kennzahl**	**Gruppe 1**	**Gruppe 2**
S Stähle für den allgem. Stahlbau **P** Stähle für Druckbehälter **L** Stähle für Rohrleitungen **E** Stähle für Maschinenbau **H** Kaltgewalzte Flacherzeugnisse **D** Flacherzeugnisse zum Kaltumformen	Zahlenwert der Mindeststreckgrenze in N/mm^2	Kerbschlagarbeit für Stahlbaustähle Besondere Eigenschaften Spezielle Verwendung	ergänzende Angaben zu Gruppe 1

Übungsaufgaben 3/1 bis 3/5

Beispiele für den Aufbau von Kurznamen mit Hinweisen auf Verwendung und mechanische Eigenschaften nach DIN EN 10027

S 355 W
- W – wetterfester Stahl
- 355 – Streckgrenze 355 N/mm²
- S – Stahl für den allgemeinen Stahlbau

L 360
- 360 – Streckgrenze 360 N/mm²
- L – Stahl für Rohrleitungen

– Benennung unlegierter Stähle

Unlegierte Stähle, deren Eigenschaften durch eine Wärmebehandlung verändert werden können, werden nach der DIN EN 10027 durch das Symbol C für Kohlenstoff und eine angehängte Zahl, welche das 100fache des C-Gehaltes angibt, gekennzeichnet.

Beispiele für die Kurzbenennung unlegierter Stähle nach DIN EN 10027

C 35
- 35 – 0,35 % C
- C – unlegierter Stahl

C 40
- 40 – 0,40 % C
- C – unlegierter Stahl

! | C | Kennzahl für den C-Gehalt |

2. Benennung legierter Stähle

Bei Stählen, in denen kein Legierungselement 5 % Anteil überschreitet, erfolgt die Kennzeichnung durch:

- Kennzahlen für den C-Gehalt,
- Symbole für die Legierungselemente,
- Kennzahlen für die Legierungsanteile.

Die Kennzahlen ergeben sich durch Multiplikation des %-Anteils des Legierungselementes mit dem Faktor f (siehe Tabelle). Die Entschlüsselung erfolgt durch Dividieren.

Faktoren für Legierungselemente

Faktor *f*	Legierungselement
100	C, P, S, N, Ce
10	Al, Cu, Mo, Ta, Ti, V
4	Si, Co, Cr, W, Ni, Mn

Beispiele für die Kurzbenennung unter 5 % legierter Stähle nach DIN EN 10027

20 Mn 5
- 5 – $\frac{5}{4}$ % Mn = 1,25 % Mn
- 20 – $\frac{20}{100}$ % C = 0,2 % C

45 Cr Mo V 6-7
- V – Vanadium in wirksamen Anteilen
- Mo, 7 – $\frac{7}{10}$ % Mo = 0,7 % Mo
- Cr, 6 – $\frac{6}{4}$ % Cr = 1,5 % Cr
- 45 – $\frac{45}{100}$ % C = 0,45 % C

! | Kennzahl für C-Gehalt | Chem. Symbole der Leg.-Elemente | Kennzahlen für Leg.-Anteile |

Bei Stählen mit mehr als 5 % Gehalt eines Legierungselements wird nur der Kohlenstoffgehalt in 1/100 % angegeben. Die Legierungsgehalte werden in vollen Prozenten gekennzeichnet. Bei diesen Stählen beginnt die Kurzbenennung mit dem großen Buchstaben **X**. Es folgen

- Kennzahl für den C-Gehalt,
- Symbole der Legierungselemente,
- Anteile der Legierungselemente in Prozent.

Beispiele für die Kurzbenennung über 5 % legierter Stähle nach DIN EN 10027

X 10 Cr 13
- Cr 13 – 13 % Cr
- 10 – 0,1 % C
- X – hoch legierter Stahl

X 15 Cr 13
- Cr 13 – 13 % Cr
- 15 – 0,15 % C
- X – hoch legiert

! | X | Kennzahl für C-Gehalt | Symbole der Leg.-Elemente | Leg.-Anteile in Prozent |

Übungsaufgaben 3/6 bis 3/8

3.1.3 Werkstoffnummern von Stählen

Neben den systematischen Benennungen von Werkstoffen mit Buchstaben und Zahlenkombinationen besteht auch ein Nummernsystem für Werkstoffe aller Art.
Die Werkstoffnummern für Stähle sind fünfstellig.
Mit der ersten Stelle wird die Werkstoffhauptgruppe gekennzeichnet. Die **Werkstoffhauptgruppe** Stahl hat die Nummer 1. Nach einem Punkt folgt als zweistellige Zahl die **Stahlgruppennummer**. Sie lässt Rückschlüsse auf die Zusammensetzung bzw. Verwendung zu. Die folgenden zwei Zahlen sind **Zählnummern**, die keine Rückschlüsse auf Eigenschaften zulassen. Diese Ziffern werden vom jeweiligen Normenausschuss festgelegt. Zur Entschlüsselung benötigt man die Tabellen des Normblattes DIN EN 10027.

Beispiele für Werkstoffnummern von Stählen

1.00 60
- 60: Zählnummer für E 335 (St 60-2)
- 00: Grundstahl
- 1: Werkstoffhauptgruppe Stahl

1.01 16
- 16: Zählnummer für S 235 J2 G3 (St 37-3)
- 01: Qualitätsstahl R_m < 500 N/mm²
- 1: Werkstoffhauptgruppe Stahl

1.71 31
- 31: Zählnummer für 16 Mn Cr 5
- 71: Stahl für Maschinen- und Behälterbau Cr- und Mn-legiert
- 1: Werkstoffhauptgruppe Stahl

3.1.4 Stahlsorten

1. Unlegierte Baustähle

Unlegierte Baustähle nach DIN EN 10025 sind Grund- und Qualitätsstähle, die vorwiegend aufgrund ihrer mechanischen Eigenschaften im Stahlbau und Maschinenbau eingesetzt werden.

Beispiele für unlegierte Baustähle

Kurznamen	Werkstoffnummer	Gewährleistete mechanische Werte		
		Proben 3–100 mm	Mittelwerte Proben 3–100 mm	
nach DIN EN 10025		Zugfestigkeit N/mm²	Streckgrenze N/mm²	Bruchdehnung %
S 185	1.0035	510 bis 295	185 bis 175	18
S 235	1.0144	470 bis 340	275 bis 205	26
E 295	1.0050	610 bis 470	295 bis 265	26
E 335	1.0060	710 bis 570	335 bis 305	16
E 360	1.0070	830 bis 790	360 bis 335	11

2. Vergütungsstähle

Vergütungsstähle sind nach DIN EN 10083 unlegierte und legierte Stähle. Sie sind für kleine Maschinenelemente wie Schrauben und Bolzen bis zu großen Bauelementen mit hohen Festigkeitseigenschaften wie Schiffskurbelwellen einzusetzen.

Beispiele für Vergütungsstähle

Kurznamen	Werkstoff-nummer	Gewährleistete mechanische Werte über 16 bis 40 mm Durchmesser vergütet		
nach DIN EN 10083		Zugfestigkeit N/mm²	Streckgrenze N/mm²	Bruchdehnung %
C 45	1.0503	800 bis 650	305	16
C 60	1.1221	950 bis 800	520	13
28 Mn 6	1.1170	840 bis 690	490	15
34 Cr 4	1.7033	950 bis 800	590	14
50 CrMo 4	1.7228	1 200 bis 1 000	780	10
30 CrNiMo 8	1.6580	1 300 bis 1 100	900	10
34 CrNiMo 6	1.6582	1 300 bis 1 100	900	10

3.2 Eisen-Kohlenstoff-Gusswerkstoffe

3.2.1 Stahlguss

Stahlguss ist in Formen gegossener unlegierter und legierter Stahl mit einem Kohlenstoffgehalt meist um 0,25 %. Wegen des geringen Kohlenstoffgehaltes hat Stahlguss eine Gießtemperatur von etwa 1 600 °C, also um 300 °C höher als bei Gusseisen.

Stahlguss wird als Werkstoff etwa für hochfeste Werkstücke mit komplizierter Form verwendet. So werden Turbinengehäuse, Nähmaschinenteile u. a. aus Stahlguss hergestellt. Die Stückgewichte reichen von weniger als einem Gramm bis zu mehreren 100 Tonnen.

Verdichtergehäuse (3500 kg)

> ! Stahlguss ist unlegierter und legierter Stahl, der in Formen unmittelbar zu Werkstücken vergossen wird. Der Stahlguss hat hohe Festigkeit und Zähigkeit.

3.2.2 Gusseisen mit Lamellengraphit (GJL)

Gusseisen mit Lamellengraphit nach DIN EN 1561 ist ein Eisen-Kohlenstoff-Gusswerkstoff, dessen Kohlenstoff im Gefüge überwiegend in Form von Graphitlamellen vorliegt. Er hat in der Regel Kohlenstoffgehalte von 2,5 % bis 4,0 % bei Siliziumgehalten um 2,0 %. Dadurch ergeben sich gute Gießeigenschaften. Wegen seiner schwingungsdämpfenden Eigenschaft und seiner guten Gießbarkeit wird Gusseisen zur Herstellung von Ständern für Werkzeugmaschinen, Motorengehäuse u. a. verwendet.

Gefüge

Getriebegehäuse aus Gusseisen mit Lamellengraphit

> ! Gusseisen mit Lamellengraphit (GJL) ist ein Eisen-Kohlenstoff-Gusswerkstoff, bei dem der Kohlenstoff überwiegend als Graphit in Lamellenform vorliegt.
> Gusseisen mit Lamellengraphit
> - ist gut gießbar,
> - wirkt schwingungsdämpfend,
> - ist relativ korrosionsbeständig.

3.2.3 Gusseisen mit Kugelgraphit (GJS)

Gusseisen mit Kugelgraphit nach DIN EN 1563 ist ein Eisen-Kohlenstoff-Gusswerkstoff, dessen Kohlenstoff im Gefüge weitgehend kugelförmig vorliegt.

Gusseisen mit Kugelgraphit wird als Werkstoff für Automobilteile (Achsgehäuse, Getriebegehäuse, Bremstrommeln, Kurbelwellen u. a.), hoch beanspruchte Maschinenteile, Bauteile im Landmaschinenbau und Waggonbau verwendet.

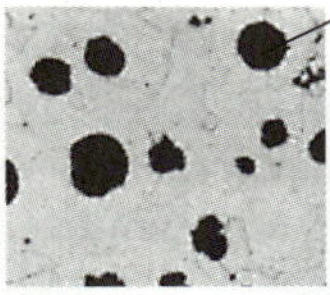

Gefüge

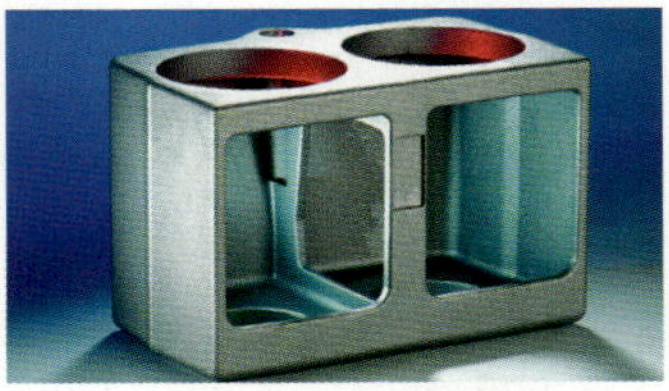

Wasserkasten für Betonpumpe aus GJS

> ! Gusseisen mit Kugelgraphit (GJS) ist ein Eisen-Kohlenstoff-Gusswerkstoff, bei dem der Kohlenstoff überwiegend als Graphit in Kugelform vorliegt.
> Gusseisen mit Kugelgraphit
> - ist fester und zäher als GJL,
> - ist gut gießbar,
> - ist relativ korrosionsbeständig.

Übungsaufgaben 3/16 bis 3/19

4 Nichteisenmetalle

4.1 Aluminium und Aluminiumlegierungen

1. Reinaluminium

Aluminium wird im Gegensatz zu Eisen auch als reines Metall verwendet.
Der innere Aufbau des Aluminiums bestimmt seine Eigenschaften, die eine vielseitige Anwendung des Aluminiums und seiner Legierungen ergeben.

chem. Symbol:	Al
Schmelzpunkt:	660 °C
Dichte:	2,7 g/cm³
Gittertyp:	kubisch-flächenzentriert

Eigenschaft	Ursache	Verwendungsbeispiele
geringe Dichte $\varrho = 2{,}7\ g/cm^3$	großer Abstand der Atome kleine Masse eines Atoms	Legierungen für Fahrzeugbau und Flugzeugbau
gute elektrische Leitfähigkeit	viele freie Elektronen	Reinaluminium für Stromschienen und Überlandleitungen
gute Wärmeleitfähigkeit		Reinaluminium und Aluminiumlegierungen für Kochtöpfe und Heizkörper
gute Umformbarkeit	kubisch-flächenzentriertes Gitter	Reinaluminium für Folien und Tuben
Korrosionsbeständigkeit	Bildung einer festen und dichten Oxidhaut an der Luft	
schweiß- und lötbat mit besonderen Verfahren		Reinaluminium und Aluminiumlegierungen für Nahrungsmittelbehälter und Rohrleitungen

2. Aluminiumgusslegierungen

Aluminium bildet mit Silizium ein Kristallgemenge. Eine Aluminium-Silizium-Legierung mit etwa 12 % Silizium schmilzt bereits bei etwa 600 °C, besitzt sehr gute Gießeigenschaften (Dünnflüssigkeit, geringe Schwindung) und hat hohe Festigkeit. Sie lässt sich im Allgemeinen gut schweißen und ist korrosionsbeständig.

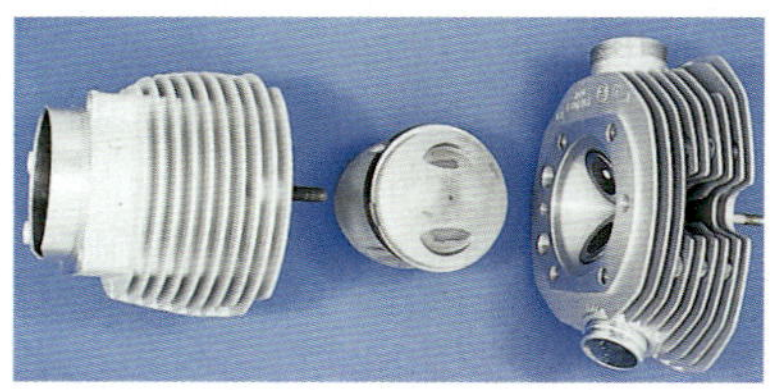

Zylinderkopf aus G-AlSiMg

Anteile an Magnesium und Kupfer erhöhen die Festigkeit. Kupfer verringert jedoch die Korrosionsbeständigkeit. Aluminiumgusslegierungen mit diesen Elementen werden als Werkstoffe z. B. für Motorengehäuse und Getriebegehäuse im Fahrzeug- und Flugzeugbau verwendet.

> ! Aluminiumgusslegierungen sind Aluminiumlegierungen mit guten Gießeigenschaften. Sie enthalten in der Regel Silizium.

3. Aluminiumknetlegierungen

Bereits geringe Zusätze der Legierungselemente Magnesium (Mg), Silizium (Si), Kupfer (Cu), Zink (Zn) und Mangan (Mn) ändern sehr stark die Eigenschaften des reinen Aluminiums. Insbesondere werden Festigkeit und Härte gesteigert, während die Umformbarkeit nur gering nachlässt. Diese Legierungen können durch Warmumformen (Walzen, Strangpressen) durchgeknetet werden, deshalb nennt man sie Aluminiumknetlegierungen.

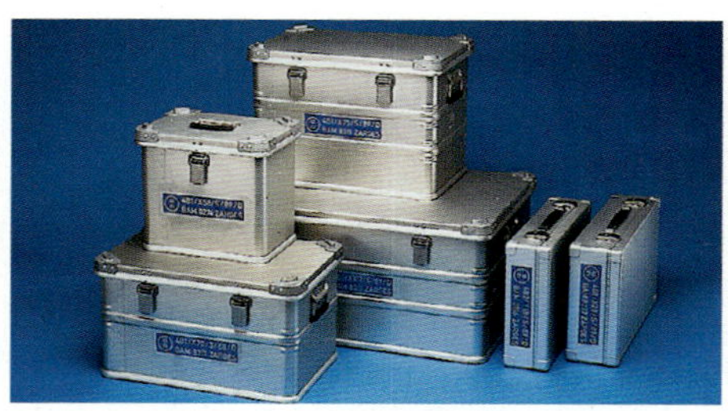

Transportbehälter aus Aluminium-Knetlegierungen

Aluminiumknetlegierungen werden aufgrund ihrer hohen Festigkeit und geringen Dichte als Werkstoffe für Transportbehälter sowie Konstruktionsteile im Fahrzeug-, Flugzeug- und Schiffbau verwendet.

> ! Aluminiumlegierungen mit Zusätzen von Magnesium, Silizium, Kupfer, Zink und Mangan sind gut umformbar und haben hohe Festigkeit. Man nennt sie Knetlegierungen.

Übungsaufgaben 4/1 bis 4/6

4.2 Kupfer und Kupferlegierungen

Kupfer wird sowohl als reines Metall als auch als Basismetall vieler Legierungen in der Technik verwendet. Die folgenden Eigenschaften bestimmen seinen Einsatz:

chem. Symbol:	**Cu**
Schmelzpunkt:	1 083 °C
Dichte:	8,9 g/cm³
Gittertyp:	kubisch-flächenzentriert

Eigenschaft	Ursache	Verwendungsbeispiele
sehr gute elektrische Leitfähigkeit	viele freie Elektronen	Kabel, Stromschienen
sehr gute Wärmeleitfähigkeit		Wärmetauscher, Lötkolben
gute Umformbarkeit	kubisch-flächenzentriertes Gitter	Behälter, Kessel, Dichtungen, Kunstgegenstände
gute Korrosionsbeständigkeit	Bildung einer dichten und festen Oxidschicht an der Luft	Rohrleitungen, Dachabdeckungen, Plattierungen

1. Kupfer-Zink-Legierungen

Kupfer-Zink-Legierungen mit einem Kupfergehalt von mindestens 50 % und Zink als Hauptlegierungsbestandteil werden als **Messing** bezeichnet. Damit bei der spanenden Bearbeitung der Span besser bricht, kann Messing bis zu 3 % Blei enthalten.

Beträgt der Zinkgehalt unter 38 %, so sind diese Messingsorten sehr gut umformbar. Sie werden als Kupfer-Zink-Knetlegierungen bezeichnet. Aus diesen Messingsorten werden Schrauben, Blattfedern, Kugelschreiberminen, Hülsen u. a. Bauteile durch Kaltumformen hergestellt.

Messingsorten mit mehr als 38 % Zn sind schlecht umformbar, aber gut gießbar und zerspanbar. Aus diesen Messingsorten werden Armaturen, Ventile, Steuerungsbauteile und Formdrehteile aller Art hergestellt.

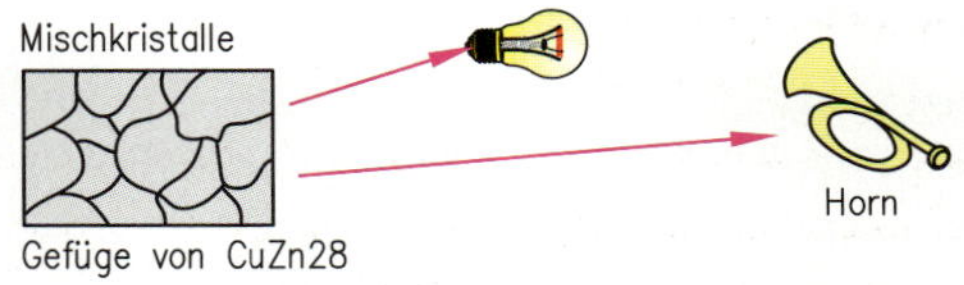

Gefüge und Beispiele für die Verwendung von Cu-Zn-Legierungen mit niedrigem Zn-Gehalt (Messing)

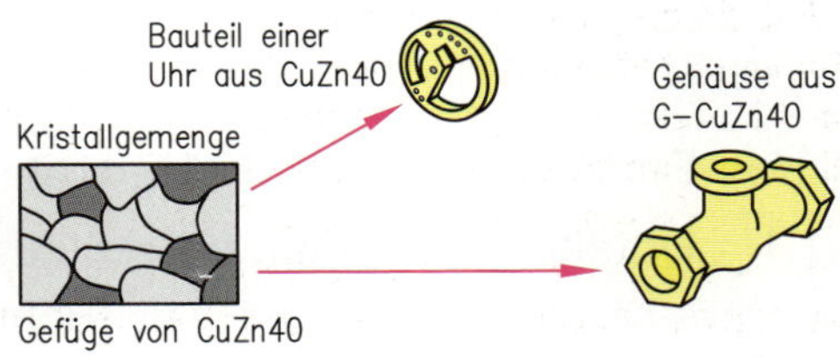

Gefüge und Beispiele für die Verwendung von Cu-Zn-Legierungen mit höheren Zn-Gehalten (Messing)

> **!** Messing ist eine Kupfer-Zink-Legierung. Messingsorten mit weniger als 38 % Zinkgehalt sind gut umformbar. Messingsorten mit mehr als 38 % Zinkgehalt sind gut gieß- und zerspanbar.

2. Kupfer-Zinn-Legierungen

Kupfer-Zinn-Legierungen bezeichnet man als Zinn-**Bronzen.**

Zinn-Bronzen bis zu 9 % Zinn sind Knetlegierungen. Diese Zinnbronzen sind gut umformbar. Es werden daraus Schrauben, Drähte, Bleche, Bänder und andere Bauteile hergestellt.

Steigt der Zinngehalt über 9 %, verschlechtert sich die Umformbarkeit. Die Gießeigenschaften verbessern sich. Darüber hinaus verbessern sich Korrosionsbeständigkeit und die Gleiteigenschaften. Aus Zinnbronzen mit mehr als 9 % Sn stellt man Schneckenräder, Lager, Armaturen, Bauteile für Turbinen und Gleitschienen durch Gießen her.

CuSn6	94 % Cu	6 % Sn
CuSn8	92 % Cu	8 % Sn

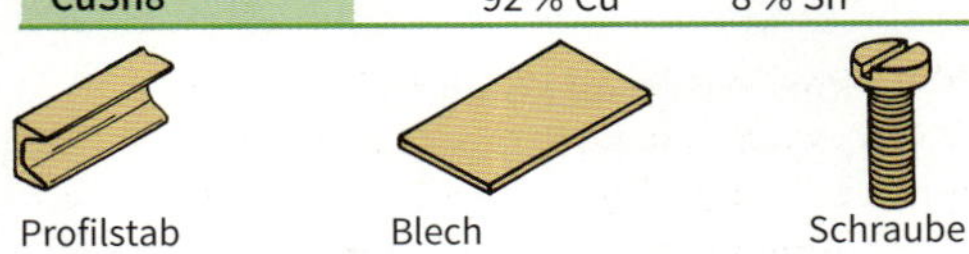

Verwendung von Cu-Sn-Knetlegierungen

G-CuSn12	88 % Cu	12 % Sn
G-CuSn14	86 % Cu	14 % Sn

Verwendung von Cu-Sn-Gusslegierungen

> **!** Bronzen sind Kupfer-Zinn-Legierungen. Bronzen mit weniger als 9 % Zinn sind Knetlegierungen. Bronzen mit mehr als 9 % Zinn werden vergossen.

Übungsaufgaben 4/7 bis 4/10

5 Kunststoffe

Im Maschinenbau haben die Kunststoffe neben den Metallen als Konstruktionswerkstoffe Bedeutung gewonnen. Ihre Anwendung wächst ständig, da die Eigenschaften dieser Werkstoffgruppe sehr leicht den Erfordernissen angepasst werden können.
Wichtige Anwendungen von Kunststoffen im Maschinenbau sind:

- Verkleidungen, Gehäuse,
- Rohrleitungen, Schläuche, Behälter,
- Zahnräder, Riemen, Kupplungen, Lager,
- Dichtungen, Isolierungen,
- Klebstoffe.

Alle Kunststoffe haben gemeinsame Eigenschaften, durch die sie sich von anderen Werkstoffen unterscheiden.

Bauteile aus Kunststoff für den Maschinenbau

Eigenschaft	Verwendung	Beispiele
geringe Dichte	Behälterwerkstoff	Flaschenkästen, Eimer, Öltanks
elektrisch nicht leitend	Isolierstoffe	Steckdosen, Handbohrmaschinengehäuse
schlecht wärmeleitend	Wärmedämmstoffe	Heizleitungsisolation, Kühlschrankisolation
schwingungsdämpfend	Schallschutzstoffe	Getriebeteile, Maschinenunterlagen
korrosionsbeständig	Korrosionsschutzwerkstoff	Rohrleitungen, Apparate, Beschichtungen

5.1 Einteilung der Kunststoffe

5.1.1 Einteilung nach dem Molekülaufbau

Kunststoffe bestehen aus sehr großen Molekülen, von denen jedes aus vielen tausend Atomen gebildet wird. Man nennt diese großen Moleküle **Makromoleküle**. Die Makromoleküle haben die Form von langen Ketten, die auch verzweigt sein können.
Das Grundgerüst der Makromoleküle, die Kette, wird bei Kunststoffen auf Kohlenstoffbasis durch Kohlenstoffatome gebildet.
Bei Kunststoffen auf Siliziumbasis, den **Silikonen**, bilden Silizium- und Sauerstoffatome das Grundgerüst der Makromoleküle.

Beispiele für den unterschiedlichen Molekülaufbau von Kunststoffen

Kunststoff auf Kohlenstoffbasis:
Polyvinylchlorid (PVC)

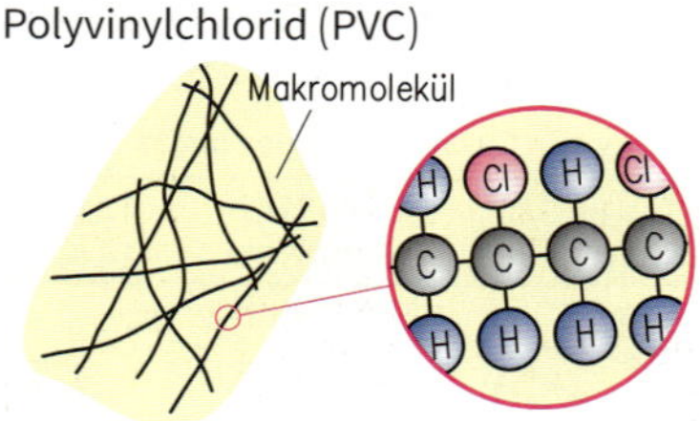

Kunststoff auf Siliziumbasis:
Silikonkautschuk

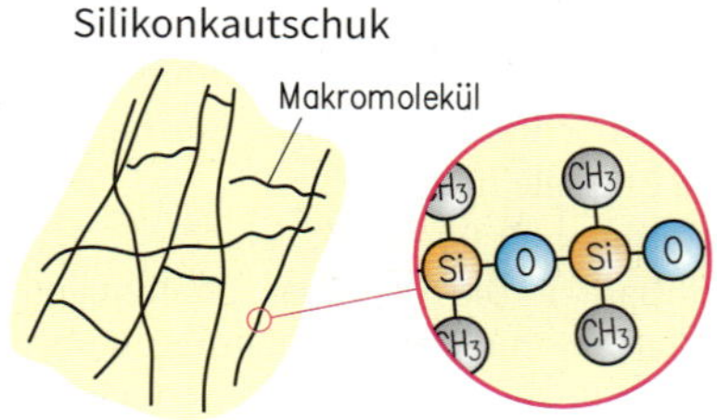

Die meisten Kunststoffe bestehen aus Makromolekülen, in denen Kohlenstoffatome das Grundgerüst bilden.

> **!** Die meisten Kunststoffe bestehen aus Makromolekülen, mit Kohlenstoffatomen als Grundgerüst.
> In den Kunststoffen, die als Silikone bezeichnet werden, bilden Silizium- und Sauerstoffatome das Grundgerüst der Makromoleküle.

Übungsaufgaben 5/1 bis 5/3

5.1.2 Einteilung nach Struktur und thermischem Verhalten

Kunststoffe bestehen aus langen, fadenförmigen Makromolekülen. Diese fadenförmigen Moleküle können in unterschiedlicher Anordnung zueinander vorliegen. Sie können ungeordnet und ohne jede Verknüpfung untereinander wie die einzelnen Fäden in einem Wattebausch vorliegen. Sie können aber auch untereinander verknüpft sein wie ein räumliches Netz.

Man spricht von:
- unvernetzten Makromolekülen,
- vernetzten Makromolekülen.

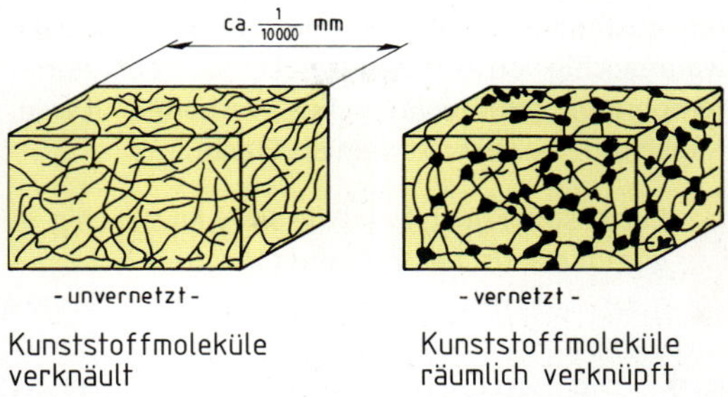

Innerer Aufbau von Kunststoffen

Dieser unterschiedliche Aufbau bestimmt wesentlich die Eigenschaften und die Verwendbarkeit der Kunststoffe.

1. Thermoplastische Kunststoffe

Kunststoffe, in denen die Makromoleküle unvernetzt vorliegen, sind bei Erwärmung auf Temperaturen über 100 °C weich und plastisch umformbar. Diese Kunststoffe bezeichnet man als **Thermoplaste**. Die Ursache für die gute Umformbarkeit liegt darin, dass sich die unvernetzten Makromoleküle bei höheren Temperaturen stärker bewegen und leichter gegeneinander abgleiten. Erwärmte Thermoplaste kann man unter Druck verschweißen. Dabei verknäulen sich die Moleküle beider Bauteile in der Grenzfläche miteinander.

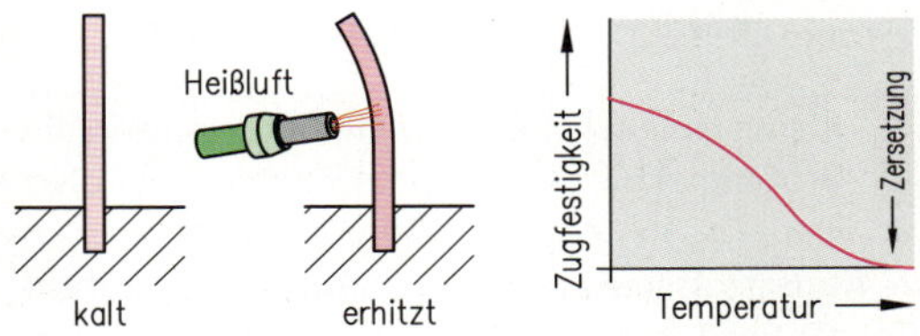

Verhalten eines Thermoplastes beim Erhitzen

> **!** Thermoplastische Kunststoffe bestehen aus unvernetzten Makromolekülen. Thermoplaste sind schmelzbar, im warmen Zustand unformbar, schweißbar und meist unbeständig gegen Lösungsmittel.

2. Duroplastische Kunststoffe

Kunststoffe, in denen die Makromoleküle vernetzt vorliegen, bleiben auch bei höheren Temperaturen hart und fest. Diese Kunststoffe bezeichnet man als Duroplaste. Bei den Duroplasten können sich die fadenförmigen Makromoleküle nicht gegeneinander verschieben, weil sie in kurzen Abständen miteinander verknüpft sind. Man kann Duroplaste auch nicht verschweißen. Zur Herstellung von Bauelementen liefert der chemische Betrieb diese Kunststoffe als unvernetzte Vorprodukte. Nach der endgültigen Formgebung leitet man die Vernetzung der Makromoleküle meist durch Wärme ein. Diesen Vernetzungsvorgang bezeichnet man auch als Aushärtung.

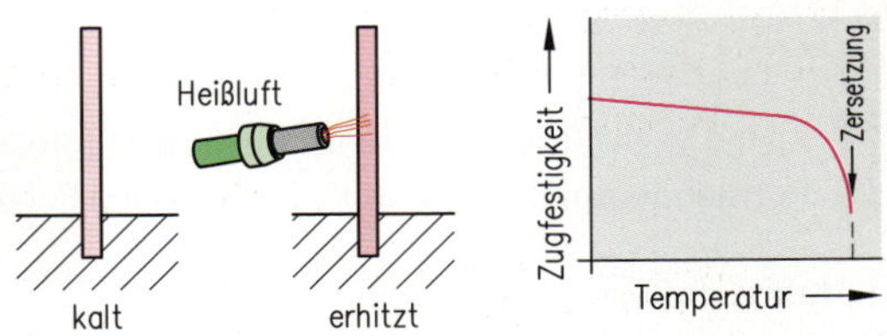

Verhalten eines Duroplastes beim Erhitzen

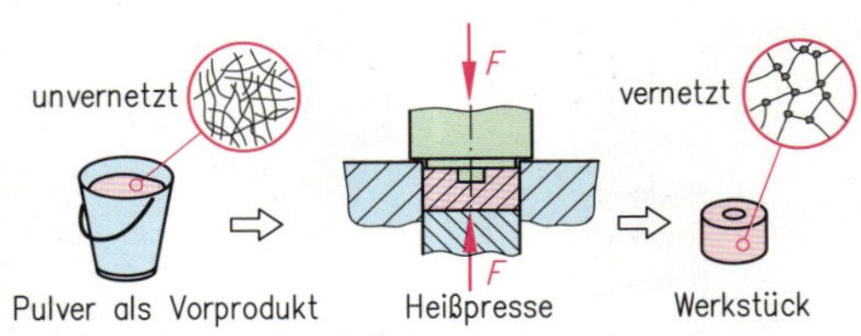

Verarbeitung eines Duroplastes

> **!** Duroplaste sind Kunststoffe, die aus vernetzten Makromolekülen bestehen.
> Duroplaste sind nach der Aushärtung in der Wärme nicht umformbar und nicht schweißbar.

3. Elastische Kunststoffe

Kunststoffe, in denen die Makromoleküle in größeren Abständen voneinander vorliegen und dabei weitmaschig vernetzt sind, zeigen auch bei Raumtemperatur gummielastisches Verhalten. Diese Kunststoffe bezeichnet man als **Elaste**.

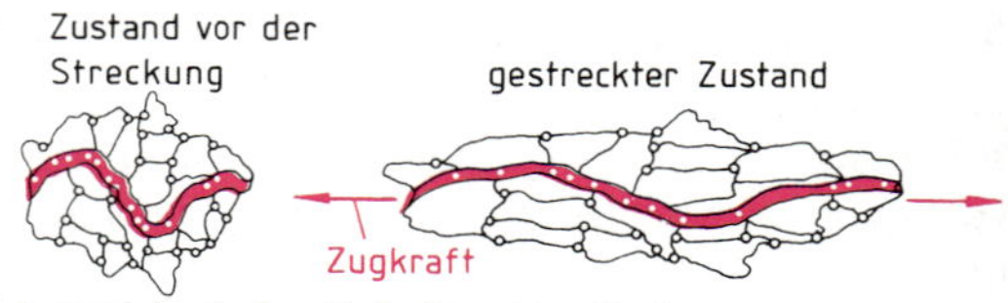

Gummielastisches Verhalten eines Elastes

> ! Elaste sind Kunststoffe, die aus weitmaschig vernetzten Makromolekülen bestehen. Sie zeigen gummielastisches Verhalten.
> Elaste sind nach der Aushärtung in der Wärme nicht umformbar und nicht schweißbar.

5.2 Erzeugung von Kunststoffen

1. Kunststofferzeugung durch Polymerisation

Bei der Polymerisation werden Makromoleküle aus meist gleichartigen kleinen Molekülen aufgebaut. Diese kleinen Moleküle müssen zwischen zwei Kohlenstoffatomen eine Doppelbindung aufweisen.

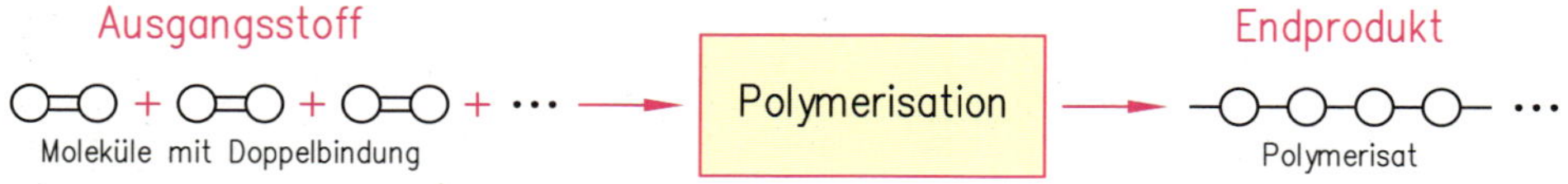

> ! Kleine Moleküle mit Doppelbindungen zwischen zwei C-Atomen werden durch Polymerisation zu Großmolekülen verknüpft. Es entstehen Polymerisate.

2. Kunststofferzeugung durch Polykondensation

Bei der Polykondensation werden Makromoleküle aus meist verschiedenartigen kleinen Molekülen aufgebaut. Die Bindung der einzelnen Moleküle erfolgt dadurch, dass sich ein Nebenprodukt (Kondensat) abspaltet. Dieses Nebenprodukt ist in vielen Fällen Wasser.

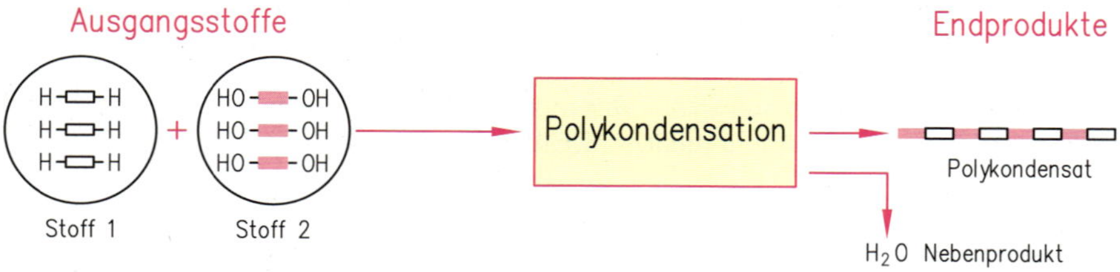

> ! Kleine Moleküle von zwei verschiedenen Stoffen werden unter Ausscheidung von Wasser durch Polykondensation verknüpft. Es entstehen Polykondensate.

3. Kunststofferzeugung durch Polyaddition

Bei der Polyaddition werden Makromoleküle aus meist verschiedenartigen kleinen Molekülen aufgebaut. Die Bindung der einzelnen Moleküle wird möglich durch Platzwechsel von Wasserstoffatomen von Stoff 1 zu Stoff 2.

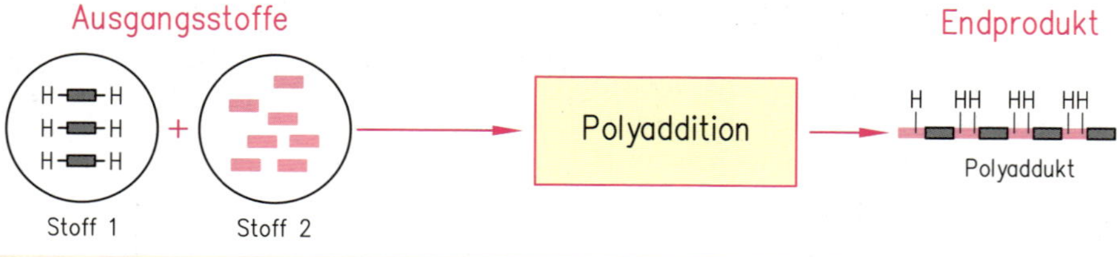

> ! Kleine Moleküle von zwei verschiedenen Stoffen werden ohne Nebenprodukte zu Großmolekülen durch Polyaddition verknüpft. Es entstehen Polyaddukte.

5.3 Übersicht über wichtige Kunststoffe

	Kunststoff Kurzzeichen	Typische Verwendungen	Weitere Anwendungen Handelsnamen	Eigenschaften	Erkennen des Kunststoffs am Verhalten eines Spans in der Flamme eines Bunsenbrenners
Polymerisate	**Polyethylen PE**	 Eimer, Druckrohre	Haushaltsartikel (Eimer, Wannen, Schüssel), Schutzhelme, Rohre, Verpackungsfolien, Kabelisolierungen, Hohlkörper, Folien *Handelsnamen:* Hostalen, Vestolen, Lupolen	Dichte: 0,9 g/cm^3 Zugfestigkeit: 140 N/mm^2 Bruchdehnung: bis 500 % chem. Beständigkeit: beständig gegen Säuren, Laugen und organische Lösungsmittel, unbeständig gegen heißes Öl	bläuliche Flamme Geruch nach brennender Kerze schmilzt brennende Tropfen fallen ab, dabei gelbe Flamme
	Polyvinylchlorid PVC	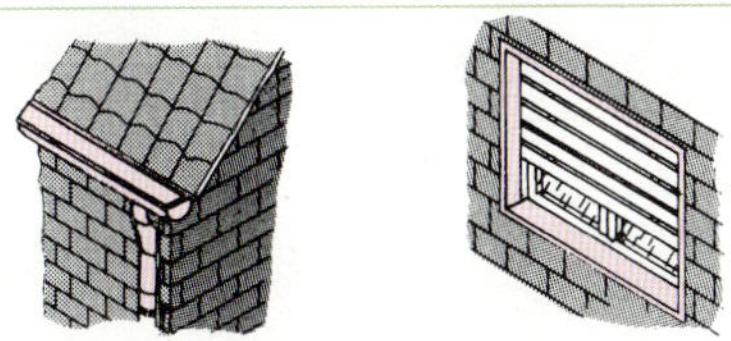 Dachrinnen u. Abwasserrohre, Fensterrahmen u. Rolläden	Fußbodenbeläge, Kunstleder, Vorhänge, Stiefel, Rohre, Platten, Flaschen, Folien, Apparate *Handelsnamen:* Vestolit, Hostalit, Skai, Pegulan	Dichte: 1,4 g/cm^3 Zugfestigkeit: 60 N/mm^2 Bruchdehnung: bis 100 % chem. Beständigkeit: unbeständig gegen organische Lösungsmittel	grünliche Flamme brennt schlecht stechender Geruch nach Salzsäure erlischt außerhalb der Flamme
	Polystyrol PS	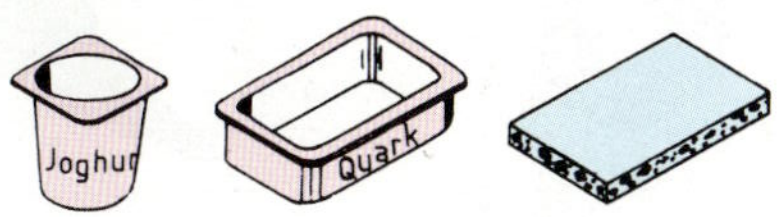 Behälter für Molkereiprodukte, Isolierplatten aus Hartschaum	Isolierteile für Elektrotechnik, Werkzeuggriffe, billige Haushaltsartikel, kleine Behälter, Einwegverpackungen, Isolierungen *Handelsnamen:* Luran, Hostyren, Vestyran, Styropor	Dichte: 1,05 g/cm^3 Zugfestigkeit: 65 N/mm^2 Bruchdehnung: 3,5 % chem. Beständigkeit: unbeständig gegen organische Lösungsmittel	gelbe Flamme süßlicher Geruch stark rußend schmilzt beim Brennen
Polyaddukte	**Polyurethan PU**	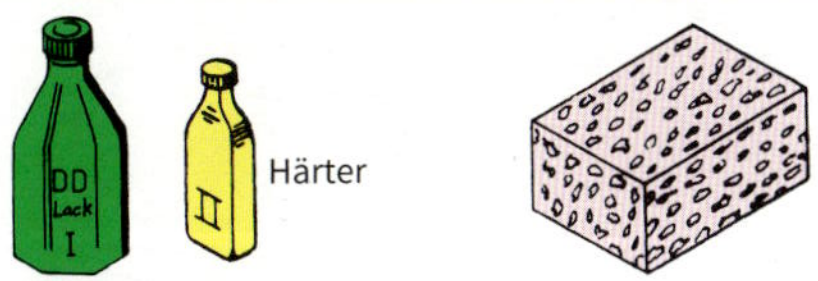 Härter, Zweikomponentenlacke, Polsterschäume	Kleber, Dichtungen, Zahnräder, Treibriemen, Textilfasern, Lacke *Handelsnamen:* Desmodur-Desmophen, Moltopren, Vulkollan	Dichte: 1,21 g/cm^3 Zugfestigkeit: 50 N/mm^2 Bruchdehnung: 80 % chem. Beständigkeit: unlöslich in organischen Lösungsmitteln	gelbliche Flamme stechender Geruch verkohlt an der Brennfläche
	Epoxidharz EP	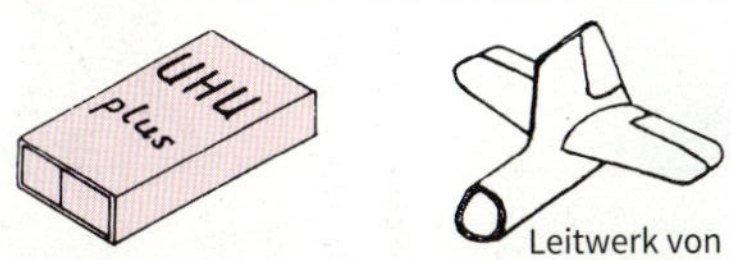 Zweikomponentenkleber, Leitwerk von Sportflugzeug (glasfaserverstärkt)	hochfeste, glasfaserverstärkte Konstruktionsteile, Gießereimodelle, abriebfeste Anstrichstoffe *Handelsnamen:* Lekutherm, Epoxin, Araldit, UHU-plus	Dichte: 1,3 g/cm^3 Zugfestigkeit: 50 N/mm^2 Bruchdehnung: 0,7 % chem. Beständigkeit: unlöslich in organischen Lösungsmitteln	hellorangefarbige, bläulich gesäumte Flamme rußend phenolartiger Geruch

	Kunststoff Kurzzeichen	Typische Verwendungen	Weitere Anwendungen	Eigenschaften	Erkennen des Kunststoffs am Verhalten eines Spans in der Flamme eines Bunsenbrenners
Polykondensate	**Polyester PETP**	 Seile  Textilfasern	Lagerschalen, Schaltergehäuse, Kontaktabdeckungen, Folien *Handelsnamen:* Diolen, Trevira, Dacron, Hostaphan	Dichte: 1,8 g/cm³ Zugfestigkeit: 150 N/mm² Bruchdehnung: 40 % chem. Beständigkeit: unlöslich in den meisten Lösungsmitteln	zusammenschmelzend süßlicher Geruch brennt außerhalb der Flamme weiter
	glasfaser-verstärkter Polyester UP	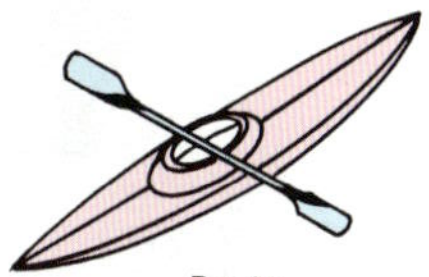 Boote 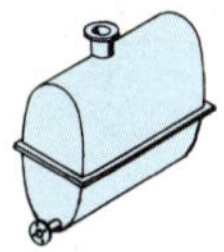 Behälter	Abdeckungen, lichtdurchlässige Verkleidungen, Angelruten *Handelsnamen:* Leguval, Palatal, Polyleit, Vestopal	Dichte: 1,9 g/cm³ Zugfestigkeit: bis 800 N/mm² Bruchdehnung: 3 % chem. Beständigkeit: unlöslich in organischen Lösungsmitteln	gelbliche Flamme süßlicher Geruch starke Rußentwicklung
	Polyamide PA	 Bohrmaschinen-gehäuse  Zahnräder	Füllhalter, Schutzhelme, Rollen, Bürsten, Angelschnüre, Textil-fasern, Lagerschalen *Handelsnamen:* Supramid, Ultramid, Vestamid	Dichte: 1,15 g/cm³ Zugfestigkeit: 85 N/mm² Bruchdehnung: bis 200 % chem. Beständigkeit: unbeständig gegen starke Säuren und Laugen, beständig gegen Öl und Benzin	bläuliche Flamme Geruch nach Horn bräunlich anschmelzend zieht Tropfen
	Aminoplaste MF u. a.	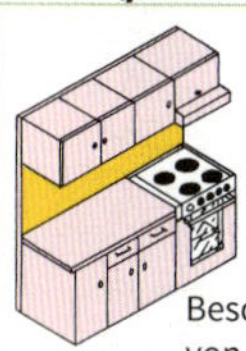 Beschichtungen von Küchenmöbeln 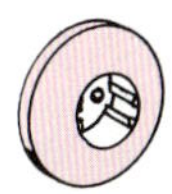 Steck-dose 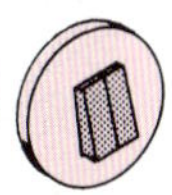 Schalter Isolierteile	Telefongehäuse, Camping-geschirr, Küchenmaschinengehäuse, Toilettendeckel *Handelsnamen:* Albamit, Getalit, Resopal	Dichte: 1,5 g/cm³ Zugfestigkeit: 40 N/mm² Bruchdehnung: 0,5 % chem. Beständigkeit: beständig gegen schwache Säuren und Laugen sowie gegen organische Lösungsmittel	brennt schlecht Material verkohlt unter knackendem Geräusch fischartiger Geruch
	Pheno-plaste PF	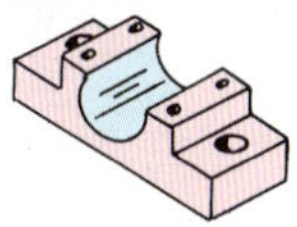 Lagerschale aus Schicht-pressstoffen 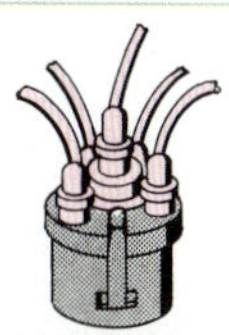 Zündverteiler im Kfz	Zahnräder, Schichtholz, Isolierplatten, Bedienungs-knöpfe *Handelsnamen:* Bakelit, Pertinax	Dichte: 1,3 g/cm³ Zugfestigkeit: bis 250 N/mm² Bruchdehnung: 1 % chem. Beständigkeit: beständig gegen schwache Säuren und Laugen sowie organische Lösungsmittel	gelbe Flamme Material brennt schwer platzt knackend Phenolgeruch

Arbeitsauftrag: Prüfen von Werkstoffeigenschaften

Untersuchen Sie die drei folgenden verschiedenen Werkstoffe hinsichtlich ihrer Eigenschaften. Verwenden Sie dazu Draht beziehungsweise Schnur aus folgendem Werkstoff:

- **Unlegierter Stahl** (Bindedraht) ca. 0,6 mm Durchmesser,
- **Kupferdraht** (Spulendraht) ca. 0,6 mm Durchmesser,
- **Polyamid** (Angelschnur) ca. 0,6 mm Durchmesser.

a) Ermittlung der Dichte

1. Bestimmen Sie mit einer Waage die Masse von jeweils 5 m Draht bzw. Schnur.
2. Berechnen Sie das jeweilige Volumen dieser 5 m.
3. Berechnen Sie die Dichte der verschiedenen Werkstoffe aus der Masse und dem Volumen.
4. Geben Sie alle Daten in einer Tabelle nach folgendem Muster an:

Werkstoff	Probe				Dichte
	Durchmesser mm	Länge m	Gewicht g	Volumen mm^3	g/cm^3
Stahl	?	?	?	?	?
Kupfer	?	?	?	?	?
Polyamid	?	?	?	?	?

5. Vergleichen Sie ihre Ergebnisse mit Werten aus einem Tabellenbuch. Äußern Sie sich zu Abweichungen.

b) Ermittlung der Zugfestigkeit

1. Belasten Sie jeweils ca. 300 mm einer Probe und messen Sie dabei die Kraft im Augenblick des Zerreißens mit einer Federwaage.

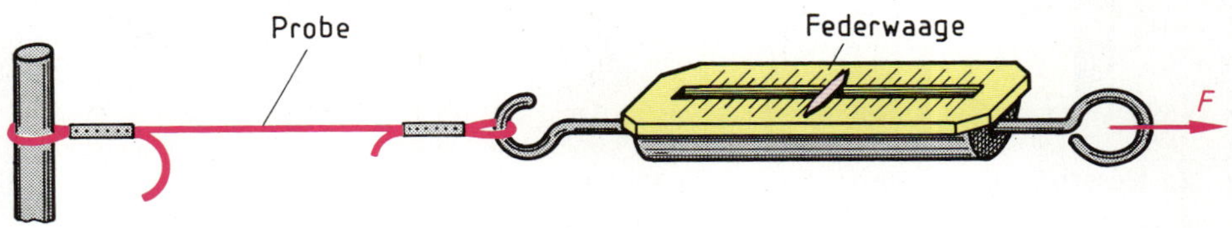

2. Berechnen Sie den Querschnitt der Probe.
3. Bestimmen Sie die Zugfestigkeit nach folgender Formel:

$$\text{Zugfestigkeit} = \frac{\text{höchste Zugkraft}}{\text{Querschnitt}}$$

4. Geben Sie alle Daten tabellarisch an:

Werkstoff	Probe			Zugfestigkeit
	Durchmesser mm	Querschnitt mm^2	höchste Zugkraft N	N/mm^2
Stahl	?	?	?	?
Kupfer	?	?	?	?
Polyamid	?	?	?	?

c) Untersuchung des elastischen Verhaltens

Die verschiedenen Werkstoffe sind elastisch. Die Beträge, um welche die Werkstoffe durch Zugkraft elastisch verlängert werden können, sind jedoch klein und mit einfachen Mitteln schwer messbar. Darum können Sie das elastische Verhalten nur ungefähr beobachten.

1. Ziehen Sie jeweils eine 4 m lange Probe ein wenig länger und beobachten Sie die Längenänderung beim Entlasten.
2. Berichten Sie über Ihre Beobachtung.

d) Ermittlung der Bruchdehnung

Die Bruchdehnung ist ein Kennwert für das plastische Verhalten eines Werkstoffes.

1. Ziehen Sie jeweils eine 4 m lange Probe so lang, bis sie zerreißt.

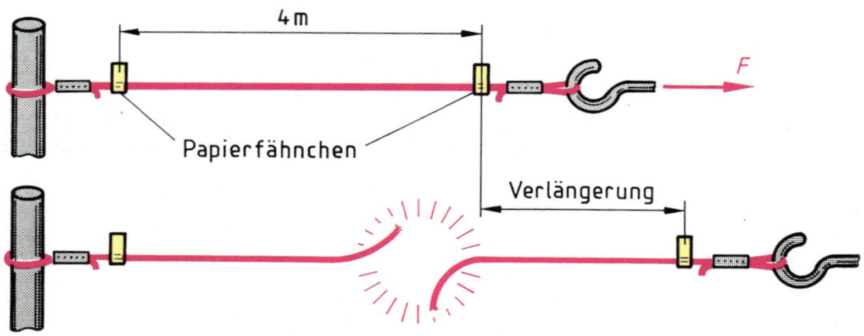

2. Messen Sie die Länge der zerrissenen Probe.
3. Berechnen Sie, um wie viel Prozent sich der Werkstoff gegenüber der Anfangslänge plastisch verlängert hat. Geben Sie alle Daten tabellarisch an:
4. Geben Sie alle Daten tabellarisch an:

Werkstoff	Probe		Bruchdehnung
	Anfangslänge mm	Verlängerung mm	%
Stahl	?	?	?
Kupfer	?	?	?
Polyamid	?	?	?

HANDLUNGSFELD: Technische Dokumentation erstellen und auswerten

Problemstellung

Auftrag

1. Konstruktionsmaße für Lagerbock aus -GJS 280 berechnen.
2. Modellzeichnung für einen gegossenen Lagerbock erstellen

Skizze

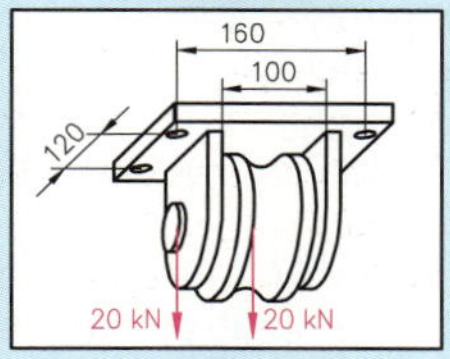

- Lagerbohrung 50 H 6
- Lagerbreite 100 mm
- Befestigung: 4 Schrauben Abstand 160 x 120 mm
- Abstand Lagermitte Auflagefläche 160 mm
- Anhängelast 40 kN gesamt

Analyse des Auftrags

Vorgaben lt. Pflichtenheft:
- Ziel der Darstellung
- Funktionsmaße
- Fertigungsverfahren
- Werkstoff

Betriebliche Vorgaben:
- CAD-System
- Betriebliche Vereinbarungen (Werksnormen)

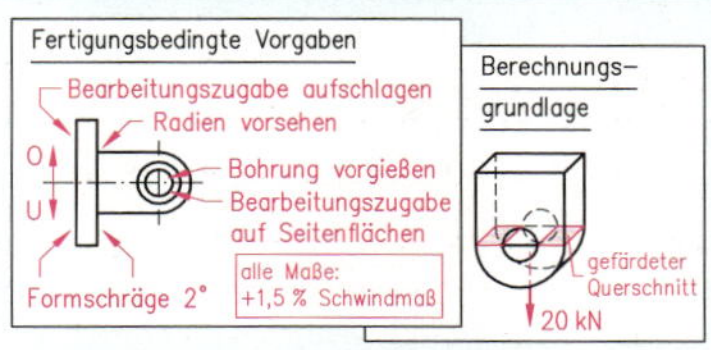

Ergebnisse:
- Darstellungsart
- Maße
- Fertigungsbedingte Konturvorgaben
- Belastung (Kräfte, Momente)
- Normauszüge

Entwicklung

Vorgaben:
- Belastung (Kräfte, Momente)
- Funktionsmaße
- Fertigungsbedingte Konturvorgaben
- Werkstoff

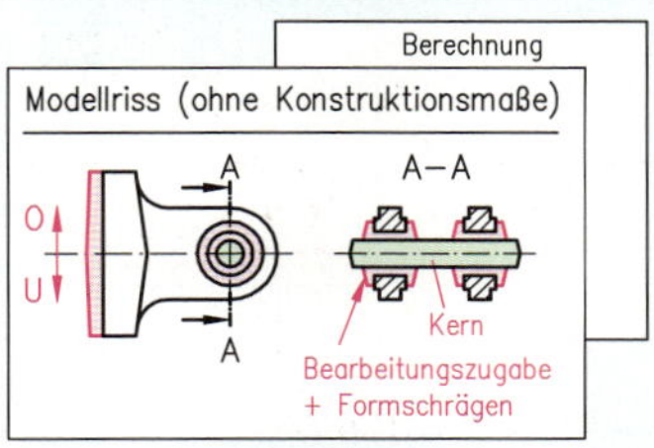

Ergebnisse:
- Konstruktionsmaße
- Kontur

Konstruktion

Betriebliche Vorgaben:
- CAD-System
- Werksnormen

Vorgaben aus Entwicklung:
- Konstruktionsmaße
- Kontur

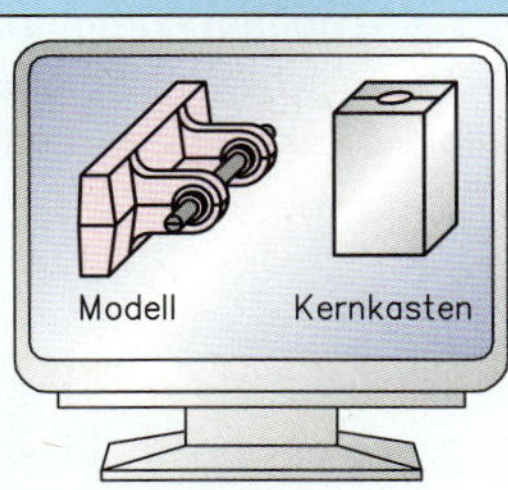

Ergebnisse:
- CAD-Datensatz
- Zeichnungen
- Stückliste

Evtl.
- Gebrauchsanweisung
- Wartungs- und Entsorgungshinweise

1 Technisches Zeichnen

1.1 Technische Zeichnungen als Informationsträger

Der Austausch von Informationen zwischen Menschen wird meist über Sprache und Texte vorgenommen. Zeichnungen können darüber hinaus unabhängig von der Sprache zu einem eindeutigen Informationsaustausch genutzt werden. Alle Informationsträger und -wege in einem Betrieb basieren auf Fachsprache, Texten, Datensammlungen und Zeichnungen, die weitgehend vereinheitlicht sind. Man fasst sie unter dem Begriff „Technische Kommunikation“ zusammen.

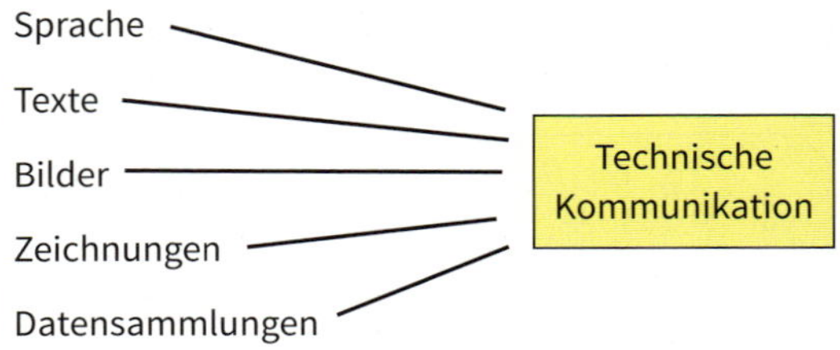

Informationsträger in einem Betrieb

Alle für die Fertigung eines Produktes notwendigen Informationen müssen klar und eindeutig sein. Die technische Zeichnung ist ein wesentliches Mittel im Produktherstellungsprozess, weil sie diese Bedingungen erfüllt.

Beispiele für technische Kommunikationsmittel in einem Fertigungsauftrag

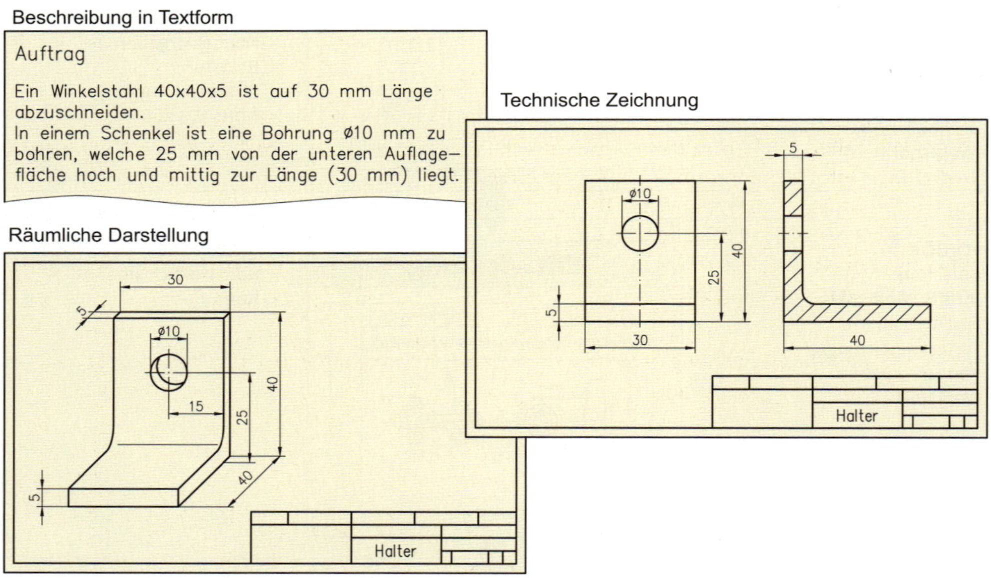

Der Fachmann muss die für seinen Beruf angewendeten Kommunikationsmittel lesen und verstehen können. Außerdem soll er in der Lage sein, aus technischen Informationen, wie z. B. aus einer Skizze, entsprechende technische Zeichnungen zu erstellen. Dazu muss er die fachlichen Grundlagen der technischen Kommunikation beherrschen.

> **!** Technische Kommunikationsmittel dienen dazu, alle notwendigen Informationen bereitzustellen, um einen reibungslosen Produktherstellungsprozess innerhalb eines Unternehmens zu ermöglichen und zu dokumentieren.

Das wichtigste Kommunikationsmittel in der Fertigungsabteilung eines Betriebes ist die technische Zeichnung, weil optische Informationen vom Betrachter besser aufgenommen werden können als umfangreiche Texte.
Man hat die Möglichkeit, dreidimensionale Darstellungen von Werkstücken zu wählen. Diese Darstellungsart ist anschaulich und leicht zu verstehen.
Üblicherweise werden Werkstücke in Ansichten gezeichnet, aus denen der Betrachter auf die räumliche Form des Körpers schließen kann.

Beispiele für verschiedene Darstellungsformen eines Werkstückes

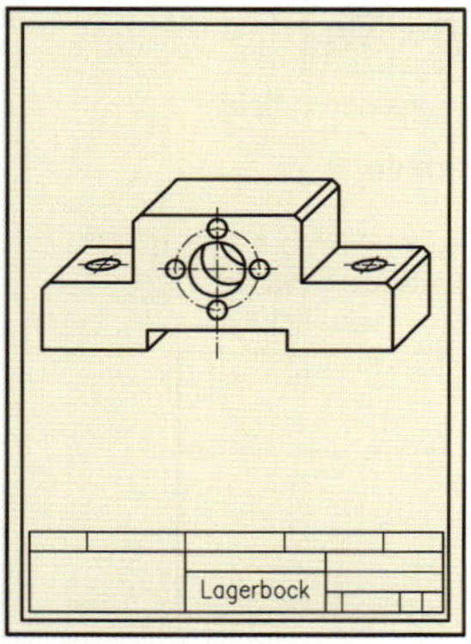

Räumliche Darstellung

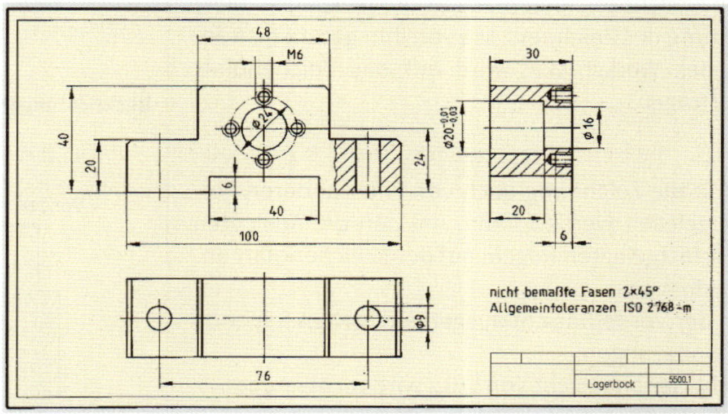

Technische Zeichnung

Neben der Darstellung der Form des Körpers durch verschiedene Ansichten bietet eine Zeichnung auch aussagekräftige Informationen über die Abmessungen des Bauteiles. Nach den Maßangaben kann der Fachmann das Bauteil fertigen. Zusätzlich zu den Maßangaben finden sich meist auch Angaben darüber, wie die Oberflächenbeschaffenheit des Bauteiles sein soll.
Weiterhin ist in einer Ecke der Zeichnung en Schriftfeld angebracht, welches vor allem Informationen zur Dokumentation der Zeichnung enthält.

! In einer technischen Zeichnung sind mehrere Informationen enthalten, denen Vereinbarungen in Form von Normen zugrunde liegen.

Beispiele für genormte Elemente in Zeichnungen

Genormte Elemente	Erklärungen
Ansichten	Aus der Lage der Ansichten kann man auf den räumlichen Aufbau des Werkstückes schließen.
Blatteinteilung	Die Blatteinteilung wird so vorgenommen, dass die Zeichenfläche optimal ausgenutzt wird.
Schriftfeld	Das Schriftfeld dient zur Dokumentation der Werkstückunterlagen und Zeichnungserstellung.
Maßeintragungen	Die Maßeintragungen beschreiben die Größe und Form des Werkstückes.
Schnittdarstellungen	Die Schnittdarstellungen erlauben, innere Konturen des Werkstückes zu verstehen.
Gewindedarstellungen	Die Gewindedarstellungen bieten eine vereinfachte Information über die Art und Größe von Gewinden.
Toleranzangaben	Die Toleranzangaben legen fest, wie genau das Werkstück hergestellt werden soll.

1.2 Von der räumlichen Darstellung zur technischen Zeichnung

Den räumlichen Aufbau eines Werkstücks auf einer Blattebene kann man darstellen, indem das Werkstück in verschiedenen Ansichten gezeichnet wird. Man unterscheidet z. B.:

- Vorderansicht,
- Seitenansicht,
- Draufsicht.

Eine Ansicht zeichnet man aus der jeweiligen Blickrichtung des Zeichners. Die von ihm gesehene Kontur des Werkstückes wird auf das Zeichenblatt übertragen.

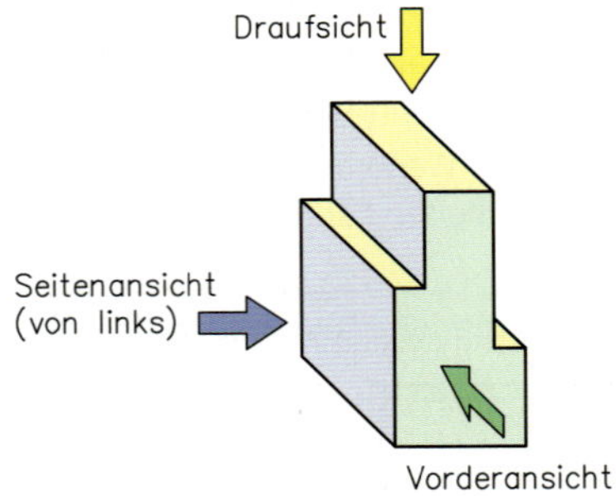

Blickrichtungen für die Ansichten

Damit die Zeichnung auch von einer anderen Person gelesen werden kann, müssen die Ansichten nach festgelegten Regeln auf dem Zeichenblatt angeordnet sein.
Von der Vorderansicht ausgehend, gelten folgende Vereinbarungen:

- die Seitenansicht von links wird rechts neben die Vorderansicht gezeichnet,
- die Draufsicht wird unter der Vorderansicht gezeichnet.

Hält man diese Regeln ein, so erkennt der Betrachter, aus welchen Blickrichtungen die Ansichten gezeichnet worden sind. Er kann sich somit das Werkstück räumlich vorstellen.

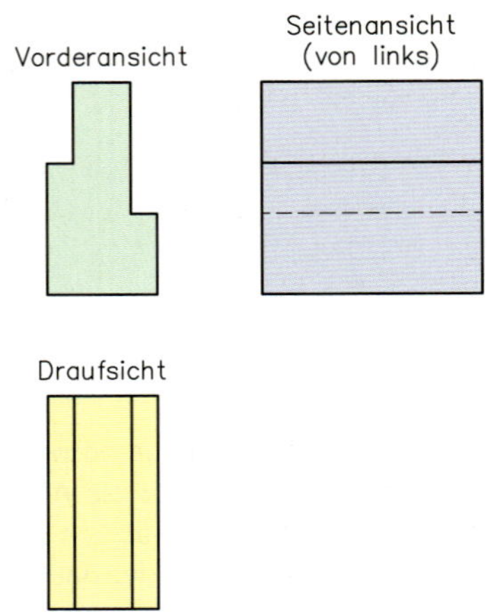

Anordnung der Ansichten auf einem Zeichenblatt

Damit ein Werkstück eindeutig dargestellt ist, zeichnet man so viele Ansichten, wie nötig.

- Prismatische Werkstücke werden meist in drei Ansichten gezeichnet.
- Bei Drehteilen reichen oftmals zwei Ansichten aus.
- Für flache Werkstücke ist vielfach nur die Draufsicht mit der zusätzlichen Angabe der Dicke ausreichend.

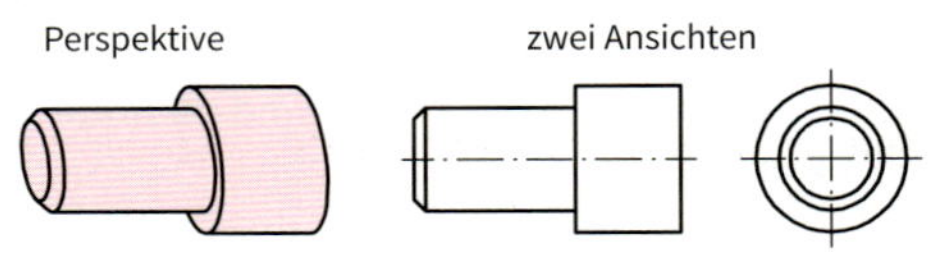

Drehteil

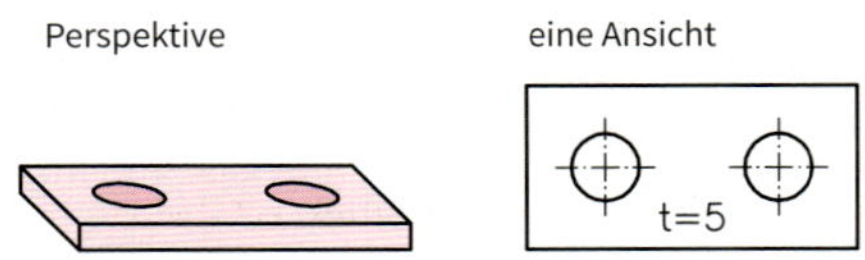

Flaches Werkstück

Folgende Vereinbarungen über Linienarten bestehen:

- Sichtbare Kanten werden mit einer breiten Volllinie gezeichnet,
- verdeckte Kanten zeichnet man gestrichelt und schmal,
- Strich-Punktlinien wendet man für Mittellinien und Symmetrielinien an.

Linienart	Breite	Anwendung
————————	0,5 mm	sichtbare Kanten
— — — — —	0,25 mm	verdeckte Kanten
—— · —— · ——	0,25 mm	Mittellinie

Linienarten und Strichstärken

! Die technische Zeichnung stellt einen Körper in Ansichten dar. Aus diesen Ansichten kann man auf die räumliche Struktur des Werkstückes schließen.

Übungsaufgaben 1/3; 1/4

1.2.1 Festlegung der Werkstücklage für die zeichnerische Darstellung

Wenn der Fachmann eine technische Zeichnung von einem Werkstück erstellt, so wählt er zuerst die Vorderansicht aus. Diese Ansicht ist so zu wählen, dass möglichst wenig Kanten, z. B. durch vorliegende Flächen, verdeckt werden.

Verdeckte Kanten lassen sich nicht immer vermeiden und müssen dann gezeichnet werden, wenn die alleinige Darstellung der sichtbaren Kanten nicht ausreicht, um die räumliche Formgebung des Werkstückes vollständig wiederzugeben.

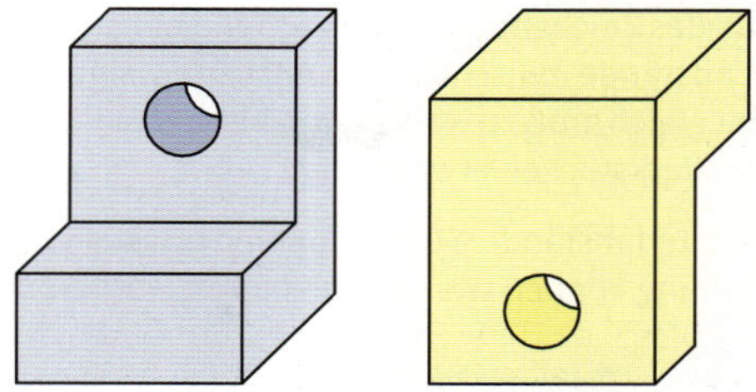

Werkstück in unterschiedlichen Perspektiven

Regeln zur Wahl von Körperansichten und zur Darstellung von verdeckten Kanten und Bohrungen:

- Die Anordnung der Ansichten ist so zu wählen, dass möglichst wenige verdeckte Kanten dargestellt werden müssen.
- Verdeckte Kanten werden durch schmale Strichlinien dargestellt.
- Angrenzungen von verdeckten Kanten an anderen Körperkanten beginnen und enden immer als Strich, nicht als Lücke.

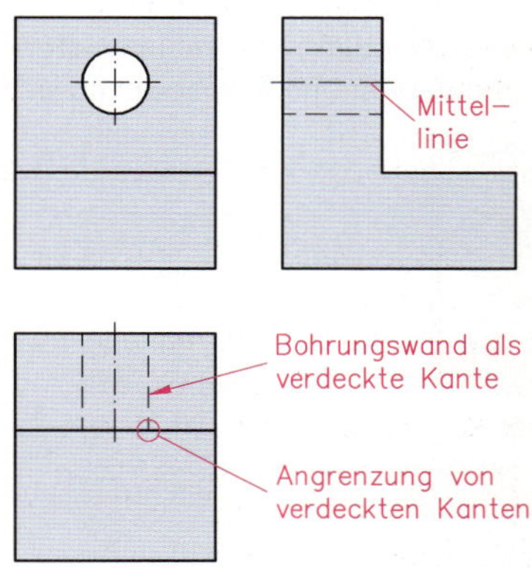

Günstige Anordnung der Ansichten mit wenigen verdeckten Kanten

- Wandungen von Bohrungen werden auch als verdeckte „Kante“ dargestellt.
- Die Lage der Bohrungsmitte wird in allen Ansichten durch dünne Strichpunktlinien dargestellt.
- Das Achsenkreuz von Strichpunktlinien wird durch den Schnitt zweier Linien erfasst.
- Verdeckte Kanten müssen nicht immer eingezeichnet werden, sondern nur dann, wenn die Lesbarkeit der Zeichnung verbessert wird.

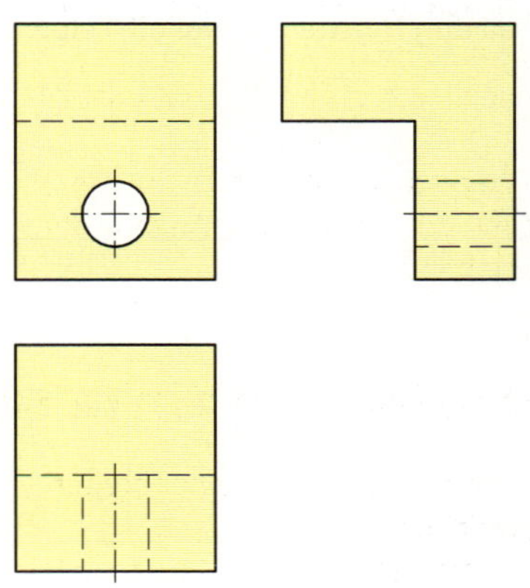

Ungünstige Anordnung der Ansichten mit mehreren verdeckten Kanten

> **!** Verdeckte Kanten sind aus der Blickrichtung einer Ansicht nicht sichtbar. Sie werden durch schmale Strichlinien dargestellt.
> Äußere Begrenzungen von Bohrungen werden als verdeckte Kanten gezeichnet.

1.2.2 Blatteinteilung

Ein Zeichenblatt besteht aus einer Zeichenfläche und einem Schriftfeld. Damit die Körperansichten auf die Zeichenfläche des Zeichenblattes passen und ausreichend Platz für eine spätere Bemaßung vorhanden ist, muss das Zeichenblatt entsprechend eingeteilt werden.

Die Abstände zwischen den Ansichten sind möglichst gleich groß zu wählen und betragen bei einfachen Werkstücken etwa 30 mm.

Die Seitenabstände a und b für eine günstige Blatteinteilung können wie folgt bestimmt werden:

$$a = \frac{\text{Breite der Zeichenfläche} - x}{2}$$

$$b = \frac{\text{Höhe der Zeichenfläche} - y}{2}$$

Je nach Form des Werkstücks ist es manchmal günstiger, das Zeichenblatt im Querformat zu nutzen.

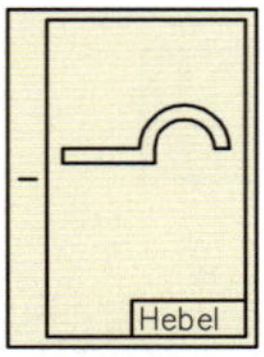

Hochformat

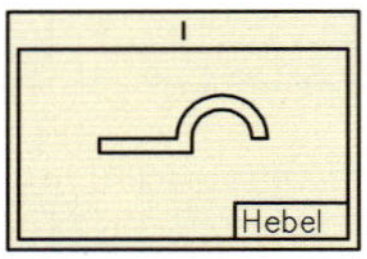

Querformat

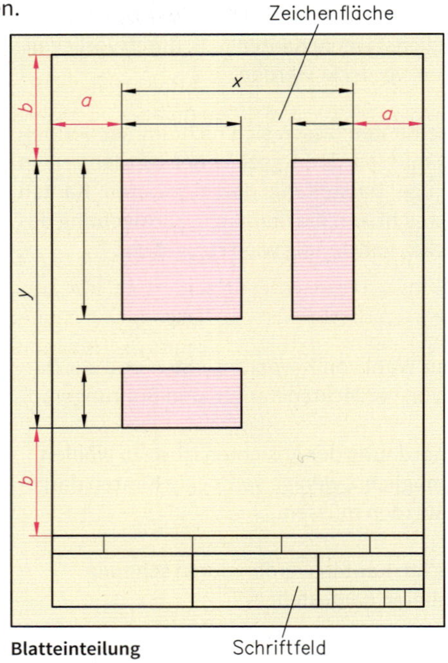

Blatteinteilung

! Ansichten werden möglichst gleichmäßig und übersichtlich auf der Zeichenfläche angeordnet.

1.2.3 Schriftfeld

Alle technischen Zeichnungen erhalten ein Schriftfeld, in das alle für den betrieblichen Informationsaustausch notwendigen Angaben eingetragen sind. Der Aufbau von Schriftfeldern ist genormt und legt vereinheitlichte Datenfelder fest. Um die Anzahl der Datenfelder gering zu halten, gibt es Pflichtfelder, welche im besonderen Fall durch weitere optionale Felder ergänzt werden können.

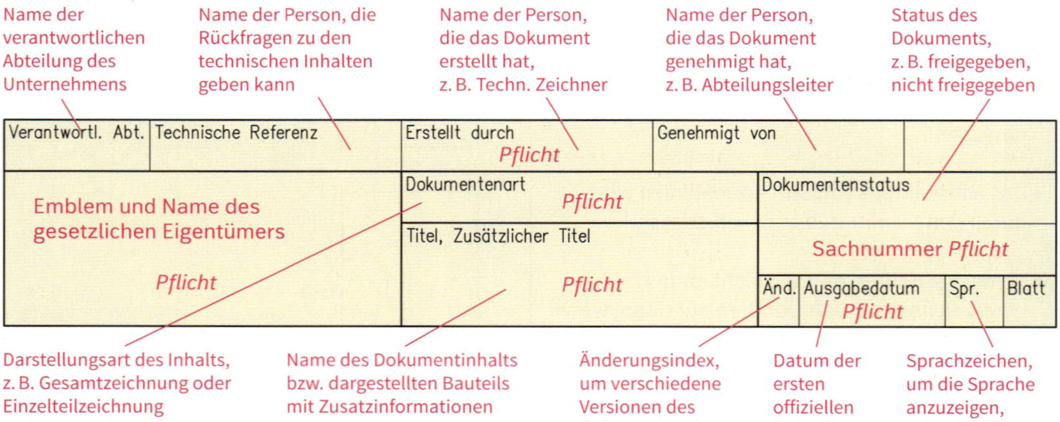

Schriftfeld nach DIN EN ISO 7200

! Zeichnung und Schriftfeld zusammen dienen als ein betriebliches Dokument, nach welchem die Fertigung durchgeführt wird und spätere Ersatzteilbeschaffungen möglich sein müssen.

Übungsaufgaben 1/6; 1/7

1.2.4 Blattgrößen und Maßstäbe

Ein Werkstück wird möglichst in seinen realen Abmessungen im Maßstab 1:1 gezeichnet, damit die Größe des Werkstücks vorstellbar bleibt. Kann man die realen Werkstückabmessungen auf ein Zeichenblatt nicht übertragen, da das Werkstück zu groß oder zu klein ist, muss man Folgendes abwägen:

- Das Zeichenblatt wird größer gewählt, um den Originalmaßstab 1:1 zu erhalten.
- Zu große Werkstücke werden maßstäblich verkleinert gezeichnet.
- Zu kleine Werkstücke werden maßstäblich vergrößert gezeichnet.

1. Blattgrößen

Die Größen von genormten Zeichenblättern werden in DIN-Formaten geordnet. Die Fläche des Ausgangsformates eines Fertigblattes A0 beträgt 1 m2. Die Seitenverhältnisse sind immer: $1 : \sqrt{2}$
Halbiert man das Ausgangsformat, so entstehen zwei gleich große nachfolgende Formate. Aus dem Ausgangsformat A0 werden zwei Nachfolgeformate A1; aus A1 werden zwei Nachfolgeformate A2 usw.
Durch jeweiliges Halbieren der Ausgangsformate ergibt sich somit die Größe des nächst kleineren Formates. Das Fertigblatt ist das auf Normformat geschnittene äußere Zeichenblatt. Die Zeichenfläche wird durch einen umlaufenden Rand begrenzt.

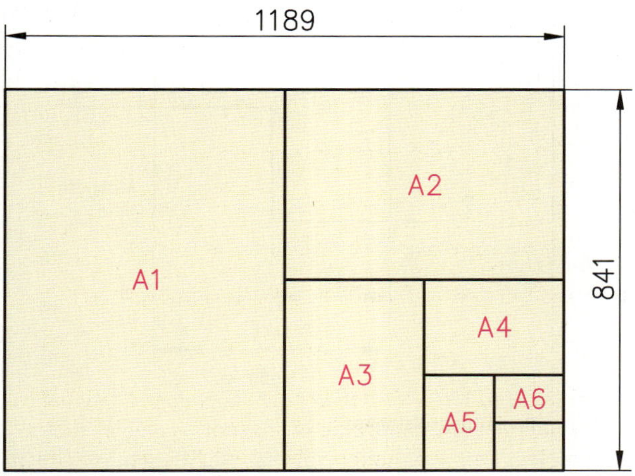

Teilung eines DIN-A0-Zeichenblattes

DIN-Format	Fertigblatt-Maße in mm
A0	841 × 1 189
A1	594 × 841
A2	420 × 594
A3	297 × 420
A4	210 × 297
A5	148 × 210
A6	105 × 148

! Das Ausgangsformat eines Zeichenblattes ist DIN A0. Die nächst kleineren Formate ergeben sich durch wiederholtes Halbieren des Ausgangsformates.

2. Maßstäbe für technische Zeichnungen

Für alle Gebiete der Technik sind die verwendbaren Maßstäbe festgelegt.

Natürlicher Maßstab	1:1					
Verkleinerungsmaßstäbe	1:2	1:5	1:10	1:20	1:50	1:100
Vergrößerungsmaßstäbe	2:1	5:1	10:1	20:1	50:1	

Der verwendete Maßstab muss in der technischen Zeichnung kenntlich gemacht werden. Dazu trägt der Zeichner in dem dafür vorgesehenen Bereich des Schriftfeldes den Maßstab ein.
Die Bemaßung des Werkstückes erfolgt mit den wirklichen Abmessungen des Werkstückes.

! Der Maßstab gibt das Verhältnis der Zeichnungsabmessungen des Werkstückes zur Wirklichkeit an.

1.3 Beschriftungen in technischen Zeichnungen

1.3.1 Normschrift

In der Norm sind Schriftform und Schriftgröße nach internationalen Vereinbarungen festgelegt. Damit in der Fertigung Fehler vermieden werden, müssen die Schriftzeichen, besonders die Zahlen, einheitlich geschrieben werden und klar lesbar sein.
Auch die Lesrichtung von Zahlen und Texten in Zeichnungen ist vereinbart, damit keine Fehler auftreten und z. B. statt 86 die Zahl 98 gelesen wird.

Schriftform A (kursiv)	Schriftform B (vertikal)
abcdefghi	a b c d e f g h i
ABCDEFGHI	A B C D E F G H I
1234567890	1 2 3 4 5 6 7 8 9 0

> ! Durch die international vereinbarte Normschrift verringert man im Bereich der technischen Kommunikation Informationsfehler.

1.3.2 Maßeintragungen

Für die Bemaßung von Körpern werden folgende drei Bemaßungselemente benutzt:

- **Maßhilfslinie:** Sie dient zum Herausziehen von Maßen und verläuft senkrecht zur bemaßenden Körperkante.
- **Maßlinie:** Sie stellt die Größe der zu bemaßenden Körperkante dar, verläuft parallel zu ihr und wird durch Maßpfeile abgeschlossen.
- **Maßzahl:** Sie gibt die Größe der Körperkante an und wird über die Maßlinie geschrieben.

Maßhilfslinien und Maßlinien werden mit schmalen Linien gezeichnet.

Um eine normgerechte Bemaßung vorzunehmen, muss Folgendes beachtet werden:

- Im Maschinenbau werden Längenmaße in Millimetern ohne Nennung der Einheit angegeben.
- Alle Maße müssen von unten oder von rechts lesbar sein.
- Es wird in der Ansicht bemaßt, welche am deutlichsten die zu bemaßende Kontur zeigt.
- Doppelbemaßungen sind nicht erlaubt, sondern nur als Kontrollmaße zulässig und müssen in Klammern gesetzt werden.
- An verdeckten Kanten soll möglichst keine Maßlinie geführt werden.
- Maßlinien sind in übersichtlichen Abständen anzubringen.

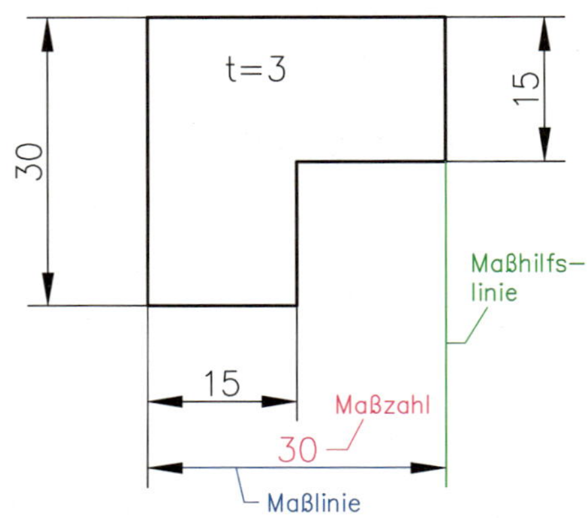

Bemaßungselemente

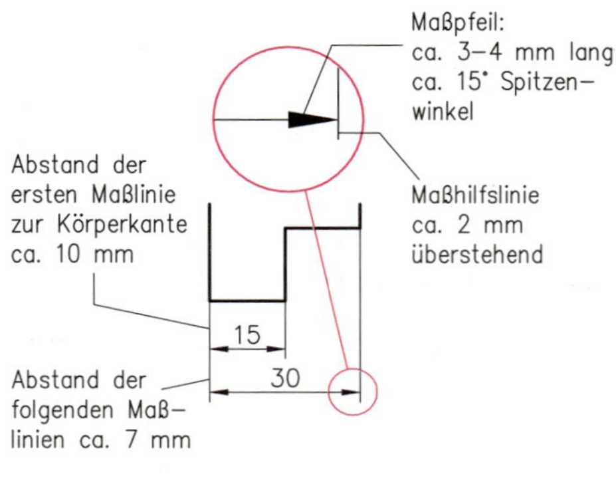

Form, Größe und Abstände von Maßlinien

> ! Die Bemaßung hat die Aufgabe, die Abmessungen eines Werkstücks eindeutig festzulegen.
> Für alle Längenmaße ohne Einheit gilt im Maschinenbau die Einheit „mm“ als vereinbart.

1.3.3 Maßbezugsebenen

1. Maßbezugsebenen unsymmetrischer Werkstücke

Eine Bemaßung sollte immer nach Bezugsebenen erfolgen. Die Bezugsebene ist eine Fläche (in der Ansicht eine Kante), von der aus alle Maße angetragen werden.
Um ein Werkstück vollständig zu bemaßen, wird für jede der drei räumlichen Achsen eine Bezugsebene festgelegt. Häufig werden Auflageflächen als Bezugsebenen gewählt. Die Wahl einer Bezugsebene kann auch durch die Arbeitsfolge zur Fertigung des Werkstücks bestimmt werden.

Beispiel für eine Bemaßung nach Bezugsebenens

Für das Anreißen mit dem Parallelanreißer werden die Auflageflächen des Werkstückes als Bezugsebenen für das Werkstück gewählt.

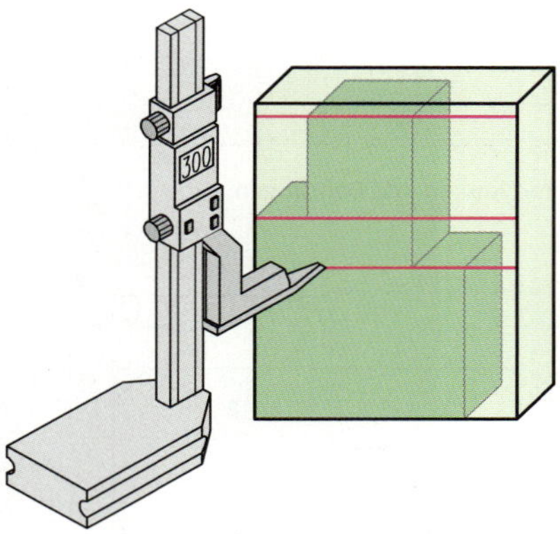

Parallelanreißer mit Werkstück

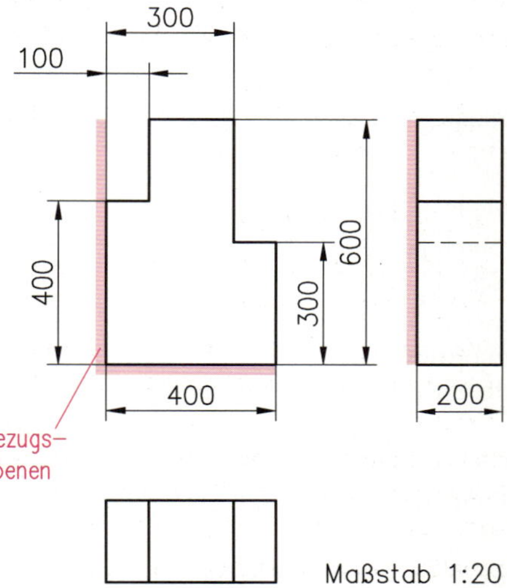

Bezugsebenen an einem Werkstück

2. Maßbezugsebenen symmetrischer Werkstücke

Bei symmetrischen Werkstücken dient die Symmetrieebene als Bezugsebene. Die Symmetrieebene ist die Ebene, an der das Werkstück nach beiden Seiten gespiegelt werden kann.
In der zweidimensionalen Ansicht entspricht die Symmetrieebene der Mittellinie, welche mit einer schmalen Strichpunktlinie gezeichnet wird.

Beispiel für eine Symmetriebemaßung

Von der Mittellinie ausgehend werden alle Breitenmaße symmetrisch angetragen.
Für die Höhenmaße ist die Hauptauflagefläche als Bezugsebene gewählt worden.

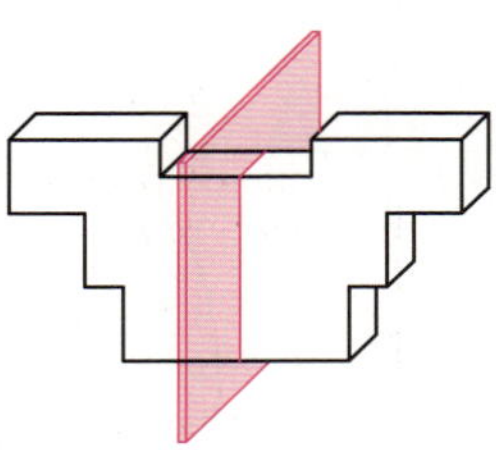

Symmetrieebene eines Werkstückes

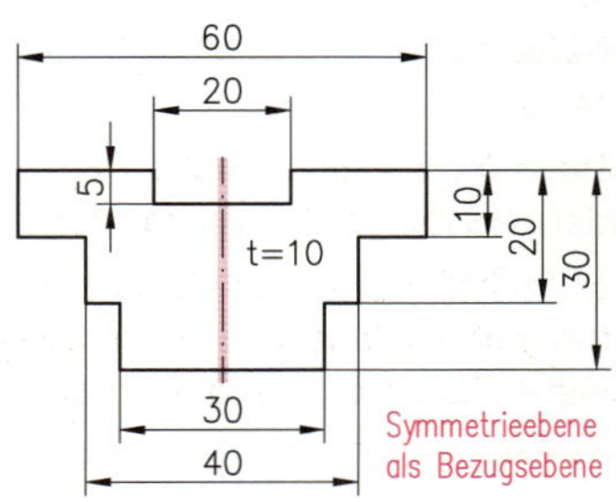

Werkstück mit Symmetriebemaßung

> **!** Neben Symmetrieebenen dienen möglichst große Auflage- oder Spannflächen als Bezugsebenen, welche in einem frühen Stadium gefertigt werden und dann für Prüf- und Anreißaufgaben zur Verfügung stehen.

1.3.4 Bemaßung einzelner Formelemente

Ein Werkstück ist vollständig, eindeutig und normgerecht zu bemaßen. Doppelbemaßungen – sogenannte Überbemaßungen – dürfen nicht vorgenommen werden.

1. Bemaßung von Radien, Durchmessern und Winkeln

Rundungen an Werkstücken werden durch Radien bemaßt. Sie werden durch ein „**R**" vor der Maßzahl gekennzeichnet. Die Maßlinie des Radius kann von außen oder von innen an die Rundung herangeführt werden.

Die Bemaßung einer **Bohrung** besteht aus:

- Längenmaßen, die eindeutig die Lage des Bohrungsmittelpunktes bestimmen,
- der Durchmesserangabe mit einem ø-Zeichen vor der Maßzahl,
- einem Längenmaß, welches die Tiefe der Bohrung angibt. (Entfällt bei Durchgangsbohrungen)

Schrägen lassen sich auf zwei Arten bemaßen:

- Die Endpunkte der Schräge werden bemaßt.
- Die Schräge wird durch eine Winkelangabe in Grad und die Lage eines Bezugspunktes festgelegt.

Fasen bemaßt man entweder

- durch Bemaßung der Ecken oder
- durch Bemaßung von Eckabstand und Fasenwinkel.

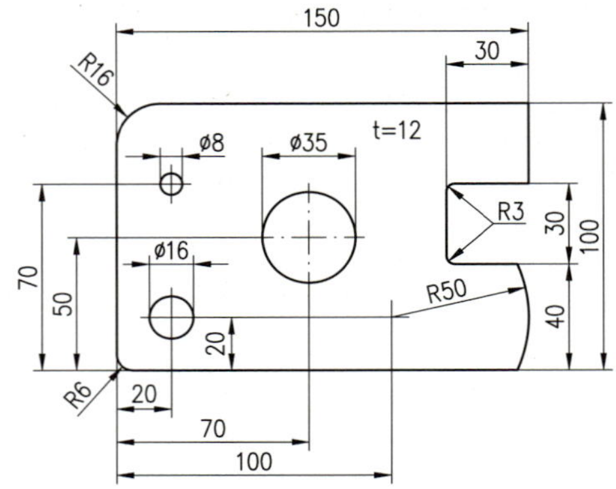

Werkstück mit Radien und Bohrungen

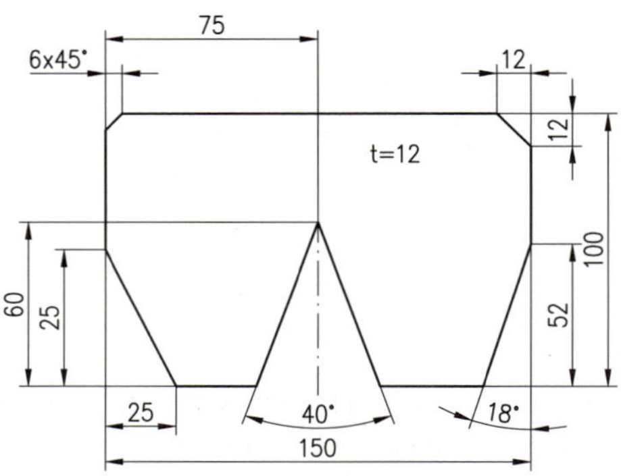

Werkstück mit Fasern und Winkeln

2. Bemaßung von Teilkreisdurchmessern und Teilungen

Durchmesser können auf zwei Arten bemaßt werden:

- Der Durchmesser wird direkt in den zu bemaßenden Kreis eingetragen. Ausnahmsweise dürfen sich hierbei Maßlinien schneiden.
- Die Durchmesserangabe kann mithilfe von Maßhilfslinien achsparallel an den Durchmesser herangeführt werden.

Bohrungen und andere Formelemente können auf Kreisen mit gleichen Winkelabständen liegen. Solche **Teilungen** lassen sich vereinfacht bemaßen. Man gibt die Anzahl und den Winkelabstand der Formelemente an; zusätzlich wird der Gesamtwinkel in Klammern eingetragen.

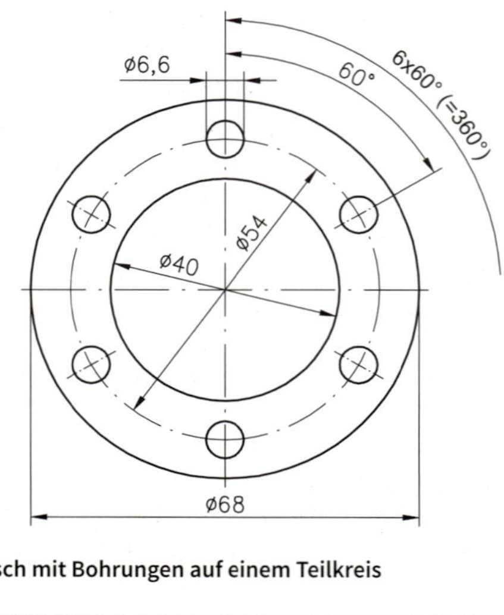

Flansch mit Bohrungen auf einem Teilkreis

1.3.5 Eintragung von Toleranzangaben

Maßangaben bestimmen die Größe einzelner Konturen eines Werkstücks. Berücksichtigt wird dabei aber nicht, dass Maße nie genau eingehalten werden können, aber auch nicht genau eingehalten werden müssen. Daher legt man für die Maße zulässige Abweichungen in Form von Toleranzangaben fest.
Man unterscheidet in Zeichnungen drei Arten der Toleranzangaben:

- **Allgemeintoleranzen:** Diese gelten für alle Maße ohne Toleranzzeichen.
- **Einzeltolerierte Maße:** Sie sind mit den Zahlenwerten der Grenzabmaße gekennzeichnet.
- **Passmaße:** In Passmaßen sind die Grenzabmaße durch eine Buchstaben- und Zahlenkombination verschlüsselt.

Beispiele für eine Zeichnung mit Toleranzangaben

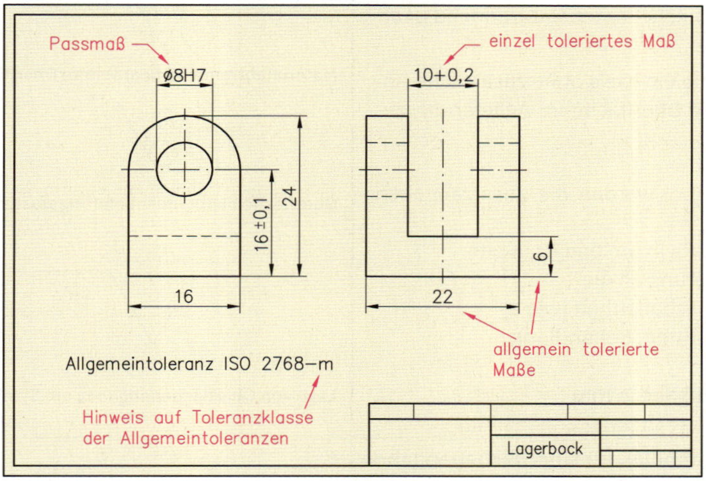

Allgemeintoleranzen gelten für alle Maße, die nicht unmittelbar mit einem Toleranzeichen versehen sind. Die Größe der Allgemeintoleranzen entspricht den werkstattüblich erreichbaren Maßabweichungen. Allgemeintoleranzen sind in folgende Toleranzklassen eingeteilt:

f fein **m** mittel **g** grob **v** sehr grob

Der Hinweis auf die Toleranzklasse wird auf der Zeichnung angegeben durch *„Allgemeintoleranzen DIN ISO 2768 -….“*.
Die Grenzabmaße sind Tabellen zu entnehmen. Für nicht funktionsbedingte Radien und Fasen sind die Allgemeintoleranzen in eigenen Tabellen aufgeführt.
Z. B. betragen bei der Toleranzklasse m für das Maß 22 die Grenzabmaße ± 0,2 mm.

Einzeltolerierte Maße enthalten hinter dem Nennmaß die Angabe der Abmaße mit Vorzeichen +/–. Falls die Abmaße gleich groß sind, wird der Zahlenwert mit ± eingetragen. Wird nur ein Abmaß angegeben, gilt das Nennmaß als Grenze zur nicht zahlenmäßig beschriebenen Seite. Die Angabe 10+0,2 bedeutet z. B., dass die Grenzmaße 10,0 mm und 10,2 mm sind.

Passmaße werden durch einen Buchstaben und eine Zahl gekennzeichnet. Die Kombination weist auf die Größe der Abmaße hin und kann mithilfe von genormten Passungstabellen entschlüsselt werden. Große Buchstaben stehen an Angaben für Bohrungen, kleine Buchstaben an Angaben für Wellen. So bedeutet z. B. 8H7: Das Höchstmaß der Bohrung kann 8,015 mm und das Mindestmaß 8,000 mm sein.

!

- Für nicht gekennzeichnete Maße gelten Allgemeintoleranzen, deren Toleranzklasse in der Zeichnung angegeben wird.
- Einzeltolerierte Maße enthalten hinter dem Nennmaß die Grenzabmaße.
- Passmaße werden durch einen Buchstaben und eine Zahl gekennzeichnet.

1.3.6 Eintragung von Oberflächenangaben

Die Funktionstauglichkeit eines Werkstückes ist oftmals auch von der Beschaffenheit der Oberfläche abhängig. An die Oberflächenrauheit werden z. B. in Dichtungsbereichen oder bei Gleitflächen besondere Anforderungen gestellt. Entsprechende Oberflächenangaben müssen in der Zeichnung normgemäß den jeweiligen Werkstückflächen zugeordnet werden.

1. Symbole für Oberflächenangaben

Das Grundsymbol für Oberflächenangaben besteht aus zwei unter 60° gezeichneten Linien ungleicher Länge.

Eine zusätzliche waagerechte Linie weist darauf hin, dass die Oberfläche materialabtrennend bearbeitet wird.

Steht statt der Linie ein Kreis ohne zusätzliche Angabe, so bleibt die Oberfläche im Anlieferungszustand.

An das Grundsymbol werden die Zusatzangaben eingetragen:

- a Rauheitswerte Ra in µm und Rz in µm
- b Zweite Anforderung an die Oberflächenbeschaffenheit (wie a)
- c Fertigungsverfahren, Behandlung
- d Rillenrichtung
- e Bearbeitungszugabe in mm

Grundsymbol für Oberflächenangaben

Materialabtrennend bearbeitete Oberfläche

Oberfläche bleibt im Anlieferungszustand

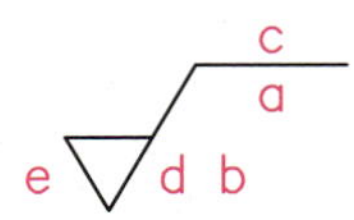

Lage von Oberflächenangaben am Symbol

Beispiele von Symbolen für Oberflächenangaben

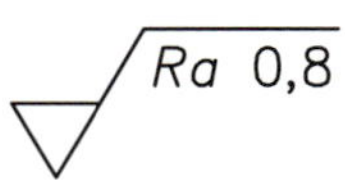

Spanend bearbeitete Oberfläche mit dem oberen Grenzwert für die Rauheitskenngröße *Ra* = 0,8 *µ*m.

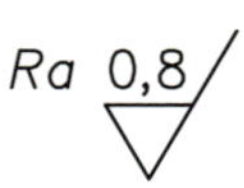

← In alten Zeichnungen

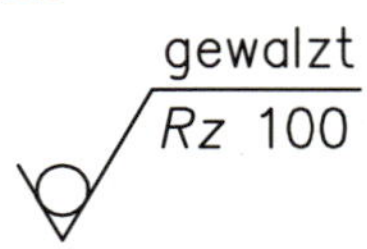

Durch Walzen bearbeitete Oberfläche mit der Rauheitskenngröße *Rz* = 100 *µ*m.

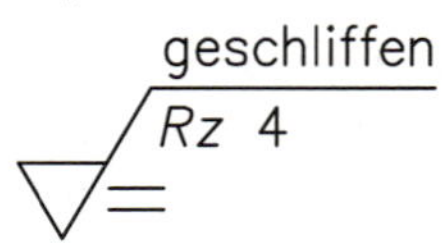

Geschliffene Oberfläche mit der Rauheitskenngröße *Rz* = 4 *µ*m, Rillenrichtung parallel zur Projektionsachse

Werte für die Kennzeichnung der Oberflächenbeschaffenheit
(Die Reihe R 2 ist bevorzugt zu verwenden.)

Oberflächenbeschaffenheit nach alter Norm	**Oberflächenangaben** nach DIN EN ISO 1302							
	Rz in µm				*Ra* in µm			
	R 1	R 2	R 3	R 4	R 1	R 2	R 3	R 4
geschruppt Riefen fühlbar und mit bloßem Auge sichtbar	160	100	63	25	25	12,5	6,3	3,2
geschlichtet Riefen mit bloßem Auge noch sichtbar	40	25	16	10	6,3	3,2	1,6	0,8
fein geschlichtet Riefen mit bloßem Auge nicht mehr sichtbar	16	6,3	4	2,5	1,6	0,8	0,4	0,2
feinst geschlichtet		–	1	1	0,4	–	0,1	0,1

2. Eintragung von Oberflächenangaben in Zeichnungen

Für die Eintragung von Oberflächenangaben gilt, dass jede Fläche gekennzeichnet sein muss. Symmetrieeigenschaften werden nicht übernommen:

- Die Symbole und Beschriftungen müssen von un-ten oder von rechts lesbar sein.
- Das Symbol darf man auch in anderen Lagen zeichnen, wenn nur Angaben zur Rauheit eingetragen werden. Die grundsätzliche Lesbarkeit von unten oder von rechts muss beibehalten bleiben.
- Sind in dem Symbol Angaben zu besonderen Oberflächenbeschaffenheiten enthalten, werden dann Bezugslinien eingezeichnet, wenn sie nicht von unten oder rechts lesbar sind.

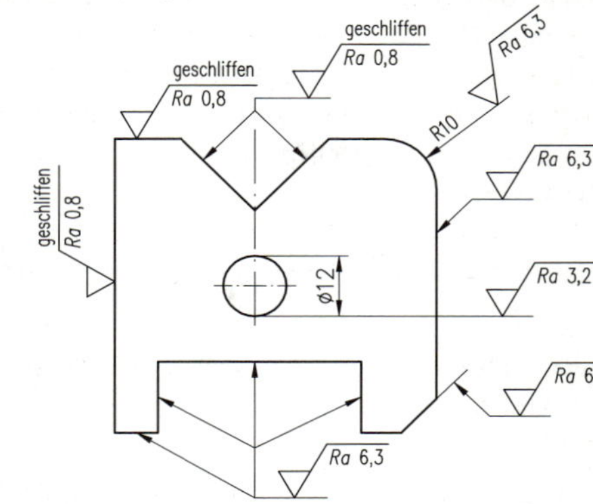

Eintragung von Oberflächenangaben

> **!** Die Eintragungsrichtung der Oberflächensymbole ist so zu wählen, dass die Spitze des Symbols wie ein Bearbeitungskeil auf die zu bearbeitende Oberfläche weist.

- Ist ein Werkstück durchweg mit der gleichen Oberflächenqualität zu fertigen, so erhält die Gesamtzeichnung das entsprechende Oberflächenzeichen als Hauptsymbol. Die abweichenden Oberflächenqualitäten werden in der Zeichnung gekennzeichnet und in einer Klammer hinter das Hauptsymbol werden die entsprechenden Oberflächenzeichen angeordnet.
- Das Symbol sollte dort eingetragen werden, wo die zugehörige Bemaßung erfolgt.

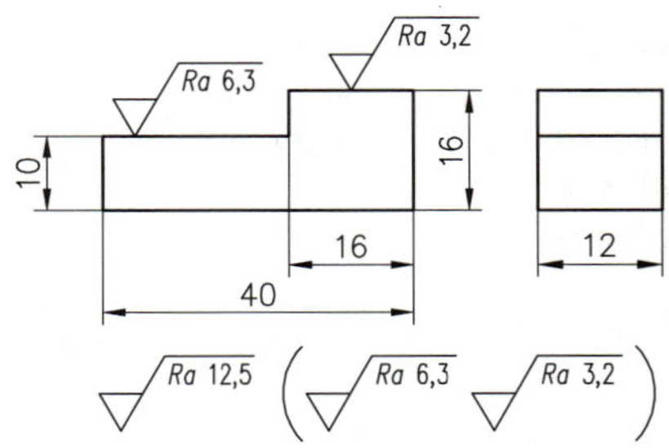

Werkstück mit Oberflächenangaben

3. Fertigungsverfahren und Oberflächenangaben

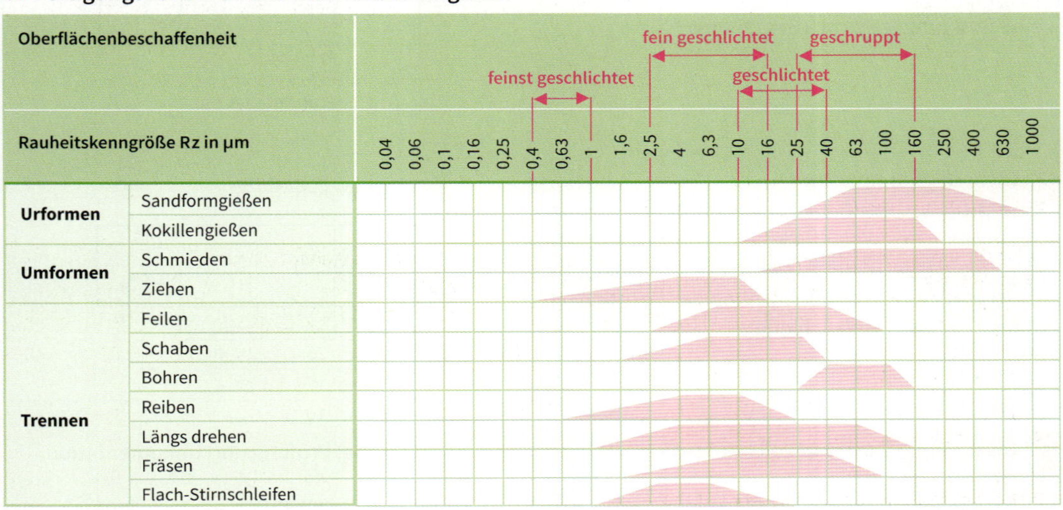

Zeichenerklärung: Rauheitswert bei sorgfältiger Fertigung — Rauheitswert bei grober Fertigung

1.3.7 Anwendungsbezogene Bemaßung

Für die Eintragung von bestimmten Maßen kann es notwendig sein, die jeweilige Maßeintragung anwendungsbezogen vorzunehmen.
Die Ausgangszeichnung dient als Grundlage für die Darstellung der Funktion. Sie ist so vermaßt, dass das Bauteil hergestellt werden kann und dass die Funktion des Bauteiles sichergestellt ist. Für die Fertigung, bzw. für die Prüfung können daraus abgeleitet eigene Zeichnungen mit den anwendungsbezogenen Maßen erstellt werden.

Beispiele für anwendungsbezogene Bemaßung

Sachverhalt
Die zwei Stifte des dargestellten Oberteils sollen in die Bohrungen des Unterteils passen.

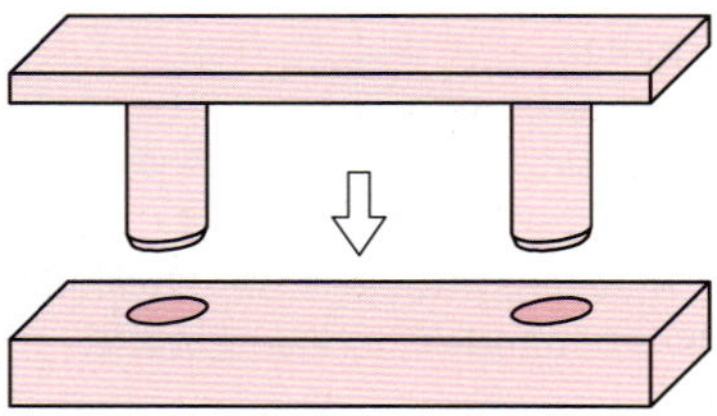

Gesichtspunkte zur Bemaßung

Funktionsgerechte Bemaßung
Damit dies sichergestellt ist, wählt der Zeichner für die Bemaßung der Bohrungsabstände eine funktionsgerechte Maßeintragung. Aus dem Bohrungsabstand und dem Bohrungsdurchmesser mit den jeweiligen Toleranzangaben ergeben sich entsprechende Fertigungs- bzw. Prüfmaße.

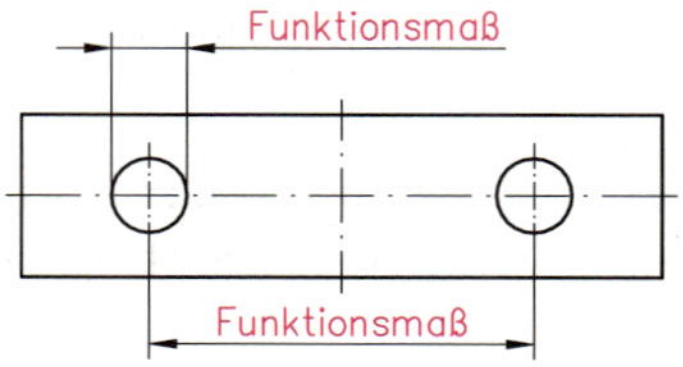

Fertigungsgerechte Bemaßung
Für die Fertigung des Unterteiles ist es vorteilhaft, wenn die Bemaßung so eingetragen ist, wie der Fachmann den Flachstahl anreißen würde. Dies ist eine fertigungsgerechte Bemaßung.

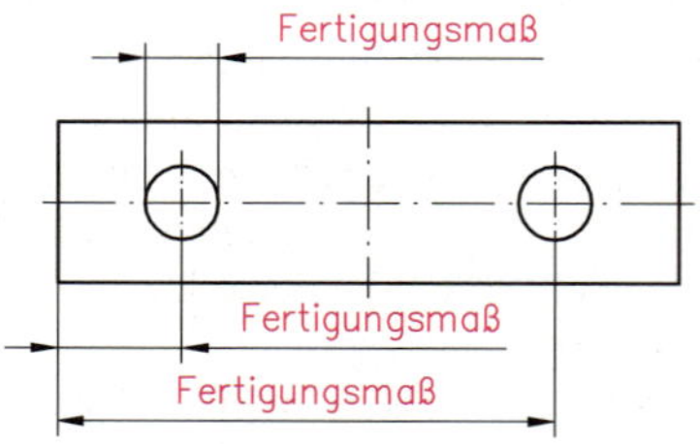

Prüfgerechte Bemaßung
Eine prüfgerechte Bemaßung ergibt sich aus den zur Prüfung des Werkstücks verwendeten Messmitteln. Die dargestellte prüfgerechte Bemaßung des Unterteils erleichtert die Prüfung der Bohrungsabstände mit dem Messschieber.

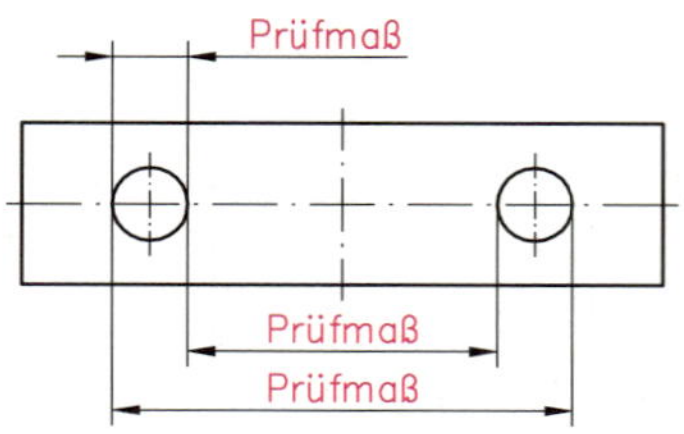

! Die funktionsgerechte Zeichnung dient als Vorgabe für die Fertigung, Prüfung und Dokumentation eines Bauteiles.
Anwendungsbezogene Maße können in zusätzlichen Zeichnungen für die Fertigung bzw. Prüfung eingetragen werden.

Übungsaufgaben 1/13 bis 1/15

1.4 Darstellung und Bemaßung zylindrischer Werkstücke

Zylindrische Bauteile können in einer Ansicht bemaßt werden. Das Durchmesserzeichen vor der Maßzahl gibt die Information, dass es sich um ein Drehteil handelt.

Die **Drehachse** des zylindrischen Bauteils wird durch eine schmale Strichpunktlinie gekennzeichnet.

Fasen an Drehteilen werden mit einem Längenmaß und dem Winkel bemaßt.

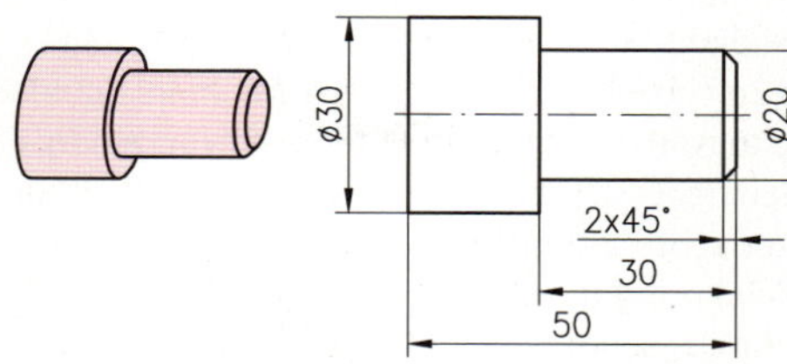

Darstellung eines Bolzens mit Fase

Sind an Drehteilen **Abflachungen** vorhanden, werden diese durch zwei sich kreuzende schmale diagonale Volllinien gekennzeichnet.

Oft werden Abflachungen an Drehteilen angebracht, damit man bei der Montage einen Maulschlüssel ansetzen kann. Die so genannte **Schlüsselweite** kann vereinfacht mit dem Kurzzeichen SW und der entsprechenden Maßzahl dargestellt werden.

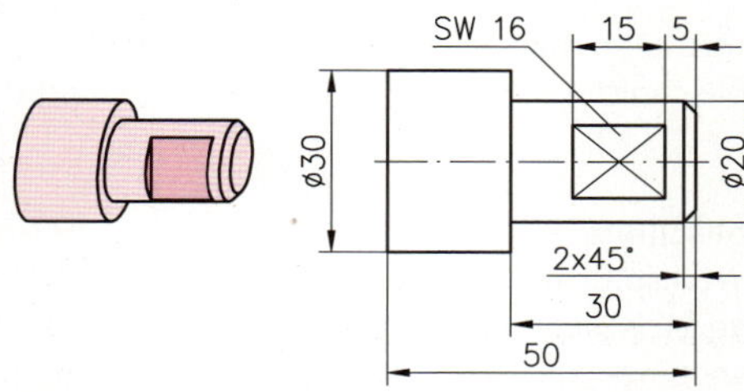

Zylindrisches Werkstück mit Abflachung

Abflachungen an zylindrischen Werkstücken führen in den unterschiedlichen Ansichten der Werkstückkontur zu Kanten, die nur mithilfe von Konstruktionslinien ermittelt werden können.

Folgende Vorgehensweise zur Konstruktion der Abflachung ist möglich:

- Blatteinteilung mit gleichen Abständen der Ansichten wählen und 45°-Linie einzeichnen.
- Mittellinien und Umrisse (Hüllform) in allen Ansichten mit schmalen Linien zeichnen.
- Mithilfe der Konstruktionslinien die Lage der fehlenden Kanten der Werkstückkontur in allen Ansichten ermitteln.
- Konstruktionslinien abradieren und ausziehen der sichtbaren Kanten mit breiter Volllinie.

Beispiel für ein Werkstück mit Abflachung

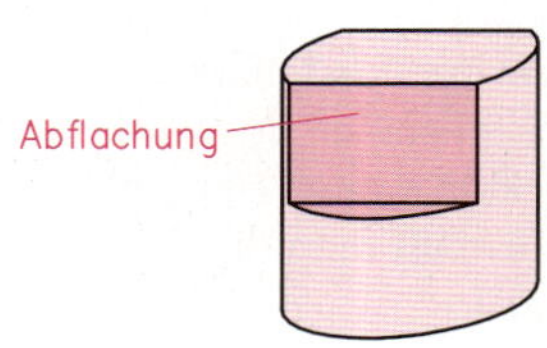

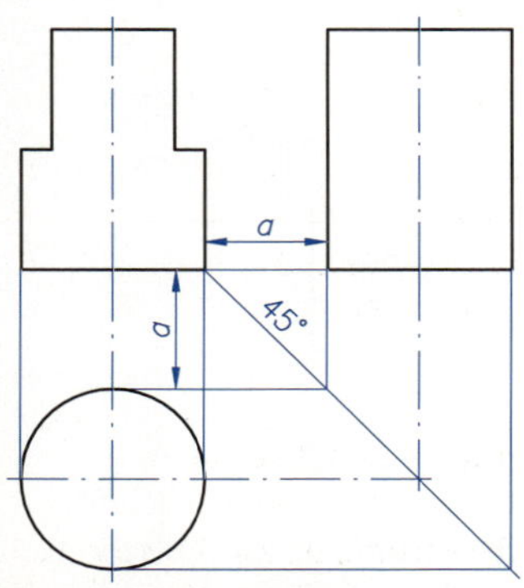

Hüllform des Werkstücks

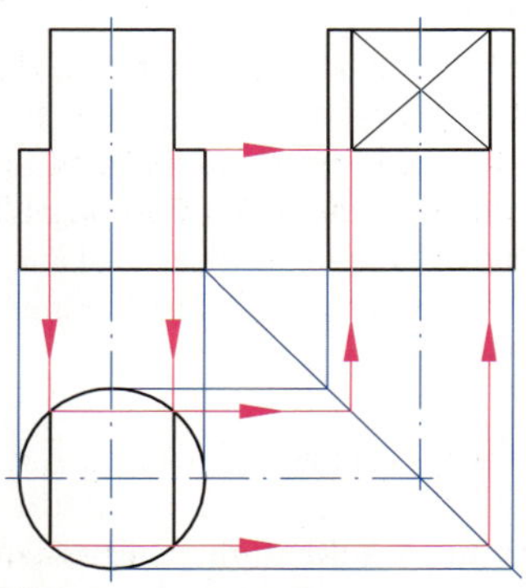

Konstruktion der Abflachung

1.5 Schnittdarstellungen

Der innere Aufbau eines Werkstücks wird besser vorstellbar, wenn man sich der Schnittdarstellungen bedient.
Beim Zeichnen eines Schnittes kann man sich das Werkstück in der Mitte durchgetrennt vorstellen. Es werden neue Kanten in der Schnittfläche sichtbar.
Die gedachte Schnittfläche kennzeichnet man in der Zeichnung durch eine Schraffur. Die Schraffur besteht aus schmalen Volllinien, die in gleichmäßigen Abständen diagonal gezeichnet werden. Die bevorzugte Schraffurrichtung verläuft im Winkel von 45° von unten links nach oben rechts.

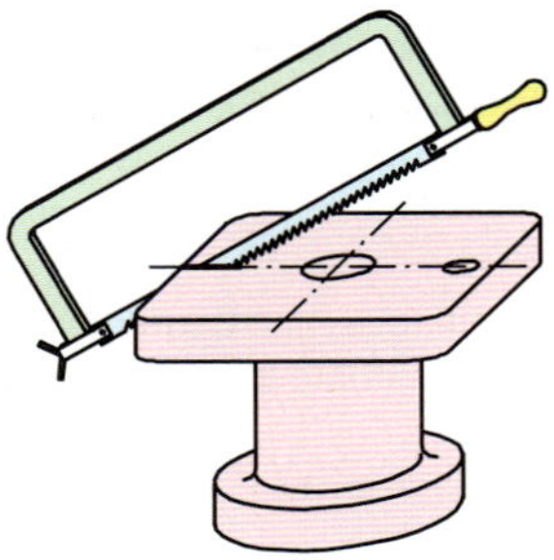

Gedankliches Modell eines Schnittes

Schnitte kann man in verschiedenen Darstellungen zeichnen. Man unterscheidet:
- Vollschnitt,
- Halbschnitt,
- Teilschnitt.

1. Vollschnitt

Das Werkstück wird als vollständig durchgeschnitten gezeichnet. Die sichtbar gewordenen Kanten zeichnet man als breite Volllinie, verdeckte Kanten lässt man entfallen. Die Schraffurlinien sollen ohne Versatz durch die ganze Schnittfläche verlaufen.

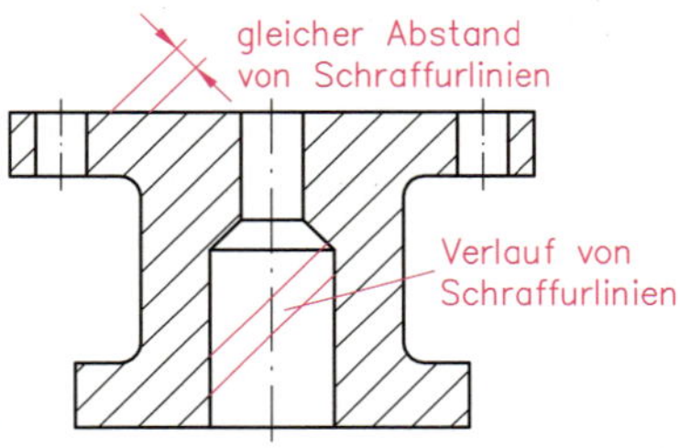

Vollschnitt

2. Halbschnitt

Das Werkstück wird nur auf einer Seite bis zur Symmetrielinie im Schnitt gezeichnet. Die Symmetrielinie bleibt auch in der Darstellung erhalten.
Im nicht geschnittenen Teil des Werkstückes werden keine verdeckten Kanten eingezeichnet.
Im Halbschnitt bemaßt man die Durchmesser mit nur einem Maßpfeil.
Bei einem Halbschnitt mit senkrechter Mittellinie liegt der Schnitt immer rechts von der Mittellinie.
Bei einem Halbschnitt mit waagerechter Mittellinie liegt der Schnitt immer unter dieser.

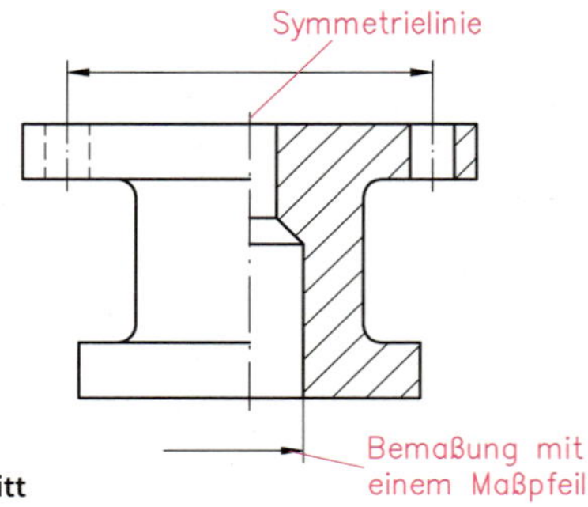

Halbschnitt

3. Teilschnitt

Ein Teilschnitt wird durch eine Ausbruchlinie als schmale Freihandlinie oder schmale Zickzack-Linie begrenzt. Der Rest der Werkstückes wird in einer normalen Ansichtsdarstellung gezeichnet.

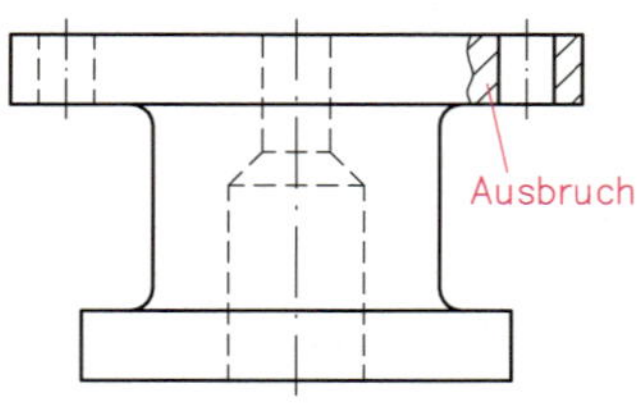

Teilschnitt

> **!** Der Halbschnitt wird bei symmetrischen Bauteilen angewandt und hat gegenüber dem Vollschnitt den Vorteil, dass die Innenkontur und gleichzeitig die Außenkontur sichtbar werden. Der Teilschnitt zeigt nur die Innenkontur von wichtigen Teilbereichen eines Bauteils.

1.6 Darstellung und Bemaßung von Gewinden

In der Technik hat man sich auf eine vereinfachte Darstellung von Gewinden geeinigt, weil die eigentlichen Gewindegänge sehr aufwendig zu zeichnen sind.

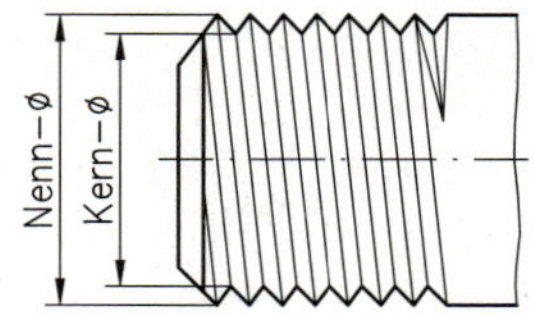

Darstellung eines Gewindebolzens mit Gewindegängen

1. Außengewinde in der Ansicht

Folgende Vereinbarungen gelten:

- der Nenndurchmesser wird als breite Volllinie gezeichnet,
- der Kerndurchmesser wird als schmale Volllinie dargestellt,
- den Anschnitt des Gewindes zeichnet man mit einer 45°-Fase,
- das Gewindeende erhält eine breite Volllinie,
- bei der Ansicht in Achsrichtung wird das Außengewinde mit einem Vollkreis (breite Volllinie) für den Nenndurchmesser und einem 3/4-Kreis (schmale Volllinie) mit beliebiger Lage für den Kerndurchmesser gezeichnet.

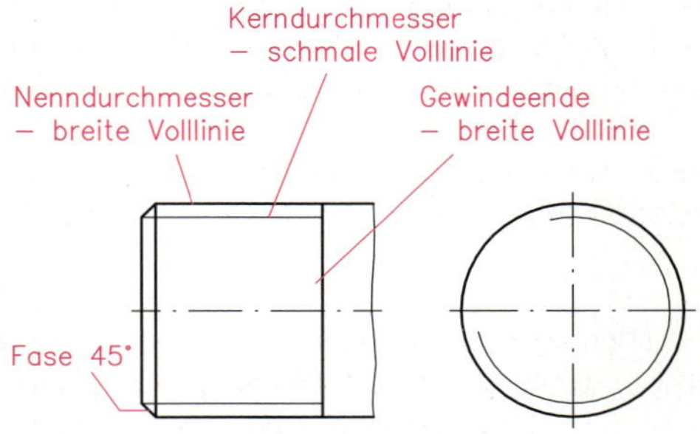

Vereinfachte Darstellung eines Gewindebolzens

2. Innengewinde im Schnitt

Folgende Vereinbarungen gelten:

- der Nenndurchmesser wird als schmale Volllinie gezeichnet,
- der Kerndurchmesser wird als breite Volllinie dargestellt, die Schraffur wird bis zu dieser Linie geführt,
- das Gewindeende erhält eine breite Volllinie,
- bei der Ansicht in Achsrichtung wird ein Innengewinde mit einem Vollkreis (breite Volllinie) für das Kernloch und einem 3/4-Kreis (schmale Volllinie) mit beliebiger Lage für den Nenndurchmesser gezeichnet.

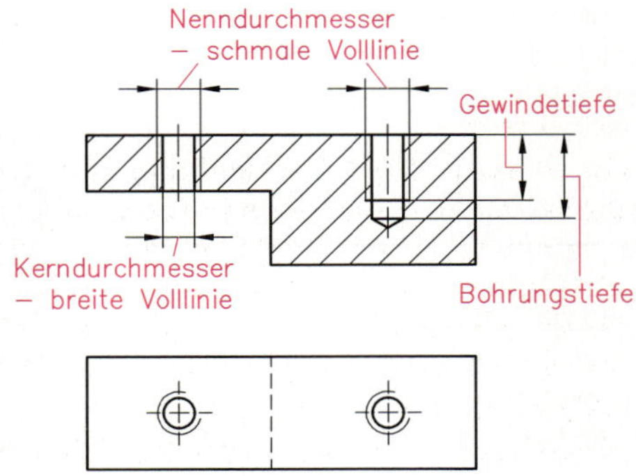

Darstellung von Innengewinden

3. Bemaßung von Gewinden

Ein Gewinde ist durch die Angabe der Gewindeart, des Nenndurchmessers und der Gewindelänge vollständig bemaßt.
Die Gewindeart wird durch Buchstaben verschlüsselt angegeben, an welchen sich die Zahl des Nenndurchmessers anschließt.

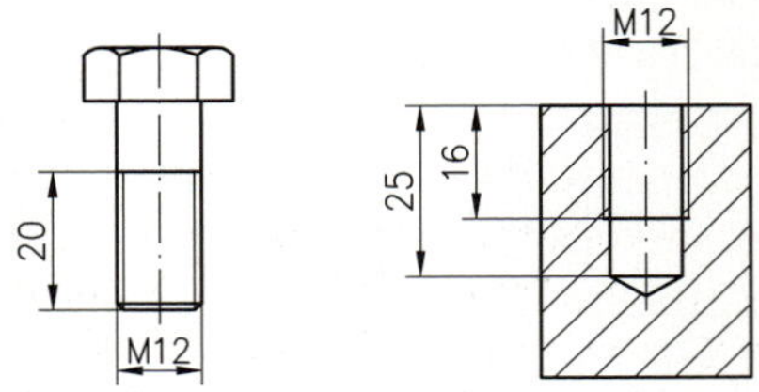

Bemaßung von Gewinden

> **!** Gewinde werden in technischen Zeichnungen vereinfacht durch Volllinien mit unterschiedlichen Strichstärken für Nenn- und Kerndurchmesser dargestellt.

1.7 Normen und Normteile

Durch Normen vereinheitlicht man Verfahren, Methoden und Gegenstände. Im Rahmen der internationalen Arbeitsteilung und Gewährleistung der Austauschbarkeit von Bauteilen werden Normen gemeinschaftlich festgelegt. Normangaben enthalten in der Regel neben dem Fachbegriff Kurzzeichen für den Geltungsbereich der Norm und eine Nummer. Diese Nummer verweist auf das Normblatt, in dem alle Vorgaben genau festgelegt sind.

Beispiele für genormte Konturen und Bauteilformen

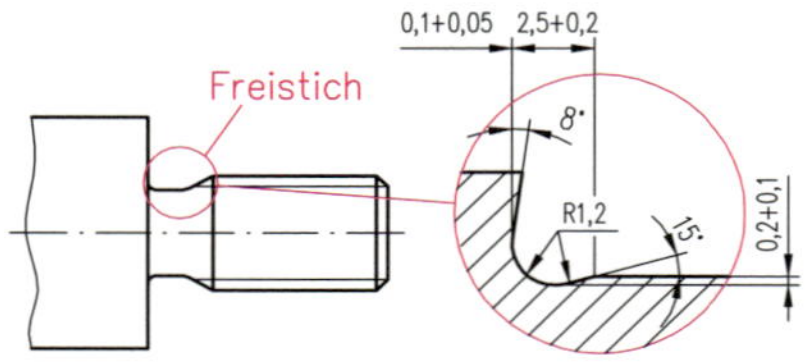

Gewindefreistich nach DIN 76-1

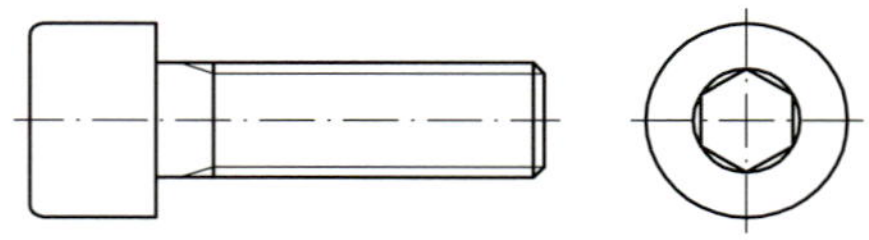

Zylinderschraube nach DIN EN ISO 4762

Es existieren nationale und internationale Arbeitsausschüsse, welche Normen für die Allgemeinheit entwickeln, pflegen und für verbindlich erklären.

Deutsche Industrie-Norm – DIN	Internationale Norm – ISO	Europäische Norm – EN
In Deutschland werden die Normen durch das Deutsche Institut für Normung e.V. erstellt, welche dann mit **DIN** gekennzeichnet sind.	Normen des Internationalen Normenausschusses (International Standardization Organisation) werden mit ISO gekennzeichnet. Wenn DIN-Normen der ISO-Norm entsprechen, werden sie mit den Zeichen **DIN ISO** aufgeschrieben.	Findet man die Kennzeichnung **EN**, so enthält diese Norm auch die Festlegungen der europäischen Norm.

Neben genormten Bauelementen sind auch Werkstückdetails, wie z. B. Gewindefreistiche und Zentrierbohrungen, in einer Norm vereinheitlicht. Diese Werkstückdetails können in der Zeichnung vereinfacht dargestellt werden. Der Fachmann muss dann in der Fertigung mit entsprechenden Werkzeugen dieses Werkstückdetail herstellen. Die notwendigen Abmessungen kann er aus Tabellenbüchern entnehmen.

Beispiel für ein genormtes Werkstückdetail

Vereinfachte Darstellung in der Zeichnung

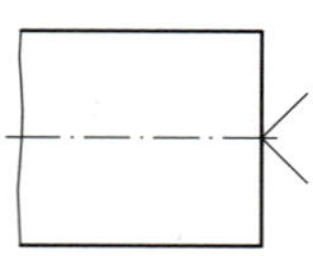

Zentrierbohrung ist am Fertigteil erforderlich.

Auszug der Norm aus dem Tabellenbuch

Zentrierbohrungen nach ISO 6411

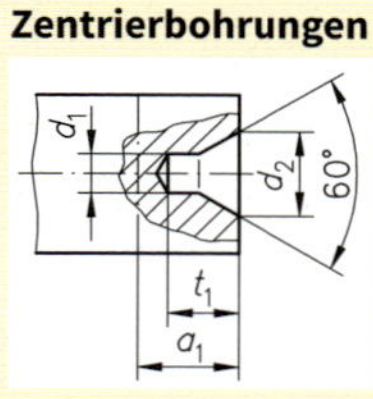

Form A					
d_1	1	1,25	1,6	2	2,5
d_2	2,12	2,65	3,25	4,25	5,3
t_1	1,9	2,3	2,9	3,7	4,6
a_1	3	4	5	6	7

! Normteile sind in Form, Größe und Material vereinheitlichte Bauelemente, deren Abmessungen und Eigenschaften aus Tabellen entnommen werden können.

1.8 Darstellung von Schraubenverbindungen

Die Schraubenverbindung wird im Maschinenbau häufig verwendet, um Bauteile miteinander zu fügen. Schrauben, Muttern und Scheiben werden nicht geschnitten dargestellt. Diese Vereinbarung gilt auch für Bolzen, Achsen, Wellen und andere zylindrische Bauelemente.

Die Schraubenabmessungen sowie die Abmessungen der Normteile und Senkungen sind aus Tabellenbüchern zu entnehmen.

Hierarchie der Verdeckungen bei Schraubenverbindungen in Schnittdarstellungen

- Unterlegscheibe verdeckt Schraube
- Außengewinde hat Vorrang von Innengewinde
- Mutter verdeckt Schraube

Beispiele für Schraubenverbindungen in Schnittdarstellungen

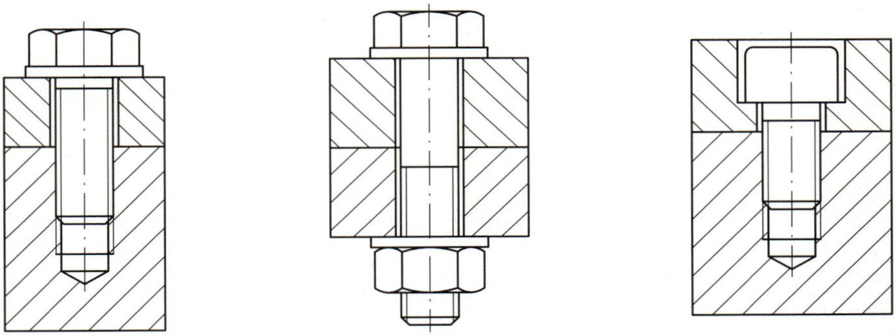

Beim Zeichnen einer Schraubverbindung gelten folgende Vereinbarungen:
- Schrauben, Muttern und Scheiben liegen zeichnerisch übergeordnet vor den anderen Bauteilen,
- von diesen Elementen verdeckte Kanten werden nicht gezeichnet,
- das Außengewinde der Schraube verdeckt das Innengewinde.
- Mutter verdeckt Schraube.

1.9 Gesamtzeichnung und Stückliste

Die Funktion und den Aufbau einer Baugruppe kann man in einer Gesamtzeichnung darstellen. Sie zeigt die Einzelteile einer Baugruppe im Zusammenbau.

Jedes Einzelteil erhält in der Gesamtzeichnung eine Positionsnummer. In der zugehörigen Stückliste werden dann alle Einzelteile der Baugruppe listenartig aufgeführt. Die Gesamtzeichnung enthält keine Bemaßung. Wichtige Zusammenbaumaße können jedoch eingetragen werden.

Bei Schnittdarstellungen werden die verschiedenen Bauteile unterschiedlich schraffiert, insbesondere, wenn sie aneinander grenzen. Man erreicht dies durch Änderung der Schraffurrichtung oder durch eine andere Schraffurbreite.

Zu jeder Baugruppe gehören eine Gesamtzeichnung, Einzelteilzeichnungen und eine Stückliste. Positionsnummern kennzeichnen die Einzelteile. Mithilfe der Positionsnummern in der Stückliste werden den Einzelteilen Angaben zu Menge, Benennung und Kennzeichnung zugeordnet.

Beispiel einer Gesamtzeichnung mit Stückliste

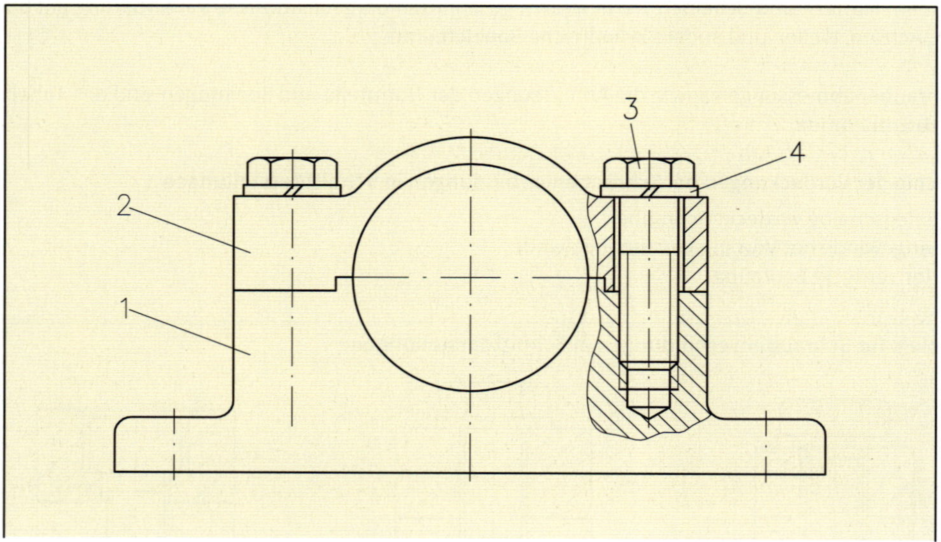

Angaben zur Kennzeichnung: Sachnummer, DIN-Nummer, Abmessungen

Zusätzliche Angaben: Werkstoffangaben, Bestellnummern, Rohteilmaße

4	2	Stck.	Federring		
3	2	Stck.	Sechskantschraube	ISO 4014 – M10x30	8.8
2	1	Stck.	Gehäuseoberteil	1.02	EN-GJS-400-15
1	1	Stck.	Gehäuseunterteil	1.01	EN-GJS-400-15
Pos.	Menge	Einheit	Benennung	Sachnummer / Norm-Kurzbezeichnung	Werkstoff
1	2	3	4	5	6

Verantwortl. Abt.	Technische Referenz Stahlschmidt	Erstellt durch Hengesbach	Genehmigt von Pyzalla	
		Dokumentenart Gesamtzeichnung	Dokumentenstatus freigegeben	
		Titel, Zusätzlicher Titel Lager	1.00	
			Änd. A / Ausgabedatum 16.01. / Spr. de	Blatt 1/1

Name des Teils, wird auch in der Einzelteilzeichnung verwendet (immer in der Einzahl)

Anzahl der gleichen Teile einer Position mit Einheitsangabe

Fortlaufende Nummerierung der Einzelteile

! In einer Gesamtzeichnung wird eine Baugruppe im zusammengebauten Zustand dargestellt. Die Einzelteile erhalten Positionsnummern und sind damit in der Stückliste aufgeführt. Unterschiedliche Schraffuren erleichtern die Lesbarkeit.

2 3D-CAD-Systeme

2.1 3D-CAD-Technik

CAD (**C**omputer **A**ided **D**esign) ist die computergestützte Konstruktion von Einzelteilen, Baugruppen oder gesamten technischen Erzeugnissen, beispielsweise Maschinen.

3D-CAD-Systeme erlauben es dem Benutzer, virtuelle 3D-Volumenmodelle während der Konstruktion von allen Seiten zu betrachten und zu ändern, um Bauteilkollisionen zu verhindern.
Das veraltete Flächenmodell stellt einen Körper nur dreidimensional ohne Eigenschaften dar.

Beispiele für verschiedene Ansichten und den Schnitt eines Abgaskrümmers

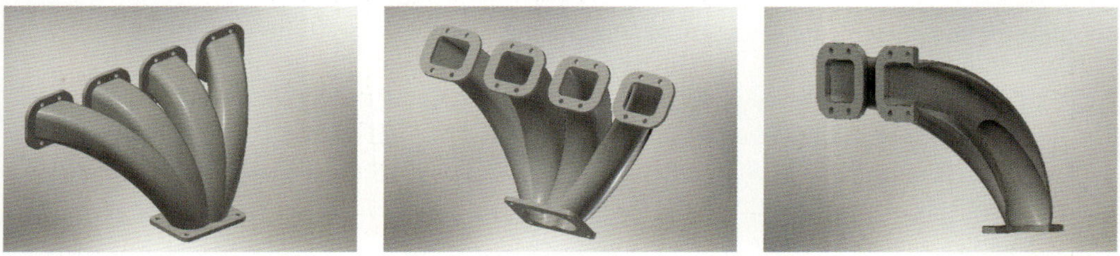

Aus den 3D-Modellen werden später klassische technische Zeichnungen mit Bemaßungen zur Fertigung abgeleitet. Es ist aber auch möglich, die 3D-Daten ohne Umwege an die jeweilige Fertigungsanlage zu senden. 3D-Drucker, Fräs- oder Drehmaschinen erstellen dann selbstständig das geforderte Bauteil.

In Ergänzung dazu erlauben moderne 3D-CAD-Systeme die Erstellung von Simulationen oder Berechnungen zu Festigkeiten. Die Computersimulationen ermöglichen es, verschiedene Materialien, die zur Auswahl stehen, oder unterschiedliche Konstruktionsvarianten zu vergleichen. Das hilft den Konstrukteuren dabei, Produkte zu verbessern oder an neue Anforderungen anzupassen.

Beispiele einer Belastungsanalyse an einem Klemmflansch

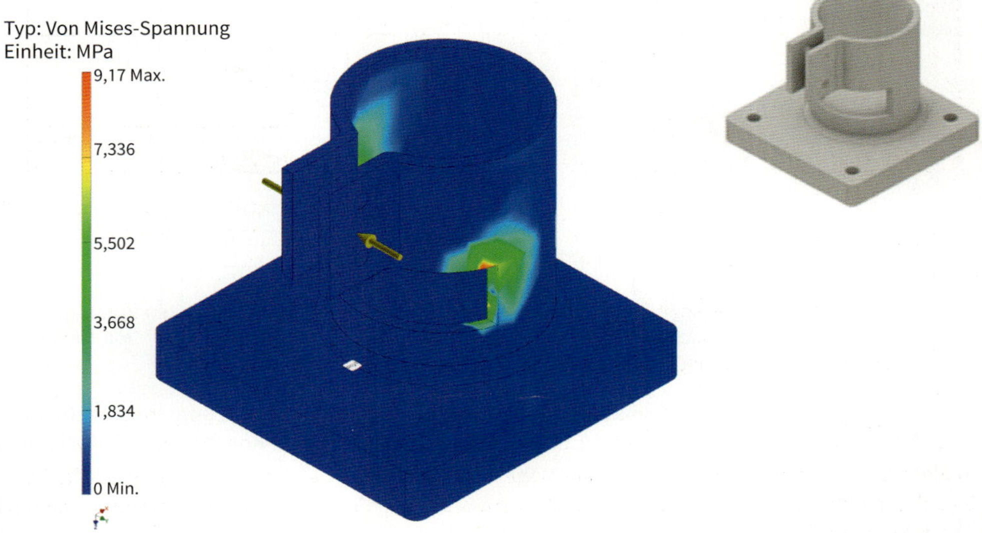

2.2 Konstruieren mit 3D-CAD-Programmen

Die Konstruktion von Bauteilen mit modernen 3D-CAD-Programmen geschieht mithilfe der Bedienelemente nach einem einfachen Prinzip:

Im ersten Stadium der Konstruktion, dem Erstellen, wird eine 2D-Skizze der Basis angefertigt. Nach deren Fertigstellung und Bemaßung wird diese bei einfachen Körpern zu einem Volumenmodell extrudiert, bei ringförmigen Körpern, die nicht durch Extrudieren zu erzeugen sind, wird die Basis durch Drehung zum Volumenkörper. Für Spiralen, Rippen u. A. stehen zur Erzeugung des Volumenkörpers weitere Funktionen zur Verfügung.

Das zweite Stadium der Konstruktion ist das **Ergänzen und Ändern** des Volumenkörpers durch Anbringen von Fasen, Radien, Bohrungen usw.

Beispiele für Bedienelemente eines 3D-CAD-Programms

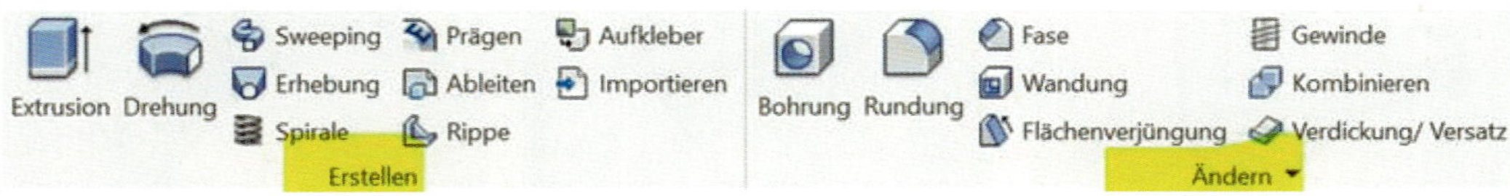

Aufbauschema einfacher Körper

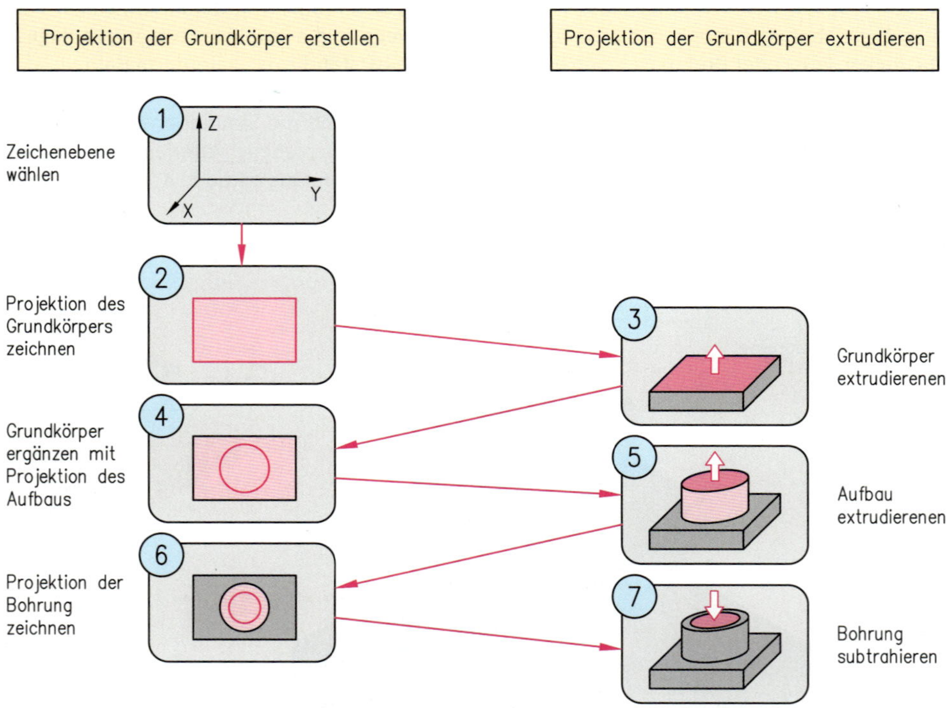

Außer den hier kurz beschriebenen Funktionen existieren noch vielfältige weitere Konstruktionsinstrumente. Die parametrische Modellierung erlaubt z. B. viele Größenvarianten einer Konstruktion über die Eingabe von veränderlichen Konstanten (Parametern) zu erstellen.

! 3D-Modelle werden aus einzelnen Volumenkörpern zusammengesetzt.

Übungsaufgabe 2/1

Beispiel für eine 3D-CAD-Konstruktion

Ein am Boden gerissener Klemmflansch ist mithilfe von additiven Fertigungsverfahren möglichst schnell und kostengünstig zu ersetzen.

Zu diesem Zweck ist im ersten Schritt ein 3D-Modell zu konstruieren.

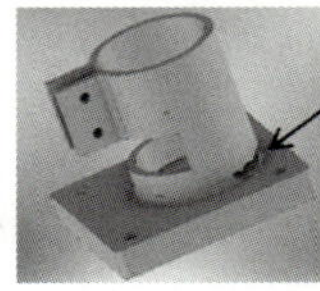

Bauteil gerissen

Lösung

Projektionen der Grundkörper erstellen | **Projektionen der Grundkörper extrudieren**

1

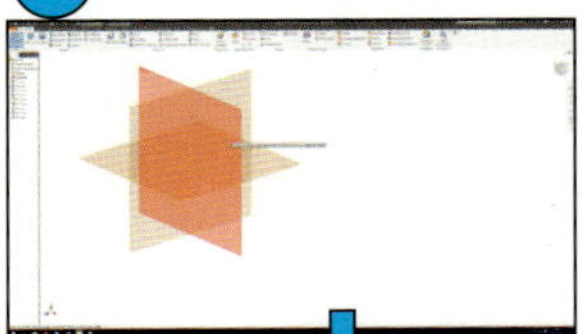

Zeichenebene wählen

2

Projektion des Grundkörpers zeichnen und bemaßen

3

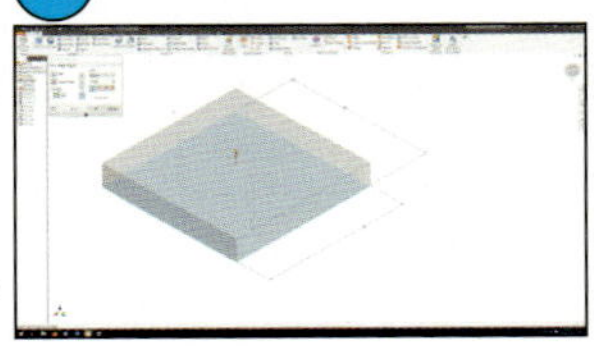

Grundkörper extrudieren

4

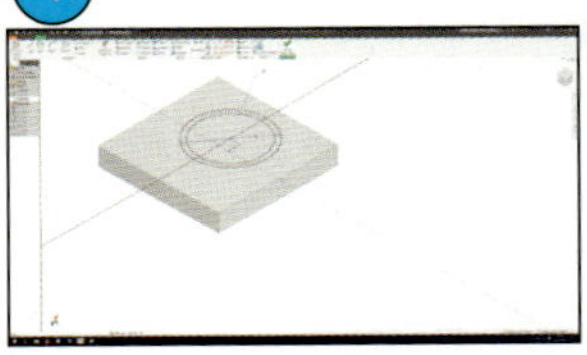

Grundköprer mit Zeichnungen des Aufbaus ergänzen

5

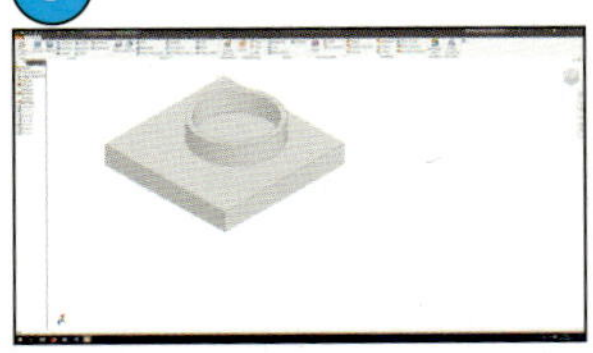

Aufbau extrudieren

6

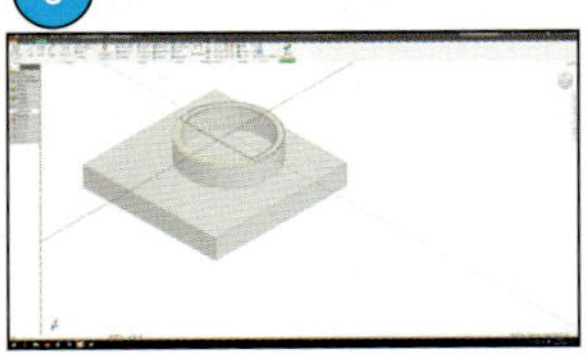

Zeichnung des Ausschnitts anfertigen

7

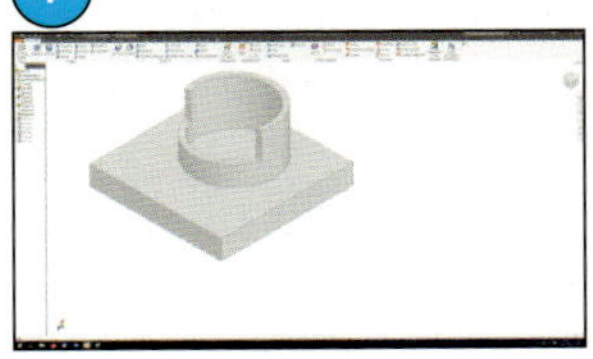

Aufbau mit Ausschnitt versehen

8

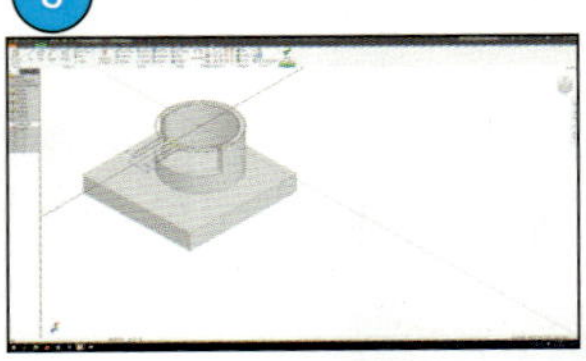

Grundkörper ergänzen mit Projektionen der Lasche

9

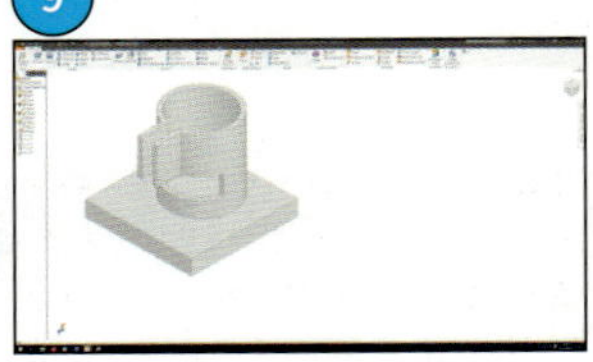

Konstruktionstechnische Elemente in der 3D-Zeichnung anfügen (Bohrungen, Rundungen)

Aus einem vollendeten 3D-Volumenmodell kann eine technische Zeichnung angefertigt werden. Die dreidimensionale Konstruktion wird also in ein technisches Dokument umgewandelt, welches zur Herstellung des Bauteils in der Werkstatt verwendet werden kann.

Beispiel für eine aus einem 3D-Modell entwickelte Bauteilzeichnung

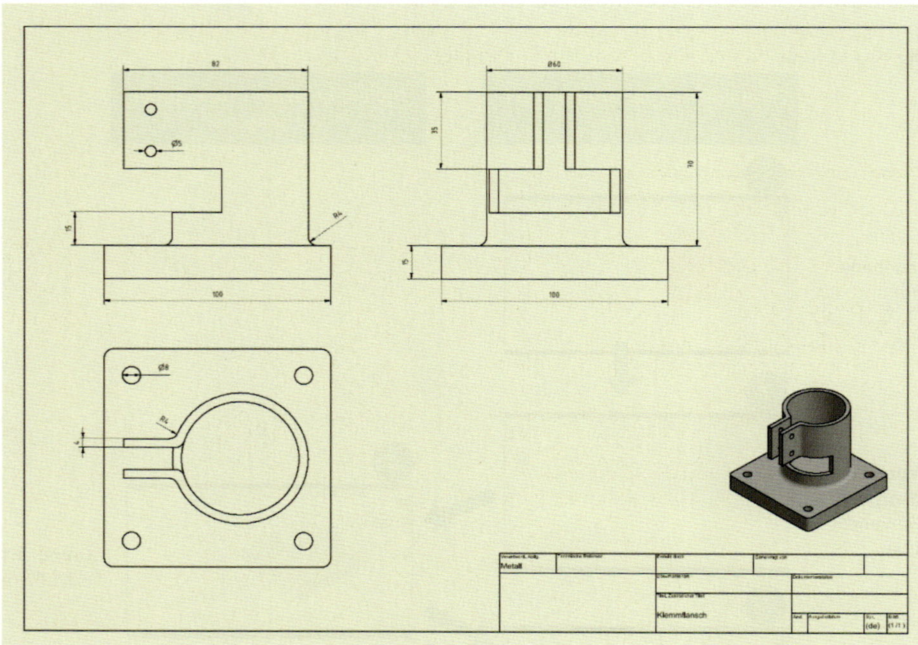

2.3 Abspeichern und Weiterleiten von 3D-Konstruktionen

Es existieren verschiedene 3D-CAD Programme wie zum Beispiel Solid Edge, CATIA V5, Autodesk Inventor oder SOLIDWORKS. Da alle Programme unterschiedliche Dateiformate zum Speichern der Daten besitzen, wurde eine von der ISO (**I**nternationale **O**rganisation für **N**ormung) standardisierte Norm zum Datenaustausch definiert: das **STEP**-Format. Die mit .stp oder .step endenden Dateien eignen sich für CAD-Anwendungsbereiche, die rechnerunterstütze Fertigung (CAM) sowie die additiven Fertigungsverfahren.

Beispiel für den Einsatz einer 3D-Konstruktion bei der Planung des 3D-Drucks

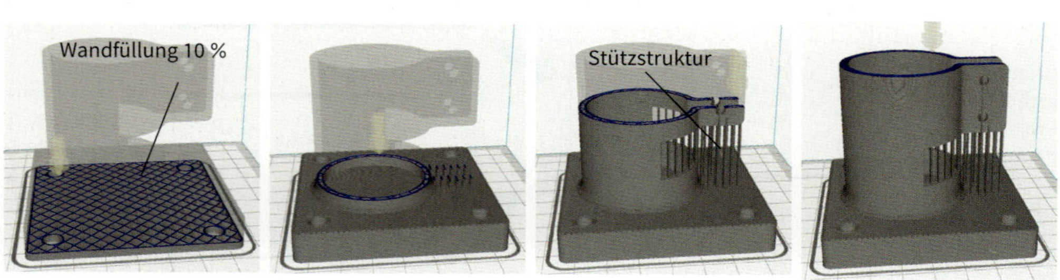

3 Technische Informationsquellen

3.1 Arbeitspläne

Der Arbeitsplan ist eine tabellenförmige Auflistung der bei der Fertigung eines Werkstückes durchzuführenden Arbeitsgänge. Zusätzlich enthält er zu jedem Arbeitsgang wichtige ergänzende Informationen zur Fertigung.
Die Grundlage für den Arbeitsplan ist die Fertigungszeichnung, nach der die Arbeitsgänge zur Fertigung eines Werkstückes angegeben werden und ihre Reihenfolge festgelegt wird.

Beispiel für einen Arbeitsplan zur Fertigung eines Zwischenstücks

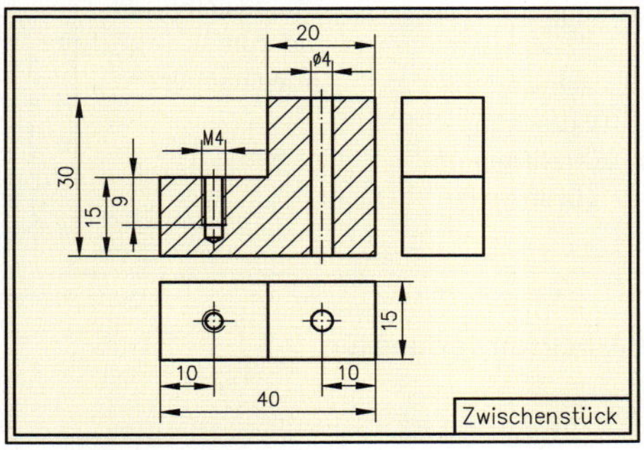

Fertigungszeichnung

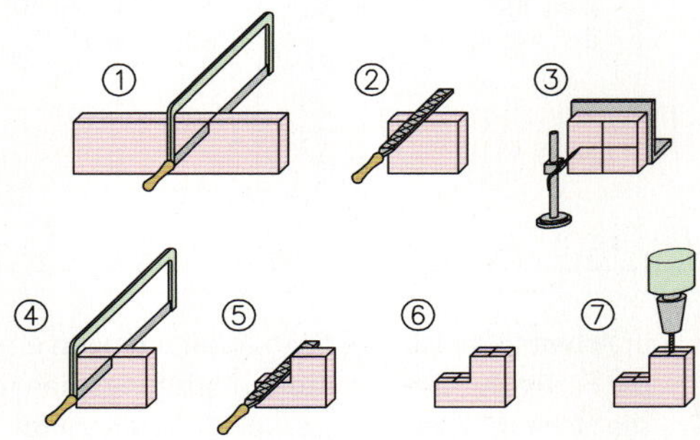

Arbeitsgänge

Arbeitsplan

Benennung	Zeichng.-Nr	Rohteil	Werkstoff	Datum: 10.03. . .
Zwischenstück	1001.00	Fl DIN EN 10278 30x15	S235 JR	Name: Feilmann

Fertigungsfolge

Nr.	Arbeitsgang	Maschinen Werkzeuge	Spannmittel	Messmittel Anreißmittel Hilfsmittel
1.	Rohteil ablängen	Bügelsäge	Schraubstock	Stahlmaß Winkel
2.	Stirnfläche feilen	Flachstumpffeilen H1 u. H2	Schraubstock	Winkel Messschieber
3.	Ausklinkung anreißen	Anreißplatte	Aufspannwinkel	Parallelanreißer
4.	Ausklinkung aussägen	Bügelsäge	Schraubstock	Messschieber Winkel
5.	Ausklinkung feilen	Flachstumpffeilen H1 u. H2	Schraubstock	Messschieber Winkel
6.	Bohrungen anreißen und körnen			Reißnadel, Stahllineal, Körner, Winkel
7.	Bohrung für Gewindeloch bohren	Bohrmaschine Bohrer Ø 3,3 mm	Maschinenschraubstock	Tiefanschlag an der Bohrmaschine
8.	...			

Die Anordnung der Spalten eines Arbeitsplanes muss nicht immer gleich sein, sondern hängt von seinem Einsatzweck ab. Die grundsätzliche Struktur des Arbeitsplanes, eine Reihenfolge der Arbeitsgänge aufzulisten, bleibt jedoch immer erhalten.

Beispiel für einen Arbeitsplan zur maschinellen Fertigung eines Werkstücks

Arbeitsplanfür: ....

Nr.	Arbeitsgang	Arbeitsmittel	Einstellwerte v_c m/min	f; f_z mm	n 1/min	Arbeitssicherheit/ Umweltschutz
	Nach Nummern geordnete Auflistung der Arbeitsgänge	Werkzeuge, Maschinen und Hilfsmittel	Maschineneinstellungen: v_c ...Schnittgeschwindigkeit; f ...Vorschub; n ...Drehfrequenz (Drehzahl)			Hinweise zur Arbeitssicherheit und zum Umweltschutz

Der Arbeitsplan ist eine nach Arbeitsgängen eingeteilte Arbeitsanweisung für:
- die Fertigung eines Bauteils (Fertigungsplan) oder
- die Montage einer Baugruppe (Montageplan).

3.2 Betriebsanleitungen

Nach gesetzlich festgelegten Sicherheitsanforderungen dürfen Maschinen nicht in den Handel gebracht werden, wenn sie keine vollständige Betriebsanleitung besitzen.
Die Betriebsanleitung ergänzt die mündliche Einweisung in eine Maschine, indem sie jederzeit alle wichtigen Informationen zur Maschinenbedienung zugänglich macht.
Gesetzlich vorgeschriebene Mindestinhalte einer Betriebsanleitung müssen sein:
- Name und Kennzeichnung des Produktes,
- Name des Herstellers,
- Beschreibung der bestimmungsgemäßen Verwendung (Inbetriebnahme, Bedienungsanleitung, Wartungshinweise, ...),
- Sicherheitshinweise, die deutlich kenntlich zu machen sind.

Zu jeder Maschine gehört eine Betriebsanleitung, welche die bestimmungsgemäße Verwendung und die Instandhaltung der Maschine beschreibt.

3.3 Montage-/Demontagebeschreibungen

Montagebeschreibungen sind aus Bildern und Texten verfasste Dokumente, welche als Hilfsmittel dienen, um z. B.:
- Einzelteile zu Baugruppen zusammenzusetzen,
- Baugruppen an Maschinen oder Werkzeugen zu fügen oder
- Bauteile an ihrem Bestimmungsort anzubringen.

Sie geben ähnlich einem Arbeitsplan schrittweise den Arbeitsablauf zur Montage der Werkstücke vor. Die Beschreibungen der Arbeitsschritte werden jedoch meistens zusätzlich durch Grafiken, Bilder oder Anordnungspläne unterstützt.

Montage- bzw. Demontagebeschreibungen sind durch Grafiken und Anordnungspläne erläuterte Handlungsanweisungen zur Montage oder Demontage von Werkstücken.

Übungsaufgabe 3/1

Beispiel für die Betriebsanleitung einer Bohrmaschine mit Montagebeschreibungen

Kurzbeschreibung

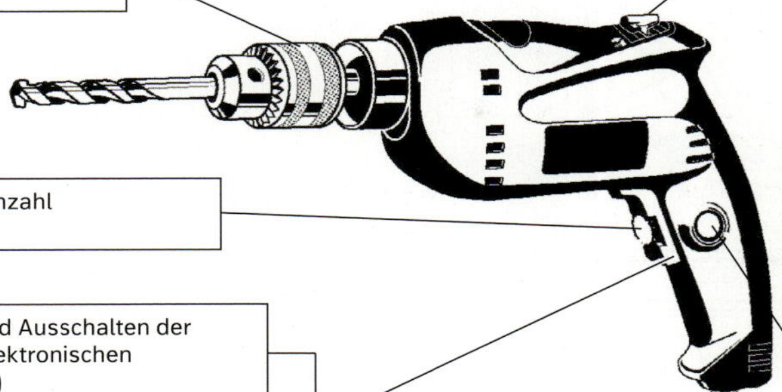

Änderungen: Text, Bild und Daten entsprechen dem technischen Stand zur Zeit des Drucktermins. Änderungen im Sinne der Weiterentwicklung unseres Produkts sind vorbehalten.

Zahnkranzbohrfutter wechseln

⚠ Vor allen Arbeiten an der Maschine Stecker aus der Steckdose ziehen.

1. Bohrspindel mit Maulschlüssel festhalten.

Bohrfutterschlüssel in Bohrfutter stecken und durch leichten Schlag mit dem Gummihammer Bohrfutter linksdrehend lösen.

Die Montage des Bohrfutters erfolgt in umgekehrter Reihenfolge.

Werkzeuge einsetzen

In das Bohrfutter sind Bohrer oder Schrauberbits einsetzbar. Dazu Bohrfutter öffnen, Werkzeug einsetzen und mit Bohrfutterschlüssel spannen.

Zum Herausnehmen der Arbeitswerkzeuge Bohrfutterschlüssel in eine der drei Bohrungen am Bohrfutterkopf einsetzen und linksdrehend lösen.

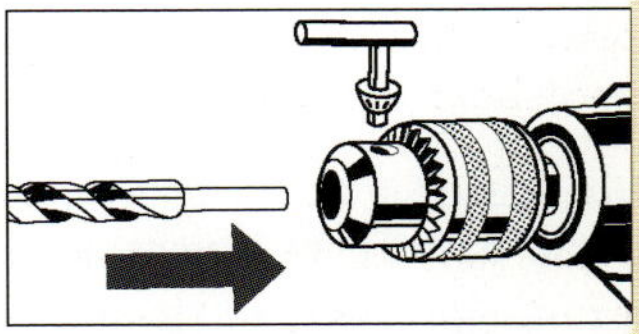

Drehzahl vorwählen (nur bei BE 570 R)

Drehzahlvorwahl mit Stellrad.

A = kleinste Drehzahl ....

F = größte Drehzahl ....

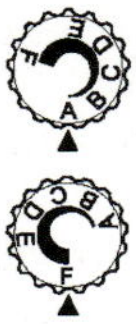

Die Drehzahl kann je nach Druck auf den Ein-/Ausschalter stufenlos bis zur am Stellrad vorgewählten Drehzahl gesteuert werden.

DEUTSCH | 5 | B 500, BE 570R

Quelle: AEG

Arbeitsauftrag: Konstruktion eines Biegewerkzeugs ändern

Das dargestellte Biegewerkzeug soll durch eine Änderungs-Konstruktion verbessert werden. Das Unterteil ist noch zu gebrauchen und soll daher, so wie es ist, gezeichnet werden.

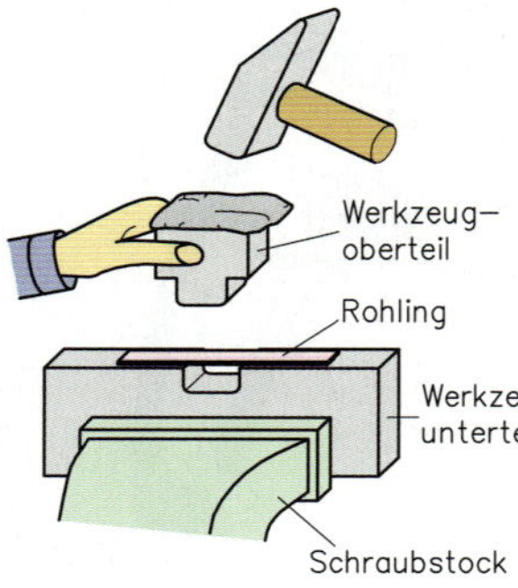

Biegewerkzeug

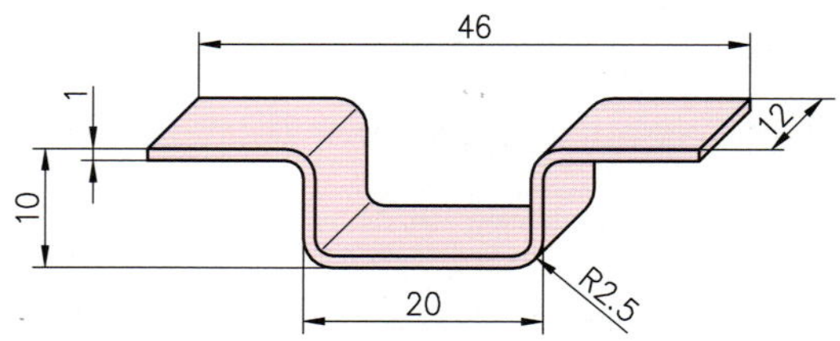

Zeichnung des Werkstücks

1. Zeichnen Sie das Unterteil in drei Ansichten und bemaßen Sie es. Beachten Sie dabei die vorgegebenen Maße.

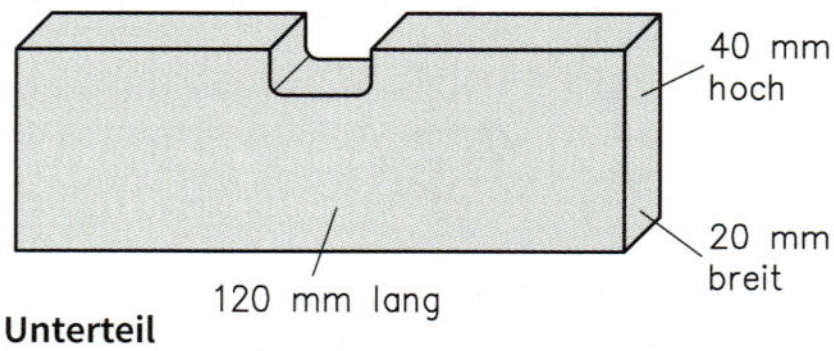

Unterteil

2. Damit das Oberteil sich nicht verkanten oder verdrehen kann, soll es durch Rundstähle geführt werden.
   Entwerfen Sie ein verbessertes Oberteil.

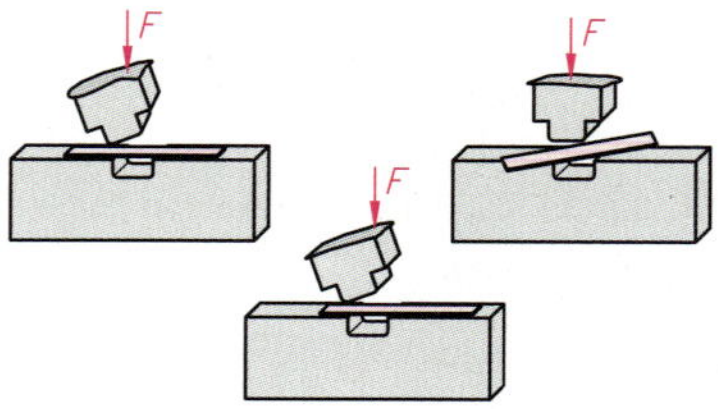

Verkanten und Verdrehen des Oberteils

3. Überlegen Sie sich in der Gruppe, wie ein verbessertes Werkzeug aussehen könnte. Denken Sie daran, dass das Werkzeug möglichst einfach sein soll. Bedenken Sie bei Ihrem Entwurf:
   3.1 Skizzieren Sie die Lösung der Gruppenarbeit für sich auf ein gesondertes Blatt.
   3.2 Erstellen Sie die Skizze so, wie Sie es am besten können, perspektivisch oder in der Ansicht.
   3.3 Wählen Sie ein geeignetes Flachprofil aus einem der vorhandenen Werkstoffe für das Oberteil aus.

   Vorhandene Werkstoffe:
   Baustahl S235 JR
   Vergütungsstahl C45 E
   Messing CuZn40Pb2
   Hochfeste Al.-Leg. EN AW-7020

   Vorhandene Querschnitte für alle Werkstoffe:
   20 × 40; 30 × 40; 20 × 50; 30 × 50

   3.4 Zeichnen und bemaßen Sie das Oberteil in drei Ansichten.

4. Das Unterteil muss der Konstruktion des Oberteils angepasst werden.
Entwerfen und zeichnen Sie das veränderte Bauteil.
Bedenken Sie bei Ihrem Entwurf:
- 4.1 Die Führungen für das Oberteil müssen befestigt werden (z. B. durch Spannhülsen).
- 4.2 Das Biegewerkzeug darf im Schraubstock nicht verrutschen.
- 4.3 Der Rohling für die Lasche muss mittig auf dem Unterteil liegen.
- 4.4 Legen Sie zulässige Allgemeintoleranzen fest.

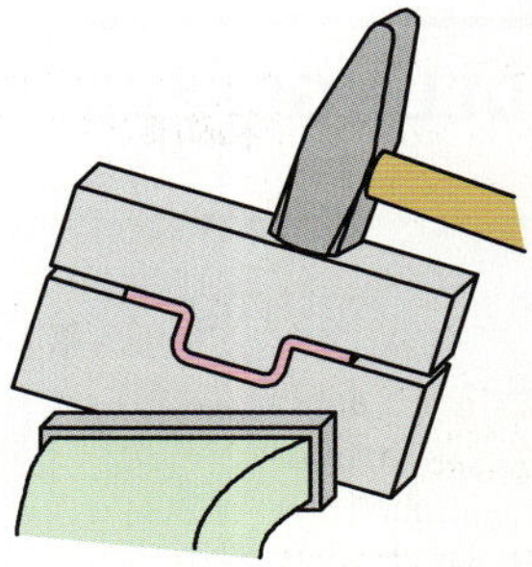

5. Beim Schlagen des Oberteils mit dem Hammer wird dieses beschädigt. Ein in das Oberteil eingeschraubter Schlagkopf aus Vergütungsstahl soll das Oberteil vor Beschädigungen schützen.
Zeichnen Sie den Schlagkopf im Maßstab 2:1.

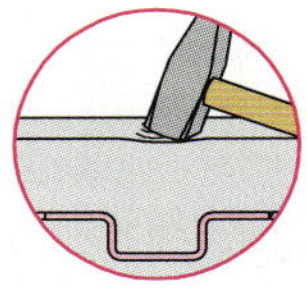

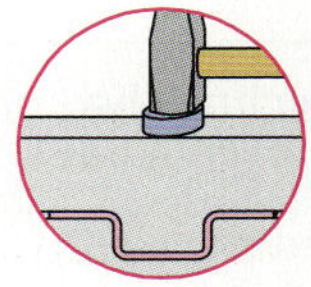

6. Das Werkstückoberteil muss nun eine Gewindebohrung enthalten. Diese wird in der Schnittstellung am besten sichtbar.
Zeichnen und bemaßen Sie das Oberteil. Stellen Sie die Vorderansicht im Vollschnitt und die Seitenansicht als Ansicht dar. Geben Sie die erforderlichen Toleranzen an.

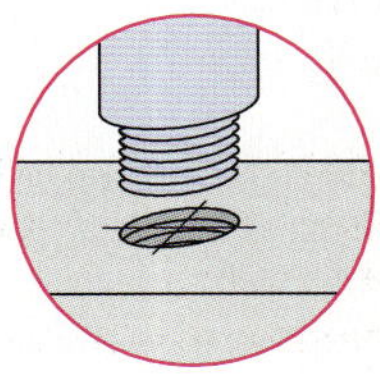

7. Die Einzelteile des umkonstruierten Biegewerkzeugs sollen im Zusammenbau gezeigt werden.
Erstellen Sie die Gesamtzeichnung des Biegewerkzeugs im Halbschnitt.

8. Das Werkzeugoberteil soll gefertigt werden.
Erstellen Sie einen Arbeitsplan für die Fertigung des von Ihrer Gruppe geplanten Werkzeugoberteils. – Planen Sie gemeinsam, so ist es einfacher.

HANDLUNGSFELD: Entwickeln von Steuerungen

Problemstellung

Auftrag

Auftrag
Lagerbuchsen in Laufrollen einpressen. Schaltung für die Presse entwickeln.

Anlage

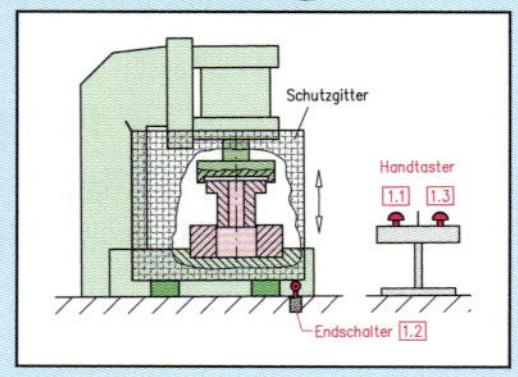

Analysieren

Technische Anforderungen
- Art des Arbeitselements (z. B. Motor, Zylinder ...)
- Größe des zu steuernden Energie- oder Massestroms
- Länge der Zuleitungen
- Schrittfolgen
- Sicherheitsanforderungen
- (z. B. explosionssicher, NOT-AUS ...)

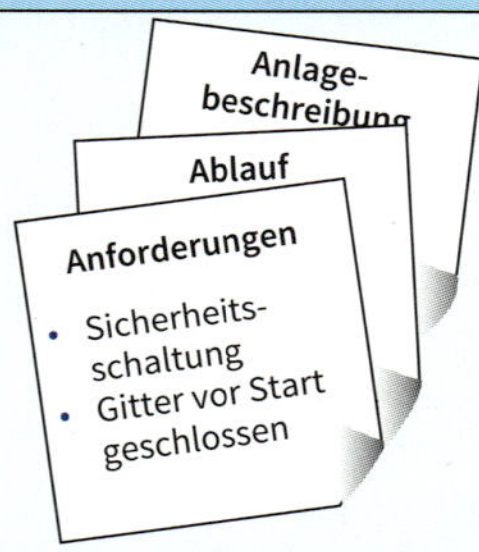

Ergebnisse
- Anforderungskatalog
- Daten für Planungsentscheidung
- Ablaufbeschreibung
- Lagepläne

Planen

Entscheidung über:
- Art der Steuerung (z. B. pneumatisch, SPS ...)
- Ablauf
- Schaltung
- Einbau
- Bauelemente

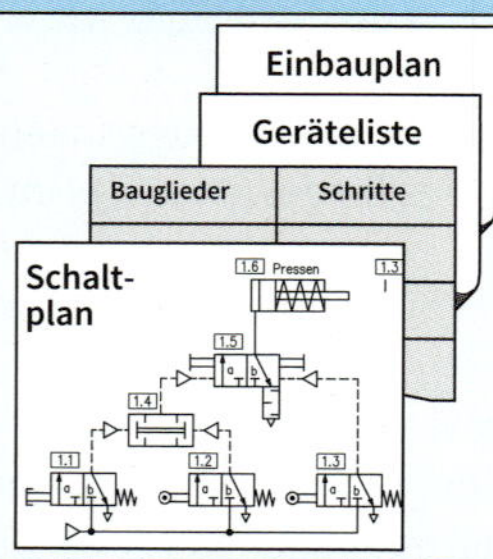

Ergebnisse
1. Technologieschema
2. Funktionsplan
3. Schaltplan
4. Geräteliste
5. Einbaupläne

Realisieren (Aufbauen)

Aufbau der Steuerung:
- Sensoren einbauen
- Aktoren einbauen
- Bauteile verdrahten
  - bzw. verrohren
  - bzw. verschlauchen

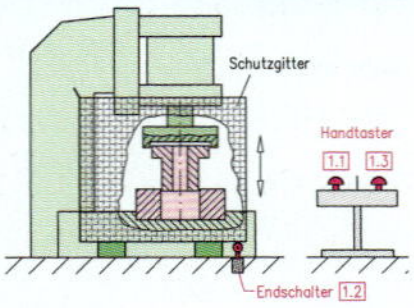

Ergebnisse
- Probelauf durchführen
- Testdaten protokollieren
- Anlage übergeben

1 Grundlagen der Steuerungstechnik

Gesteuerte Maschinen, Anlagen und Vorrichtungen zeichnen sich durch den Einsatz unterschiedlicher Technologien aus. Die Kombination von mechanischen und elektronischen Bauteilen mit pneumatischen oder hydraulischen Systemen schafft die Voraussetzung für die Automatisierung.
Durch eine Steuerung werden in einem technischen System Signale, Bewegungen und Kräfte in einer gewünschten zeitlichen Abfolge ausgeführt.

Beispiel für Messungen an einer elektro-pneumatischen Steuerung (Quelle: Festo)

> **!** Die Technologien, die sich mit der Umformung, Übertragung und Steuerung von Kräften und Bewegungen befassen, nennt man nach den jeweiligen Informations- und Energieträgern:
> - Elektrotechnik/Elektronik (Elektronen),
> - Pneumatik (Luft),
> - Hydraulik (Flüssigkeit).
>
> Die Pneumatik und die Hydraulik werden auch unter dem Begriff „Fluidtechnik" zusammengefasst.

1.1 Steuerungs- und Leistungsteil gesteuerter Anlagen

Gesteuerte Anlagen bestehen aus mehreren Teilsystemen. Im einfachsten Fall kann man einen Steuerungsteil und einen Leistungsteil in der Anlage unterscheiden. Im Steuerungsteil werden die Bedingungen überprüft, bei deren Erfüllung an den Leistungsteil die Anweisung zur Arbeit gegeben wird. Der Leistungsteil muss sodann die Arbeit verrichten.

Im Steuerungsteil wird nur wenig Energie zum Betrieb benötigt. Hier arbeitet man wegen des geringen Energiebedarfs meist elektrisch, elektronisch oder pneumatisch.
Im Leistungsteil wendet man elektrisch höhere Spannungen und Stromstärken an oder man arbeitet pneumatisch bzw. hydraulisch.

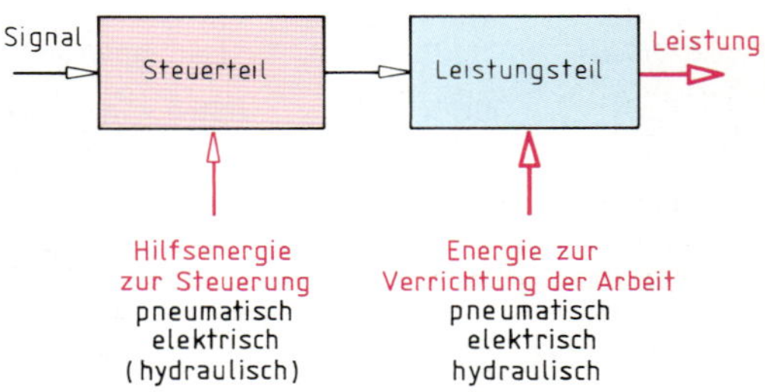

Teilsysteme gesteuerter Anlagen

Zum Steuerungsteil einer Anlage gehören die Bauteile und Baugruppen, die Signale empfangen, verarbeiten und weiterleiten. Der Leistungsteil einer Anlage besteht aus den Arbeitsgliedern und den Bauteilen, welche die Energiezufuhr zum Arbeitsglied bewirken.

Beispiel für Steuerungs- und Leistungsteil in einer gesteuerten Einrichtung (Zuführeinrichtung einer Bohrvorrichtung)

In der dargestellten Anlage werden nach Drücken des Auslösetasters Werkstücke aus einem Fallmagazin durch einen Pneumatikzylinder in die Bohrvorrichtung geschoben. Der Vorschub darf jedoch nur erfolgen, wenn die Bohrvorrichtung frei ist und noch ein Werkstück im Magazin liegt.

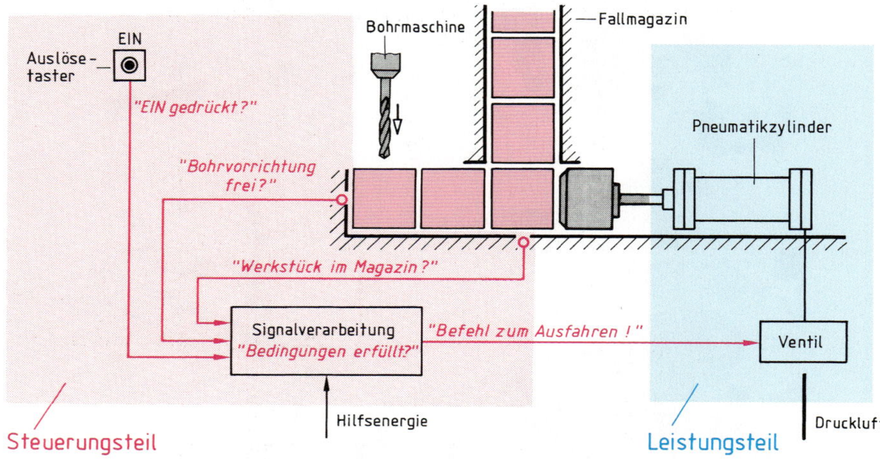

! Gesteuerte Einrichtungen bestehen aus einem Steuerungsteil und einem Leistungsteil.

Zum Betrieb des Steuerungsteils und des Leistungsteils von Maschinen, Anlagen und Vorrichtungen haben sich je nach Aufgabenstellung unterschiedliche Kombinationen von Informations- und Energieträgern bewährt.

Steuerungsteil	Leistungsteil	Anwendung bei ...
pneumatisch	**pneumatisch**	• einfachen Steuerungen mit kurzen Verbindungsleitungen und mäßigem Kraftaufwand im Leistungsteil, geradlinigen Bewegungen, z. B. bei Spannvorrichtungen.
elektrisch elektronisch	**pneumatisch**	• aufwendigen Steuerungen mit mäßigem Kraftaufwand im Leistungsteil, langen Verbindungswegen, geradlinigen Bewegungen und einer Vielzahl von zu verarbeitenden Informationen, z. B. bei ferngesteuerten Transporteinrichtungen.
elektrisch elektronisch	**hydraulisch**	• Steuerungen für Anlagen mit hohen Kräften im Leistungsteil, langen Leitungswegen, geradliniger Bewegung, z. B. Schleusentore.
elektrisch elektronisch	**elektrisch**	• Steuerung von Anlagen, in denen vornehmlich Drehbewegungen ausgeführt werden oder elektrisch erwärmt wird, z. B. Krananlagen, Elektroöfen.
hydraulisch	**hydraulisch**	• einfachen Steuerungen mit kurzen Verbindungsleitungen und hohem Kraftbedarf im Leistungsteil, geradlinigen Bewegungen, z. B. Bagger.

! In gesteuerten Systemen können der Steuerungsteil und der Leistungsteil mit unterschiedlichen Energieträgern betrieben werden.

1.2 Logikpläne von Steuerungen

Für die Funktion einer Steuerung ist es unerheblich, mit welcher Energieart das System betrieben wird. Die Entscheidung darüber wird unter wirtschaftlichen und wartungstechnischen Gesichtspunkten gefällt. Unabhängig von der eingesetzten Energie kann man Steuerungen auf ihre wesentlichen Zusammenhänge zwischen Eingangsgrößen und Ausgangsgrößen – auf ihre Logik – untersuchen.

Beispiel für den logischen Zusammenhang zwischen Eingangs- und Ausgangsgrößen einer Steuerung (Darstellung mit Schaltzeichen aus der Elektrotechnik)

In der dargestellten Vorrichtung sollen Werkstücke nur dann unter den Bohrer geschoben werden, wenn Schalter S1 und S2 gedrückt sind, und S3 nicht durch ein Werkstück gedrückt ist.

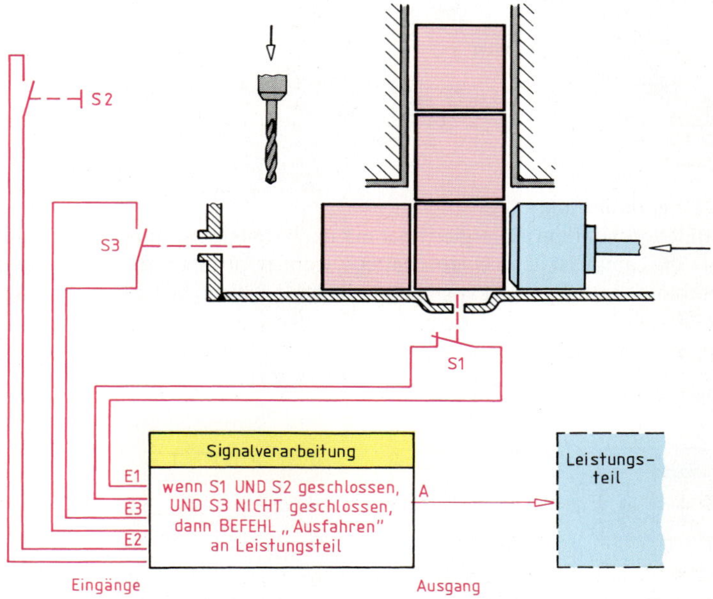

Zuführeinrichtung einer Bohrvorrichtung

In der Steuerung dieser Vorrichtung sind die logischen Funktionen UND sowie NICHT enthalten.

! Im Steuerungsteil von Systemen werden Informationen logisch miteinander verknüpft.

1.2.1 Logische Grundfunktionen

Zu den logischen Grundfunktionen, mit denen **alle** Verknüpfungsschaltungen aufgebaut werden können, gehören:

- die UND-Verknüpfung,
- die ODER-Verknüpfung,
- die NICHT-Verknüpfung.

Eine logische Funktion wird dargestellt durch ein Rechteck mit einem Zeichen für die Art der Verknüpfung. Der Buchstabe **E** kennzeichnet die Eingänge, der Buchstabe **A** den Ausgang des Logiksymbols.

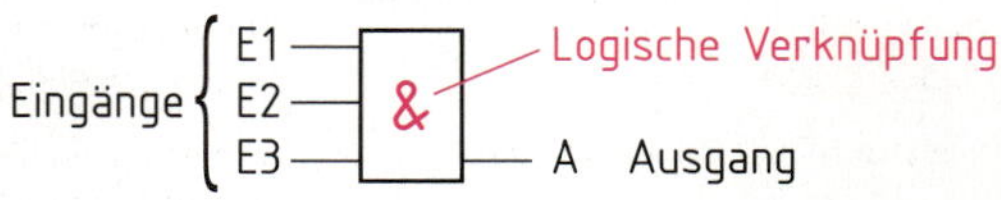

Aufbau von Logiksymbolen

Für die Funktionsweise der einzelnen Schaltungen gilt folgende Festlegung:

- **0-Signal** → „Keine Spannung vorhanden",
- **1-Signal** → „Spannung vorhanden".

In der Funktionstabelle werden die Ausgangszustände in Abhängigkeit der Eingänge dargestellt.

1. UND-Verknüpfung

Die UND-Verknüpfung ist vergleichbar mit der Reihenschaltung von Schaltern. Der Ausgang hat nur dann Signal – die Lampe ist dann eingeschaltet –, wenn die in Reihe geschalteten Schalter gleichzeitig geschlossen sind. Der Ausgang einer UND-Verknüpfung führt nur dann 1-Signal, wenn alle Eingänge 1-Signal führen. In allen anderen Fällen führt der Ausgang 0-Signal.

Beispiel für eine UND-Verknüpfung

Technologieschema

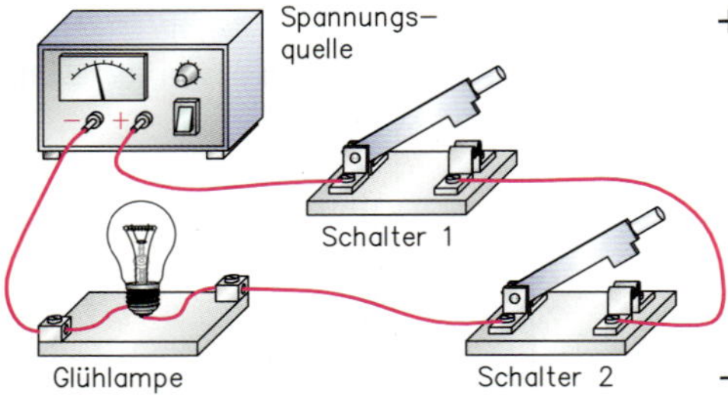

Stromlaufplan

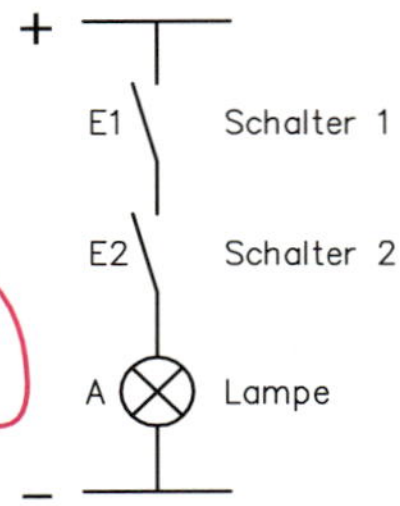

Logiksymbol

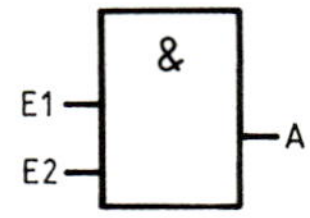

Funktionstabelle

E1	E2	A
0	0	0
0	1	0
1	0	0
1	1	1

2. ODER-Verknüpfung

Die ODER-Verknüpfung ist vergleichbar mit der Parallelschaltung von Schaltern. Der Ausgang hat nur dann Signal – die Lampe ist dann eingeschaltet –, wenn mindestens einer der beiden parallel geschalteten Schalter geschlossen ist. Signal ist auch dann vorhanden, wenn beide Eingänge Signal führen. Der Ausgang einer ODER-Verknüpfung führt nur dann 1-Signal, wenn mindestens ein Eingang 1-Signal führt. Nur wenn alle Eingänge 0-Signal führen, führt auch der Ausgang 0-Signal.

Beispiel für eine ODER-Verknüpfung

Technologieschema

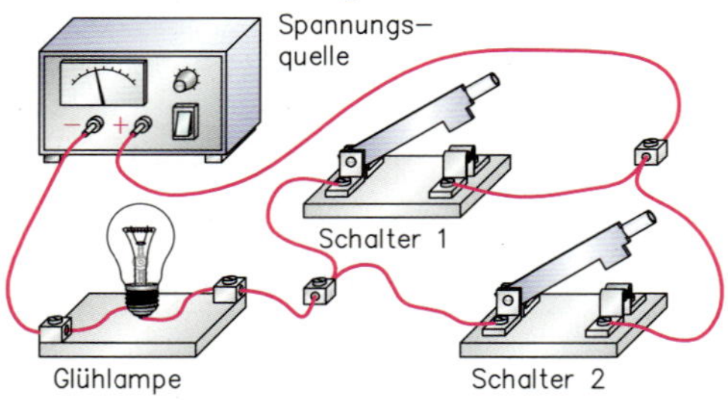

Stromlaufplan

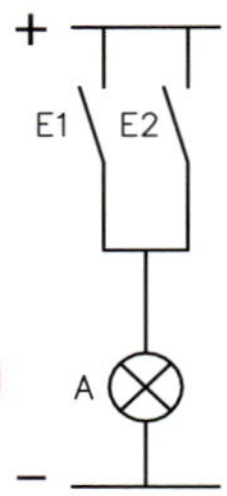

Logiksymbol

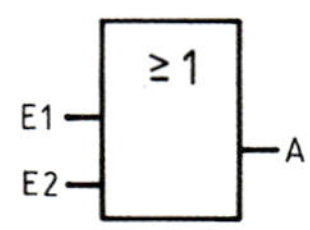

Funktionstabelle

E1	E2	A
0	0	0
0	1	1
1	0	1
1	1	1

3. NICHT-Verknüpfung

Die NICHT-Verknüpfung ist vergleichbar mit einem Schalter, der bei Betätigung öffnet. Der Ausgang hat dann Signal – die Lampe ist dann eingeschaltet –, wenn der Schalter nicht betätigt wurde. Der Ausgang einer NICHT-Verknüpfung führt dann 1-Signal, wenn der Eingang 0-Signal führt.

Beispiel für eine NICHT-Verknüpfung

Technologieschema

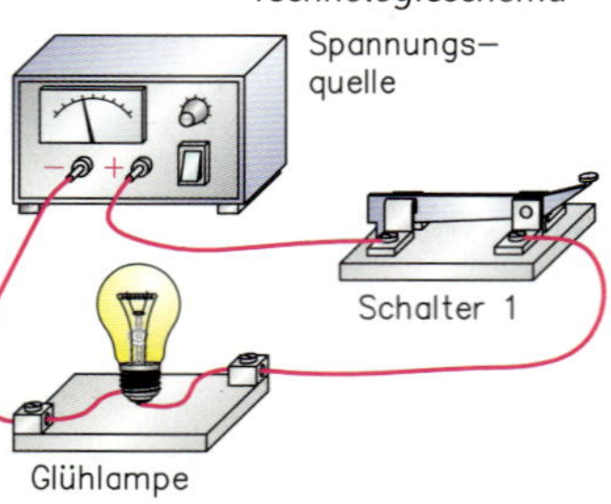

Stromlaufplan

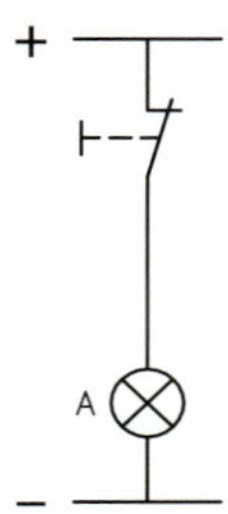

Logiksymbol

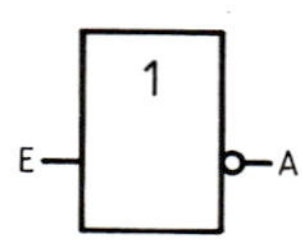

Funktionstabelle

E	A
0	1
1	0

Das Symbol für die Nicht-Verknüpfung kann auch mit anderen Symbolen zusammengefasst werden, sodass vereinfachte Darstellungen entstehen.

Beispiel für eine Verknüpfung des NICHT-Symbols

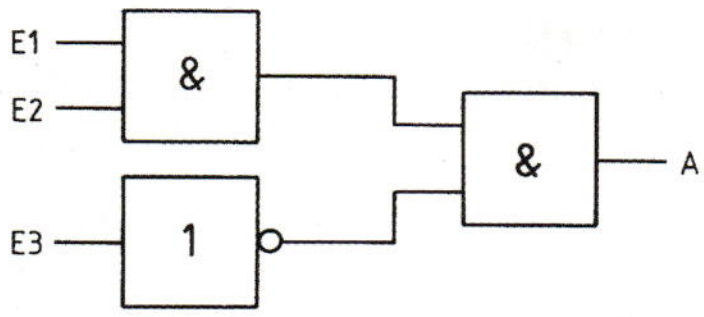

vereinfacht:

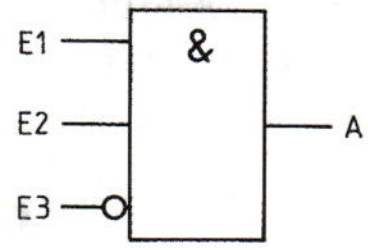

4. Verwirklichung von logischen Grundfunktionen in verschiedenen Technologien

<table>
<tr><th rowspan="2">Bezeichnung</th><th rowspan="2">Logiksymbol</th><th rowspan="2">Funktionstabelle</th><th colspan="2">Beispiel für die Verwirklichung</th></tr>
<tr><th>pneumatisch</th><th>elektrisch</th></tr>
<tr><td>Identität</td><td>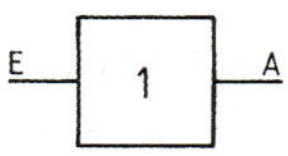</td><td>E A
0 0
1 1</td><td>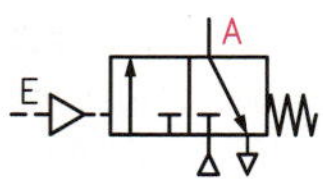</td><td>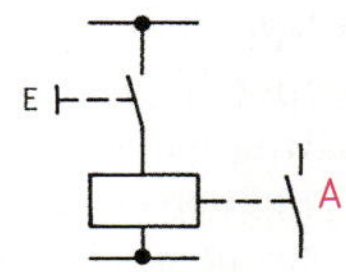</td></tr>
<tr><td>UND</td><td>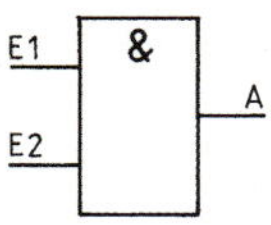</td><td>E1 E2 A
0 0 0
0 1 0
1 0 0
1 1 1</td><td>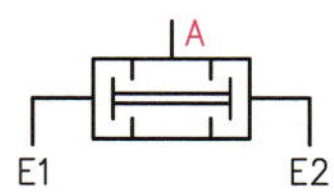</td><td>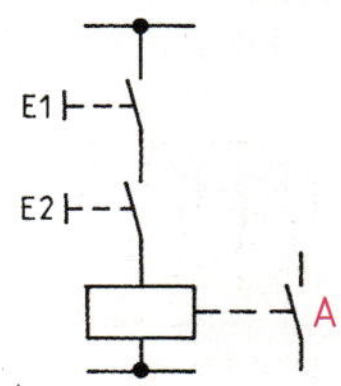</td></tr>
<tr><td>ODER</td><td>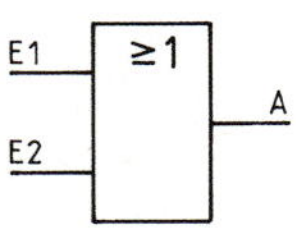</td><td>E1 E2 A
0 0 0
0 1 1
1 0 1
1 1 1</td><td>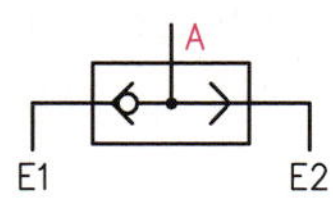</td><td>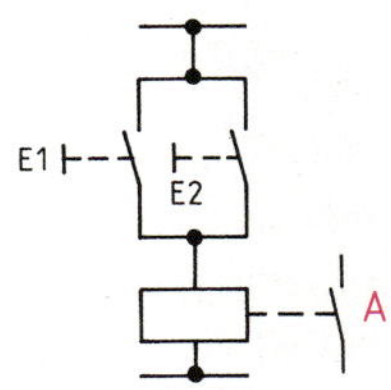</td></tr>
<tr><td>NICHT</td><td>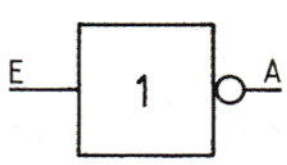</td><td>E A
0 1
1 0</td><td>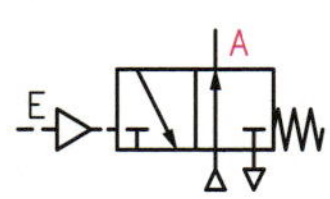</td><td>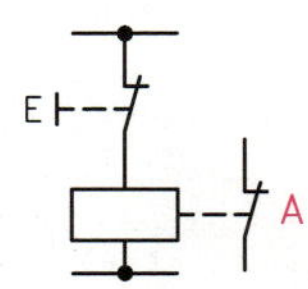</td></tr>
</table>

Erklärung der Schaltzeichen siehe Kapitel „Pneumatik" und „Elektrotechnik".

! Logische Funktionen werden durch Logiksymbole dargestellt. Mit ihrer Hilfe kann man unabhängig von der gewählten Technologie die Logik der Steuerung in Logikplänen erläutern. Funktionstabellen schaffen eine Übersicht über die Arbeitsbedingungen der Steuerung.

1.2.2 Planerische Darstellung von Steuerungen

Die planerische Darstellung von Steuerungen kann verschiedene Elemente enthalten. In einer genauen Aufgabenstellung muss die Steuerungsaufgabe möglichst eindeutig und vollständig beschrieben sein. Ergänzt wird diese Beschreibung meist mit einem Technologieschema. Das Technologieschema verdeutlicht insbesondere die Lage der Elemente und Baugruppen zueinander in vereinfachter Form.

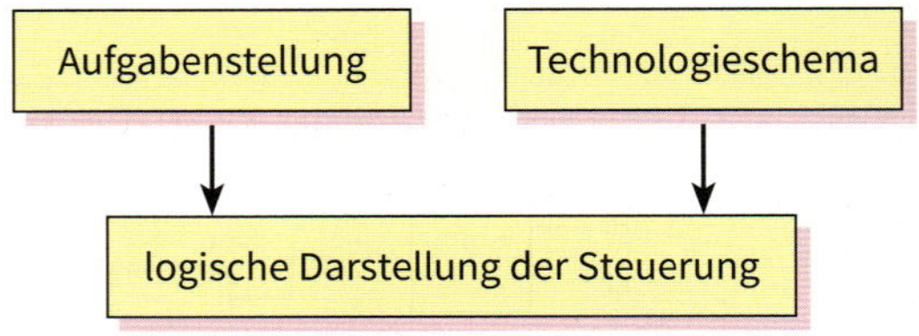

Planungsgrundlagen für Steuerungen

Mithilfe der Logiksymbole kann man die Funktion der Steuerung unabhängig von der Technologie, in der die Steuerung verwirklicht werden soll, darstellen.
Aufbauend auf diesen logischen Untersuchungen wird dann die Steuerungsplanung in der vorgesehenen Technologie vorgenommen.

Beispiel für die Darstellung von Steuerungsfunktionen mithilfe von Logiksymbolen

Aufgabenstellung

Mit der dargestellten Vorrichtung werden Lagerbuchsen in Laufrollen eingepresst. Der Einpressvorgang soll nur dann erfolgen, wenn:

- mit den Händen die Handtaster 1.1 und 1.2 gleichzeitig gedrückt sind **und** der Taster 1.4 für das Schutzgitter **nicht** gdrückt ist, weil das Schutzgitter vollständig herabgelassen ist.

oder wenn:

- der Fußtaster 1.3 gedrückt wird und der Taster 1.4 für das Schutzgitter **nicht** gedrückt ist, weil das Schutzgitter vollständig herabgelassen ist.

Technologieschema

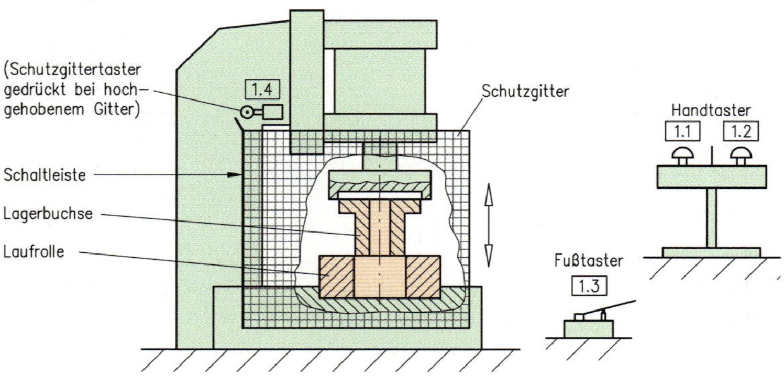

Funktionstabelle

E1	E2	E3	E4	A
0	0	0	0	0
0	0	0	1	0
0	0	1	0	1
0	0	1	1	0
0	1	0	0	0
0	1	0	1	0
0	1	1	0	1
0	1	1	1	0
1	0	0	0	0
1	0	0	1	0
1	0	1	0	1
1	0	1	1	0
1	1	0	0	1
1	1	0	1	0
1	1	1	0	1
1	1	1	1	0

Zuordnungsliste

Eingang	Taster 1.1 gedrückt	E1 = 1
	Taster 1.2 gedrückt	E2 = 1
	Taster 1.3 gedrückt	E3 = 1
	Taster 1.4 gedrückt	E4 = 1
Ausgang	Zylinder ausgefahren	A = 1

Logikplan

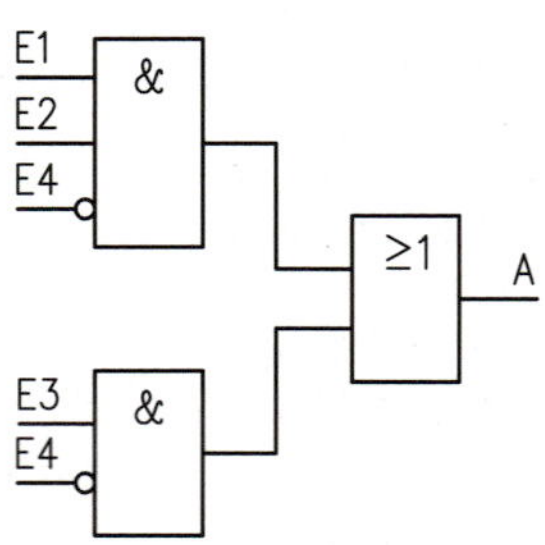

Übungsaufgaben 1/8 bis 1/10

2 Grundlagen für pneumatische Steuerungen

2.1 Druck

Übt man über einen Kolben eine Kraft auf ein Gas oder eine Flüssigkeit aus, entsteht ein Druck. Der Druck p ist das Verhältnis der Kraft F zur Fläche A.

$$\text{Druck} = \frac{\text{Kraft}}{\text{Fläche}} \quad \text{bzw. } p = \frac{F}{A}$$

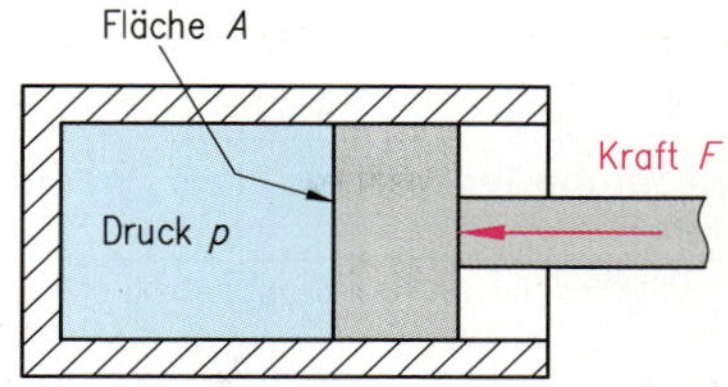

Druck, Kraft und Fläche

1. Einheit des Druckes

Im internationalen Einheitensystem (SI-Einheiten) ist die Einheit des Druckes Newton je Quadratmeter. Ein Newton je Quadratmeter ist ein Pascal (Einheitenzeichen: Pa). Die Einheit Pa ist für Angaben in der Pneumatik und in der Hydraulik zu klein. Deshalb wurde die Druckeinheit Bar (Einheitenzeichen: bar) eingeführt.

> **!** Im internationalen Einheitensystem sind als Druckeinheiten das Pascal und das Bar festgelegt.
>
> $1\ \text{Pa} = 1\ \frac{\text{N}}{\text{m}^2} \qquad 1\ \text{bar} = 100\,000\ \text{Pa} \qquad 1\ \text{bar} = 10\ \frac{\text{N}}{\text{cm}^2}$

2. Atmosphärischer Druck

Die Lufthülle der Erde erzeugt aufgrund ihres Eigengewichtes einen atmosphärischen Druck (Formelzeichen: p_{amb}). Der atmosphärische Druck ändert sich mit der Höhe der Luftsäule. Als mittlerer atmosphärischer Jahresdruck wurden $p_{amb} = 1{,}013$ bar gemessen und festgelegt.

> **!** Als mittlerer atmosphärischer Jahresdruck wurden $p_{amb} = 1{,}013$ bar gemessen und festgelegt.

Schließt man z. B. einen Zylinder an eine Druckerzeugungsanlage an, so kann der absolute Druck der Druckluft technisch nicht voll genutzt werden. Der atmosphärische Druck (p_{amb}) wirkt am Arbeitskolben gegen den absoluten Druck. Daher ist nur der Druckunterschied wirksam, den man als Überdruck bezeichnet (Formelzeichen: p_e).

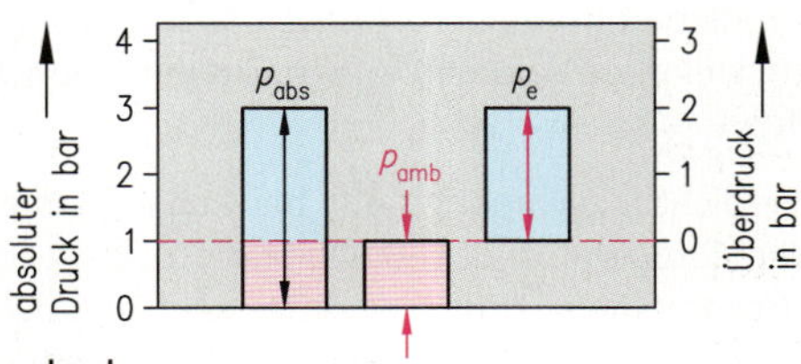

Überdruck p_e

> **!** Der Überdruck pe ist der Druckunterschied zwischen dem absoluten Druck p_{abs} und dem atmosphärischen Druck pamb. Messgeräte für die Fluidtechnik zeigen den Überdruck an.
>
> $p_e = p_{abs} - p_{amb}$

3. Druckausbreitung

Wirkt in einem Gerät auf einen Kolben mit der Fläche A_1 die Kraft F_1, so entsteht in der Flüssigkeit der Überdruck p_e. Dieser Überdruck wirkt über ein Verbindungsrohr auf einen größeren Kolben mit der Fläche A_2. Angeschlossene Messgeräte zeigen überall den gleichen Druck an. Wegen der größeren Fläche am großen Kolben wirkt dort auf ihn eine größere Kraft F_2 als auf den kleineren Kolben.

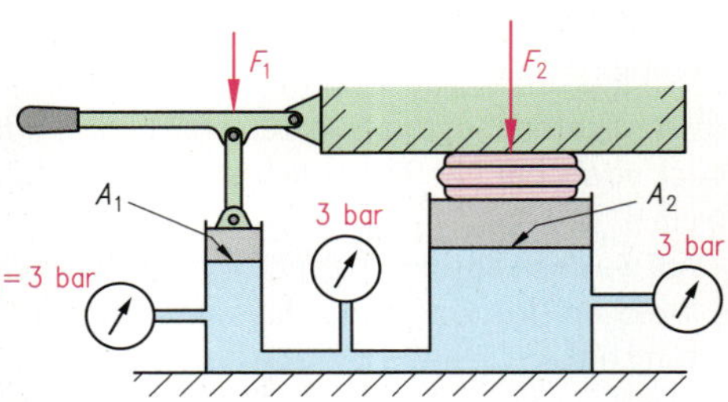

Druckausbreitung

> **!** Der Überdruck ist innerhalb eines geschlossenen Systems in allen Richtungen wirksam und überall gleich groß.

2.2 Einheiten zur Bereitstellung der Druckluft

Jede pneumatische Anlage besteht aus drei Teilsystemen:

- System zur *Druckluftbereitstellung*,
- System zur *Steuerung*,
- System zur *Arbeitsverrichtung*.

Beispiele für die Teilsysteme einer Pneumatikanlage (Schema)

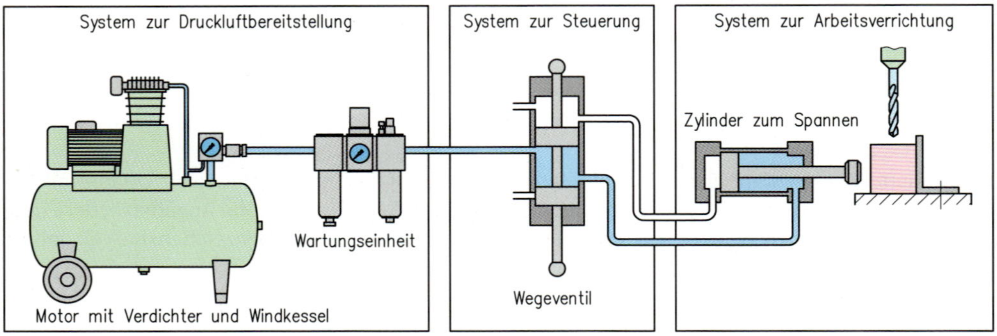

2.2.1 Verdichter (Kompressoren)

1. Grundlagen

Drückt man Luft zusammen, so spricht man von Verdichten bzw. Komprimieren. Entsprechende Geräte heißen Verdichter oder Kompressoren. Bei Verdichtungsvorgängen wird ein vorhandenes Ansaugvolumen V_1 mit dem Eingangsdruck p_1 zu einem kleineren Volumen V_2 zusammengepresst. In dem kleineren Volumen V_2 herrscht ein erhöhter Druck p_2.

Für Verdichtungsvorgänge gilt bei konstant bleibender Temperatur das Boyle-Mariottesche Gesetz. Bei der Anwendung dieses Gesetzes ist darauf zu achten, dass p_1 und p_2 **absolute Drücke** sind.

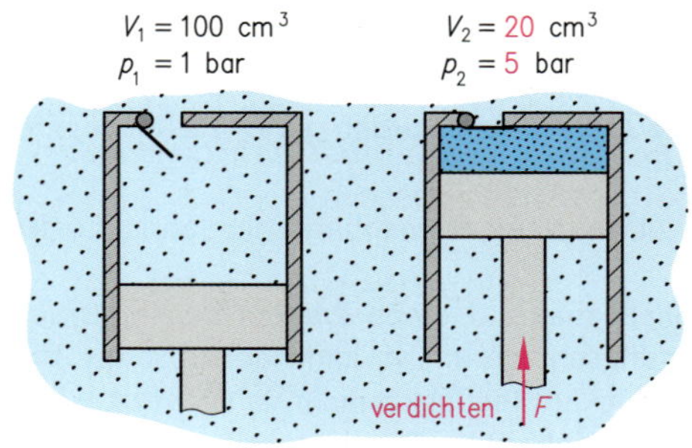

$100\ \text{cm}^3 \cdot 1\ \text{bar} = 20\ \text{cm}^3 \cdot 5\ \text{bar}$

allgemein gilt: $V_1 \cdot p_1 = V_2 \cdot p_2$

Gesetz von Boyle-Mariotte

Alle Druckangaben bei pneumatischen Anlagen beziehen sich jedoch auf den Überdruck p_e gegenüber dem atmosphärischen Druck. Andernfalls werden Druckangaben besonders gekennzeichnet.

Beispiele für eine Druckberechnung

Aufgabe

Ein Verdichter saugt je Hub 200 cm³ Luft an, die einen Druck von 1 bar hat. Er verdichtet auf ein Volumen von 50 cm³.

a) Auf welchen absoluten Druck wird die Luft verdichtet?

b) Welchen Druck zeigt das Messgerät in der Druckleitung an?

Lösung

a) Druck im Verdichter

$$p_2 = \frac{p_1 \cdot V_1}{V_2} = \frac{1\ \text{bar} \cdot 200\ \text{cm}^3}{50\ \text{cm}^3}$$

$p_2 = $ **4 bar** (absoluter Druck im Verdichter)

b) $p_e = $ **3 bar** (angezeigter Druck vom Messgerät)

! Druckangaben in der Pneumatik beziehen sich auf Überdruck.
Druckmessgeräte in der Pneumatik sind auf Überdruck eingestellt.

Übungsaufgaben 2/8 bis 2/10

2. Bauformen von Verdichtern

Verdichter unterscheidet man nach der Art der Drucklufterzeugung. Werden in einen Verdichter die Luftteilchen durch einen Kolben oden einen Exzenter verdrängt und wird dabei das Luftvolumen verkleinert, so benutzt man das **Verdrängungsprinzip** zur Erzeugung der Druckluft. Nach dem **Strömungsprinzip** arbeitet eine Verdichter, wenn dien Luftteilchen durch die Schaufeln rotierende Räder Energie zugeführt wird.
Im Hinblick auf den erreichbaren Druck und die gewünschte Liefermenge haben sich in der Pneumatik die Verdichter nach dem Verdrängungsprinzip durchgesetzt.

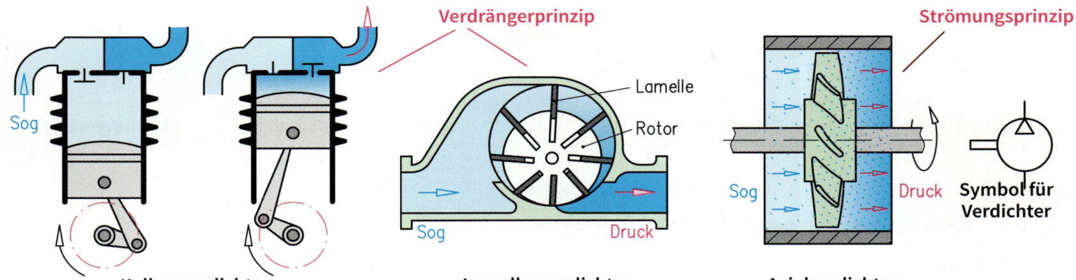

Kolbenverdichter **Lamellenverdichter** **Axialverdichter**

> **!** Hubkolbenverdichter und Lamellenverdichter arbeiten nach dem Verdrängerprinzip. Axialverdichter arbeiten nach dem Strömungsprinzip.

3. Liefermenge und Betriebsdruck

Zur Kennzeichnung eines Verdichters dienen der erreichbare Druck und die Liefermenge. Die Liefermenge wird bei kleinen Anlagen in l/min, sonst in m^3/min angegeben.
Pneumatische Anlagen arbeiten in der Regel mit einem Druck von 6 bar; als untere Grenze werden 3 bar und als obere 15 bar angesehen.

2.2.2 Druckluftverteilung

In Druckluftverteilungsanlagen wird die Luft aus dem Verdichter in einen Behälter geleitet, den man Windkessel nennt.
In Anlagen für den Betrieb pneumatischer Steuerungen werden nach dem Verdichter ein Nachkühler mit Wasserabscheider und danach ein Windkessel eingebaut. In kleineren Anlagen ist dem Verdichter der Windkessel direkt nachgeschaltet.
Die Aufgaben des Windkessels sind:

- *Ausgleich* der Druckstöße vom Verdichter,
- *Speicherung* von Druckluft,
- *Abkühlung* der Druckluft mit Kondensatausscheidung.

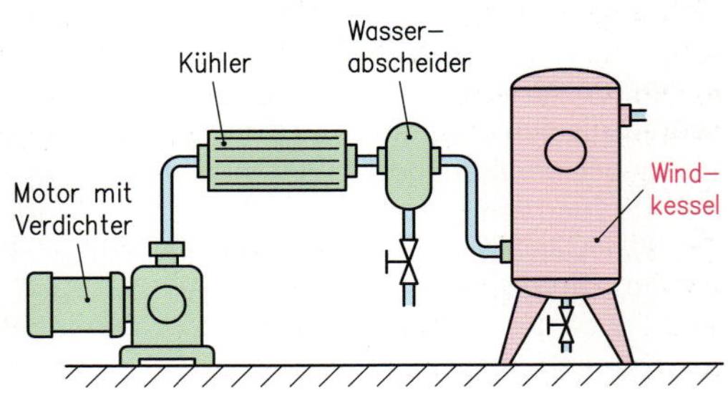

Druckluftanlage (Schema)

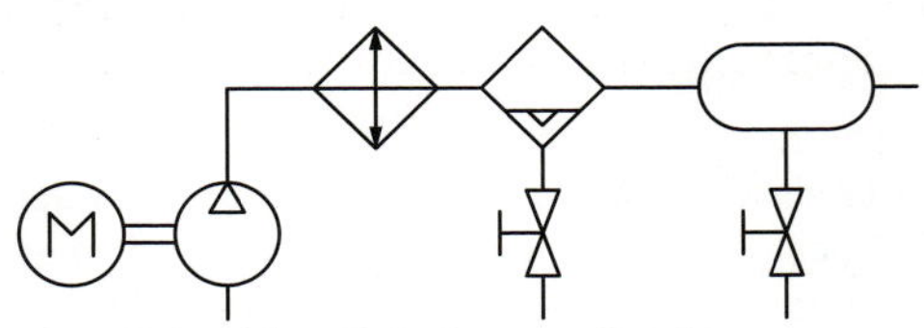

Druckluftanlage (symbolische Darstellung)

2.2.3 Aufbereitung der Druckluft

Die Druckluft aus dem Rohrleitungsnetz darf nicht unmittelbar den Pneumatikelementen zugeführt werden. Sie wird wie folgt aufbereitet:

- *Reinigen* und *Abscheiden* von Kondensat in einem Filter mit Abscheider,
- *Regeln* durch ein Druckreduzierventil mit Überdruckmessgerät,
- *Anreichern mit Ölnebel* in einem Öler (in seltenen Fällen).

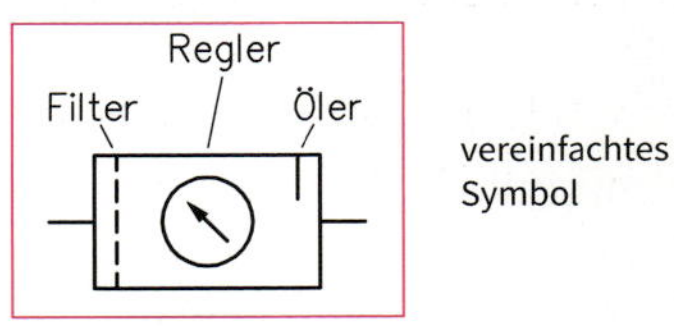

Symbol für Wartungseinheit (vereinfacht)

Diese drei Aufbereitungsvorgänge werden in einem kombinierten Gerät – der Wartungseinheit – durchgeführt.

2.3 Einheiten zum Steuern der Druckluft

In einer pneumatischen Anlage benötigt man Bauteile, welche die Druckluft steuern. Solche Bauteile nennt man Ventile. Die Ventile unterteilt man nach ihrer Funktion wie folgt:

2.3.1 Übersicht über pneumatische Ventile

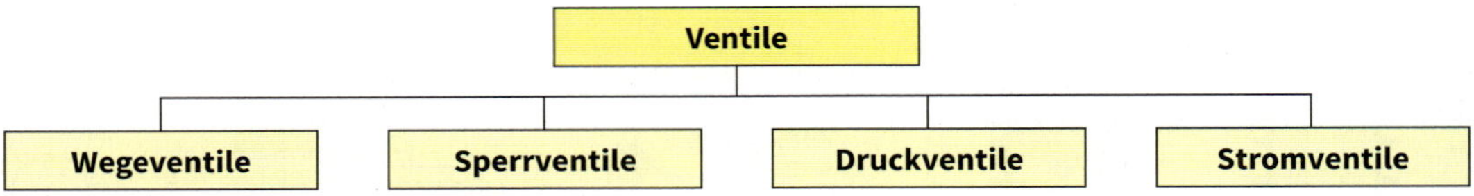

2.3.2 Bauformen pneumatischer Ventile

1. Wegeventile

Wegeventile öffnen und schließen Durchflusswege des Luftstromes. Bei den Wegeventilen unterscheidet man Sitz- und Schieberventile. Sitzventile dichten durch Kugeln oder Teller, Schieberventile durch Kolben.

Sitzventile haben eine kurze Ansprechzeit, sind unempfindlich gegen Schmutz, haben wenig Verschleißteile, erfordern jedoch eine große Betätigungskraft.

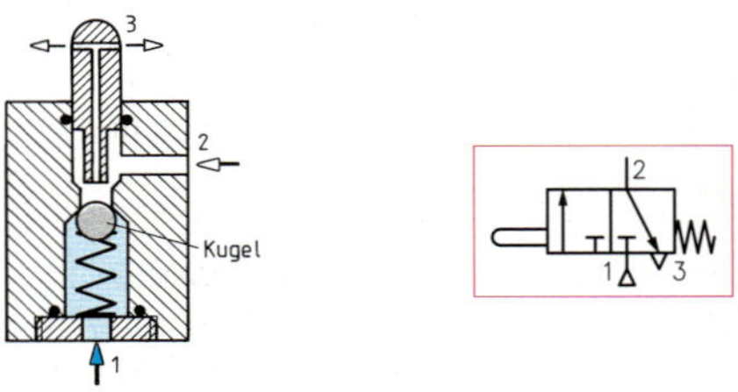

Kugelsitzventil (3/2-Wegeventil)

2. Sperrventile

Ventile, die den Durchfluss der Druckluft richtungsmäßig beeinflussen, bezeichnet man als Sperrventile. Als Sperrventile werden das Rückschlagventil, das Wechselventil (oder-Element) und das Zweidruckventil (UND-Element) eingesetzt.

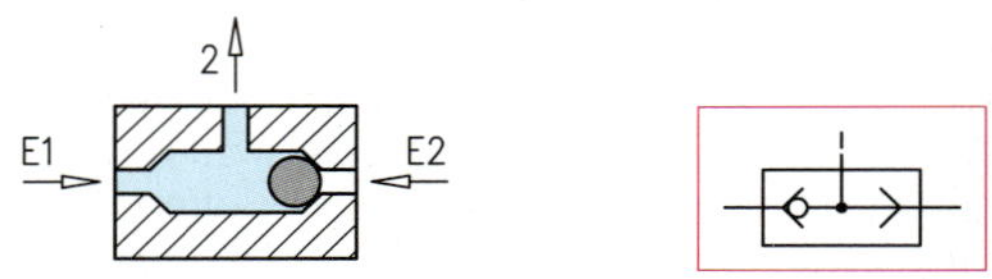

Wechselventil (ODER)

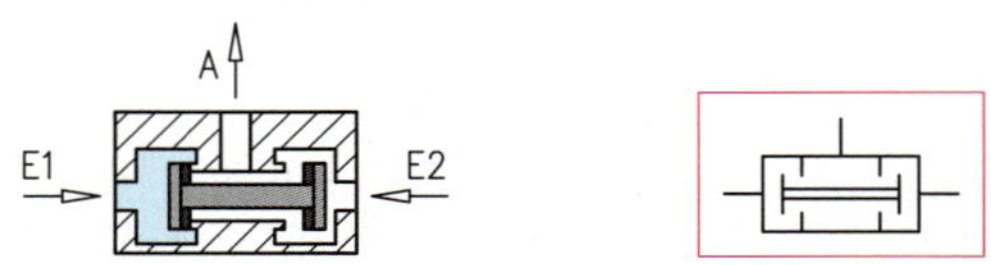

Zweidruckventil (UND)

3. Druckventile

Druckventile regeln den Druck in einer Anlage oder werden durch einen vorgegebenen Druck betätigt. Als Druckventile werden das Druckbegrenzungsventil und das Druckregelventil eingesetzt.

Das Druckregelventil hält den Sekundärdruck unabhängig vom Primärdruck und dem Verbrauch konstant.

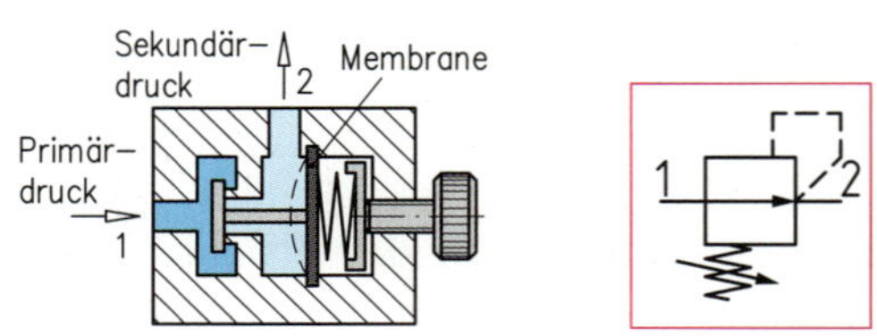

Druckregelventil

4. Stromventile

Stromventile beeinflussen die Durchflussmenge der Druckluft. Als Stromventile werden hauptsächlich das Drosselrückschlagventil, das Verzögerungsventil und das Schnellentlüftungsventil eingesetzt.

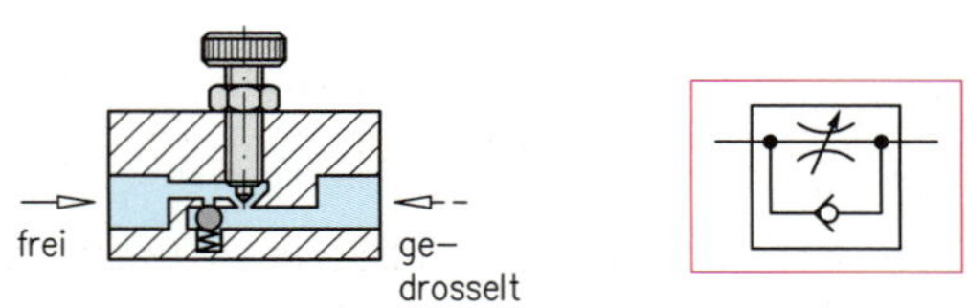

Drosselrückschlagventil

2.3.3 Vereinbarungen bei Wegeventilen

1. Grafische Symbole für Wegeventile

Zeichnerisch werden die Wegeventile durch Quadrate dargestellt. Pfeile in den Quadraten kennzeichnen die Durchflusswege. Die Sperrung wird durch „T“-Zeichen gekennzeichnet. Bei Wegeventilen wird jede Schaltstellung durch ein eigenes Quadrat dargestellt. Die Schaltstellung kennzeichnet man durch Buchstaben oder Zahlen. Die Anzahl der Quadrate entspricht somit der Anzahl der Schaltstellungen. Die Rohranschlüsse zeichnet man nur an das Quadrat des Symbols, welches die Ausgangsstellung zeigt. Den Anschluss ins Freie symbolisiert man durch ein Dreieck. Rechts und links trägt man an die Quadrate die Symbole für die Betätigung an.

Die einzelnen Schaltstellungen stellt man sich durch Verschieben der Quadrate vor. Die Rohranschlüsse werden dabei nicht verschoben.

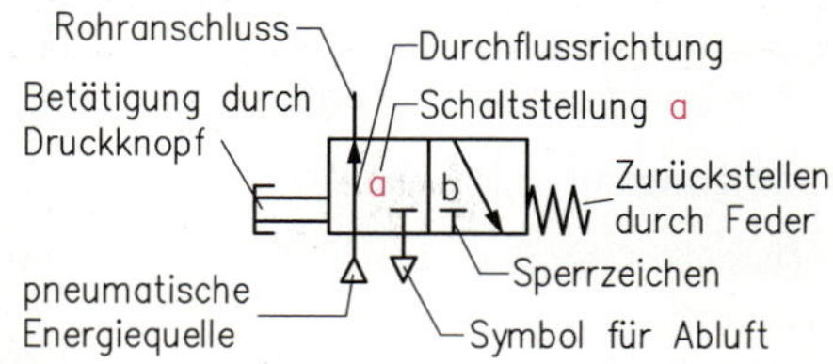

3/2-Wegeventil (Pneumatik)

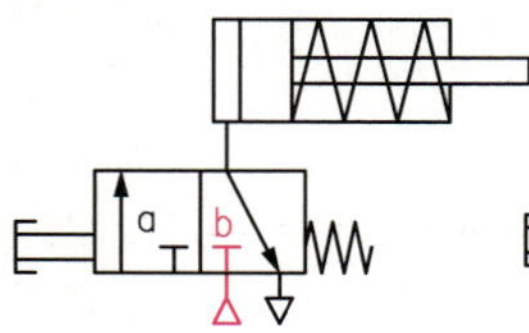

Ventil in Schaltstellung b (Ausgangsstellung)

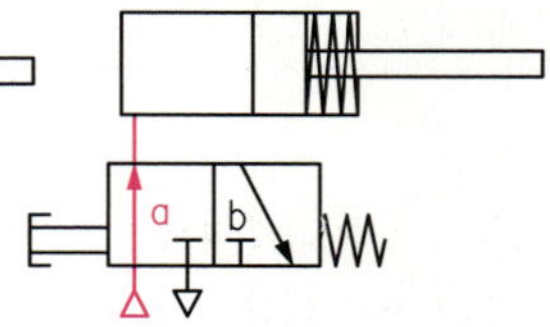

Ventil in Schaltstellung a (Verschoben)

> **!** Grafische Symbole von Wegeventilen enthalten u. a.:
> - für jede Schaltstellung ein Quadrat mit zugeordneten Betätigungen,
> - Zeichen für die Anschlüsse an der Ausgangsstellung des Ventils,
> - Kennzeichen für Durchflusswege und Sperrstellung.

2. Benennung von Wegeventilen

Man bezeichnet ein Ventil nach der Anzahl der Anschlüsse und der Zahl der möglichen Schaltstellungen. So hat z. B. ein 4/3-Wegeventil 4 Anschlüsse und 3 Schaltstellungen (1; 0; 2).

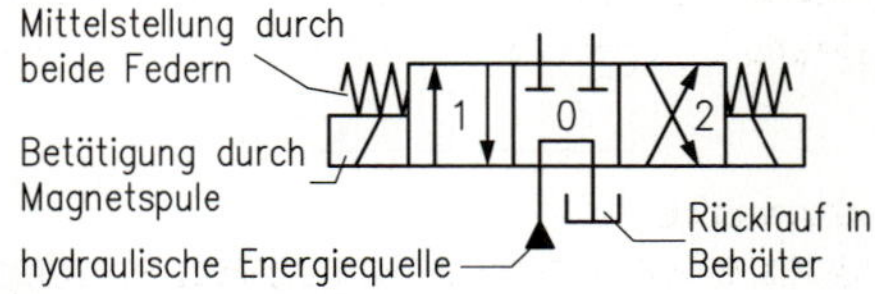

4/3-Wegeventil (Hydraulik)

> **!** Wegeventile werden nach Anschlusszahl und Zahl der Schaltstellungen benannt.

3. Kennzeichnung der Anschlüsse von Ventilen

Die Anschlüsse an Ventilen in der Pneumatik können durch Buchstaben oder durch Zahlen gekennzeichnet sein. Viele Ventile tragen noch die Kennzeichen durch Buchstaben, die gemäß DIN ISO 5559 in der Pneumatik durch Zahlen ersetzt werden können. Da noch über längere Zeit ältere Ventile im Einsatz sind, müssen beide Bezeichnungsarten bekannt sein.

Beispiele für die Kennzeichnung von Anschlüssen in der Pneumatik

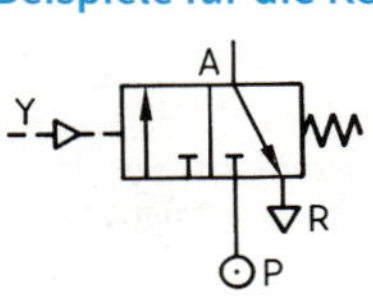

alte Norm

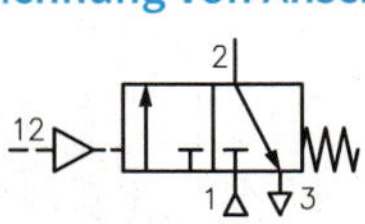

DIN ISO 5599

3/2-Wegeventil

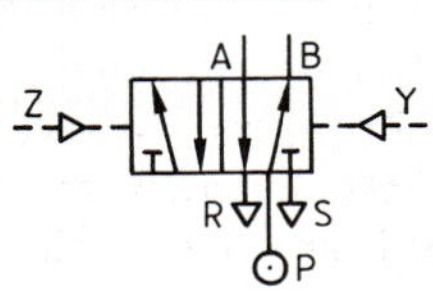

alte Norm

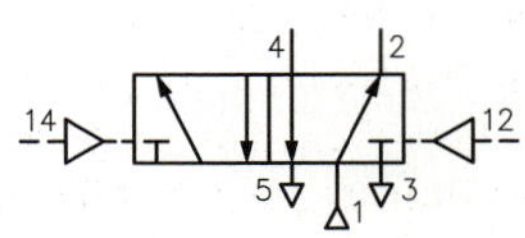

DIN ISO 5599

5/2-Wegeventil

Erklärung der Kennzeichnung nach DIN ISO 5599

Der in Ausgangsstellung mit Druckluft versorgte Arbeitsanschluss bei 4/2- und 5/2-Wegeventilen erhält die Ziffer 2.

Signal an Steueranschluss 12 bedeutet: Druckleitung 1 wird mit Arbeitsleitung 2 verbunden.

Signal an Steueranschluss 14 bedeutet: Druckleitung 1 wird mit Arbeitsleitung 4 verbunden.

Übungsaufgaben 2/18 bis 2/23

2.3.4 Betätigungsarten von Ventilen

Für Ventile gibt es verschiedene Betätigungsarten. Das Symbol für die Betätigung wird bei Wegeventilen an das Schaltfeld gekennzeichnet, für welches diese Betätigung gilt. Betätigungen können auch parallel oder hintereinander kombiniert werden.

1. Betätigungsarten (Auswahl)

Muskelkraftbetätigung		mechanische Betätigung		sonstige Betätigung	
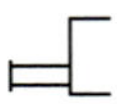	– allgemein	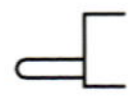	– durch Stößel		– durch Druckbeaufschlagung
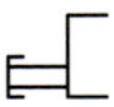	– durch Drücken		– durch Feder	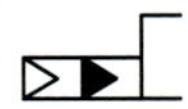	– 2-stufige Betätigung durch pneumatisch-hydraulische Vorsteuerstufe
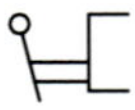	– durch Hebel	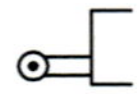	– durch Rolle	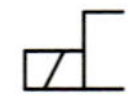	– durch Elektromagnet mit 1 Wicklung
	– allgemein, mit Raste	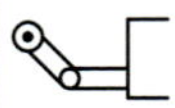	– durch Rolle, nur in einer Richtung arbeitend	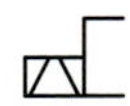	– zwei Betätigungsrichtungen durch 2 Wicklungen im E-Magnet

Im Ausgangszustand gedrückte Ventile kennzeichnet man durch das Betätigungsglied mit angesetztem Symbol für die Steuerschiene.

Beispiel für die parallele Betätigung von Wegeventilen

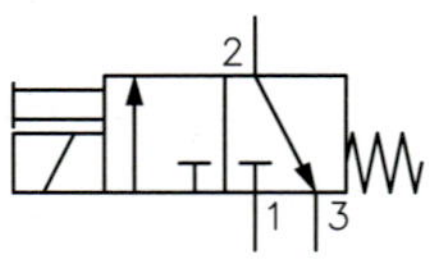

Beispiel für ein Ventil, das im Ausgangszustand betätigt ist

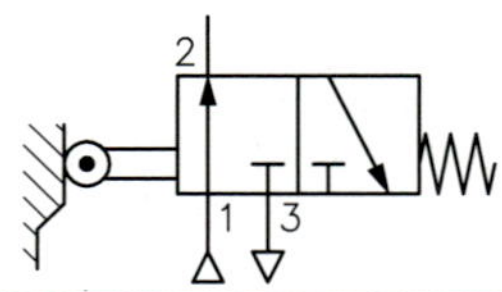

2. Pneumatisch betätigte Ventile und pneumatische Näherungsschalter

Pneumatisch betätigte Wegeventile verwendet man in pneumatischen Anlagen als Stellglieder für die Steuerung von Zylindern und Motoren. Will man z. B. einen doppelt wirkenden Zylinder ansteuern, so benutzt man ein 5/2-Wegeventil, das von beiden Seiten durch Druckluft betätigt werden kann. Dieses sogenannte **Impulsventil** ist meist mit Handhilfsbetätigungen ausgerüstet. Dadurch kann das Arbeitsglied in die gewünschte Stellung gebracht werden.
Ein pneumatischer Näherungsschalter wird mit einem Befestigungsbausatz an das Zylinderrohr des aus Aluminium bestehenden Pneumatikzylinders montiert. Auf dem Kolben des Zylinders ist ein Permanentmagnet angebracht. Beim Überfahren des Näherungsschalters löst er das Steuersignal aus. Mit dem System kann eine reproduzierbare Schaltgenauigkeit von +/– 0,1 mm erreicht werden.

Beispiele für pneumatisch betätigte Ventile und pneumatische Näherungsschalter

5/2-Wegeventil

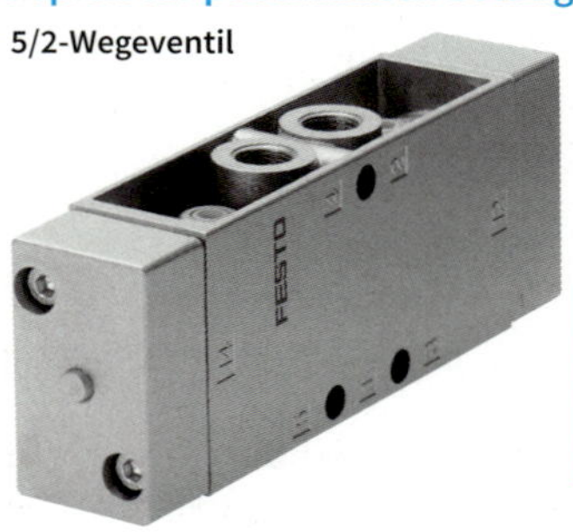

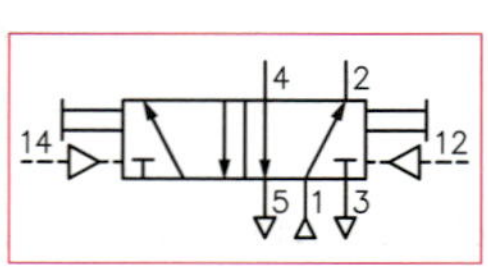

pneumatischer Näherungsschalter

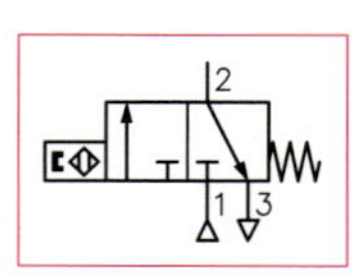

2.4 Arbeitseinheiten in der Pneumatik

Arbeitseinheiten in der Pneumatik sind vorwiegend Zylinder, die hin- und hergehende Bewegungen ausführen. In besonderen Fällen werden in Werkzeugen und Maschinen auch Pneumatikmotore eingesetzt.

Beispiele für Arbeitseinheiten

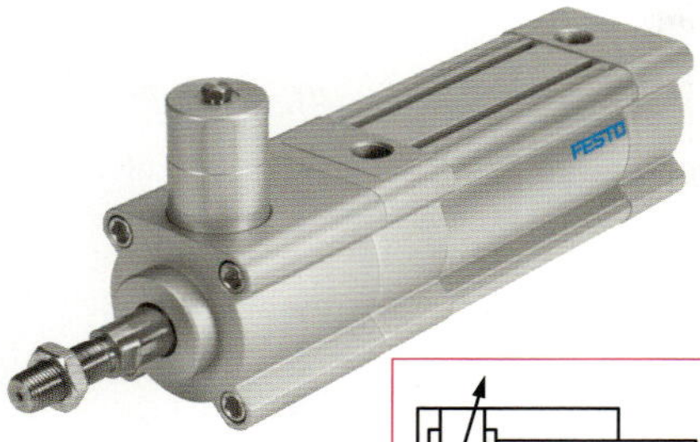

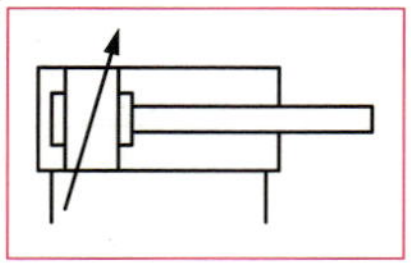

Pneumatikzylinder

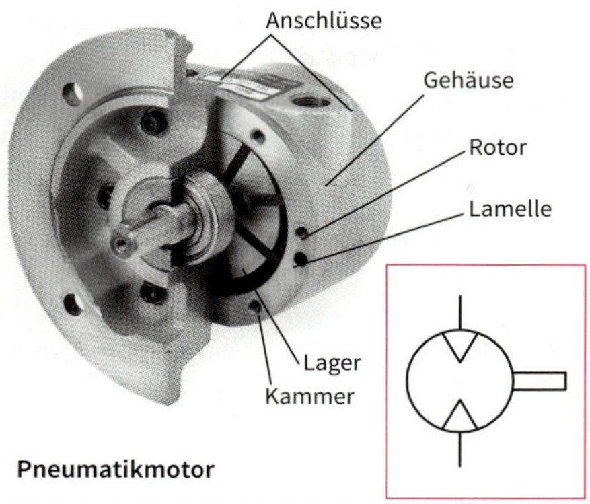

Pneumatikmotor

2.4.1 Aufbau von Pneumatikzylindern

1. Einfach wirkender Zylinder

Wird ein Zylinder nur von einer Seite druckbeaufschlagt, so kann er nur in dieser einen Richtung Kräfte übertragen. Ein solcher Zylinder wird einfach wirkender Zylinder genannt. Bei einfach wirkenden Zylindern erfolgt der Rückhub durch eine eingebaute Feder, Membrane oder durch äußere Krafteinwirkung. Die Baulänge einfach wirkender Zylinder ist wegen der Rückholfeder in seiner Länge begrenzt.

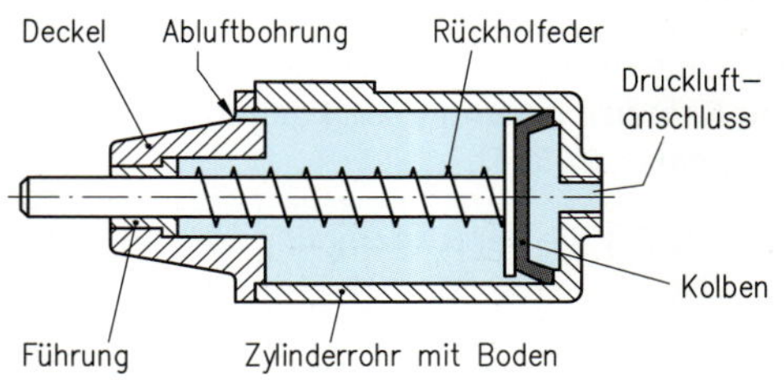

Einfach wirkender Zylinder

> **!** Einfach wirkende Zylinder benötigen nur für eine Bewegungsrichtung Druckluft. Sie können Kräfte nur in einer Richtung übertragen und haben begrenzte Baulängen.

2. Doppelt wirkender Zylinder

Werden in einem Zylinder beide Kolbenseiten wechselweise mit Druckluft beaufschlagt, so ist in jede dieser Richtungen eine Kraftübertragung möglich.

Ein solcher doppelt wirkender Zylinder kann sowohl im Vorhub als auch im Rückhub gesteuert werden. Doppelt wirkende Zylinder können in großen Baulängen ausgeführt werden.

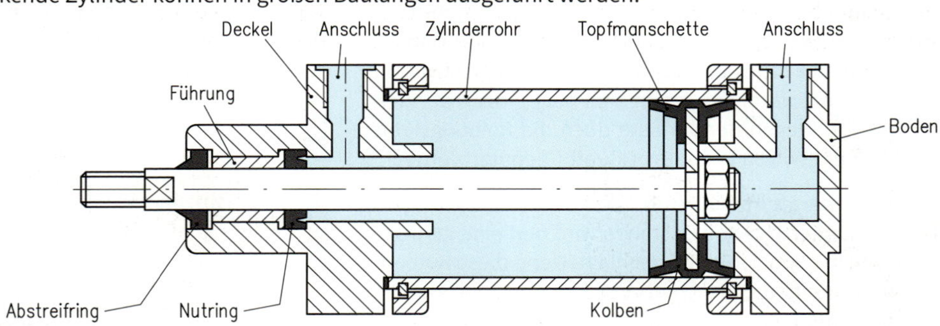

Doppelt wirkender Zylinder

> **!** Doppelt wirkende Zylinder benötigen für zwei Bewegungsrichtungen Druckluft. Sie übertragen Kräfte in beide Richtungen. Ihre Baulänge kann den gestellten Anforderungen weitgehend angepasst werden.

Übungsaufgaben 2/29 bis 2/34

2.4.2 Kolbenkraft

Die Druckluft oder das Drucköl erzeugen im Zylinder auf den Kolben eine Kraft. Sie wird auch Kolbenkraft F genannt. Die Kolbenkraft ist abhängig von dem herrschenden Arbeitsdruck p_e und der Größe der beaufschlagten Kolbenfläche A.
Die rechnerisch ermittelte Kolbenkraft kann nicht voll wirksam werden. Vor allem Reibungsverluste vermindern diese Kraft.

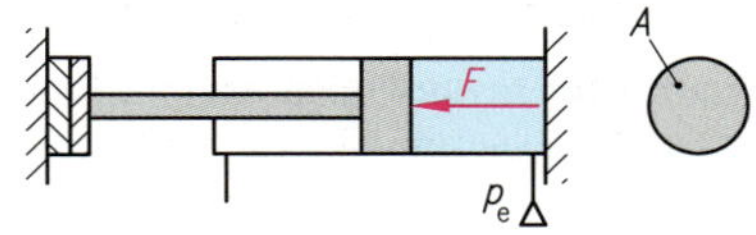

Kolbenkraft	$F = p_e \cdot A$
Wirksame Kolbenkraft	$F_W = F - F_{Verlust}$

Kolbenkraft

! Die wirksame Kolbenkraft F_W ist stets kleiner als die theoretische Kolbenkraft F.

1. Kolbenkraft am einfach wirkenden Zylinder

Bei einfach wirkenden Zylindern wird beim Vorhub die gesamte Kolbenfläche mit Druck beaufschlagt. Der Vorhub erfolgt gegen die Kraft der eingebauten Feder. Die wirksame Kolbenkraft F_W – auch effektive Kolbenkraft genannt – ergibt sich dann aus der Druckkraft, vermindert um die Reibungsverluste F_V und die Federkraft F_F. Für Überschlagsrechnungen können die Verluste durch Reibungs- und Federkraft bei Druckluftzylindern mit etwa 25 % angesetzt werden. Von der aufgebrachten Druckkraft F können daher nur 75 % genutzt werden (75 % von F sind gleich $0{,}75 \cdot F$).

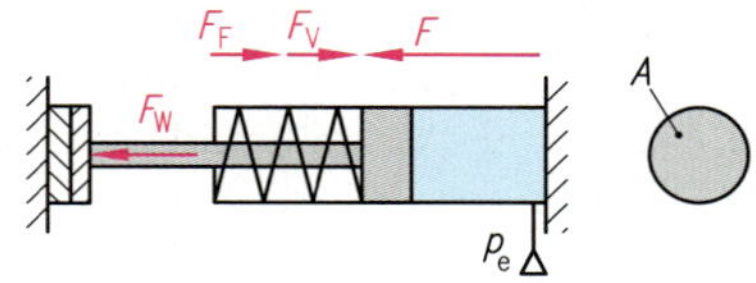

$F_W = F - F_V - F_F$

$F_W \approx 0{,}75 \cdot F$

Wirksame (effektive) Kolbenkraft

Beispiel für die Berechnung der wirksamen Kolbenkraft

Aufgabe

In einem einfach wirkenden Zylinder mit Federrückstellung herrscht ein Arbeitsdruck von 6 bar. Der Kolbendurchmesser beträgt 80 mm. Wie groß ist die Druckkraft F_W an der Kolbenstange bei Berücksichtigung von 25 % Verlust?

Lösung $F_W \approx 0{,}75 \cdot F$; $\quad F_W \approx 0{,}75 \cdot p_e \cdot \dfrac{d^2 \cdot \pi}{4}$; $\quad F_W \approx \dfrac{0{,}75 \cdot 60\ \text{N} \cdot (8\ \text{cm})^2 \cdot 3{,}14}{\text{cm}^2 \cdot 4}$

$F_W \approx$ **2,3 kN** (wirksame Kraft)

! Die Kolbenkraft wird bei einfach wirkenden Zylindern durch die Reibungskraft und die Federkraft vermindert.

2. Kolbenkraft am dopppelt wirkenden Zylinder

– Kolbenkraft im Vorhub

Beim Ausfahren der Kolbenstange wird die volle Kolbenfläche von der Druckluft beaufschlagt. Die wirksame Kolbenkraft im Vorhub F_{vor} ergibt sich nach Abzug der Reibungskraft. Wegen der Verluste duch die Reibungskraft können nur etwa 80 % der Druckkraft F genutzt werden.

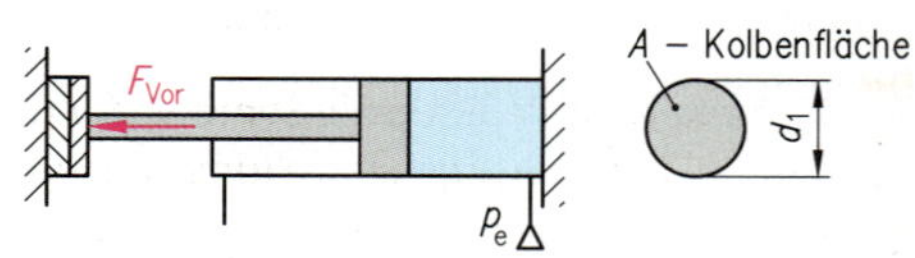

Kolbenkraft beim Vorhub

$F_{vor} = 0{,}8 \cdot p_e \cdot d_1^2 \, \dfrac{\pi}{4}$

– Kolbenkraft im Rückhub

Beim Einfahren der Kolbenstange wird nun eine geringere Fläche mit Druckluft beaufschlagt. Denn diese Kolbenfläche ist um den Querschnitt der Kolbenstange kleiner. Für Berechnungen kann man daher nur die verbleibende Ringfläche berücksichtigen.

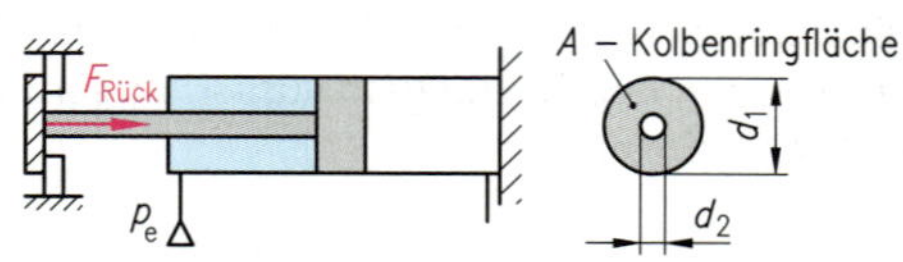

Kolbenkraft im Rückhub

$F_{rück} = 0{,}8 \cdot p_e \cdot \dfrac{\pi}{4} (d_1^2 - d_2^2)$

! Wegen der unterschiedlichen Kolbenflächen ist beim doppelt wirkenden Zylinder die Kolbenkraft im Vorhub größer als im Rückhub.

Übungsaufgaben 2/35 bis 2/40

2.4.3 Dämpfung in Zylindern

Bewegt sich der Kolben in einem Druckluftzylinder mit hoher Geschwindigkeit, so trifft er mit großer Wucht auf den Deckel oder Boden des Zylinders auf. Damit bei größeren Massen keine Beschädigungen auftreten und die Geschwindigkeit des Kolbens allmählich abgebaut wird, haben Zylinder vielfach eine eingebaute Abbremsvorrichtung, die man als Dämpfung bezeichnet. Die Dämpfung kann konstant sein oder verändert werden.

Die einstellbare Dämpfung beruht darauf, dass das schnelle Ausströmen der Luft aus dem Zylinder in dem Augenblick behindert wird, in dem sich der Kolben kurz vor Erreichen einer Endlage befindet. Diese Drosselung der Abluft bewirkt man dadurch, dass der Kolben kurz vor Erreichen der Endlage mit einem Zapfen in eine Bohrung des Deckels bzw. des Bodens eintaucht und den Ausströmquerschnitt verringert. Vor dem Kolben baut sich dann ein Luftpolster auf und bremst den Kolben ab. Über ein verstellbares Drosselventil wird die Luft abgelassen, bis der Kolben die Endlage erreicht.

Soll der Kolben wieder in Gegenrichtung anfahren, so kann die zuströmende Druckluft die gesamte Kolbenfläche sofort beaufschlagen, weil ein Rückschlagventil durch die Druckluft geöffnet wird.

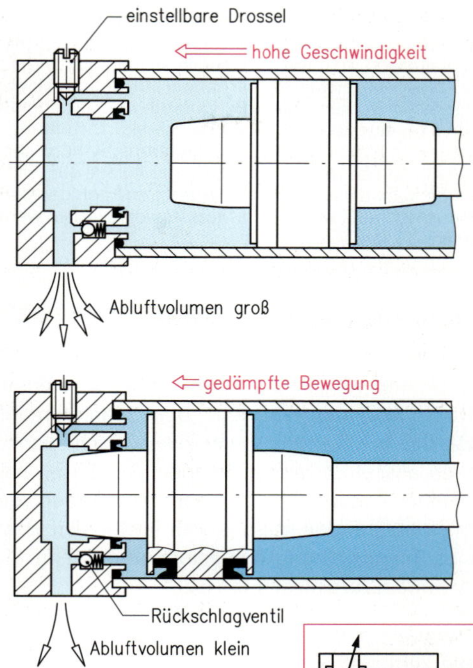

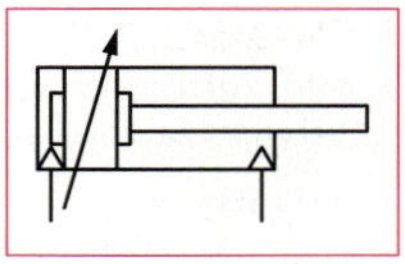

Dämpfung der Endlagen

3 Schaltpläne in der Pneumatik

3.1 Aufbau

Die pneumatischen bzw. hydraulischen Symbole werden im Schaltplan in Wirkrichtung von unten nach oben und von links nach rechts in folgender Reihenfolge angeordnet:

- Energiequellen: unten links,
- Steuerungselemente: aufwärts und von links nach rechts,
- Antriebe: oben und von links nach rechts.

! Im Schaltplan müssen die Symbole für die Bauteile in der Ausgangsstellung der Anlage dargestellt werden. Unter Ausgangsstellung versteht man in der Pneumatik den Schaltzustand in der Anlage, der bei Druckbeaufschlagung vor Betätigung des Startsignales vorliegt.

3.2 Bezeichnungsschlüssel

Die Bezeichnung der Bauteile erfolgt auf dem Schaltplan in der Nähe des jeweiligen Symboles nach einem besonderen Bezeichnungsschlüssel. Dieser Schlüssel wird mit einem Rahmen versehen und besteht aus mehreren Elementen

Beispiel für die Bezeichnung von Bauteilen in der Fluidtechnik

3 - H2.4

Anlagenbezeichnung **3**

Bauteilnummer **4**

Medienschlüssel **H**ydraulik

Schaltkreisnummer **2**

Anlagenbezeichnung	Medienschlüssel	Schaltkreisnummer	Bauteilnummer
Besteht ein fluidtechnischer Kreislauf aus mehreren Anlagen, so muss die Anlagenbezeichnung angegeben werden. Man ordnet ihr eine Zahl oder einen Buchstaben zu. Ist nur eine Anlage vorhanden, so kann die Anlagenbezeichnung weggelassen werden.	Werden in einer fluidtechnischen Anlage unterschiedliche Medien verwendet, so muss folgender Medienschlüssel aufgenommen werden: **H** Hydraulik; **P** Pneumatik; **G** Gastechnik; **C** Kühlung; **L** Schmierung; **K** Kühlschmiermittel. Wird in der Anlage nur ein Medium eingesetzt, so kann der Medienschlüssel weggelassen werden.	Die Schaltkreisnummer erhalten alle Zubehörteile, die an der Druckluftversorgung oder an dem Aggregat angebracht sind. Man beginnt vorzugsweise mit 0 und weiter mit nachfolgenden Nummern für alle fluidischen Schaltkreise.	Jedes Bauteil in einem Schaltkreis wird mit einer Bauteilnummer versehen, beginnend mit 1 und weiter mit nachfolgenden Nummern.

Zwischen der Schaltkreisnummer und der Bauteilnummer steht ein Punkt.

3.3 Beispiel für einen Pneumatikschaltplan

Aufgabe

In einer Bohrvorrichtung sollen Werkstücke pneumatisch gespannt werden. Der Spannvorgang muss durch Knopfdruck von zwei verschiedenen Stellen ausgelöst werden können. Das Lösen soll über einen Fußschalter vorgenommen werden. Aus Sicherheitsgründen muss gewährleistet sein, dass die Spannvorrichtung nur gelöst wird, wenn die Bohrspindel zurückgefahren ist.

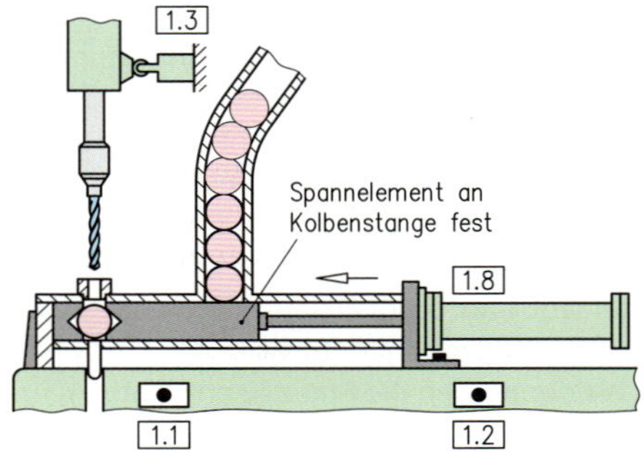

Bohrvorrichtung (gespannter Zustand)

Lösung

Steuerkette und Schaltplan

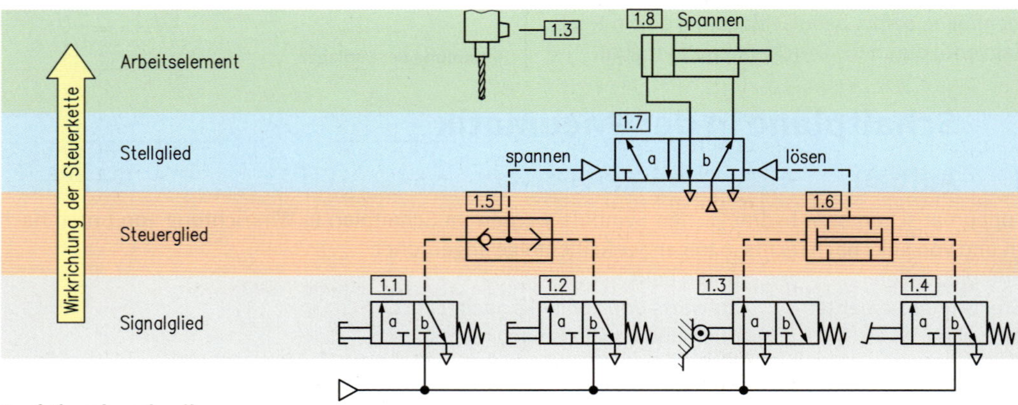

Funktionsbeschreibung

- Der Spannvorgang wird eingeleitet durch Bedienung von Handtaster 1.1 oder Handtaster 1.2.
- Über das Wechselventil 1.5 wird das Signal zum Umsteuern des Wegeventils 1.7 weitergeleitet, sofern 1.4 nicht gedrückt ist.
- Die Kolbenstange von Zylinder 1.8 fährt in ihre Spannstellung vor.
- Der Spannvorgang wird gelöst durch Betätigung von Endschalter 1.3 und Fußschalter 1.4.
- Über das Zweidruckventil 1.6 wird das Signal zum Umsteuern des Wegeventils 1.7 weitergeleitet.
- Die Kolbenstange von Zylinder 1.8 fährt in ihre Ausgangslage zurück.

Hinweis

Geräte wie Grenztaster oder Ventile, die durch Antriebe betätigt werden, stellt man an ihrer Betätigungsstelle, z. B. an einem Zylinder, durch einen Markierungsstrich und ihren Bezeichnungsschlüssel zusätzlich dar. Erfolgt die Betätigung nur in einer Richtung, so wird ein entsprechender Richtungspfeil an den Markierungsstrich gezeichnet, (im Beispiel siehe Signalglied 1.3).

Übungsaufgaben 3/1 bis 3/3

4 Pneumatische Steuerungen

4.1 Grundschaltungen

Jede noch so umfangreiche und aufwendige pneumatische Steuerung setzt sich aus einzelnen Grundschaltungen zusammen, für die es nur wenige Veränderungsmöglichkeiten gibt.

1. Steuerung einfach wirkender Zylinder

Einfach wirkende Zylinder werden unabhängig von der Betätigungsart und dem Umfang der Steuerung durchweg mit einem 3/2-Wegeventil als Stellglied kombiniert.

Zur Ansteuerung eines großvolumigen Zylinders benutzt man ein Stellglied mit großer Nennweite, das möglichst nahe am Zylinder montiert ist. Das Stellglied kann dann von einem Ventil mit kleiner Nennweite von einem entfernteren Betätigungsort bedient werden. Mit dieser Anordnung können Energiekosten verringert werden, da lange und großvolumige Steuerleitungen entfallen.

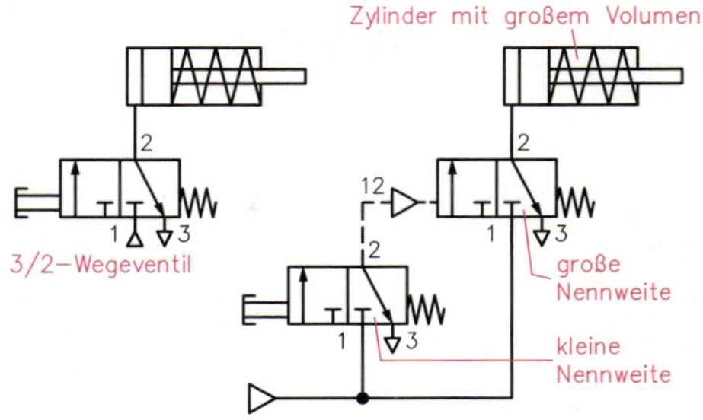

Steuerung einfach wirkender Zylinder

> ! Ein einfach wirkender Zylinder wird meist über ein 3/2-Wegeventil als Stellglied gesteuert.

2. Steuerung doppelt wirkender Zylinder

Doppelt wirkende Zylinder steuert man in der Pneumatik häufig mit 5/2-Wegeventilen. In umfangreichen Schaltungen werden diese Ventile fast immer impulsbetätigt ausgeführt. Mit 4/3-Wegeventilen können doppelt wirkende Zylinder ebenfalls angesteuert werden. In der Mittelstellung des hier gezeigten Ventils sind z. B. beide Zylinderanschlüsse entlüftet, der Kolben ist daher frei beweglich (Schwimmstellung). Auch bei einem doppelt wirkenden Zylinder wird das Stellglied möglichst nah an dem Zylinder montiert.

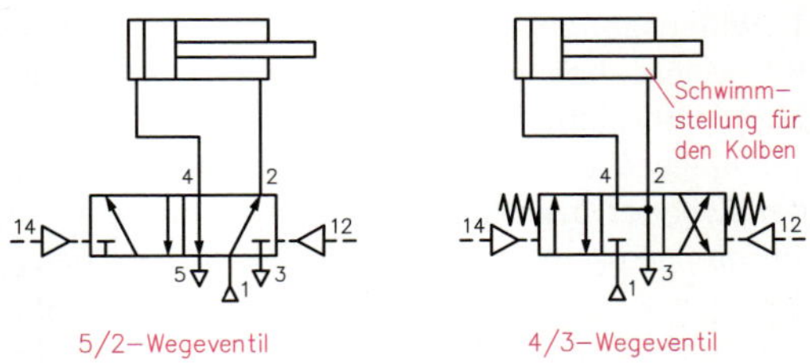

Steuerung doppelt wirkender Zylinder

> ! Doppelt wirkende Zylinder werden meist über 5/2-Wegeventile gesteuert. Falls besondere Anforderungen vorliegen, z. B. Schwimmstellung, werden 4/3-Wegeventile verwendet.

3. Steuerung der Kolbengeschwindigkeit

Sehr oft ist es notwendig, die Kolbengeschwindigkeit zu beeinflussen. Soll die Geschwindigkeit ins Langsame gesteuert werden, so setzt man Drosselrückschlagventile ein. Möglich ist dabei die Drosselung der Zuluft oder der Abluft. Die Drosselung der Abluft ist günstiger, weil der Kolben zwischen zwei Luftpolstern gespannt ist und dadurch eine gleichmäßigere Bewegung erzielt werden kann.

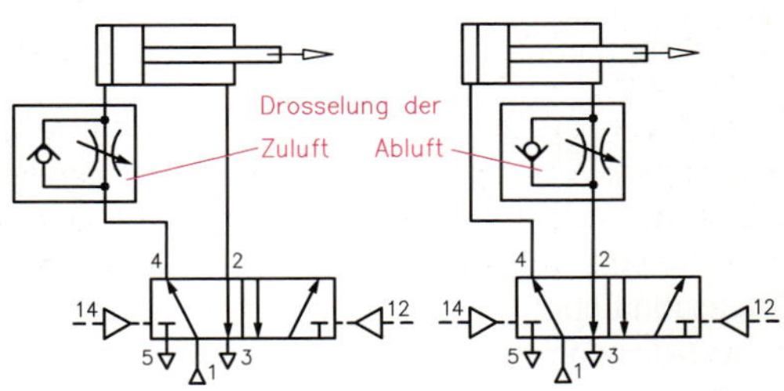

Steuerung der Kolbengeschwindigkeit beim Ausfahren

> ! Die Kolbengeschwindigkeit wird meist am günstigsten durch die Abluftdrosselung gesteuert.

Soll die Kolbengeschwindigkeit in beiden Richtungen ins Langsame beeinflusst werden, so kann die Steuerung mithilfe von zwei Drosselrückschlagventilen verwirklicht werden. Auch hier verwendet man am besten die Abluftdrosselung. Eine Beeinflussung ins Langsame beim Vorlauf und ins Schnelle beim Rücklauf ist ebenfalls möglich. Den Vorlauf steuert man über ein Drosselrückschlagventil in der Abluft, den Rücklauf über ein Schnellentlüftungsventil.
Bei Druckluftmotoren kann man mit Drosselventilen die Drehfrequenz steuern.

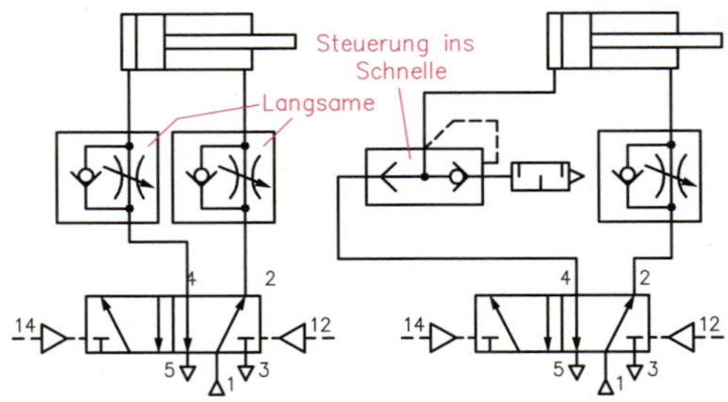

Steuerung der Kolbengeschwindigkeit bei Vor- und Rücklauf

> **!** Die Kolbengeschwindigkeit ins Langsame wird mit Drosselrückschlagventilen gesteuert.
> Die Kolbengeschwindigkeit ins Schnelle wird mit Schnellentlüftungsventilen gesteuert.
> Durch Drosselventile wird bei Druckluftmotoren die Drehfrequenz beeinflusst.

4.2 Grundsteuerungen

Der Steuerungsteil einer Anlage muss mit dem Arbeitsteil so verknüpft sein, dass alle Arbeitsschritte in der vorgesehenen Art und Abfolge ausgeführt werden. Der Steuerungsteil und der Arbeitsteil werden daher einander logisch zugeordnet. Entsprechend der logischen Verknüpfung kann man folgende Grundsteuerungen unterscheiden:

- willensabhängige Steuerungen,
- wegabhängige Steuerungen,
- zeitabhängige Steuerungen,
- kombinierte Steuerungen.

1. Willensabhängige Steuerungen

Bei willensabhängigen Steuerungen werden alle Start- und Steuersignale von der Bedienungsperson eingegeben. Dabei wird der Vor- und Rücklauf der Zylinder bzw. der Rechts- und Linkslauf der Motoren einzeln angesteuert. Soll das Antriebsglied nur so lange angesteuert werden, wie das Signalglied betätigt wird, verwendet man als Stellglieder Ventile mit Federrückstellung; in diesen Ventilen wird das Signal nicht gespeichert.

Soll das Antriebsglied dagegen so lange angesteuert bleiben, bis es durch ein entgegengesetztes Signal wieder die Ausgangsstellung einnimmt, so verwendet man als Stellglieder Ventile ohne Federrückstellung. Üblich sind hierbei entweder handgesteuerte 3-Stellungsventile oder über Impuls angesteuerte 2-Stellungsventile; in diesen Ventilen wird das Signal gespeichert.

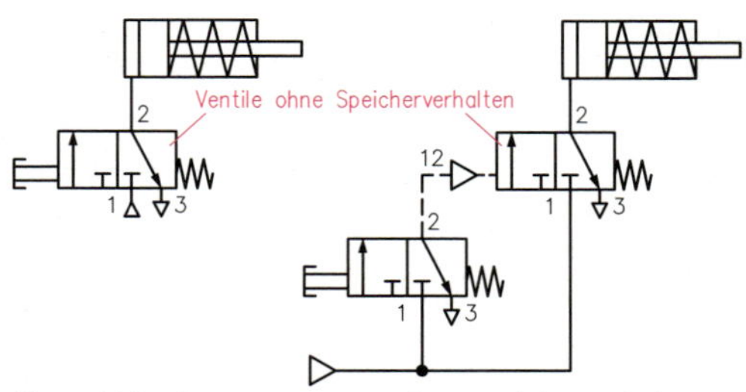

Willensabhängige Steuerungen ohne Speicherverhalten

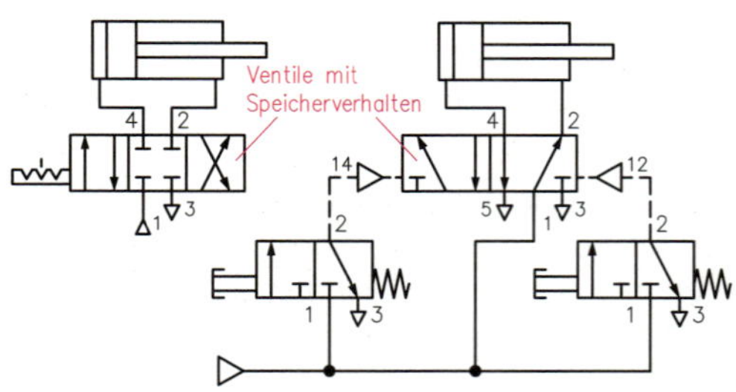

Willensabhängige Steuerungen mit Speicherverhalten

Willensabhängige Steuerungen sind nur für sehr einfache Aufgaben – etwa Spannvorgänge – geeignet. Bei umfangreichen pneumatischen Steuerungen ist die willensabhängige Steuerung jedoch insoweit notwendig, als sie zum ersten Einleiten jeder Maschinensteuerung erforderlich ist oder als Notbetätigung bei automatisierten Steuerungen unbedingt vorhanden sein muss.

> **!** Willensabhängige Steuerungen sind vom Menschen als Bedienungsperson abhängig.

Übungsaufgaben 4/3 bis 4/7

2. Wegabhängige Steuerungen

Bei wegabhängigen Steuerungen werden die Signalglieder von dem Antriebsglied betätigt. Signalglieder mit Rollen können beispielsweise von einem Nocken an der Kolbenstange in Abhängigkeit vom zurückgelegten Weg betätigt werden. Verwendet man pneumatische oder elektrische Näherungsschalter als Signalglieder, so lassen sich diese z. B. über einen Dauermagneten im Kolben des jeweiligen Zylinders ansteuern.

Signalglieder geben die Signale weiter, wenn die Ventile erreicht oder überfahren werden. Bei Tastrollen mit Leerrücklauf wird das Signal nur in einer Anfahrrichtung wirksam.

Im Schaltplan wird die Lage von wegabhängig betätigten Ventilen jeweils durch einen Markierungsstrich beim zugehörigen Arbeitsglied gekennzeichnet. Über diesem Markierungsstrich steht die Kennzeichnung des entsprechenden Signalglieds in einem kleinen Rechteck.

Die Kennzeichnung des Signalglieds ordnet man der Kennzeichnung des entsprechenden Arbeitsglieds zu. Das Signalglied erhält die gleiche Schaltkreisnummer wie das Arbeitsglied Diese so festgelegten Kennzeichnungen, werden im Pneumatikschaltplan übernommen.

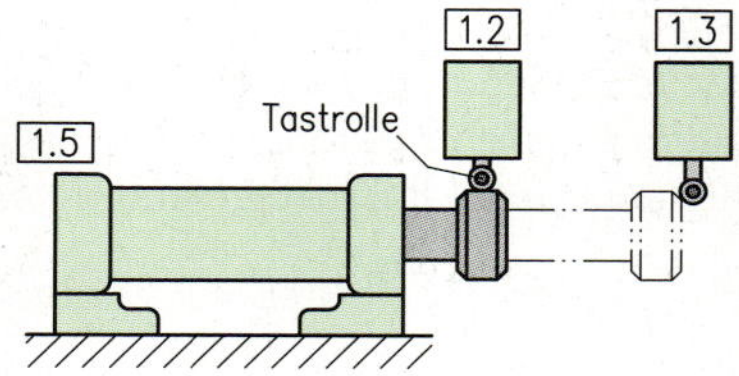

Einbaulage der 3/2-Wegeventile 1.2 und 1.3

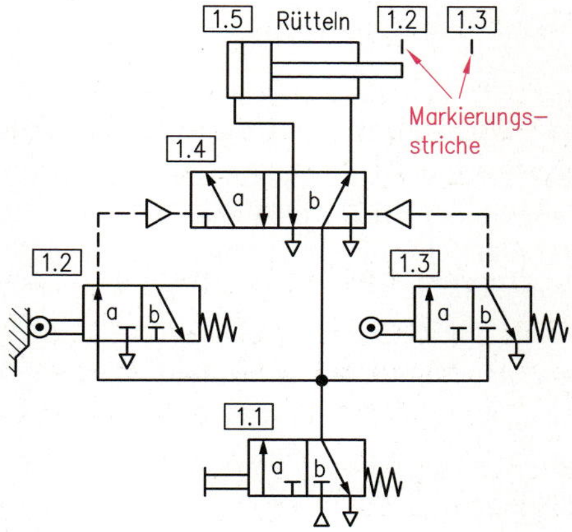

Wegabhängige Steuerung

! Wegabhängige Steuerungen werden durch die Bewegungen des Kolbens (des Antriebsglieds) gesteuert.

3. Zeitabhängige Steuerungen

In der Pneumatik kann man zeitabhängige Steuerungen mit Verzögerungsventilen verwirklichen. Die Verzögerungszeit zwischen dem Signaleingang und dem Auslösen der Steuerung (Signalausgang) kann über eine Drossel stufenlos eingestellt werden.

Durch den nachgeschalteten Speicher dauert es eine gewisse Zeit, bis sich der notwendige Schaltdruck für das 3/2-Wegeventil aufgebaut hat. Mit Drossel und Speicher lassen sich Verzögerungszeiten von mehreren Minuten erreichen.

- **Zeitverzögerte Druckversorgung**

Nach Betätigung des Zeitglieds durch das Eingangssignal erfolgt die Druckversorgung am Ausgang (Ausgangssignal) nach einer bestimmten einstellbaren Zeit.

- **Zeitverzögerte Druckabschaltung**

Nach Betätigung des Zeitglieds durch das Eingangssignal erfolgt die Druckabschaltung am Ausgang (Ausgangssignal) nach einer bestimmten einstellbaren Zeit.

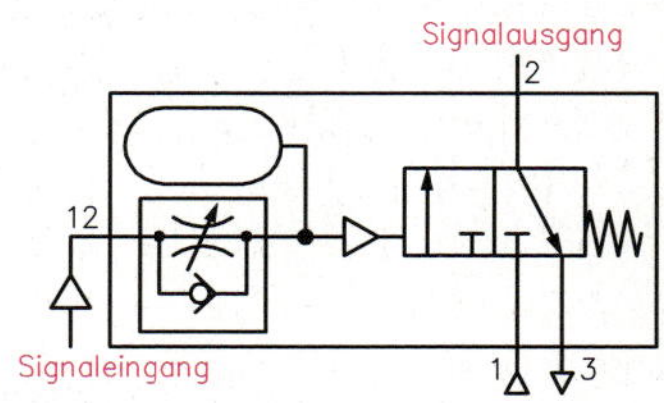

Zeitverzögerte Druckversorgung

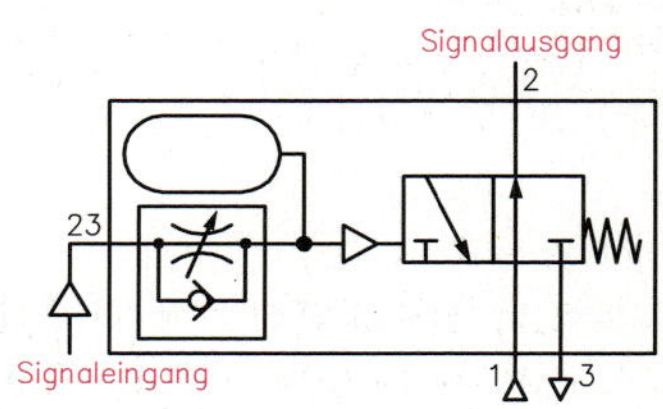

Zeitverzögerte Druckabschaltung

! Für zeitabhängige Steuerungen verwendet man Verzögerungsventile.
Die Verzögerungszeit wird über eine Drossel eingestellt.

4.3 Steuerungsplanung

Pneumatische Steuerungen für Maschinen und Anlagen setzen sich meist aus einer Kombination verschiedener Steuerungsarten zusammen. Je nach Aufgabenstellung lassen sich die Abläufe über willens-, weg- oder zeitabhängig beeinflusste Elemente verwirklichen.

In der Planungsphase für die Steuerung untersucht man die Aufgabe genau und erstellt folgende Planungsunterlagen:

- Aufgabenstellung und Technologieschema,
- Funktionsdiagramm,
- Schaltplan.

4.3.1 Aufgabenstellung und Technologieschema

Die Beschreibung der Steuerungsaufgabe muss möglichst eindeutig und vollständig sein. In der Aufgabenstellung werden die Teilfunktionen der Steuerung beschrieben. Der Ablauf der Steuerung wird schrittweise erfasst. Das Technologieschema verdeutlicht die Lage der Elemente und Baugruppen zueinander in einer stark vereinfachten Form.

Beispiel für Aufgabenstellung und Technologieschema

In einer Biegevorrichtung werden Werkstücke pneumatisch gespannt und anschließend selbsttätig gebogen. Der Steuerungsablauf erfolgt in folgenden Schritten:

Schritt	Beschreibung des Ablaufes
1	Zylinder 1.1 fährt aus, spannt Biegeteil
2	Zylinder 2.1 fährt aus, biegt Werkstück vor
3	Zylinder 3.1 fährt aus, biegt Werkstück fertig
4	Zylinder 2.1 und 3.1 fahren ein
5	Zylinder 1.1 fährt ein, Werkstück wird gelöst und entnommen

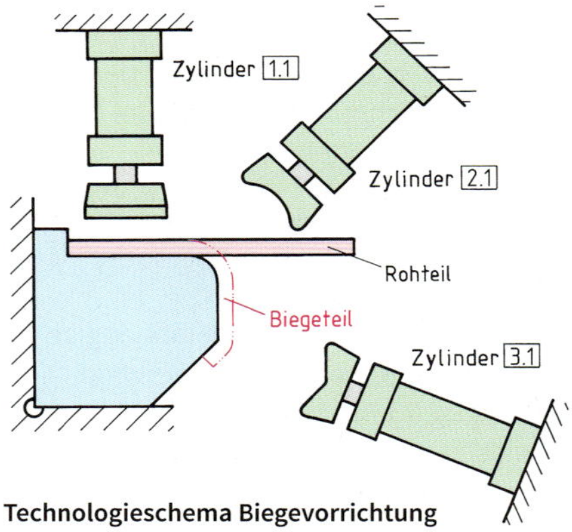

Technologieschema Biegevorrichtung

Anmerkungen:
Beim Start müssen alle Zylinder eingefahren sein, der Ablauf für die Rückstellung der Zylinder kann auch anders erfolgen. Statt der Aussage „die Kolbenstange des Zylinders 1.1 fährt aus“ wird abkürzend gesagt: „Zylinder 1.1 fährt aus“.

! In der genauen Beschreibung der Steuerung wird die Gesamtaufgabe in Teilfunktionen zerlegt und in einzelnen Schritten beschrieben. Das Technologieschema verdeutlicht in einfacher Form die Lage der Bauteile zueinander.

4.3.2 Funktionsdiagramme und Signallinien

Die zeitlichen und funktionellen Abläufe in Steuerungen verdeutlicht man in Funktionsdiagrammen. Die Grundlage für den Aufbau der Diagramme bildet die Gliederung des zeitlichen Ablaufs der Steuerung in einzelne Schritte. Für die Untersuchung des Bewegungsablaufs der Antriebsglieder kennt man Weg-Zeit-Diagramme bzw. Weg-Schritt-Diagramme. Soll das Zusammenwirken zwischen den Antriebsgliedern und Schaltelementen einer Steuerung dargestellt werden, so zeichnet man Zustands-Schritt-Diagramme.

1. Weg-Zeit-Diagramm

Im Weg-Zeit-Diagramm wird der Bewegungsablauf von Antriebsgliedern in Abhängigkeit von Weg und Zeit dargestellt. An dem Beispiel einer pneumatischen Bohrvorrichtung wird diese Darstellungsweise gezeigt.

1. Schritt: Zylinder 1.1 fährt aus
– Spannen des Werkstücks

2. Schritt: Zylinder 2.1 fährt schnell aus
– Eilzustellung des Bohrers

3. Schritt: Zylinder 2.1 fährt langsam aus
– Bohrvorschub

4. Schritt: Zylinder 2.1 fährt schnell ein
– Eilrückstellung des Bohrers

5. Schritt: Zylinder 1.1 fährt ein
– Lösen des Werkstücks

Im Diagramm trägt man auf der senkrechten Achse den Weg auf, dabei kann auf eine maßstäbliche Darstellung verzichtet werden. Auf der waagerechten Achse wird die zeitliche Zuordnung der Schritte vorgenommen.

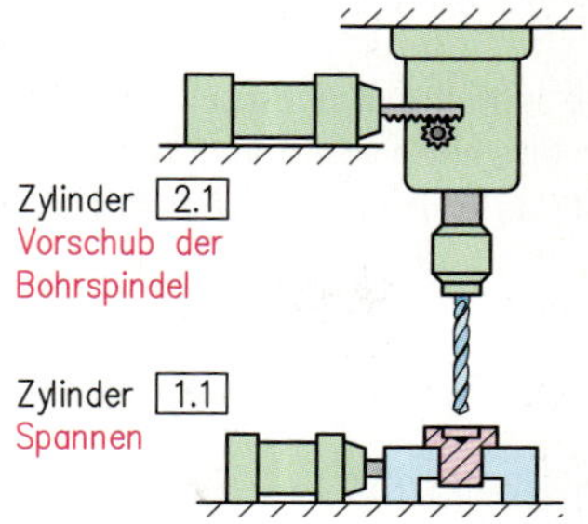

Technologieschema für eine Bohrvorrichtung

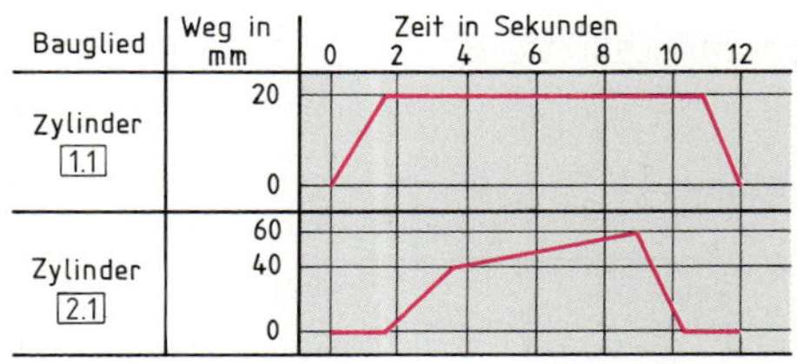

Weg-Zeit-Diagramm

Weg-Zeit-Diagramme dienen zur Untersuchung der Bewegungsabläufe von Antriebsgliedern.

2. Weg-Schritt-Diagramm

Übersichtlicher und unabhängig von der Zeiteinteilung ist ein Weg-Schritt-Diagramm. In ihm werden auf der waagerechten Achse die Schaltschritte in zeitlicher Reihenfolge eingetragen. Für jeden Schaltschritt wird der gleiche Abstand gewählt. Will man in einem solchen Diagramm Zeiten kennzeichnen, so können diese Angaben zwischen den jeweiligen Schritten zusätzlich eingetragen werden. Auf der senkrechten Achse wird der Weg aufgetragen. Auch hier kann auf maßstäbliche Darstellung verzichtet werden.

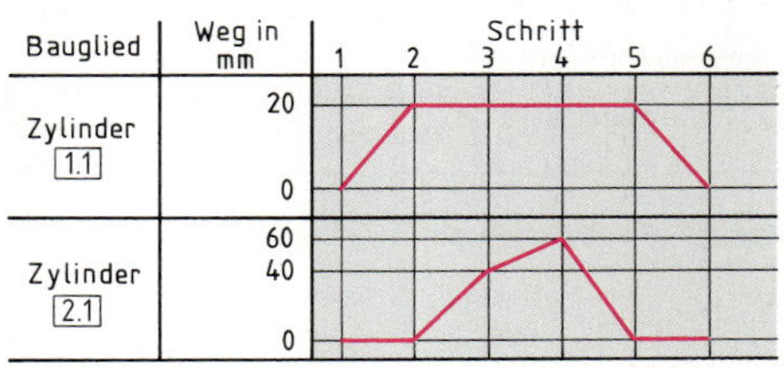

Weg-Schritt-Diagramm

Bei einfachen Steuerungen bilden Weg-Schritt-Diagramme in Verbindung mit den jeweiligen Schaltplänen die Grundlage für die Wartung und die Instandsetzung pneumatischer Steuerungen.

3. Zustands-Schritt-Diagramm

Das Zusammenwirken zwischen den Antriebsgliedern und den Schaltelementen einer Steuerung kann am zweckmäßigsten im Zustands-Schritt-Diagramm erfasst werden. Auch in diesem Funktionsdiagramm wird die Steuerung in ihren einzelnen aufeinanderfolgenden Schritten dargestellt. Auf der senkrechten Achse werden statt der Wege die Zustände der Elemente gekennzeichnet. Bei Zylindern kann man die beiden Zustände „eingefahren“ und „ausgefahren“ unterscheiden.

Den Steuer- und Stellgliedern ordnet man den jeweiligen Schaltzustand durch die Buchstaben **a**, **b** und **0** zu. Bei Ventilen mit zwei Schaltstellungen bedeutet **b** Ruhestellung und **a** Schaltstellung. Bei Ventilen mit drei Schaltstellungen bedeutet **0** Ruhestellung; **a** und **b** sind dann Schaltstellungen.

4. Signallinien im Zustands-Schritt-Diagramm

Eine zusätzliche Orientierungshilfe im Zustands-Schritt-Diagramm können **Signallinien** sein. Sie verdeutlichen, welche zeitliche und logische Verbindung zwischen den einzelnen Gliedern einer Steuerung besteht. Die Signallinien gehen von dem Element aus, von dem der Schaltschritt ausgelöst wird. Sie weisen mit ihrem Pfeil auf das Element, welches betätigt wird.

Beispiel für ein Zustands-Schritt-Diagramm mit Signallinien

Aufgabenstellung

Ein Rüttler soll das Sieb in Schwingungen halten, damit das Schüttgut durch das Sieb fällt. Der Rüttelvorgang soll so lange anhalten, wie das Ventil 1.2 betätigt ist.

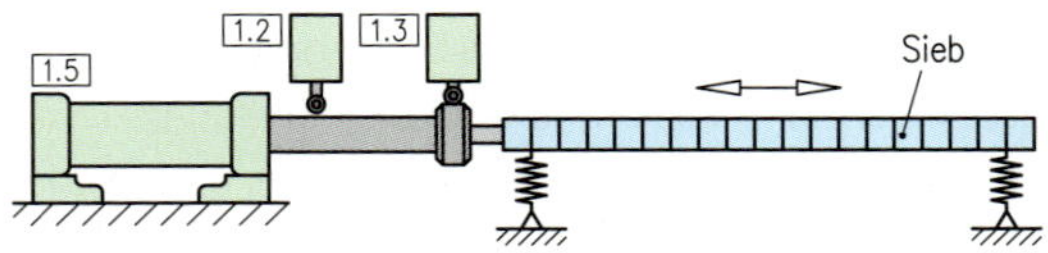

Technologieschema Rüttler

Lösung

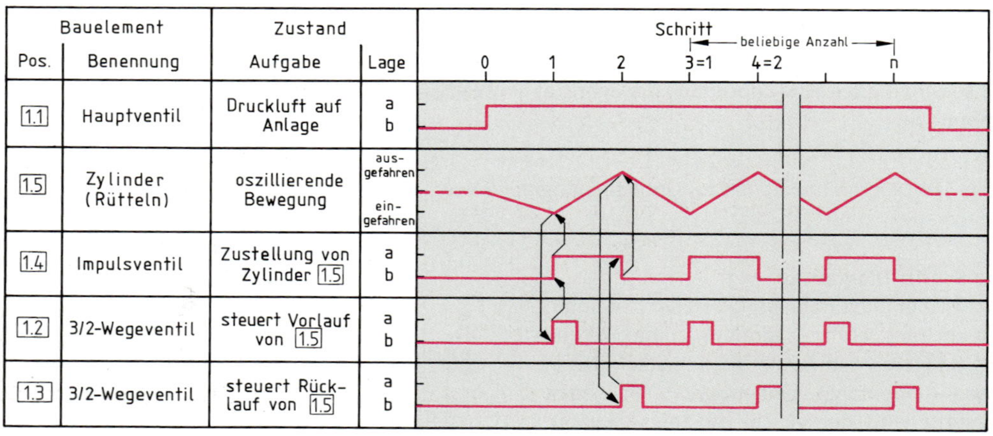

Zustands-Schritt-Diagramm

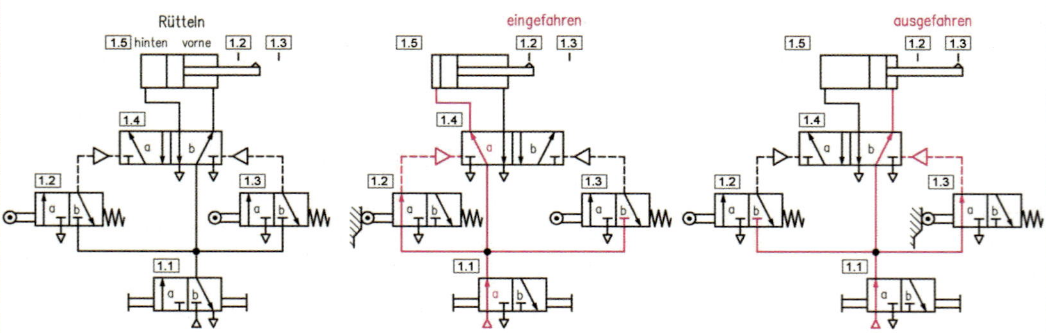

Ausgangszustand — Schaltschritt 1 und 3 — Schaltschritt 2 und 4

Schaltzustände

5. Zeichnerische Darstellung von Signalgliedern und Signallinien

Symbole für die Handbetätigung von Signalgliedern		
EIN	Automatik EIN	Wahlschalter
AUS	Tippen	NOT-AUS

– Darstellung handbetätigter Signalglieder

Handbetätigungen werden durch einen Kreis gekennzeichnet und durch zusätzliche Symbole im Kreis voneinander unterschieden. Diese handbetätigten Signalglieder werden im Weg-Schritt-Diagramm oberhalb der Weg-Schritt-Linie eingezeichnet. Die Richtung des Signalflusses wird in einer Steuerung durch Pfeile an den Signallinien gekennzeichnet. Handbetätigte Signalglieder werden mit dem Buchstaben S gekennzeichnet.

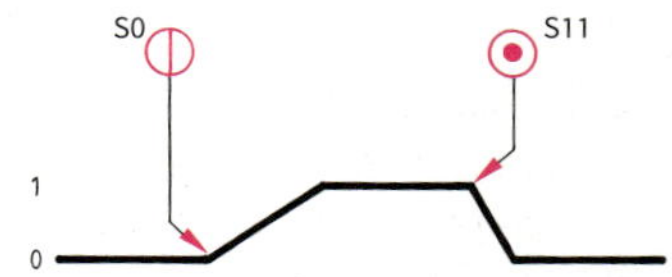

– Darstellung mechanisch betätigter Signalglieder (keine Handbetätigung)

Mechanische Betätigungen werden durch einen Punkt auf der Weg-Schritt-Linie an der Stelle eingezeichnet, an der sie geschaltet werden. Mechanisch betätigte Signalglieder erhalten zusätzlich im Diagramm den Buchstaben B und werden durch angehängte Zahlen voneinander unterschieden, z. B. B1, B2. Signal B1 wird kurzzeitig beim Überfahren des Sensors betätigt; Signal B2 wird in Endlage betätigt und bleibt bestehen, solange der Aktor im Zustand 1 ist.
Eine NICHT-Betätigung eines Signalglieds (vergleichbar einem Öffner) wird durch einen waagerechten Querstrich über der Kennzeichnung angegeben, z. B. $\overline{B3}$.

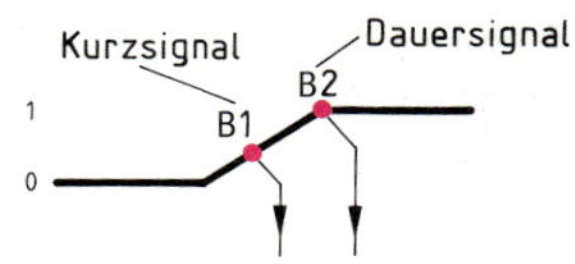

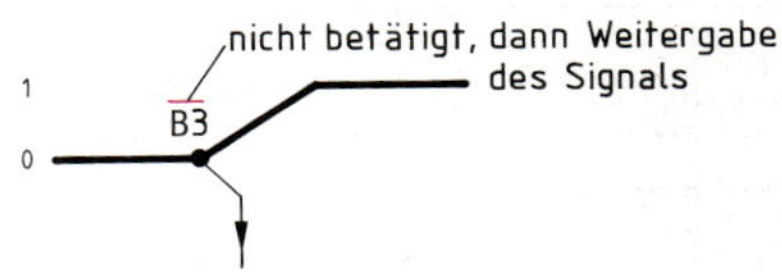

Anmerkung: Für die Kennzeichnung der Sensoren sind statt der Angaben B1, B2 usw. entsprechend der neuen Norm in der Pneumatik auch die Angaben z. B. 1.4, 1.5 usw. möglich.

– Darstellung von Verknüpfungen, Verzweigungen und Verzögerungen

Für **UND-Verknüpfungen** von Signalen werden die Signallinien zusammengeführt und durch einen breiten Querstrich unter 45° an der Verbindungsstelle dargestellt. Für **ODER-Verknüpfungen** führt man die Signallinien zusammen und kennzeichnet die Verbindungsstelle durch einen Punkt.

Wird von einem Sensor ein Signal an mehrere Aktoren geleitet, so tritt eine Verzweigung des Signals ein. **Signalverzweigungen** werden an den Verzweigungsstellen durch einen Punkt gekennzeichnet.

Zeitverzögerte Signale stellt man durch eine Linie dar, die parallel zu den Weg-Schritt-Linien verläuft. In diese Signallinie wird ein Rechteck mit dem Funktionszeichen *t* eingezeichnet. Verzögerungszeiten werden über das Rechteck geschrieben.

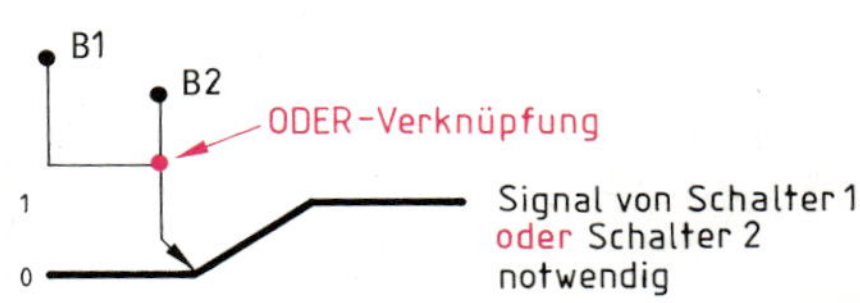

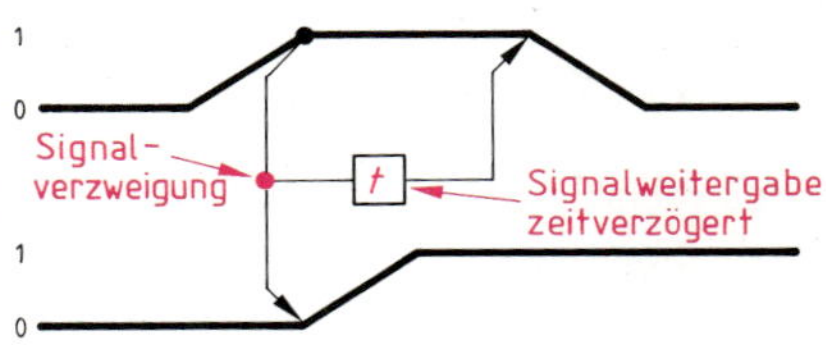

4.3.3 Signalverarbeitung in Steuerungen

Steuerungen kann man nach unterschiedlichen Merkmalen einteilen. In DIN 19237 (Steuerungstechnik) sind für die verschiedenen technischen Steuerungssysteme aus den Bereichen der Pneumatik, Hydraulik, Elektronik und Elektromechanik einheitliche Begriffe festgelegt.

Unterteilt man die Steuerungen nach dem Gesichtspunkt der Signalverarbeitung, so erhält man:
- Verknüpfungssteuerungen,
- Ablaufsteuerungen.

1. Verknüpfungssteuerungen

Bei Verknüpfungssteuerungen werden den Eingangssignalen bestimmte Ausgangssignale durch Verknüpfungsglieder zugeordnet. Die dabei vorliegenden binären Signale werden durch logische Glieder wie UND, ODER, NICHT verarbeitet.

Beispiel für eine Verknüpfungssteuerung

Eine Presse soll erst dann arbeiten, wenn das Schutzgitter geschlossen ist **und** beide Handtaster am Ständer der Maschine betätigt werden (1.1 UND 1.3 UND 1.4).
Eine andere Möglichkeit für das Startsignal ist dann gegeben, wenn das Schutzgitter geschlossen ist **und** ein Handtaster am 2 m entfernten Steuerstand betätigt wird (1.2 UND 1.3).

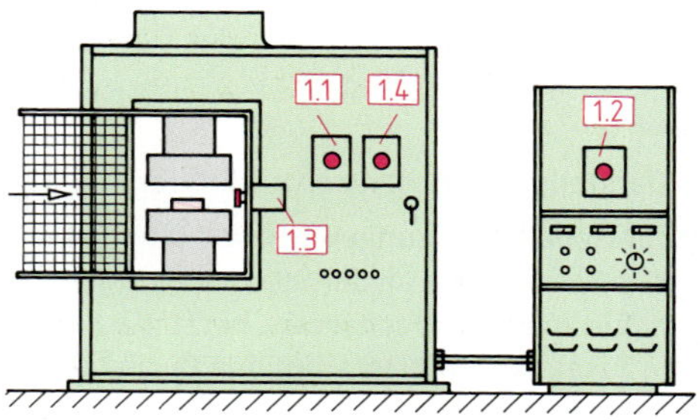

! Eine Verknüpfungssteuerung liegt dann vor, wenn den Signalzuständen der Eingangssignale bestimmte Signalzustände der Ausgangssignale über logische Verknüpfungen zugeordnet sind.

2. Ablaufsteuerung

Ablaufsteuerungen sind Steuerungen mit erzwungenem schrittweisem Ablauf. Der jeweils nächste Schaltschritt erfolgt erst, wenn von dem vorhergehenden Schritt ein Weiterschaltsignal vorliegt.

Beispiel für eine Ablaufsteuerung

In einer Bohrvorrichtung sollen Werkstücke pneumatisch gespannt und danach selbsttätig gebohrt werden.
Der Bohrvorgang darf erst dann erfolgen, wenn der Spannzylinder 1.1 das Werkstück gespannt hat. Nach dem Bohrvorgang wird erst die Bohrspindel selbsttätig zurückgeführt und dann das Werkstück ausgespannt.

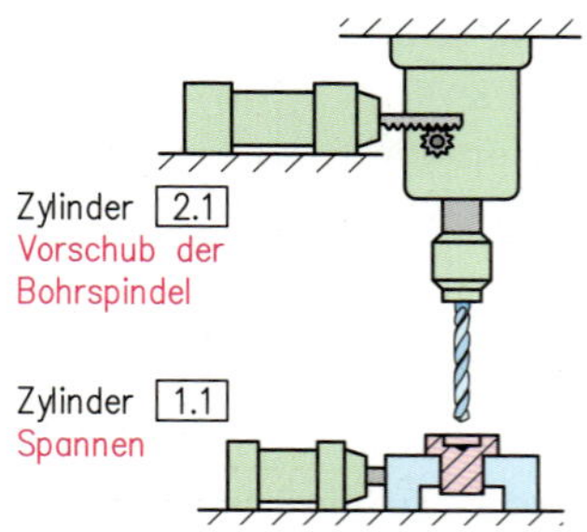

! In einer Ablaufsteuerung folgen die Steuerschritte mit zwangsläufigem schrittweisem Ablauf. Das Weiterschalten von einem Schritt auf den programmgemäßen nächsten Schritt erfolgt durch festgelegte Bedingungen.

In den meisten Steuerungen findet man sowohl Verknüpfungssteuerungen als auch Ablaufsteuerungen. Startbedingungen, Betriebsartenwahl, Gefahrenabschaltungen erfolgen über Verknüpfungssteuerungen. Die Schrittfolge in einer Anlage oder Maschine wird als Ablaufsteuerung gestaltet.

Übungsaufgaben 4/21; 4/22

4.4 Beispiele für pneumatische Steuerungen

4.4.1 Steuerung mit UND-Verknüpfung

Bei einer UND-Verknüpfung werden mehrere eingegebene Signale mit einem besonderen Bauteil – dem **UND-Glied** – zu einem Ausgangssignal verknüpft. Am UND-Glied liegt nur dann ein Ausgangssignal vor, wenn die Signalglieder gleichzeitig betätigt werden. Eine UND-Verknüpfung kann man auch durch das Hintereinanderschalten von Signalgliedern erreichen.

Beispiel für eine Steuerung mit UND-Verknüpfung

Aufgabenstellung

Mit der dargestellten Vorrichtung werden Lagerbuchsen in Laufrollen eingepresst. Die Laufrollen und die Lagerbuchsen werden von Hand in die Pressvorrichtung gelegt. Der Pressvorgang soll in folgenden Schritten ablaufen:

Schritt	Beschreibung des Ablaufs
1	Zylinder 1.7 fährt aus, Einpressen der Buchse
2	Zylinder 1.7 fährt ein, Pressvorgang beendet

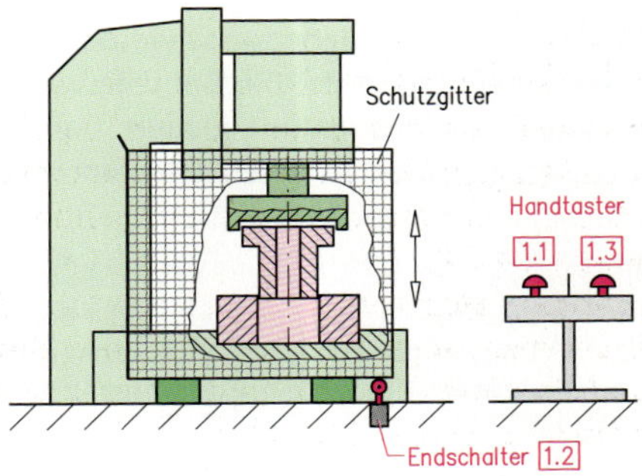

Technologieschema Presse

Anmerkungen:

- Der Presszylinder soll nur dann ausfahren, wenn das Schutzgitter über den Endschalter 1.2 geschlossen ist und der Handtaster 1.1 betätigt wurde.
- Nach dem Einpressen der Lagerbuchse wird durch Betätigung des Handtasters 1.3 das Rückfahren des Zylinders 1.7 eingeleitet.

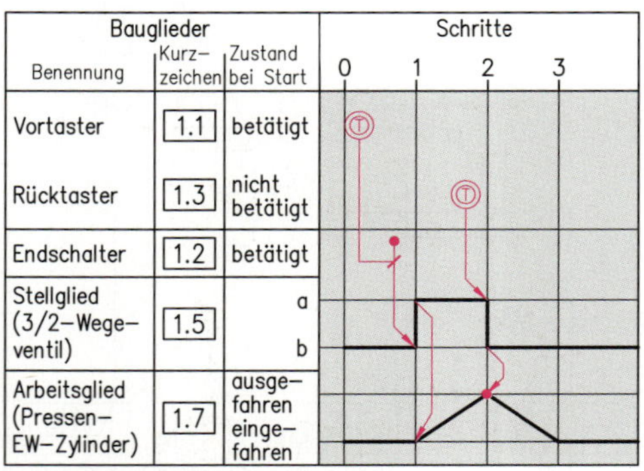

Funktionsdiagramm

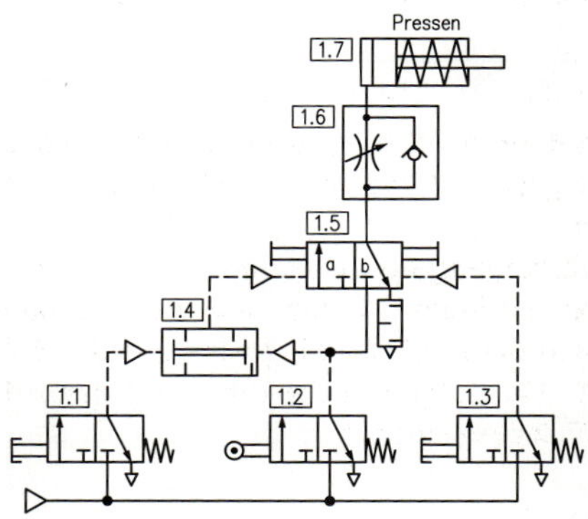

Pneumatikschaltplan

> **!** Bei einer Steuerung mit UND-Verknüpfung fährt der Zylinder nur dann aus, wenn zwei Signalglieder gleichzeitig betätigt werden. Im Funktionsdiagramm wird die UND-Verknüpfung durch einen Schrägstrich in den Signallinien gekennzeichnet.

Übungsaufgabe 4/23

4.4.2 Steuerung mit mehreren Verknüpfungen

Bei einer ODER-Verknüpfung wird ein besonderes Bauteil – das **ODER-Glied** – von zwei Stellen aus angesteuert. Das Ausgangssignal ist vorhanden, wenn mindestens ein Signaleingang belegt ist.
Als **NICHT-Glieder** werden Wegeventile eingesetzt. Bei einer NICHT-Verknüpfung liegt dann ein Ausgangssignal vor, wenn kein Eingangssignal vorhanden ist. Ist jedoch ein Eingangssignal vorhanden, so liegt kein Ausgangssignal vor. Die Nicht-Verknüpfung ist vergleichbar mit der Aufgabe eines Schalters, der bei Betätigung öffnet.

Beispiel für eine Steuerung mit UND-, ODER- und NICHT-Verknüpfung

Aufgabenstellung

Mit der dargestellten Klebepresse werden zwei Bauteile aufeinandergepresst. Die Bauteile werden von Hand in die Presse gelegt und justiert. Der Pressvorgang soll in folgenden Schritten ablaufen:

Schritt	Beschreibung des Ablaufs
1	Zylinder 1.8 fährt aus, Pressen der Bauteile
2	Pressvorgang dauert an, bis Gitter geöffnet wird
3	Zylinder 1.8 fährt ein, Pressvorgang beendet

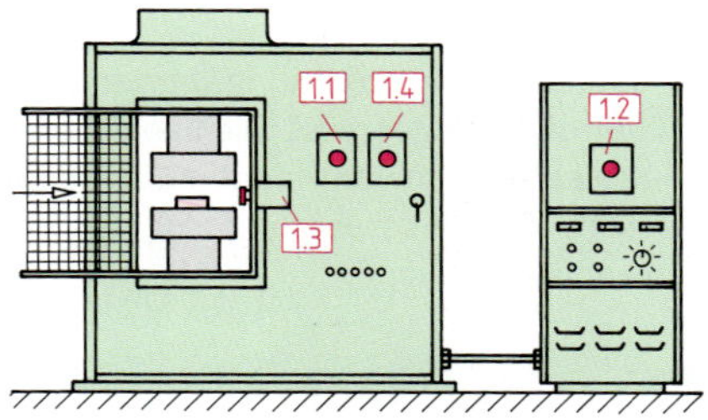

Technologieschema Klebepresse

Anmerkungen:

- Der Pressvorgang soll nur dann möglich sein, wenn das Schutzgitter geschlossen ist.
- Der Pressvorgang wird entweder über die Handtaster 1.1 **und** 1.4 an der Maschine eingeleitet **oder** über den etwas entfernt liegenden Taster 1.2 an der Steuersäule.
- Der Presszylinder fährt **nicht** aus, wenn das Schutzgitter geöffnet ist.

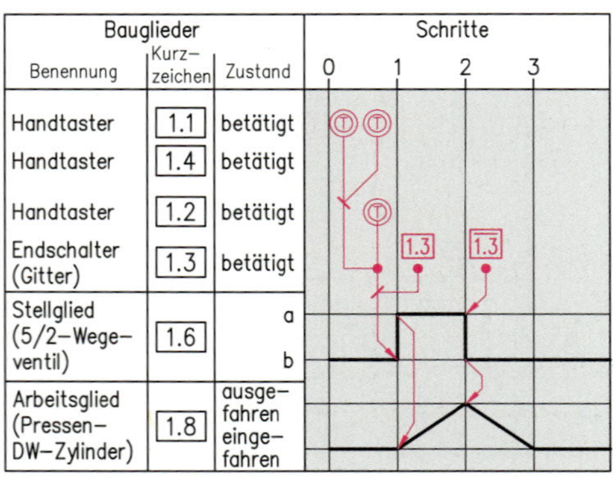

Funktionsdiagramm

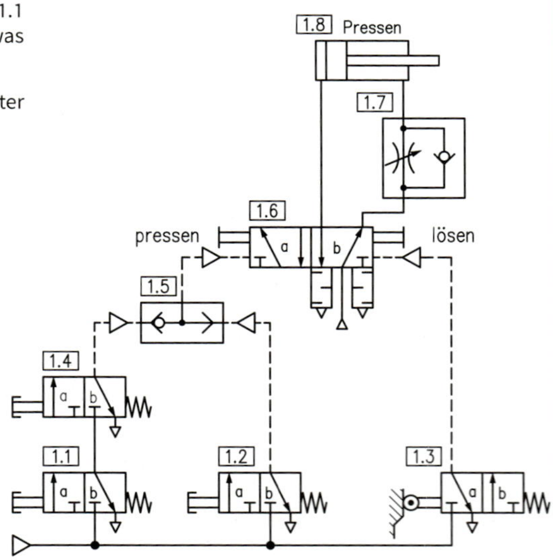

Pneumatikschaltplan

Bei einer ODER-Verknüpfung fährt der Zylinder aus, wenn das eine oder andere Signalglied betätigt wird. Im Funktionsdiagramm wird die ODER-Verknüpfung durch einen Punkt in den Signallinien gekennzeichnet.

4.4.3 Steuerung mit Zeitglied

In Steuerungen mit Zeitgliedern werden die eingegebenen Signale zeitlich verzögert weitergeleitet. Die Verzögerungszeit ist stufenlos einstellbar. Je nach dem Aufbau eines Verzögerungsventils unterscheidet man Ventile, die den Druck zeitverzögert zuschalten oder den Druck zeitverzögert abschalten.

Beispiel für eine Steuerung mit Zeitglied

Aufgabenstellung

In einer Klebepresse drücken drei Pneumatikzylinder Kunststoffplatten aufeinander. Die Platten werden von Hand eingelegt. Der Pressvorgang soll mit einem Handtaster eingeleitet werden und eine einstellbare Zeit andauern.

Schritt	Beschreibung des Ablaufs
1	Zylinder 1.6 fährt aus, Anpressen der Platten
2	Zylinder 2.2 und 2.3 fahren aus, pressen
3	Pressvorgang dauert eine einstellbare Zeit an
4	Alle drei Zylinder fahren ein

Anmerkungen:
- Die Anlage wird über ein Schutzgitter abgesichert; der Start ist nur möglich, wenn das Schutzgitter geschlossen ist (Endschalter 1.3).
- Der mittlere Presszylinder 1.6 soll dann ausfahren, wenn der Starttaster 1.1 betätigt wurde.
- Erst wenn Zylinder 1.6 seine Endlage erreicht hat, sollen die beiden anderen Zylinder ausfahren.
- Alle drei Zylinder bleiben eine einstellbare Zeit ausgefahren und pressen die Platten. Danach sollen die Zylinder einfahren.

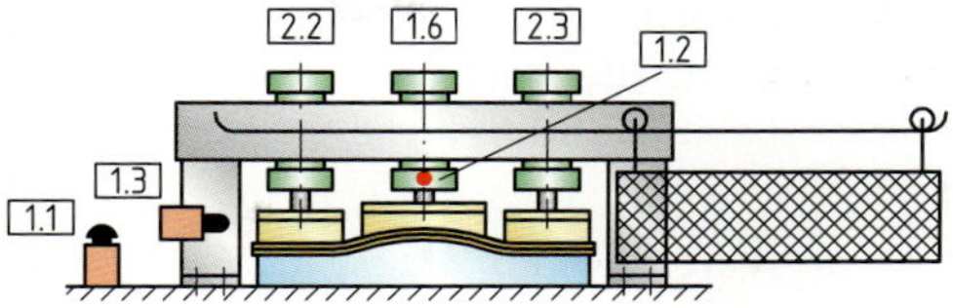

Technologieschema Kunststoffpresse

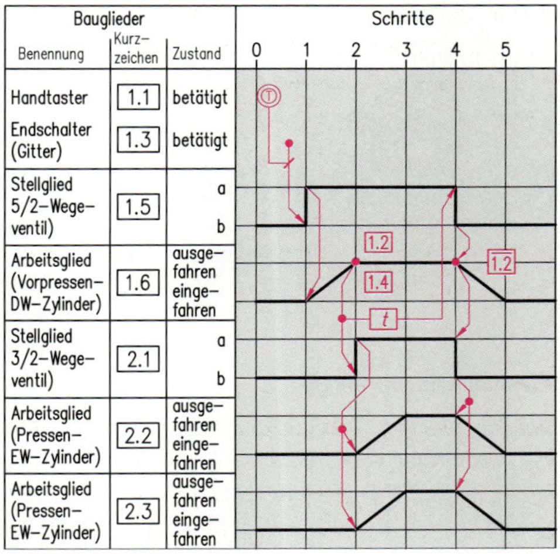

Funktionsdiagramm

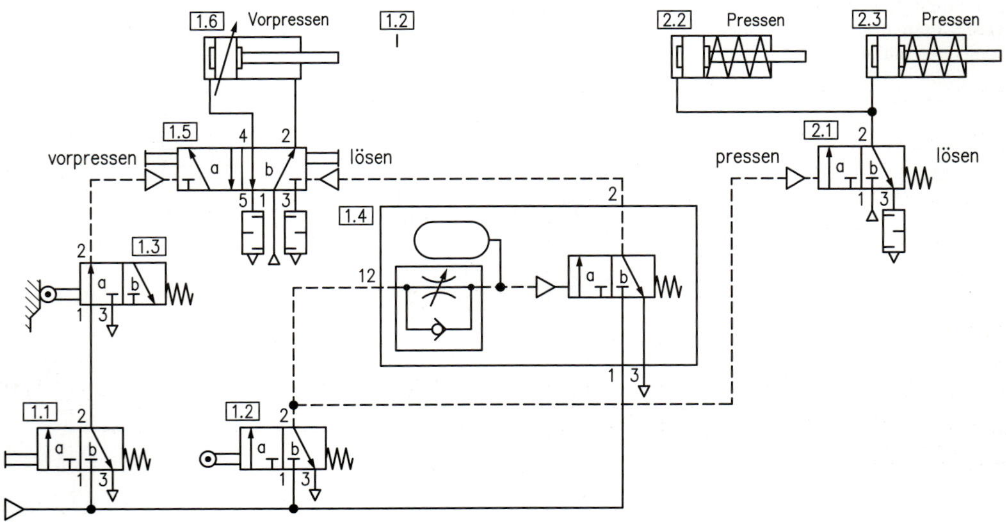

Pneumatikschaltplan

! Durch ein Verzögerungsventil wird ein Signal zeitverzögert wirksam. Im Funktionsdiagramm wird das Zeitglied durch ein Rechteck mit „*t*" oder Zeitangabe gekennzeichnet.

4.4.4 Steuerung mit Zweihand-Betätigung

Beispiel für eine Steuerung mit verschiedenen Steuergliedern (Zweihand-Betätigung)

Aufgabenstellung

In einer Vorrichtung sollen Lagerbuchsen in Laufrollen eingepresst werden. Die Laufrollen werden von Hand eingelegt und gespannt. Der Arbeitshub der Pressmaschine darf aus Sicherheitsgründen nur durch die gleichzeitige Betätigung von zwei Handtastern eingeleitet werden. Nach dem Pressvorgang soll der Pressenstößel selbsttätig in die Ausgangslage zurückfahren. Die Geschwindigkeit für den Arbeitshub soll einstellbar sein.

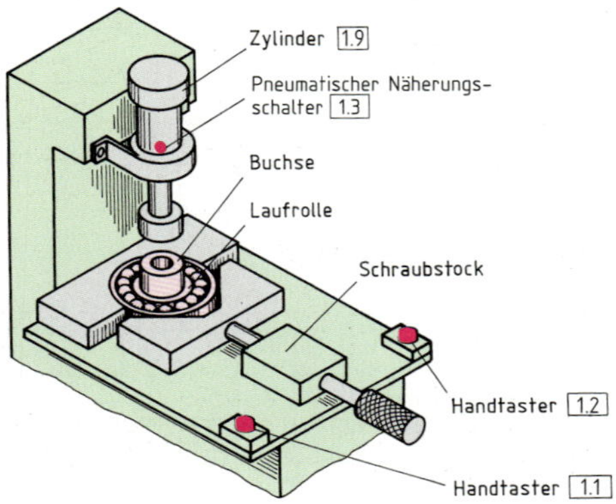

Technologieschema Presse

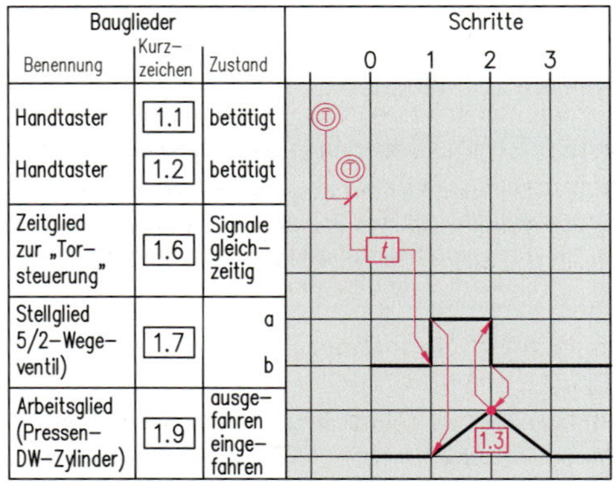

Funktionsdiagramm

Anmerkungen:

- Die Vorrichtung wird über eine Zweihand-Schaltung abgesichert. Nur durch das fast gleichzeitige Drücken der Handtaster 1.1 und 1.2 beginnt der Pressvorgang.
- Werden beide Handtaster nicht innerhalb einer kurzen Zeit gedrückt, so schaltet das Zeitglied 1.6 die Steuerleitung zum Stellglied 1.7 ab.
- Eine Manipulation der Handtaster ist durch die Schaltung unterbunden.
- Der Zylinder fährt ein, sobald der pneumatische Näherungsschalter 1.3 betätigt wurde.

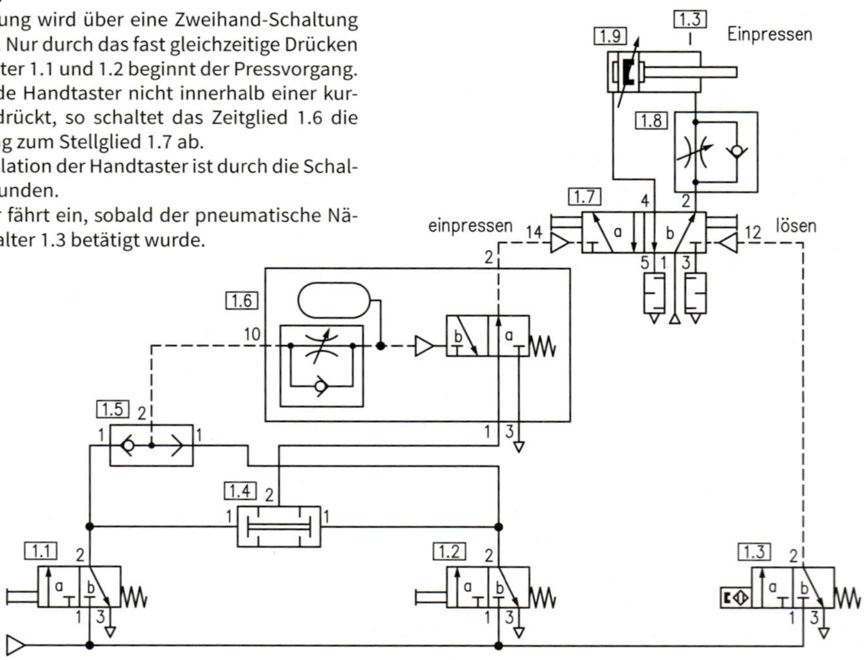

Pneumatikschaltplan

Durch Absicherung mit einer Zweihand-Betätigung können Gefährdungen für das Bedienungspersonal an einer pneumatisch gesteuerten Anlage vermindert werden.

5 Zeichnen und simulieren pneumatischer Steuerungen am PC

Mit geeigneten Programmen kann man pneumatische Steuerungen zeichnen und simulieren. Ein bewährtes Zeichnungs- und Simulationsprogramm ist z. B. FluidSIM-P. Im Folgenden wird schrittweise der Umgang mit diesem Programm an einem Beispiel erklärt. Die Vorgehensweise ist wie folgt:

- Zunächst wird der vorgelegte Plan gezeichnet,
- anschließend erfolgt die Simulation der Steuerung,
- die überprüfte Steuerung wird gegebenenfalls optimiert.

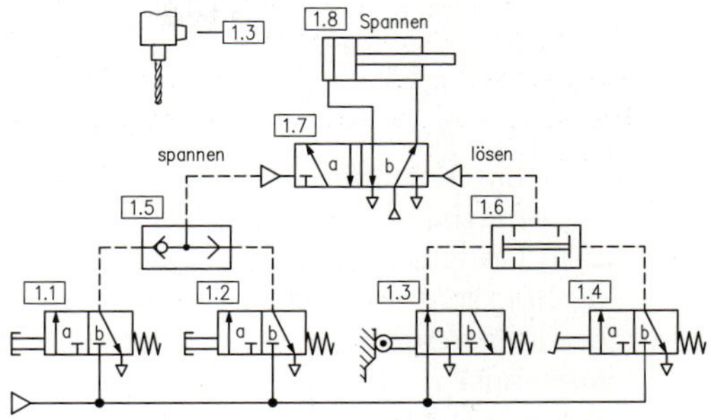

Spannvorrichtung Schaltplan

Steuerungsaufgabe

In einer Bohrvorrichtung sollen Werkstücke pneumatisch gespannt werden. Der Spannvorgang muss durch Tastendruck von zwei verschiedenen Stellen ausgelöst werden können. Das Lösen soll über einen Fußschalter vorgenommen werden. Aus Sicherheitsgründen muss gewährleistet sein, dass der Spannvorgang nur gelöst wird, wenn die Bohrspindel zurückgefahren ist.

1. Vorbereitende Maßnahmen

- FluidSIM-P aufrufen.
- Über den Button ***Bibliothek*** die ***hierarchische Darstellung – Komponenten*** links auf dem Bildschirm platzieren.
- Über den Button ***Datei*** und den Hinweis ***neu*** eine leere Seite aufrufen, diese rechts auf dem Bildschirm platzieren.

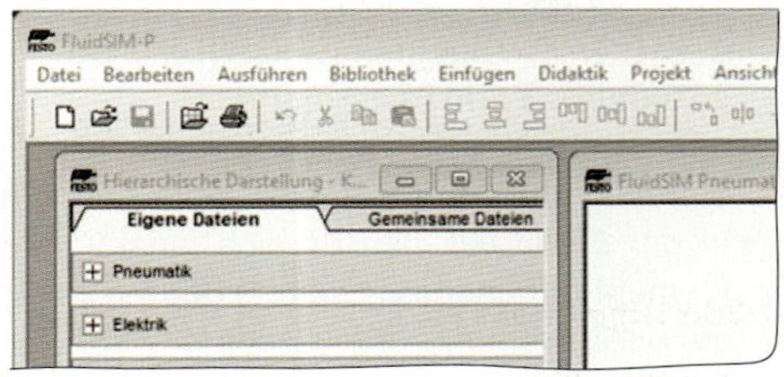

Seite einrichten

2. Versorgungselemente öffnen und platzieren

- In der Bibliothek den Bereich ***Pneumatik*** öffnen und dort die ***Versorgungselemente*** aufrufen.
- Gewünschte Elemente jeweils mit der linken Maustaste anklicken und auf die Seite ziehen. Im Beispiel werden hier die ***Druckversorgung*** und zusätzlich die ***Wartungseinheit*** übernommen.

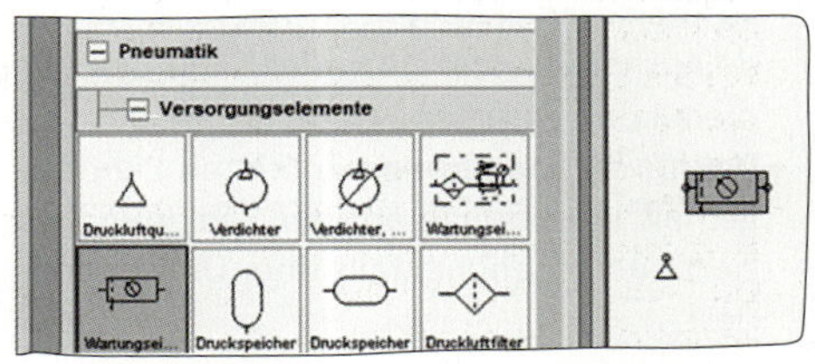

Elemente übernehmen

3. Aktoren öffnen, Untermenü aufrufen und Element ändern

- In der Bibliothek den Bereich ***Aktoren*** öffnen, dort ***Zylinder, doppelt wirkend*** anklicken und auf die Seite ziehen.
- Da der angebotene Zylindertyp nicht genau dem gewünschten Zylinder entspricht, können über ein ***Untermenü Zylinder*** die Eigenschaften des Elements konfiguriert werden. Dazu wird durch einen Doppelklick mit der linken Maustaste auf den Zylinder das benötigte Untermenü geöffnet.
- Im Beispiel werden die Vorgaben ***Endlagendämpfung, einstellbar*** und ***Abfrage*** zurückgesetzt, sodass der Zylinder die geforderten Eigenschaften hat. Mit der Bestätigung über ***OK*** wird das neue Schaltzeichen übernommen.

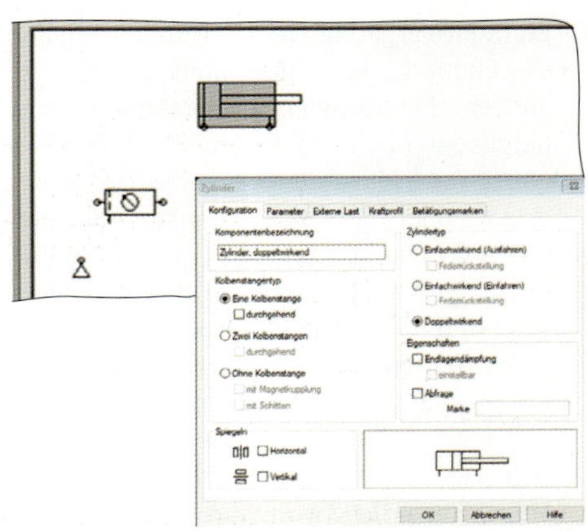

Untermenü nutzen

4. Ventile öffnen, auswählen und konfigurieren

- In der ***Bibliothek*** den Bereich ***Ventile*** öffnen und den Bereich ***Konfigurierbare Wegeventile*** aufrufen.
- Im Beispiel wird ein 3/n-Wegeventil mit der linken Maustaste angeklickt und auf die Seite gezogen. Da das Ventil noch unvollständig ist, es fehlen hier z. B. die Betätigungen, wird es mit der rechten Maustaste angeklickt. Es öffnet sich ein ***Auswahlfenster***, in dem die Zeile ***Eigenschaften*** aufgerufen wird.
- Über das ***Untermenü Ventil konfigurieren*** können alle verfügbaren Betätigungen und sonstigen möglichen Einstellungen für das Ventil konfiguriert werden. Die vorgenommen Änderungen am Ventil werden im Untermenü in einem Sichtfenster angezeigt. Im Beispiel wird bei der Betätigung rechts das Feld ***Federrückgestellt*** aktiviert. Entsprechend wird bei der Betätigung Links unter ***Muskelkraft*** der Handtaster ausgewählt. Das Untermenü schließt man durch Anklicken des Zeichnungsblatt. Das Ventil wird in der geänderten Form übernommen.

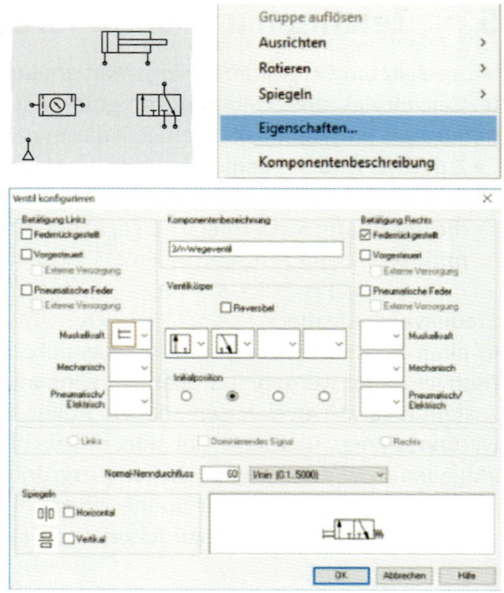

Elemente konfigurieren

5. Elemente aufrufen, kopieren, ändern und platzieren

- In der ***Bibliothek*** den Bereich für das gewünschte Element öffnen, das gewählte Bauteil anklicken und auf die Zeichnungsebene ziehen.
- Schon auf der Zeichnungsebene vorhandene Elemente können kopiert werden. Dazu klickt man das zu kopierende Element an und nutzt das erscheinende ***Auswahlfenster*** sinngemäß mit den Aktionen ***kopieren*** und ***einfügen.***
- Die für die Steuerung benötigten Elemente werden gemäß der Vorlage auf der Zeichnungsebene platziert und gegebenenfalls über Untermenüs konfiguriert.

  Hinweis: Für das Ventil 1.3 wird als Betätigung ein rastender Taster gewählt, damit die Funktion der Bohrspindel simuliert werden kann.

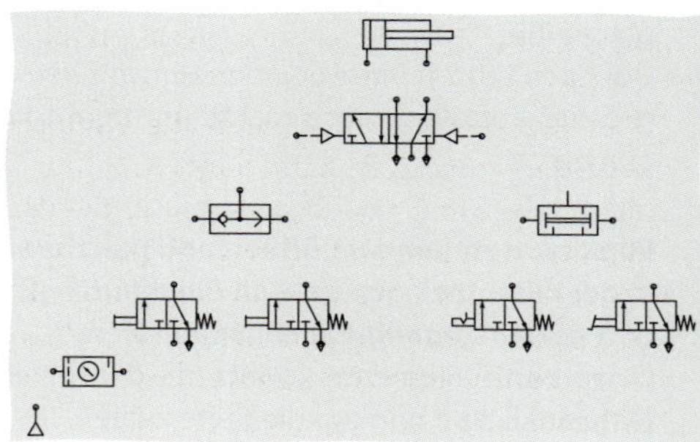

Elemente kopieren und platzieren

6. Elemente ergänzen und Leitungen zeichnen

- Die Elemente kann man, falls notwendig, noch ergänzen oder korrigieren. Im Beispiel werden die Signalglieder noch um das Symbol für die Abluft ergänzt. Dazu klickt man das jeweilige Element an und orientiert sich am Auswahlfenster oder Untermenü.
- Die Leitungen werden gezeichnet, indem man den Cursor in den kleinen Kreis des jeweiligen Bauteils setzt und mit gedrückter Maustaste die Leitung zum gewünschten Anschluss zieht.
- Die Leitungen werden als Arbeitsleitung ausgeführt. Will man gestrichelte Steuerleitungen einzeichnen, so klickt man die jeweilige Leitung mit der rechten Maustaste an und nutzt das erscheinende Untermenü sinngemäß.

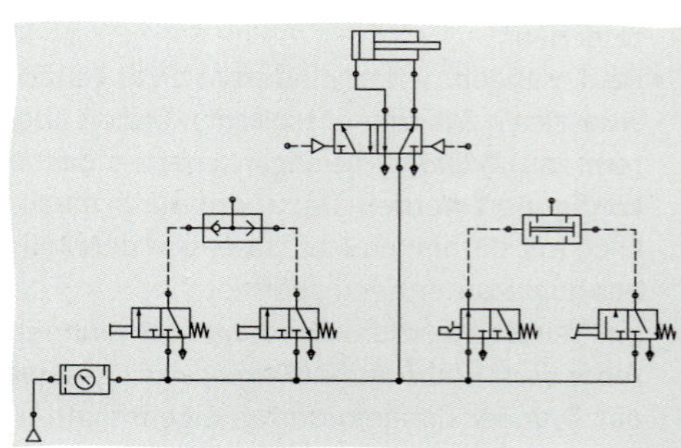

Leitungen zeichnen

7. Schaltplan vervollständigen und Elemente kennzeichnen

- Die Elemente sollen gemäß der Vorlage gekennzeichnet werden. In der Bibliothek wird dazu der Bereich ***Verschiedenes*** geöffnet, daraus das Feld ***Text*** angeklickt und auf die Seite gezogen.
- Durch einen Doppelklick mit der linken Maustaste auf dieses Feld ***Text*** öffnet sich das ***Untermenü Text.***
- In diesem Menü wird das Kästchen ***Text umrahmen*** angewählt. Außerdem lassen sich über den Hinweis ***Schriftart*** sowohl der Schrifttyp als auch die Schriftgröße einstellen.
- Im Unterfenster kann nun der Text – im Beispiel 1.8 – eingegeben werden. Bestätigt man mit ***OK***, so erscheint auf der Zeichenebene an der Stelle „Text“ die eingeschriebene Information. Mit dem Cursor kann man diesen Textbaustein an die gewünschte Stelle verschieben.

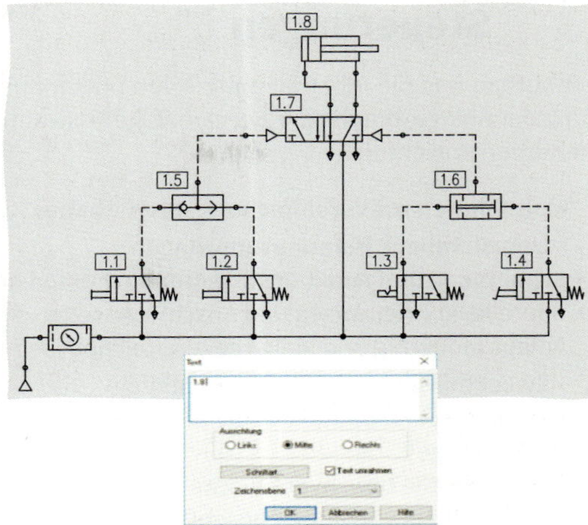

Elemente kennzeichnen

8. Steuerung zeichnerisch überprüfen und simulieren

- Die Zeichnung für eine Steuerung kann über den Button ***Ausführen*** und die Aktion ***Zeichnung prüfen*** auf zeichnerische Richtigkeit untersucht werden. Fehlermeldungen geben Korrekturhinweise.
- Über die Aktion ***Start*** beginnt die Simulation. Sobald man die Zeile Start angeklickt hat, wird die Anlage unter Druck gesetzt und die druckführenden Leitungen sind eingefärbt.
- Mit dem Cursor betätigt man die erforderlichen Ventile und das Programm simuliert die Steuerung. Dabei werden die Ventile bzw. die Aktoren gemäß der Vorgaben geschaltet.

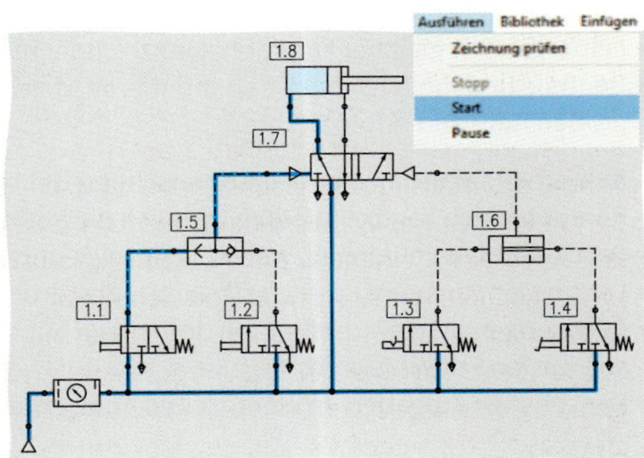

Steuerung simulieren

9. Steuerung optimieren

- Nach der Simulation kann die Steuerung optimiert werden, indem man die vorhandene Zeichnung abändert. Dazu wechselt man aus dem Simulationsmodus wieder in den ***Bearbeitungsmodus*** des Programms.
- Im Vorlauf des Zylinders soll zusätzlich ein Drosselrückschlagventil als Abluftdrosselung eingebaut werden. Dazu wird zunächst die Leitung zwischen dem Zylinder auf der Kolbenstangenseite und Ventil 1.7 gelöscht, indem man die Leitung markiert und mit Doppelklick der linken Maustaste über das Hilfsmenü die Aktion ***Löschen*** aufruft.
- Wie oben beschrieben bedient man sich aus der Bibliothek und fügt ein Drosselrückschlagventil ein. Anschließend werden die Leitungen eingezeichnet. Ebenso kann man ein Hauptventil zur Einschaltung der Druckversorgung einfügen.

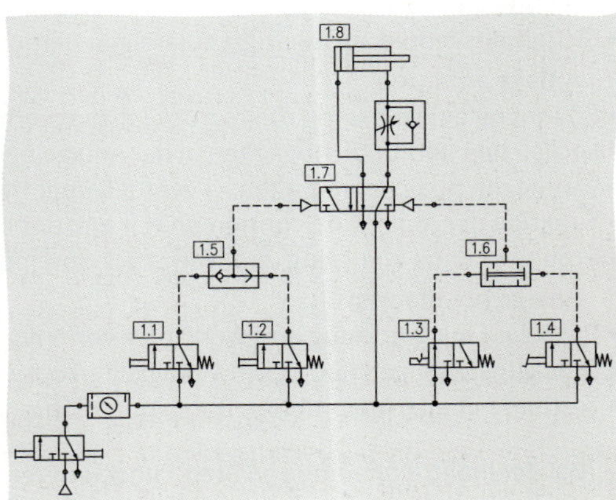

Steuerung optimieren

6 Aufbau und Inbetriebnahme von pneumatischen Steuerungen

Der Aufbau und die Inbetriebnahme von pneumatischen Steuerungen werden durch eine sorgfältige Planung der Anlage, durch eine zweckmäßige Auswahl der Bauelemente und durch eine übersichtliche Dokumentation erleichtert.

1. Maßnahmen zur Vereinfachung des Aufbaues

– **Übersichtliche Planungsunterlagen**
- Schaltpläne und Funktionsdiagramme müssen nach einheitlichen Gesichtspunkten aufgebaut sein.
- Bauteile, Rohrleitungen und Anschlüsse sollen sowohl in den Konstruktionsunterlagen als auch in der Anlage eindeutig und gleich gekennzeichnet sein.

– **Zweckmäßige Auswahl der Bauteile**
- Bei elektrischen Bauteilen solche bevorzugen, die ihre Signalzustände durch Leuchtioden anzeigen (LED-Anzeige).
- Pneumatische bzw. hydraulische Ventile mit Druckanzeigegeräten ausstatten, so dass die jeweilige Schaltstellung von außen ersichtlich ist.
- Bei größeren Anlagen Anzeigegeräte zur zentralen Überwachung von Prozessdaten und Prozesszuständen auf Schalttafeln vorsehen.

– **Übersichtliche Anordnung der Bauelemente**
- Geräte mit gleicher Funktion sind möglichst nach dem gleichen Aufbauschema anzuordnen.
- Leitungen mit gleicher Funktion kennzeichnet man durch gleiche Farbgebung.
- Bauteile und ihre Anschlüsse so montieren, dass eine Demontage mit normalen Werkzeugen ohne großen Aufwand erfolgen kann.

2. Sicherheitsmaßnahmen (Personenschutz) bei Inbetriebnahme
- Im Hubbereich von Zylinderbewegungen die Betätigungen von Sensoren nur mit Hilfsmitteln vornehmen.
- Druckleitungen nur lösen, wenn die Anzeige durcklos ist.
- Leitungsenden beim Lösen festhalten – Restdruck!
- Änderungen im elektrischen Teil der Anlage nur im Niederspannungsbereich und nur im spannungslosen Zustand durchführen.
- Für sonstige Aufgaben im elektrischen Anlagenteil autorisiertes Fachpersonal anfordern.

3. Reihenfolge der Schritte zur Inbetriebnahme

– **Anlage in Grundeinstellung bringen**
- Anlage drucklos und spannungslos schalten.
- Aktoren in Grundstellung bringen.
- Ventile in Ausgangsstellung setzen.
- Drosselventile schließen.
- Sicherheitsventile auf niedrigst zulässigen Betriebsdruck einstellen.

– **Anlage anfahren**
- Spannung anlegen und Arbeitsdruck langsam erhöhen.
- Leckstellen und Undichtigkeiten in der Anlage beheben.
- Ventile mit Speicherverhalten – eventuell über Handhilfsbetätigungen – einstellen.
- Funktion der Anlage in Schritten prüfen und dabei Drosselventile nacheinander langsam öffnen.
- Probelauf ohne Werkzeug und Werkstück durchführen.

– **Anlage hochfahren**
- Probelauf mit Werkzeug und Werkstück vornehmen.
- Druckeinstellungen und Geschwindigkeiten optimieren.
- Testlauf mit allen geforderten Daten durchführen.

! Bei der Inbetriebnahme von Steuerungen treten erhöhte Gefährdungen auf. Die einschlägigen Vorschriften für den Personenschutz und die Schrittfolge der Inbetriebnahme sind einzuhalten.

Übungsaufgaben 6/1; 6/2

7 Wartung von pneumatischen Anlagen

Steuerungsanlagen müssen in vorgeschriebenen Zeitintervallen systematisch gewartet werden, damit lange Betriebszeiten gewährleistet sind und die Anlage wirtschaftlich arbeitet. Die systematische Wartung und Kontrolle einer Steuerung wird erleichtert, indem man die Anlage so unterteilt, dass einzelne Teilbereiche unter besonderen Wartungsgesichtspunkten betrachtet werden können. Bei der Wartung kann man die Teilbereiche Druckversorgung, Leitungssystem und Bauelemente unterscheiden.

1. Wartung im Bereich der Druckversorgung

Für Druckluft gilt, dass sie möglichst wasser-, staub- und schmutzfrei ist. Die Wartungseinheiten sind regelmäßig zu kontrollieren. Angesammeltes Kondensat muss abgelassen werden.

Die Filter in der Wartungseinheit halten Staubteilchen und Kondensat zurück. Deshalb müssen sie in bestimmten Zeitabständen gesäubert oder ausgewechselt werden.

Bei stark beanspruchten Anlagen soll die Druckluft nach Bedienungsvorschrift mit Öl angereichert werden. Branchenspezifische Vorschriften sind dabei zu beachten (z. B. die Hygienevorschriften in der Lebensmittelindustrie).

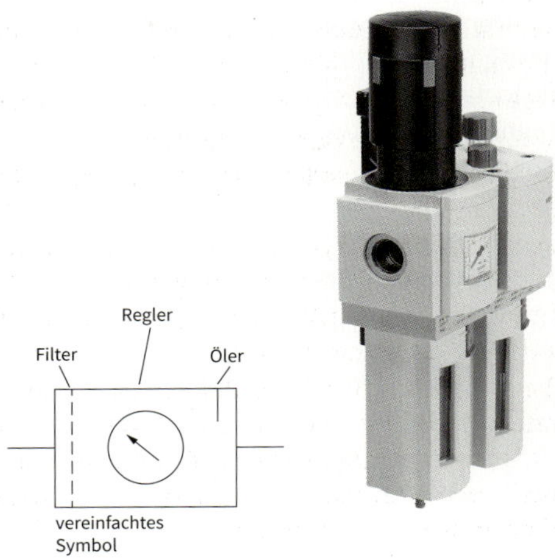

Wartungseinheit

2. Wartung im Bereich der Leitungssysteme

Vorbeugende Maßnahmen verhindern Störungen in der Versorgung der Anlagen mit Druckluft. Hierzu gehört vor allem die richtige Verlegung des Rohrleitungsnetzes. Insbesondere ist darauf zu achten, dass Abzweigungen von der Hauptleitung zur Luftentnahme nach oben erfolgen und dass die Abzweigungen für die Kondensatenleerung nach unten angebracht werden.
Bei der Montage von Leitungen oder Anschlüssen ist unbedingt darauf zu achten, dass in den Rohren oder Schläuchen keine Schmutzteilchen oder Späne zurückbleiben.

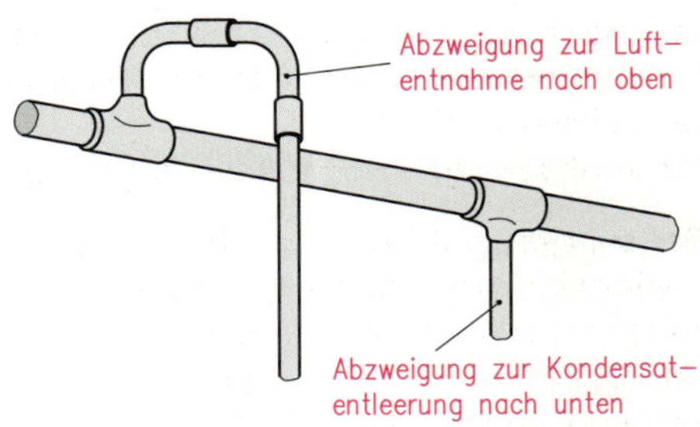

Montage von Druckluftleitungen

Während des Betriebes müssen die Druckluftleitungen und die Anschlüsse regelmäßig auf Dichtigkeit überprüft werden. Schadhafte Leitungen und undichte Anschlüsse in einer Anlage können Verluste von mehreren tausend Euro verursachen.

Beispiel für Betriebskosten durch Leckverluste

Leckgröße in mm	Luftverbrauch bei 6 bar in l/s	Verlustleistung in kW	Kosten bei 8 000 Betriebsstunden in EUR
$d = 1$ •	1,3	0,32	250,00
$d = 5$ ●	30,9	8,3	6 900,00

3. Wartung von Bauelementen in Steuerungen

Die Wartung von fluidischen Bauelementen erfolgt zunächst dadurch, dass Verschleißteile beobachtet und im Bedarfsfall ausgewechselt werden.

Verschleißerscheinungen von Dichtungen an Zylindern lassen sich durch den Abrieb an den Kolbenstangen beobachten. Bei Zylindern sind zusätzliche Abdeckungen einzubauen, wenn sehr hoher Schmutz- bzw. Staubanfall vorliegt.

Insbesondere in der Einlaufphase einer Anlage können Schmutzpartikel und Späne die Funktionen beeinträchtigen. Hydraulikanlagen müssen entlüftet werden.

Verschleiß in Ventilen ist nicht vorbeugend zu erkennen. Verschleißerscheinungen in Ventilen werden erst deutlich, wenn Störungen im Steuerungsablauf auftreten.

Die Befestigungen der Bauteile müssen regelmäßig überprüft werden, weil sich durch Erschütterungen die Bauteile lockern und lösen können.

Ein wirkungsvolles Mittel zur vorbeugenden Schadensbekämpfung ist die systematische Erfassung von aufgetretenen Fehlern und Störungen in einer Anlage. Dazu benutzt man ein Protokollbuch mit entsprechenden Schadenslisten.

Beispiel für Verschleißteile an einem Pneumatikzylinder

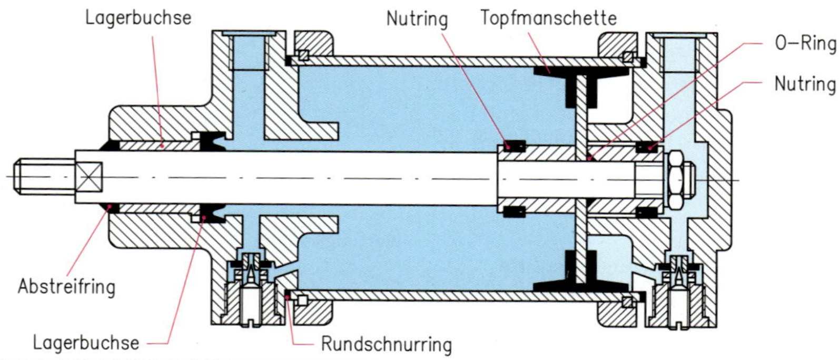

- Die dauerhaft sichere Funktion von Steuerungsanlagen erreicht man durch vorbeugende Wartungen des Druckmediums, indem es sorgfältig gefiltert wird.
- In Pneumatikanlagen muss das Kondensat regelmäßig entfernt werden.
- Bauteile in Steuerungen sind regelmäßig auf Verschleiß und festen Sitz zu überprüfen.

Für die verschiedenen Wartungsarbeiten sind bei Steuerungen unterschiedlich große Wartungsintervalle vorgeschrieben. Diese Zeitabstände richten sich nach der Betriebszeit der Anlage und den Einsatzbedingungen.

Beispiel für wichtige regelmäßige Wartungsarbeiten an pneumatischen Anlagen

Wartungsintervall	Maßnahmen
Täglich	Kondensat ablassen (bei nicht automatischen Geräten). Öler in der Wartungseinheit kontrollieren.
Wöchentlich	Funktion der Signalglieder überprüfen. Druckmesser nachprüfen. Ölmenge im Öler prüfen.
Vierteljährlich	Leitungen und Anschlüsse auf Dichtigkeit prüfen. Filterpatronen reinigen. Funktionsprüfungen am automatischen Kondensatablass. Befestigungen der Bauteile überprüfen.
Halbjährlich	Kolbenstangenführungen auf Verschleiß untersuchen. Abstreifringe und Dichtungen gegebenenfalls erneuern.

Übungsaufgaben 7/3 bis 7/5

Arbeitsauftrag:

Entwerfen und Testen einer pneumatischen Steuerung

In einem Betrieb sollen Werkstücke in Serie gebohrt werden. Der Fertigungsablauf soll schrittweise von der reinen Handarbeit zum voll mechanisierten Ablauf durch pneumatisch betriebene Hilfsmittel verbessert werden.
Die Verbesserungen einer jeden Ausbaustufe bleiben in der Folge erhalten.
Erstellen Sie jeweils den Schaltplan und die Geräteliste. Testen Sie die Schaltung.

Ausbaustufe 1

Der Bediener legt ein Werkstück in die dargestellte Vorrichtung. Auf Knopfdruck wird das Werkstück pneumatisch durch einen doppelt wirkenden Zylinder gespannt.
Der Vorschub der Bohrmaschine wird von Hand betätigt.
Nach Drücken des Tasters Lösen fährt der Kolben des Spannzylinders in seine Ausgangslage zurück.

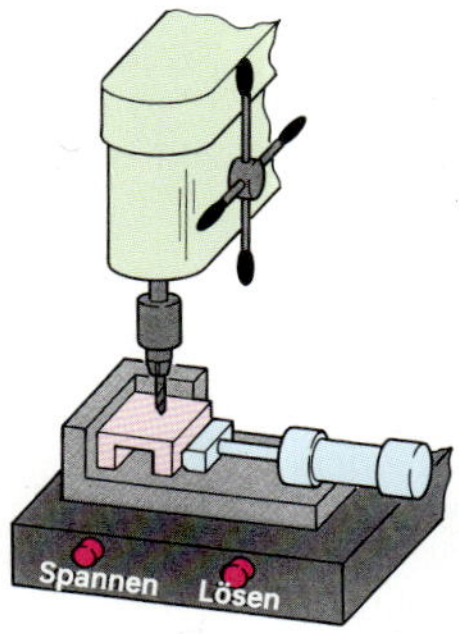

Ausbaustufe 2

Es wird ein Fallmagazin eingesetzt. Die Werkstücke werden auf Knopfdruck des Bedieners vorgeschoben und gespannt. Der Vorschub beim Bohren erfolgt von Hand.
Im Fallmagazin muss immer noch ein Werkstück vorhanden sein, da sonst der Hub des Kolbens zum Spannen zu klein ist. Der Zylinder darf erst dann lösen, wenn die Bohrspindel wieder oben ist.

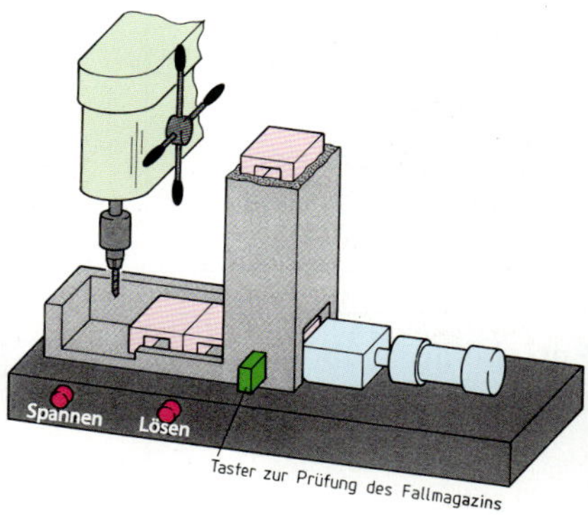

Ausbaustufe 3

Zusätzlich zum Spannzylinder wird ein Auswerfzylinder eingesetzt. Dieser darf jedoch erst ausfahren, wenn der Bohrer oben ist und der Spannzylinder gelöst hat.

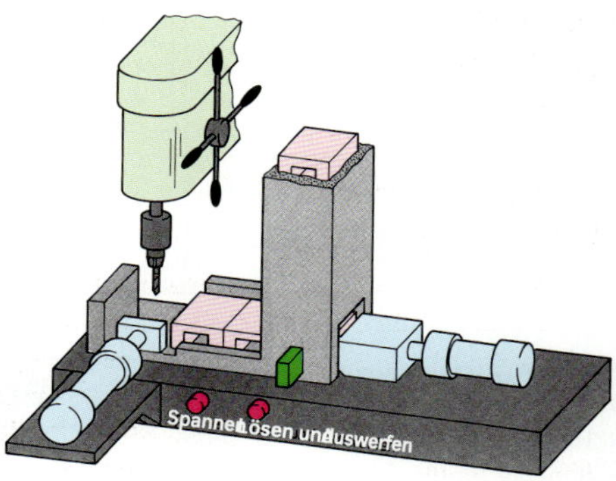

Ausbaustufe 4

Nach dem Ausstoßen des Werkstücks, jedoch vor dem Einschieben eines neuen Werkstücks soll durch einen Druckluftstoß die Auflagefläche von Spänen frei geblasen werden.

HANDLUNGSFELD: Präsentation kreativ entwickelter Lösungen

Auftrag

Auftrag
Der Entwurf eines einfachen Biegewerkzeugs zum Biegen von Laschen ist zu präsentieren.

Problemstellung
Werkzeugentwurf

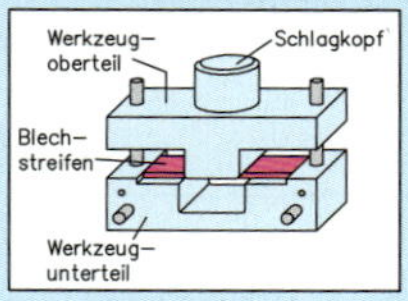

Werkstückskizze

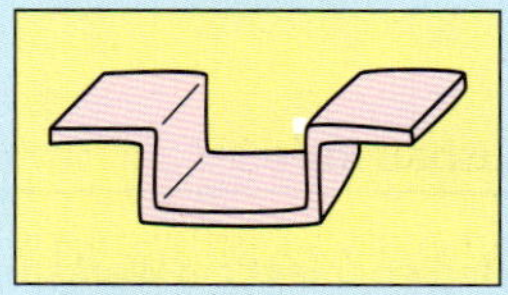

Gegebenheiten:
- Allgemeines Zielverständnis der Planungsgruppe
- Zielgruppe
  - Zusammensetzung und Anzahl
  - Erwartungen und Befürchtungen
  - Präsentationsgewohnheiten
- Räumliche und mediale Möglichkeiten
- Fähigkeiten des Präsentierenden

Analysieren

Räumliche- u. mediale

Erwartungen:

Vereinfachungen:

Ziel:
Verantwortliche stimmen der praktischen Umsetzung des Entwurfs zu

Analyseergebnisse:
- Aussagekräftige Zielformulierung
- Notwendige Vereinfachungen hinsichtlich
  → technischer Darstellungen
  → Fachbegriffen
- Ermittelte Erwartungen der Zuhörergruppe
- Ermittelte räumliche und mediale Möglichkeiten

Entscheidung über:
- Inhalte
- Darstellung
  - Präsentationsmedien
  - Schrift
  - Formen und Farben
- Gestaltung der Präsentationsphasen (Eröffnung, Hauptteil, Schluss)

Planen und Vorbereiten

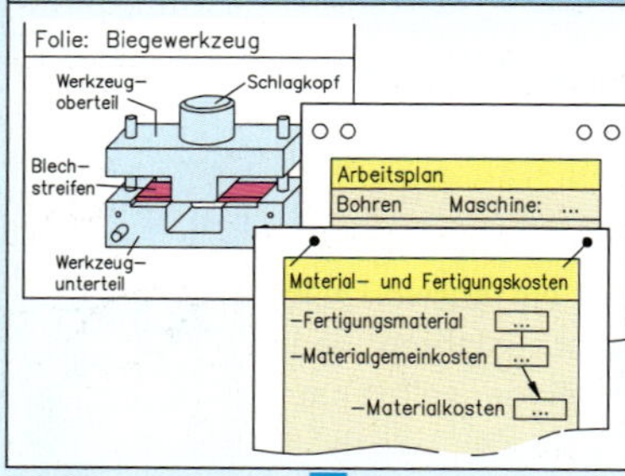

Ergebnisse:
- Konkrete Inhalte
  - wichtige Aspekte, z. B. technische, wirtschaftliche
  - Reduzierung und Strukturierung des Inhalts
  - Zuordnung von Inhaltsaspekten und Medien
- Ausgewählte und bearbeitete Präsentationsmedien
- Ablaufplanung

Durchführung von:
- Eröffnung
- Hauptteil
- Schluss

Präsentieren

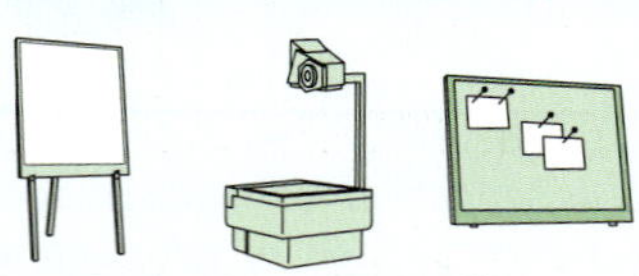

Wichtige Aspekte:
- Präsentationsgegenstand notieren
- Blickkontakt mit Zuhörern aufnehmen
- Präsentationsverlauf vorstellen

1 Kreativtechniken

Kreativtechniken werden eingesetzt, um Aufgaben- und Problemstellungen, z. B. im beruflichen Bereich, allein oder in einem Team zielgerichtet zu bearbeiten.
Beim Einsatz von Kreativtechniken müssen bestimmte Regeln eingehalten und typische Schritte durchlaufen werden, damit die Kreativität des Menschen angeregt wird und Ideen gefunden werden. Grundsätzlich kann jeder Mensch kreativ sein oder seine Kreativität weiterentwickeln. Die Kennzeichen von Kreativität sind flexibles, originelles, alternatives und konstruktives Denken. Die entwickelten Kreativtechniken fördern dieses Denken durch Maßnahmen wie das Zerlegen in Teilelemente und die Neuverknüpfung oder Umstrukturierung von Teilelementen in unterschiedlicher Weise.

Regeln zur kreativen Ideenfindung:

- Ideenanzahl geht vor Ideenqualität.
  Die Qualität der gefundenen Idee spielt zunächst keine Rolle.
- Alles, was der Ideenfindung dient, ist erlaubt.
  In diesem Sinne sind alle originellen, ungewöhnlichen usw. Ideen gefragt.
- Ideen nicht zurückhalten.
  Die Ideen der anderen fördern die eigenen Ideen.
- Ideensuche von der Ideenkritik trennen.
  Die unmittelbare Ideenkritik blockiert die Ideensuche. Auch wenn es schwer fällt, sind diese Phasen unbedingt zu trennen.
- Einfälle nicht zerreden.
  Knappe Beschreibung der Idee, keine Vorträge halten.
- Rahmenvorgaben einhalten.
  Die Rahmenvorgaben fördern die Kreativität.
- Killerphrasen sofort blockieren.
  Einige Beispiele für Killerphrasen:

! Kreativtechniken werden eingesetzt, um flexibles, originelles, alternatives und konstruktives Denken zu fördern. Dabei müssen die Regeln zur kreativen Ideenfindung eingehalten werden.

1.1 Brainstorming

Beim Brainstorming werden während eines festgelegten Zeitrahmens Ideen allein oder in Gruppen entwickelt, dokumentiert und gesammelt. Der Name Brainstorming deutet darauf hin, dass das Gehirn bei dieser Methode intensiv nach Ideen durchsucht werden soll.

Methodenbeschreibung:

⇨ **Anwendung**

Das Brainstorming wird zum Sammeln von Ideen bei vorgegebenen Problem- bzw. Themenstellungen eingesetzt.

⇨ **Durchführung**

1. Einen Moderator bestimmen, der auf die Einhaltung der Regeln zur kreativen Ideenfindung und die Schritte zur Durchführung achtet.
2. Das Problem sowie die damit verbundene Zielsetzung für alle sichtbar in aussagekräftiger Form aufschreiben.
3. Das Zielverständnis der Teilnehmer herausfinden und vereinheitlichen.
   Möglichkeiten: Nachfragen, Ziel mit eigenen Worten beschreiben, Ziel gemeinsam umformulieren u. ä.
4. Brainstormingregeln (identisch mit den allgemeinen Regeln der kreativen Ideenfindung) erklären und dokumentieren.
   Möglichkeit: Regeln auf einen Flipchartbogen schreiben und einzeln mit allen Beteiligten besprechen.
5. Rahmenbedingungen festlegen: Dauer der Ideenfindung (in der Regel zwischen 10 und 20 Minuten), Einzelarbeit oder Gruppenarbeit (Gruppenarbeit fördert den Ideenfluss, optimale Gruppengröße 5 bis 12 Teilnehmer), Art der Ideendokumentation (in Stichworten und bei Gruppenarbeit für alle Gruppenmitglieder sichtbar auf Moderationskarten, Flipchart, Tafel u. ä.)
6. Brainstorming durchführen, d. h. die gefundenen Ideen aufschreiben und bei der Arbeit in Gruppen für alle sichtbar machen, z. B. auf Moderationskarten.
7. Gefundene Ideen gemeinsam ordnen.
   Möglichkeit: Ähnliche Ideen zu Gruppen zusammenfassen.
8. Gefundene Ideen bewerten und umsetzen.
   Möglichkeit: Die Frage beantworten, mit welcher Idee glauben wir unser Ziel am wahrscheinlichsten erreichen zu können?

Beispiele für den Einsatz der Kreativtechnik Brainstorming (Ideensammlung auf Karten zum Thema: Müllvermeidung im Klassenraum)

Ideen sammeln: *Ideen ordnen:*

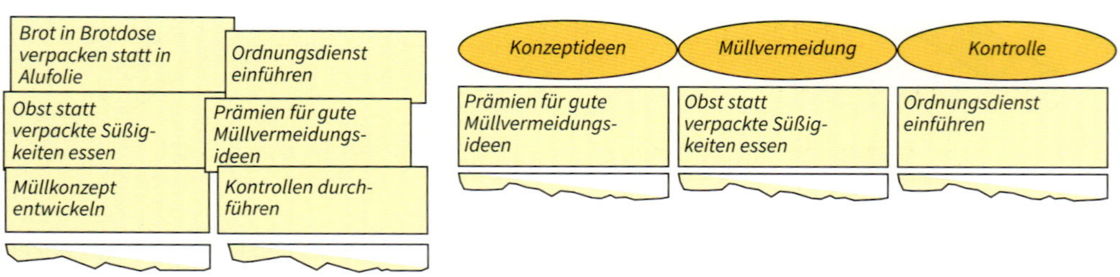

1.2 Mind-Mapping

Zentraler Bestandteil der Mind-Mapping-Methode ist die Erstellung einer Mind-Map, welche die Denkweise des Gehirns in besonderer Weise unterstützt bzw. fördert. Unser Gehirn arbeitet nicht strukturiert („ordentlich"), sondern sprunghaft und gedankenverbindend. Es liefert uns in unstrukturierter Form weitaus mehr Daten und Informationen als in strukturierter. Deshalb können Mind-Maps von den Teilnehmern an jeder Stelle um neue Gedanken ergänzt oder bereits dokumentierte Gedanken weiterentwickelt werden.

Methodenbeschreibung:

⇨ **Anwendung**
Das Mind-Mapping wird zur kreativen Ideenfindung, Planung von Referaten, Anfertigung von Gesprächsnotizen, Aufbereitung von Texten u. ä. eingesetzt.

⇨ **Durchführung**

Ein Einzelner oder die Teilnehmer einer Gruppe bringen ihre spontanen Ideen zu einem bestimmten Thema oder einer Problemstellung schlagwortartig zum Ausdruck. Das Thema oder die Problemstellung wird in der Blattmitte notiert. Die ersten Ideen werden wie Äste um dieses Zentrum herum gruppiert. Weiterführende Gedanken, die zu den derart dokumentierten Ideen passen, werden wie Zweige dargestellt, die von den ersten Ideen abgehen. Jederzeit können neue Äste ergänzt oder einzelne Zweige weiter verästelt werden. Auch eine Veränderung der Zuordnung der Zweige zu einem anderen Ast ist möglich. Mind-Maps können von Hand oder mithilfe eines Rechnerprogramms, in Einzelarbeit auf einem Blatt Papier oder in Gruppen an einer Pinnwand angefertigt werden.

Beispiele ür die Erstellung einer Mind-Map

1. Zielfestlegung
Die Bestandteile eines Arbeitsplans zur maschinellen Fertigung von Bauteilen sind mithilfe der Mind-Map-Methode in Kleingruppenarbeit bestimmt.
2. Maßnahme
Eine Mind-Map in Kleingruppenarbeit nach den Regeln zur kreativen Ideenfindung auf einem Pinnwandbogen erstellen:

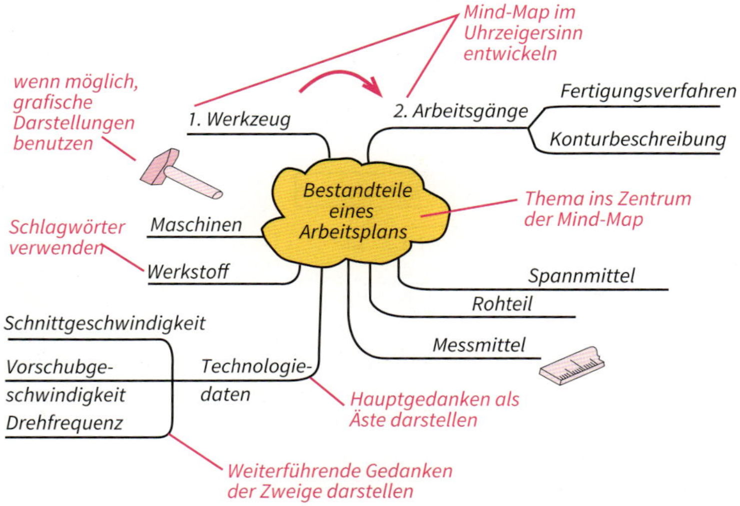

1.3 Ursache-Wirkungs-Diagramm (Ishikawa-Diagramm)

Das Ursache-Wirkungs-Diagramm (Ishikawa-Diagramm oder auch Fischgrätdiagramm) wird als Einstieg in einen Problemlösungsprozess eingesetzt. Dabei sorgt das im Ursache-Wirkungs-Diagramm dargestellte Gliederungsschema (ähnlich einer Fischgräte) mit den Ursachenbereichen: **M**ensch, **M**aschine, **M**ethode, **M**aterial (die 4 Ms) dafür, dass sich die Ursachensuche auf die unterschiedlichsten Bereiche erstreckt. Das eigentliche Problem steht im Fischkopf, auf den alle Ursachenbereiche hindeuten. Zu jedem Ursachenbereich werden in kreativer Form Ideen für mögliche Ursachen allein oder in der Gruppe entwickelt und notiert.

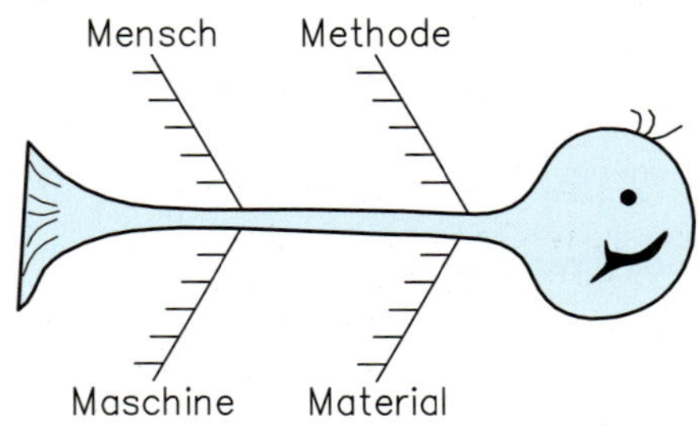

Fischgrätdiagramm

Methodenbeschreibung:

Anwendung

Das Ursache-Wirkungs-Diagramm wird vorwiegend zum systematischen Auffinden möglicher Ursachen klar definierter Probleme, wie z. B. Fehler- oder Schadensursachen, eingesetzt.

Durchführung

1. Problem (Fehler oder Schaden) genau beschreiben, z. B. Kraftaufwand beim Sägen von Hand ist zu groß.
2. Mögliche Ursachen zu bestimmten Bereichen in kreativer Weise, z. B. durch ein Brainstorming, herausfinden.
3. Wahrscheinlichste Ursachen, z. B. durch Mehrheitsbeschluss per Einpunktabfrage bestimmen.
4. Wahrscheinlichste Ursache weiter untersuchen, z. B. durch gezielte Fehler- oder Schadensanalyse.

Beispiel für den Einsatz des Ursache-Wirkungs-Diagramms

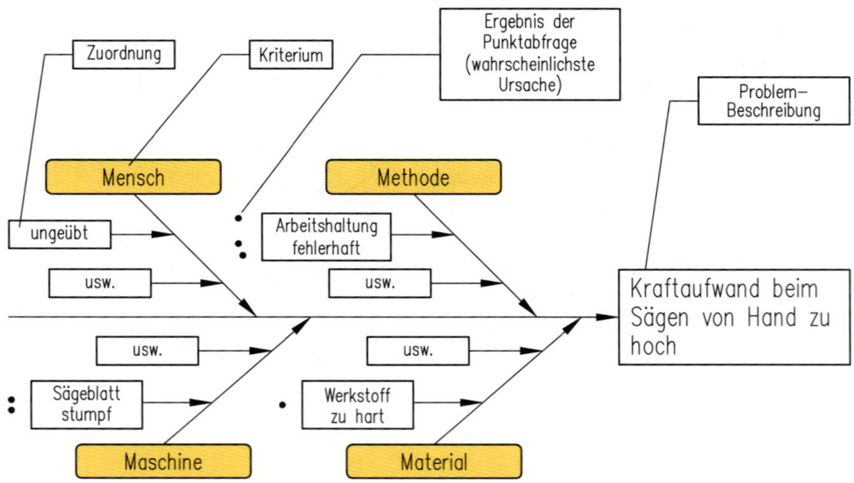

2 Präsentationstechniken

Die Entwicklung von Problemlösungen in Einzel- oder Teamarbeit geht häufig einher mit einer intensiven Auseinandersetzung mit der Frage- oder Problemstellung. Dafür wird Zeit benötigt, die die Zuhörer der Ergebnispräsentation meist nicht haben. Deshalb ist es notwendig, die Informationen, die während der Präsentation weitergegeben werden sollen, zu reduzieren, ohne dass die wesentlichen Aussagen und Ideen dabei verloren gehen. Weiterhin muss die Präsentation auf den Zuhörerkreis abgestimmt sein, um dessen Interesse zu wecken und aufrecht zu erhalten. Die vorangestellten Überlegungen machen deutlich, dass es kaum möglich ist, die Präsentation einfach mal so „aus dem Ärmel zu schütteln". Vielmehr ist eine systematische Vorbereitung und Durchführung sinnvoll, die über die reine Auswahl einer Präsentationstechnik hinausgeht. Dabei ist es hilfreich, in folgenden Schritten vorzugehen:

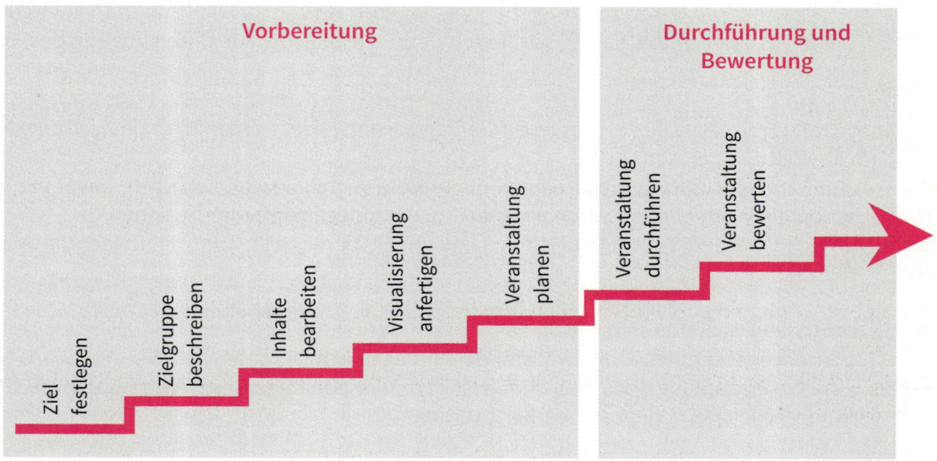

Schritte zur Vorbereitung, Durchführung und Bewertung einer Präsentation

2.1 Ziele festlegen

In einem Ziel wird exakt beschrieben, welches Ergebnis am Ende einer Maßnahme, z.B. einer Präsentation, erreicht sein soll. Wichtig ist in diesem Zusammenhang zwischen Ziel und Maßnahmen zu unterscheiden. Mithilfe geeigneter Maßnahmen ist es möglich, von einem vorhandenen Istzustand zu einem gewünschten Sollzustand zu gelangen, d.h. ein gestecktes Ziel zu erreichen.
Für die Verfolgung eines Ziels oder die Überprüfung der Zielerreichung ist es notwendig, ein Ziel aussagekräftig zu formulieren. Nur so wird deutlich, wohin man will.

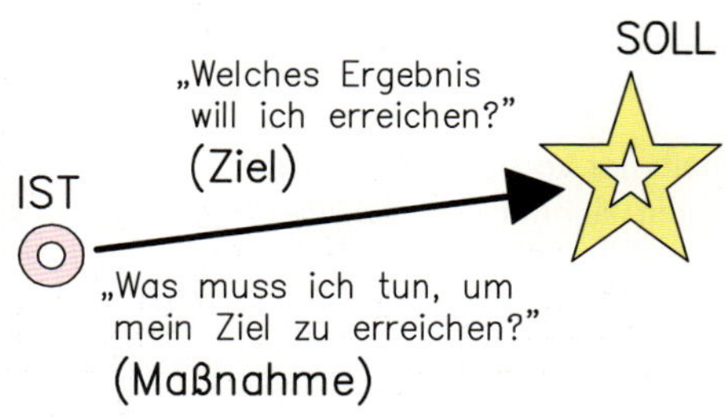

Unterschied von Ziel und Maßnahme

Aussagekräftig formulierte Ziele sollten möglichst:

- **positiv formuliert** werden, d. h. ohne Verneinung, Steigerung oder Vergleiche, z. B.:
  nicht: „Unsere Präsentation soll nicht mehr so chaotisch verlaufen wie beim letzten Mal."
  sondern: „Unsere Präsentation ist gut strukturiert und anschaulich gestaltet."

- **sinnspezifisch formuliert** sein, d. h., wie sieht das Ergebnis aus, wie fühlt es sich an, wie hört es sich an u. Ä., z. .:
  nicht: „Die meisten Mitschüler finden unsere Präsentation gut."
  sondern: „Die meisten Mitschüler äußern, dass sie dem Vortrag gut folgen konnten und der Einsatz von Folien das Verständnis erleichtert hat."

- **messbar** sein, d. h. Angabe zu wie viel, wie lange, wo u. Ä. enthalten, z. B.:
  nicht: „Der Einsatz von Folien zur Unterstützung des Vortrags kam bei den Zuhörern ganz gut an."
  sondern: „Mehr als zwei Drittel der Klasse finden den Folieneinsatz zur Unterstützung des Vortrags sinnvoll."

- **aus eigener Kraft erreichbar** sein, d. h. es muss die Frage beantwortet werden: Was kann ich oder können wir tun, um das Ziel zu erreichen? Z. B.:
  nicht: „Der Lehrer müsste uns erst einmal die Präsentationssoftware besorgen, bevor wir mit der Vorbereitung der Präsentation unseres Projekts „Biegewerkzeug" beginnen."
  sondern: „Welche Präsentationsmedien stehen uns zurzeit für die Gestaltung der Präsentation zur Verfügung?"

- **verträglich mit anderen Zielen** sein, z. B.:
  nicht: „Unsere Präsentation wurde vollständig durchgeführt."
  sondern: „Unsere Präsentation wurde in der vereinbarten Zeit durchgeführt." (Wenn vorab eine Präsentationszeit von 5 Minuten vereinbart wurde.)

Beispiele für die Formulierungen von Ziel und Maßnahme

Ziel	Maßnahme
Allen Mitschülern unserer Klasse sind die Ergebnisse unserer Gruppenarbeit hinsichtlich der Festlegung der Fertigungsschritte zur Herstellung einer Anpressbuchse durch Drehen am Ende der Präsentation bekannt.	Als Orientierung für unsere Mitschüler heften wir eine Vergrößerung der Anpressbuchse an eine Pinnwand. Die Fertigungsschritte zur Herstellung der Anpressbuchse notieren wir auf Karten, die wir während unseres Vortrags ebenfalls an die Pinnwand heften.

Innerhalb der Vorbereitung einer Präsentation muss somit zunächst die Frage geklärt werden: „Was will ich/wollen wir mit meiner/unserer Präsentation erreichen? Häufige Präsentationsziele sind z. B.:

- Informationen, Arbeitsergebnisse oder -abläufe sind ... bekannt,
- Bewusstsein für die bestehenden Schwierigkeiten ist ... geweckt,
- Motivation, Überzeugung für das angeregte Projekt ... ist vorhanden,
- Entscheidungen für den Zielort unserer Klassenfahrt ... wurden beeinflusst.

! Den Ausgangspunkt zur Vorbereitung einer Präsentation stellt eine aussagekräftige Zielformulierung dar.

Übungsaufgaben 2/1; 2/2

2.2 Zielgruppe beschreiben

Präsentationen werden für einen bestimmten Zuhörerkreis vorbereitet. Deshalb ist es wichtig, vorab einige Informationen über die Zuhörer und ihre Interessen in Erfahrung zu bringen. Zu diesem Zweck sind die folgenden Fragen hilfreich:

- Wie setzt sich die Zuhörergruppe zusammen?

  Es ist ein großer Unterschied, ob die Präsentation vor Mitschülern stattfindet oder vor einer gemischten Gruppe aus Vorgesetzten und Auszubildenden, die möglicherweise noch aus unterschiedlichen Fachgebieten bzw. Abteilungen kommen. Ein Vortrag, der hinsichtlich des Gebrauchs der Fachsprache z. B. folgendermaßen abläuft: „Um das Rohmaß der Rohrschelle zu bestimmen, mussten zunächst die Längen der neutralen Fasern der gebogenen Teilstücke, die hier auf der Zeichnung zu erkennen sind, berechnet werden“, kann ein Teilnehmer aus der kaufmännischen Abteilung sicher nicht mehr folgen, da ihm der Begriff neutrale Faser unbekannt ist und es nicht zu seinen Aufgaben gehört, technische Zeichnungen zu lesen.

- Wie groß ist die Anzahl der Zuhörer?

  Bei einer Tischrunde von 3 Mitschülern kann die Skizze auf dem Notizblock oder ein aufgestelltes Schild ausreichen, um den Vortrag anschaulich zu gestalten, in einem Klassenraum mit 25 Schülern ist eine Vergrößerung auf einem oder über einen OH-Projektor o. ä. notwendig.

- Welche Erwartungen und Befürchtungen haben die Zuhörer möglicherweise?

  Geht die Präsentation an den Erwartungen der Zuhörer vorbei, kommt Langeweile auf und die Zuhörer sind unkonzentriert.

- Welche Präsentationsgewohnheiten gibt es?

  Es gibt Gruppen von Zuhörern, die den Einsatz elektronischer Medien mit anschaulich gestalteten Übersichten als Standard ansehen. Es gibt aber auch Zuhörer, die es gewohnt sind, dass die Darstellungen schrittweise vor ihren Augen entwickelt werden, z. B. auf dem Flipchart oder mithilfe von beschrifteten Karten.

- Ist die Präsentation in eine Präsentationsreihe eingebunden?

  Innerhalb der jeweiligen Präsentationen sollte ein Medienwechsel stattfinden, da auch der interessierteste Zuhörer nach dem vierten Folienvortrag in Folge sein Interesse verliert.

Von der Beantwortung dieser Fragen hängen Planungsentscheidungen wie z. B. die Bild- oder Schriftgröße, die verwendeten Fachbegriffe, die Informationstiefe, der Medieneinsatz usw. ab. Ist der Zuhörerkreis dem Vortragenden unbekannt, sind die notwendigen Informationen meist über Gespräche mit den entsprechenden Organisatoren zu bekommen.

! Zur Vorbereitung einer Präsentation gehört die Analyse der Zuhörergruppe. Die Analyseergebnisse liefern Hinweise für die Gestaltung der Präsentation.

2.3 Inhalte bearbeiten

Die Inhalte bilden die Grundlage der Präsentation, um sie geht es. Die Inhalte werden durch die Themenvorgabe oder -auswahl bestimmt. Liegt das Thema fest, geht es zunächst darum, alle Inhalte zu ermitteln und zu sammeln, die einen Bezug zum Thema haben oder haben könnten. An dieser Stelle sollte noch nicht zu kritisch sortiert werden.

In einem zweiten Schritt werden die gesammelten Inhalte in Bedeutsames und Unbedeutsames getrennt.

In einem dritten Schritt werden die bedeutsamen Inhalte auf das Wesentliche reduziert und in eine für den Planer der Präsentation anschauliche Struktur gebracht. Die Strukturierung kann z. B. in Ablaufschemata, Tabellen oder Gegenüberstellungen erfolgen.

Die Frage, welche Inhalte bedeutsam und wesentlich sind, kann anhand der Zielentscheidung beantwortet werden.

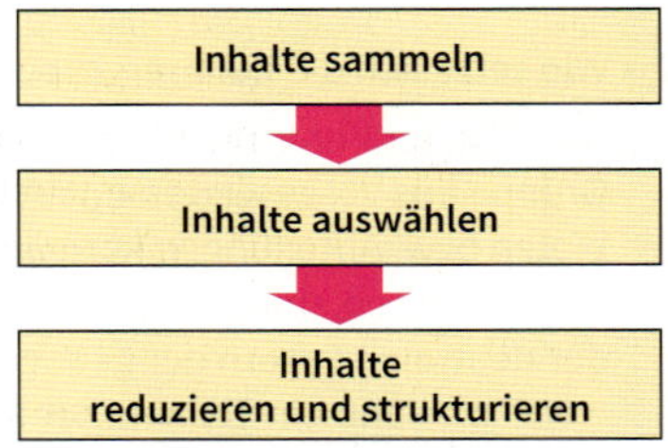

Schritte zur Bearbeitung von Inhalten

Beispiele für die Bearbeitung von Inhalten zum Thema Werkstoffeigenschaften

Inhalte sammeln und auswählen:

... für uns, die wir Werkstoffe verarbeiten, stehen die **Verarbeitungseigenschaften der Werkstoffe** im Vordergrund. Für Werkstücke, die gegossen werden, benutzen wir Werkstoffe mit guter **Gießbarkeit**. Werkstoffe mit guter **Umformbarkeit** verarbeiten wir durch Schmieden, Walzen usw. Solche Eigenschaften, die für die Verarbeitung wichtig sind, nennt man **technologische Eigenschaften**. Wichtig sind aber ebenso die **physikalischen Eigenschaften**. Hierzu zählen besonders die **mechanischen Eigenschaften** wie Zugfestigkeit, Elastizität, Härte. Zu den physikalischen Eigenschaften gehören aber auch die **thermischen Eigenschaften** wie Wärmedehnung und Wärmeleitfähigkeit sowie die **elektrischen Eigenschaften** wie z. B. die elektrische Leitfähigkeit. Von den chemischen Eigenschaften sind die Korrosionsbeständigkeit und die Giftigkeit für den Metallbereich besonders wichtig ...

Inhalte reduzieren und strukturieren:

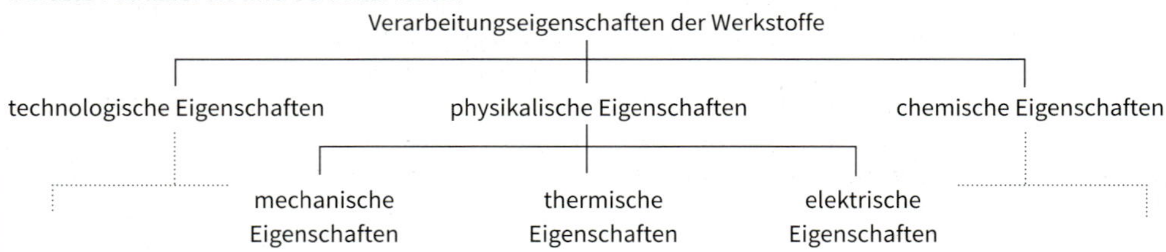

2.4 Darstellung (Visualisierung) anfertigen

Die ausgewählten und strukturierten Inhalte müssen in eine für die Zuhörer verständliche und ansprechende Form gebracht, d. h. dargestellt (visualisiert) werden. Der Einsatz eines geeigneten Präsentationsmediums zur Unterstützung der Darstellung bestimmter Inhalte ist entscheidend für das, was die Teilnehmer sich merken und wie sie die Qualität der Präsentation bewerten. Die visualisierte Präsentation hat gegenüber der rein sprachlichen Form wesentliche Vorteile:

- Wichtige Informationen sind z. B. auf einem Flipchart dokumentiert und bleiben so allen Zuhörern präsent, wodurch die Aufmerksamkeit und die Konzentration gesteigert werden.
- Die Struktur des Vortrags wird transparent, d. h. der rote Faden wird für die Zuhörer deutlich.
- Wichtiges kann grafisch hervorgehoben werden, wodurch die Konzentration der Zuhörer auf das Wesentliche gelenkt wird.
- Die Dokumentation kann zur Orientierung bei Verständnisfragen genutzt werden.

Der Auswahl eines geeigneten Präsentationsmediums sollte deshalb ebensoviel Beachtung geschenkt werden, wie der Bearbeitung der Inhalte. Für die Auswahl stehen eine Vielzahl unterschiedlicher Medien zur Verfügung, die ggf. auch in unterschiedlichen Kombinationen zum Einsatz kommen können.

Übersicht über Medien und ihre Einsatzbedingungen

Analoge Medien

Medium	Einsatzmöglichkeiten
Tafel 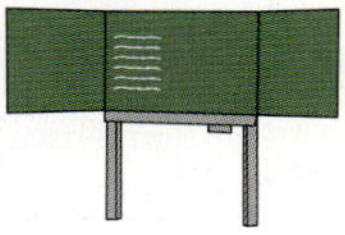	• Texte oder Skizzen können vor oder sinnvollerweise parallel zum Vortrag auf der Tafel dokumentiert werden. • Die Bilddarstellung beschränkt sich auf die Anfertigung von Skizzen oder die Verwendung vorgefertigter Bildplakate (Applikationen) während eines Vortrags. • Der Tafelanschrieb steht nur für eine begrenzte Zeit zur Verfügung.
Flipchart 	• Die Flipcharts und Flipchartbögen sind mobil einsetzbar. • Die parallele Darstellung mehrerer Flipchartbögen, z. B. um unterschiedliche konstruktive Lösungen zu einer Problemstellung zu vergleichen, ist sehr gut möglich. • Die Flipchartbögen stehen nach einem Vortrag für unbegrenzte Zeit zur Verfügung.
Pinnwand 	• Die Pinnwand bietet die Möglichkeit, farbige Karten in unterschiedlichen Formen und Größen als Elemente der Visualisierung in beliebiger Anordnung einzusetzen. • Die Karten können vor, z. B. um Schreibzeit während des Vortrags einzusparen, oder während der Präsentation beschriftet werden. • Durch die Kartengröße wird die Schriftgröße beschränkt; dies begrenzt den Einsatz der Pinnwand auf Zuhörergruppen von etwa 20 bis 25 Personen.

Digitale Medien

Eingabemedium	Einsatzmöglichkeiten	AUSGABEMEDIUM AUSWÄHLEN	Ausgabemedium
Laptop 	• Mithilfe des Laptops können Texte, Tabellen, Grafiken, Handskizzen, Zeichnungen, Formeln, animierte Präsentationen u. Ä. erstellt und gespeichert werden. • Es besteht auch die Möglichkeit, dass mehrere Personen von unterschiedlichen Orten aus – per Internetverbindung – gemeinsam an einem Dokument oder einer Präsentation arbeiten.		**Beamer** 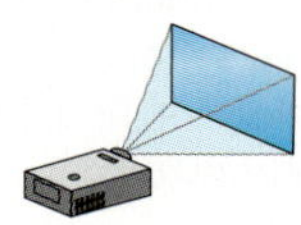
Dokumentenkamera 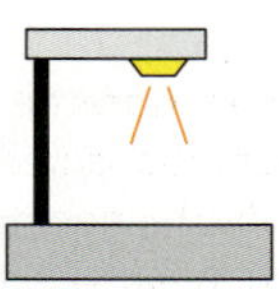	• Mithilfe der Dokumentenkamera ist es möglich, per Hand (analog) erstellte Darstellungen zu präsentieren bzw. in Echtzeit zu erstellen (Webcam-Funktion) und zu speichern. • Das Zeigen von dreidimensionalen Objekten aus unterschiedlichen Perspektiven ist ebenso möglich wie deren Vergrößerung (optional: Mikroskop Funktion) oder Verkleinerung. • Es können beispielsweise Buch- oder Katalogseitenseiten dargestellt, gespeichert und in andere Darstellungen eingebunden werden.		**Smart Board** 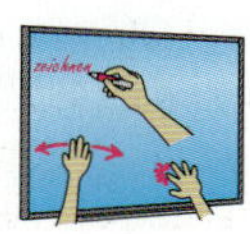
Smartboard 	• Smartboards verfügen i. d. R. über die gleichen Einsatz- und Speichermöglichkeiten wie Laptops. Mithilfe ihrer Touchscreenfunktion ist die Befehlseingabe oder die freie Gestaltung von Darstellungen per Berührung möglich. • Zur kollaborativer Zusammenarbeit können die digital verfügbaren Ergebnisse einzelner Schülerinnen und Schüler oder Arbeitsgruppen – nacheinander oder auch gleichzeitig – auf dem Smart Board dargestellt werden.		**Drucker** 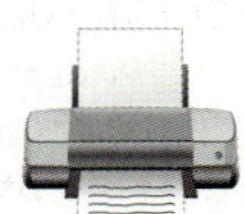

Die Auswahl eines bestimmten Mediums hängt von unterschiedlichen Kriterien ab.

- **Präsentationsmedium bearbeiten**

Bei der Bearbeitung des Präsentationsmediums sind insbesondere die Schriftgröße, die eingesetzten Farben und die Form der Visualisierungselemente sinnvoll auszuwählen.

Schriftgröße

Die dokumentierten Texte müssen von allen Zuhörern, z. B. auch von den Mitschülern, die in der letzten Reihe des Klassenraums sitzen, gut gelesen werden können. Deshalb ist die Schrifthöhe dem Zuhörerabstand anzupassen. Zur besseren Lesbarkeit sind Druckbuchstaben (Normschrift mit entsprechender Ober- Mittelund Unterlänge) in Groß- und Kleinschreibung zu verwenden. Zur Strukturierung können Überschriften formuliert und in größerer Schrifthöhe geschrieben werden.

Formen und Farben

Der Einsatz von Visualisierungselementen mit unterschiedlichen Formen und Farben dient im Wesentlichen der Strukturierung von Textinformationen. Dabei sind die folgenden Gestaltungsregeln hilfreich:

- Unterordnung von Teilaspekten zu einem Oberbegriff,
- Unterscheidung von linearen und verzweigten Strukturen,
- Darstellung mit Rhythmus und Dynamik versehen,
- Formen und Farben sparsam und als Bedeutungsträger (z. B. Gruppenüberschrift Oval/ Orange) verwenden.

Beispiele für Formelzeichen und ihre Bedeutung

Farbe	Wirkung	Einsatz
Gelb	kreativ, aktivierend ...	Ideenfindung, Wissen erheben, ...
Orange	einbindend, aktivierend, ...	Vertiefung, Strukturierung, Gruppenarbeit ...
Rot	stark aktivierend, kraftvoll ...	Vereinbarungen, Regeln,Widerspruch, ...
Grün	ausgleichen, bleibend ...	Feedback, Kompromisse, Zusammenfassungen ...
Blau	seriös, passiv, fokussierend, ...	Fakten, Einzelarbeit, ...

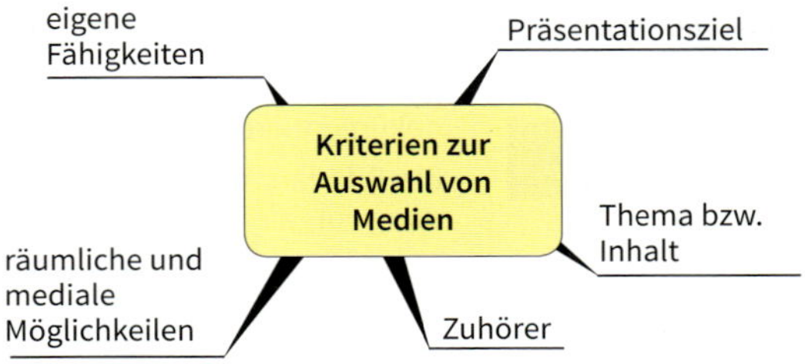

Kriterien zur Auswahl von Medien

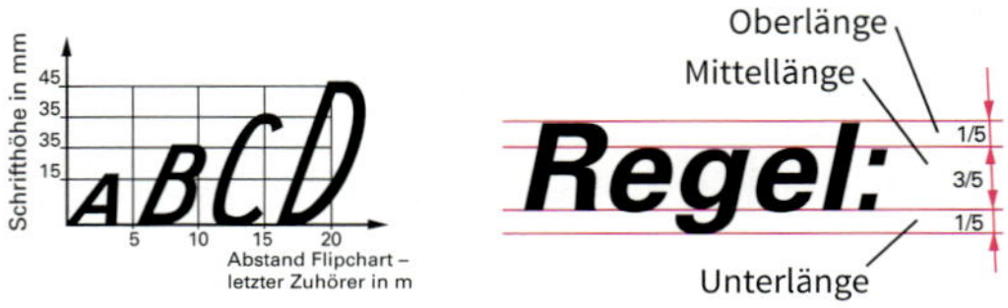

Empfehlung für Schrifthöhe und Schriftgestaltung

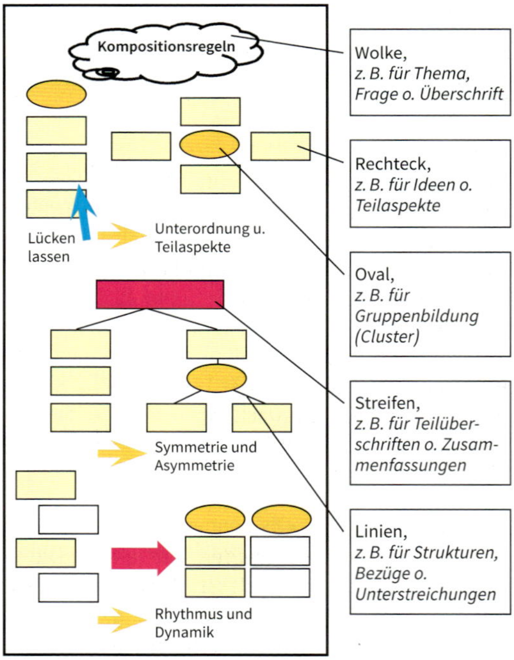

Gestaltung mit Formen und Farben

> **!** Zur Gestaltung einer Visualisierung für eine Präsentation ist das Präsentationsmedium auszuwählen und die Darstellung zu bearbeiten. Dabei ist auf eine geeignete Schriftgröße und -gestaltung zu achten. Formen und Farben sind als Bedeutungsträger zu verwenden.

Übungsaufgaben 2/5; 2/6

2.5 Präsentation planen und durchführen

Zur Planung und Durchführung einer Präsentation ist die Frage zu beantworten: Wie soll mein Auftritt aussehen? Zu klären ist in diesem Zusammenhang, wie spreche ich die Zuhörenden an und wie möchte ich auf sie wirken? Die folgenden Tipps liefern erste Hinweise für alle Phasen einer strukturierten Präsentation:

lächeln Blickkontakt halten
laut und deutlich sprechen
mit den Händen zeigen, um was es geht
in kurzen Sätzen sprechen hüftbreit stehen
ruhig bewegen

1. Eröffnung

Um den Kontakt zu den Zuhörenden aufzubauen, werden die Zuhörerinnen und Zuhörer begrüßt und der Vortragende stellt sich vor. Im nächsten Schritt wird das Thema oder der Auftrag strukturiert vorgestellt. Damit die Zuhörer wissen, was sie erwartet, erfolgt eine kurze Beschreibung des Präsentationsverlaufs. Auch wird geklärt, ob Nachfragen während oder im Anschluss an den Vortrag gestellt werden können. Für die Zuhörenden ist es auch wichtig zu erfahren, welche Teile des Vortrags sie in schriftlicher Form bekommen bzw. was sie online abrufen können.

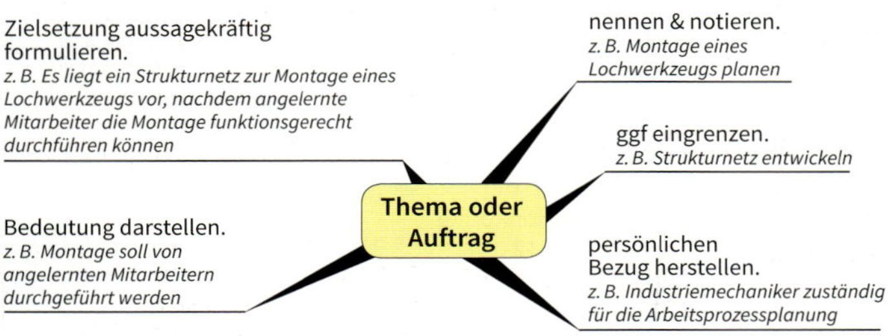

Strukturelemente zur Vorstellung von Thema oder Auftrag

Möglicher Präsentationsverlauf

2. Hauptteil

Die Umsetzung des geplantenPräsentationsverlaufs im Hauptteil sollte strukturiert erfolgen. Zur Strukturierung können

- Stichworte oder Fragen formuliert sowie
- Haupt- und Unterpunkte benannt und dargestellt werden.

Für eine anschauliche Präsentation ist es wichtig, dass eine Beziehung zwischen Sprache, Text und grafischen Elementen hergestellt wird.

3. Schluss

In der Schlussphase werden die wesentlichen Punkte kurz zusammengefasst, damit sie als bleibender Eindruck von den Zuhörern gespeichert werden können. Der Hinweis auf die Möglichkeit, Rückfragen zu stellen, sollte an dieser Stelle ebenso wenig fehlen wie der Dank für die von den Zuhörern entgegengebrachte Aufmerksamkeit.

- Tätigkeitswörter statt Hauptwörter benutzen, z. B.:
  nicht: „Wir haben hinsichtlich der Reihenfolge der Baugruppenmontage eine Einigung in der Gruppe erzielt."
  sondern: „Wir haben uns über die Reihenfolge der Baugruppenmontage in der Gruppe geeinigt."
- Dinge beim Namen nennen und allgemeine Beschreibungen vermeiden, z. B.:
  nicht: „An diesem Bauteil wird etwas abgedreht."
  sondern: „In diesem Fertigungsschritt wird der Zapfen Ø 40 mm plangedreht."
- Überflüssigen Gebrauch der Möglichkeitsform vermeiden, z. B.:
  nicht: „Würden Sie Ihre Aufmerksamkeit bitte auf die Bauteilskizze richten?"
  sondern: „Ich bitte Sie, Ihre Aufmerksamkeit auf die Bauteilskizze zu richten."

Tipps zur sprachlichen Gestaltung des Vortrags

! Bei der Planung und Durchführung einer Präsentation sind die Regeln einer erfolgreichen Präsentation zu beachten und eine Strukturierung in Eröffnung, Hauptteil und Schluss vorzusehen.

Sachwortverzeichnis

Bildquellenverzeichnis

AtroCam GmbH, Neckartenzlingen: 147.
Bauer Gear Motor, Esslingen: 226.
BESSEY TOOL GMBH & CO. KG, Bietigheim-Bissingen: 49.
BILZ WERKZEUGFABRIK GmbH & Co. KG, Ostfildern: 10.
BMW Group, Regensburg: 11, 232.
Böllhoff Gruppe, Bielefeld: 110.
Bundesinnungsverband des Gebäudereiniger-Handwerks, Bonn: 178.
DESCH Antriebstechnik GmbH & Co. KG, Arnsberg: 156.
DESY, Hamburg: 9.
Di Gaspare, Michele (Bild und Technik Agentur für technische Grafik und Visualisierung), Bergheim: 13, 14, 16, 17, 18, 20, 21, 22, 23, 24, 25, 27, 28, 29, 30, 31, 32, 33, 34, 35, 36, 37, 38, 39, 40, 41, 44, 47, 48, 49, 50, 51, 52, 53, 55, 56, 57, 58, 59, 60, 62, 63, 64, 65, 66, 69, 70, 71, 72, 73, 74, 75, 76, 77, 80, 81, 82, 85, 86, 87, 88, 89, 90, 91, 94, 96, 98, 103, 104, 105, 107, 108, 109, 110, 111, 112, 113, 114, 115, 116, 117, 119, 120, 121, 122, 123, 124, 126, 127, 128, 129, 130, 135, 139, 140, 141, 142, 143, 144, 145, 146, 147, 148, 149, 150, 153, 155, 156, 157, 158, 159, 160, 161, 162, 163, 164, 165, 166, 168, 169, 170, 171, 173, 179, 180, 181, 183, 188, 189, 191, 192, 194, 196, 197, 198, 201, 203, 204, 206, 209, 210, 212, 213, 215, 216, 217, 218, 219, 220, 221, 222, 223, 224, 225, 227, 233, 234, 235, 236, 242, 244, 245, 246, 247, 248, 249, 250, 251, 252, 253, 254, 255, 256, 257, 258, 259, 260, 262, 265, 266, 268, 269, 270, 274, 275, 276, 277, 278, 279, 280, 281, 282, 283, 284, 285, 286, 287, 288, 289, 291, 292, 293, 294, 295, 296, 297, 298, 299, 300, 301, 303, 304, 306, 310, 311, 315, 317.
Dr. Erich TRETTER GmbH + Co., Rechberghausen: 162.
EMCO GmbH, Hallein: 88, 181, 182.
Festo AG & Co. KG, Esslingen: 271, 282, 283, 303.
FLECKENSTEIN Werkzeugmaschinen GmbH, Wiesen: 171.
Flükiger & Co AG, Oberburg: 132.
Forbo Siegling GmbH, Hannover: 166.
Gießerei Heunisch GmbH, Bad Windsheim: 231.
Haimer GmbH, Igenhausen: 10.
HANS-WALTER MOHR GmbH, Bönningstedt bei Hamburg: 10 3.
Heinrich Klar Schilder- u. Etikettenfabrik GmbH & Co. KG, Wuppertal: 98, 101, 132, 134.
Hengesbach, Klaus, Meschede: 97, 178, 181, 185, 232, 300.
Hezinger Maschinen GmbH, Kornwestheim: 50.
IMS Gear GmbH, Donaueschingen: 234.
ITH GmbH & Co. KG, Meschede: 10, 11, 12, 149.
Kaindl Schleiftechnik Reiling GmbH, Königsbach-Stein: 94, 183.
KLDiscovery Ontrack GmbH, Böblingen: 151.
Knuth Werkzeugmaschinen GmbH - www.knuth.de, Wasbek: 58, 72, 93, 177.
Liebherr-International Deutschland GmbH, Biberach an der Riss: 12.
LORCH Schweisstechnik GmbH, Auenwald: 123.
Lux, Stefan, Bochum: 261, 262, 263, 264.
Mahr GmbH, Göttingen: 20, 22, 24, 30, 39.
mauritius images GmbH, Mittenwald: 101.
Messer Cutting Systems GmbH, Bad Soden: 119, 125, 126.
Microsoft Deutschland GmbH, München: 300.
Mitutoyo Deutschland GmbH, Neuss: 21.
Nidec Graessner GmbH & Co. KG, Dettenhausen: 163.
Olsberg Hermann Everken GmbH, Olsberg: 231.
pekrun Getriebebau GmbH, Iserlohn: 167.
Pyzalla, Georg, Schwerte: 54, 172, 174, 176, 183, 187, 189, 190, 191, 223, 231, 264.
Robert Bosch Power Tools GmbH, Leinfelden-Echterdingen: 49, 54.
Roman Bold & Black, Köln: Titel.
ROTHENBERGER Werkzeuge GmbH, Kelkheim: 73.
RS Components GmbH, Mörfelden-Walldorf: 26.

Ruhr-Universität Bochum, Bochum: 190.
Ruhr-Werkzeug Udo Lüling, Wetter: 65.
RUKO GmbH Präzisionswerkzeuge, Holzgerlingen: 58.
Schaeffler Technologies GmbH & Co KG, Herzogenaurach: 159.
SCHNEEBERGER GmbH, Höfen/Enz: 162.
SEW-EURODRIVE GmbH & Co. KG, Bruchsal: 167.
Shutterstock.com, New York: Freedom Life 23; Surasak_Photo 166.
SICK AG, Waldkirch: 148.
Siemens AG, München: 214.
SKF GmbH, Schweinfurt: 160, 189.
Stefan Diller Photographie, Würzburg: 195.
stock.adobe.com, Dublin: Alexander, U. J. 93; ehrenberg-bilder Titel; metamorworks 149; oka 196; patboon 153.
STÜRMER Maschinen GmbH, Hallstadt: 79, 83, 95.
SWM Maschinen Werkzeugmaschinen, Mosbach: 95.
tascon Gesellschaft für Oberflächen und Materialcharakterisierung mbH, Münster: 30.
Volkswagen AG, Wolfsburg: 9 2.
© Hoffmann SE, München: 21, 26, 65.

Wir arbeiten sehr sorgfältig daran, für alle verwendeten Abbildungen die Rechteinhaberinnen und Rechteinhaber zu ermitteln. Sollte uns dies im Einzelfall nicht vollständig gelungen sein, werden berechtigte Ansprüche selbstverständlich im Rahmen der üblichen Vereinbarungen abgegolten.